张家湾

CHINA ZHANGJIAWAN

漕运古镇张家湾

增修版

北京市通州区张家湾镇人民政府
北京市通州区政协教文卫体委员会 编

中国文史出版社

《漕运古镇张家湾》增修版

编 委 会

主　　任：张德启

副 主 任：尚祖国　甄　宇　冯利英　朱志高　田春华
　　　　　金文岭　吴　涛　邹海涛　周　丰　曲春丞
　　　　　程行利

委　　员：郑建山　王梓夫　陈喜波　任德永　刘福田
　　　　　李玉琢　嵇立平

主　　编：邹海涛　周　丰　程行利

执行主编：曲春丞　王明珠　郑建山

编　　辑：曹靖华　吴　渴　许馨元　张淏晴　刘锦涛

封面绘画：林殿惠

目　　录

漕运与张家湾

张家湾与捺钵文化

曹雪芹与张家湾

文物古迹

民俗文化

名人古诗

文化名人

人物与事件

序

　　如果张家湾的名字来自于元张瑄督海运,至今已有七百余年的历史了;如果漕运码头的重心转移至通州土石两坝始由明嘉靖初年,那么作为京杭大运河的漕运码头,张家湾比通州还早二百四十余年。我的长篇历史小说《漕运码头》定位于清道光年间,假如背景放在元或明前,则必定要写张家湾了。也许正是因为这个原因,我在《漕运码头》的创作准备阶段,在搜集考察通州及京杭大运河的同时,便顾及了对张家湾的关注。我的文友刘祥是张家湾土著,我一直希望他能写张家湾。遗憾的是他太忙了,他是个风头强劲、前景叫好的作家,却把大半生的主要精力放在培养文学新人上了。此为善举,功德无量,余感叹之余则心存更多的敬佩之情。此为闲话。

　　把张家湾悠长深厚的历史用小说乃至影视的形式表现出来,是许多人的企盼和愿景,也是我的夙愿。此项目的筹划及实施历时三年之久。《漕运古镇》出版之前,由于每天在《通州时讯》上连载,便已造成了较大的影响。小说出版之后,也受到了方方面面的关注,北京电台及时与杨立新联系,像当年的《漕运码头》那样制作成长书连播节目。亦有几家影视公司与作者联络,商讨拍摄长篇电视连续剧之企划。此亦为闲话。

　　《漕运码头》2003 年首由人民文学出版社出版,至今已经再版了五次,其中包括台湾地区出版的繁体字上下卷版本。得了北京建国五十五周年优秀作品奖、第二届姚雪垠长篇历史小说奖,其同名电视连续剧作为北京电视台新中国成立六十周年的开年大戏推出。今年年初访问台湾,许多同胞都非常熟悉《漕运码头》,特别是与漕运密切相关的青门子弟。除了小说的影响之外,该电视剧在台湾重播了两次,有了较为广泛的观众。我是以创作《漕运码头》的精神与精力写《漕运古镇》的,有的人说比《漕运码头》好看,有的人说不如《漕运码头》厚重。莫衷一是,公婆都有理。我是怀着很大的期待的,不仅仅是对自己作品的信心,更是对张家湾漕运古镇的崇信。此更为闲话。

1

该说正题了。

通州区政协文史和学习委员会与张家湾镇人民政府正在联合编纂一部张家湾的文史资料,题目叫《漕运古镇张家湾》。通过政协文史和学习委员会我见到了张家湾镇的有关领导,犹如我此前见到的诸多镇领导一样,提起张家湾,他们便立即进入了一种兴奋、激动和自豪的状态。谈到张家湾的历史和文化,更是滔滔不绝、神采飞扬。更让我激动的是,我同时见到了政协文史和学习委员会组织的编写组正在紧张地工作。有十来个人,而且大多是我熟悉的老朋友。

在以往的岁月里,我几乎走遍了整个中国,每一个地方都有一些历史的寻访者和收藏者。他们把历史奉为神圣的宗教,以苦行僧般的殉教精神孜孜以求,倾尽心血搜集和记载着当地的历史。有人称他们为民俗学家或文史工作者,我倒愿意称他们为民间史官。

我曾经说过,在中国,史官是一个极为独特的群体。有人说,中国没有真正意义上的宗教,历史便是中国人的宗教。一些施暴作孽者、贪腐淫乱者、奸诈欺骗者、造假贩假者,以及欺善凌弱打爹骂娘者,他们无所畏惧,毫无顾忌,不怕断子绝孙,不怕来世变犬豕,也不怕死后下地狱,因为他们没有信仰。但是他们怕"上书",怕历史,怕白纸黑字,怕殃及子孙,怕遗臭万年。对历史的敬畏使中国人有了独特的宗教精神,也由此诞生了一大批虔诚的教徒,这些教徒便是官方的史官和民间的史官。他们把历史视为神圣的宗教,而同样神圣的教义便只有两个字:真相。

正因为有了视历史为宗教的文化传统,有了世世代代为历史真相殉教的史官,才有中华民族五千年历史的辉煌。更加值得敬佩的是诸多的民间史官,由于他们的存在支撑着官方史官的正直与牺牲精神,也修正和补充了统治者掩盖篡改和残缺的史实。

很高兴地看到,这些年来,通州区政协文史和学习委员会把些有志于寻访和收藏历史的民间史官组织起来,授予了"文史和学习委员会特邀委员"的名分,并组织他们做了大量的非常有意义的工作,连续出版了一系列珍贵的文史资料。近些年,在先后完成了"文化通州系列丛书"一至六册的出版之后,又开始与张家湾镇人民政府合作"文化通州系列丛书"之七——《漕运古镇张家湾》的搜集整理和编写工作,并已近杀青。

张家湾镇的领导跟我谈起了打造漕运古镇的设想,这让我很兴奋。再现漕运历史的辉煌,脚踏着千年文化传承,向着中国特色的现代化腾飞,是历任领导者的夙愿,更是张家湾人的梦想。由于战乱及众所周知的原因,北方特别是京津冀地区的历史文化遗产几乎被破坏殆尽，没有一个像周庄、乌镇、黄姚、婺源那样保存较为完好的古镇。如果执政者能够恢复或打造一个有深厚文化内涵又有浓重历史印痕的古镇，乃功德无量流芳千古之壮举。历史是昨天的，但相对明天而言，今天又是明天的历史。我们是历史的传承者，更是历史的创造者。打造百年之后的文化遗产是历史赋予我们的责任，是我们将来向子孙有所交代且无愧于心的使命。我愿意以一卒之身加入其中，并献以绵薄之力。

王梓夫

2014 年 9 月 13 于通州

增修版序

　　张家湾镇党委、政府动议与通州政协教文卫体委员会联合增修《漕运古镇张家湾》一书,并和梓夫示意我对该书统筹并作序。

　　说实话,邀我统筹,我义不容辞,但作序的事我确有些惶恐。梓夫是我国著名作家,他写了"漕运三部曲"——《漕运码头》《漕运古镇》《漕运船帮》,其中《漕运古镇》写的就是张家湾。他太了解张家湾这个古镇了,况且《漕运古镇张家湾》初版就是他写的序,增修版序由他写不是更顺理成章吗? 不过梓夫兄真的太忙了,他要创作,还有大量的社会活动,作为朋友,为其分担点好像也是理所当然的事,我还有什么好说的呢?

　　《漕运古镇张家湾》成书于2014年,是当时的通州政协文史办和张家湾人民政府联合出版的大作,我参与从组稿到成书的全过程,可以说这两个部门是花了大力气、费了大量心血的;别的不说,光审阅稿件就有十位(如今有三位已经作古)颇有造诣的政协文史委员不分昼夜地干了六七天,应该说是竭尽全力了。

　　回家后,我把这本书从头到尾仔细读了一遍,不由得发出感慨:这真是一部好书啊! 它以漕运文化、红学文化为基础,对张家湾的历史文化进行比较全面的梳理;撰稿人基本上是我国著名专家学者及我区的文史骨干,书稿内容涵盖了漕运、曹雪芹与张家湾、文物古迹、民俗文化、名人古诗、历史事件与张家湾等,体现了张家湾及通州丰厚的文化底蕴,作品质朴大气,通俗耐读,是很棒的文史读本。不过,限于当时的研究成果,这本书还是有些遗憾的。如今,近八年过去了,这个遗憾也就愈加明显。也许是"曹雪芹与张家湾"这个板块理论性太强的缘故吧,"漕运与张家湾"板块就略显单薄。运河文化要想有完整的族谱体系,就必须对漕运文化进行深入的挖掘、整理和理论探讨。还有,张家湾南部延芳淀的皇家捺钵文化是北方民族特有的,它是将渔猎、游牧与国家政务管理相结合的一种特殊制度和文化习俗,是典型的皇家文化。辽、金、元三代,皇家帝胄春秋都曾在这里驻跸,元代还在今西永和屯村西建造柳林行宫,成为大都的政治"副中心"。张家湾镇域南部是延芳淀皇家捺钵主场。《辽史·地理志》记载:"延芳淀方数百里,春时鹅鹜所聚,夏秋多菱芡。国主春猎,卫士皆衣墨绿,各持连锤、鹰食、刺鹅锥,列水次,相去五七步。上风击鼓,惊鹅稍离水面。国主亲放海东青鹘擒之。鹅坠,恐鹘力不胜,在列者以佩锥刺鹅,急取其脑饲鹘。得头鹅者,例赏银绢。"明代的《燕山丛录》说得就更生动了:"辽时每季春必来此大猎,打鼓惊天鹅飞起,纵海东青擒之,得一头鹅,左右皆呼万岁。海东青大仅如鹊,既纵,直上青冥,几不可见,俟天鹅至半空,欸自上而下以爪攫其首,天鹅惊鸣,相持殒地。"

捺钵文化还影响到民间,至今《海青拿天鹅》的乐曲还在通州及周边地区流传。无论是婚丧嫁娶,还是节庆假日,我们都能听到它那优雅欢乐的曲调声。对此,我们初版的《漕运古镇张家湾》就涉及得很少。如今,面对有关研究新成果,我们在"漕运与张家湾"栏目中,增加了《大运河码头城市——张家湾》《和合驿与潞河驿》《张家湾首先是个——"湾"》等七篇文章。至于捺钵文化,我们专门开辟了一个栏目——"张家湾与捺钵文化",增加了《古渤海湾、雍奴薮——延芳淀》《张家湾镇域南部是延芳淀皇家捺钵主场》《西永和屯村西砖砟地——元潞州初治柳林镇》《元大都政治副中心——柳林行宫》《凉水河南洪泛区及地貌溯源》《牛堡屯的前世今生》。这些文章(资料),都是我们的文史专家及文史工作者深入到村庄社区,花费大量的心血,逐村逐户地调查研究,翻阅大量的史料得出来的。也就是说,张家湾不但有漕运文化、红学文化,还有皇家文化,这无疑为运河文化增加了厚度。

另外我们新开的一个栏目叫"文化名人"。在这个板块中,我们收录了《冯其庸与张家湾》《我的点滴记忆》等四篇文章。冯其庸是我国著名的文史专家、红学大家,是泰斗级的人物。20世纪七八十年代,冯其庸为撰写《曹雪芹家世·〈红楼梦〉文物图录》,曾多次来到通州张家湾实地调查,寻找拍摄与曹雪芹相关的实景资料。1992年,当他得知张家湾出土的曹雪芹墓葬刻石信息后,立即冒着三十八九度高温来此地考察;尔后又多次率众多国内知名红学家、史学家、考古学家和金石鉴定家来这里观看实物,访问出土文物当事人和目击者,进行考证、论证、座谈和鉴定。尤其令人敬佩的是,他在"曹雪芹与张家湾"这场大讨论中,写出重磅文章,毅然推翻自己多年主张"癸未说",得出曹雪芹墓葬刻石为真(壬午)的结论。真是大家风度!冯先生退休后受镇党委的邀请来到张家湾居住,在这里,青灯古卷,笔耕不辍,先后完成了上千万字的著作。冯其庸先生还推动张家湾镇和中国艺术研究院红楼梦研究所共同举办了"曹雪芹与张家湾"红学学术研讨会，邀请了李希凡等四十余名国内著名红学专家和知名学者，共同探讨红学研究的未来发展和张家湾红学文化之乡的建设前景；并亲笔为张家湾镇建造的巨型曹雪芹铜雕像题诗："哭君身世太凄凉，家破人亡子亦殇。天谴穷愁天太酷，断碑一见断人肠。草草殓君土一丘，青山无地埋曹侯。谁将八尺干净土，来葬千秋万古愁。迷离扑朔假还真，踏遍西山费逡巡。黄土一抔埋骨处，伤心却在潞河滨。"冯其庸先生为张家湾的红学文化做出了独特贡献。

房树民是张家湾大辛庄人，我国当代著名作家，荷花淀派代表人物之一，1950年开始发表作品，他的短篇小说集《诞生》《九月的田野》《樱桃园村》《雪打灯》，如诗如画，展现人性的美，展现那个时代如火如荼的生活；他的长篇报告文学《向秀丽》(合作)、《为了六十一个阶级弟兄》(合作)可以和魏巍的《谁是最可爱的人》、穆青的《县委书记焦裕禄》媲美；《为了六十一个阶级兄弟》连续二十二年上了中学课本，影响了一代又一代年轻人。20世纪五六十年代，在中国文坛那是响当当的。他退休时是中国作家出版社的副总编辑，厅级干部；写张家湾文人怎么能把他给忘了呢？老人不会电脑，这次收录的《我的点滴记忆》，就是这位八十七岁老人抱病一笔一画写成的。

另外，就是刘祥和周庆良了。刘祥是张家湾人，中国作家协会会员，通州作家协会原主席，他的一生出版三百多万字作品，有许多作品在全国获得大奖，如《运河组歌》《大顺斋糖火烧》等。在他创作的高峰期，领导让他担任《运河》和"运河文库丛书"的执行主编，从此他放弃自己的创作，默默无闻地为别人做"嫁衣裳"，一干就是三十年，出版《运河》刊物一百零六期，"运河文库"十一辑、一百一十二本书，为通州培养了大批的作家，使通州获得"作家之乡"的美誉。此外，他还是"运河文化丛书""北京城市副中心通州历史文化丛书""大运河文化带·通州故事丛书"和《通州运河文化历史研究》等的执行主编……出版了"运河文化丛书"十部，"大运河文化带·通州故事丛书"十部，"北京城市副中心通州历史文化丛书"——《浩瀚长河》《璀璨星空》《荟萃民间》三部，一百多万字，涵盖了通州历史运河文化的方方面面，可以说是通州的经典作品。像《大运通州》《大始通州》《漕运古镇张家湾》《千年古镇潞县》《京畿重镇马驹桥》《检粹新华》《颐和西集》《通州民俗》《志正永乐》等著作都渗透着他的大量心血……

周庆良是张家湾南火垡人，前文物管理所的所长，通州历史的活地图，对通州的历史，无论哪个朝代他都能信手拈来，他参加多少次"运河文化"的讨论，给多少人讲过运河文化的课，和多少专家进行运河文化的辩论，访问过多少人去了解运河文化，已经无人知晓，但他的笑容、他的自豪感、他的侃侃而谈，永远铭刻在通州人民的心里。他出版书籍三四百万字。他去世时，我曾写过一篇长文《今日周公已仙逝，通州历史可问谁？》。如今他们的灵魂已经融化在运河文化中，成为运河文化的魂。这个栏目中，哪能没有他们呢？他们是乡之大贤啊！

写到这里，我忽然想到习近平同志对我们的殷殷嘱托：大运河是祖先留给我们的宝贵遗产，要统筹保护好、传承好、利用好。"要古为今用，深入挖掘以大运河为核心的历史文化资源。"那么，张家湾政府和通州政协教文卫体委员会，搜集挖掘整理张家湾的历史文化资源，将《漕运古镇张家湾》重新修订出版，不就是对总书记指示的最好的诠释吗？感谢张家湾政府和通州政协教文卫体委员会组织修订出版这本厚重的历史文化大书，更感谢通州的文史工作者、专家及张家湾的父老乡亲为这本书所付出的大量心血；要知道，运河文化就是这么一点一滴地积累起来的。那么，我作为一名通州人，一个文化战线的老兵，为运河文化奉献微薄力量，这还有什么可说的呢？

以上是编辑此书的看法和想法，谈不上是序，那么，就权作本书的导读吧！

郑建山

2022 年 2 月 17 日

张家湾镇的历史沿革

　　大约在距今一万年以前，也就是新石器时代的初期，北京地区的人类就开始离开山洞，到平原上生活，选择临水的台地，建造房屋，磨制石器，烧制一些简单陶器，过着原始而简单的生活。据1949年以后的考古发现，北京地区新石器时代的人类遗迹有数十处，大都在山下河谷之处，完全处在平原之地的并不多见。而在通州区这片土地上，在1975年至2010年间，先后于今梨园镇三间房村西、半壁店村东、宋庄镇菜园村南、于家务乡东马各庄村东诸处，出土了青砂岩石核磨制的石斧、石凿、石铲等石磨具，而且还在通州城内瓷器胡同中部西侧用掘土机挑沟时，出土了染朱色羊拐骨的项链残件，距今都有四五千年。这些出土的文物充分表明，早在新石器时代晚期，已经开始有人类来到通州这片土地生产生活，在今北运河、凉水河两条大河的岸畔，繁衍生息。

　　悠悠岁月，历尽沧桑，通州区这片辽阔原野，有多少代勤劳的前人在开发、耕耘！早在黄帝、颛顼、帝喾、唐尧、虞舜的五帝时代，这些传说中原始社会末期部落联盟的领袖，曾将我国划分为九州，张家湾镇域曾属于幽州之域、冀州之土、幽陵之区。到夏、商及周初，此处先属冀州，

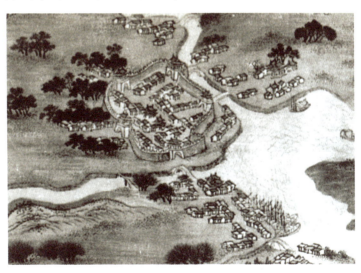

张家湾城池图(清代运河图局部)

后隶幽州,再改辖于周武王分封帝尧之后的诸侯国——蓟。大约在西周中期,蓟危燕盛,燕国把蓟国吞并了,于是张家湾地区自此归属于燕国。后来燕国将王都从今房山区琉璃河镇董家林一带,迁到了蓟城(今北京城广安门一带),并逐渐成为战国时期的七雄之一,张家湾便成为燕畿重地。燕昭王时,为防御匈奴东胡的侵犯,从造阳(今河北省怀来)到襄平(今辽宁省辽阳市)修筑了一道长城,并在这道长城之内,沿线设置五郡,张家湾属于其中的渔阳郡(治所在今密云县与怀柔县交界处的梨园村)辖域。

秦王嬴政二十六年(前221),中国统一,建立了秦朝,并在全国分设三十六郡,其中沿袭了战国时期燕国所设的渔阳郡,张家湾镇域上辖没有发生变化。后秦始皇为巩固统一,自首都咸阳分向全国修筑多条驰道,其中,蓟襄驰道即横穿今通州区北部区域。而且,还在原有北部长城的基础上,重新调整和增修了长城,驻守大批将士,以加强防御,保卫北方军事重镇——幽州蓟城。与此同时,"秦使天下飞刍挽粟",海运中原粮物到今海河,再用河船沿沽水(今北运河)转运到今通州城东,然后用车转输长城沿线,供应北陲守边官兵,张家湾则是水路要冲。秦末,陈胜、吴广揭竿而起,领导农民起义军推翻了残暴的秦朝,刘邦、项羽乘机而动,楚汉相争,刘邦获胜,建立了刘汉王朝。汉承秦制,仍然利用沽水转运中原粮物供给北部守边部队。同时,民间商船也往来于沽水,络绎不绝。沽水与蓟襄驰道的畅通,促进了农业与商业的发展。根据当时政治稳定和经济繁荣的需要,汉高祖刘邦十二年(前195),析出渔阳郡南部的广阔辖区,在诸侯王国——燕国(燕王镇守之区)的王城蓟城的东面,设置路县(以地处蓟襄驰道要塞故名)。县城设在今通州区潞城镇古城村,并且筑有土城墙。此是通州行政区划建置的开端,上属依然,而张家湾镇域北区则成为毗邻路县县城的重要辖区。设路县不久,于今永乐店镇德仁务村处设置了泉州县,也隶渔阳郡,镇域南区则为此县范围。

西汉末期,孺子刘婴初始元年(8),王莽篡位称帝,国号名"新"。在始建国元年(9),把"路县"改称"通路亭",治所依旧;把"渔阳郡"易名为"通路郡",治所从今密云县的梨园村移到通路亭治所在的城池,通路亭上属通路郡,郡、亭治所同城,而张家湾镇域北区成为通路亭辖区。同时,泉州县也改称为"泉州亭",镇域南区则为此亭之域。

新地皇四年(23),刘邦九世孙刘玄兴复汉室江山,被绿林起义军诸将奉为天子,号称更始帝。更始元年(23),恢复汉朝郡县称呼,通路亭还称路县,通路郡还名渔阳郡,隶属关系仍然,张家湾镇域北区还是路县域近郊。同时,泉州亭也还原旧名,镇域南区依旧是此县范围。是年,西汉皇族后裔刘秀统率绿林军北上河北,以还原汉家制度为名号,得到当地官僚、地主的大力支持,收编河北强大起义队伍——铜马军,然后镇压其余零散小部义军,于潞水之东,击破大枪、尤来和五幡等诸部义军,使军力猛增,势位强大,于是称帝复汉,史称东汉(后汉),以立都东都洛阳而名,建年号为建武。

建武元年(25),因路县域内潞水纵贯或曰路县城西滨潞水,为纪念刘秀在潞水之东的胜利,而将路县易称作"潞县",治所依旧,渔阳郡治仍同县治并处同城,镇域北区改隶渔阳郡潞县,而南区依然。同时,曾助刘秀攻夺天下的大将军彭宠被遣派至此任渔阳郡太守(一郡最高长官),镇守幽州重要辖区。次年二月,彭宠凭恃兵多将广、地势形便、蓄积饶多而起兵叛汉,并攻占幽州蓟城,兼并周边数郡。光武帝刘秀拜邓隆、祭遵为征虏将军,统率汉军前来镇压彭宠叛军,屯驻在今镇域北区。两军势均力敌,隔潞水整整对峙了三年。五年二月,彭宠夫妇被其家奴子密杀死,群龙无首,祭遵这才指挥所部攻入渔阳郡城(今古城村处),诛杀焚烧,使城内成为一片瓦砾废墟,满目疮痍。因此,潞县治东迁到今三河市的城子村处,而渔阳郡治则复迁回今密云县的梨园村处。之后,在上谷郡太守王霸镇守边关时期,温水(今温榆河)开始治理而通漕运,潞水则继续用于漕运,穿经镇域,将中原粮物运往居庸关附近济边,镇域北区潞水段船帆翩翩,号子声声。

东汉献帝建安六年(201),丞相曹操挟天子以令诸侯,统兵北征乌桓,以渔阳郡治已被乌桓占领而废除,在幽州蓟城设立广阳郡,张家湾镇域北、南区分别随潞县和泉州县上属之;不久,曹操征服乌桓,恢复渔阳郡设置,治所仍旧,镇域遂复属之。当时曹操运粮船曾走潞水往密云前线,供给征讨大军,镇域可见粮船争流之景。

延康元年(220),曹操之子魏王曹丕篡夺了东汉政权,称帝建魏。三国魏文帝黄初元年,废除渔阳郡,在幽州蓟城设置诸侯王国,称燕国,镇域随潞县和泉州县上属之。

魏元帝曹奂咸熙二年(265),相国、晋王司马炎代魏称帝建晋,即泰始元年,仍在蓟城设燕国,镇域遂改属晋燕国。晋武帝司马炎死后,皇族八王争夺皇位,相互攻杀,使北国生产遭到严重破坏。匈奴贵族刘渊兴兵灭晋,即位建赵,史称"前赵",建年号为光初。次年,羯族大将石勒,联合汉族统治阶级,发展成为封建割据势力,举兵占据幽燕地区,建立政权,史称"后赵"。随后,废除燕国,复设渔阳郡,治所依旧,镇域改属之。

后赵石鉴永宁元年(350),鲜卑族人、前燕国君慕容俊,指挥兵马分三路大军自辽东向幽州杀奔而来,并攻占蓟城,设置燕郡,镇域遂随潞县和泉州县改隶前燕新设之郡。

前燕慕容日韦建熙十一年(370),氐族人、前秦皇帝苻坚指挥劲旅攻灭前燕,占据幽州,仍设燕郡于蓟城,镇域又易隶之。

前秦国君苻丕太安元年(385),在中山(今河北省定州)称王的后燕皇帝慕容垂,率兵攻占幽州蓟城,袭用前燕郡县设置,镇域改属后燕燕郡。

后燕君主慕容盛长乐元年(399),鲜卑族人、北魏道武帝拓跋珪,率军攻破燕都,进而拥有黄河以北地区,废除燕郡,将渔阳郡治南迁至雍奴(今天津市武清区东八里),扼住潞水漕运要道,并将泉州县废除,县域划入雍奴县。镇域北区、南区再随潞县和雍奴县易隶北魏渔阳郡。

北魏孝武帝元脩永熙三年(534),鲜卑化的汉人、大丞相高欢,逼迫皇帝元脩西奔长安,而在平城(今山西省大同)拥立元善见为帝,迁都于邺(今河南省临漳县城西四十里),把持朝政,史称东魏,建年号为天平。渔阳郡治仍然,镇域又分别随潞县和雍奴县改属东魏渔阳郡。

东魏孝静帝元善见武定八年(550),高欢死,其次子、齐王高洋夺皇位自立,称帝建齐,史称"北齐",首都在邺,建年号为天保。渔阳郡治所在地未变,镇域遂易属北齐渔阳郡。

天保八年(557),为了确保首都邺城和北方军事重镇幽州蓟城的绝对安全和稳定,加强防御北疆强邻柔然和契丹的侵犯,高洋在万里长城之内又修筑一道土长城,称长城之重城。此道长城从今北京市昌平区开始,穿经今顺义、通州、天津市武清诸区,沿着温水(今温榆河)、潞水(今北运河和港沟河)的右岸

修筑,到达今天津市海河,长约四百里。为加强此道长城的防御,便于调兵遣将,而把渔阳郡治自雍奴北迁到今通州旧城北部区域(今通州区新华街道辖区),同时把潞县治从今三河市城子村处也西迁到这里,又一次郡、县治同城。镇域成为郡城南郊。长城与潞水并行斜穿今镇域,这里成为保卫长城、潞河漕运与蓟城的前沿阵地。

北齐幼主高恒承光元年(577),鲜卑族人、北周武帝宇文邕,统兵扫灭北齐,拥据黄河流域与长江中上游流域,渔阳郡、潞县和雍奴县的设置及其治所未变,镇域上属均依前朝。

北周幼主静帝宇文阐大定元年(581),总揽朝政的丞相隋王杨坚废帝自立,登基建隋,即开皇元年,镇域上属仍旧。开皇三年(583),因为郡制过繁,户口减少,隋文帝杨坚下诏罢诸郡,只存州、县两级政权机构。于是,渔阳郡被废,镇域随潞县、雍奴县直属幽州。

隋炀帝杨广大业三年(607),朝廷为了加强对各地的统治,取消范围大权力重的州级政权,又下令设郡,蓟城置涿郡,镇域遂上属涿郡。次年,为巩固北边,维护统一而开凿永济渠,北自涿郡南至洛阳,此条运河曾流经镇域南区,镇域先人曾为开凿运河、巩固统一做有重要贡献。

唐高祖李渊武德元年(618),废郡改州,涿郡复称幽州,镇域随潞县而改属之。次年,河北起义军领袖高开道自立为燕王,建都渔阳(今天津市蓟县)。另一支河北起义军领袖窦建德自建夏国,建都洺州(今河北永年县),拥兵十余万,割据一方,威胁着新建立的唐王朝政权。李渊唐军占据幽州蓟城,为镇压河北这两支义军所建立的地方政权,便牢牢掌握潞县这一战略要地,控制水陆要会,以便东攻高开道,南讨窦建德。由是,在潞县城中设置玄州,以水陆通达而名;同时,析出潞县东部区域设为临沟县,形成玄州下领潞、临沟、渔阳(今蓟县)、无终(今河北省玉田县)等四县的格局。镇域成为玄州城南要地。

唐太宗李世民贞观元年(627),大江南北、长城内外得到统一,政权稳固,设在潞县城中的玄州失去战略作用,而且又距幽州蓟城太近,便撤销了玄州,同时又将临沟县裁革,复划回潞县,上属幽州,镇域隶属关系未变,仍为潞县城南的重要地区。

唐玄宗李隆基天宝元年(742),诏令天下的州级政权全部改称为郡,幽州易名范阳郡,同时将雍奴县改称为武清县。张家湾镇域北、南区随潞县和武清县上属之。但在唐肃宗李亨宝应元年(762),范阳郡又复称幽州,镇域隶属关系随之改变。

唐末,地方割据势力权重,相互争战,中央政权陷入四分五裂的状态,最后到了不可收拾的地步。哀帝李祝天祐四年(907),梁王朱温起兵灭唐,称帝建梁,史称"后梁",建都汴梁(今河南省开封),中国历史上的五代十国时期自此开始了。开平元年(907),镇域随潞县、武清县改属后梁幽州。

后梁末帝朱友贞龙德三年(923),沙陀部人、晋王、河东节度使李存勖,以太原为根据地,在连年与后梁混战之后,终于在此年夺取了皇权,称帝建唐,史称"后唐",建都洛阳。同光元年(923),镇域又分别随潞县、武清县易隶于后唐幽州。

后唐末帝李从珂清泰三年(936),沙陀部人、晋王、马步兵都点检石敬瑭勾结契丹贵族,联兵攻灭后唐,并且许诺将燕云十六州割让给契丹,自己甘当儿皇帝,建晋,史称"后晋",建都汴梁,年号天福。天福元年(936),镇域再从潞县、武清县改隶于后晋幽州。

后晋天福三年(938),即契丹二代国主耶律德光会同元年,燕云十六州正式划入契丹国土,并在幽州蓟城设立陪都,称南京,开始明确实行"一国两制",即在新接纳的燕云十六州这片汉族区域,继续实行封建社会制度,任命汉族官吏进行治理;在契丹旧有领域继续实行奴隶社会制度,仍以契丹贵族进行治理。同时,在南京蓟城设置南京道幽都府,镇域从潞县、武清县改属契丹南京道幽都府。

辽圣宗耶律隆绪开泰元年(1012),南京道幽都府易名为南京路析津府。太平年间(1021—1031),因辽朝帝王将相捺钵文化的需求和保障萧太后运粮河的漕运,分出武清县北部区域设置漷阴县,今镇域南区即为此县辖区。镇域从而随潞县、漷阴县上属南京路析津府,镇域南部延芳淀范围,成为帝王经常游幸之地。

辽天祚帝耶律延禧保大二年,即宋徽宗赵佶宣和四年(1122),宋金联兵灭辽,夺回燕云十六州,宋朝分得其中的长城内六州,并于蓟城设置燕山府,镇域又随而改隶宋朝燕山府。

宋宣和七年,即金太宗完颜晟天会三年(1125),金国深知宋朝腐弱,欲弱肉强食,趁势吞并宋朝,于是便败盟毁约,自食其言,寻找借口,麾兵南侵。金太宗派遣二弟完颜宗望(即斡离不)、四弟完颜宗弼(即金兀术),率领大军杀入长城,攻陷燕山府,夺走长城内六州,并继续南征。当时金国在燕京(蓟城)设置永安路析津府,镇域随潞县、漷阴县改属此路此府。

金海陵王完颜亮天德三年(1151),全国为建都城,巩固政权,便开辟治理潞

6

河而行漕运,遂"取漕运通济之义"(著名历史地理学家顾祖禹《读史方舆纪要》中语),在潞县城中设置通州,领潞、三河二县。镇域北区随潞县上隶通州,其南区仍上属潞阴县。贞元元年(1153),金国把首都从今黑龙江省阿城迁到燕京,改燕京为中都,并将永安路析津府改名为中都路大兴府,镇域北区随潞县上属中都路大兴府通州,而南区则随潞阴县上隶中都路大兴府。

金宣宗完颜珣贞祐三年,即蒙古乞颜部大可汗铁木真十年(1215),铁木真指挥马步兵攻破长城,占据金国中都城,并在中都燕京设置燕京路大兴府,镇域北区、南区分别随通州潞县、潞阴县,改属蒙古燕京路大兴府。

元世祖忽必烈至元元年(1264)、九年(1272),先后将燕京路大兴府易称作中都路大兴府、大都路大兴府,镇域各从通州潞县、潞阴县依次上隶之,并成为蒙古人重点移居的地区。十三年(1276),因帝王游猎与保障白河漕运之需,元朝将潞阴县升置潞州,领武清、香河二县,州治设在镇域南区的柳林镇(今张家湾镇西永和屯村西),镇域南区属于潞州核心区范围。

元顺帝妥懽帖睦尔至正二十八年,即明太祖朱元璋洪武元年(1368),明大将军徐达、副将军常遇春奉命率领明军二十五万北讨元廷,克潞州,下通州,破大都,将元朝统治者赶出长城,然后在大都城内设置北平府。同时潞县并入通州,成为州直辖区。洪武十四年(1381),潞州降称潞县。明成祖朱棣永乐元年(1403),首都从南京迁回燕王朱棣成龙基地——北平府,并将北平府改称顺天府。镇域北区随通州、南区随潞县先后改属明北平府、顺天府。

元明两朝,镇域北区有京杭大运河北端大型码头张家湾,成为皇朝的战略要地。同时,镇域南区原延芳淀遗迹,演变为低洼荒地,形成朝廷移民屯种的重要区域。

明思宗朱由检崇祯十七年(1644),闯王李自成率领农民起义大军,攻入北京,推翻明朝,迫使崇祯帝在煤山(今北京景山)自缢于一株老槐树下。其后,李自成统率精兵五万,横穿通州城,杀奔山海关,征讨前明宁远总兵吴三桂,同时抵御后金兵对中原的侵犯。吴三桂勾结后金入关,并联合后金镇压起义军,攻入北京。后金定都北京,改国号为清。清世祖爱新觉罗·福临顺治元年(1644),沿袭明制仍设顺天府。又在元年、四年(1647)、十四年(1657),在通州城中先后设置通州道、通密道、通蓟道,负责京东八州县全部军政事务。镇域北区随通州先后改隶清顺天府通州道、通密道、通蓟道,而南区随潞县改属清顺天府。十六年(1659),潞县并入通州,成为通州直辖区,镇域北、南区一并成为通州核心区域。

清康熙八年(1669)，通蓟道改称通永道(道属设在今通州三中老校址女师胡同西部北侧)，掌管京东十一府、州、县全部军政事务以及永定河、潮白河河务。镇域随通州上属顺天府通永道。

清宣统三年(1911)，中国资产阶级革命的先驱者孙中山，领导辛亥革命，推翻了中国最后一个封建王朝——清朝，建立了中华民国。民国元年(1912)，

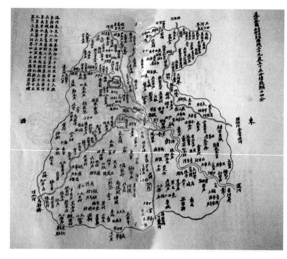

京师顺天府全图

袭用明清之制，仍在北京地区设立顺天府，镇域随通州改属民国顺天府。

民国三年(1914)，民国政府将全国所有下不领县的州级政权降级为县，通州降称通县，同时，顺天府改称京兆特别区，镇域随通县上隶京兆特别区。

十七年(1928)，民国政府将首都从北京迁往南京，同时，京兆特别区易名北平市，直隶省改称河北省，镇域随通县改属河北省。

二十二年(1933)，日寇铁蹄侵逼到长城一线，《塘沽协定》规定辽阔的冀东地区划分为两个非武装区，即滦榆和蓟密非战区，蓟密区专员公署自北平市迁到通县城中三教庙内，通县县城南城垣东西延长线以北区域划入蓟密非战区，而以南区域仍为国民党政府统治之地，镇域依然上属河北省通县。

二十四年(1935)，在日寇特务机关的策划和操纵下，大汉奸殷汝耕投降纳叛，网罗和勾结一帮卖国贼，在通县三教庙内拼凑了一个具有政权性质的"冀东防共自治委员会"。并在一个月之后的12月25日，迫不及待地将"冀东防共自治委员会"定名为"冀东防共自治政府"，辖领冀东二十二县、唐山市和秦皇岛海港。日伪通县政府把国民党通县政府挤到今张湾镇村东西古街之侧，则张家湾镇域成为国民党河北省通县县政府所在地。

二十六年(1937)公历7月29日午夜，伪冀东政府驻通保安队第一总队队长少将张庆余、第二总队队长少将张砚田及教导总队第二区队长沈维干，三人联手组成指挥部，领导驻通保安队万余人举行抗日武装起义，当夜生擒了大汉奸、伪冀东政府长官殷汝耕，击毙了日寇驻伪政府特务机关长细木繁大佐、顾问

奥田重信大佐及守备队长以下五百余人,迫使伪冀东政府东迁唐山。次年,伪冀东政府与先已成立的伪华北临时政府这两个日寇傀儡政权合并,设置伪河北省冀东道,同时国民党通县政府归并伪通县政府。镇域随伪通县政权上属伪河北省冀东道,成为沦陷区,饱受着日寇烧杀淫掠的深重苦难。

二十九年(1940),国民党副总裁、大汉奸汪精卫公开投敌,在南京成立伪国民政府,伪河北省政府上属这个傀儡政府。同时,日伪政权废除冀东道,而在北平市内设置燕京道,镇域随伪通县政权属其范围。

三十三年(1944),侵华日寇节节败退。当年6月,日伪政权被迫撤销燕京道,在唐山设置伪河北省冀东特别行政区,进行垂死挣扎。镇域随伪通县政权上隶此伪行政区,仍在伪通县政府的严密控制之下。

三十四年(1945)公历8月15日,日本宣布无条件投降,9月3日,在投降书上正式签字,中国人民抗日战争取得了彻底胜利。当月,国民党政府在美帝国主义的大力支持下,派遣大批军队,纷纷抢占解放区。国民党河北省政府在通县三教庙内设立第五专区衙署,镇域随国民党通县政府改属这一专区。同时,镇域设有陆辛庄、牛堡屯、张家湾和土桥等四个乡。10月,冀东各县边区抗日民主联合政府撤除,各县都独立建立人民民主政府。通县民主政府设在今西集镇东北角潮白河回湾的侯各庄村,机关设在该村西北角圆通寺处(或尹家河村),领导全县人民进行反蒋解放斗争。镇域同时又是通县民主政府领导的地区。

三十七年(1948)公历12月13日,中国人民解放军第四十一军第三纵队第一三五六团,在团长李常华的指挥下,以牺牲七十余人、受伤百余人的巨大代价,彻底消灭了盘踞在北京与天津之间著名古镇马驹桥的国民党二五二师下属的一个青年军整编连,而后宣布通县全境解放。同时,冀东十四军分区驻入通县三教庙内。通县民主政府机关自西集迁到张湾村古街之侧,镇域随通县上属冀东十四军分区。

1949年8月,河北省人民政府在通县三教庙设置通县专属,辖领平北、平南、平东十四县镇,镇域随通县上属这个专区。

1950年6月,通县政府在张湾镇村、牛堡屯中街分别设置区级政府,称通县六区、五区,镇域北区上属通县六区,南区上属通县五区。

1955年3月,县内以数字排列顺序称名的区级机构均改为机关所在地的名称,则六区改称张家湾区,五区改称为牛堡屯区,镇域北区、南区分别上属这两个区。

1956年7月,在国家行政区划中有三个级别的地方政权机构都有"区"字,

不便区分,且层次太多,遂将
县下所设置的区级地方机构
废除,由县直辖乡。于是撤
销张家湾区和牛堡屯区,将
其范围调整为张家湾乡、土
桥乡、台湖乡、上店乡、陆辛
庄乡、牛堡屯乡、大杜社乡和
于家务乡,则镇域内具有张
家湾、土桥、上店、牛堡屯、陆
辛庄五乡。

　　1958 年 4 月,通县脱离
河北省管辖而划入北京市,
与先已成立的通州市合在一
起改称通州区,镇域随通州
区上属北京市。同时,在 5
月精简乡级机构,减少农民
负担,镇域内设有张家湾、牛
堡屯两个乡。9 月,北京市实
行"人民公社化",全区撤去

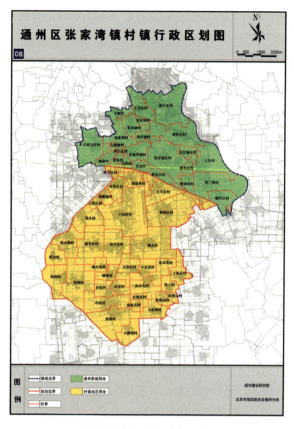

通州区张家湾镇总体规划

乡级政府机构,而建立政、社合一的组织机构,分别于张家湾、牛堡屯设立两个
人民公社,下辖张家湾、土桥、台湖、上店、牛堡屯、陆辛庄、大杜社、于家务八个
管理区。其中台湖、大杜社、于家务三个管理区不在今镇域内。

　　1960 年 2 月,通州区复称通县,镇域上属通县,但公社设置未变。

　　1961 年 10 月,原张家湾人民公社、牛堡屯人民公社分别改称为张家湾工作
委员会、牛堡屯工作委员会,简称"工作委";同时,原所辖的八个管理区分别改
称为人民公社,其中台湖、于家务、大杜社三社不在今镇域内。

　　1965 年 5 月,撤销工委,对县内公社进行调整合并,原土桥、上店两社并入
张家湾公社;陆辛庄、大杜社公社并入牛堡屯公社;镇域内具有两社,而大杜社
公社不在今镇域内。

　　1968 年,通县革命委员会成立,原各公社都改名为"某某公社革命委员
会",镇域内有张家湾、牛堡屯两个公社革命委员会。

　　1977 年,通县内各革命委员会废除,都恢复原名称"某某公社",镇域内有

张家湾、牛堡屯二公社。

1983 年秋,人民公社解体,恢复乡级政权机构设置,镇域内张家湾、牛堡屯二社分别易名为乡。

1985 年,张家湾成为北京市第一个亿元乡。

1990 年 2 月,镇域内二乡分别改称张家湾镇、牛堡屯镇。

1997 年 5 月,撤县改区,通县复称通州区,且在当年 9 月完成改称事宜。镇域内的二镇分别上属通州区。

2002 年,牛堡屯镇并入张家湾镇,镇域合而为一。

2013 年,通州区文化旅游区涉及张家湾镇的征地工作基本完成。

2016 年 5 月,习近平总书记主持召开的中共中央政治局会议上,首次研究部署规划建设北京市城市副中心。

2018 年,张辛庄村、上马头村"绿心"棚改项目基本完成。

2019 年,张家湾镇设计小镇规划建设正式启动,以"设计小镇、智慧小镇、活力小镇"为发展方向,以"创新设计+城市科技"为产业定位,优化小镇生产、生活、生态环境,构建产、城、人、文四位一体的特色小镇形态,打造首都"国际设计之都的主平台""城市科技应用的样板区""24 小时活力示范区"。年底,三十三家城市科技和创意设计领域的行业领军企业首批入驻。

2020 年,梁各庄村棚户区改造项目集中签约工作顺利完成。城市绿心森林公园开园。

2021 年,北京环球度假区正式开园,成为首都文旅新名片。

通州区成为北京城市副中心后,镇域北部城市化进程逐步加快,镇域南部则规划为近郊旅游观光区;张家湾设计小镇正在如火如荼的建设中。勤劳的张家湾人民在张家湾镇这片土地上积极进取,顽强拼搏,创造了无数辉煌,在实现中华民族伟大复兴的历史进程中,必将创造更加光辉灿烂的明天。

(作者:周庆良,原通州区文物管理所所长,通州区政协文史和学习委员会特邀委员)

漕运与张家湾

张家湾地区的漕运河流

张家湾这一名称,驰名祖国大江南北,享誉海外。因何如此?概源于它对封建王朝政权的巩固、国家的统一、首都的建设、经济文化的发展有着极其重要的作用。在张家湾镇域内,古代有大小六条河流穿经,其中的通惠河、白河、萧太后河、凉水河和港沟河五条河都曾是运河。在一个不大的乡镇域内存在着这么多条运河,这在中外历史上极少见到。

白　　河

以两岸白沙一片不长青草故称。这是元代才开始有的称呼,在这之前,此河在秦朝叫沽水。"沽"读作"古",是滥恶之意,是指其经常泛滥成灾,给两畔人民造成极大的灾难和痛苦,通州前人就以此而称名了,正像北魏水利学家郦道元在他所著的《水经注》中所说的那样,沽水"入潞(今通州)乱流"。《通州志·漕运》中载:"秦使天下飞刍挽粟,起于黄、腄、琅邪负海之郡,转输北河,北河即白河也。"表明秦时,白河曾称作"北河"。

沿至西汉,路县(今通州)设置,城在今潞城镇古城村,也许是当时人不愿意再以"滥恶"之意称为"沽水",也许是路县官员带领人民对此河进行了治理,使不再泛滥,也许是沽水纵穿路县全境,于是,把此河改称为"潞水"了。

到了汉末、三国魏时期,因朝廷曾用此河漕运过粮食和衣物,故又改名为"箪沟"。《礼·曲礼上·注》载"盛饭食者,圜曰箪,方曰笥",后来就将盛衣物或饭食的方形盛器称为笥。此河曾用来运送粮食和衣物,来供给守卫北方军事重镇幽州蓟城和长城的部队,而河道就像方形的盛器,故名"箪沟"。不管此名是否为通州前人所命,其名之生动形象是不言自明了。然而,"潞水"一名一直没有泯灭,仍然常见于史籍。自秦至南北朝,此河一直被朝廷用于漕运。

至唐代,此河曾称"潞河",何以见得?1983 年夏,在张湾村北的土桥砖瓦厂内取土时,出土了一合唐贞元十四年(798)潞县录事孙如玉的墓志铭,志文在描述墓地风水极好时言:"魂埋潞川,东有潞河通海,西有长城蓦山,南有朱雀林兼临河古戍,北有玄武至潞津古关,并是齐时所置。"句中道出唐时白河称"潞河",且指明彼时今张家湾一带有一大片原始森林。在《大金国志校·注·许奉使行程录》中还记载:白河在唐时也曾称作"潞沙",似是以沙岸宽广故名。

历史的脚步迈入了金朝。金的第四代皇帝海陵王完颜亮,喜好汉文化,并雄心勃勃要攻灭南宋,然首都黄龙府距长江太远,便决定迁都燕京(今北京市西城区南部一带),遂不仅抽调一百二十万建都的军民工匠,还要从淮河、秦岭以北辖域调集大批建材和粮食,以供建都之需。而当时隋时开凿的永济渠自今天津至北京的一段河道淤塞胶舟,必须开辟新航道,于是相中了潞水,始大规模治理,使之正式成为运河。而此河北端在潞县县城之下,于是因建都的需要,在潞县城中设置通州。因此,潞水又称"通济河"。曾在通州制造战船千余艘,沿此河南下侵宋。

元代,潞水改名叫"白河",但不只这一名称,还有"北泗河""南泗河"之称。其中"北泗河"一名,至今仍在现西集镇吕家湾村六十岁以上的老人中流传,已有七八百年的历史了。原因何在?只缘白河在今永顺镇大棚村附近分为左右两道河汊,右河汊沿小圣庙,张家湾镇的上马头、土桥、张湾、西定福庄、里二泗,潞城镇的武窑、崔家楼、小东各庄、谢楼,西集镇的马坊、沙古堆、供给店一线,与现在的运河合流;其左汊沿潞城镇郝家府、南刘各庄、七级、卜落垡、侉店,西集镇的望君瞳、曹刘各庄、上坡、和合站一线,至吕家湾村同右汊相合并流,故有"合河站"村名,以左右(或内外)两条白河合流而名。其左河汊在分流之前,于今通州城北先后集中汇入了高梁河(今通惠河)、温榆河、小中河,故有"泗河"之称,时称"北泗河"或"外泗河"。其右河汊在今张家湾先后汇入了元郭守敬所开的通惠河、辽时开凿的萧太后运粮河和永定河东支浑河(今凉水河),故也有"泗河"之称,时应称"内泗河"或"南泗河"。两条"泗河"在吕家湾村南合流,十分鲜明,故该村人记忆犹新,代代相传,至今如此,称西北来的"泗河"为"北泗河",而西来的"泗河"为"南泗河"。约在明万历年间,北泗河淤塞而不能行船,故将"合河驿"这一水驿西迁到张家湾城南萧太后河南岸。此时,"北泗河"不能行船,只有"南泗河"(或里泗河)行船,故"南"字不必要存在了,只称"泗河"了。

当然,因"泗河"是以白河为主线,也应称作"外白河"和"内白河"。至今,在潞城镇郝家府、三元村、古城一带老人,还称"外白河"为"外河"。元代不论海运或河运,都要用此河漕运。

　　明代,白河与潮河在密云县城西南的河槽村汇合,合流后的白河也称"潮白河"。又因此河在通州城内性悍多沙,经常改道,自由自在,故俗称"自在河";当时大运河通称"漕河",而通州至天津段漕河是白河,故又称作"白漕";当时将大运河北端通州视为首都的重要组成部分,而将嘉靖七年(1528)重修的通惠河俗称作"里河",而白河对应称作"外河",沿外河边形成的街巷则称为"外河沿"。需要指出,这里所指的"外河"与元代所称的"外河"各有所指,不能混淆。

　　清朝雍正四年(1726),怡贤亲王胤祥受命治理京东水利及直隶省(今河北省大部)北部各条河道,将白河定名为"北运河",以其位于京杭大运河北端首起段故名。一直沿称至今,已有近三百年历史了。

　　综上所述,自秦至清中期这两千多年间,流经张家湾域内的京杭大运河河段,因各种原因而有十多个名称,一条河流冠名之多此为世界之最。其中"潞河"一名口头沿称最久,有一千三百余年。

北 运 河

　　北运河在清嘉庆十三年(1808)改道了。张家湾城东北一线的皇木厂、土桥、上马头、小圣庙和其东南一线的西定福庄、里二泗、武窑、崔家楼、谢楼、马坊、沙古堆、供给店的河道,遗迹荡然无存。只有皇木厂至张家湾镇段、张家湾养鱼场段、崔家楼至谢楼段的故道遗迹仍然存在,河道下埋藏着古船、皇木等多种文物。

　　流经张家湾辖域的古代河流除北运河外,还有元通惠河(今称玉带河)、萧太后运粮河、凉水河、苍头河、港沟河五条。其中萧太后河、元通惠河两条另有专文记述,下面把未叙及的河流予以简述。

今日的北运河

17

凉 水 河

此河在远古时代,曾是今永定河的主流,对今通州区域的中、南部分地面的冲击沉淀有重要贡献,后来,河道渐渐向右扇面式改道,形成现在永定河流向,而凉水河便成了永定河的东派分支,于今张家湾镇何各庄村北,汇入沽水(嘉庆十三年前的白河)。

据《水经注》及一些史料记载,此河多随今永定河名称而变称。汉以前称作"治水","治"读作"驰"。东汉,以此河发源于山西省神驰县东部的群山之中,出雁门关所在阴馆县的累头山,又易名为"灅水","灅"读如"垒"。当时,沿河流域森林茂密,水土保持良好,水质清凉,故在西晋时再改称作"清泉河"。隋大业四年(608)开凿永济渠时,曾经利用并疏浚了清泉河在今台湖镇高古庄以上的河道,用为运河,直到涿郡(今北京市西城区南部辖区),但高古庄至今张家湾的清泉河河道并非运河。

至辽代,清泉河再次改道,使隋唐时期永济渠失去卢沟河(今永定河)的主要水源,因而不能再承担漕运任务。清泉河东支(今凉水河)则以陪都南京城南的莲花河为水源,至马驹里(今马驹桥)处,高梁河南支自今什刹海分流后,沿朝阳区十八里店、南双桥,通州区台湖镇郑庄、马驹桥镇海户屯一线,于河北段村东入清泉河,二河汇流,水量大增,以"水势相激汹涌貌"而名之"潇河",东流入潞水。

元代末期,为解决大都漕运问题,开修金口新河,自今永定河左岸金口处导引河水东南流,至今台湖镇新河村东入潇河。因金口新河的汇入,故潇河主流又易名为"新河",成为京杭大运河北端今张家湾向大都城转运粮物的支运河。

明时,卢沟河在今丰台区看丹村决口,水夺新河上源河道而流,浑流滚滚,黄水滔滔,

今日的凉水河

至张家湾入白河,因水流浑浊,又易名为"浑河",本来在辽代已经脱离了卢沟河的潞河(新河),一下子又成为卢沟河的东脉。

清康熙三十七年(1698),清圣祖下诏治理卢沟河(浑河),堵闭看丹村决口,使卢沟河不再分派东流,筑堤防

永济渠故道遗址

护,卢沟河改名为永定河;如此,看丹村以东的浑河断绝上源水,水源取自北京右安门外水庄头的凤泉,至南海子处再收纳数十泉水,水流渐大而清澈见底,一改前状,遂改河名为"凉水河",直至于今。

雍正四年(1726),怡贤亲王受命治理京东水利,曾治理了凉水河,裁弯取直,使水流速快,以便泄洪通畅,又筑南堤防大水南泄冲毁农田村庄,且在今台湖镇高古庄村东南角外河上筑坝建闸,挑挖永济渠故道,称凉水新河。

1954年春,河北省政府(当时通州区上属河北省,1958年4月才划入北京市)通县专区征调域内农民,整治凉水河,裁去弯道,将河道都扩宽到六十米,甩掉今张家湾镇样田村东北、南火垡村北、齐善庄村北、牌楼营村中、何各庄村北等诸处弯曲老河道,使该河直接贴近张湾镇村南口外东去;又利用港沟河在张家湾的起首段,到潞县镇靛庄村又甩开港沟河,直向苏庄南开去,入大运河。此次工程曾在样田村北、苍头村北、姚园村北、马营村北、何各庄村北等张家湾镇域河段上建造木桥五座,交通得到大大改善。

20世纪70年代,北京市政府曾组织一次清淤复堤工程。90年代,市政府再次治理凉水河,使河道扩宽到一百米,同时修筑堤防,加高培厚,以防洪泛。同时于样田村北、马营村北建造现代电动水闸,以节水灌溉农田。

港 沟 河

港沟河在东汉末期到南北朝时,曾是潞水的故道,称笥沟。曹操北征乌桓,曾用此河漕运粮草,供应远征将士。后潞水于今张家湾又改道左移,而笥沟尚

有涓涓细流,自今张湾镇村处,分得潞水少许之水东南而流,经今潮县镇靛庄、潮县、田村、沈庄、军屯、龙庄、前元化一线出域界,至武清县堰上村入凤河,再入潞水。

辽圣宗统和二十二年(1004)辽宋《澶渊之盟》签订后,辽朝为加强陪都南京实力,发展经济,以与北宋对峙,牢固占据"燕云十六州"地盘,便治理古代笥沟故道,与香河县的青龙湾河、宝坻县的七里海、宁河县的白龙港河,转运从辽东营口装上海船的粮物,到今张家湾,从新开凿的萧太后运粮河,再转运到南京东门外的终点码头,即现在的大、小川淀胡同一带。由此可以说,港沟河在辽代也曾是运河,而其河名称则是取"白龙港"和"笥沟"的两个河名的尾字而得名的。

金代天德三年(1151),为首都建设而治理潞水为运河,港沟河不再用于漕运,但毕竟要在张湾村处分流部分运河水量,这在雨季,可以助泄运河洪水,而在少雨季节,分流运河水就要影响运河漕运。于是,在清雍正四年(1726)治理京东水利时,在港沟河上近河口处,修筑一道滚水坝,即位于何各庄村东北角外河道上,为"三合土"夯筑。雨水多时,运河水分流入港沟河溢坝可泄;干旱时,运河水被坝挡住,不能降低运河水位,保障行驶漕船。1954年治理凉水河时,港沟河上游河道被利用,遂将滚水坝凿毁,部分"三合土"土块弃置于原坝两端的河岸上。

2012年冬,通州区博物馆从清代某军粮经纪后代陈乃文先生那里征集到一张手绘通州粮道图,表明在清末一段时间,港沟河曾是北运河的附运道,据陈老先生说,此河当时称作"西粮道"。可见,港沟河在历史上曾两度成为运河,而此河上口就曾在张湾镇村东。

萧太后河

世界上河流万万千千,唯独以人名命名的河流在通州,这就是萧太后运粮河。此河在正史中没有记载,何时开挖,首尾在什么地方,都不明确。只是在明清某些笔记内有所述及,但也不清晰。然而这条历史上有名的运河,与燕京蓟城有密切关系的运河,却是实实在在地存在。在后唐清泰三年(936),河东节度使石敬瑭叛朝,投靠契丹,割让燕云十六州换取皇帝位,于同年十一月,当上儿皇帝,建国后晋,改元天福。三年(938),后晋将十六州拱手交给契丹。契丹垂手得到了这垂涎已久的大片中原国土,即刻立幽州为陪都——南京,采取"一国两制"的战略，"以国制治契丹，以汉制待汉人"(《辽史·百官志》)。在南京设有宰相府、南京留守司、三使司、转运使、南京兵马都总管府、南京都虞侯司、南京警巡院、南京处置使、南京太学等等众多国家级部门和地方各级机构，驻守南京都元帅府、南京马步兵都指挥使司等中央及地方各军事指挥机关，既要巩固住这块封建制度统治下汉人居住的新领土，保住契丹国新辟南疆，又要以此地为南下伐宋的前沿阵地，震慑宋朝，还要建设经营陪都蓟城。所以在辽宋双方几经征战之后，农业蒙受重大损失，南京地区不能满足大批官僚机构与大批军队的供应，因此必须自契丹旧有国土的辽东地区向南京输送粮食和各种物资。同时，在统和二十二年

萧太后的画像

(1004)双方签订《澶渊之盟》后，辽南京地区处于和平发展时期，需要休养生息，同宋朝进行友好商贸经济往来，更需要便利的交通运输条件，这就为辽朝在南京地区开修运河提出了历史任务并创造了极好机遇。

　　据实地踏查和史料分析，辽朝在"澶渊之盟"后开修萧太后运粮河有着优越的自然条件。首先是水源丰富，上源既有发源于西山诸泉与海淀平地泉水的高梁河南支，流经今积水潭、北海、中南海之后，东南流至今崇文区龙潭湖，被萧太后河截作水源；又有南京蓟城西北的洗马沟(今永定河一支)，流经今海淀区玉渊潭而南转，入南京城护城河，成为萧太后河的正源。明代刊行的《帝京景物略》载："白云观西南五六里，为萧太后运粮河。"上书中提到的萧太后运粮河就是今天丰台区的莲花河，也就是明时的洗马沟。其次是萧太后河由它的终点码头(今宣武区大、小川淀胡同及平渊里一带)起，东至今通州区张家湾镇入潞水，这近百里河段间，湖淀众多。经实地考察得知，首先是今宣武区内的陶然亭湖，接着是今崇文区内的龙潭湖，继而东南行至今朝阳区老君堂、马家湾、大鲁店，今通州区的胡家垡(古代为胡家筏)、台湖、田府、大高力庄等诸村，附近都有大片洼地，这些大面积的洼地当初都是广阔的湖沼。就在这条河入潞水的张湾村

西,当年就是较大的泊淀,至今尚遗有水塘,元、明、清以来,这里一直用作大运河北端的客船码头。当初勘测、设计、疏挖萧太后运粮河的工程技术人员,经过深入细致的勘察,发挥了聪明才智,充分地利用了众多湖淀,既减省了开河的工程量,又科学地调动了湖泊的蓄水、节制作用,使旱时有水行船,雨时能吞水保岸,加之人工所开之处土质坚致,所以千年来此河未曾改道。因此当地百姓历代相传,称此河为"铜帮铁底运粮河"。

再者,萧太后运粮河河口至渤海海岸间的运道通畅,也是不可忽视的重要条件。此河河口在今张家湾,下接潞水故道笥沟(今港沟河),秦、汉曾用以漕运济边,向东南行穿今通州区中南部,从漷县镇前元化村东入今天津市武清区于里老村东折偏北行,又入今河北省香河县,接青龙湾河(古称大龙湾、小龙湾),再"经宝坻县入七里海,相传辽时海运故道"(《天府广记·漕渠》)。在三岔口处,鲍邱水(今潮白河)自北来会。最后经河北省宁河县的北潭入海,称白龙港河,转运辽东海漕粮物,供给南京。正因如此,取"白龙港"河尾字和"笥沟"尾字,将潞水故道——笥沟称为港沟河。

由于具备了上述的有利时机和有利因素,这条陪都——南京城郊的运粮河才得以开凿成功。然而还有一个不能低估的条件,那就是萧太后这个中国历史上著名的女政治家、军事家的高瞻远瞩、英明决断。

萧太后名萧绰,小名燕燕,是南京留守(陪都南京最高长官)萧思温的女儿。她聪颖好学,熟练掌握汉文与契丹文字。稍长就好读《贞观政要》(唐太宗时治国安邦的要事和策略),对于李世民和唐明皇李隆基的《实录》更亲自伏案习读。辽景宗纳之为后,称承天皇后。景宗自幼有病,"以女主临朝,国事一决乎其手"(《契丹国志·卷六》),亲手"以契丹字译白居易《讽谏集》"(《契丹国志·卷七》)。景宗死时召集本族官员遗嘱,她年方三十,辅导十二岁的长子耶律隆绪做皇帝,"临朝称制凡二十七载"(《契丹国志·卷七》)。政治上,她举贤才,察贪酷,禁奢靡,纲纪修明,朝野清肃;经济上,她劝课农桑,轻徭薄赋,抚民赈灾;军事上,她"亲御戎车,指麾三军,赏罚信明,将士用命"(《辽史·后妃传》),两服党项,东结高丽,两翼边境平安无事后,便锋指中原。就在她五十二岁那年,"颇有厌兵意"之时,老谋深算,以攻为守,率兵南讨,给宋朝以极大压力,迫宋与辽签订友好之盟,不敢再问幽燕,使南京地区得以和平安宁。在统和二十七年(1009)她五十七岁的时候,归政于辽圣宗,随后而病殁。据此可以断定,萧太后运粮河的开凿时间当在统和二十二年(1004)辽宋和好之后到二十七年萧太后病亡之前这几年之间,究竟确凿时间为哪一年或哪两年,则无由而知了。

萧太后运粮河的开挖,促进了辽宋间的商业往来和发展,推动了南京手工业、商业的迅速崛起,所以在开泰三年(1014)三月增设了南京转运使,加强管理运输事业,以适应经济繁荣的形势。太平五年(1025),辽圣宗身穿便服巡视南京城内,见"六街灯火如昼,土庶嬉游"(《辽史·圣宗本纪》),可知盛况空前。1982年4月今通州区西集镇金各庄、1988年宋庄镇西赵村南口、1990年春马驹桥镇大葛庄北等临河地方,都在施工中发现了北宋时期的大量铜币窖藏,见证了当时双方贸易的繁盛景象。此河沿用到金代,"芦台卤地置盐场","历辽室,迨及本朝二百年间,绵绵不绝"(《通州志·艺文志·宝坻县记》)。另外,此河还使两岸农业丰收,改善水路交通,稳定南京社会形势,为南京蓟城由北方重镇向首都地位过渡奠定了坚实基础,发挥了不小作用。

苍 头 河

苍头河虽然不是漕运河流,但其是张家湾地域内的一条重要河流。"苍头"是个村名,此村就在今张家湾镇域的西北部凉水河南畔。在《通州志》及一些其他史籍里,都把凉水河流到苍头村北的一段叫苍头河,这种认识是错误的,因为著者始终忽略了苍头村西北角外分流凉水河的一条支流河道,此一凉水河支流,早在元代就已存在。此河从苍头村西北角外,分流凉水河河水,沿苍头村西向南流至陆辛庄村北折向东流,当地俗称"北大濠",在陆辛庄东北转向东南流,穿经北大化村中折向东流,至潞观村西南角外再折向东南流,穿大北关与小北关中间,向东流入延芳淀的遗迹。可以说此河是凉水河前身浑河通往延芳淀遗址的一条小河,现在尚有部分河道依然存在。因此河上口在苍头村,故名苍头河,这才是苍头河的真实情况与河名的真正由来。

(作者:周庆良)

张家湾首先是个——"湾"

　　张家湾在北京通州肯定算历史名镇，通州以京杭大运河北端码头著称，而北端码头最早就在张家湾。北京历史上曾有三个地方做过京杭大运河北端码头，一是通州旧城东北，一是京城什刹海，还有一个就是张家湾。张家湾每次做北端码头都不是刻意，或因为里河（通惠河）漕运水量不足，或因为（运河）上游漕运不畅，漕运船只只能行进到张家湾，到这里无法上行，也只能在这里卸船上岸，想不想拿它做北端码头，它都事实上就是。这种情况早到京杭大运河修成之前，还贯穿于它成用之后，直到上游北运河改道，不再经过张家湾。且不说里河或上游淤塞，只要漕船上行的水量不足，比如受季节或气候影响，漕船都只能行进到张家湾。

　　曾对漕运北端码头的三个地方做过相互比较，张家湾还有一个特殊点，那就是不管谁做北端码头，张家湾都是漕运必经之处和重要码头。它自己就是北端码头时不用说了，另两个谁做北端码头时都要过张家湾，而它们两者之间则不兼容。京城什刹海用作大运河北端码头时间不长，满打满算也就几十年；通州旧城东北用作北端码头时间长，但张家湾也仍然是重要码头，一些沉重物资，比如花石板等，只能在张家湾码头卸船。还有北端客运码头，一直都是在张家湾。张家湾就像是大运河北端保底码头，哪里都到不了，也能到张家湾，甚至其他运河段出问题了，改海运由天津入北运河，还能到张家湾……其实元初和元末都这样，张家湾就是保底北京漕运的底牌。

　　张家湾这个地名是怎么来的？就是元初朝廷命万户侯张瑄督海运至大都（北京），结果船只走到这里就再也上不去了，只好在此卸船上岸，再陆路转运大都城。由此这里就变成了漕运码头，人烟渐渐稠密，形成聚落后以张瑄督海运至此而成村名张家湾。可是问题也随之而来了，这地名为什么要叫张家湾呢？"张家"没什么好说，因张瑄而来；"湾"呢？既不是张家村也不是张家庄，甚至张家码头都不是，偏偏就叫了个张家"湾"——这直观说明当时这个地方一定有

24

一个作为地理标志的大水湾。

为什么当年张瑄督海运至大都只能走到这里？为什么它成为码头后又一直是京杭大运河北端保底码头？这一切都说明河流至此水量有较大增长，且作为大码头它还得有宽阔水面(大水湾)泊船。没错！当年这个地方上游就有四河交汇，且其中还有两条大河，一条是自北而南的白河(潞河，后来的北运河)，一条是自西南而东北的漷河(今凉水河)，两条大河在此交汇，冲撞出一个很大的洄流水湾，这就是张家湾地名中"湾"字的由来。

张家湾首先是个——"湾"，这个大水湾先张瑄到来之前就已存在，其位置就在今张家湾古城东南。我们先来说说这个大水湾有多大吧，按照笔者亲自踏勘，这个张家"湾"元初时的范围，大体在今张湾镇村以东，今西、东定福庄村以南，贾各庄村、上店村、里二泗村和烧酒巷村连线以西，北何各庄村(今月亮湾晓镇)以北，其核心是后来的张家湾养鱼场，当时水面面积在五千亩以上。

这还是它平缓安澜时纯粹水湾的范围，一旦到了汛期，两条大河洪水泛滥，此处水湾水量暴增，洄流迅猛，水湾里的水就会向北部洄流洪泛，它北面的洪泛区更大，今贾各庄村至梁各庄村以西，原张辛庄村以南、上马头村东南，原北运河故道东岸以东，包括今南、北许场村一线以东都属于这个范畴，这个洄流洪泛区面积近十万亩！在这个洄流洪泛区内，清代甚至清末以前，除一个西定福庄村(原名千户屯)因特殊地势和特殊作用而有人迹外，从来没有过民居聚落，或者有也随建随毁。今南、北许场村位于北运河故道东岸，洪水发生时也难免遭灾，甚至会变成一片泽国，那也是后来才有民居的。

两条河流冲撞，如何就能冲撞出这么大一个水湾，还形成这么大一片洄流洪泛区？这现在看有点不可思议，但如果追溯这两条河流的前世，这样的结果却是必然。

我们先说白河(潞河)。远古时白河又叫"沽水"，《水经注》载："沽水入潞乱流。""潞"就是今天的通州区，乱流就是分流很多，可见初时其河水之丰沛。事实上通州乃至北京小平原由远古渤海北京湾沧海桑田，主要就是因永定河(古㶟水)、白河(古沽水)和潮河(古鲍丘水)三条大河所携泥沙沉积而成，其中永定河是第一大河，白河第二，潮河第三，可见白河是当时数一数二的大河。

再说西南东北而来的漷河(今凉水河)，我在《台湖镇地质地貌溯源》一文中谈过，它的前身曾是古㶟水(永定河)主流河道。按照一般流体力学规律，永定河应该出北京西南转东流与白河交汇，事实上在本地一次重大地质事件"南苑—通州"地质断裂带出现前，它也就是这个流向的。今凉水河以北北京地区

25

所有由西向东流向的自然河道,都曾经是永定河故道,包括通州北部今天的温榆河,也包括元郭守敬开挖通惠河所循的坑塘,但当某次大地震造成"南苑—通州"地质断裂后,当时永定河水就循着这个断裂而来,一时间它曾是永定河的主流,而这个断裂正是今凉水河故道。

于是造就北京小平原的两大河流,几乎在某一个时点就发生了新的交汇,而且它们还是逆向带角度地撞击到一起,这个撞击的点就在"张家湾"。你能想象如此巨大的两条河流撞在一起会发生什么,洄流激荡,巨浪滔天!田野调查时在西定福庄我遇到了一位长者,问及此地从前地貌,这位长者说他小时候听奶奶说过,村庄西北曾有高大沙丘。有多高?长者上下比画了一会儿断言:我奶奶说的高度该有现在五层楼高!同在一起的另几个人惊讶,我对这个说法也吃惊,但不震惊:明代大文学家汤显祖在里二泗留诗,"陵岳翠西矗,河渠白东淼"。他说的"陵岳"是什么?回头再想想我的推理和验证,还有在张家湾发现的其他考古证据,我认定这个说法并不是空穴来风。

今张家湾古城东部,打井五十米以下还发现古代打下的木桩,五十米对比现在五层楼房高度,只能说那位老奶奶看到的沙丘还不是它最高的时候。今皇木厂和北许场村中间,还有一条工业铁路线,曾亲眼目睹这条铁轨铺设的皇木厂村一位耆老说,当时打铁路地基时挖到七米深,地下的土壤却还是一层土一层沙层叠,找不到坚实基础,最终不得不打水泥桩固定路基,这是不定期洪泛的铁证。还有今贾各庄村和梁各庄村较大的地势起伏,这种地貌在本地非常罕见,且其垄岗方向南北环曲,地貌形成应该也是洄流洪泛的结果,这说明洪泛区最初面积还要更大。还有位于今铜牛公司院内南部的"砖头山",那是一次次洄流将被冲毁的砖瓦等物沉积于洄流中心所致……种种证据表明:远古时这里两条大河曾剧烈冲撞,最早的洄流水湾和洪泛面积还远不止前述范围。

据《北京市志稿·庙集》:"里二泗河神祠四月四日有庙会,……粮船至此停泊者数十艘,凑费演戏酬神。"《北京市志稿》官修于民国时期,记载的是清末至民国二十七年(1938)北京地方事,这时北运河张家湾上游已改道一百多年,此处所记应是时人追溯运河改道前的状况。"粮船至此停泊者数十艘",这得是多大的水面?这还是它最后留给人们的记忆。

有关于此我还专门做了一次流体力学试验,在一片松软的小坡面上,按这里两条大河交汇的角度固定两根水管,两根水管的流量也按比例调节好。水流开启半个多小时后,果然冲刷出一个洄流水湾,且下游冲开一条水道,大约就是两根水管流向相互调整后的方向,这个方向还与两根水管流量比值有关,水管

26

流量越大,下游水流方向越偏向于它……由此观察分析和判断,"张家湾"下游原白河(北运河)故道,自"张家湾"向东偏北而下,说明它刚形成时来自凉水河西南方向的水量更大,这也进一步佐证了今凉水河故道曾是永定河(古㶟水)主流的结论,它曾经的水量比白河(古沽水)更大。

而且在"张家湾"下游除了北运河故道,曾经还有一条向南偏东方向流去的河道,它也曾是白河故道。东汉时曹操用它漕运过运往辽东的军需物资,称"笥沟";辽代时则用之为萧太后运粮河下游河道,叫"港沟河",直接今河北香河县大、小龙湾,再东南到当时渤海口附近的白龙港,"港沟"就是白龙港和笥沟各取一字而来。这条河道又是怎么来的呢?同样是这两条大河冲撞,按照流体力学规律造就的自然结果。

两条大河的水量不同时期肯定也存在此消彼长,当白河汛期而凉水河流量一般时,白河也有占据上风的时候,且在"南苑—通州"断裂带出现之前,白河可能就是循着这条河道自然向东南流淌。当凉水河突然出现后,这种情况才被改变。但这条故道还在,白河水盛时这条河道也仍在发挥作用,所以这条下游河道也被保留下来。东汉三国和辽初时,这条河道水量还足够漕运,又因此河道较东偏北流去的北运河故道到下游的运程更短,水流平稳,所以曹操和萧太后选择漕运河道时才先选中了它。

不过因当初凉水河和白河水量终究差异较大,下游形成的两条河道终于宽窄不同,深浅也不同,总归是流向东偏北的北运河故道更宽也更深,随着北方地区河流水量总体缩减,元初开掘京杭大运河时还是选择了这条河道。当年用来漕运的港沟河(笥沟)渐被淘汰出局,从辅助、弃用到节流、截流,如今的港沟河已经是一条没有了上源的小河流。

元初张瑄督海运到达"张家湾"时,走的就是"张家湾"下游东偏北的这条河道,那时候这条河道还足够宽、深,"张家湾"也还水面辽阔,足够停泊漕船。当然比不了最盛时,这时候的㶟河水量已经大不如前,变成了永定河一条支流。不过白河水量有所增加,因为白河和潮河交汇点也在不断上移,按郦道元《水经注》,这两条河流北魏(386—534)时交汇在通州区东南边缘,但到了唐后五代十国时,史料明确记载,它们的汇流处已北迁到了今北京顺义区的牛栏山。潮白二河汇流,其下游所走的河道就是白河下游故道,也就是说白河流到张家湾已合流潮白二河。小小"张家湾"竟是北京三大河流都曾流经的地方,只不过它们没有同时汇流,若不然"张家湾"水面可能更大。潮白合流后水量已大过凉水河,但由于此时"张家湾"地貌已经形成,这些变化并没有对这里的地貌造成太大改变。而后辽、金,元初张瑄督海运到此时,看到的就是前述范围的那个大水湾,洄流洪泛也只有汛期才会出现。

当时除了凉水河和白河,还有哪些河流汇流"张家湾"呢?萧太后河算一个,别管它主要是自然河流还是人工河流,起码辽时它已经用来漕运了,而且肯定经过"张家湾",还在今张家湾古城东南建有粮仓,它是供给凉水河南延芳淀皇家捺钵的三粮仓之一。张家湾还应该已经是客运码头,但那时候这里还不叫张家湾而已。直接汇入"张家湾"的河流还有一条,那就是号称通州第一条人工河的玉带河,它开掘于北齐,是堆筑北齐土长城时附带的"护土长城河",只是那时候不知它叫什么名字,但显然它比萧太后河还早。

当时作为北齐"护土长城河"的玉带河还分为两段,今土桥村东北以北一段就在土桥村东北入白河,然后随白河入"张家湾",但今土桥村以南的一段"护土长城河"则直接汇入"张家湾"。这一段"护土长城河"不长,似乎也没有上源,但其实后来被郭守敬利用开挖成通惠河的那些永定河故道上的坑塘潴水,在通惠河开凿之前就是这段"护土长城河"上源,所以我们通常认知的张家湾在通惠河开凿之后才有的四水汇流,早在辽有了萧太后运粮河时就有,如果萧太后河也是半自然河道而来,那这种场景更早到北齐堆筑起土长城之后。可以肯定元初张瑄至此时,"张家湾"上游已是四水汇流,而且上游一点先入白河的那段北齐"护土长城河"还不用算数。

今天通州旧城东北北运河源头号称"五河交汇",那是把上下游河道都合在一起算了,如果按照同样算法,当初的"张家湾"岂不更牛?上游四河汇聚,下游两河分流,妥妥的"一湾六河"啊!正是因为"张家湾"上游四水汇聚,白河(北运河)流到这里水量才足够漕运,元初张瑄也才能督海运至此,当然也只能到这里了。

"张家湾"是个天然漕运良港,这个大水湾是两条大河冲撞而成,水面足够辽阔,水深也足够泊船,而且洄流而来的堤岸陡峭,使漕船很方便靠岸,更是一处理想码头。所以元初张瑄督海运至此虽不能继续上行,但可当即在此泊船卸货,也算是相当便利了。故元初那段时间张家湾迅速成名,南方运来的粮食在此上岸,建设元大都的建材也在此上岸,因有"先有张家湾,后有北京城"之说,后又讹为"先有张家湾,后有通州城",连北京都有"水上漂来的北京城"之说。北京从哪儿漂上来的?张家湾呗!元初一段时间,张家湾可谓风头无两,直到后来郭守敬开掘了通惠河,京杭大运河全线贯通,南方漕船可以由张家湾梯航直接进京,那张家湾也是北运河上举足轻重的漕运枢纽和重要码头。

张家湾可说是由此出了大名,以至于后世一提张家湾,谁都知道因元初张瑄督海运至此而名,它以前的历史在盛名之下竟被雪藏,好像因张瑄到来才有张家湾,那之前根本就没这个地方。再后来北运河突然改道不再经过张家湾,张家湾水湾也迅速缩减,人们就只记住了张家湾这个地名,连它以前还有个大水湾也忘记了,只知道这里曾有几河交汇……好在还有古籍上的只言片语,还有考古和历史文化的不断挖掘。

1990年《北京市通县地名志》这样记载张家湾村:张家湾村元代已成村。因古潞水(白河)经此,早在唐太和年间(827—835),此地即建有林皋寺;宋天圣八年(1030)在该地南建有海藏寺;辽天庆十年(1120)建有古城寺。在辽、金时期,这里即为漕运通道和辽国屯兵、乘船游幸之地,早有人烟生息。元代因此地处白河、凉水河、萧太后河汇流处,河道环曲,万户张瑄督海运至此,故名张家湾。元至元二十九年(1292)都水监郭守敬所开通惠河经此入白河,东南粟米漕运经此直抵大都(北京)积水潭(什刹海)……

志书记张家湾村元代成村,又称此处早有人烟,甚至唐太和年间就开始建有寺庙,这时间跨度真有点大。志书记载的三座古寺,事实上不局限于张家湾村,其中的海藏寺远在今张家湾镇土桥村,但古城寺和林皋寺不远,古城寺在今张湾镇村北部,辽挖萧太后运粮河以前,它就在今张湾村南。林皋寺在今张湾古城北部,它在三座古寺中又时间最早,可明确属于原张家湾村。林皋寺建于唐太和年间,既然早到那时这里就建有寺庙,其人迹史自然还可以向前追溯,这一追溯就起码追溯到北齐,甚至前秦,甚至更远,比如"张家湾"这个大水湾最初形成,那应该已是人类文明史以前了。

可以确定的是早在北齐天保八年(557),北齐土长城就已堆筑到此,并在今张家湾古城遗址设立了卫戍城堡,这些都已被考古证实,建于辽天庆十年的古城寺所指古城,应该就是古城堡。正因为这里前临两条大河冲撞出的巨大水湾,洪水滔天,地势险要,一开始才成为军事重地。辽宋时这里虽已被用作漕运码头,也主要由国家占用,所以才成村较晚,但元初张瑄来此之前,这里已经不是无主之地,它最早的民间归属,应是附近建于唐代的大高力庄村。何以见得?因为张家湾古城西北元代所建的广福寺初名高丽寺,那就是大高力庄村原住民对这里的主权宣誓。未被开发利用前,这里再东是大高力庄村民眼中的一片洪荒,可随着张家湾名声越来越大,大高力庄村反渐为所属……

随着北方河流水量不断缩减,"张家湾"水面也肯定在不断缩减,但因为当初的地貌早已形成,这种缩减对地貌影响不大,而且每到河流汛期,"张家湾"北部洄流洪泛区也还有洪水泛滥。绘制于清康熙年间的《潞河督运图》南起张家湾,开篇便是"张家湾"泊船水面,这说明起码康熙时"张家湾"水面还相当辽阔。此处洄流洪泛区内也一直没有村庄(千户屯即今西定福庄村除外),连位于洪泛区西部边缘的南、北许场村,成村都已是运河改道后又近百年了。正因为这一区域村庄稀少,1992年通县工业区才选址于此。

让"张家湾"水面迅速消失的是清嘉庆十三年(1808)运河改道,因大洪水"张家湾"上游北运河河道自今小神庙村东南突然改道向东南,北运河从此不再经过张家湾,"张家湾"水面失去了最重要上游水源,它的缩减也就不可逆转了。好在经过"张家湾"上游还有另外三条小河流,这种缩减也才呈现逐渐的过程。1900年前后南、北许场村建村,标志着"张家湾"开始成为历史,再到1954年凉水河河道改造弯向东南直入北运河,并拐走了萧太后河和玉带河流水,"张家湾"才彻底没有了水源,变成张家湾养鱼场,再以后养鱼场也干涸了,剩下的就是一个没有水湾的张家湾了。

(作者:刘福田,通州区政协文史和学习委员会特邀委员,北京市作家协会会员)

凉水河、萧太后河和元通惠河溯源

谁都知道北京通州有一条北运河,它是京杭大运河最北段,通州城东是它的北源,因为大运河北端漕运码头的重要历史地位,通州繁华了上千年……但有些人却不知道,通州还有一条凉水河,这条河是北运河的支流,它在"张家湾"汇入北运河故道,同北运河张家湾上游另两条支流萧太后河和元通惠河(今玉带河下游为其故道)一起,保障了北运河张家湾下游的运河水量。元初张瑄督海运到天津溯流而上时,漕船只能航行到张家湾,张家湾以上就只能陆路转运了。凉水河是一条大河,它曾是永定河(古㶟水)东派主流,同为北运河张家湾上游支流的另外两条河,水量就相对有限了。

再往前追溯,这条凉水河水量更大,大到它曾是古㶟水主流,比在张家湾与它汇合的白河(古沽水)水量还大。不仅如此,这条河南北两岸地貌差异很大,河北是台地,包括今张家湾镇凉水河故道以北、今台湖镇、今朝阳区中南部,甚至还包括更西的丰台区东部,但不涉及台湖镇南邻马驹桥镇。总之,其南部界线就是今凉水河故道。凉水河以北海拔普遍高于其南,古时这种差异更大,直到辽、金时,凉水河北是高台湖泊地貌,河南却是烟波浩渺的延芳淀。

一条河道怎么就界分出了如此差异的地貌呢? 这要从远古地质变迁说起,不是河道造成了两岸地貌差异,而是地貌差异出现后,才有了这样一条河。

远古时期的北京地区可不是今天这样的平原,它曾是一片汪洋。这倒没什么稀奇,因为太古大陆形成于大约六亿年前,这之前整个地球都被海水包裹。特别是太行山地区在华北古大陆形成之后(大约三亿年前)继续发生剧烈地质运动:大约一亿七千万年前,这里发生"吕梁运动",太行山地区进入差异升降阶段,太行山山脉隆起,山南平原沉降,海水涌入,沿太行山南侧成为古渤海湾。

《读史方舆纪要》卷十三说渤海:"古名勃海。应劭曰:海之横出者,曰勃。"就是说渤海之所以称渤海,因为它曾横出大陆。

七千万年前,太行山东侧又发生"燕山运动",它使太行山发生强烈褶皱和断裂,今北京西山以东山脉又大部沉降于地下,远古时的通州地区正在这个范围之内。今人都知道通州没有山,但其实我们脚下数千米就踩着原来太行山的尾巴。与此同时则是燕山山脉隆起,这奠定了今天太行山山脉和燕山山脉的基本轮廓;大约三千万年左右,更为强烈的"喜马拉雅运动"发生,使太行山和燕山再次抬升,它们山前的地表则再次沉降,今海河平原中下游因地表沉降而再次被更多海水涌入,这就是我们常说的古渤海"北京湾",那时的北京小平原还是深深的海底……

不过今日华北平原北侧、太行山和燕山山前的海河平原地貌就此定型,只是开始它并不是平原,而是古渤海"北京湾"海域。由于这片海域的地质成因是太行山和燕山隆起与山前地表沉降,它的总体轮廓无疑是一个条带状,这又为它后来的沧海桑田准备了条件。要知道太行山、燕山迤北是广阔的黄土高原和蒙古高原,河流带来的泥沙量是非常巨大的,哪怕是深邃的海湾,数千万年泥沙沉积也会造成沧桑巨变。曾经穿越太行山南下的所有河流,包括今天的黄河,远古时都是被这片深邃的海湾截流向东的,再加上今北京西山的永定河、京北而来的白河和潮河等,久而久之,这片古海湾就变得越来越浅,终于开始了它由沧海向平原演变的进程。

对北京小平原的地质勘测证明,它的地表土壤构成主要是第四纪沉积物,第四纪是距今最近的地质年代了,大约二百万年到一万年。这是不是很说明问题?就是说北京小平原的地表形成基本就在这个时间段里。不过地质年代相对于人类历史,还是过于久远了,人类的历史也不过几百万年。北京周口店猿人距今大约是二十万年到七十万年,他们还不是我们今天北京人的直接祖先,不过就人类总体而言,远古时的某些信息在人种间交流是可能的,再说一万年时我们的祖先都开启了新石器时代,对前后的地质地貌肯定会有所记忆。中国远古传说中称包括今北京地区的幽州为"苦海幽州",这里是流放人犯的地方,由此我们大概就能想象出它当时的地貌。

北京小平原由古渤海湾向冲积淡水淀泽演化,大概就发生在人类文明史萌芽之初,远古《山海经·北山经·北次三经》有《精卫填海》故事:"又北二百里,曰发鸠之山,其上多柘木,有鸟焉,其状如乌,文首,白喙,赤足,名曰'精卫',其鸣自詨。是炎帝之少女,名曰女娃。女娃游于东海,溺而不返,故为精卫,常衔西山之木石,以堙于东海。"《山海经》当然不能作为信史,但它肯定与人类文明史之初的传说和见闻有关,专家考证《山海经》所称"东海"就是今天的渤海,又以山而论,这"发鸠之山"应是今北京西山一带,按照就近原则,可推"西山"当

32

时离"东海"肯定不远,甚至就是"东海"西北岸线,这正好说明当时北京小平原还属"东海"西部海湾。或者《山海经》中《精卫填海》故事,本身就在说此处由古海湾向淡水冲积淀泽演化的进程。如果要建纪念"精卫"的塑像,最适宜处就是今丰台区南苑一带向东南直到渤海之滨,任一地方都可以。可以确定,到商周时期,北京小平原已大体变成了淡水淀泽,古称雍奴薮。

在整个海河平原沧海桑田的历史演进中,发源或流经太行山、燕山北侧黄土高原和蒙古高原的数条河流都做出了重要贡献,但具体到海河平原中下游的北京小平原,属于今北京地区的永定河和白河、潮河做出了主要贡献,尤其是到了演进后期。北京小平原的地质地貌,更多地决定于这三条河流,可以说永定河和白河、潮河(今潮、白二河已合流,称潮白河)是今北京的母亲河。

北京小平原的北部轮廓,由北京西山(太行山余脉)和燕山两条山脉交叉形成,其地形特征是一个 U 字或说 V 字形,穿越两条山脉的河流携带大量泥沙沉积,首先就把这 U 字或说 V 字形的底部地表不断抬高,并向外扩展。经过复杂的流体力学运动,今北京城区西南(古蓟城)较早地露出水面,先成为岛屿后发展成台地,台地又继续向东发展,逐渐到通州旧城位置。到了这个位置就不继续向东了吗?发展不了了,因为到此它就碰上白河(今北运河)河道了,河流在前,台地还怎么发展?只能到此为止。

其实这样的地貌形成,除了特大洪水,本身就是这几条河流沉积造成,永定河和白河(还有潮河)远古河道,都首先是注入北京小平原的北部,当这里的地表不断抬升到一定高度,地表上才可能形成所谓河道。原始的永定河和白河河道都是自西北而来,唯有潮河来自东北方向,但潮河原始河道出现在今密云区、顺义区和通州东部,决定北京城区和通州地貌的主要河流就成为永定河和白河。这两条河流虽然都由北京西北而来,入口位置却有差异,永定河在西南,白河在北,形成河道后自然一个在西一个在东。两条河流复合沉积,中间就会衍生陆地,这个陆地不断扩展,两条河流才离得越来越远,直到维持一个适当距离。由于永定河山区的出口就在西南,它再向西发展会受到西山阻碍,它的发展只能自东南而南,向西的移动是不可能的,那就只有挤白河河道东移了。

两条河流流到北京小平原中部的 U 字或说 V 字形开口,河口一下子开阔了,河水流速变缓致所携带的泥沙更大量沉积,这是形成古蓟城岛屿和台地并继续发展的流体力学结果。按照河道流体力学规律,自然河道很容易形成缘高台一侧流淌的状况。为什么自然形成的河道往往有弯曲?因为水流前进方向一旦流速放缓,携带的泥沙就会在正前方沉积,河流入海的"三角洲"就是这样形成的。

一般河流发展不出"三角洲",就在河流突然放缓的前方形成积沙一线,它看起来就像是拦住河口的堤岸,人们形象地称之为"拦沙板",比如海南三亚港出海口就有一条这样的"拦沙板"。"拦沙板"的出现阻碍了水流继续向前,河流就开始向两侧寻找出路,一般地势低洼一侧就会变成新的河道,而原来的"拦沙板"就发展成河道一侧堤岸,久而久之就会导致河流向左右弯转,当然是哪边地势较低就流向哪边了,除非两侧都没这个可能,那才不得不继续向前。同样原理,终于形成的河道,一定会沿着高台地势的边缘。

当蓟城古台地出现之后,远古永定河沿西山东侧和蓟城古台地之间流出,遇水面开阔也开始在正前方形成"拦沙板"。按照京西南具体地势,它向西的发展继续受到西山余脉阻碍,只能转向东流,而且要缘着蓟城古台地的南侧,大体线路就是通州已故文史专家周庆良先生认为的元代郭守敬所开通惠河一线。发生大洪水时,河道可能决堤洪泛,在河道低洼一侧形成潴水,当然也同时形成垄岗、台地或岛屿,没有特殊情况,河道会缓慢南移,但河道大的方向不会改变。

最初时永定河和白河、潮河原始河道都是出了北京台地以南就转向东流了,当然白河和潮河都出现在北京台地以东。它们或者有过合流,或者没等合流就各自入海或各自汇入淀泽了。如果没有突然变故发生,今天的永定河流出京西南就弯向东,最终合白河(北运河)转东南流。但今天的永定河却是一直向南偏东流去,它与白河(北运河)没有在通州境内合流,而是在它与白河(北运河)之间形成广阔平原,并在今凉水河故道以南形成一片扇面状洼地,辽、金时凉水河南是著名的皇家捺钵苑囿——延芳淀。

究竟发生了什么导致出现这样大的改变?查找地质勘探资料可以找到答案:南苑—通州地质断裂带!这条断裂带的方向,大概就是沿着今天凉水河故道,到今张湾村东南继续向东偏北延伸(北运河故道"张家湾"下游河道走向),大约终于通州区的东部边缘。

从丰台区的南苑到通州东部边缘能有多远?满打满算不过几十公里,这么短的一个地质断裂,在地质事件中实在太微不足道了,以致本地都很少有人知道有这么个事情,但就是这么一个微不足道的地质事件,改变了通州、京东南甚至整个北京地区东南部的地貌。如果没有它的出现,盛名于辽、金时的皇家捺钵苑囿延芳淀是什么样子,北运河漕运还是否是后来的状况,都很难说……

产生这个地质断裂带的原因无疑是某次地震,从造成断裂的规模看,这次地震的规模应该不是很大,起码在本地的震级是这样。当然也不会太小,因为造成了地质断裂,而且发生断裂的同时,断裂带以北地势升高,断裂带西端以南的今大兴区地势也发生抬升,其结果就是原永定河河道向东的拐点处被整体抬升,河道当时就发生了改变。

究竟会是怎样的改变呢?可以想象,原来的永定河河道沿西山东南流出,流过蓟城古岛屿或台地之后就东转流向今通州区,但南苑—通州断裂带一出现,这条古河道的拐点就被抬升了,它必须继续向南寻找和开辟新的路径。这一开始还比较容易,因为这个断裂本身就是它新河道的走向。比较旧河道,新河道大体就是南移了数公里,这条新河道就是今凉水河故道,它是因地质断裂突然出现,一开端就成为永定河主流河道。

按常理,断裂带出现以后,永定河河道南移,也只不过南移数公里,何以后来的永定河连通州都不再经过了呢?因为这个断裂带出现还带来它西端南侧今大兴区地势抬升。大兴地势抬升,让这条断裂带西端两侧高起,新河道向东的拐点处狭窄局促,平常水量尚可应付,一旦出现大洪水,狭窄的拐点河口就无法吞吐特别巨大的水量,其结果就是大洪水终于沿着大兴台地西侧向南,又冲开一条新的分支。这新的分支分流了水量,造成东流河道河口水流减速,泥沙沉积淤浅,断裂带而来的东派河道渐成为辅流,这就是凉水河后来的发展。渐渐,曾经的主河道连分支地位都不保了。终于,它也成了永定河故道,没落成一条以泉水为源的小型河流,这就是现在的凉水河。

不过这样的转变还是经历了漫长的过程,在它还是永定河主河道和东派重要分支时,它奠定了京东南及其下游的主要地貌,包括辽、金时它南面浩瀚的皇家捺钵苑囿——延芳淀。这一过程沿袭了远古永定河河道形成的相似规律,只不过甩开了它北侧的台地,而是缘着这一新台地的南侧边缘,最终形成凉水河故道。正是沿着这条断裂带的路线,在它的下游,形成了以今高古庄村为扇轴的东南洪泛区和今张湾村东南的大水湾,及其以北的洄流洪泛区。这两个洪泛区前者是古延芳淀的主要成因,后者则是张家湾后来成为京杭大运河漕运枢纽和重要码头的主要条件……

今通州乃至北京的考古学者,公认今凉水河故道曾是古代永定河主要河道或其东派重要分支,实际上这已是南苑—通州断裂带出现以后的情形了。在此之前,永定河远古河道还要由此往北,凉水河以北所有由西向东的自然河道几乎都曾是永定河故道,包括今通惠河疏浚前的高梁河东支,也包括今通州城北的温榆河等,凉水河故道以北台地及其北部边缘——元通惠河开掘路线等,都是永定河更古老的河道。

有哪些论据能支持以上说法呢？首先是这片台地主体的今台湖镇赖以得名的"台"和"湖"。"台湖"一名最早见于《辽史》，这说明台湖地名起码在此之前，后台湖村改名称"望幸里"，"里"也说明此地早有人居，高台湖泊地貌自然更早。由"台湖"这个名称来看，显然与此处地貌相合，地名很可能就是因此而来。

这片台地的"台""湖"地貌，直到近代都存在。其中"台"的形成很容易解释，当这片台地北缘还是永定河故道时，这里地处河道低洼一侧，因为上游大洪水冲积出一些垄岗、台地或岛屿是必然现象，这与今凉水河南现存和曾存在过的状况一样。南苑—通州断裂带出现后，这里的海拔抬升，原来的岛屿、垄岗、台地发展成高台，同样是必然结果。那这"湖"又是怎样形成的呢？当然是低洼潴水。当南苑—通州断裂带出现，这里地表被抬升，永定河南移，原来低洼处的潴水不再流动，它们就变成了断续的湖泊，台湖地貌因此呈现，这又成了后来萧太后河的肇源。

台湖地貌不止于今天的台湖镇，它包括凉水河北整个台地及其边缘。我们沿今天流经张家湾、台湖的萧太后河可大体考察出这样的地貌。萧太后河起源于北京原宣武区大、小川淀胡同及平渊里，从这些地名我们就可以判断它们古时的地貌，由这里而陶然亭湖、龙潭湖，东南至今朝阳区老君堂、马家湾、大鲁店，入今通州区胡家垡(古为胡家筏)、台湖、田府、大高力庄和张家湾诸村，这一线附近都曾有大片洼塘，直到它汇入"张家湾"。这些洼塘都是古代湖沼，今张家湾古城(原张家湾村)西南，以前也有个很大的湖泊(河湾)，它后来一直被用作大运河北端客船码头泊船处。

这大片区域都是有台有湖，地势又普遍高于今凉水河故道之南，这里出现人类活动和民居的时间自然更早。今张家湾北部和台湖镇域考古发现，证明这里出现人迹早到春秋战国之前，其实在那之前，这里就已有人迹，因为这里的海拔普遍高于河南，而河南的人迹史都不止于春秋战国。

通州文史专家景浩先生原籍台湖镇，研究台湖历史尤其用心，他根据台湖地区的海拔差异复原出一张台湖曾经的"湖"，大体上是一个由西南而东北的趋向。不是说永定河远古河道是由西向东吗？怎么这复原出的湖泊有点走了方向？原因是永定河河道南移后，水量较大时还会有水流溢入这里的湖泊。考察台湖地区今天的海拔，呈现出南部局部偏高，而北部却偏低的状况，这是台湖地貌又一个佐证。南苑—通州断裂发生，南侧地壳断茬插入北侧地壳断茬之下，才抬升出河北台地，这种状况必然结果是台地南缘会有一线高起，这样一来台地内也就更应该有湖了。

不止于此，永定河故道上游大水时，也还有水流溢入这里的湖泊，此外还有来自这一地区上游的古高梁河南支等溢入，如此台湖的"湖"可不真是一潭死水，只不过是高差不大，流动较慢，来水又比较分散，看起来就更像是"湖"罢了。但因为这个原因，贯穿于这些湖泊，终于还真就出现了一条河，这就是"萧太后河"。

对萧太后河的考证，目前是存在争议的，以周庆良先生为代表，认为萧太后河就是萧太后时人工开凿，用来转运来自辽东的粮草；但陈喜波教授却认为，萧太后河很可能就是个俗称，因为明代以前就没有有关此河名称及其开凿的记载，它可能就是北京城用来排水的一条下游河道……但无论哪种说法，事实上都没有确切的历史记载，尤其是没有人工开凿这条河的任何记录。

直到今天还在流淌的一条河流存在着，究竟怎么来的愣是一直没个确定说法，这个事说来有点诡异，但其实它很可能主要的就是一条自然河流。说它"主要的"是自然河流，因为它有人工开凿的痕迹，但这条河一路穿流湖泊，最初人工开凿部分最多也就是连接相邻的湖泊，而且这些湖泊本来就上下游连通的，要开凿成可以行船的河道，只需要扩宽挖深一些节点。是不是因为工程量太小就没有被记载，或者干脆它就不是什么政府工程，就是附近居民或者经过这里的船家为自身便利，由民间发起并完成的？试想：如果居民开垦的庄稼地被洪水淹了，人们会怎么办？要知道早在唐贞观年间，这里就有正式民居聚落——大高力庄，这样的事史书又怎么会记载！或者因此才有了后来的争议。笔者以为萧太后河可能在萧太后之前就已经存在，萧太后时或进行了简单疏浚，或就是直接利用此"自然"河道通行运粮船，因此没有人工开凿记载，后世却把它传成萧太后河了。它同时又是北京城的排水河道，同样原因也没有留下记载。

不管萧太后河是否是萧太后时开凿，甚至不管萧太后时的运粮船走没走它，这条河在京东南的名气可不容小觑，它可是被誉为"铁底铜帮运粮河"。北运河后世的名气大了，有些民间传说就把"铁底铜帮"的名号给了北运河，这其实是个讹误。凡是对北运河文史有点研究的人都知道，北运河两岸基本都是沙质土壤，因此才多次被冲决改道，故古时又叫自在河和白河，而白河是因为白沙得名，这哪里算什么"铁底铜帮"？"铁底铜帮运粮河"说得很清楚，它是萧太后"运粮河"，这在学界几乎没有争议。

可为什么它会"铁底铜帮"呢？好像就没有人深究了，其实这从另一个侧面，也反映了凉水河北台地的地质形成。台地在发生南苑—通州断裂之后被抬升,原来永定河洪泛垄岗被抬举到地表,这些垄岗土质多是细沙沉淀而来的黏性较大的黄胶泥,它被冲刷成河岸,那可不就成了"铜帮"? 至于"铁底",是因为河流带来的腐殖质,因水流舒缓才呈现出这种颜色,那也是自然而然。萧太后运粮河自有记载从未改道,正因为原来河床土质坚固。由这个"铜帮"我们还可以大致推算,南苑—通州断裂应该发生于数万到数十万年前,不会太晚,也不可能太早。

在通州号称"铁底铜帮"的河流还有一条,那就是元代郭守敬开掘的通惠河。按周庆良先生考证,当时开凿的通惠河下游走向是自今朝阳区杨闸村后,折向东南,于今通州区永顺镇五里店西入今通州区域,循今西火车站、科印厂、孙王场、车里坟、东小马庄、土桥一线至张家湾入白河。这条线大约就是凉水河以北台地的北部边缘,那本来就是远古永定河故道。之所以这样选择,也因为沿途有东西向的长条状湖泊,那正是远古永定河故道遗存,这样选择河道需要人工开掘的土方量少。

我是认同周庆良先生这一观点的,因为他提出这个观点有亲身经历和实地勘查。周庆良先生曾回忆 1975 年春,他亲自参加了一次万人平地"大战金沙滩"会战,他认定的梨园镇段通惠河故道曾利用的一处湖泊,在这次会战中被填埋。他考证的元通惠河河门上闸即今张家湾土桥村西口广利上闸遗址处以西,至通州下闸即今孙王场村南,两闸间有十余里河道,曾有一西起车里坟东至土桥,长约四千米,宽二百至三百米,最宽达四百余米的狭长湖泊,这片湖泊显然比较完整地保留了古河道模样。

先不管认不认同周庆良先生这个观点,他因此而来的实地勘查确证了这一线地貌。这一线上被郭守敬当年开挖通惠河时所利用的东西向湖泊,还包括其上游利用的原金代闸河上游的今朝阳区杨闸村北的较大水面,追溯起来都是永定河远古河道的遗存。

如果没有南苑—通州断裂带出现,后世延芳淀或将包括这一台地范围的全部,永定河也应该一直东流横过通州境,大体在今通州张家湾镇土桥村迤东的位置,与白河也就是今北运河故道交汇,那样后世的北运河漕运,也就不会为水量不足而窘迫了。不过真要如此,通州还能不能成为明、清北运河的北端码头就说不定了,张家湾赖以成名的大水湾更没有出现的可能,因为那是凉水河和白河冲撞的结果。永定河水量充沛,又缘京南一侧流过,粮船直接开到北京城下岂不更方便?

对以上三条河流的溯源放在了一起,原因是这三条河流的出现紧密关联,三条河流共同肇因都是南苑—通州地质断裂。任何必然都是诸多偶然的结果，任何偶然也都有诸多必然前因。这三条河流的形成有共同肇因，它们出现的结果也大体一致，那就是三条河流都在"张家湾"与白河汇流一处，四河汇流才使张家湾下游北运河故道（也叫里泗河）水量丰沛，使张家湾成为北运河漕运枢纽、重要码头和京杭大运河北端保底码头。

（作者：刘福田）

通州第一条人工河——玉带河

通州最有名的河流是作为京杭大运河最北段的北运河,这段河道原属自然河流,元初开凿京杭大运河时通过疏浚被利用,但说不上是人工河。不过通州境内人工开凿河道的历史却比京杭大运河更早,有明确历史记载的是隋唐大运河。没错,隋唐大运河也经过通州,那就是隋唐大运河最北端一段河道——永济渠。不少人不清楚这个事情,要么不知道隋唐大运河也经过通州,要么以为京杭大运河就是隋唐大运河。

事实是隋唐大运河在前,元代又调整了隋唐大运河故道,南北更直接地贯通,这才有了京杭大运河。这两条运河都经过通州,但在通州走不同的河道。

隋唐大运河故道,自今天津武清区堠上村北进入今通州区,由通州区永乐店镇兴隆庄村入境,利用了当时这里的古雍奴薮水域,循水深处以疏挖土方量最少的原则设计河道线路,由东南而西北沿今永乐店镇半截河村、德仁务村,入于家务回族乡渠头村、东垡村和东马各庄村,再循今张家湾镇和马驹桥镇边界(今通惠南干渠),至今台湖镇高古庄村入凉水河故道,此后利用凉水河故道西偏南折至今马驹桥镇北,出通州域再西北折入今朝阳区、丰台区至今西城区(原宣武区)平渊里一线,到达当时的涿郡(今北京)城下。

通州区这段永济渠故道,充分利用了当时这里的雍奴薮水域,只疏挖连接设计线路区域内最近两处深水区之间的阻碍,还充分利用了自然河道,其中自于家务乡东马各庄村东北到今台湖镇高古庄村一段,利用了原以高古庄村为扇轴的凉水河洪泛区分洪河道之一(分洪主河道),即使这样,这也是一条人工河道,因在此之前这里并没有这条整河。开挖永济渠征发了河北诸郡百姓一百余万人,且"丁男不供,始以妇人从役"(《通典》卷十《漕运》)。

京杭大运河只有七百余年历史,隋唐大运河已有一千四百多年历史了,所以研究通州运河漕运史,一定不要忘了隋唐大运河永济渠。永济渠开凿于隋炀帝大业四年(608),这是不是通州历史上的第一条人工河呢?根据笔者最新研究,居然还有比它更早的,那就是开凿于南北朝北方割据政权北齐(550—577)时的"护土长城河"。

我们先来算一下它们相差的时间,北齐存在的时间是公元550—577年,隋唐大运河永济渠开凿于公元608年,如果有这条开凿于北齐的人工河,那它就比隋唐大运河永济渠还要早三十一到五十八年。几十年在人类历史长河中只是短暂一瞬,通州在这几十年却经历了三次城头变换大王旗,北齐、北周到隋。

现在的问题是:通州真有这样的一条河吗?

这就要从通州已故文史专家周庆良先生对北齐土长城的考证说起了。周庆良先生著有《通州北齐长城遗址考》一文,发表于《北京市首都文史集萃·通州卷》,文中经翔实考据,论证南北朝北齐政权时,为防范东北部边患,曾于文宣帝天保年间六次修筑长城,其中第四次是天保八年(557)为防库莫奚及其别种契丹侵扰其东北边界,"于长城内筑重城,自库洛拔而东至于坞纥戍,凡四百里",这就是从今北京昌平经顺义、通州和天津武清,直到天津当时入海口的北齐土长城。

周庆良先生对北齐土长城论证缜密,不仅有文献记载,还有考古证据和实物遗迹,这里就不再重复论证了。我在他论证的基础上只想提一个问题:这条土长城全线堆筑于平原,那么用来堆筑这条土长城的土是从哪儿来的呢?

我们都知道为了防御需要,古人很早就学会了平原筑城,那时筑起的城叫城池。为什么要叫它城池呢?城指的是城墙,池则是城墙外的护城河。有城有池,那才算得上比较完备的一座城。城和池都有一定防守作用,一般城在内池在外,敌人要攻打一座城池,先得渡过护城河,然后还得攻破城墙,这么一来就增加了难度。平原地区筑城一般有城就有池,这是配套工程,因为筑城需要的土就近挖取最方便。当然池与城要有一个固定距离,太远了取土费劲,太近了会泡塌城墙,一般等城墙筑起来了,城外的护城河也就一起完工了,再从附近引来水源注入。城墙外再多一条护城河防护,一举两得。

《周易》泰卦上六:城复于隍,勿用师……看看,起码周初就有城隍了。这里的"城"还是城墙,"隍"则指的是护城壕。没水还叫河吗?护城河水干了呗!这应该是很特殊的情况。实际这里的"隍"却是分指,都知道古神道里有种小神叫土地神,土地神是专管土地的,水则归龙王管,所以护城河也得分开论,河床的土归土地神管,河里的水就归龙王管了。管一般土地的神就叫土地神,管城里的土地就升格了,叫城隍。

如此更说明自古城池一体了,哪怕护城河没有水源,挖成壕也必须有,周初

41

以前就确定是这样了,到北齐时堆筑土长城,它的一侧或两侧,自然也该有"护土长城河"。当然了,筑土长城是第一要务,护土长城河可能就是个附属,它甚至可能不是一条完整河流,但不管有意无意,这种河道非有不可。

不过北齐堆筑土长城的历史已过去了起码一千四百多年,土长城都成了遗迹,与之配套而来的"护土长城河"会不会也早已"城复于隍",淹没在历史尘埃中了呢?当然可能,但如同北齐土长城遗迹一样,存在过就可能还有遗迹。

周庆良先生在考察北齐土长城遗迹时,事实上已发现了它:"据《通州志·建置》载,'教场在州城南门外','东至官道,西至河边',可得知在通州旧城南门外,有一条向东南流的河水。今实地考察,明清两代教场西面的那条河,就是今天依在的玉带河,此河应是古代潞水的故道遗迹,自西北向东南流。与窑厂村条形土岗走向相同。"没错,这就是人工挖掘的北齐"护土长城河",它居然今天还在,叫玉带河!不过周庆良先生当时没这么想,所以才认为它"应是古代潞水的故道遗迹"。这样"认为"也不是没有价值,它起码说明这条河在这里存在非常久远了。

光是这一点一段就得出结论当然不行,那我们就沿着周庆良先生考证出的北齐土长城在通州的线路去验证:

在窑厂村村址条形土岗东南端,京秦铁路贴岗端而过,越路继续向东南走,又曾有一段条形土岗,岗上也曾建有民房,是个小自然村,称蔡家坡,1998年旧村改造,平岗建楼,条岗今已荡然无存了;沿蔡家坡仍顺岗向前走,即来到梨园镇北三间房村,此村址偏东,仍存一条斜向土岗;接着向东南走,就到了小街村,村东部依然有一条形街面的地势较高,而唐二合墓志就出土在小街村东;还向东南行,越过老京津公路,在今张家湾镇土桥村中,又存在一条形土岗;再顺向前行来到皇木厂村,该村旧址是一段近千米条形土坡,民房建在土坡上下,1997年秋,是村开始旧村改造,条坡不复存在了。据此实地踏查,在20世纪80年代,自今通州旧城南门外窑厂村至张家湾镇皇木厂村,中经蔡家坡、北三间房、小街诸村,断断续续存在着一道长约六公里的条形土岗。在这道土岗的东侧,曾出土了唐代三位人士的墓志铭,志文中都记述了这条形土岗是"长城",而且在《唐孙如玉墓志铭》志文中非常清楚明确地指出这道长城是北齐所筑。在天津顺直水利委员会于民国十七年(1928)印行的《顺直地形图·通县—香河县》内,清楚地绘有此道长城。因而,今窑厂村村址处的条形土岗确定为北齐土长城遗址,应该说是无可争议的了。

或者周庆良先生太专注于对这条土长城的考证了,他没有注意,在他考证的这条土长城线路的两侧,正好也有一条河道如影随形地始终相伴左右,河道在今张家湾镇土桥村东北这条土长城遗迹的东侧,从这里穿越土长城遗迹又流到了它的西侧,然后又沿着西侧一直汇入"张家湾",这正是今天还在流淌着的玉带河。

玉带河在土桥村以南下游河段,曾经还做过元代通惠河下游河道。此外,在这段土长城沿线附近,却再没有其他可能是"护土长城河"的河道遗迹了,也就是说如果伴随这段北齐土长城曾有过"护土长城河",那它就是这条玉带河。而建筑于平原的这段北齐土长城,又一定会有一条"护土长城河"伴随左右,这里一而二、二而一,说明如今还在流淌的这条玉带河,就是堆筑北齐土长城时,顺带挖掘出来的"护土长城河"。

这条河为什么又会穿越土长城呢?一般而言,这种情况不应该发生,除非遇到特殊情况,比如大河横亘,但事实上这里没有其他横向河流。

还是周庆良先生自己解开了这个谜题。他在另一篇论证元代通惠河故道走向的文中说到,通州旧城护城河上曾有南浦闸:"南浦闸"是明代万历年间创建的,是为保证用护城河驳运土坝验收后的漕粮入储通仓而保持水位才建的水闸,虽然史料没有言明闸下河流的名称,但据一般的地名规律断定,这河的名称应该叫"南浦河"。"浦"是通往大河的小河,又在通州城南,故称南浦河,在此河上只建一座水闸,故称之为"南浦闸"。据我们在1983年进行文物普查时,沿着南浦河遗址处小河遗址向南踏查所知,此河在今张家湾镇土桥村东北汇入古运河(清嘉庆十三年,公元1808年以前的大运河河道)。这就从实际上否定了南浦闸下的河道是元代通惠河下游河道。1973年,他在张家湾公社知青办工作的时候,曾经参加过在土桥村东北平整大运河故道的劳动,至今记忆犹新。后来大运河改道,南浦河改称为玉带河,在土桥村南利用了元代通惠河的一段故道。

这一次周庆良先生又只专注于考证通惠河故道,论证了位于北齐土长城东侧的这段玉带河河道在张家湾镇土桥村东北汇入运河的情况,并说明这段河道不是元通惠河故道,可还是没能和土长城联系起来。

也难怪,北齐修筑土长城时,原本也没想要挖掘这条"护土长城河",只是要在附近取土还不能乱挖,雨天积水还要能排出去,那可不怎么方便就怎么来呗!所以挖出的河道既不求直也不求全部连贯,在今土桥村东北以北,在土长城东侧挖了一段,就近便引入了当时的潞河(北运河),只要能解决积水问题就行。到了土桥村东北以南呢,土长城距离潞河故道又太近了,所以只能改由土长城西侧取土,于是又另挖了一段"护土长城河",河水顺势直接排入"张家湾",这种河有尾就行,只要积水能顺利排出即可。河道分成两段,谁又能想到它们是同一用途的河呢?好在这种分段也不能太琐碎,总是一小段一小段地往大河里引,那引河工程又太大了,所以综合考量,通州旧城迤南到张家湾这段土长城,也就有这么两段"护土长城河"。

周庆良先生说后来"玉带河在土桥村南利用了元代通惠河的一段故道",这个说法却是整反了,应该是通惠河在土桥村南利用了一段"护土长城河"(玉带河)故道更合适,因为通惠河开掘于元代,那时候北齐土长城都存在六七百年了,北齐土长城在前,这段"护土长城河"就一定在前。通惠河开掘时也是会尽量利用旧有河道,只是当时土长城两侧"护土长城河"还没有连通。

那么土长城两侧"护土长城河"何时连通的呢?也比周庆良先生想象得早,应该是元代开挖通惠河时。那时候北齐土长城已残破,而西北而来的通惠河到了土桥村,下游利用土长城西侧的"护土长城河",但上游的水源也还是越多越好啊,于是原位于土长城东侧的"护土长城河"也被郭守敬看上了,只需开挖一小段河道就能把这个水引来,何乐而不为呢?但郭守敬可能没想到的是,他这么做带来了两个后果:一是无意之中把通州城到张家湾这一段北齐土长城两侧的两段"护土长城河"连通了;二是这么一来还造成了后世一大公案,那就是有人认为当时的通惠河走的就是这条"护土长城河"。也有道理啊,当时这整条河确已连通了啊!不过一条"护土长城河"能有多少水啊?加上通州旧城北原金口河的水量加持也不够用,真如此还不如像明代吴仲那样,把通惠河口直接改到通州旧城东北,与北运河水直接合二为一,水量要大得多。

另外今土桥村中西北而来的通惠河为什么没有直接在此穿过北齐土长城入白河(北运河)?不行,那样不能直接连通"张家湾","张家湾"以上河道段还会成为瓶颈。

郭守敬开掘通惠河,其张家湾镇土桥村到"张家湾"下游,直接利用了北齐土长城西侧"护土长城河",为了增加水量,又把土长城东侧"护土长城河"与之连通,如此就将原本分成两段并分别在土长城两侧分流的两段"护土长城河"合成了一条河,后来通惠河淤塞断流,两段"护土长城河"合成的河道却保留下来,这就是今天的玉带河了。

玉带河是到了清代才有的名字,它以前叫什么没有明确记载,或者就如周庆良先生推测的那样,土长城东侧那段"护土长城河",曾叫过南浦河,但土长城西侧这段以前叫什么名字就没人知道了。

南浦河这名字不是挺好吗,清代时为什么又改叫玉带河了? 这大概是因为河道行走的路线,直到今天,玉带河河道在通州地图上还弯弯曲曲,又加上在土桥村东北又西折了一个大弯儿,很像是一条从空中飘落的玉带。其实河道的这种走向,本身就说明它不是一条自然河道。自然河流也是有弯曲的,那是流体力学造成的结果,但自然弯曲一般跨度较大,而且一定有较大地貌差异,才可能形成弯曲,可玉带河这段河道弯曲大多很短,附近又没有多大地貌差异,唯一合理的解释就是它是人为的,还是不经意人为而成。

北齐时要修筑的是上长城,取土伴随而来的“护土长城河”是顺带的,没有人去规划它的路线和形状,但一个基本要求就是它要部分连通起来,还要能排水,挖成几段、挖成什么形状没人管,筑城人只图自己取土方便,在规定距离之外取土就行,河道没有规划调直,那可不挖出来就弯弯曲曲嘛! 一开始说不定就是最近的洼坑两两连通而来,不仅弯曲而且还宽窄不一呢,后来经过不断的流水冲击,渐渐地才有了河道的样子。

玉带河如今的样子还经历过至少一次局部调整,那就是附近村落规划地块,这种调整根本改变不了整体状况,只是减少了一些太小的弯曲。那次调整玉带河河道时,笔者恰好在附近的通县水泥厂上班,工余时间过去看过,看到新河道,也看到老河道,新河道局部调直,老河道弯弯曲曲,调整后也还有弯曲,难怪一直被人称玉带河了。

通州域内的玉带河不止于上述已经连通的两段,它更北与通州新城护城河连通,新城护城河也就不叫护城河了,反而借用玉带河的名字,这样玉带河的上源就被延到了今通州西门路口北,分流今天的通惠河。由此南流到今复兴庄,再东转到南关村附近东南折,这样就接上了原玉带河河道。

以前现位于通州城里的这些河道都是裸露的,沦为通州城市的排污河道。后来城市排污改造,整个城市段河道又都实施了盖板工程,河道上面都变成了马路,这就是今天的通惠南路和玉带河大街了。目前这两条道路下面还是玉带河的暗河,这些变化都是我亲眼见证的。

再早,玉带河上游连通的则是通州旧城的南护城河(今新华大街),再上,也是与今通惠河连通。通州的护城河为什么不直接连通东面的北运河呢? 因为通州城的地势西北高东南低,如果直接连通北运河,护城河就会水流湍急,无法保持河道水深,那别说利用来驳运漕粮入仓,就是在古代城防作用也会降低,所以它才要在东南设坝连通玉带河,这样护城河的水深就有保障了。周庆良先生说明代建南浦闸是为了驳运漕粮不错,但在此之前没建闸时也肯定设有堤坝。

正因为一直没断了上游水源,曾经作为北齐"护土长城河"的玉带河才一直没有断流。

周庆良先生为什么会将玉带河上游误为北运河故道?因北齐土长城本应该沿潞水(北运河故道)右岸,但在通州旧城它却让出了一座城的位置……由此我们还可推理出通州旧城最早的筑城时间,那就是也与北齐修筑土长城同时,准确时间应该是北齐天保八年,也就是公元557年,这也应该是通州前身——潞县由今河北三河市燕郊镇西南城子村西迁至潞河西岸的时间,同时迁来的还有渔阳郡郡治。如此,通州旧城的筑城史距今已有一千五百多年,这可比目前认定的通州旧城筑城史提前了八百多年。

玉带河,这条在通州一直名不见经传的河流,谁能想到,它竟是比隋唐大运河永济渠挖掘更早的人工河!尤有趣味的是:这一工程的实现,还是另一工程的附带。也就是说,通州第一条人工河的开凿,近乎是水到渠成的无心所得。此外,这条河流能够一直流淌到今天也是奇迹。原本伴随着北齐土长城堆筑而来,也理应伴随着土长城倒塌而"城覆于隍",没想到其上游因借到通州护城河水源而坚守,其下游又借元通惠河蓄水而与上游连通,同为北齐"护土长城河"的两段河道,竟阴错阳差地合在一处并完整保存下来,这一流还就是一千五百多年……北齐土长城在通州早已淹没殆尽,不经意与之伴生的一整条河流却保存下来,这真是无心插柳,玉带河是北齐土长城留给通州人记忆的影子吗?

(作者:刘福田)

千年盐河

清嘉庆十三年北运河张家湾上游改道后,原张家湾段北运河故道仍用作运盐,改称小盐河,但北运河用来运盐的历史,早到辽代,距今已有一千多年。

张家湾盐河历史悠久,志书中罕见专门词条,民间称小盐河,且有多种说法,如"张家湾小盐河子""盐桥子""自北口外赶来的牛羊,饮用了张湾西小盐河子水,屠宰后当地人不适的膻臊气味就去掉了"。当时也有人解释"小盐河实际是萧盐河,正字是薛太后盐河"……里二泗村附近有小盐河子;盐桥子在今张家湾镇村西北萧太后河,已废,传为前运盐纳税处,船到此卸盐入库,不能再上行。《江北运程》转述曹学佺(1574—1646)《名胜志》:"张家湾置巡检司,在土桥西;盐仓批验所,在烟墩南。"此桥亦称烟墩桥。《漕运通志》:"京城南原有三里河直通张家湾烟墩桥。"

民国《通州志要》"凉水河故道与河口堵闭之经过"词条提及:"民元以前,凉水河故道系由何各庄东经烧酒巷、里二泗北、贾各庄、上家店南,东南流至姚辛庄入北运河,地名盐河口。故昔称盐运,交通极为便利。"这几乎是志书中最明确的"提及"。

在同一词条中可以看出民元之前,堵闭盐河,盐运改走运河。"鲇鱼沟为患经过及堵闭情形"词条说:"光绪九年(1883)大水,运河西岸苏庄以北河堤溃决,大溜直入港沟,水落后成为运河支流,沟形近河处极宽,愈远愈狭,形似鲇鱼,故名。此后每遇伏泛,运河正溜强半由鲇鱼沟直趋港沟,故港沟河西堤每隔一两年必有几段出险。虽官方请款堵闭,奈屡堵屡溃,迄未成功。由光绪九年至宣统末年,为患颇巨。民元疏浚运河,堵闭鲇鱼沟,将河道(运河)挖深展宽。"

道光年间,李钧《转漕日记·卷三》说:"二十日,卯刻行,十里过潞县马头。潞县古潞阴,今废,并入通州,马头距旧治十余里。""二十一日卯刻行,八里过小河口(仍通州地)兑漕原在张家湾,后移通州。小河口尚有通张家湾故道。又十余里忽起大风,日色晦冥,河水鼎沸,泊至黄昏,飀飀未已。距通州石坝(卸粮之所)仅十余里……二十二日卯刻行,河水浅滞,粮艘云集。乘虚而进,午后抵通州,泊东岳庙前。"

从《日记》中这段漕运里程推算可知,自清嘉庆十三年(1808)张家湾正河改道,入康家沟新运河河口,在今姚辛庄东北一带,与盐河口重合。这与《清实录》原运粮河正河已于嘉庆十三年改道相符,与《通州志要》中民元时期河口堵闭,早了八十年以上。这是两个完全不同的概念:堵闭说的是"盐河",小河口指的是"原张家湾运河正河"。综上可知,运河改道后,张家湾"盐河"仍在运行。

民间"小盐河应为萧盐河"说法,是有一定道理的。运河瓷画院院长、契丹人后裔萧宝岐经多年研究考证:今中原萧姓多为契丹人之后,小东各庄村开始称萧东各庄村,后因谐音,且书写简单,将萧改小。据此可知,李钧所云"小河口"即萧盐河口,里二泗村民称:是河邻村,称小盐河,亦称运粮河。典籍记载:"名浑河嘴。"

"牛羊饮张湾西小盐河子水去膻臊"说法。可见康熙吴存礼、乾隆高天凤两部《通州志》文中,都记有"饮羊河"词条:"饮羊河,在州城南,与牧羊台相近,或云即萧太后运粮河。"是河之源,明嘉靖《通州志略》记有"浑河"词条:"在州城南,源出西山桑干山,流经卢沟桥下至看丹口分为二派,其一流至州南高丽庄入潞河,今张家湾入潞之处名浑河嘴。"《通州志略》同时还言及通惠河也经高丽庄。综上可知:萧太后运粮河自高丽庄至"浑河嘴"贯穿张家湾镇全境,自今太玉园东南河段为"盐河"。

"正字是薛太后盐河"之说,实际是发音问题。薛太后即萧太后,薛、萧是同韵字。现代语中"药、雀、学、嚼、乐、约"等字,依旧"ɑo""ue"并存。依汉语的演变而论,发音"ue"的为汉语嫡子,发音"ɑo"的则为舶来。研究表明,现在以ɑo音为"多音"的地域,北起围场满族蒙古族自治县,过北京南下,一直延伸到河北省邢台附近,几乎涵盖了五分之四的河北省和山西东北角。而这一地域,绝大部分曾属五代十国时期石敬瑭割的燕云十六州。京韵大鼓《黛玉焚稿》原文"药儿也不服",就有发音"月儿也不服";抗战时期在牛堡屯一带活动的共产党人,代号岳北,本地人发音"要北";上学,发音"肖的二声";香河雀林院,发音"巧林院";打鸟儿,说"打巧(雀)儿"(这为契丹捺钵遗留。用的夹子,发音"剿逮"等等)。

"小盐河"实际是民间说法,正史中没有这个"小"字,如上文中"地名盐河口""萧太后运粮河"。有因"小"字说,"小盐河因少量运盐得名",当属望文生义。其一可见唐太宗征东凯旋,将一些高丽族人安置在今高丽庄后,张家湾至近地盐业基地记载:后唐同光年间(923—926),卢龙军节度使赵德钧镇守芦台,根据当地滨海碱卤卢台军盐场,又因用船运输方便,选今宝坻城区处建立"新仓"库储盐,运至涿、瀛、莫等州销售。随着盐业生产的发展和盐务机构的扩大,这里很快发展为繁荣的市镇——新仓镇,设置新仓榷盐院。

石敬瑭割让燕、云等十六州以后,辽代在这里设置了香河县,并将新仓榷盐院改称香河榷盐院。《辽史·卷四〇·地理志四》:"香河县,本武清孙村,辽于新仓置榷盐院,居民聚集,因分武清、三河、潞三县户置。在京东南一百二十里。户七千。"

新仓榷盐院简称"榷院"。辽代设有幽州榷盐制置使司,下辖卢台军盐场、新仓榷盐院等。辽穆宗时,张藏英任幽州榷盐制置使兼防州刺史,知卢台军事。宝历三年(953),张藏英率领"本军兵士及职员挈畜七千头口"投奔后周。史载:"(张藏英)率内外亲属,并所部兵千余人,及煮盐长幼七千余口,牛马万计,舟数百艘,航海归周。"可见卢台军盐场的生产规模之大。

今天津市宝坻区亦有记载说:盐税是辽的主要财政之源。盐为辽国之宝。萧太后执政期间,除充分利用旧运盐航道外,还命人因势利导开凿新航道。将芦台、斗沽、越支(丰润南七十里)、济民、石碑(均在乐亭南)各场所煮之盐,全部运往新仓贮存,"榷酤"(征税)后,分发各"引地"(准许发往销售的州县)。时新仓为北方食盐集散地,最大食盐贸易商埠,为京东之首(辽时北京称南京),后世誉称宝坻为"京东第一集",即由此而得名。新仓上升为"镇",设五品官董其事。时新仓镇隶属香河县,香河县还包括今武清县部分地域。

金代宝坻县芦台盐场就建在辽代卢台军盐场旧址。《金史·卷二四·地理上》大兴府载:"宝坻,本新仓镇,大定十二年置,以香河县近民之。"刘晞颜《新仓镇改宝坻县记》说:"有司承命,析香河县东偏乡间万五家为县。以榷盐岁入国用,方之天下十一,谓盐乃国之宝,取如坻如京之义,命之曰宝坻,列为上县,著于版籍。"这段话说明,宝坻县(今天津市宝坻区)就是由新仓镇发展而来的。新仓镇榷盐院盐简称"榷盐",永济院盐称为"永盐"。天辅七年(1123),金主完颜阿骨打致宋徽宗国书称:"榷、永两盐院合煎盐二十二万石,合卖钱三十九万贯文。"所谓"榷、永两盐院"即指新仓榷盐院(香河榷盐院)和永济盐务院。这两盐院的煎盐岁额为二十二万石,按北宋淮浙海盐每石五十斤计算,共一千一百万斤。康熙《通州志》序文中说:"通州故汉潞县地……其物产生殖有鱼盐畜牧之利。"

其二是运输历史长于正河,运力不输正河:萧太后运粮河转运物资中最大

49

宗的自然是粮食,作为当时辽南京城通往北塘海口的唯一水运路线,南京城内军民灾荒之年的粮食供应全部仰仗这一路线。金人刘晞颜在《创建宝坻县碑》中说:"河渠运漕通于海峤,篙师舟子,鼓楫扬帆,懋迁有无……虽千里之远,旬日而至。"时南京大量运盐等其他物资,南宋人徐梦莘在其《三朝北盟会编》中说:"陆海百货,萃于其中……"

乾隆钦定《日下旧闻考·卷一百十八·京畿香河县》载:"臣等谨按,蒲石河在城东十五里,又名蒲池河,上承百家湾、见各庄、骆驼港三处,水下入牛家港达宝坻境……原香河县境南有大龙湾、小龙湾,二水夏秋始合流经宝坻县界,入七里海。相传辽时海运故道(《长安客话》)。"大龙湾今名青龙湾,在城南四十里,小龙湾在城南四十五里。

千年成村史的天津宝坻王卜庄镇耶律各庄村,今建设有辽金文化博物馆,展辽金时代古文物二百余件。当地人说萧太后运粮河,有桥,有河影,东到海边,南至天津市区,北至蓟县(蓟州区),西北达北京。

北京社科院尹钧科研究结果是:辽代漕粮是由海路运至蓟运河河口,然后转入内陆运河,由大小龙湾河溯流而上,至香河县西南境入白河,继续向西北逆行几十里到达潞县南(今张家湾),再经萧太后运粮河便可到达燕京。

由东至西路线,入白河(运河)即今西集镇、潞城镇域,这一带是《水经注》所说"鲍邱水"乱流地域,河道盘桓屈曲,当地有九九八十一条河之说,而且都是连接香河宝坻的契丹人活动地域。西集望君疃辽代寿安寺,其北入潞城界太子府村(《金史·胥持国传》称之辽代成村),是村北今仍有北河沟子东桥口遗址,沿此河影西行过谢楼村即古泗河,直通盐河口。

其三是现实可证:皇木厂村"长乐宫"(老年文化娱乐场所),现存称盐专用石权(石秤砣)。历史上张家湾设有上、下盐场,辽、金、元、明、清各代均为朝廷专卖食盐批发之地。

须知辽代是北京人口暴增时期,中华书局点校本《辽史·卷三六·兵卫志下》载:"南京析津府,统县十一,辖军、府、州、城九,有丁五十六万六千。"南京(今北京)城内,辽人号称人口百万。据蔡京的观察,即便没有百万,五十万以上的人口总是有的,而对食盐需求又不止人口食用。

当时是战争时期,契丹又是马上民族,按《太白阴经·卷五》战马的食用标准是:"马盐,一马日支盐三合,一月九升,六个月五斗四升。"(即每匹战马每年要吃掉食盐一石多,按前文算,每月五斤盐。否则打不了仗。)贾思勰:"治马大小便不通,眠起欲死方:(须急治之;不治,一日即死!)以脂涂人手,探谷道中,去

50

结屎。以盐内溺道中,须臾得溺。便当差也。"……此外,食盐还有很多用途。

《续资治通鉴·元世祖至元二十六年》:"南北盐均以四百斤为引。"《通州志略》载:"盐牙行,银一千两有奇……商人每年掣运引盐大约五万二三千引。"这就是说,在明嘉靖年间,盐牙行收入白银一千多两,每年运盐万余吨。盐河,真的不是"小盐河"。

(作者:马景良,西集镇人)

1765 年州县界河——凉水河

凉水河是一条流经今通州区南部的河流,它由今马驹桥镇西北角进入通州境,然后作为马驹桥镇和今台湖镇界河向东稍偏北流,继而成为台湖镇和今张家湾镇界河转向东北,至今张家湾镇齐善庄村西南流入张家湾镇域内,再到张家湾镇村西南向东转向东南,一直流入今潞县镇域东北一角,在潞县镇苏庄村东南入北运河。这条河在通州区域内走向是 V 字形,V 字西边一边主要作为邻镇界河,到了张家湾镇齐善庄村开始贯穿张家湾镇域,把张家湾镇域大体分成南北两个部分,这在它流经区域内是唯一的。在马驹桥镇西北和潞县镇东北,它穿流的都只是其镇域一个小角。

凉水河流经张家湾镇域的状况如果放大了看,大约也是它流经今通州区的状况,整个通州区也被它大体分成了南北两个部分,只不过在张家湾它是 V 字的东边一边,而在通州区它就是一个完整的 V 字了。如果按照这条河来界分张家湾南北和通州区南北,两个部分面积相差都不是太大,但张家湾有时这样划分镇域,通州区却很少有人这么说,因为今天的凉水河不大不小,在张家湾算是不小,在整个通州区却不大,然而历史上它对今通州地区却是一条重要河流,重要到它曾是通州两个前身行政建制的界河。这条河北面是现在普遍以为的通州建制前身,南面则是今通州另一个鲜为人知的前身建制,这种界分在正式建制下沿袭了 1765 年,而今天的凉水河南北合成通州区,历史还不到四百年。

今通州区凉水河南北两部分面积相差无几,应该说今天的通州区主要有两个建制前身,一个是一直被认为是通州建制前身的路县,一个是元朝凉水河南行政建制鼎盛时的潞州及其最早前身泉州县。路县始建于汉高祖十二年(前195),泉州县始建于西汉元封五年(前 106),两者始建时间相差八十九年,这两个县的分界就是今凉水河故道。我们就以后建的泉州县为双方正式界分的时间点,到清顺治十六年(1659),潞县最终裁省并入通州直辖区,凉水河作为州界或县界的准确时间长达一千七百六十五年。

还是天地玄黄宇宙洪荒时，这条河流本身就是一个天然地界，河北是台地湖泊，河南则是辽阔水面上一些零星岛屿或垄岗，它们地貌上有所差异，归属上却模糊不清，一般说春秋战国燕国时河北台地应泛属燕国渔阳郡，但它又是古雍奴薮一部分，泛属古泉州。归属上虽说不清楚，这样的一条河却明摆着，而且那时它还是一条大河，是古㶟水（今永定河）东派重要分支，甚至它一度还是永定河主流河道，古㶟水可是今北京古代第一大河。这么大一条河流横亘，若说它不是个什么界很难，但这个界又很模糊。正式行政建制，河北早了河南八十九年，河南附近一些零星岛屿、垄岗可能先被河北长臂管辖，但泛泛归属的古泉州也未必就放弃了主张，古雍奴薮甚至也包括河北部分台地，当河南古泉州也正式划分出一个泉州县，凉水河作为两县界河才基本确定。

凉水河以北的行政建制过程一般人都比较了解，汉高祖十二年在渔阳郡始建路县，域内古沽水以县名易称潞水，王莽新朝时路县改通路亭，东汉初复改路县，不久因域内多水又有潞河又改潞县，其后潞县一名沿袭很长时间。金海陵王贞元元年（1153）定都燕京，以"漕运通济"升潞县为通州，但潞县建制依然存在，归属通州管辖，直到明初潞县裁省并入通州，成为通州直辖区。

凉水河以南古属古泉州，古泉州是一个泛泛区域概念，有点像唐时羁縻散州性质，并非正式行政建制，那时候这一区域还是广阔的湖泽，称雍奴薮，其露出水面的岛屿和垄岗面积有限且零散，故此地域泛称泉州，"泉"本意就是四面环水。到西汉元封年间，这里水域缩减，岛屿和垄岗面积增多，才开始正式行政建制，古泉州地被分建泉州、雍奴二行政县，今通州区域凉水河以南被划归泉州县管辖，如后来漷阴县县治前身"霍村"，即明确记载属于泉州县地。今通州区凉水河南北明确分治，即始于此时。后雍奴县改武清县，泉州县地也并入武清县，凉水河作为县界并未改变。

古时凉水河河道与今天不尽相同，今凉水河河道已是1954年调整以后的路线了，凉水河故道原自今张家湾镇齐善庄村即转东来，穿今牌楼营村、瓜厂村南，由西南而东北直接汇入"张家湾"。今牌楼营村原凉水河故道遗迹仍在，瓜厂村也因曾在凉水河北岸才能成为木瓜厂码头……不过当时凉水河也只到入"张家湾"。

汇入"张家湾"，名称意义上的凉水河就算结束了，其"张家湾"下游河道与北运河故道合流，事实上仍属于凉水河河道延续，如果将名义上的凉水河与"张家湾"下游北运河故道合计，曾经的凉水河流向就是西南东北而来，到"张家湾"折向东偏北，不是现在的 V 字形。

"张家湾"下游北运河故道由今上店村和里二泗村中间穿过,偏北向东,流经今西集镇崔家楼村、谢家楼村,然后东南流经马坊后折而西流,至儒林、供给店后折往南,经长陵营、马头村、耿家楼再折向东,经肖家林进入今香河县境。这段故河道右岸,原则上都算是凉水河以南,也曾是通州与漷州州界,时属武清县。这条河比同为"张家湾"下游的潞河故道筲沟即后来的港沟河还要宽阔,界河自然选相对宽阔的河流。

　　至辽太平年间(1021—1031),以皇家"捺钵"需要,霍村升制漷阴镇,又析出潞县南部(具体不详,或在北运河故道附近,今西集镇部分地区)、武清县北部建漷阴县,凉水河更明确成为漷阴县和潞县分界了,因"漷阴"二字的"漷"指的就是凉水河,那时候的凉水河叫漷河。漷阴,就是漷河之南。辽、金、元漷阴县建制延续到元至元十三年(1276),因皇家捺钵和运河漕运管理需要,又升漷阴县为漷州,"割大兴之武清、香河二邑来属"(元《钦定续通典·卷一百三十四·州郡》)。此前金代河北潞县先已升置通州,至此凉水河不仅是县界还成了州界。据《通州志》明洪武五年(1372),漷州再降为漷县,这中间九十六年,是凉水河作为州界河的高光时刻。

　　凉水河之所以在长达1765年时间里成为州县界河,主要是因为河南河北地貌差异,此河沿南苑—通州地质断裂而来,断裂成因是因为某次地震。地震造成断裂带以北地势升高,断裂带西端以南的今大兴区地势也发生抬升,其结果就是原永定河河道向东的拐点处被整体抬升。这使河道当时就发生了改变。原永定河河道沿西山东侧流出,流过蓟城古岛屿或台地之后就东转流向今通州区,但南苑—通州断裂带一出现,这条古河道就立即南移数公里沿这个断裂而来,这就是今天的凉水河故道。

　　不是凉水河造成了两岸地貌差异,而是因为地貌差异造就了凉水河河

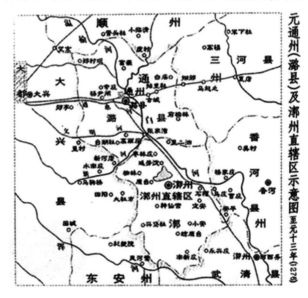

元通州(潞县)及漷州直辖区示意图

54

道,古代永定河又是北京地区一条最主要河流。这么大一条大河横亘,两岸又存在明显地貌差异,北面是海拔较高的高台湖泊,南面则是烟波浩渺的辽阔水泽,这使凉水河一开始就成为某种天然地界。河北高台湖泊虽仍然洪荒,总有一些高台之地渐可人居,而河南则是一片汪洋,汪洋中也有零散岛屿可以人居,但可能容纳的人数就太少了。

唐代,今凉水河南北(北至通州旧城南郊,大约今 103 国道一线)仍统属雍奴薮广袤水域,但河北以海拔高又有高台,有些地域已可建人居聚落。唐贞观十九年(645)四月,太宗李世民御驾亲征辽东,征讨高句丽(今朝鲜、韩国),俘虏其民一万四千余人,十月带回幽州城中暂居,然后分散在州域周围各地耕种开荒,其中一部即落脚于今张家湾镇大高力庄村。大高力庄初名"高丽庄",即为当时高丽族人所建,它是已知今凉水河北最早出现的正式村庄。唐贞观时河北就已有正式村庄,而延至辽、金时,河南还是一片汪洋的延芳水淀,零散岛屿、垄岗上或有人居,聚落也既稀且少,辽初起河南以有大片水淀被皇家占为捺钵苑囿,延至元末明初。

今凉水河北岸台湖一侧曾发现一通延芳淀古界碑,明确此处即为延芳淀西北界。不是说延芳淀在凉水河以南吗?那是因为后来的凉水河因一次次大洪水河道缓慢南移,这是正常的流体力学现象。今台湖镇水南村也在今凉水河北岸,这个村也曾在凉水河以南,所以才被叫作"水南",所以这里一般说凉水河都是指其故道。

凉水河南北因为地貌上的不同,历史发展过程也产生了很大差异,其河南被用于辽、金、元三朝皇家捺钵苑囿,河北则自元代起主要被用于漕运码头,当然这两边的功能互有交叉,基本状况又差别明显。先说功能交叉部分,河南也曾被用于漕运,著名的隋唐大运河永济渠就曾直接利用过凉水河南雍奴薮水域,那比京杭大运河利用河北"张家湾"还早。辽时起河南皇家捺钵和河北漕运几乎同时兴起,河北台湖村一带首先作为开发延芳淀的基地,张家湾古城东南处不久也建起捺钵三粮仓之一。辽初萧太后运粮河利用了凉水河北原永定河故道遗留的湖泊,"张家湾"以下则利用原潞河故道港沟河(笥沟)。港沟河在凉水河以南,沿延芳淀东部边缘,延芳淀水还起到调节这段运河水量和泊船的作用,皇家捺钵用漕粮也借淀水转运,这个作用以后一直延续,直到延芳淀淤散。

南北功能差别之处就几乎截然不同了,别看凉水河南辽时仍为延芳淀水泽,对它的大规模开发却早于河北台地,那就是因为皇家捺钵需要。有关于此有很多史料记载,这里不再详细说明。而对凉水河以北的正式大开发,则始于元代,张家湾一名都源于元初张瑄督海运至此,随后京杭大运河利用白河河道首先到"张家湾",先开坝河,又在河北开凿元通惠河,张家湾从此成为大运河漕运枢纽和重要码头。

河北由这时起进入开发全盛期,码头物资陆路转运。而此时凉水河南呢?至元初,延芳淀已淤散成四处飞放泊,虽仍被用为皇家捺钵苑囿,但发展已接近尾声。元末明初河南延芳淀大部淤散,开始进入移民屯垦,河北张家湾漕运码头却正在盛时……

此起彼落,后来者居上自然而然。今人一说起凉水河南北历史,河北张家湾码头那是最响亮的名头,殊不知河南还有比它更悠久的延芳淀皇家捺钵苑囿史。

凉水河南北以地貌差异经历了不同历史发展过程,二者又怎么终于走到了一起呢?这首先是因为凉水河的改变。凉水河本来是一条大河,一度甚至是永定河主流河道,但因为南苑—通州断裂带不仅带来了北部地势抬升,它西端南侧今北京大兴区地势也被同时抬升,这就使这条断裂带西端两侧同时高起,新河道向东的拐点处狭窄局促,平常水量还可能对付,但当永定河出现大洪水时,狭窄的拐点河口就无法吞吐特别巨大的水量,其结果就是大洪水在此处四面冲撞,终于沿着大兴台地的西侧向南,又冲开一条新的分支。这新的分支分流了水量,造成东流河道河口水流减速,泥沙沉积淤浅,久而久之新的分支发展成主河道,断裂带而来的东向凉水河主流河道却渐成为辅流,最后,它甚至连永定河支流都不是了,没落成以泉水为源的小型河流,这就是后来的凉水河了。

一条小河作为大界河的意义就不大了,不过这是一个逐渐的过程,而且在河南河北地貌差异依然存在的情况下,其自然分界的作用还在。

凉水河故道南北的海拔差究竟多大?这个我们可以用数据说话,按《通县地名志》上标注的海拔,其南北差异至今还有数米到十米左右,不过这个差异在今天一马平川已少见湖泽的平原上看已不明显,除非注水再看。再有,俗语说"人活一世,地长三尺",低洼处不止水流可以带来泥沙沉积,刮风也会带来风沙,通州最早的"路县古城"早已被埋入地下数米,凉水河南之地也在"长高"又有什么好奇怪?

回到凉水河南北地貌,仅说从辽初至今,也不过才一千年,这一地区固然多洪水又多风沙,那这一千年两边就都扯平了?当然没那么简单!以河北高台湖泊地貌消失为例,这期间发生了太多人为干预,这造成了河北"台""湖"地貌消失,也与河南变成一马平川的原因类似。严重改变河北"台""湖"地貌的重大事件发生于元至正二年(1342),元顺帝在此开凿金口新河失败,上游大水冲决堤岸,水流携带大量泥沙淤浅各处湖泊,那以后"台湖"的湖先就不明显了。饶是如此,凉水河北的"台""湖"地貌也没有被完全破坏,但这之后的移民屯垦,使这里的地貌进一步遭到破坏。

凉水河南的移民屯垦发生得更早,元末明初延芳淀淤散而来的四个飞放泊也淤积了,这里再也不能满足皇家捺钵需要,明朝又是汉民族政权,畋猎兴趣不及北方民族,凉水河南原延芳淀淤积后的荒地就被用来移民屯垦,移民们为了生存,哪里会局限于现成荒地,他们同时在延芳淀遗存的坑塘洼地上想办法,耕垡造田、围湖造田、排水造田、取高土以就低洼等等,凡能使水洼变成可耕田的办法都想尽了,久而久之,哪里还有多少延芳淀的影子? 再加上岁月侵蚀风沙掩埋,曾经的延芳淀沧海桑田,变得越来越像是一片平川……凉水河北张家湾以西,大约同时也开始了这样的移民屯垦,只是规模逊于河南,萧太后运粮河,因被用为北京城东南的排水河,又多少能补充张家湾漕运水源,沿此还有码头物资进京的道路,这才被延续保存。当然,同时保存下来的还有暂时被用为漕运的"张家湾"。

张家湾用作漕运码头直到清嘉庆十三年(1808),其上游北运河改道后,"张家湾"连带曾盛极一时的张家湾码头废弃,也经历起河南同样的过程……当然,在缺少现代大型机械的时代,要从根本上改变一个地区的地貌也不是一件容易事,这或者也是萧太后河能够一直孑遗至今的原因之一。应该说直到现代,凉水河以北地区还能看到当年"台""湖"的影子,这一点甚至当地老人至今都还记得。但后来农业学大寨运动带来了通州地区全面无死角的土地平整,"沟路林渠"建设最终使凉水河南北地貌差异消失殆尽。

河南河北都成了一马平川,凉水河水量又不断减少,虽然还存在着一定的海拔差,地貌上已看不出大差异,这也就满足了南北合一的所有条件。清顺治十六年潞县裁省并入通州直辖区之前,凉水河南北地域文化融合就已经开始,移民屯垦是它们共同的经历,这也是二者可以实现合并的历史前提,但南北毕竟分治了1765年,合并一处在历史和文化上许多地方都需要磨合,这种磨合不是短短数百年就能全部完成,磨合至今也还存在诸多不平衡。比如一追溯通州历史,多数人只想到路县,那凉水河南的另一半呢? 一个地区只有半边历史,另半边人就会缺乏认同感,这在文化上是一种撕裂,在发展上也会成为某种障碍,造成发展不平衡也就在所难免了。

这种状况在通州总体上存在,在张家湾镇则显得尤其突出,因为凉水河在其他乡镇至今还基本是乡镇界河,但在张家湾却是镇域南北自然界线。事实上今张家湾镇也是由原张家湾镇和牛堡屯镇合并而来,而凉水河北主要是原张家湾镇,凉水河南主要是原牛堡屯镇,如今两个镇合在一起,在历史和文化上的差异感却仍然较大。这是今张家湾镇在发展上面临的特殊问题,也造成了比较明显的南北发展不平衡。

张家湾镇域凉水河以北北部镇域,乘着通州区北京城市副中心建设的东风,近些年发展速度极快,城市化进程已全面铺开,但凉水河以南南部镇域却发展相对迟缓,一直面临发展破题的问题。其实这个问题有历史的原因,解决问题的根本也在历史的挖掘上。张家湾镇域南部目前在生态环境建设上并不落后,只是在历史和文化的挖掘上差距较大。按照北京城市副中心的发展规划,张家湾镇域南部要发展生态休闲观光和民俗民宿文化旅游等产业,这种发展最不可少的还是历史和文化。如今张家湾镇域南部发展破题和“张家湾向南”发展战略都已被提上镇党委和镇政府工作日程,对其历史和文化的挖掘就显得尤为重要。

寻不到历史就做不出特色,没有特色用什么做发展引擎?

其实张家湾镇域南部历史和北部一样厚重,它的大开发甚至比北部还早,而且这里还是延芳淀辽、金、元皇家捺钵活动的主场,只要深挖出这段厚重的历史,别说镇域南部发展破题,推动“张家湾向南”发展战略也会事半功倍。捺钵文化是畋猎文化,是不是还很恰合这里如今被确定的发展方向?

历史千年轮回,未来张家湾又是镇域北部城市化,镇域南部休闲旅游观光——一切仿佛是昨日重现。当我们遇到问题,不解决就是发展阻碍,处理好又是发展契机。张家湾南北历史和文化差异,在现有乡镇里比较特别,但处理好也会变成独特优势,北部城市化溢出效应,南部休闲文化正好吸纳。凉水河曾分界了今通州南北,如今它还分隔着张家湾镇南北,曾经的通州和潞州隔河相望,功能互补,今天的张家湾只在镇域就可以实现这样的互补,某种意义上说,这是否还是张家湾某种发展优势?可以说今天的张家湾镇南北,就是当年缩小版的潞州和通州,当年那两个州可是共同辉煌了很多年啊!

未来的通州北京城市副中心规划,凉水河依然是一个重要界线,河北建设北京城市副中心城市区,河南则会建成城市近郊旅游休闲区,它们的功能互补还将继续延续,共同发展、平衡发展也将是这里的长期课题,那就让我们以历史为切入点开始解题吧。

(作者:刘福田)

58

大运河码头城市——张家湾

随着通州北京城市副中心建设的步伐,张家湾镇域北部已进入城市化进程;镇域西北建成了北京环球影城主题公园度假区;镇域103国道以北被建成北京城市绿心公园;镇域东北张家湾设计小镇也已初见规模……由西北而北而东北,随之而来的还有一片片高楼崛起,张家湾凉水河以北城市化全面推进,管理也正在向市区街道转型。可以想象,不久的将来张家湾凉水河以北全部都会城市化,那时它就是北京新城市的一部分了。

严格说,张家湾赖以成名的就是其凉水河以北地区,历史上赫赫有名的大运河码头张家湾,也基本就在这一区域。要说由农村乡镇到城市街区,这变化来得有些突然,但就张家湾历史而言,这里早就经历过近现代城市化进程,要不是清嘉庆十三年(1808)北运河张家湾上游河道改道,说不定张家湾早已是现代城市。

城和市是两个不同概念,《说文解字》:"城,以盛民也。"清段玉裁注:"言盛者,如黍稷之在器中也。"市,买卖所之也(《说文解字》)。城和市原本不是一回事,但随着人类社会发展,二者合二为一是个必然过程。现代城市是大型人口聚居地,它是永久的人居稠密的地方,成员主要从事非农职业。

一般意义上的古代城市,在中国从西周时就已开始出现,但近现代性质的开放城市,自然是到了近现代才有,其主要功能就变成了市。当然也有例外,那就是比较大的码头港口或资源型城市,或者城墙修不过来,或者已没有修的必要,这种城市,城的作用有限,市的意义重大,张家湾和通州都曾是这种状况,而张家湾尤其如此。

不过张家湾最早的作用还是作为城,北齐天保八年(557),北齐土长城修筑至此,在这里就修筑了军事城堡,这是城的最初形制。那时候漕运还只是偶尔途经此处。辽时这里被用为漕运码头,开始由城到市的功能转化,但还没有很大规模,直到元初张瑄督海运至此,张家湾一下子跃升为北运河上漕运枢纽和重要码头,其市的功用瞬间爆棚。一个功能庞大的码头群迅速崛起,又因自然环境和四方需求而布局分散,伴随码头还有各种不同贸易区块、服务区块等,这一开始就是个近现代开放城市雏形。

张家湾码头群的布局有两个内在逻辑,一是沿河,内陆漕运码头当然要沿河设置,"张家湾"上游四河交汇,漕船可进入或驳运至的上游河口,都可以设置码头;二是环湾,张家湾有个水面在五千亩以上的大水湾,水湾可以用来泊船,环湾也可以设立码头或其他设施。于是就有了所谓张家湾上、中、下三个码头群,此外还有入萧太后河河口的张家湾客运码头、入凉水河河口的张家湾木瓜厂码头,"张家湾"东北北运河下游河口还有上店码头和里二泗佑民观,环湾东侧则是漕丁落脚的烧酒巷,湾南是码头工人集聚区……

张家湾作为漕运码头史料有明确记载始于辽代,辽初启用萧太后河运粮,张家湾因位于运粮河重要节点,又有水湾可供船只停泊,加上此地潞河(今凉水河)以南辽阔的延芳淀被用为皇家捺钵,附近又有水陆军事演练,很自然地就被用作码头。今张家湾古城东南部高阜之地辽代已建有捺钵粮仓,城南萧太后河两岸也被用作客运码头,但此时这里主要是国家占用,未必有多大规模。金代沿袭辽代故事,基本上沿袭了之前状态,但金海陵王在通州督造战船演练水军备战侵宋,其演练处可能就在"张家湾",因水深和水面同时满足要求的地方在通州唯此。

张家湾大发展始于元初万户侯张瑄督海运至此,连张家湾的名字都由此而来。已知元代在张家湾就建有四处粮仓,分别是及衍、富储、富衍和足食(《元史·河渠志》)。这么多粮食仓储自然需更大规模漕运码头,更何况建设元大都的主要建筑材料都由此上岸,"先有张家湾,后有北京城"由此而来。此后明、清在这里设置码头的情况就比较清晰了,上述那些码头明清时都已确定存在。

张家湾的上、中、下三个码头都是集群存在,其中尤以中码头专业码头数量最多。在这三个码头的分类上,文史专家们说法不一,比如周庆良先生就认为中码头应该是特指位于今砖厂村的砖厂码头,而皇木厂村以下的码头都是下码头。其依据是附近出土某合墓志铭,谈到了墓主曾在中码头创业,此前只听说过上下码头,没有听说过还有中码头。但虽然有个记载中码头的墓志,中码头究竟在哪儿也没说清,笔者以为还是以码头相对于张家湾古城位置合理划分为好,这个划分在找到确切证据之前无所谓对错,只是这样表达更均衡。

张家湾上码头的位置确定无疑,就在今绿心公园原北马(码)头村。北码头原名即上码头,后因公交线路上有两个码头村,为避免混淆,按方位分称南、北码头,这两个码头虽都是北运河码头,但历史上没有对应关系,上码头是就张家湾码头群而言。周庆良先生称:明代中期由于通惠河久治不成功,南来漕粮只能在张家湾上岸转运,十分艰难困苦。便由张家湾向北疏浚白河上游,因沙岸易冲,水流漫散,也很难治理。经过努力疏浚到今张家湾镇北马(码)头村位置,再往北更难疏通,漕船只可行到此处。于是,在此设漕运码头。西岸码头大,是转运入京、通仓的;东岸码头小,是转运东北边关军队的,形成西、东两处码头,这两处码头位于张家湾码头群上游,分称西、东上码头。运河清嘉庆十二年改道后,上码头渐成村落,仍以原名称村,后因运河故道废弃,两村渐成一体,村名就是上码头了。可见当时张家湾上码头有两个码头,在运河故道两岸东西对峙。

中码头是张家湾码头群的核心,这里专业码头众多,一般说张家湾码头,主要指的就是这里。中码头的位置,主要在元通惠河、张家湾上游白河、"张家湾"和玉带河转弯东西向河道所围及周边区域,可以想见,这一区域是张家湾作为码头的黄金地带,三河一湾,四面围水,物资在此装卸驳运都极其方便,核心环境安全性也好。在通惠河上又有两座石桥与陆路连通,转陆路运输也很方便。是以元通惠河开通以后,这里迅速被占为漕运码头,很多专业码头也来挤占,弄得这片区域大量码头集中出现。

中码头的码头都有哪些呢? 最有名的应该是皇木厂码头,因为这片区域现在就属于皇木厂村。皇木,顾名思义,就是皇家专用之木,谁能争得过皇家啊!除了皇木厂码头还有花板石厂码头、上盐厂码头、下盐厂码头和江米店码头。这还没完,在它周边玉带河北岸还有砖厂码头,通惠河河口北岸,元时先是百货码头,明初变成漕粮码头和商业码头,近年在此施工取土,出土无数元代和明初期各类南方瓷片,层层叠叠,说明这里还曾是瓷器码头或瓷器集散地。其实不同时期这里可能还有过其他码头,只同时存在的码头就有七八个之多。可见中码头应该是张家湾码头主体,平常一说张家湾码头主要就是指中码头,所以才用不着再特别加一个"中"字,与此对应也才有张家湾上、下码头,上、下码头规模都比中码头小。

如此张家湾下码头应该特指张家湾古城东南方向码头,其中今张湾镇村东及其东南今小辛庄村的百货、杂货码头规模也不小,由此还形成了今张湾镇村的前身——长店,是专门经营百货的道旁店铺。此外下码头还包括今瓜厂村的木瓜厂码头等。木瓜是南方水果,不仅能当菜吃,还是中药,有治疗风湿痹痛的神奇功效,且长时间储存不腐,因此在运河从南方运来的水果中运量较大,最有代表性。其实木瓜厂是所有南方水果码头,后来,北方瓜果也都借势来此批发销售,木瓜厂码头也就不只是码头还兼市场了,渐渐地木瓜厂码头也被简称"瓜厂码头",这才有后来的瓜厂村。

整个张家湾码头群的规模有多大?仅这上、中、下三个码头群合计的专业码头就有十几个了,再加上"张家湾"东北北运河下游河口的上店码头、里二泗客运码头,还有林林总总淹没在历史尘埃中名不见经传的若干码头,码头总数量在二十个以上。

张家湾确实很适合建码头,这里不但有个"张家湾",上下游还有六条河流,"张家湾"沿岸可以设置码头,上下游河流两岸也可以设置,白河、凉水河、通惠河、萧太后河河口附近都有码头,连当时通惠河更上游的玉带河(北齐"护土长城河")上都有。砖厂码头就是利用通惠河广利下闸蓄水,运砖瓦船可以借机航入玉带河而成为码头的,它当不起中码头,但也是一个专业码头无疑。甚至还包括下游河道,上店码头就建在了"张家湾"东北下游北运河河口,它东面还曾有个下店(夏店)码头呢,但那离张家湾就有些远了。

其实从某种意义上说,里二泗、烧酒巷、北何各庄甚至海子洼,当时都肯定有规模不等的各种专用码头或临时码头。在张家湾不是流传着一个"九缸十八窖"的藏宝传说嘛!"西到立禅庵,东到砖头山,北到兴国庙,南到海子湾",这都是宝物可能埋藏的范围,那这个范围当时不说有多么繁盛,人迹总是比较多吧?湾河临岸,都得有泊船靠岸的地方,那说起来都可以算是码头。

这么多的码头,人员、物资流动,配套服务和市场贸易的繁荣也就可想而知了。

事实上已知的当时繁华处就有多个,以建于明代的张家湾古城为中心,出南门是张家湾百货码头和伴之而来的百货市场,街道两侧店铺有二里多长,故称"长店"(一说长店指沿"张家湾"西侧南北百货码头群)。这里当年有多热闹,据说连"人市"都有,二人转剧目《冯奎卖妻》就取材于此,《红楼梦》有关人市情节也以此处为原型。别管曹雪芹是否葬在张家湾,曹家在张家湾有典地、当铺无疑,曹雪芹对张家湾也肯定熟悉。此外,此南还有木瓜厂码头水果批发零售市场等。

出西门则是进京大路口市场,因位于城西也称"西店"。张家湾原有小西甸自然村,其初此地居民以开旅店、商店为业,故名"西店",后音转称西甸,村址在今太玉园西区。张家湾古城南是大运河北端客运码头,船客上岸大多落脚于城西,萧太后桥西约二里还有一座烟墩桥,方便南北行人过河。城西原有两条陆路进京,一条往西南沿萧太后河北岸进今北京广渠门;一条向西北入北京东便门。后者为客运通道，因当时主要以驴驮乘旅客，也称"驴道"。这是由张家湾直接进京的两条重要通道，由此直接进京的物资和旅客占比都很大，尤其旅客大多都由此直接进京，自然会带来城西市场繁荣和热闹喧哗。

古城出北门和东便门是码头最为密集的中码头，码头上漕船泊岸装卸，日夜繁忙。

由此隔"张家湾"东望，由北而南又有上店码头，运往东北地区的物资由此上岸；里二泗佑民观庙会熙来攘往；烧酒巷云集各酿酒作坊，南来漕船在此销售多余的漕粮，有些漕丁在此下船吃喝通宵达旦。漕船已经到了张家湾，后面行程没多大风险，有些漕丁和兵丁干脆留歇于此，只等漕船返回。至于卸船，那是码头脚力的活儿。

1990年《北京市通县地名志》记载：烧酒巷村"元代已成村。此处北滨运河，通惠河在此之西汇入运河（时称白河），为供漕运行旅之需，于此地建有酿酒和经销场所，后形成聚落，因而得名"。志书记述简略，没有详细说明，烧酒巷所以成为酒业作坊，根本在于此处独特的地理位置。这里是"张家湾"两条下游河道北运河、港沟河夹角前出位置，它北临北运河下游故道河口，方便漕船泊岸，应有一处小的用于酿酒漕粮卸货的码头，临"张家湾"水边则是一带滩涂，蒙金面沙质，按现在说法，这就叫"金滩"。

这里怎么会有金滩呢？因为这处岸滩正迎向凉水河来水方向，沉积在这里的砂土主要来自凉水河。凉水河曾是古灅水（今永定河）主流河道，这条河由西山流出，携带大量含石英成分的砂土，这种砂土呈金色，也就是所谓金沙了，今永定河河滩也是这种沙质，通州区凡永定河故道都有这种砂土遗存。周庆良先生记述，1975年春他参加元通惠河故道（再前为永定河故道）遗址处万人平地活动，就叫"大战金沙滩"。这种情况旁证：南苑—通州断裂带出现后，今凉水河一度为永定河主流，这片金滩与此有关，"张家湾"形成也与此有关。如果这里一直以白河为主流，白河以白沙得名，那留下的只能是"银滩"，事实是离此一公里河口北岸贾各庄村也还是金沙，但再西北不远的今东定福庄村土壤土质就以潮沙土（白沙）为主了，这种状况大约可以判断出"张家湾"造就之初两条主要河流的流量比值。

两面临河一面前出水湾的金滩，真是得天独厚的宴饮游乐之地，这种地方加上酒，简直可以比肩现代娱乐休闲了。

选择此处开办酿酒作坊，原因还不止于此。运河漕运历来漕弊丛生，官府付给漕船的运费固定，但一路上漕吏盘剥，税榷克扣，黑恶勒索，运费到京城也就所剩无几了。押运漕粮的官兵和船夫们为了生存，就不得不采取一些"措施"：比如夹带私货、偷盗漕粮等，这都是一些见不得人的勾当，必须在漕船进京之前完成，到了今张家湾地界，烧酒巷出货就是他们最后的机会了。

这里是当时的"金三角"。烧酒巷与张家湾虽只一湾之隔，当时却分属漷县和潞县，高光时刻，它们分属潞州和通州，这种情况就可能出现地方政策差异，漕粮在这里盗卖给酿酒作坊没人管，进入通州也许就不行了。两地交界还可能"两不管"，估计烧酒巷酿酒作坊老板就是看到了这种便利。"货到街头死"，到这里价儿也好讲。

一路上都有人盘查，漕丁们到这里还能盗卖漕粮，一路上如何瞒天过海？这亏空又怎么弥补？放心，人家自有办法。

原来古时漕丁们就可以买到一种药物，把这种药物溶于水中喷洒在舱粮之内，漕粮会粒粒涨大，又很长时间都不霉变，这样甚至更有利于漕粮储存。制酒作坊在这里设烧锅造酒，酿酒的粮食购买于这些漕丁，酿好的酒也先供给他们。久之，烧酒作坊旁侧就有了烧酒巷，批发零售烧酒外还加了餐馆铺子，俨然就成了"餐饮一条街"。烧酒巷村今地处偏僻，但遥想一下当年漕运盛时，这里人来人往，卖粮食买酒的漕丁船上船下，出没"张家湾"的金滩上，白天酒旗风影，夜晚街灯桅灯再加烧烤的火光……漕丁们临水喧器，如今的水岸休闲也不过如此吧。

"烧酒巷"不止于和漕丁们做生意，大宗烧酒还是要运到水湾对岸的大码头市场。当然附近的码头（上店、下店）、街市（里二泗）、码头工人聚集区（北何各庄——今月亮湾晓镇）等处，也一定是近水楼台。

只说里二泗村也是一处热闹所在，它在烧酒巷迤东一公里，北运河下游河口南岸，隔河北岸对上店码头，这里自然也会有客运码头，很多人来里二泗赶佑民观庙会。

里二泗佑民观最早供奉的是海神林默娘，叫天妃宫也叫妈祖庙。这是元初张瑄督海运到张家湾不久发生的事。为什么供海神？这与开始的海运有关，也与"张家湾"有关，元初时的"张家湾"水面辽阔，景象与海也差不多。那以后水面不断缩减，又变为以运河漕运为主，明代时这里才变成了佑民观。佑民观是北京白云观下院，号称京东第一道场。里二泗的兴盛，在于这里建了这座道观，但更根本原因还是这里特殊的位置。首先是和烧酒巷一样，这里一河之隔就是县界甚至州界的"金三角"地位，然后才是与烧酒巷的相互助益，且对岸还有上店码头，另此处位于"张家湾"北运河下游河口等。本地区有句民谣："船到张家湾,舵在里二泗。"一直以来专家对这句民谣的理解都很模糊,差强人意。有说指船大的,有说指船多的,感觉都太牵强,这句民谣真正说的可能是这里一船跨两州或两县,没人管得着。

里二泗的繁华,主要体现在佑民观庙会,元时无载,但明、清两代记载庙会极盛,整个张家湾地区及附近民间花会,都要到里二泗庙会上来展示。每年里二泗庙会要举办四次以上,即阴历正月十五、三月十五、四月十八、五月初一。以正月初一和五月初一两次尤其盛大。《通州文史资料》记载:"每年正月十五,除买东西和烧香许愿者纷纷云集外,还有南八会、北八会等都来朝顶进香,在庙前大展身手,各显其能……"经常举办庙会,自然就产生了土产百货等集市贸易。

关于里二泗,还有一点想特别说明,那就是里二泗这个名字,既不是传说的李二寺,也不是现在所谓"正名"的里二泗,它正确的名字叫"里儿泗",由"里泗河"简称、儿化而来。本地人直到今天还把村名呼为"里儿泗","儿"字不仔细听都听不出来。至于里二泗的由来,是因为它曾写在佑民观山门匾额上,"里二泗"中的"里"和"二"还都加了三点水,用来说这里水多,其实当时名字就已搞错。元蒙语多儿话音,明时记"儿"为"二",可"二"字怎么解释都牵强。笔者就是本地村民,从小就听父辈说,这事儿到附近听老乡一喊就知道。

出张家湾古城北门,就是进通州进而入京的大道,出城不远至土桥村,这又是一个热闹繁华枢纽。土桥村位于张、通大道两侧,元代通惠河从村南经过,河上架设一座木桥,明代改为石桥,但无论是木桥时还是改成石桥后,人们都管它叫土桥,原因是通过桥上的车马行人太多,为缓冲尤其车马对桥面的损毁,建桥之初就要在桥面填垫"三合土",用黏土、石灰与沙子,调和江米汁夯筑,这种夯土很结实,可以防止桥面被轧坏。因为桥面永远积着厚厚一层夯土,当然叫土桥更形象贴切。

土桥这个位置自古就是一处交通要道,北齐土长城曾经过这里,在这里还同时发现古驿站遗迹。明代公署宣课司,明、清两代张家湾土桥巡检司都曾驻此,这足以说明这里的交通枢纽地位。也是,除了在张家湾到通州大道之上,土桥西还有通惠河广利上闸,土桥东又是三岔河口,玉带河与通惠河在此相交,合流南下。张家湾码头群中最大的中码头,转陆路只有隔通惠河上的两座石桥(东门桥、虹桥),都交于此道南段,大道此段没有岔道,或南入张家湾城或北过土桥,也就是说在中码头卸船的主要物资,大多都要经过土桥转运,过了土桥除张、通大道,就可能有岔道直接进京了,如此咽喉枢纽之地,官家在此设卡收税,商人也认定此处发大财,因此形成街市,热闹繁华也就不言而喻了。

除了里二泗佑民观,张家湾古城和围绕张家湾码头群还有数十座大小不等的庙宇,这些庙宇都曾香火鼎盛,这种状况也证明着张家湾当时的繁盛……

通过以上描述,我们大体上可以了解张家湾漕运鼎盛时的概况。当时繁华地带,几乎涵盖了今张家湾镇凉水河以北所有地区,那时候的张家湾北部镇域,事实上就已发展出近现代开放城市的雏形,或者说当时的张家湾,如很多今天还在的运河码头城市一样,已经是大运河沿线码头城市,而且在其中的名气还相当大,可惜张家湾没有延续和坚持下来,后世也就慢慢被人忘记。

张家湾作为大运河沿线码头城市,它一开始势头很盛,大运河北端保底码头,皇城北京漕运保障,海运和运河漕运都必经的漕运枢纽和重要码头,这哪一样一般码头城市都难以比肩。也正因此,元、明、清三朝,张家湾几百年就发展出近现代开放城市雏形,甚至一度风头无两,连通州都堪堪被它超越。"先有张家湾,后有北京城",被误为"先有张家湾,后有通州城",这"误"可不是空穴来风,张家湾几乎就要后来居上。然而让人意想不到的却是:清嘉庆七年到十三年,张家湾上游北运河执拗地非要改道,结果新河道不再经过张家湾,这不可逆转地中止了张家湾城市化的脚步。

如同现代资源型城市面临资源枯竭一样,大运河上游河道改道对张家湾发展的打击是致命的!张家湾之所以发展成码头城市,只因为它在大运河漕运中的枢纽地位,一旦这一根本被连根拔除,张家湾就完全失去了继续发展的可能,留给它的必然是迅速衰落。其实随着近现代科学进步带来的交通运输方式调整,内陆运河沿线城市都经历了一个衰落阶段,尤其是水源严重不足的北方,通州漕运繁荣继续维持也不过百年。清光绪二十七年(1901),北运河完全停漕,通州也开始了这样的衰落,好在通州除了漕运还有陆运,衰落也来得晚些,它的衰落才不像张家湾那么剧烈。

张家湾的衰落是一夜之间,上游北运河一旦改道,作为码头城市的张家湾一下就失去了全部支撑,码头废弃,店铺关门,寺庙荒芜……张家湾被一招就打回了原形!曾经作为大运河码头城市的张家湾起步较晚,一度鼎盛又突然中止,但历史发展似乎蕴含着某种循环,进入新时代,张家湾再次迎来了新的发展契机,通州建设北京城市副中心,张家湾也又一次开始了它的城市化脚步。城市,也许是张家湾北部镇域的宿命,曾经是"无可奈何花落去",如今又"似曾相识燕归来"。

(作者:刘福田)

66

张家湾地区的码头

张家湾坐落在京杭大运河的北端,作为重要的漕运及客运码头,因其元、明、清三朝的繁盛而著称。据清初历史地理学家顾祖禹所著《读史方舆纪要》的考证,张家湾是因元代漕运万户侯"张瑄督海运至此"而名。张湾村和张湾镇村这两座村庄,曾经是京杭大运河北端的大型码头群的所在地,南北长约五里。

明代诗人王问,嘉靖十一年进士,在京曾任工部郎中,主管修造车驾事,很不得意,在《张家湾送客》诗中道:"旅舍临官陌,秋风一惘然。"写出他在张家湾送友人乘舟南去,在去北京官道旁的旅店住了一夜,彻夜长谈前途和离别之情。那时的漕运码头及百货码头都北迁到通州城下,为什么他到张家湾来送客坐船南归呢?可见这里有一处客船码头。此外,清康熙年间琉球国副贡使杨联桂死在北京后,埋葬在张家湾;曹雪芹祖父曹寅在张家湾城南门内花枝巷设本银七千两的当铺,都表明了在张家湾有一处运河北端的客运码

元代海运示意图

67

头。这处码头停泊船只之地就在今张家湾城西门外迤南的大苇塘地方,而上下船多在南门外通运桥两端平台处。

说来话长,这客船码头应该在辽代统和年间开完萧太后运粮河时就形成了,但不是客船码头,而是漕运码头。辽时从辽东水运来的粮物由此转运于萧太后运粮河而至陪都南京。此处以北是萧太后的养马圈,数千匹马在此牧养,需大批草料,从东北运来的粮食于此卸留一部分,一方面供军马食用,一方面供帝后大臣至延芳淀游幸之需。这里必然形成码头,元代定都燕京,派万户侯张瑄督领海运漕粮到此,再陆路转运至大都,这里仍为漕运码头。至元三十年(1293),郭守敬主持开凿通惠河成功,海运和河运漕粮由通惠河梯航至大都,漕运码头北迁到张家湾城东的通惠河口,而这里便成为大运河北端的客运码头。四方贡使来朝,大使出国,官员上任回朝,南方举子赶考进士,来往商旅等,凡走水路的,出入北京都在这里登岸上船,所以这里弦唱相闻,甚为繁盛。直到清嘉庆十三年(1808),运河北端一段河道彻底改易(今北运河)为止。

皇家专用码头在通惠河口两岸,都在大运河的西岸。通惠河口南面及迤西位置,是漕运码头,元代通惠河开后始形成,漕粮由此或经通惠河转运至大都,或陆路转运至大都。此码头一直沿用到明嘉靖七年通惠河口北移通州止。明嘉靖四十三年(1564),就是为了保卫大运河运输线和北京而抢筑张家湾城。

通惠河口北,元时先是百货码头,从南方和外国进口而来的各种货物都在此转运,或陆路运往大都。明初建都南京,漕粮码头和商业码头依在,近年在此施工取土,出土了无数元代和明初期的各类南方瓷片,层层叠叠:下层是元代的龙泉、集壁、耀州、磁州等诸窑系的瓷片;上层是景德镇的瓷片,数不胜数,密密麻麻,好生可观。这充分证明这里是瓷器集散地,是运河北端的大码头。

郭守敬画像

永乐年间建北京,从南方水运来的珍贵木材、精美的花斑石、美味的江米和海边的食盐,也都在今张家湾城东、大运河的西岸上岸存储,在这里批发或转运,因而分别形成了几处专用码头。有皇木、花斑石、盐、江米等诸皇家专用码头。诸码头北面是数百头的骆驼店,配套成龙,面积很大。分别设置了皇木厂、花板石厂(在此将方块毛石开板加工,备宫室需用)、上下盐厂和江米店,形成了五处小聚落,因皇木厂影响大,于是后来代为村名。还有盐厂处出土的船跳板、木桩和花板石厂处出土的四十余块竹叶纹石灰岩块石,都是当年大运河北端皇家码头的见证。清嘉庆十三年张家湾运河改道,这里的码头废弃了,唯有盐码头尚设在此。

今张湾镇村古时称长店。"长店"不是指这里有一处旅店或饭店的建筑物特别长,而是沿着大运河右岸有一条长街,街两侧建了许多旅店、饭店和商店,鳞次栉比,长有一千多米,且多是由回民经营,为北运河两岸店舍排列最长的一条街,故此称长店。长店街东侧就是大运河,岸边有众多的货栈。这里又是一处大型码头,为商业杂货专用的民用码头。长店西面就是街市。此码头形成于元代,消失于运河改道之时。

上述张家湾的各个码头,历史上称作下码头,是处在大运河下游的位置而得名。由此及彼,因而今人想到一定会有上码头。不错,在明代中期,由于通惠河久治而不彻底,南来漕粮只能在张家湾转运,陆路运至通仓和京仓,十分艰难困苦,便疏浚大运河,因沙岸易冲,水流漫散,也很难治理。经过努力,就由张家湾向北疏浚了一段,到了张家湾镇北码头的地方,再往北更难疏通了,漕船只可行到此处,然后陆路转运漕粮到京、通仓。于是,在此设了漕运码头。西岸码头大,是转运入京、通仓的;东岸码头小,是转运东北边关军队的,形成西、东两处码头,这两处码头居运河上游,形成村落后以马(码)头而名,故名上马(码)头。1981年,以今漷县镇运河边也有一村名马(码)头,就将此村名称改为北马(码)头了。

人们以为张家湾一带古时只有上、下两处码头,其实还有一处中码头,在今张家湾镇土桥村东,这是皇家专用码头,专门卸存南方水运来的建设北京的城砖。从船上卸上岸的城砖存放在河西畔,称作砖厂,运转的车户和商贩渐渐成了一村,以砖厂而名,今土桥村北的砖厂村就是这样形成的。近年在土桥村西高楼金村中出土明代成化年间戴芳墓志铭,记述着他在张家湾中码头兴业的事迹。

今张家湾镇的里二泗村,汉代以来就在潞河右岸。元代京杭大运河通航后,漕船穿行在村北。明代嘉靖年间村西北的运河南岸,建造一座巨大庙宇,叫佑民观,是北京白云观的下院。庙中供祭天妃圣母娘娘神像,过往商旅以为她能佑民护航,便纷纷入庙进香。每年举办两次庙会,更是人山人海,享祀华北。庙北向临河,河边庙前一座巨大四柱三楼式木牌楼,上面康熙皇帝题匾为"保障漕河"。香客多而广,往往在庙旁住店,因此在河北岸形成一村称上店(潞城镇域运河边还有一村称下店）。这里有一处客货码头，方便香客商贩。而今此座码头尚完整掩在原地址。

另外，在张家湾镇的瓜厂村，西集镇的辛集村、和合站村，漷县镇的东马头村，台湖镇的新河村，马驹桥镇、永乐店镇陈辛庄等都曾设过漕运或商业码头。如此多数码头虽然不复存在了，但将码头文化永远地留在人间。

因运河、漕运和所设的众多码头，就可以想到张家湾古代的兴盛和文化的繁荣了，都是通州运河文化的重要产物和珍贵载体。

（作者：周庆良）

通运桥与通济仓

　　张家湾有一座大石桥,大石桥紧连张家湾城南门,它是我家乡一带最大的石桥,我们都称它为萧太后桥。至于它的正名叫什么,到底是不是萧太后所修,还是因此桥下流过的河水叫萧太后河而得名,就没人细问了。

　　萧太后桥是自古以来的交通要津。那时从南方来的人们要走运河,张家湾是大码头,或许你专程到此,或许你是进京在此转走旱路,你都要在此停留。张家湾那么有名,你不想看看张家湾城的高大模样,不想观赏一下它桥下"船到张家湾,舵在里二泗"的漕运盛景,不想进入它"游人络绎、不夜笙歌"的长街肆市吗?何况,码头上卸下的山岸似的漕粮,都要经过装车,通过这座石桥进入南门东南角那一大片仓库呢?石桥太老了,石桥又是老而不朽的。多少车载、蹄踏、脚踩,多少风风雨雨、战火硝烟,大桥依然稳卧。它承受的何止川流不息的车辆人马,那是历史之重、国家之重、民生之重、天地之重啊!

　　什么都无须再说了,那大桥桥面上的几道深深辙痕,就是最好的语言。石桥不是土桥,不是木桥,那是坚硬的大块青石铺就的桥面,愣生生地咬出几道牙印!想必桥面上每一块青石当年也是棱角分明、严丝合缝的。现在呢?块块边角已成椭圆,被岁月磨得光润可鉴;石缝中漫长着野草,那是历史的胡须……

20世纪50年代的通运桥

　　萧太后桥漕运停

71

止后依然是四乡进京的要道，直到我从家乡出走，它还是张家湾公社南河八村送公粮的必经之路。小推车、马车、拖拉机，车轮滚滚，到公社粮库购粮的城南非农人口或缺粮农户也得走这座桥。城内的居民到城南供销社买日用品，城南的回民到城北河岸放牧牛羊，都要经过此桥。

桥下不见了漕船，成了渔船的世界。船有带篷的，不带篷的；带篷的是远来的文安洼或白洋淀的；不带篷的多是本地只做副业的原先的打鱼人。打鱼的网具也有所发展，过去多用撒网，后来多用尼龙粘网。外地渔民吃住在船上，柴锅泥灶，贴饼子熬小鱼，有时还来二两小烧。赶到"放鹰的"日子来临，桥上、岸上站满了人，看一架鱼鹰被长竹竿驱赶下河，渔人"喔吼喔吼"吆喝着，几只利喙合抬着一条大鱼出水，所有人的高兴劲儿，也如大鱼出水，满河浪花。

萧太后桥是人们聚会的好地方。黄昏后青年男女到石桥两翼树下约会，冬日里老人们在抢阳的桥栏一面晒太阳，夏夜男人们三五成群地在桥栏石阶上聊天、娱乐，听老人们说古，看小青年耍活宝。最热闹的是萧太后河涨大水了，大石桥是大人们扳鱼、小孩子跳水游泳的高台首选。那水是满河满沿漫到城墙根的，石桥的三个桥洞两个塞满，中间大桥洞只剩个大月牙。可是城里的回民马家不怕，他家有一张巨大的扳罾，三丈宽长，四只"爪竿"胳膊根儿粗，起杠杆作用的"杆"是根大杉篙，几个人站在高凳上合力拉网。嗬，那气势！男孩子们也是最能逞强的，小的光屁股，大的短裤衩，从桥栏上向下勇敢地"直杆落""大斜茬""砸抱腿"，一个猛子游出一里地……

萧太后桥曾受到损坏。东边桥栏的石狮之一因敌伪治安军炸鱼成为半边狮；两侧桥栏因石质细腻、宽窄合适，成了农人麦收磨镰的磨刀石，栏板顶端石面上一弯一弯的……

今日的通运桥

萧太后桥受到政府的保护并得到修复。1959 年被通州区政府公布为区级文物保护单位；1996 年被北京市政府公布为市级文物保护单位。2002 年，北京"人文奥运"工程方兴，张家湾古城被列入"人文奥运"六大景区之一通州运河文化景区中重要的组成部分,此桥乃其中景点。于是由北京市文物局拨款近百万元,本着"修旧如旧"的原则,对此桥进行修缮。2003年圆满竣工。人在衣裳马在鞍,什么都在打扮上。过去缺胳膊断腿、咧嘴豁牙的破旧石桥,如今龙威虎势活灵活现了,已然恢复了古桥原貌。

萧太后桥是瞻仰张家湾古城、浏览萧太后河全貌的最佳视点。桥北紧邻南门城楼,可观赏城上雄伟的飞檐兽脊、雕梁画栋及迤东的镂空女儿墙;透过门洞,一览无余的是进京古道——当地人俗称的"官沟"。西望萧太后河,河道迂环,芦苇夹岸,一脉清流;东望萧太后河,河面宽阔,涟漪环环,北映城墙,南立陡岸,一带柳、榆、杨、槐树苍翠欲滴,既是绿色景观,也是天然护坡。

萧太后桥有很多传说,其一为"斩龙剑"。是说一条蛟龙企图兴风作浪,一心撞毁飞架水上的萧太后桥。龙子之一的"饕餮"不满其行为,日夜在桥旁警惕监视。一日,蛟龙袭来,与饕餮大战,饕餮以擅吸水为能事,蛟龙以龙头巨大冲撞力强为特长,二兽一时难分胜负。后来还是赶上路过的鲁班爷助饕餮一臂之力,他往河里扔着粽子,喊着:"三角,三角——快刀,快刀!"饕餮初时不解,后来终于明白了……又赶上蛟龙来扰,这次饕餮且战且败,退到近桥洞前,猛地一闪身,蛟龙直撞过来,一头扎在洞旁的尖角石头上,弄个头破血流,丢鳞弃甲落荒而去。原来,那饕餮好生精明,它知道那是鲁班爷让它在桥洞上游旁固定巨大三角形尖石,以破蛟龙之冲撞。据说,这就是建石桥桥洞前置分水石,以破解水流冲力,保护桥体安全的来历。现在,桥在,分水石在,桥下雁翅上的石刻饕餮也在。萧太后桥巍然屹立。

通运桥旁的石碑

小时候不知道萧太后桥的真实来历,活在传说或臆想中。长大后通过文化人讲解,又自己看了一些史书,才弄清庐山真面目。原来萧太后在时这里还没有桥,只传说萧太后到延芳淀围猎,张家湾城一带是皇家的御马圈,水肥草美——养马的地方。直到明初才建了一座木桥。终究只是木料搭建,偏偏又位处要冲,面对日益增加的交通流量,木桥不堪重负,屡修屡坏,隔三岔五就出事,成为往来交通的"瓶颈"。直到张家湾城落成五十年后的万历年间,在一位名叫张烨的官宦资助倡导下,才改建木桥为石桥。

想必工程期间张家湾城南门外水下、岸上一派繁忙。巨大的青石、花岗岩等各种石料,水上木筏或陆路滚木运来,堆积岸边待用;此桥工地上下游筑坝截流断水,留出一条空地干地;两岸桥帮、雁翅好说,还是先做桥基吧?我不是桥梁专家,想象着还是该先夯实桥底,然后按设计好的桥孔安放不同角度的石块,是按"m"形,三孔平地起拱呢,还是按"○"形,像鲁班启发匠人造亭,扣一碗米饭,内插四根筷子呢?我想或许在桥洞内及外延填充实土,其上固定石块以利坚固而又保证造型吧?全是主观臆断。总之,在一片热火朝天吊运安装的号子声中、叮叮当当的凿石雕刻声里,大桥竣工了。

工程完工于万历三十三年(1605),桥南北向,三孔平面,全长约十三丈,宽约三丈,横跨萧太后河上。金刚墙、撞券石、雁翅皆为坚硬花岗岩砌筑,两端东西两侧石砌平台,为行旅上下船而置,是京杭大运河北端客船码头所在。桥面由青色石灰石铺就,稍微起弧。两侧护栏一色青砂岩雕制,每边各有十八根望柱,柱头上雕须弥座,上雕石狮子,情态各异。踩绣球的大狮子皆为雄性,不踩绣球的大狮子皆为雌性,另有部分小狮子,于大狮子脚边玩耍,憨态可掬。最具特色的是每边十九块栏板,栏板内俱有海棠池,池内浮雕宝瓶荷叶,叶脉劲朗,互不雷同。北京地区石桥千百座,唯此桥栏板两面俱浮雕花纹,桥上桥下游人俯仰皆可观可赏,实为桥饰之一绝。

此桥由万历皇帝赐名"通运桥"(这才是它的正名啊)。桥北大道路西,立汉白玉石碑一通,碑文记载通运桥建桥及赐名经过。1958年碑身就地推倒,身埋座移,2002年重修此桥时重立原处,首题为"通运桥碑文",方座高浮雕二龙戏珠纹甚是精美。上书"大明万历三十三年建",左行曰"清源陈进儒监造"。与桥同时完工的,还有一座河神庙,位于张家湾城南门内,万历皇帝还赏了它个名字叫福德寺,庙中住持为此特立汉白玉石碑一通于庙门口大道旁,镌刻此事于其上。不经意间,雄伟的石桥、古朴的小庙、双立的石碑、悠长的大道,加之城墙威耸,绿水环流,舟船帆影,车马人声……竟构成了一处极具水乡特色的粉彩画。通运桥的建成,进一步加强了张家湾的军事、经济战略地位,也为后人留下了走张家湾必到此一游的标志景观。

张家湾因漕运而起,张家湾城、通运桥因保卫国仓而兴,可见张家湾仓储之重要。那么,张家湾的通济仓建于何时呢?据史载,自元初通州至张家湾段潞河淤浅,直至明嘉靖六年(1527),近四百年间不能行船。但明英宗正统元年

（1436），潞河曾一度疏浚成功，使江淮漕船可直达通州城下，皇帝故赐称潞河为通济河。就在当年的11月，通济仓也应运而生了。

一座仓场的名字与整条河的名字同名，难道是无意巧合吗？不然，它只能说明朝廷对当时张家湾的倚重、张家湾战略地位之高。通济仓是国仓，非一般地方仓库，隶属通州坐粮厅，由朝廷户部仓场总署委官管理。后来的潞河又时浚时塞，而北京城在不断扩大，人口急剧增加，所以朝廷对潞河漕运的依赖性也越来越强烈，张家湾作为大明王朝国都命脉的地位也就愈加举足轻重了。

先有通济仓，后有张家湾城。这是不争的事实。在张家湾城告成一百多年前，通济仓就已经坐落在张家湾码头旁了，张家湾城只不过把通济仓圈在自己的范围内，它是专为通济仓而建，它是国家的守护神。故此，没有通济仓也就没有张家湾城。

其实，张家湾早在辽代就已有人居住。因为此地之南有一片面积浩大、方圆几十里湖泊缀连、芦苇蒲菱密布的湿地——延芳淀。几代辽帝都视这里为祭奠祖宗，延续游牧遗风，即"捺钵"（草原文化）的"乡情之地"。帝王经常到这里围猎，声势浩大，故此需要大量的生活物资后备，自然也就吸引了与之相随的饮食、服务、娱乐业人等。无疑，这一切使昔日只是寂静的"临河古戍"的荒险之地，不但有了人烟，还移民不断，以后就有了城南所谓沿河逶迤、热闹非凡的"长店"了。

想想通济仓未有城池保护前一度的岌岌可危吧！通济仓建成后的明正统十四年（1449），蒙古残元瓦剌军在土木堡大败明军，俘获明英宗朱祁镇后，大举进攻北京。明王朝的临时代理人代宗皇帝（1450年登基）下令，各地官军勤王，并火速将在通州、张家湾的仓储抢运京城。为不将粮食留给外患，肥水宁流自家田，第一日即明令：入京师二石者，一石入仓，一石归己；第二日，运京粮米，全归自己。如果不是因为情况紧急，运力不济，朝廷能如此慷慨大方吗？第三日，迫于两地储粮不能全部抢运完毕，一狠心将所余存粮全部焚毁！……

这是大明王朝与蒙古残元之间的一场争夺战，也是人与"民以食为天"的粮食之间的抢夺战，灾难降临，国之将危，不得不如此啊！

张家湾通济仓是在朝廷内忧外患之际诞生的，然而它又一次次地惨遭劫难，劫难过后死而复生。总之，六百年来它依然存在。

张家湾通济仓的位置在后来的张家湾城里东南角，原先它就在萧太后河与潞河交汇处的这片临河码头之上，这里自古地势高峻，现在原地未动。通济仓东、南两面以高大城墙为屏障，北、西两面另砌有高墙。它的大门朝西，正对着花枝巷;北临从老爷庙(后来的山西会馆)旁伸展过来的东庙街,近有水关一座以利排除城内积水;门前南北纵贯一条大道,南可上通运桥去往各客货码头、贸易市集,北可出北门抵达通州。另外,城内还有东西向、由东便门通往西门、可进广渠门的大道。通济仓位居险要,陆路交通发达,是个不可多得的国家粮仓的理想位置。

遥想当年,通济仓内一排排仓廒排列有序,一座座粮囤遮盖密严,一车车漕粮出出进进通济仓门,门前大道,晴天尘烟滚滚,雨天路面泥泞,以致千年大道走成河,形成张家湾城内重要道路都低于两侧民居的独特景象。这也就是南北通衢百姓俗称作"官沟"的来历。

后来的明嘉靖年间,潞河疏浚,漕船又可抵达通州城下,但作为皇家的白粮、盐引、皇木等重要物资,仍要在张家湾转运或存储。

张家湾是个移民镇落,并非因张瑄闻名而张姓为宗族大户。城外回民最多,多姓戴、马、丁、康、尹、宛、钟、刘、王,据传,戴、王、马、尹四家皆明初自沧州迁来;城内汉民居多,百家百姓,鲜姓者有荣、景、翁、向等。可能因回民少有土地者,为生行业多为纤夫、脚夫、贩夫、游商、坐商等。新中国成立后的1953年,国家实行粮食统购统销政策,故此在通济仓原址建张家湾粮库,所用人员除国家派遣干部及少量通州城里青年学生,基本上都是城外粮行从业人员及纤夫、脚夫的后代。

张家湾现代另一值得骄傲的是1948年12月14日通县解放后,县委、县政府(戏称背包政府)由西集镇迁至张家湾。直到1950年3月县委、县政府迁往通州城。

1949年1月12日平津战役期间,县、市(通州市)分别建立战勤委员会,共筹集粮食四百五十万公斤,柴草十三万公斤,食油一百三十五万公斤,盐两千三百五十公斤,猪肉一万多公斤;组织民工四十二万人次,大车一百六十八万辆,担架一千一百三十八副,修建桥梁二十八座,以保军事运输。其中的粮草筹集,亦有张家湾粮库功劳。

我家就住在粮库西门直对的花枝巷内。20世纪50年代中期的印象依稀可现。每天清晨很早,就听见房后的土路上响起的骡马驴蹄声、咕隆咕隆的大车车轮声、扭扭的小车声。那是送粮或买粮的车辆人马发出的声音。何况我家也是非农户呢。因父亲在北京城里当工人,母亲和我们几个孩子在家,那时农村刚开始合作化,你又不参加农业劳动,村里要你干吗?所以我家就吃所谓的"商品粮"。农业缺粮户发白本,居民户发黄本,粮本背面写"应该算了吃,不该吃了算"字句。那是什么商品粮啊！玉米、麦子、机米、高粱、小米,有时还搭配据说是来自白洋淀的黑褐色菱角呢!

我敬重张家湾的历史,缅怀它那一段盛世辉煌,我希望它的再度重兴。站在通济仓原址上,放飞我的希望……

(作者:刘祥,原通州区作家协会主席,通州区政协文史和学习委员会特邀委员)

和合驿与潞河驿

　　"试问南京至北京,水程经过几州城。皇华四十有六处,途远三千三百零……河西和合归潞河,只隔京师四十路。逐一编歌记驿名,行人识此无差误。"这是明代《士商类要》一书中"水驿捷要歌"的部分内容,其中的和合与潞河指的是通州的和合驿与潞河驿。明成祖迁都北京后,为沟通南北经济,发展漕运,特开辟了南京至北京的水路驿站,沿途设置水驿四十一处,明末增至四十六处,每处设驿丞专管。而"水驿捷要歌"就对各个水路驿站的名称、位置及联系做了生动记述。当时漕运繁忙,水驿兴旺,驿站传递军报公牍及接送官员,络绎不绝。

　　驿站在我国源远流长。据甲骨文记载,商朝时就已经有了邮驿,到周朝得到了进一步完善。那时的邮驿,在送信的大道上,每隔三十四里设有一个驿站,驿站中备有马匹。在送信过程中可以在站里换马换人,使官府的公文、信件能够一站接一站,不停地传递下去。到西周时候,我国已经有了比较完整的邮驿制度。各种不同的传递方式有了不同的名称。比如:以车传递称作"传",这是一种轻车快传;还有一种车传称为"驲"。主要在边境上传书的机构,人们叫它为"邮"。更有一种叫作"徒"的,则为急行步传,让善于快跑的人传递公函或信息。大体上,西周时单骑传书还不多,一般为车传。在西周的邮传驿道上,沿途设置了休息站,叫作"委""馆"或"市",并有一整套管理制度。从史料上看,西周的通信邮驿,效率是很高的。当时周公被封于鲁,姜尚封于齐。姜尚到齐后不讲政策,滥杀了当地两个贤士。周公闻听此事后,立刻乘"急传"赶到齐都临淄,制止了姜尚的专断行为。"急传"能如此迅速地赶到,说明当时驿路的畅通。

　　到了秦汉,专设邮骑,唐代则设驿夫,宋代设急递铺,元代称驿为站赤。那时站赤和急递铺遍布各地,《元代兵志站赤》称:"薄海内外,人迹所至,皆立驿传,使驿往来,如行国中。"到了明清两代,基本延续旧制。长城以南叫驿,长城以北多叫站。

驿站在北京周边有不少，通州的"潞河驿""和合驿"，房山良乡的"固节驿"，昌平的"榆河驿""居庸关驿"等。其中，通州的和合驿与潞河驿均位于水陆交会之处，其作用远非其他驿站可比。

通州的和合驿建于明永乐年间。

据明《寰宇志》卷一载："和合驿在通州南六十里。"清《嘉庆重修一统志》卷九也说："和合驿，属顺天府通州。永乐（1403—1424）中置。"和合驿当时设在和合村，据史书所记，那时的和合村在潞县东南三十里，距通州城七十里（按运河水路计算）。明代张琦诗《和合驿南望弥望皆白土》曰："当时战血有余腥，白土经年草不青。留得遗民几家在，夕阳村里掘芜菁。"读后让人感觉好凄凉。

随着历史的变迁，和合驿的建置规模也起起伏伏，时大时小。《明嘉靖通州志》记载，明嘉靖年间，和合驿在西集和合村时，曾有粮金站船十只、甲夫一百名、铺陈什物各十副。后改拨站船六只、甲夫五十一名、铺陈什物各六副。丁金馆夫二名，总计人数一百五十三名。但到了万历年间，因驿弊颇多，百姓负担过重，张居正上任伊始，便辅佐明神宗实行清理邮驿、裁省邮费的举措。万历四年（1576），万历帝朱翊钧十三岁那年，将和合驿改为水驿，移至张家湾，名字仍为"和合驿"。

古代驿站分走水路和旱路。旱路用马、驴、骡、牛等为驿递工具，所以此种驿站被称为马站或马驿；水路则用船，故称水站或水驿。张家湾是水陆要冲之地，所以和合驿既有马也有船，称为水马驿。

移至张家湾后，和合驿究竟有多少船只役夫，史书虽无记载可查，但时值裁驿改革，又是水旱频仍的年代，与明嘉靖时期相比，显然是只会减少不会增多。不过，在《明实录》神宗万历实录卷却是这样记载的："五月丙申，命改通州和合水驿及土桥巡司于张家湾驿，以专供水路廪粮夫役，巡司兼管七十二贡车辆及下水夫，其潞河驿与本州递运所专备陆路夫马车辆。从顺天抚按议也。"《明实录》是记载明朝皇帝在位期间大事的官修编年史，将和合驿白纸黑字记录在这卷帙浩繁的史书之中，足见和合驿在那个历史时期的重要性，其建置规模不可小觑。

在笔者看来，除去政治和经济因素外，将和合驿移至张家湾，自然环境也是一个重要因素。张家湾地势低洼，四水交汇，多现小桥流水、绿柳人家，素有"小江南"之称。远望"涛平千里水如练，云挂孤帆人似仙"；近看"黄鹂啼歇晓阴开，两岸垂杨荫绿苔"，又有诗称"微茫连水国，迢递见村家。绿满平田草，红开断岸花"。那时的张家湾风景优美，算得上一个小小的旅游胜地。

康熙年间将和合驿与潞河驿二驿合并。

水驿和马驿的不同之处,在于水驿拥有船只。水驿的船只又分站船、红船、快船等。站船身画彩纹;红船则涂以红漆;快船一般由十人驾驶,名叫多桨快船。此外,还有一种座船,多是红船改装而成,专门应付上等差役,比如官员乘驿,比其他船只等级高,装饰也比其他船只精美。

每只驿船都备有"三大件儿":旗帜、鼛鼓和铜锣。当驿船即将抵站时,船中必先鸣锣击鼓,而此时旗号早已悬于船桅之上,以此通知前面驿站早做准备,使其迎接从容,不会措手不及。

一般乘驿,都是用站船。红船是较低一级的驿递工具,使用人员多为来贡的"夷使番僧"、王府家的差人以及病故官员的回籍家属等。若有紧急公文,就用十桨快船。十个人奋力划桨,只见这运河之上,水花飞溅,喊声震天,快到下个驿站时,旌旗招展,锣鼓齐鸣,好不壮观。

除了船只外,和合驿也有驿马,驿马也分上中下三等,其次为骡、驴、牛等,并备有驿车。那年代,"十里一走马,五里一扬鞭""一驿过一驿,驿骑如星流"。和驿船一样,驿马颈下也系一铜铃,驿夫疾驰前进时,铃声激扬清脆,前面的驿站人员听到铃声立即备好马匹,以备替换。

按清制,凡紧要公文,一律交由驿站递送,并规定时限时速。比如五百里公文,即一昼夜限行五百里。张家湾和合驿下行至河西驿计七十里,"六百里加急"即限行一时二刻(由河西驿至和合驿为上行,限行为一时六刻),换算成现代时,则为两小时三十五分钟。如果由现在的人来完成此项任务,应该都没问题。但若是"八百里飞递"或"十万火急"则非一般人所能胜任。可见,身为驿递人员也极为不易。

至于和合驿的马匹数,《光绪顺天府志》上说,和合驿在清顺治初有马二十五匹,比同一时期的河西驿要少。清顺治时,河西驿原额设马三十三匹,人员分马夫、扛轿夫、递夫、库夫等,共计一百五十二人。总之两个驿站的马匹数都不算多。为什么? 原因很简单,刚刚经过了战争,清政权初建,百废待兴。到了清康熙年间,和合驿的规模有所改观。因为康熙十八年(1679),通州地震,"官民房舍、州治、试院、钟鼓楼及舍利塔尽圮",潞河驿也难逃此劫。随后几年又遇洪水,使通州城区遭受重创,元气大伤。康熙三十四年(1695),通州又灾,皇帝只得"诏照扣蠲地丁钱粮。是年,裁潞河驿职务归并和合驿(据《民国通县志稿》)"。潞河驿丞被裁,日常驿务改由和合驿丞管理,和合驿的规模遂变大。

据《光绪顺天府志》记载,康熙三十四年归和合驿管辖的马数,两驿相加共有一百三十七匹。至于马夫、船夫、库夫、斗夫、厨夫等杂役人员,得有二百来号人。这应该是和合驿历史上最红火最风光的时期。

和合驿位于萧太后河南岸张湾镇村(现名)馆驿胡同。

被并到和合驿的潞河驿也是在明代永乐年间设置的,原为南向前后两个院落,到了乾隆年间,要兴建东路御酒厂,就选定了潞河驿旧址。潞河驿站的码头在通州区赵登禹大街5号院东侧约五十米处,码头南侧岸边驿亭遗址已被破坏,所遗部分汉白玉构件被收藏在二庙一塔内。潞河驿的驿亭是六角攒尖黄琉璃筒瓦带宝顶,颇具皇家气派,可惜如今已找不到,当年的辉煌也只能从文物志上了解考证。

那么,和合驿旧址在哪儿呢?笔者从一本《通县志要》中找到了线索。这本铅印《通县志要》原出版于1941年,书中明确记述着:“驿丞兼巡检署遗址在张家湾西栅栏内,今为空地。”笔者走访过的当地老人都认为,过去的“王家场子”就是和合驿遗址。

旧时,张湾镇村建有东西南北四个栅栏门。据说栅栏门始建于清朝,目的是保护商民,以防土匪袭扰。据一位九十二岁高龄的老人回忆,最后一任打更的人是张湾村城里东岳庙街的项四爷。除打更外,他还负责开、锁四个栅栏门。据老人家回忆,从他记事起一直到20世纪50年代,“王家场子”就是一大片空地。

不过,王家场子并不仅仅是空地,也建有房舍。只是被一道长长的南北走向的院墙分为东西两大院落,中间有门相通。西部为房舍庭院,南端临街有房与西栅栏相接;东部为大空场,总占地约两亩多。因民国初被村民王凯礼的伯伯购得,故名王家场子。

据老人们说,这西边部分应该是两进院落,后边一排房不知何年拆毁,只剩空地,中间是一排五间北房,并建有走廊。墙体由大青砖砌成,房顶为小瓦当。有西厢房。庭院整体布局古朴别致,似有官邸之象。

庭院东墙外就是空场,占地一亩多。场内虽无马厩遗存,但东边院墙南北向有一排洞眼,眼内砌有木柱,明显曾为系马所用。

这空场部分南面临街,无门无院墙,可谓四通八达。从王家场子出西栅栏门往西经大高丽庄直达广渠门;往南出南栅栏门可经潦县去河西驿;东栅栏门外是大运河故道,史称“下码头”;往北过北栅栏门上通运桥,进张家湾城南门再出北门取道通州,则可径往京城了。

西栅栏内是王家场子,西栅栏外就是馆驿胡同,仅一墙之隔。从这里进胡同蜿蜒东行约四百米,与"水胡同"北口相会处,就是萧太后河的南河沿,若再前行五十多米就到通运桥了。所以说和合驿与馆驿胡同就在萧太后河南岸。

据《通州文物志》载,通运桥"两端东西两侧石砌平台,为行旅上下船而置,是京杭大运河北端客船码头所在,出任江淮流域之官员,入贡北京之使节,南去北来之文人墨客,走水路者多于此上下船……"

如果王家场子就是和合驿的遗址,客人去驿站,或住宿或打尖或讨要纤夫都是既方便又快捷。而馆驿胡同之名,估计就因驿馆而得名。

总之,王家场子西部庭院是驿丞兼巡检办公和住宿的地方;东边空场是供马匹和大车停放或出入的场所,只是因为年代久远,马厩、大门等建筑已荡然无存,所以县志上才说"今为空地"。

笔者与通州区博物馆书记任德永特地拜访了王凯礼的后人王瑞臣。他展示了一张 1950 年父亲王凯礼的"土地房产所有证存根"的复印件(原件存于通州区档案馆)。上面写道:灰房五间半。南至大街,北至馆驿胡同,长九丈零五寸;东西至崔代两家,宽六丈五尺。地基亩数计九分八厘。

王瑞臣说,这五间半房前有走廊,后有门楼,是他曾祖父于民国初年购置的产业。后因年久失修,于 1962 年拆掉翻盖了。"原来的房屋,一色的大青皮砖,包括有好多带字的砖,全卖了。"王瑞臣笑着说,当时他爸爸不懂那是文物,要留到现在就好了。20 世纪 80 年代,他家的房再次翻盖。前后两排,宽敞明亮舒适。

告别了王瑞臣,我们在馆驿胡同行走时,看到胡同南口东侧墙上原来钉着的"馆驿胡同"标牌,已经被一商业广告牌所取代。原来能并排走两辆大车的胡同,被这几十年陆续建起的房屋挤占,显得狭窄了。

写到这里,笔者忽然想起一首古诗:"客从远方来,遗我一书札。上言长相思,下言久别离。置书怀袖中,三年字不灭。"一封信在袖中藏了三年,不仅是书信的珍贵,也说明当时通信之难。驿站,不仅解决了通信之难,还担负传送着"君命""诏书""政令"和飞报军情的重要任务。张家湾和合驿虽然只是这样的一个点、一条线,却也在漕运历史上扮演过重要角色。

其时外使进京先到和合驿。

驿站的职责除了邮递,也负责来往官员和差役的食宿。张家湾和合驿也接待过不少官员或知名人士,留下不少趣闻逸事。比如一位清代名医所写日记,不但是完整的清宫病案史料,而且文中写到和合驿,值得细细体味。

此人名叫薛宝田,字心农,江苏省如皋县人,出身名医世家。光绪六年夏,慈禧患病，广招天下名医，六十五岁的薛宝田通过水路北上进京。他通过海运到天津，然后坐驿站的马车进京。

早年间，和合驿的大车是双轮木轴和双辕，用卯榫和钉连接成整体，车轮外箍铁瓦。有篷固定在车体上，篷顶呈一拱形，外面罩上帷子。前面挂门帘，两边开小窗子，有窗帘。车帷子夏季用单的，冬季用棉的。一般用马驾辕，另有二三匹马或骡来拉帮套。可坐二三人，专接大官儿。薛宝田所坐的车就是这个样子的。

夜宿和合驿时，薛宝田在日记中是这样写的："二十八日甲午，病愈。早发河西务，一路黍稷如云。晚宿张家湾，邻家有度曲者，其声甚脆。"

除了招待国内客人，和合驿还是外国使团的歇息之所。不少外国使团都是在和合驿休息并学习进宫礼仪的，《荷使初访中国记》就记载了荷兰使团出访清朝的见闻。

荷兰使团第一次访华是在清顺治十二年（1655），使团的行程也是由水路经张家湾，再到北京。到达张家湾的那一天是1655年7月12日下午，礼部官员在和合驿热情地接待了他们。此前一天，礼部奉皇帝之命，已派来二十四匹马备荷兰使团骑用，还有一些马车用来运输献给皇帝的礼物和使团的行李。

使团在和合驿休整了五天。荷兰人尼霍夫后来写了一本《荷使初访中国记》，详细记录了沿途见闻，提供了中国史籍所没有记载的材料。这本书记载了在和合驿启程赴京的经过："在所有的货物、行李都卸下船，又重新装好，准备从陆路出发之后，使臣阁下于七月十七日率领大群随员、行李，从御港启程。"他们的"启程"也是历代使团中最为风光的。请看他们从和合驿出发时的那个派头，"队伍最前面由两个喇叭手开道，随后两个人打着旗帜，再后面就是由几位鞑靼人陪伴着的二位使臣，他们骑在马上缓缓前进。我们全部随员很有秩序而且精神抖擞地骑马跟在后面。最后是所有从广州一直护送我们到此地的官员以及使臣阁下的几位侍从和老藩吏王的属吏"（《荷使初访中国记》）。

荷兰使团这次北京之行，是要清朝开放海禁，允许荷兰人在东南沿海进行自由贸易。荷使在和合驿动身前往北京前，还多次开会，嘱咐通事（翻译）在皇帝面前说话要统一口径，并设想对皇帝提出的问题应该怎样回答等等。不料，清廷拒绝了在广州自由贸易的请求，仅同意远道而来的荷兰人每八年朝贡一次。"八年才来一次，一辈子能来几次……"荷使仰天长叹。

于是，在进京三个月后，两位使臣带着他们的团队从京城又回到和合驿，使团成员无精打采。因为天色已晚，送行的礼部官员建议他们在和合驿暂住一夜,次日天亮再走,使臣却把头摇得像拨浪鼓一样,表示要立即启程。

在张家湾码头停泊着两艘欲送使团回广州的船,其中一艘是皇帝刚刚派来的戎克船,平稳敞亮又舒服。礼部官员坚持让使臣坐这艘船走,但使臣阁下却坚持两船都不选,径自掏腰包,租了几条很小的船,快速离开了张家湾。

（作者:康德珍）

元通惠河与河门上闸的选址

元代至元三十年（1293）秋开凿成功的通惠河河道上，自上游至河口依次设有广源、西城（会川）、朝宗、海子（澄清）、文明、魏村（惠和）、籍东（庆丰）、郊亭（平津）、杨尹（溥济）、通州（通流）与河门（广利）等二十四座水闸，用以节制水流而利于行船。其中通州上、下二闸与河门上、下二闸均在今通州区内。

关于通惠河下游河道与河门上闸位置的选择问题，由于史料记载粗疏，有些学者根据《元史·河渠志·通惠河》《析津志辑佚·河闸桥梁》和《漕河图志·漕河水程》等古籍中所载，即通州闸"在通州之西北""上闸在通州西门外""下闸在通州南门外""高丽庄广利闸二""广利闸在张家湾中马头西"等寥寥数语（《通惠河志·附录一、二》），便以为元时通惠河下游河道穿今通州城中（新华大街），再折向东南，到今张家湾镇里二泗村西入白河。这种结论实是欠妥。

其一，金天德三年（1151），通州乃是"取漕运通济之义"而名（《读史方舆纪要·通州》），表明潞水（元代称白河）已被开辟为运河。且为解决首都中都城（今北京宣武区一带）至通州之间的水路运输漕粮问题，金世宗、章宗两朝先后利用高粱河东段南支（今通惠河）开为金口河、闸河（《金史·河渠志》《金史·韩玉传》），进一步证明潞水通漕直抵通州城下。又，元至元十六年（1279），为转运由白河运到通州的漕粮及时入储大都城光熙门（今北京东直门）外国仓，首先开凿坝河（《元史·王思诚传》《元史·百官志》），再一次说明直到元代，通州城东侧的潞水（白河）都在通漕。

本来通州城离大都城很近，本来通州城下白河通漕，本来首都与通州之间有旧时运粮水道金闸河遗迹，本来水利专家郭守敬完全应该疏导前朝闸河故道，于通州城东入白河，省工省费又近便，为什么不这样做，偏要将通惠河开凿到通州城东后而将河口远设在四十里外的里二泗村西呢？这个问题，可由读者去思考，就可否定通惠河下游河道穿经今通州城而后折向东南去里二泗的推断了。

其二,持"通惠河下游河道穿今通州城"论者的主要依据是通州上闸"在通州西门外",下闸"在通州南门外",而元代通州城在今通州城中新华大街以北区域,且将明万历年间修建的南浦闸当作元代通惠河通州下闸的位置,用以证明元代通惠河河道走向。其实,金末元初的改朝换代战争,通州城及其郊域是重灾区,加上元初的残酷统治,通州城外的农村破坏殆尽,就连通州上、下闸的具体位置都不能像其他魏村闸、郊亭闸那样,以闸所在位置的当时村名就能确定闸位,而是以"西门外""南门外"的宽泛字眼儿来记述通州上、下闸的位置。这里的"外"字不能理解为"旁边儿","西门外""南门外"所指的范围很大,实际在于何处,这得从今天的实地考察才能知道。

另外,"南浦闸"是明代万历年间创建的,是为保证用护城河驳运土坝验收后的漕粮入储通仓而保持水位才建的水闸,虽然史料没有言明闸下河流的名称,但据一般的地名规律断定,这河的名称应该叫"南浦河"。"浦"是通往大河的小河,又在通州城南,故称南浦河,在此河上只建一座水闸,故称之为"南浦闸"。据我在1983年进行文物普查时,沿着南浦河遗址处小河遗址向南踏查所知,此河在今张家湾镇土桥村东北汇入古运河(1808年以前的大运河河道)。这就从实际上否定了南浦闸下的河道是元代通惠河下游河道。1973年我在张家湾公社知青办工作的时候,曾经参加过在土桥村东北平整大运河故道的劳动,至今记忆犹新。后来大运河改道,南浦河改称为玉带河,在土桥村南利用了元代通惠河的一段故道。

其三,《元史·河渠志》及其他许多史料都说通惠河"东至通州高丽庄入白河",不可辩驳地指出,通惠河河口即汇入白河之处,离高丽庄不远,附近没有可作河口标志性的村庄,所以史书上在记述通惠河河口位置时才那样去写。在开通惠河时,今张家湾镇域内有几个较大的村庄,北部的小街村(唐时称临河里)、西部的高丽庄(唐贞观年间太宗李世民自辽东俘虏来的高丽人所建,后与汉人同化,明代写成高力庄,即今大高力庄)、南部的枣林庄、东部的里二泗(《元史》中写成李二寺)与千户屯(今西定福庄)。在这些古老村落中,只有高丽庄距通惠河口最近,故而史籍都写成通惠河在"通州高丽庄入白河",而其余几个老村庄则无缘谈及了。假如该河口离里二泗近,自然就写成"在里二泗入白河",为什么没如此写呢?只有一个原因,那就是离此村较远。由此可见,通惠河河口离里二泗村很远,因此说"河门下闸"在里二泗村西就不辩自倒了。持河门下闸在里二泗村西提法的学者,应该自问一下:既然白河都到了高丽庄附近,怎么由西北而来的通惠河非要绕过高丽庄附近的白河河道,到里二泗村西的白河河道去汇入呢？为什么非要在高丽庄附近与白河河道平行很长一段才汇入白河呢？

河门下闸在里二泗村西的重要依据是有学者在那里发现了闸址夯土遗迹，于是得出那样的结论，其实是这位学者不了解通州的河道变迁情况所造成的。里二泗村西发现夯土闸址的河道，是古代港沟河河道。1954年春，河北省在治理北运河水系凉水河时，将在张家湾汇入北运河的凉水河，与港沟河接通，再顺港沟河河道向东南方向治理，到今漷县镇许各庄村抛开港沟河故道，而将凉水河开引到苏庄村南入运河。实际上，那闸址是古代港沟河上，没在所谓的"通惠河"上，学者将港沟河与通惠河弄混了。

古代大运河在今张家湾附近有五条河流相聚，通惠河、萧太后运粮河、凉水河自西南、西、西北方向来入大运河，但起点在张家湾的港沟河（古代筐沟遗迹）也与运河相通，分流运河水量，影响运河水位，故在此河中建滚水坝，用以节制流量，保持运河水位，保障漕运。由于学者没有弄清古运河（嘉庆十三年改道后称小盐河）故道在张家湾镇内的具体线路和凉水河、港沟河的变化情况，见一处坝址夯土而不顾其余，遂产生了甚不妥当的河门下闸位置论断，随之也就将通惠河下游河道走向及河口位置弄得驴唇不对马嘴了。

上面从史籍与实地踏查方面，指出了元代通惠河下游河道不穿经今通州城，河口及河门闸不在里二泗村西。那么，该河下游流经今通州区何处呢？通州上、下闸与河门上、下闸具体位置在哪里呢？

要讲明通惠河下游河道在通州域内的走向，就得从设在今通州永顺镇、张家湾镇内的两座水闸说起。20世纪80年代，我在下班后曾几次来到通县（1997年复称为通州）西火车站候车室东面的一个条形坑内用踹网下水捕鱼，坑为西北东南走向，长有不少芦苇。坑的偏南一端有一座桥，桥洞宽约六米，洞壁为条石垒砌，陡直，但桥面是平的，为钢筋混凝土筑，明显为两个时代所为。洞壁两侧砌有略显"八"字形的石壁，西面的石壁较长，东面的石壁因修路毁掉大部。桥南是窄沟，是通往东南方向中国科学院印刷厂的古河道遗迹。根据桥洞的宽度与洞壁及雁翅的形制，可以推断这里是一座古代石闸，依据长形水塘的走向，再沿着水塘两端处延长线踏查，发现在西北向延长线上有一条河道遗迹通向八里桥以西的通惠河南岸，而东南向延长线上也有一条水沟通向科印厂附近的古河道遗迹。走访当地老人，亦言有一条老河经此。2001年秋，农业部印刷厂装订车间质检员、文物爱好者朱大顺，在梨园镇孙王场村南条形坑塘内发现一艘古代沉船残体，长十米左右，已经糟朽。这个条形坑塘基本上还是西北东南走向，与西火车站处的条形水坑在一条延长线上。

上面记述的是永顺镇域内西火车站候车室前面的一座水闸及其闸门两侧延长线河流遗迹的实际情况。下面讲现存张家湾镇域内土桥村西口处的一座水闸。

在土桥村中，2003年前尚保留一个东西向条形水塘，水塘上建有一座独券平面石桥，以连接古运河北端码头张家湾通往通州、北京的

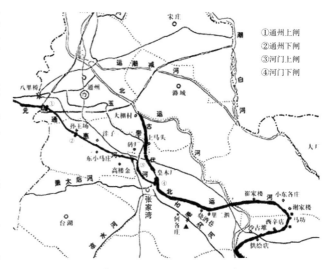

①通州上闸
②通州下闸
③河门上闸
④河门下闸

元通惠河道与河门上闸位置示意图

陆路运输大道。桥面南北向，桥洞东西向，表明桥下河道自西而来。此桥正名叫广利桥，俗名土桥，桥尚完整存在。桥西一百余米处，有一座石闸遗址，早已掩在地下。2005年，土桥进行旧村改造，施工中将石闸的几块长方形石料挖出三根，丢弃在村西公路东侧下坡处。石料为青色花岗岩，长约3米，宽约0.5米，厚约0.3米，端部两侧都有燕尾榫，似是石闸雁翅石壁用料。根据条形老塘与广利桥准确判断，此座石闸闸门亦应向西，而且应叫广利闸，闸与桥同名，是先有闸而桥以闸命名，还是先有桥而闸依桥命名，抑或是闸、桥同时而建且相距甚近则取同名，史无记载，不得而知，不能妄言和推断。但有一点绝对肯定，河道自西来。史料载广利闸是建在元代通惠河上的，则证明桥、闸间条形水塘必定是通惠河故道，而进一步证明元代通惠河是在广利闸之西，而不是从北面通州城走来。从现场实地考察来看，元代通惠河从土桥村西过来，过了广利桥，向张家湾城东行去，与从北面流来而经土桥村东的玉带河毫无关系，这就更加表明，元代通惠河不流经今通州城再折流张家湾。

明户部侍郎王琼所撰《漕河图志》载："广利闸，在张家湾中码头西。"明确指出广利闸的具体位置，还载此闸至河口三里，表明此闸就是元代通惠河的河门上闸。何处是张家湾中码头呢？没有明确记载，只知道今张家湾镇内有个上马头村，村南、东有古运河遗迹，表明这个村名是因张家湾的上游码头位置得名，见证了张家湾上码头的位置，而中、下码头则史籍无载。然而，从土桥村西高楼金村（清代所建小高力庄、娄子庄、金庄合而称之）南侧出土的明处士戴芳

88

墓志的铭文中,可以见到张家湾中码头位置的端倪。从志文中记载可知,《漕河图志》中所载"张家湾中码头西"就是今土桥村西,则表明今土桥村东就是古运河河道,那里有座码头,称作中码头,永乐年间建北京,由大运河自南方运来的城砖,就由中码头卸船上岸,存储在中码头北面不远的工部砖厂,今土桥村北隔京津公路相望的砖厂村,就是因设砖厂而产生村名。由此可以准确断定土桥村西口处的水闸遗址就是元代通惠河河门上闸(广利上闸)遗址。从《漕河图志》所载广利闸"下至闸河口三里"的情况断定,广利下闸即河门下闸的位置,也就在土桥村南三里处的皇木厂村虹桥(尚存)东侧之处了。

确定了广利闸即河门上闸的具体位置在今土桥村西口处,再依据《漕河图志》所载广利闸"上至通流(通州)下闸十一里",通流下闸"西北至上闸五里"的情况,去实地踏查,推定在今梨园镇内王家场村南、车里坟村西、孙庄村北的古塘东南角处,应该有通流(通州)下闸遗址,走访老人得知,那里确曾有过一段石壁塘岸,而且附近坑底还曾发现过古代沉船,可以确定通州下闸即在此处。从此闸"西北到上闸五里"的记载和实地踏查,可以得出一个结论,通惠河下游河道过了杨尹(溥济)闸后,便折向东南而走,在今永顺镇域的西火车站候车室东侧设有通州(通流)上闸,过此闸继续东南而走五里,在今梨园镇域内孙王场村南设有通州下闸;过此闸基本转向东走,至十一里处的张家湾镇域内土桥村西口,设有河门(广利)上闸;过此闸穿广利石桥后南转,走至三里处的皇木厂村南虹桥东侧,设有河门下闸,过此闸便入白河即京杭大运河了。

从省钱、省力这个角度看,郭守敬当年开凿通惠河,其下游河道完全可以利用疏浚金代闸河故道(今通惠河),在通州城东北角外凿入通漕的白河,但他没有这样做,而是利用金代闸河很长一段河道后,甩开金代闸河故道,却在杨尹闸东转向东南,开向通州之南高丽庄,在开到今土桥村时,设了河门上闸后,也完全应该

张家湾镇皇木厂村西的元通惠河故道

继续东开,大约再开四百余米就直入白河了,但他也没有这样做,而由土桥村向南开有三里地远,在今皇木厂村南入白河。

在土桥至皇木厂村之间,通惠河同白河南北平行三里,费钱、费力、费时,这是为什么呢?最根本的原因只有一个,就是为节约少得可怜的通惠河水源。温榆河、潮白河水用不上,永定河水太急,惧怕用了威胁首都城安全,金朝开金口河失败已经有了严重教训。怎么办?通惠河水源不得不远引昌平白浮泉、一亩泉等大都西北山区一些潺潺泉水,在保障大都城皇家用水之后,才用于通惠河漕运。加之在兴建大都城时,山区林木被砍伐殆尽,生态环境被极大破坏,水土流失严重,地下水涵养甚差,泉水也大大减少,故通惠河水源极其短缺。如何节约水源,保持水量,维持漕运,便摆在了郭守敬等水利专家的面前。因为计划开凿的通惠河漕运,使用的是提闸过船法,在行漕过程中必然要流失一定数量的河水,所以科学节约用水的问题则更为突出。这样,选择河门上闸的位置就极为重要了。

根据实地踏查,发现郭守敬当年设置河门上闸即今土桥村西口广利上闸遗址处以西,至通州下闸即今孙王场村南处,两闸间十余里的河道,曾有一狭长的湖泊。此条形湖泊没有辽金时期今通州域内的延芳淀、姚村淀、金盏淀和台湖那样广阔,也不敌元时通州域内的马家庄、南辛庄、栲栳垡及柳林海子等四处飞放泊之大(《潞河图志·潞河》),故未记入方志之中。虽然未入志但是其宽阔也算可观。此湖西起车里坟,东至土桥,长约四千米,宽二百至三百米,据当地老人说,最宽处得有四百余米。

2002年深秋,为配合八通轻轨铁路终点站大型基本建设,我区文物管理所紧密依靠北京市文物研究所对土桥村西的铁路终点站占地进行考古勘探,确实探出了一条宽百余米的古河道,这条宽阔的古河道,正对着东面不远的广利闸遗址和广利桥,表明这古河道是元通惠河。现在这长约八里的通惠河穿经的条形湖泊遗址,其大部分被城市渣土填塞后或建了居民楼,或建了学校(北京育才中学分校即此),或建了工厂,余下的部分仍保留历史风貌,有的用以养鱼,有的植藕,有的种植茭白。

当年郭守敬将河门上闸设在这条形湖泊东端附近的位置,看中的就是这片湖泊。可以算一笔账,从现在科学勘测的地势海拔高度上看,闸河口即河门下闸所在位置的皇木厂,海拔18.6米,河门上闸所在位置的土桥村,海拔19.5米,通州下闸所在位置的孙王场村,海拔22.5米,通州上闸所在位置的五里店村(西火车站处),海拔24米(《通州志·山川》)。按照提闸过船法梯航,从河门下闸到河门上闸间的三里河段,放出去27000立方米的水量(长1500米×宽20米×地差0.9),河门上、下闸间通惠河段内水位与大运河水位相平,运粮船就可以从大运河行进通惠河。如果要使行进通惠河河门上、下闸间的船再行到通州下闸至河门上闸间的通惠河段,就得从此段河道内放下27000立方米水量,恢复河门上、下闸间河段内的水位,再从河门上闸的上游段放下来18000立方米的水量,就能使河门上、下闸河段水位提高0.6米,同河门上闸位置的海拔高度相平,而河门上闸与通州下闸间的长形湖泊仅下降水位0.03米,使河门上闸下游的粮船行入到下游河段。同样道理,从通州上闸的上游段放下少量的水,就能迅速下降上游段的水位,稍稍升起下游湖泊的水位,使上、下游河段水位平衡,粮船由下游段行入上游段。

元代运河粮船与明代的大小基本一样,底长5丈1尺,梢长9尺5寸,头长9尺5寸(《通县地名志·城关镇、梨园镇、张家湾镇》),共长约23米,底阔9尺5寸,约宽3.1米。那么河门上、下闸间三里段,一次可从大运河转入粮船约400只,而在河门上游条形湖泊段内可一次停泊粮船8000余只。河门下闸放一次水,流失27000立方米水量,就可放入粮船400只。通过上面的粗浅计算,看出当年郭守敬在开凿通惠河时充分利用今土桥村西那片较大条形湖泊,并将河门上闸设在这片水泊东端附近河道上,既减轻了开河的费用,以此水泊为天然河道,又大大节约和保养了水源,有力地保障了通惠河的漕运畅通,无因水源流失过多而容易发生浅涩胶舟之虞,使"无不仰赖于江南"的大都城内"百司庶府""卫士编氓"(《北京漕运和仓场·明代漕运概说·河运》)没有嗷嗷待哺之患,对维护大都城及都畿社会稳定发挥了重要作用。这就是元代通惠河下游河道与河门上闸位置选择的科学性与重要性。即使如此,仍因保护水源问题,元代于今张家湾码头设有中转漕仓,用驳船在通惠河上转运入大都。

有人也许会提出来,为什么通惠河开到今土桥村后不直接向东开入白河?那样不是更省工、省费吗?如果直向东开,只再开四百米左右就能直入白河,是既省工又省钱。但是,河门下闸与上闸间的通惠河道太短,开一次下闸仅从大运河上放进来五十多只粮船,太少,要想多行船,就得增加提闸、放闸的频率,这样一来,耽误了行船时间,也加大流失水量;如果将河门上闸向西移建,则条形湖泊的保养水源与节约水源功能就大大减弱或消失,更危害通惠河畅行。因此,河门上闸的位置不能变。为了多将粮船从大运河上放入通惠河河门下闸的上游段河道,减少提、放闸次数,有效节约水源,就将通惠河道从今土桥村处向南转折,开到今皇木厂村南去入大运河,在那里建河门下闸。表面上看是多开了一千余米的河道,费了工费了钱,但从长远角度去看,则是省了工省了钱,节约了水源,保障了漕运,这就是郭守敬当年开凿通惠河的高明之处。

(作者:周庆良)

漕运逸事四则

铸钱用铜在张家湾交纳

货币乃商品流通手段,我国为世界上最早使用货币的国家之一。到商代晚期出现人类最先流通的金属货币——铜贝,沿至春秋战国,我国铜铸钱币异彩纷呈,有布币、刀币、爰币(方形)、蚁鼻钱、环钱等五种,秦始皇统一中国,铜币形制统一,圆形方孔,奠定我国铜币铸造形制之基础,直至清末,相沿两千余年。

清乾隆年间,上承康、雍盛世,国家富强,商品经济大发展,需要大批货币投入流通,铜币使用量空前,而铸币厂北京有两座,一是户部宝泉局,一是工部宝源局,二部币厂均设于京师(有些省份也有铸造)。因而各处原铜均必须运至通州,再转运到北京国家铜库,以供币厂之需。铜币关系到国家经济发展、政权巩固与社会稳定、官民生活等国计民生大事,故乾隆帝甚重视原铜漕运事宜。

乾隆元年三月辛亥(1736年4月27日),户部统计由征收漕粮八省(山东、河南、江苏、安徽、湖南、湖北、江西、浙江)所采办之洋铜(外国原铜)、滇(云南)铜每年共四百四十三万余斤,供户、工二部铸钱局使用,约合今两千二百一十五吨。这些原铜都从运河船运到北端码头张家湾交纳,再陆路由张(张家湾)广(广渠门)官道转运至朝廷铜库。当时两部钱局币厂尚存铜六百余万斤,足供丁巳

清乾隆时期铜钱

（1737）铸币之用。江苏巡抚还上奏建议减少"乾隆通宝"（乾隆帝即位后所铸造之流通钱币）每枚重量，由一钱四分减到一钱二分，得到乾隆帝同意照办。

钱币减重后，定然原铜总用量减少，于是吏部尚书、协办大学士孙嘉淦奏请将留供两局币厂铸币之外剩余原铜，陆续在京分发售卖。乾隆帝认为此议不可行，其以为若销售原铜，只应该在产铜之省，听从商民购买市卖，而大批原铜经运河运到张家湾，再转运入京，统储官司局，再出售，即使不算运输花销及所生纷扰，单就体制而言，也不合体统。因此，驳回建议，减少原铜征用总量而已。

三年七月己未（1738年8月23日），三殿三阁六位大学士根据云南省巡抚张允随（正二品，其墓在今宋庄镇草寺村南）奏疏内容请示乾隆帝，因为所有采办铸币原铜都要运到张家湾交纳转运，请求在此关键之地设立监督机构，派监督一员率吏驻扎，专门稽查漕运原铜之弊。还请求增加办运原铜官员"养廉盘费"，因为自滇至京（张家湾），程途万里，梯航艰苦，还可防备盗卖官铜之弊。

可见，张家湾在清代顺、康、雍三朝乃是朝廷户工二部铸币所用原铜收贮转运之重要场所。于此设局，通州史志无载，今可知之。

明武宗溯流长店接美

明武宗即朱厚照，乃明朝第十一代皇帝，在位间以荒淫贪婪、怪诞无稽著称。最典型者是在紫禁城西厢建造密室，霸占民间美女少妇藏之于内，俗称"豹房"，供其日夜寻欢作乐。更有甚者，游幸太原时，见晋府乐工杨腾妻色姣，便掠为己有，倍加宠爱，且越制加封美人，官称刘美人。长店乃今张家湾镇张湾镇村

明武宗画像

之原名古称，因位于古运河北端大型码头张家湾之侧，设有众多旅店，滨河西岸南北栉比而形成长街故谓，清代晚期方与张家湾合称。

正德十四年六月丙子（1519年7月10日），宁王朱宸濠在南昌举兵叛朝，欲夺天下，右金都御史王守仁立即率官军前往镇压，不久即予以平叛。但是，明武宗为到江南游观，并幸览应天（今南京），纵情玩乐，便毫无依据与先例，荒诞自封为"总督军务威武大将军"之衔，于八月癸未（9月5日），统领

京军、边军数万南下亲征。与此同时，带刘美人偕游，然恐群臣反对，便暗将刘美人先期轿送来至张家湾码头长店暂住，待大军行至中途时再接往南方同游。临别时，刘美人摘下一枚金簪请武宗佩戴，以做信物。武宗回京后即亲率六师南征，过卢沟桥驰马而行，不意金簪遗失，发现后大索数日未能寻得，不得已继续前行。军至山东临清望见大运河，以为大军已出京一千余里，此处又是水陆交会处，驻扎数日，将刘美人接至军中，群臣反对亦来之不及，遂遣官来长店迎接刘美人。美人未见所送金簪，以为伪骗，不敢与差官同行。武宗闻报，立即暗自乘舟，自临清溯水而上，沿运河星夜疾驶，赶至张家湾长店，接刘美人登船，复顺流而下，不数日即达临清，舍舟登岸入营继而南行。

明武宗携刘美人领军来至南京之时，叛王朱宸濠及其从逆已经就擒，被关在南京狱中。武宗亦不审罪，便终日同刘美人于江南淫游，置数万大军于不顾，给江南人民带来极大灾难，比亲王朱宸濠反叛危害还甚。因武宗荒淫无度，遂在游乐中生得重病，不得不止幸回京，但已经不能骑马。十五年闰八月丁酉（1520 年 9 月 19 日），明武宗病中率军自南京起程，乘舟沿运河北还，且命朱宸濠船衔其舟之尾。即使如此，武宗尚狂妄自大，贪图大功，曾企图将叛王朱宸濠放走在太湖之中，然后其亲自指挥军队擒之论功。安边伯威武副将军许泰、提督军务平虏伯朱彬等随行众将再三劝谏相阻乃止。

冬十月庚戌（10 月 5 日），明武宗军船一路喧嚣，回至运河北端张家湾码头，弃舟登岸，经长店，沿入京官道，入通州旧城南门，出新城西门，经朝阳门回至京师，越年崩于豹房。

南明使者左懋第至张家湾

明崇祯十七年（1644），闯王李自成率领农民起义大军攻克北京，推翻明朝。前明凤阳总督马士英，利用江北四总兵实力，拥立福王（明神宗孙、崇祯帝堂兄）朱由崧为帝，建都南京，史称南明，立年号为弘光。前明给事中（兵科给事中，抄发兵部章疏，稽查违误，权力颇重）左懋第督兵湖北襄樊一带，入见弘光帝，涕泣陈述反清复明大业，受命任右佥都御史（都察院官，掌巡按州县，考察官吏），总理戎政（军事）事，视师长江，以防清兵南侵过江。

江左（今江苏等处）朝士（曾在前朝中央任职官员）方棘、东阁大学士马士英，建议遣使去北京告祭崇祯皇帝，众莫敢行。左懋第母亲死在天津官屯，讣告传到，他上疏弘光帝请求到天津服丧，未能获准。面对清朝虎视眈眈，弘光帝欲遣使去与清朝政府议和，便命左懋第与副使太仆寺卿马绍愉、正使师督臣陈洪

左懋第画像

范,持符节议书前往北京议和,并且携带许多金帛,以为觐见之礼。同时晋升左懋第为兵部侍郎,赐穿一品服装。

当年八月,由大运河行至沧州,陈洪范闻息清政府已经封勾结清兵入关者吴三桂为平西王,就派部下将弘光帝封吴三桂为蓟国公之任命书册暗暗交给吴,吴不置一顾,将其原封不动交给清朝摄政王多尔衮,册内要吴"永镇燕京,东通建州(今吉林市附近及穆眹河流域)"。多尔衮大怒,但是群臣认为南明使者既以礼来,暂且要使者入见顺治帝。

九日(1644 年 9 月 9 日),左懋第一行来到武清县杨村,当地士人曹逊、金锦、孙正强等,见到南明使者左懋第有报国之志,皆愿跟从左懋第反清复明。十月初三日(11 月 1 日),南明使节一行到达张家湾,当时清政府派礼部官员至张家湾来接,欲要南明使节住入四夷馆。正使陈洪范默然认可。但在张家湾,副使左懋第直接告诉清朝迎接官员:我们乃是奉明帝之命来到贵国告祭崇祯先帝者,为明朝使节,以四夷馆来接待一国使臣,是以属国来对待。"若以属国相见,我必不入。义尽名立,师出有名,我何恤哉!"

在张家湾,就清政府在何处接待南明使节问题争论激烈,礼部官员不敢做主,须回朝中请示摄政王及顺治帝才能决定。如此往返四次,清政府决定于鸿胪寺(主管朝廷礼仪官署)接待南明使臣,并且派肩舆和马匹到张家湾来迎接。左懋第使节一行,设置使节标识乘舆骑马,列队自张家湾沿京张国道入永定门、正阳门,于鸿胪寺下榻。

里二泗康熙率子临朝

爱新觉罗·玄烨八岁即位,年号康熙,俗称康熙帝,由赞襄政务王大臣辅政。镶黄旗(上三旗之首旗)瓜尔佳·鳌拜受命辅政,却欺主幼小,专横擅权,广植私党,继续推行圈地政策,广大农民被迫流亡,使京畿不安;又有吴三桂、尚之信、耿精忠等三藩(云南、广东、福建)割据地方,对抗清政府,政权不稳。

康熙八年(1669),玄烨亲政,即计捕鳌拜,清除三藩,加强皇室统治,政权得以稳固。实践使其认识到演武与漕运二事在捍卫政权、巩固京师方面甚为重要,同时以为自小培养太子能力,提高太子见识更为紧要,遂于处理朝政中常命太子耳闻目睹,使之受到熏陶,增长治国才干。

康熙二十年八月十五日(1681年10月6日),玄烨率皇太子至南苑(俗称南海子,今大兴县东北部南郊农场范围,通州区马驹桥镇西侧)狩猎,演习骑马技术与拉弓力度,当夜驻跸苑内东宫,一连四日。二十九日(10日),其又率皇太子及随从官员出东宫,穿南苑东红门,至马驹桥,沿浑河(今永定河)东派(今凉水河)向东巡行,视察北京东南水利情况,以备治理(后果然予以治理),至张家湾城东南河口,再沿大运河至里二泗村,巡视运河与漕运情景,且驻跸运河右侧里二泗村西北口佑民观内,办理朝政。仓场总督兼户部侍郎噶尔图等文臣、副将康国臣等武将、通州知

康熙帝画像

州于成龙等地方官员,俱来朝见康熙帝,汇报漕运、仓储与治安、民情等方面事宜。九月初一(10月11日)清晨,玄烨即在佑民观内临朝处理国事,随行大学士、学士等捧折面奏请旨。其中户部有一本奏折提到:户部员外郎苏赫被派至山西省大同征收缴纳小米,原来期限定于十二月终止,现在已经收米十万余石。如果需要多收,应该给以宽限。建议朝廷展限,待到收米达到二十万石时即行停止。康熙帝闻奏言道:"先因大同饥荒行捐纳之例,乃一时权宜之计。若仍尽行捐纳,则富者得益,米价腾贵,小民生理艰难。此事着九卿详确议之。"玄烨以为事关赈饥保民、抑富济贫、稳定物价等关乎国家安定之要,未独断专行,要回京后命九卿进行认真讨论研究做出准确意见再定。

玄烨在里二泗村坐朝一日,夜宿于此。初二日(10月12日),复率皇太子及随从官员继续巡视运河至武清,离开运河,又至东安、雄县、任丘、永清诸县视察农业景况,于十六日(10月26日)又入南苑围畋,进行骑射训练。不久回宫,朝官议罢大同捐纳之事。

(作者:周庆良)

张家湾与捺钵文化

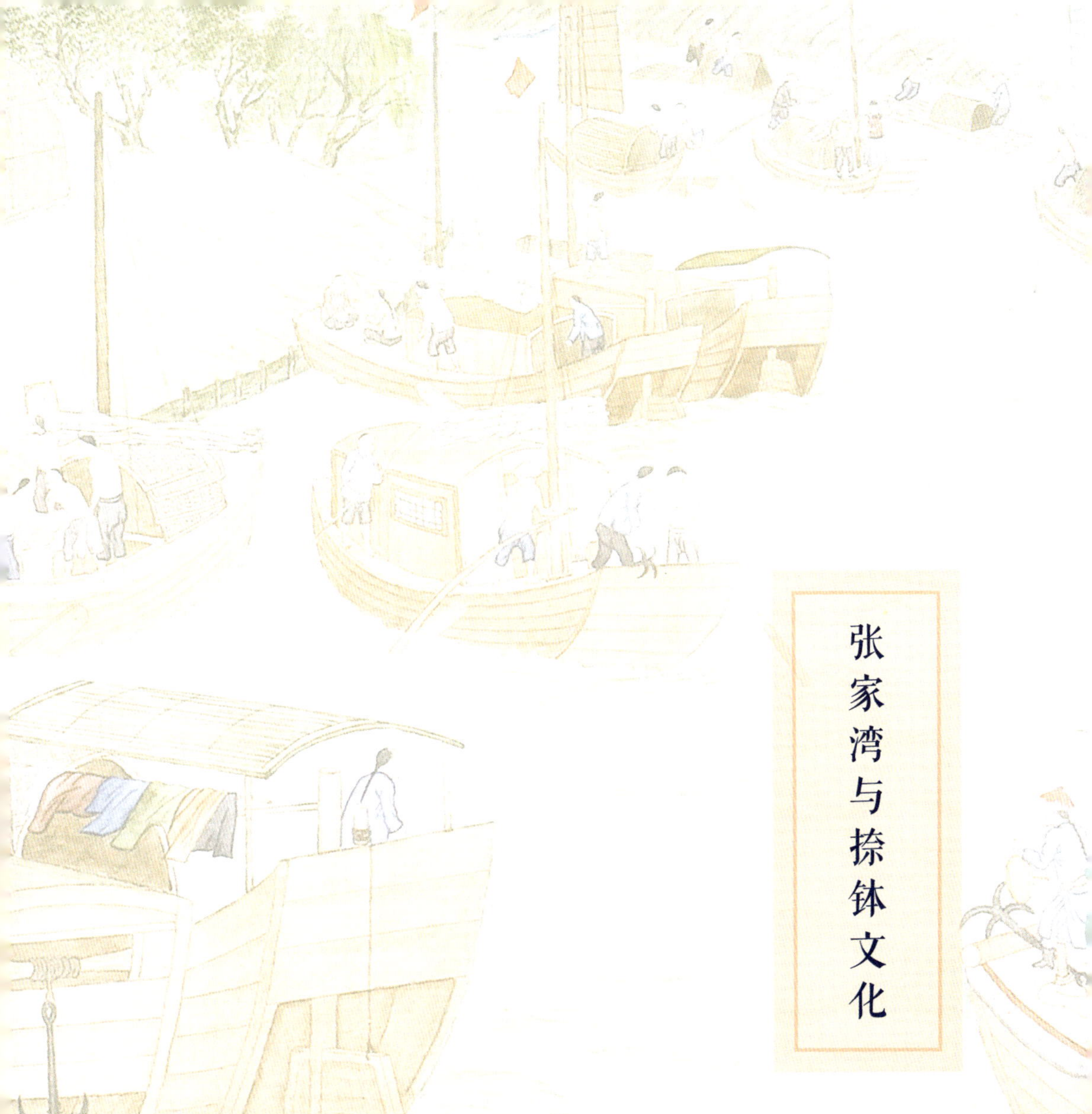

古渤海湾、雍奴薮——延芳淀

　　提到张家湾与捺钵文化,自然会说到延芳淀。史载今北京市通州区南部,辽、金时曾是一处"周数百里"(《辽史》)的辽阔水面,名延芳淀。这是多大的一片水面! 换算一下可知,其面积最少达一千万亩。如今干旱少雨的北京地区,真的曾经有那么多水吗? 不了解北京历史的人觉得难以置信,了解点北京历史的人会告诉你:北京的水不止于此,延芳淀之前还有个更大的雍奴薮……又岂止于雍奴薮,比雍奴薮更前,这里还曾经是古渤海湾。

　　沈括是北宋时著名科学家,其《梦溪笔谈》记载:"予奉使河北,遵太行而北,山崖之间,往往衔螺蚌壳及石子如鸟卵者,横亘石壁如带。此乃昔之海滨,今东距海已近千里。所谓大陆者,皆浊泥所湮耳。"现代地质研究证实了他的论断,太行山崖间发现的化石,有三叶虫、海百合、头足类、腹足类等,这些都是古生代海洋动物,它证明距今数亿年前,整个太行山地区,确实曾经是一片汪洋。

　　这倒没什么稀奇,因为太古大陆形成于大约六亿年前,这之前整个地球都被蓝色的海水包裹,特别是太行山地区在华北古大陆形成之后(大约三亿年前),继续发生剧烈的地质变迁:大约一亿七千万年前,这里发生"吕梁运动",太行山地区进入差异升降阶段,太行山山脉隆起,山前平原沉降,海水涌入,沿太行山一侧变成了古渤海湾。《读史方舆纪要》卷十三说渤海:"古名勃海。应劭曰:海之横出者,曰勃。"就是说渤海之所以称渤海,正因为它曾横出大陆;七千万年前,太行山东侧又发生"燕山运动",它使太行山发生强烈的褶皱和断裂,今北京西山以东的山脉大部又沉降于地下,与此同时则是燕山山脉沿其北侧隆起,这奠定了今天太行山山脉和燕山山脉的基本轮廓;大约三千万年左右,更为强烈的"喜马拉雅运动"发生,使太行山再次抬升,而东侧的华北平原则再次沉降……

　　今日华北平原北侧的海河平原地貌就此定型,但一开始它还算不上平原,它的大部因地壳沉降被海水淹没,仍属于古渤海海湾,尤其是今天北京小平原及以东,那个时候的北京后来被称为渤海"北京湾"。

相较地球地质年代,人类的出现极其短暂,考古发现最早的人类出现,历史不超过三百万年,人类之初可能看到的这一地区地貌,不可能是三千万年前的样子,但与今天看到的还是有天壤之别。

太行山和燕山山脉隆起,造成了其山前沉降,如同在中国北方大陆撕开一个口子,但也因此形成了黄土高原和华北平原的天然分界线。不过水往低处流,千万年黄土高原上的河流夹带泥沙穿越太行山和燕山,不断地向山前深渊注入,沉积物也使海底不断抬升,数千万年数千米沉积,到人类出现时这里的海湾已不是很深,但在当时人类的眼中,它仍是一片汪洋幽深的大海。

中国流传下来的史前传说,有很多处都说到一个叫北冥的地方。《庄子·逍遥游》对北冥有生动的描述:"北冥有鱼,其名为鲲。鲲之大,不知其几千里也。"生活在其中的一条鱼就有几千里大,这北冥该有多大! 传说自然有夸张的成分,但在人类之初的感觉里,这种情况也是可以理解的。太行山南侧继燕山再续东海,几千里的夸张并不过分,远古人类只知海岸长短,不知海面宽窄也在情理之中。在距今七十万到二十万年前的周口店猿人眼中,山前的这片古海或者该是南冥,但在海的另一边的中原广大地区,它就名副其实地要被称为北冥了。

远古人类的历史没有文字记载,但他们既为人类,就有了对世界的认知,这些认知通过口口相传流传至今,真不可以荒诞一语概之。考古发现人类自一万年左右步入文明,从旧石器时代到新石器时代,三皇、五帝、仓颉造字、大禹治水,禹铸九鼎,分天下为九州。许慎《说文》:"水中可居曰州。"可见直到距今四千多年前的大禹时代,中国大陆上的水资源还非常丰富,那时候的海河平原仍是一片汪洋,所以按《禹贡》区划,包含海河平原地区的幽州,并不在九州之列,其地属九州中的冀州。

不过在《尔雅》和《周礼》中,幽州已占九州之一席,但它包括海河平原及辽东等广大地区。《周礼》:"东北曰幽州。"可见直到西周时代,今海河平原下游才有少量高地露出,当时的幽州陆域,以辽东地区为主,但疆域又以海河平原地区为主。《春秋·元命苞》:"箕星散为幽州,分为燕国。"春秋战国时的燕国,就以海河平原地区为中心了。这里还透露了一个信息,那就是"箕星散为幽州",也就是说幽州是箕星所化。

远古神道迷信,认为天上某星落到某地,那个地方就具有那颗星的基本特征了,九州都有各自对应的星辰。那什么是箕星呢? 用今天的俗语说就是"扫把星"！这可不是吉星,但我们看看海河平原的基本形状,像不像人们从前常用的扫地笤帚? 自西向东,从手柄到笤帚最宽的下摆,而今天的北京,恰好是笤帚苗拴手柄的地方。州名为什么称"幽",以其地在北方为太阴,故以幽冥为号。这幽字更包含隐藏、潜藏、囚禁、深邃、昏昧等义,用这些词来感觉它当时的地貌,正是这一地区从海湾到湖泽变迁的过程。扫把星的不吉寓意用在当时也算是恰如其分:荒泽苦海,生存条件极其恶劣。

按《史记》所载,尧舜时流放罪犯的主要地点就是幽州,传说共工、驩兜、三苗、鲧并称"四罪",他们被流放的地方都是幽州。直到隋唐,《隋唐演义》里的秦琼被发配之地还是幽州。那时候的幽州固然是苦寒之地,但随着时代变迁,这里露出水面的可居之处还是越来越多,除了流放的罪犯,一些夷狄、流民也隐匿其中,对中原民族的边防构成隐患。远古时难以逾越的天堑,慢慢地变成鸡肋,春秋战国时的燕国,开始在山上和水边修筑长城,成为中原各国的东北屏障。

其实海河下游地区的文明,早在宇宙洪荒的远古时代就已经开篇,考古证据表明,这个地区起码在新石器时代晚期就有人类生存,但因为陆地零星,其文明遗迹非常有限,直到西周时期才开始具有一定规模。战国时规模扩张,到西汉时已经融入当时的文明发展,这同时也旁证了这一地区的地貌变迁:大约三千年前的西周初期,这里的古海湾开始演变为淡水湖泊,除了零星岛屿,还有一些大海潮汐冲积而成的垄土高地,可以为先民提供最简陋的生存条件,远古洪荒的海湾,从此出现了人类文明的气象。

有些历史学者认为,海河平原下游地区在西周时已称泉州,但属于羁縻散州性质,意思是不受政府直接管辖,但羁縻州这种建制始于唐朝,在唐以前是没有这种说法的。不过没有说法不等于没有事实存在,当时的泉州更属于"方外"。西周以前中国实行方国封建制度,还记得《封神榜》中东、南、西、北四大伯侯吗? 周文王被追封前就是西伯侯,那时候是中央政权居中,四方分封伯侯,再边远的政权也称方国,只不过名称就五花八门了,这些方国更偏远且没有正规建制的地方呢,那就是"方外"之地。海河平原下游地区的泉州古称,显然就是这样的情况。

海河平原上游地区比中下游地区更早进入文明时代,这是自然地理演变的必然,海河水系的流向自西而东,自北而南,总是上游地区最先淤积出现陆地,何况"燕山运动"更主要影响其中下游地区,所以在中下游还是苦海幽州时,其上游地区已经有成片的陆地了。幽州最早的记载建制是商朝时的蓟国,蓟国春秋中期被燕国所灭,燕国最早也建于商朝,传说古燕国的始封国君伯儵为黄帝后裔,商代时被封于燕(今河南省延津县东北),那里属于海河平原上游附近,随着海河平原上游陆地的不断扩展,这一分封国的疆域也不断向海河及其下游推进,到西周时再次分封燕国时,其国治已迁到海河平原中游的今北京琉璃河一带。西周晚期燕国国都由琉璃河迁出,继续向下游转移。春秋中期,燕国灭蓟,迁都至今北京(宣武门到和平门一带)的蓟城。

可见,至晚在春秋战国时,海河平原中北部的北京地区,已经开始了正规建制史,但当时的这一地区,地貌还是以大片的水面为主,只有西部和北部,因处于海河水系上游而出现了少量陆地,剩下的就是一些露出水面的岛屿和湿地。不过燕国国都的地理位置逼仄,不等于它就弱小,恰恰相反,依靠自然地理的屏障,更有利于它的政权稳固和对外扩张。战国时燕国发展成战国七雄之一,北京地区的建制更加完备。

秦始皇统一六国建立秦朝,在全国推行郡县制,这一地区基本沿袭了原燕国建制。不过秦朝短命,秦亡后又是数年楚汉相争,很多历史档案罹难无存,直到汉朝国家才慢慢地稳定下来。中国有文字记载的信史,应该说从汉朝才开始。汉武帝时司马迁作《史记》,对前朝和更前历史追溯,但《史记》只能作为历史研究的参考,中国的远古历史更要依靠的是考古等科学考证。

可以作为信史的是秦亡后楚汉相争。刘邦最终获得胜利的关键是派韩信经略北方,伐魏灭代就是开端。士兵被刘邦带走后,韩信白手起家东山再起,继而亡赵、降燕,直到攻占了整个齐国,至此,楚汉相争的胜负就大局已定了。韩信攻击的路线,正是沿着海河平原的南侧界线,说降燕国是为了保存实力并稳固后方,毕竟大的战略不可以破釜沉舟。这一路下去北面和东面战线全部拉开,项羽被装进口袋,不止于前后受敌简直就是焦头烂额了!刘邦在鸿沟坚守邀战,韩信在东北两面掩进,哪怕项羽"力拔山兮气盖世",要想挽回败局也是不可能了。

楚汉相争的战争史,又从另一个侧面印证了海河平原当时的地貌,其中下游一定是仍有大面积的水泽,但水泽之中也出现一些垄岗高地。这些垄岗大多呈东南西北走向,虽断断续续却已经可以过人,万一战事不利,韩信的军队可退入其中撤往燕地。燕国为什么被说降?韩信凭什么敢孤军深入?这是当时必然的状况。

水面出现的垄岗高地何以一定是东南西北走向?这就和这一地区的地质过程有关了。海湾退去是个逐渐的过程,这中间却有一定的停歇。河流泥沙的沉积使上游海底不断抬升,但海岸后退却是海洋潮汐的作用,一方面河流沉积使海岸后退成为可能,一方面海洋潮汐又会沿海岸推筑海滩,这种海滩在下一次海岸后退后就成为垄岗高地,海岸一次次退后,在它身后就会出现一道道垄岗。因为海退的方向是由西向东,留下的垄岗也就一定是东南西北走向了。这些垄岗再后又成为淡水湖泽的堤岸,楚汉相争时,这种湖泽的堤岸已大体成型。

延至汉初,渤海湾的海岸线已经退至今天天津地区的七里海附近,因为七里海地区考古发现了垄岗和它上面的战国和汉代遗迹,只不过当时它的上游还是大面积淡水湖泊,那个时候这片水面已被称作"雍奴薮"。

汉初时的雍奴薮有多大? 大到它起码是今河北的白洋淀到今天的七里海,整个海河平原中下游的水域,当时统属于雍奴薮范围。当然各个局部可能有各自的名称,雍奴薮也有其狭义和广义的范畴。汉初时雍奴薮的狭义范畴大体在今天津宝坻区附近,因为当时在此(距今武清区城关镇以东六十里、宝坻城南五十里的大宫城村)设置了雍奴县治。今北京通州地区凉水河以南,属于同时设置的另一个县:泉州县。泉州承袭了这一地区远古时的名称,但它的水域,也属于雍奴薮,这就是辽时延芳淀的前身。

按照正常演化,这个雍奴薮再经过两汉四百年淤积,可能很快分散成若干淀泊,但这个过程却被西汉末年的一次大海侵拖延了近千年,泉州、雍奴以下的海河流域,文明进程更因此中断了四五百年!

西汉元帝初元二年(前47)秋七月,这一地区遭遇了大海侵。《汉书·天文志》记载:"一年中地再动,北海水溢,流杀人民。"《汉书·沟洫志》:"大司空掾王横言:'河入勃海,勃海地高于韩牧所欲穿处。往者天尝连雨,东北风,海水溢,西南出,浸数百里,九河之地已为海所渐矣。'"后来郦道元在《水经注》中也说:"昔在汉世,海水波襄,吞食地广……"看来这次海侵是灾难性的,同时还发生了不止一次地震,但地震引发海啸一般都是短时的,这次海侵却停留了数百年,东汉末年(167—172)又连续发生海侵,规模虽然不比这次,海侵所造成的地貌变化却被延续下来,海拔四米等高线以下,今武清东部以东大部为海水吞噬,雍奴薮水域这一时期也被上推。

渤海湾西岸的海侵,说起来并不鲜见。根据我国地质钻孔岩芯资料,已经确知这里近十万年就发生过三次较大的海侵,分别是六万年前、三万两千年前和一万年前。1978年北京王府井金鱼胡同十米地层中发现鲸鱼脊椎骨化石和介形虫,据考证就是发生在一万年前的海侵所致,可见那一次北京市区也在海侵范围之内。这种大的海侵两三万年就发生一次,发生在西汉末年的这一次,还不是很大规模。关于海侵的成因,科学上有不同的解释,比如冰山融化、地震等等,但笔者更倾向于来自银河系中心的引力潮汐,否则很难说明海侵状况的长期性。

西汉末年的这次海侵发生后,这种地貌状况持续了很多年。虽然到东汉末年逐渐开始了海退,海河平原中下游的这种地貌特征还是持续到唐代中期,雍奴薮分散成若干淀泊,它的名字也从历史记载中消失,时间已经到了宋辽对峙初期。郦道元《水经注·鲍丘水》:"自是水之南,南极滹沱,西至泉州、雍奴,东极于海,谓之雍奴薮,其泽野有九十九淀,支流条分,往往径通。"《水经注》所列"九十九淀"包括白洋淀和大河油淀(今七里海前身),说明雍奴薮"泽野"囊括海河平原中下游所有淀泊,其中也包括延芳淀。

延芳淀的形成,无疑是海河平原中下游淀泊形成的一个局部,但在具体成因上,它更得益于发源于北京地区的两条主要河流,一个是永定河,一个是白河(潞河也就是后来的北运河)。永定河在北京今南偏东流向,其古河道却是由西而东,流经今张家湾镇域凉水河以北,由西而东的自然河道,严格说都曾是永定河故道。当今凉水河还是永定河河道时,洪水泛滥于其南部,其潴水就形成了后来的延芳淀。白河自北而南,河道沿延芳淀东侧擦身而过,自然形成堤岸,久而久之就成了延芳淀的东侧边缘。今天流经张家湾镇域的一条看似普通的凉水河,曾经不仅界分了张家湾镇域南北,也界分了今通州区南北,它在高光时刻甚至曾是两个州的界河。延芳淀一名始于辽初,从那时起它也开始了历史的辉煌。

(作者:刘福田)

106

凉水河南洪泛区及地貌溯源

通州区今天还流淌着一条 V 字形河流,它大体上将通州区域中分成南北两部分(今北运河以东区域不计),这条河就是凉水河。凉水河由今马驹桥镇西北角进入通州境,然后作为马驹桥镇和今台湖镇界河向东稍偏北流,继而成为台湖镇和今张家湾镇界河转向东北,至今张家湾镇齐善庄村西南流入张家湾镇域内,再到张湾镇村西南向东转向东南,一直流入今潞县镇域东北一角,在潞县镇苏庄村东南入北运河,这是它今天的河道流向。

这条河道 1954 年曾做过一次较大调整,原凉水河故道自今张家湾镇齐善庄村西南即向东转,流过今牌楼营村中、瓜厂村南,又西南东北向直接汇入"张家湾"。汇入"张家湾",名称意义上的凉水河就算结束了,其"张家湾"下游河道与北运河故道合流,事实上也算凉水河河道延续。如果将名义上的凉水河与"张家湾"下游北运河故道合计,曾经的凉水河流向就是西南东北而来,到"张家湾"折向东偏北,而不是现在的 V 字形。

"张家湾"下游北运河故道由今上店村和里二泗村中间穿过,偏北向东,流经今西集镇崔家楼村、谢家楼村,然后东南流经马坊后折而西流,至儒林、供给店后折往南,经长陵营、马头村、耿家楼再折向东,经肖家林进入今香河县境。这段故河道右岸,原则上都算是凉水河以南,它曾是通州与潞州州界。我们这里所说的凉水河南,也包括以上地区,但主要是今张家湾镇南部、马驹桥镇东部、潞县镇、于家务回族乡和永乐店镇,其中张家湾镇域南部以其在凉水河中下游以南,又在凉水河南洪泛区上游及紧邻凉水河,为论述的重点,事实上它也是整个凉水河南地貌形成的缩影,具有一般性质。

今凉水河一度曾是古灅水(今永定河)主流河道,它循着某次地震造成的南苑—通州地质断裂带而来。永定河是北京地区第一大河流,远古时它的水量更大,且携带大量泥沙并经常发生大洪水。它与北京地区另外两条较大河流白河和潮河,是造就北京小平原沧海桑田的主要河流,可以说是北京地区的母亲河。

南苑—通州地质断裂带,还同时带来了它北部地势的抬升,如此凉水河携带的大量泥沙,通过凉水河洪泛,主要造成了其河南低洼潴水地貌,所以具体到凉水河南地区,凉水河更是它的母亲河。

从凉水河河道的流向推论,凉水河南在今通州地区曾经有过一个大的洪泛区,那就是以今台湖镇高古庄村为扇轴的河南广大地区。高古庄村今在凉水河北岸,那是因为凉水河河道缓慢南移的结果,这是正常的流体力学现象。洪泛区为什么会出现在这里?因为凉水河河道在这里发生了较大弯转。此处上游,凉水河来水方向大体上向东稍微偏北;此处下游,凉水河就转向了东北。此处较大河弯,造成这里经常发生洪水决堤,河南以下也就成了以此为扇轴的扇面形洪泛区,它辐射了几乎所有凉水河以南地区。扇面不到的地方,也有小的洪泛点补充,所以凉水河以南地质地貌,几乎都是凉水河洪泛造成。至于今马驹桥镇大部,则是因凉水河上游发生的更早洪泛造就,洪泛使这里形成垄岗、台地,它后来就成了此处洪泛区的一个扇边。

河流洪泛造就地貌的过程是这样的,一般洪泛带来水中的泥沙沉积,不会造成太大地貌改变,但扇轴以下小范围区域会被冲得地势低洼,下游地表则是环形增高的。发生大洪水甚至特大洪水可就不一样了,那要看每次洪流的具体走向,这种大洪水甚至能造成具体地貌的巨大改变,比如冲出一些深坑、洼地,同时也造就一些垄岗或者台地。这种状况每次不同地不断发生,垄岗还会变成岛屿,台地也可能再被分割,当地表逐渐淤浅出水面时,其下游还可能形成一些枝杈状分洪河道,越后来地貌越会相对固定。当然若再来一次更大洪水,一切还可能再次改变,直到更大的洪水不再发生。

凉水河以南地貌的形成,由地表基本成型后某次特大洪水主要定型,此后发生的较大洪水还在一次次不断修正。

以上结论基于已经的结果推论,事实上这正是所谓"结论"的内涵。笔者就出生于凉水河之南,通过研究这一地区的史料和亲自踏勘,加之按照流体力学理论推演,并从多个方面不断相互印证,才终于得出这样的结论。

今实地考察凉水河南地貌,这一洪泛区留下的诸多证据依然都在,比如离洪泛区最近的今凉水河南样田村,其现村址海拔不低,但村里田地地势就比周围明显低洼;洪泛区凉水河南以下,还曾经有三条明显的分洪河道,分别是苍头河、坨堤河和隋唐大运河由此经过的永济渠故道前身;此处洪泛区中下游有被大洪水冲积而成的若干台地,如牛堡屯台地、东马各庄台地和潞县台地等;大洪水冲积而来的垄岗、岛屿就更多,如辽延芳淀皇家捺钵时被用作粮仓仓址的今苍上村、今后青山村西被用为呼鹰台的"王坨"、今永乐店镇德仁务村至今残迹犹存的晾鹰台,还有今于家务乡当年建有捺钵行宫神潜宫和长春宫的神仙村、西垡村等。可以这么说,今通州区凉水河南所有地貌,几乎都与此处洪泛区关联,找到这个根,所有相关问题也就全都有了答案。

作为洪泛区扇轴以下距离最近的样田村,乡民口语里也被称作"漾上"或"砚田","漾上"之名由"漾田"来,是说此处田地经常沥水洪涝;至于"砚田",就是砚台的意思,文人赖以文墨为生,写字也称"笔耕",故砚台也被叫作"砚田"。砚田是什么样子?腹地一处墨洼,用说这里的地势形象生动。两种说法都是因"样田"地势而来,这就不难想象它的样子了,那就是紧邻洪泛区扇轴以下,被洪水冲出的一片洼地。

这片洼地下游呢?按照流体力学规律应该有一线环形台地,环形台地再不断被分洪水流切割,自然地散成数个板块,板块之间就变成了分洪河道,这种河道在某次大的洪泛之后逐渐固定。这个环形台地更下游地貌,则以每条分洪河道更下游开端,各自复制粘贴其上游洪泛区的洪泛过程。当然这并不意味着更下游地貌形成就温和、远古洪荒,倒是更下游地貌会更早形成,造成更下游地貌的洪水规模更大,地貌差异性也可能更大……考察凉水河以南地貌,这种洪泛的规律性赫然存在!

我们先看样田洼地下游的环形台地,这处台地被上游分洪河道大体分成三块,它以中间的牛堡屯台地最具代表性。按 1990 年《北京市通县地名志》:"(牛堡屯)地处永定河现代冲积平原台地上,西北高,东南低,东西高差六米,南北高差两米……土壤大部分为各类两合土,局部为黄潮土、黑黏土和轻盐面砂土。"这些地质地貌说明,今牛堡屯村就建在一个环形台地外部边缘,其形成过程为一次次洪泛复合,因而土壤状况复杂,这也是牛堡屯虽为台地却成村较晚(明代)的原因之一。

牛堡屯台地西南一线,隔隋唐大运河永济渠故道,另一块地势较高的地方是今于家务乡东马各庄村一带。东马各庄村曾出土新石器时代晚期的石斧、石锛、石镰和其他磨制工具,这是通州区凉水河以南历史最早的考古发现了,这说明早在五千年前这里就已有人迹,当然海拔较高,起码那时就已露出水面。

牛堡屯北原后坨村北,又有一条古河道分割台地,这处河道不深不宽,今已被修成一条小渠。它对台地的分割不很明显,但也确实分隔了台地。河道以北台地北到今北大化村以北、三间房村以南,且沿北大化村向东到垡头村还有一带延续,这一条带高阜后成为延芳淀淤散后马家庄飞放泊和柳林海子的分隔。

以上三块台地连起来看,其主体正好是围绕上游样田洼地的一段弧线,属洪泛区下游环状台地无疑,而分割它们的,也正好有三条分洪河道。三条分洪河道中分一段弧线,不应分隔出四块吗?这情况有点复杂,因为其中的一条分洪河道,在台地北部边缘,所以才只分成了这三个大块。

由北往南,我们看看这三条分洪河道。

今张家湾镇域南部曾有一条古老河道叫苍头河,这条河起于今凉水河南的苍头村,经苍头村西北,沿苍头村西向南流至陆辛庄村北折向东,在陆辛庄村东北再转东南流,穿北大化村中折向东南,至潞观村西南角外再折向东南流,穿今大、小北关村中间,向南至西永和屯村西北,又折向东流至今西永和屯村东北角处,进入元代时由辽、金延芳淀淤散而来的柳林海子,并在此处冲击出一处深水区,今此处仍遗存一片洼地和一处水塘,为当年苍头河口和柳林海子遗迹。

不过严格说,苍头河上游已位于高古庄洪泛区东侧边缘,甚至苍头河另有源头,其上游河口在今苍头村西北接凉水河,与高古庄洪泛源头同在凉水河故道一侧。苍头河口距离高古庄村数公里,它怎么还算是高古庄洪泛区的分洪河道呢?原因是苍头河下游穿流高古庄洪泛区下游台地,其终点也是汇入元初延芳淀淤散而成的柳林海子,而柳林海子主要由高古庄洪泛造就而成。

苍头河最初在高古庄洪泛区边缘,它是一个与高古庄类似的洪泛原点,但洪泛规模要比高古庄小得多,这里凉水河道也有一个小的弯转,但在苍头河口下游,且不是弯转向里而是向外,这说明苍头河口东侧今苍头村位置,远古时有一处高阜,凉水河水流至此遇阻,洪水时就在其上游一侧又冲开了一个口子,这就是苍头河。苍头河河口位于高古庄洪泛区边缘,而且它后来形成河道,也没有离开这个边缘,更穿流这个边缘与高古庄洪泛区下游汇流,这是它仍属于高古庄洪泛区分洪河道的依据。不过这条分洪河道因位于台地边缘,没有再将下游台地分割,河道另一侧就只剩下高阜一线,这一线向东延伸直到今堡头村,且由堡头村转东南甚至影响到今张家湾镇王各庄村,这是远古某次较大洪泛造成的结果。

这是苍头河至今还留下遗迹的状况。

苍头河形成之初,它更应该直接注入后来的马家庄飞放泊。马家庄飞放泊形成的上游水源不止苍头河,凉水河苍头村以下向河南溢流都是马家庄飞放泊上游水源,但苍头河肯定也是其中之一。正因为马家庄飞放泊近邻凉水河南岸,其水源也当然最为充足,在延芳淀淤散后形成的四个飞放泊中,马家庄飞放泊位于最上游,它向下的溢流又成为其下游柳林海子的水源。同理,柳林海子又向下溢流到南新庄飞放泊……苍头河下游河道的最终形成,是苍头河口洪泛和马家庄飞放泊溢流共同造就。当苍头河上游因泥沙沉积不断抬升,渐渐地河道也就固定下来,它不再注入马家庄飞放泊而是直入柳林海子,也就更加名副其实地成为高古庄洪泛区的分洪河道了。

由马家庄飞放泊到柳林海子的溢流渠道不止于苍头河,今王各庄村东地势低洼,那里也是马家庄飞放泊到柳林海子的溢流通道,这是另外话。

高古庄洪泛区另一条分洪河道就是今坨堤村北发现的古河道了,沿袭苍头河的称呼,我们不妨以上游村庄称之为坨堤河。这条河道在高古庄洪泛区下游,样田以下沿坨堤村到后坨村北(也即今牛堡屯村北)一线东偏南来,经后坨村北继续向东延伸,在今西永和屯村西南注入当时的柳林海子。

这条河在史籍中没有明确记载,有也是蛛丝马迹的片段,但这条河至今遗迹还在,所有遗迹断断续续地连接起来,一条完整的河道就呈现了。

这要从笔者儿时的记忆说起,我出生的那个小村仓上(今张家湾镇苍上村),按 1990 年《北京市通县地名志》记载,土壤为两合土和轻盐黏土,这在我记忆中就是黑黏土,春节要找点沙子炒棒花很难。不过村里有经验的老人指点:村西南角有沙土。一找,果然。就那么一个小角,几百平方米的地方一挖都是沙子。村里老人知其然却不知其所以然,留在我儿时记忆中的就只有神奇。年稍长,活动范围增大,见识了西邻西永和屯村西南大沙坑,这里都是炒棒花能用的沙子! 由仓上村西南角向西至此,有一个沙土线越来越宽。

儿时这就走得够远了。初中毕业以后,我第一次到牛堡屯后坨村北,看见那里有一条不大不小的渠,这条渠一看就是老河道,它西宽东窄,西到马路(今张采路)已经宽得像是个三角形的小坑塘了(今已填补)……着意研究文史前,这些都只是记忆。2018 年我为研究张家湾文史做田野调查,踏查了张家湾镇每个村落。在坨堤村访谈几位老者,提及村西北曾有一条古河,绕村流向村东"大坑",然后又向东南流去;在后坨村,也是几位老者,听我说起当年村北那条老渠,说是当年路西也有一个长条坑,由西北而来,到了路西沿路向南积水成坑,后来就沿路边排水渠一直往南了。年龄更大的老人说:更早前,这路还没有时,东西水坑是连着的……

通州已故文史专家周庆良先生考证:后坨村北那条河道原是一条古河,向东偏北一直流入柳林海子,牛堡屯村东北还发现柳林海子护坡堤遗迹……由样田以下坨堤村东南到牛堡屯后坨村北,由周庆良先生所称柳林海子护坡堤再到西永和屯村西南大沙坑,还有西永和屯西南大沙坑到仓上村西南一角的沙线——所有这一切都在一条线上！翻阅资料、实地田野踏查加儿时记忆，高古庄洪泛区又一条分洪河道就这样被发现了。

当年的柳林海子西到哪里？它最西只能到今西永和屯村西南、后南关村东北，再西就不可能有后来的柳林镇了，那里今天还在的大沙坑，无疑就是当年这条分洪河道入柳林海子河口，河流所携带的沙土，最远沉积到了我出生小村的西南一角……

元初时凉水河南广袤的延芳淀淤散成四个飞放泊，其中的柳林海子曾经是延芳淀皇家捺钵主场，淤散后仍然是元代皇家飞放（元称捺钵为飞放）主场，号"小延芳淀"。柳林海子范围包括哪儿呢？高古庄洪泛区下游台地北缘一线，大体以苍头、陆辛庄、北大化、潞观、垡头等村为北侧，至垡头村南转东南到今王各庄村，严格说这也是马家庄飞放泊南缘。延芳淀淤散后，柳林海子北缘在此线之南还要让出这个台地边缘的宽度，它大体上就是今小北关村东南到今王各庄村了。柳林海子西缘更是要让出大片更下游台地，其西北隅为今西永和屯村东北洼地、坑塘，也就是苍头河入柳林海子河口，西缘则沿今西永和屯村南北主街一线，至村南偏西，今村西南大沙坑处又是当初坨堤河入柳林海子河口。至此，高古庄洪泛区两条分洪河道共同汇入柳林海子。

此外，作为柳林海子上游水源的还有马家庄飞放泊溢流，此处溢流在王各庄村和今漷县镇塘头村之间，事实上这里是一片低洼，没有明显河道，马家庄飞放泊和柳林海子在这里连为一处，这里也就成了马家庄飞放泊东南缘和柳林海子东北缘。塘头村往南沿漷县台地西缘则是柳林海子东缘，按海拔估算，柳林海子南缘大体到今漷县镇东、西鲁村北一线，其西南角则在今张家湾镇北仪阁村南到今于家务乡南仪阁村东北，这一范围的面积起码有十数万亩。柳林海子东南一角则地势依旧低洼，当年从这里继续向下溢流，又成为其东南南新庄飞放泊的上游水源之一。

这里只说柳林海子西缘被苍头河和坨堤河两条分洪河道所夹的上游。高古庄洪泛区下游所形成的环形台地，在这一区域的下游边缘按总体地势推论，大约在今后南关村、西永和屯村西和大北关村一线，而柳林海子形成之初，其西缘下延到西永和屯村南北主街以东，这下延部分，大约就是今整个西永和屯村。这部分高阜又是怎么形成的呢？还有元初延芳淀淤散之初，今西永和屯村西砖砟地处已出现柳林镇，柳林镇一度还曾成为元初漷州初治，延后柳林镇迤西又修建了柳林行宫，这说明苍头河和坨堤河两条分洪河道所夹这片台地下游，起码元初时就已经相当安全，不会轻易受上游洪水影响。

事实是柳林镇(包括柳林海子)得名都与这片台地上游的一片柳林有关,正是这片柳林护佑了其下游免受上游洪水冲击,甚至因此还在其下游边缘向下延展了一个村庄位置。现在的问题是:它上游的这片柳林又是怎么来的?

　　这是古人在洪泛区上游防洪筑堤的结果。

　　古代整治河道堤岸防止溃坝,除了堆筑高大的堤岸本身以外,还会在易溃坝的堤岸上植树,利用树木的根系固堤,这其中最主要的就是柳树。柳树根系发达,成活率高又生长迅速,它们截枝可以再生,种子也可以发芽,往往在修堤的同时就会截取柳木活体埋砸在堤岸上和堤岸旁,堤岸修筑好柳树就发芽,用不了几年就能长成大树。高古庄洪泛始于远古,何时起有人在这里筑堤防洪呢?有关于此没有史料记载,但辽时起延芳淀被占为皇家捺钵苑囿,下游既被皇家占用,治理上游洪泛就成为必须。那个时代人与自然对抗能力低下,在高古庄附近凉水河故道南岸筑堤更撑不了几年,但这种栽植柳树以固堤的做法连年沿用,不管筑成的堤岸能维持多久,这些被埋砸的柳木活体被洪水冲到下游却仍可继续成活,由此便在洪泛区下游水势减弱的地方长出了柳林,这柳树成林的地方就是今天柳营村及其南北,苍头河和坨堤河两条分洪河道从其两边分流而下。

　　这片柳林究竟什么时候成林的?起码应该是金末元初,因为元初柳林镇都已出现。这片柳林出现之后,无疑会起到正面阻挡住洪水的作用,于是这个洪泛区的上游洪水就被挤到了柳林两侧,本来洪泛区因为经常洪水泛滥就会形成一些自然分洪河道,这一阻挡就只有柳林两侧的分洪河道被保留。究竟是先有这两条分洪河道还是先有这一片柳林或者很难说清,但总是有了这片柳林,它下游就可以免受洪水冲击,于是其下游先有了柳林镇,后又有了柳林行宫。

　　高古庄洪泛区下游还有一条分洪河道,这就是沿今天的通惠南干渠了,它曾是隋唐大运河永济渠故道,但在被开发为永济渠之前,这里肯定先有一条自然河道。一是古代生产力水平低下,凡人工开掘的河道,一般都会选择地势低洼路线,最好是循着某条自然河道;二是高古庄洪泛区下游环形台地在此处有明显分割,开口比另两条分洪河道要开阔得多,这说明此处不但有一条分洪河道,这条河道还是三条中最大一条。此外依方位、地势判断,这条河道也肯定存在,因为沿着这条河道走向不止于河道本身,这是一个地势低洼的条形带,这里甚至至今都没有村庄……按刊于《北京晚报》的"元潞州直辖区示意图",这里甚至是当时潞州直辖区与大兴县分界,由此知当时这是一条很大的河道,这条分洪河道与坨堤河之间,也就是牛堡屯台地了。

这条分洪河道沿今张家湾镇域边界,经今牛堡屯村西南和今于家务乡东马各庄村东北向东南方向注入元时延芳淀淤散的又一处飞放泊——栲栳垡飞放泊。它是栲栳垡飞放泊的主要水源,由此也可见这条分洪河道曾经的水量之大。栲栳垡飞放泊继续向东偏南溢流,则构成再下游南新庄飞放泊的另一个主要上游水源。

至此,整个凉水河南洪泛地貌源头已经说明,元初延芳淀淤散后形成的四个主要飞放泊合在一起,也就是辽、金时延芳淀的主体。延芳淀再前这里属古雍奴薮,那时高古庄洪泛规模当然更大,这种情况在地貌形成的规律上是由远及近,越是下游的地貌框架越可能更早地形成,当然这种地貌框架还会被后来的洪泛不断修正,但总体而言其下游地貌都是由此处洪泛造就而成,这种影响涵盖今通州区凉水河南几乎全部地区。

今通州区最南部的今永乐店镇德仁务村,地处元初延芳淀淤散的南新庄飞放泊,其晾鹰台当年有十数米高一百多亩广,构成它的黄黏土与周边的黑土迥然不同。

（作者:刘福田）

张家湾镇域南部是延芳淀皇家捺钵主场

　　今张家湾镇域有一条V字形流淌、东西向横跨镇域的河流,它的名字叫凉水河,它把镇域分为南北两个部分。凉水河是一条不大的河流,但远古时它曾是古灅水(今永定河)故道,水势滔天,不仅今张家湾镇域被它分割成南北,今通州区也被它同样分割,其北是台地,成为大运河重要的漕运码头——张家湾;其南是烟波浩渺的淀泽潴水,叫延芳淀。后世很多人都知道镇域北部的张家湾,却很少有人知道镇域南部的延芳淀。这有两个原因,一是镇域南部沧海桑田,出名早也衰落得早;二是说起延芳淀总是离不开潞县(潞阴县、潞州),殊不知当年镇域南部就属于潞县,而且当时延芳淀皇家捺钵主场就在这里。

　　这个主场的大体范围在哪里呢?我们从延芳淀捺钵三鹰台就可判断。放鹰台在今潞县镇塘头村,这地方西面近邻的就是今张家湾镇王各庄村,塘头村村名的意思是水塘头,它西面才是延芳淀(元以后称柳林海子)水面,那就已经是今张家湾镇域了。捺钵主要就是放一种叫海东青的鹰拿天鹅,那当然是在水面之上。三鹰台的第二个是呼鹰台,呼鹰台在今前青山村北、后青山之西,这地方有一处台地叫"王坨",这就是当年的呼鹰台。放鹰后海东青与天鹅在水面上厮杀,鹰师们要在下面吆喝呼喊给海东青发号施令,可以想见这场厮杀主要在此台一喊之内,这个范围大约就在今前后青山毗邻,东不过塘头村西,南不过今东、西鲁村之北,西不过今天的西永和屯村东,北不过今天的王各庄村周围,主要在放鹰和呼鹰两台之间,这些地方和村落几乎都在今张家湾镇域。三鹰台第三个叫晾鹰台,在今永乐店镇,看名字就知道虽然重要,但与主场关系不大。

　　还是先想象一下当时的捺钵吧。

　　辽、金、元三朝在京南延芳淀(元初分散成几处飞放泊)"春水"捺钵,其中场面最精彩最壮观也被记述最多的就是用海东青拿天鹅了。北方民族春捺钵项目不止于此,起码辽时其内容"头鹅宴"之外还有"头鱼宴"等,都是"春水"不可或缺的项目,但为什么人们却对海东青拿天鹅情有独钟呢?这里也有两个原因,一是海东青拿天鹅场景激烈精彩,比较而言"钩鱼"根本不值太多笔墨;二是天鹅这种猎物太难得了!较之天鹅,水中游鱼、地上禽兽完全不在一个档次。

可这海东青又是一种什么鸟,何以它厉害得能拿得下天鹅?

说起这海东青确实很神奇,它大仅如鹊,鹊比如一般喜鹊,论斤两也就三四斤,分量不足大天鹅的十分之一。天鹅大者近五十斤,小的也有二十来斤,否则就属于大雁而非天鹅了。有人以为大雁就是天鹅,它们确实同属雁形目,很多地方接近,但大小有别,最大的大雁接近最小的天鹅,可见天鹅个头之大。个头大、飞得高而且飞行速度还快,天鹅高空时飞行速度能达到每小时八十公里,比一般鹰的速度不差。海东青自然也是鹰,飞行速度上与天鹅相差无几,飞行高度还比不得天鹅,个头又比天鹅小得多,在空中如何能拿得住天鹅? 正常高空飞行时还真是这样。

不过有时候优势会变成劣势,劣势也会变成优势,天鹅个头大身体重,起飞时就笨重得多了,加速度很慢,一般先要在低空滑翔一段,然后还要借助上升气流才能飞起,这就给海东青抓到它创造了机会。海东青体重小,展翼大,加速快,看到天鹅起飞后再起飞,也能一瞬间就抢占到先机。

延芳淀"春水"时,海东青拿天鹅的过程是这样的:惊动苇丛中觅食的天鹅之前,身着墨绿色"赶仗"服的围猎卫士,早已悄悄地隐蔽在上风,甚至锣鼓家什都准备好了,只等皇帝在放鹰的高台上发出信号。御用鹰坊的鹰师们,也提前臂架海东青,站在放鹰高台之上等候皇帝出场,他们站成一排,架鹰的方式也整齐划一,都是左臂下垂,小臂与上臂呈直角平伸,小臂上裹着专用的鹿皮护臂,一人臂架两三只海东青不等。这时的海东青头上被蒙了绣花锦帽,只露出尖利的喙,眼睛是看不见的,鹰师们挽绦于手,只等着皇帝放鹰时亲自扯动丝绦,拉掉海东青头上的锦帽。在除去锦帽之前,海东青什么都看不见,他们都静悄悄地等待着。

皇帝在群臣的簇拥下出场,不同于往日,所有人都是静悄悄的,来到放鹰高台下,大臣们跪倒一片,却没有一个人发出声响,以往山呼万岁的喧嚣没有了,场面却更加庄严肃穆。皇帝只带两三个近侍登台,来到鹰师队列的前面。鹰师们也被特许免于参拜,在皇帝面前神色并不紧张,这种场面他们早已习惯,在皇帝眼中他们等同于臂上架着的海东青。皇帝查看一番鹰师们臂架上的海东青,又转身望了望延芳淀早春的风景,他看到了水面北侧"赶仗"人一切准备就绪的信号标志,终于对身边的一位近侍挥了下手。

早已候在高台西北角上的几名信号手,一直不错眼珠地等着皇帝发出指令,此时一见皇帝挥手,不待近侍再转达号令,几个人立刻动手拉起一面杏黄大旗,给水淀北侧上风处埋伏着的"赶仗"军士们发出信号。"赶仗"人等到杏黄大旗竖直,突然一起敲锣打鼓大声呼喊起来。锣鼓手之外的人,或相互敲击木棒,或舞动各色彩旗,刚刚还静悄悄的水畔,一下子喧嚣鼎沸起来……

苇丛中觅食的天鹅和各种野禽,被这突如其来的锣鼓声和喧闹声骤然惊起,匆忙间扇动翅膀慌忙飞窜,一瞬间在苇丛上空乱成一团,体重小的鸟儿起飞迅速,转眼四散,体重大的鸟可就没那么从容了,其中最笨重的就是大天鹅。天鹅虽然可以飞得很高,但它体大身重又惊慌忙乱间起飞,要想飞上天去可不容易。它们受到惊吓,本能地向着喧闹的反方向飞,那里又是平常相对安全的水面。它们扑打着巨大的翅膀划出苇丛,惊叫着扑向水面,翅膀和脚蹼在平静的水面上划出一道道长长的水痕……

看到天鹅现身,放鹰台上的皇帝才开始摘海东青头上的锦帽。在此之前,海东青已听到天鹅的鸣叫,这一睁眼又看到正在惊慌起飞的天鹅,本能的天性刺激着它,鹰师的指令声催促着它,它全力振动双翅冲天而起。海东青身手矫捷、翅展大、体重小、爆发力极强,它就像弹起一样直接射向了高空,一瞬间就几乎不见了踪影,架鹰人臂上阵痛,低头看臂上的鹿皮护臂都被鹰爪抓破了,还好,鹰爪只是借力没有撕扯的动作。

远处苇丛中的天鹅一只只被惊起,皇帝身边的海东青也一只只被放纵而出,这时候放鹰高台上的文臣武将皇亲国戚们也已不再噤声,欢呼呐喊声响成一片。最后一只海东青被放纵高空,最后一个鹰师也就匆匆下台离去,别人可以全天候看热闹,他们却必须尽快赶往三四里外的一处水中高台,那个高台叫呼鹰台。是的,海东青放出去还要呼喊发令,不然它们可能自乱阵脚,或者就不回来了。

鹰师赶场不必多说,这时候整个"春水"主场一片欢腾,更精彩的好戏已出现在水面上空:惊慌失措的天鹅在水面上留下一道道划痕,终于笨重地飞起来了,但是顺风飞翔借不到上升气流,它们顺风飞起还要逆风拔高,这样一来就影响了升空的速度。正在它们艰难地转向准备升空时,射入云霄的海东青已扑击而下,近乎直上直下的角度,从云端里俯冲扑击而至,海东青的矫捷加之重力加速度,使它们此时的速度超过每小时三百公里,如投枪闪电般扑向下面的天鹅。

海东青自上而下攻击目标时,双翅并拢,就像一颗弹丸,惊慌失措中还在艰难升空的天鹅们,甚至发现不了它们,它们就已经到了身边!不过海东青不会这样直接击中目标,那最多是两败俱伤的结果,海东青以小博大,更无异于自杀。在接近目标的一瞬间,海东青会猛地张开双翅顿住身形,这时候天鹅发现它也已经晚了。海东青身形顿住的同时,就会施展它的尖利喙爪,它们有的以双爪从上面直接抓住天鹅的脖颈,有的在天鹅闪避中横空抓去,攻击动作快如电光石火。一旦利爪得中,尖喙同时也会鹆向鹅头鹅眼。

好一场精彩绝伦的空中搏击!天鹅虽然突遭攻击一时处于劣势,但所谓身大力不亏,遭到攻击后它们也会奋力反击,一时之间双方在空中缠斗。缠斗中鹰鹅的羽毛纷纷坠落,抓破的伤口鲜血淋漓,但无论如何,天鹅都难以继续飞了,缠斗的结果是双方纠缠一起坠落水面……

本来直到这时天鹅还有胜算,天鹅经常凫水,水性比海东青要好,一般遇到天敌,把对手一同带落水中也是天鹅争胜的手段。但这一次不行了,捺钵主场的水边早有快船备下,当鹰鹅开始坠落时,军士们的快船已预判了目标,他们迅速赶到鹰鹅坠落处,不仅仅是去拉偏手,而是直接用手中的刺鹅锥对付天鹅。如果在双双坠落的当时,天鹅不能逃离海东青的纠缠,这只天鹅基本就在劫难逃了。

天鹅是一种比鸳鸯还要忠贞的鸟类。它们一生确定只有一个伴侣,一般双宿双飞,所以一场猎杀中如果一对逃出一只,剩下的一只也只有在寂寞孤独中慢慢死去了。

助战的军士们刺死天鹅取到船上,要当时就嘉奖立功的海东青。他们须立刻把鹅头刺破用鹅脑饲喂海东青,这是海东青最喜欢的食物。海东青拿天鹅也不是没有失手的。本来皇帝放鹰时就有针对目标,看到天鹅飞出才放鹰,甚至哪只天鹅归哪只鹰都有对应,鹰师们根据皇帝的意图,也会指令海东青具体的目标,但海东青一旦被放出去,这种一一对应的情况就可能发生混乱。因为惊起的天鹅不是一只,放飞的海东青也不是一只,有可能两三只海东青都针对了一个目标,也可能有的海东青盯上了天鹅以外的目标,那有的天鹅就可能逃脱,有的海东青也可能空爪而归。对于没有立功的海东青,也要给予安慰。助战的军士们随身还带着鹰食,对那些没能拿到天鹅的海东青,只要落到船上也要喂些鹰食,但肯定不会拿鹅脑让它们分享。奖罚分明是原则问题。

在这场精彩的空中格斗中,呼鹰台上的鹰师们才是总指挥,一只鹰一场战斗结束,呼鹰台上就会传来鹰师呼唤,海东青们听到各自主人的呼唤,无论身在何处都会拖着疲惫不堪的身体再次飞起来,飞到呼鹰台上的主人那里去。鹰师们在呼鹰台上点齐自己的猎鹰,无论成败,无论有没有收获也都要喂食和好好安抚一下,然后还要从这里乘船向南,赶到十数里外的晾鹰台去。晾鹰台春捺钵时被作为临时鹰坊,那里有全套的鹰坊设施,高岗上已经架好鹰架准备做晾鹰之用。

海东青们经历过一场惨烈厮杀,此时都已一身狼藉,鹰师们要在这里给自己的海东青医治伤口、梳理羽毛、喂食等,还要把它们洗刷干净,放到鹰架上去晒干羽毛。这些都是鹰师们的具体工作,这时候已无人关心。

皇帝猎杀天鹅的主战场,此时已在清理猎物、论功行赏了,猎得头鹅的军士被"例赏银绢",参与围猎的人也各有赏罚。辽主每年春天猎获的第一只天鹅,要当场专门制成"头鹅宴"和贵胄们一起享用,金朝皇帝则会把头鹅快马送到大房山金帝陵去祭祀祖宗。一般收获不止一两只,自然当时就会有"天鹅宴"的热闹席面。

一只天鹅已足够做成一桌宴席,因为来延芳淀的天鹅一般都是大天鹅,北半球的天鹅还是体量最大的,一只天鹅就有四五十斤,足够一大桌人吃了。起码辽、金时不用担心猎不到天鹅,那个时候经过延芳淀的天鹅还是很多的,皇帝占据的又是最好的猎场,用的海东青也是品种最好的,如果猎不到,皇帝也就不会亲自来了。这种场合皇帝一般会特别恩赏至亲或重臣陪席,那对他们就是无上的荣耀了。

《辽史·地理志》:"延芳淀方数百里,春时鹅鹜所聚,夏秋多菱芡。国主春猎,卫士皆衣墨绿,各持连锤、鹰食、刺鹅锥,列水次,相去五七步。上风击鼓,惊鹅稍离水面。国主亲放海东青鹘擒之。鹅坠,恐鹘力不胜,在列者以佩锥刺鹅,急取其脑饲鹘。得头鹅者,例赏银绢。国王、皇族、群臣各有分地。"明徐昌祚《燕山丛录》这样描写:"辽时每季春必来此(延芳淀)大猎,打鼓惊天鹅飞起,纵海东青擒之,得一头鹅,左右皆呼万岁。海东青大仅如鹊,既纵,直上青冥,几不可见,俟天鹅至半空,欻自上而下以爪攫其首,天鹅惊鸣,相持殒地。"哪一个描写得更生动?

为了最精彩的海东青拿天鹅大戏上演,在前在后和同时还要有很多辅助,就比如放鹰之前的"赶仗"。据说负责赶仗的军士,头一天晚上就得悄悄隐蔽就位,除锣鼓旗帜,还要有人更提前潜入大天鹅隐蔽的草丛。天鹅群在草丛休憩时有专门放哨的,赶仗人惊动放哨的天鹅,天鹅们就会仓皇起飞,这时候赶仗人要赶紧趴伏,赶仗军士"皆衣墨绿",那就是为了伪装。被惊动的天鹅发现没有危险,跑回来就会鸽那只"谎报"险情的放哨鹅,如此两次三番,放哨鹅发现险情也不敢再叫,这就为接下来的"春水"大戏做好了准备。

负责赶仗的军士不止于突然惊动天鹅,他们还有更外围的鼓噪,把天鹅

"圈"回主场的任务和功能,如果有天鹅要飞离主场,飞向那个方向的外围赶仗军士就要鼓噪呐喊,如此天鹅就可能掉头,回到主场让海东青获得更多机会。这个外围赶仗的范围又在哪里呢? 根据笔者对地貌的田野调查和有关历史记载,它的大致范围在今塘头村南北沿延芳淀边缘,北起今凉水河一线到枣林庄村南,西北由堡头村东,西缘今西永和屯南北街一线到今北仪阁村南高岗处,这之间拣选高处即作为外围赶仗点,而南线是不设围的。一是南线地势低洼不好找可以赶仗的点;二是《周易》讲"王用三驱",凡围猎必须网开一面不能赶尽杀绝。我们看这个赶仗的外围,基本上也都在今张家湾镇域内。

这个赶仗外围所含,大体是元初延芳淀散为四个飞放泊后的柳林海子,元朝之所以在延芳淀淤散后还以这里为主"飞放"(捺钵),并称这里为"小延芳淀",都是因为这里得天独厚的捺钵条件。直到今天,王各庄村南还有大锅洼、扁担洼等地块名称,这里更是捺钵主场的核心。不仅如此,元朝时还专门派军士人工筑高了呼鹰台,并在附近(西永和屯村西砖砟地迤西)修建了皇家捺钵的柳林行宫。对这里的重视,甚至超过了前两朝,原因就在于这里水面大小适合捺钵之需,且其北部正好有一片够规模的湿地草丛和芦苇。先要天鹅喜欢,皇家才可能在此捺钵。

这片湿地草丛和芦苇在哪里呢? 笔者踏查和研究相关史料认为,它就应该在今堡头村和小北关村一线往东,直到延芳淀东缘。事实上元初延芳淀分散为四个飞放泊,这一带也正是马家庄飞放泊和柳林海子的分界带。延芳淀时和其分散后,这里都长满草丛和芦苇,正是大天鹅最喜欢藏身的环境。这个地方无疑也属于今张家湾镇域。

我们来看看辽初时延芳淀的大小,按《辽史·地理志》记载,"延芳淀方数百里","方"是指周边总长,这"方数百里"有多大? 按现在地亩估算,起码有一千万亩以上。历史文献对延芳淀大小的记录差距悬殊,但综合考察不外三种:《辽史·地理志》称其"方数百里",《读史方舆纪要》言其"广数百亩",《日下旧闻考》则说它"大数顷",后两者相差不多,但想一下就知道后两者绝无可能。"数百亩"或"大数顷"是个面积概念,大约相当于现当地比较大一点的一片鱼塘,那么小的水面,无论如何不可能得到皇家青睐。后两种说法都是清人所称,究其原因,应该是其时延芳淀已湮,连延芳淀的遗迹都湮没了,而且当时考察也不够细致,将延芳淀遗迹误为"柳林海子"遗迹,说的还是当时遗存状况。

只说元初时"柳林海子"也不止区区"数百亩"! 没有几千亩甚至上万亩的水面,元帝哪里还可能"飞放"得了? 关于延芳淀的大小,只能以《辽史》为信,这也为近年来的实地考察所证实。根据《辽史》记载和实地考察,辽时延芳淀是一个非常辽阔的区域,它西北至今北京朝阳区大羊坊(据考证,大羊坊原名羊坊店,羊坊店正是延芳淀谐音而来);西南至北京大兴区采育镇;北面至今通州区张家湾镇凉水河以南;东面以北运河河道西岸为界,南面则直到今通州区永乐店镇柴厂屯及河北省廊坊一线……这还是保守的判断,辽初时,它甚至还应该包括今大兴区的南海子!

这么大个延芳淀,辽、金、元三朝皇家捺钵的主场竟都选在了今张家湾镇域南部的这片土地,究竟是上天垂青还是皇家青眼?都不是,那应该更是大天鹅自己的选择。

还想再说说海东青。

海东青拿天鹅的活动一年"春水"不止一次,皇帝未必每次都亲自参加,但第一次一般不会落下,而且猎到的第一只天鹅,更肯定是皇帝享用。延芳淀海东青拿天鹅的活动也不止于皇帝,而是"国王、皇族、群臣各有分地",这样一来就更热闹了,除了这第一次肯定要以皇帝的名义,其他各处各场就不知道会有多少了,甚至皇帝"春水"结束,皇族、群臣们还余兴不减。不过天鹅春天在延芳淀停留时间只有半个月左右,天鹅飞走了,海东青拿天鹅的精彩场面就肯定看不到了。

延芳淀不是四季都有天鹅,所以皇帝在这里只有春捺钵,其他时间皇帝高兴了也会来这里转转,那就是一般畋猎了。延芳淀也不是四季都能见到海东青,只有天鹅来时它们才会被带到这里。天鹅飞走了,它们也不久就会被放归山林。海东青们会飞回遥远的北国,那是北极冰天雪地的世界。海东青很难说是具体的哪一种鸟,它们更是一种称号,如同"英雄"不属于某一个人种,海东青只是猎鹰中的极品。海东青被称为"万鹰之神",据说十万只鹰中才会驯养出一只海东青,事实上只有皇帝手中才可能有那么几只真正的海东青,皇族、群臣们手中的猎鹰,大多是当不起这个称号的。

饲养海东青的规矩:每年"春水"过后,鹰师们会选一个好日子,把心爱的海东青喂饱喂好,寻一个野外向阳的坡地,把它们放归山林。这才是真正的"放鹰",放鹰时鹰师还要唱诵神秘的放鹰词。不经人驯养过的不叫海东青,成为海东青还要放飞它们,因为这些珍稀物种必须野外繁衍,否则它们就会绝种。海东青恢复野生状态,第二年再飞回来的概率为零,但无论如何都要把它们放归。

海东青不能人工繁殖。饲养海东青若经历夏天,它们很可能会被热死,不死也不会再是海东青了,所以越是出色的海东青越要放归,无论心中多么不舍,皇帝也不能例外。皇家鹰坊也是每年秋季到东北捕鹰,在捕到的鹰中训练海东青,训成后用来冬春捺钵,每年春捺钵后就把它们放归山林……年复一年,周而复始。

　　忽然就想,虽然这一段历史已经过去,明初移民屯垦,排水造田,当年皇家捺钵的盛况早已不再,但在这里发展休闲旅游文化的今天,这一片土地上,是不是应该有个什么标志物来纪念当年的大天鹅和"英雄"的海东青?海东青文化广场?海东青雕像?这要是想得更久远些,《山海经》精卫填海的故事都可能发生在这里。

(作者:刘福田)

西永和屯村西砖砟地——元潞州初治柳林镇

今张家湾镇西永和屯村西,有一片遍布砖头瓦块的"砖砟地",按史料记载和笔者根据史料的分析判断,这里是元代潞州最初的州治——柳林镇遗址。

西永和屯村地处张家湾镇南部,这一区域原属牛堡屯镇,清顺治十六年(1659)前,它甚至不属于通州。今通州区历史上有两个对等的行政建置,它们的界线正是今流经张家湾镇域的凉水河。通州最早的行政建置是路县,路县建于汉高祖十二年(前195),那是渔阳郡向雍奴薮拓展出来的土地,其时今通州区凉水河以北台地部分露出水面,归属路县管辖,而凉水河以南大部还淹没在浩瀚水泽中,只一些垄岗高地和岛屿露出水面,称雍奴薮,雍奴薮泛属古泉州。

不过随着雍奴薮不断淤散,西汉元封五年(前106)古泉州也分建出泉州、雍奴二行政县,凉水河以南被划入泉州县,如后来潞阴县县治前身"霍村"(今潞县村),明确被记载为泉州地。今通州区凉水河南北分治,始于此时,为两个行政县,后来路县改潞县、雍奴改武清、泉州县又并入武清,这种分界却一直没变。辽太平年间(1021—1031),以皇家"捺钵"需要,霍村升置潞阴镇,又析出潞县南部、武清县北部建潞阴县,凉水河更明确成为潞阴县和潞县分界了,因"潞阴"二字的"潞"指的就是凉水河,那时候的凉水河叫潞河。潞阴,就是潞河之南的意思。此后潞县金时升置为通州,潞阴县元时也升置为潞州,凉水河高光时刻曾是两个州的州界。

沧海桑田,岁月变迁,至辽宋时,雍奴薮已演化成若干湖沼,今张家湾南部仍是一个很大水淀,时称延芳淀。北京地区的政治地位,辽、金、元三朝可谓三个台阶,由辽南京、金中都(首都)到元大一统的首都,这三个皇朝都是北方民族所建立的政权,北方民族有着悠久的捺钵习俗,延芳淀因为辽阔的水域和自然风光,被统治者青眼,成为三朝捺钵的皇家苑囿。不过统治者最先相中的不是西永和屯村西,辽初时它还是一片浅湾,只东侧约今西永和屯村南北街主街西侧,有一道垄岗断续露出了水面。辽朝统治者最先看中的是此地东面只有几里距离的另一处历史更悠久的地方,那就是现在的漷县镇漷县村。

漷县汉代已成村,名霍村,汉属泉州县。辽占据北京地区时,霍村已有相当规模,用现成的总比新建省力,这应该是辽主首先看中它的主要原因。因为皇室"捺钵"的需要,霍村先升置漷阴镇,后又升置为漷阴县,县治就设在漷阴镇——原来的霍村。古代堪舆风水,认为山藏风水纳气,气遇水而止,故水南山北皆称为阴。

辽之后宋在北京地区的统治不过三年,其后这一地区又被北方民族长期占领,金、元统治者都将北京作为其首都,在延芳淀的捺钵活动更为盛大。金末元初延芳淀淤散成几处飞放泊,今西永和屯村迤西的浅湾已经演变成陆地,这片陆地西侧,大约今柳营村及南北,生长着大片柳林,这片新产生的陆地也就以柳林命名并渐有人居。

它的西面怎么会有大片的柳林呢? 这就要说起凉水河以南自然地貌的成因了。凉水河曾是古灅水(今永定河)的主要河道,当时水量是非常丰沛的,每到盛水期,河道经常被洪水冲决,造成下游洪泛,其中最大洪泛的点就在今凉水河北岸的台湖镇高古庄村,那时候高古庄村的位置还在凉水河南。正是因为此处洪泛,才造成了凉水河南大面积潴水,这也是延芳淀的主要成因。宇宙洪荒的时候,这里的洪泛基本没人治理,但到了延芳淀成为皇家捺钵苑囿,经常发生洪泛的上游扇轴点高古庄一带,当然就会筑堤防洪,古代筑堤同时常采用打柳桩、编柳网、种柳树等措施防护,柳树易成活又根系发达,自然是护堤首选树种。但是任怎么堤防都不能一劳永逸,于是这一处堤防总是时毁时筑,而每一次毁堤,前次筑堤留下的柳树种就会被洪水冲到下游,久而久之下游自然地生长出一大片柳林,这正是无心插柳柳成荫。

这片柳林也不是没有作用。它不能挡住上游洪水,却可以成为下游防洪屏障,因此后来形成的三条分洪河道都绕过了柳林。其中"苍头河"流经北大化、潞关西南,"后坨河"流经坨堤北、后坨北和今西永和屯村南,都完美地绕过了今柳营村南北。这两条分洪河道与柳营村南北一线的两个交点,也就是当时这片柳林的南北两端了。此处洪泛区还有一条分洪河道,就是后来被疏掘成隋唐大运河的永济渠,不过它与这片柳林没有关系。

辽、金两朝在延芳淀捺钵都以漷阴县为根据地,但到元初就有新的选择了,被柳林呵护的这片新生陆地已经出现。

元初,延芳淀淤散成四处较大水面,它们相对于今天的西永和屯村,分别是村东的柳林海子、东北的马家庄飞放泊、东南的南新庄飞放泊和西南的栲栳垡飞放泊。

有没有发现西永和屯村西这块陆地的地理位置优势？它大体处于几处飞放泊核心，紧邻的柳林海子，更是延芳淀当时的主要遗存，时有"小延芳淀"之称，是元朝皇家"飞放"的主要地方。显然此时它已处于京城游猎出行的最佳位置，专说捺钵它较之漷阴镇要更为优越。

仍然以延芳淀整体的眼光看，这片新生成的陆地就像前出延芳淀核心的一个半岛，它西北有高岗走廊可以连通今台湖镇和张家湾镇以北地区，皇家以这里为基地捺钵，不需要再绕道运河，沿其西岸或经运河水路到漷阴镇，而是陆路就可直达。这种更优越的位置，决定了它后来居上超越漷阴镇的发展可能。元至元十三年(1276)，因皇家捺钵和运河漕运管理的需要，升漷阴县为漷州，"割大兴之武清、香河二邑来属"(元《钦定续通典·卷一百三十四·州郡》)，这是这一地区行政建制发展的历史巅峰。

建制升格了，原县治漷阴镇的地位却动摇了。

柳林成为元代漷州州治以前，已经发展成一个镇：柳林镇。金末元初才出现陆地，这么快就聚落成镇，可见其发展迅速。因此在漷阴县升制漷州当时，它就被选为州治所在，取代原漷阴县县治漷阴镇，成为了漷州最初州治之所。

不过这里作为漷州州治的时间很短，只有不到一年，当年州治便南迁到了白河(今北运河)西岸之河西务了。这个闪立闪迁的事件很有戏剧性，原因却是不言自明：州治设在此处最便利皇室贵族的游猎需求，但是这地方离漕运河道较远，对管理漕运事物就构成了阻碍(当时京杭大运河工程已经开始，且正在关键期)。这种拍脑袋就决策的事，不知是何人所为。

好在王朝初期统治者头脑还算冷静，在政治和享乐中他们又很快选择了政治，于是才有了这次闪立闪迁。州治迁去河西务，完全是为了运河漕运工程，待一切安定下来，州治又迁回原来的漷阴县治漷阴镇，那里比柳林镇离运河河道更近一些，这就是二者兼顾了。漷州州治迁离柳林镇，大约同时在此设立的元朝中央直属机构——元大都营田提举司，也同时或不久之后随州治迁去河西务。

柳林镇只能有短暂辉煌是被历史决定的。它地理位置的优势以皇家捺钵为主且时间并不很长，从金末元初这片土地露出水面，到明初这里被开垦成大片农田，全部时间也不过四百年左右，它的优势地位只能是昙花一现。出水之前自然谈不上地位，整个地区变成平原，它的优势地位也就没了，不过就是这昙花一现，也让它浓墨重彩地记入了历史。

成为漷州州治只是一刹那辉煌,可惜它成为州治的时间实在太短,可能州城建设还没有动工。不管州城建设是否动工了,州城的初步规划肯定是有了。今西永和屯村西这片"砖砟地",南有前、后南关村,北有大、小北关村,这些名字一听就是中间有座城池的规制。不管筑城工程开工与否,这么短时间都不可能建起州城,那这些名字又是怎么留下来的?

想是柳林镇人一场空欢喜,事过之后自然不甘心,有没有州城这里都做过州治,做州治再短也曾经做过,那就应该记入历史。因此没有开工也把这四个村的名字改了,这些村名也就一直流传至今,它们原来叫什么反倒没人知道了。或者当时还没有这四个村,只是当时标注了位置,后来成村,名字一样被沿袭下来。这四个村子的田地里,从没有发现过什么古城墙遗迹,像西永和屯村西那样的"砖砟地"都没有,想来应该是纸上谈兵的结果。

尽管柳林镇被作为漷州州治的时间很短,它地理位置的优势当时也还在上升——无论是作为皇家游猎文化的地位,还是作为当时京畿重镇的军事地位,尤其是后者。

柳林镇成为漷州州治,应该是统治者一时头脑发热,因为要让位于管理京杭大运河漕运事务需求,皇室贵族们不得不忍痛割爱,但这不等于他们放弃了游猎的念头,他们早晚都要了却这个心愿的。就在漷州州治迁出柳林镇五年后,元至元十八年(1281)元朝统治者还是在这里修建起行宫,这就是元朝历史上著名的柳林行宫。

柳林行宫究竟建于何处?研究者一说其遗址也是西永和屯村西这片"砖砟地",如此前后南关和大小北关就成了行宫的城关,可是一般行宫是不设城关的,皇家的御用行宫就更不需要,平常百姓根本不允许进入,需要查验的关口嘛,有一个宫门就可以了。那柳林行宫可能建在柳林镇东侧吗?踏勘前后南关和大小北关中间地带,其东面距离当时柳林海子堤岸(今东西永和屯分界迤西)只有几百米距离,再去除镇域范围,可能建行宫的地方非常有限,而《元史·卷二十八·本纪第二十八》中却这样记载:元至治三年(1323)五月,一场大风"拔柳林行宫内外大木二千七百"。以此推测,柳林行宫的规模应该相当大,绝不是这么小的区域就可以容纳的,且"大木"肯定有相当树龄,这种树不大可能自然生长在最后才露出水面的柳林镇东侧。

以现代人的眼光看,休闲居处建在紧邻水边也许很惬意,但对王朝统治者而言,安全更是第一位的,无论是出于对水患的顾虑,还是出于对盗贼的防范,这样的选择都不可能。此外元末这里接连发生两次大的战事,历史记载都是针对柳林镇而非柳林行宫,这一方面说明这里的安全状况,另一方面也再次印证行宫不在柳林镇东侧。

不在东侧就只能在西侧,按柳林海子的位置,南面北面都没有可能,按此分析柳林行宫当在今西永和屯村西砖砟地迤西有相当距离和今柳营村以东这片比较广阔的地带,其南北界线则应该在今牛堡屯北和大北关村南。我们一直说柳林和柳林呵护的陆地,这其实是很难区分的,事实是柳林镇出现同时就可能发生着伐木毁林,全修建柳林行宫,倒叫能围了一些大树在行宫里面,这才有后来的"行宫内外大木二千七百"被大风拔掉。此外行宫紧靠上游大片柳林,在预防水患上也是上上之选。这片地域至今相对开阔没有自然村落,这本身也是某种线索,若对这片区域进行考古探查,或者会有所发现。

元朝统治者为了自己的享乐,终于还是在柳林镇镇域修建起一座大的行宫,对于当时柳林镇人来说,这或许是一种州治失守、州城未建成的安慰,但他们都没有意识到这里更严重的危机,那就是当时柳林镇所要面对的巨大军事风险。事实上柳林镇当时的地理位置,已成为卫戍京畿的军事要地,可以不作州治,不该不筑城池,因为一旦被外敌攻破柳林镇和柳林行宫,它后面就是大都城,京东南陆路已无险可守!

这种形势自元初开始呈现,发展态势越来越凸显:元初其政权还相对稳定,柳林镇东面的水域也还广阔,但随着时间推移,元朝的军事实力不断下降,面临的危险逐渐增加,柳林镇东面的湖沼也渐渐演化成湿地沼泽,越来越有利于可能对柳林镇发起攻击的进攻者……但是元朝统治者宁可在这里大兴土木,建造供他们享乐的柳林行宫,也不肯在柳林镇筑城修墙加强军事防范,其结果就是把柳林镇人陷入了战争深渊,也让自身最终面对败亡和覆灭。

果然,元朝末年,在这个小小的柳林镇,十年之间就发生了两次大的战事:元顺帝至正十八年(1358),农民起义军红巾军大将毛贵率军攻克漷阴镇杀到此处,与汉人元将刘哈喇不花大战于柳林镇,起义军虽受挫退兵,也已令元都震恐;元至正二十八年(1368)朱元璋麾下大将徐达、常遇春北伐,又进攻到这里。柳林镇没有构筑城墙,只柳林海子筑有土坝堤围,可这些防水的堤围难以抗拒兵锋正盛的北伐军,经大战柳林镇最终被攻克,柳林行宫也被明军占领,北京的陆路大门完全敞开。元顺帝听闻柳林镇和通州相继失守大惊,最后不得不主动放弃北京仓皇远遁漠北,元朝对中原的统治也就此终结了。

元朝统治者的败亡咎由自取,却苦了柳林镇的居民;危难之时皇室贵族早就远离了柳林行宫,柳林镇却惨遭兵燹之厄。经过这两次大的战事,一度繁华的柳林镇在战火中变成一片瓦砾,当地人死的死,逃的逃,战后已所剩无几。柳林镇元初时才开始形成,其初民大多是蒙古流民,这也是这里惨遭焚毁的一个重要原因,战事中蒙古流民或逃亡或惨遭杀戮,最终可能已绝迹。少数汉族原住民幸存下来,废墟中又开始了艰难重建,但因本来就是少数,战争中又逃亡大半,已不可能恢复原有规模。

明初,这里变成了一个小村,名永和里。村名称里应该属原住民,可为什么柳林镇一下变成永和里了呢? 有说因时人历经战火渴望和平故。或者还有另外一种可能,那就是柳林镇汉人街区原有永和或永和里,战火后重建的村庄,只占这一小片地方。

这个永和里存在时间也不长,永乐时北京地区移民屯垦,外来朱、杨二姓迁此,朱、杨家族后人势力渐大,原住民或因此迁离,或淹没于朱杨两姓之中,永和里就改称永和屯了。永和屯是明初潞州移民建置的九屯之一。永和屯朱、杨两姓再分村,永和屯又变成了东、西永和屯,今东永和屯绝大部分人姓杨,西永和屯绝大部分人姓朱,两个村都外姓人极少(有些人改姓朱、杨),基本可以肯定是这种情况。

曾经作为潞州州治的柳林镇,在元末明初的战火中消失了,只留下西永和屯村西的这片砖砟地,但就在这片瓦砾中,埋藏着一段存在时间不长、消逝时间也不很长的历史,埋藏着曾经作为潞州州治的柳林镇的短暂辉煌,也埋藏着专制统治者的任性、奢侈和无知,更埋藏着无数先民们的希望、挣扎与苦难……当然,还有元末发生在这里的两次大的战事中死难将士们的冤魂!

(作者:刘福田)

128

元大都政治副中心——柳林行宫

元朝是个兴起于马背上的原始民族政权。它一开始并没有首都概念,军队打到哪里,哪里就是他们的权力中心。这种状况甚至影响到整个元朝统治时期。没有战事发生时,他们的权力中心就随着最高统治者迁移,皇帝在哪里,哪里就是他们的政治中心,即使后来借鉴中原王朝建立了首都,成为中国大一统国家政权,这种状况也没有完全改变。

元朝建立的第一个首都性质的城郭,在今蒙古国鄂尔浑河上游的喀拉和林,建于窝阔台汗七年(1235);蒙哥汗六年(1256)忽必烈在今内蒙古营建城郭,中统元年(1260)忽必烈在此即位,称开平府,中统四年(1263)升其为上都,这是元朝第一个名义上的首都。忽必烈至元四年(1267),元攻占金中都城(今北京),在其东北另筑新城,至元九年(1272)改称其为大都并明确其为首都,至元十三年(1276)新都建成,自此确立两都巡幸制。也就是说元朝至此有了两个首都,但上都事实上已降为陪都性质,不过因为它算得上是忽必烈龙兴之地,其政治地位仅次于元大都。

元朝中期还建立了一座都城称元中都。元大德十一年(1307),即位不久的元武宗海山下令,在今河北省张北县馒头营乡白城子村建旺兀察都行宫,次年行宫建成,立中都留守司兼开宁路都总管府……不过元中都始终没有首都性质,甚至事实上连陪都都算不上,所以元朝第三政治中心始终与其无缘,这个位置就被大都城东南郊的柳林行宫占据了。关于柳林行宫的政治地位,更夸张的说法是元朝第二政治中心,因为它距离大都城很近,元朝皇帝很多时候都驻跸于此处理朝政,但元朝毕竟是两都巡幸制,所以还是称之为元大都政治副中心更为贴切。

柳林行宫之所以堪称元大都政治副中心,因为元朝很多重大政治事件发生于此,最著名的就是元顺帝在此谋划过权力争夺,还利用这里搞了一起针对权臣的政变。元朝在中国的统治不过百年,统治集团内部的权力争夺却异常激烈,元中期以后皇帝在位的时间都很短暂,最短的只有一个多月,直到元朝最后一个皇帝元顺帝继位。元顺帝是元朝亡国之君,在位时间却长达三十六年。他不善于治理国家,但在皇家权力争夺中却老谋深算,一次次化险为夷。元朝亡了,他逃到漠北继续做皇帝,他是元朝最后一个皇帝,又是北元第一个皇帝,直到病死都没有失去皇帝宝座,可见其权谋手腕的炉火纯青。

元顺帝之所以有如此高超的权谋技巧,与之早年的凄惨身世有直接关联。他出生不久就成了皇权争夺的牺牲品,甚至被流放饱受折磨。元泰定帝死后,元武宗海山的亲信燕帖木儿发动叛乱,拥立海山次子即位,推翻了泰定帝之子天顺帝,叛乱成功后就是皇位究竟该谁来坐的问题。按照皇位继承惯例,应该是嫡长继承顺序,武宗海山没有嫡子,两个儿子都是庶出,那就应该由其长子和世瓎继位,可是燕帖木儿在发动叛乱时,和世瓎在漠北镇地远离京城,所以拥立的是武宗次子图帖睦尔,也就是元文宗。文宗继位之初为夺取天下曾发诏书,声明一旦铲除天顺帝,定将皇位归还兄长,这样一来又为新一轮皇权争夺埋下了隐患。和世瓎接任皇位是为元明宗,但实权还在图帖睦尔手中,八个月后,图帖睦尔毒死和世瓎,又将皇位夺了回来。

夺回皇位的元文宗也很短命,在位只有三年就病入膏肓了,临死之时可能出于对鸩杀兄长的忏悔,竟留下遗嘱不立己子,命立明宗后代为帝。权臣燕帖木儿久经权变,自然知道其中利害,请求文宗皇后改变遗嘱,立文宗之子为帝,却没有得到皇后支持。明宗有两个儿子,长子妥懽帖睦尔就是后来的元顺帝,不过开始被立为皇帝的却是他的弟弟,可惜这个小皇帝继位一个多月就夭折了。燕帖木儿等又欲立文宗之子,文宗皇后再次否决了,元顺帝这才终于继承了皇位,改元至顺元年(1330)。

元顺帝命运多舛,其父明宗被鸩时,他只有十岁,还被文宗皇后诬为非明宗子,流放到高丽一个海岛之上……这时却又是文宗皇后主张立他为帝,把他从流放地迎回大都。妥懽帖睦尔继承帝位时,年仅十四岁,却在文宗皇后胁迫下立下盟约,死后要将皇位传于文宗之子燕帖古思。这位文宗皇后不知是不是吃错了药,所立不但是仇人之子,更是她自己仇虐过的人,后来自食恶果也就怪不得别人了。

元顺帝自幼饱经磨难城府极深,其性格固然扭曲,韬光养晦的本事和权谋之术却已臻精纯。他继位之初由文宗后称制,此时燕帖木儿已死,但其党羽在朝中仍是主要势力,文宗后有此势力撑腰,元顺帝奈何她不得,于是元顺帝开始培植对抗燕帖木儿一派的势力,任命朝中的另一重臣伯颜为中书省右丞相。元顺帝至顺年号只用了四个月即改元元统,元统三年(1335)六月,也就是元顺帝继位还不到三年,他就利用伯颜翦除了朝中燕帖木儿一派势力。当年元顺帝再次改元至元。

失去了朝中势力撑腰,文宗后对朝政的控制力削弱。为进一步与之抗衡,元顺帝放任伯颜一系势力扩张,在两派势力的夹缝中游刃。至元二年(1336)二月,顺帝追尊生母迈来迪为贞裕徽圣皇后。翌年三月,又将死去的幼弟懿璘质班追谥为冲圣嗣孝皇帝,列入太庙祭祀,开始了对文宗后一派势力的反击。这些做法合乎典制、礼法,又有伯颜势力支持,文宗后自然无话可说,就此一蹶不振。

不过依仗伯颜也造成了尾大不掉,为嘉奖伯颜之功,顺帝赐其世袭答剌罕之号,又诏命其为大丞相,独专政柄,更进封太师、秦王等。伯颜得势,遂开始恣意妄为,肆杀贬黜宗王。他与宗王彻彻笃有怨,便奏请顺帝将其赐死,又奏请顺帝贬黜宗王帖木儿不花、宽彻普化等,都是不等顺帝同意,已然传旨执行。顺帝依仗伯颜抗衡文宗后,不得不给他一些特权,但伯颜跋扈如此,又是顺帝所难以容忍的。

没想到顺帝却容忍下来,这导致伯颜更加肆无忌惮,直接把顺帝都不放在眼里了。伯颜统辖诸侍卫精兵,每和顺帝一起出行,扈拥自己的人众多,给顺帝安排的人很少。顺帝无可奈何,干脆任由伯颜主张,自己去游山玩水,于是大都近郊的柳林行宫,就成为顺帝常来光顾的地方。据《元史·本纪》载:"(至元)三年(1337)春正月癸卯……戊午,帝猎于柳林,凡三十五日。监察御史丑的、宋绍明进谏,帝嘉纳之,赐金、币。丑的等固辞,帝曰:'昔魏征进谏,唐太宗未尝不赏,汝其受之。'"这一次顺帝在柳林行宫玩了一个多月。

正所谓"国家混乱有忠臣",伯颜的恣意妄为,顺帝不说自有人不平,伯颜之侄据说也是其养子脱脱,自幼受儒家文化熏陶,看不惯叔父所作所为,对顺帝表示要忠君报国、大义灭亲。顺帝考察其真心,遂命自己的亲信世杰班、阿鲁与其结交,共谋对付伯颜之策。显然顺帝在柳林行宫并不全是游山玩水,而是避开伯颜耳目,培植自己的亲信。不过伯颜势力当时正如日中天,及回到大都,脱脱等人几次想对付他都没有成功,反让伯颜起了疑心,更加留心增兵自卫,在大都城里要除掉他是不可能了。

机会终于还是来了,元顺帝至元六年(1340)二月,伯颜依照常例,奏请顺帝出巡柳林行宫"春水"飞放,脱脱等人认为这是除去伯颜的好机会,因为出了大都城,就离开了伯颜的势力范围,他的警卫再多也有机会。他们让顺帝假病推辞。伯颜按惯例又请皇太子燕帖古思同行,顺帝准奏,伯颜遂率众出城。脱脱等人待伯颜出城,立刻命令自己的亲信封锁大都各城门,然后在皇宫中起草贬斥伯颜的诏书,将其黜任河南行省左丞相。

这些消息被封锁,伯颜在柳林行宫里是不知道的。当夜脱脱等人又乘夜色派人出城到柳林行宫,悄悄把皇太子接回大都城。第二天一早,顺帝就派人赶到柳林行宫,宣读了贬斥伯颜的诏书。伯颜大惊,急忙召唤太子,却被告知太子已经回到皇宫。本来伯颜对顺帝也是有所防备的,柳林行宫捺钵,顺帝不来他就带着太子,为的是一旦有变手中还有太子,挟太子号令可以起兵"清君侧",可是现在太子这棵救命稻草也没了,他手下不过亲兵警卫,自己的势力又都在都城,顿时感觉已回天无力。

伯颜怎么也想不明白,一向懦弱无能的小皇帝,怎么会突发雷霆之威!抱着最后一丝幻想,他派卫兵回城询问被贬因由,没想到脱脱站在城上,根本不让他的卫兵进城,反倒劝他的卫兵们反正。正所谓"树倒猢狲散",派出的卫兵散去了大半。伯颜又请求在贬往河南之前再见一见顺帝,希望亲自辞行,也被脱脱借口顺帝旨意拒绝了。伯颜至此山穷水尽,也只能上路了。还没走到贬地,三月,顺帝又诏徙伯颜于南恩州阳春县(今广东湛江一带沿海),这就是流放罪犯了。伯颜悔恨羞怒交加,走到今江西南昌病死驿舍。其实作为政治家,他在离开柳林行宫时就已经死了。伯颜也真的该死,主张诛杀张、王、刘、李、赵中原五大强姓的人就是他。

不可一世的权臣伯颜就这样被顺帝除掉了,回头想想这个小皇帝真是太可怕了,原来他对伯颜的一味忍让,既是自保又是"捧杀",以致后世对此事的评说都是反的,说是伯颜要在柳林行宫搞政变,顺帝侥幸逃脱……各种版本不一而足。本文对此事件的描述,依据《伯颜传》《脱脱传》及《元史》等,基本还原了事件真相。其实了解元顺帝的人,对此结论绝不会惊讶,这个事件若放到元顺帝整个生平中,简直就是小事一桩。元顺帝治国无能,权谋却天下无敌。

除掉权臣伯颜之后,元顺帝已大权在握,紧接着就对残余的文宗后势力下手了。同年六月,顺帝下诏,公布文宗鸩杀明宗和对自己的迫害,下令将文宗神位逐出太庙,贬文宗皇后卜答失里于东安州(今河北廊坊市)旋即处死。至于文宗之子,那个在伯颜事件中被他从柳林行宫抢回皇宫的皇太子燕帖古思,则被他流放高丽。这个可怜的废太子可就没有元顺帝当年那么侥幸了,他还没有走到高丽,就被元顺帝派人杀了。

至此元顺帝本已乾纲独断,可他却无心治国,竟把权力又交给朝臣,自己沉涵于工巧酒色去了。不久各派势力养成,再起权争,先是朝廷各派,后又再次掺入后宫,最后连他的皇后和皇子都要抢班夺权……他却游刃于各派势力之间——这位皇帝真是权谋玩上瘾了。不过政治腐败导致民不聊生,天怒人怨天灾人祸,元顺帝权谋手段再高,架不住元帝国从根儿上腐烂……元顺帝继位之前,主管天文历法的太史曾谏言,妥懽帖睦尔不可立,立则天下乱。因为这个说法,元顺帝继位之事被拖延达半年之久,直到燕帖木儿病死,文宗后坚持,元顺帝即位仪式才得以举行。果然,元顺帝成了元朝亡国之君。

这些未必都是迷信,可能当时太史官考察了元顺帝童年和少年经历,预判了心理创伤必然带来的心理变态。不过顺帝本人想得开,元末徐达、常遇春攻下柳林行宫,进而攻占通州后,元顺帝见大势已去,大都城干脆一仗不打,直接开溜,先逃上都再逃漠北……朱元璋觉得此人乖巧顺天应人,于是给他上了个"顺帝"谥号,如此元朝的宣仁普孝皇帝,才有了这更为响亮的称呼——元顺帝。

元顺帝是元朝最后一个皇帝,他在柳林行宫的事迹最突出,但柳林行宫却是建于元世祖忽必烈时。据《读史方舆纪要》记载:"柳林,在县(漷阴)西。元至元十八年,如漷州,又如柳林。是后,皆以柳林为游畋之地,建行宫于此。"

这是关于在柳林建宫的最早记载。不过《读史方舆纪要》作者顾祖禹是清代人,他的这种追记不能作为信史,但按《元史》,忽必烈至元十八年(1281)、二十二年(1285)确曾两次驻跸柳林,还有"至元二十八年(1291)春,帝猎于柳林"等。另在《王恽传》中,至元二十九年(1292)春,王恽曾于柳林觐见世祖,呈"万言书"(经专家考证《王恽传》所载王恽觐见时间有误,应是至元三十年春)……可见元世祖忽必烈至元十八年后,确实频繁光顾柳林,确实在这里建有行宫。

不过当时柳林行宫的建置没有任何记载,按照元朝皇帝捺钵习俗,皇帝驻跸之处未必就有固定行宫,一开始很可能就是毡帐。"至元十八年,如漷州,又如柳林。"说明忽必烈相中了这个地方,因此离开时毡帐就被保留下来,以后多次再来,"捺钵"规模越来越大,这里就成了固定行宫。柳林行宫建造的明确记载,见《元史·本纪第二十七·英宗一》:至治元年(1321)"丁巳,畋于柳林,敕更造行宫"。这里更造的"更"字既是扩大也是更改,或者从这时起,柳林行宫才成为正式行宫。

不过不管是否正式,柳林行宫一出现,它的政治地位就凸显出来。臣僚有事直往柳林行宫,可以避开官僚机构的层层关卡,这些事件有的有记载,有的没有记载。比如元世祖忽必烈时,除王恽上"万言书"事,这里还发生过彻里奏劾权臣桑哥事,乘忽必烈去柳林射猎之机,彻里奏劾桑哥奸贪误国,说:臣与桑哥无仇,所以力数其罪而不顾身,是为国家打算。倘若畏圣怒而不言,奸臣何由而除,民害何由而息!这次奏劾最终导致权臣桑哥被铲除。另外这里还发生过晋王甘麻剌奉特旨率部众自岭北"猎于柳林之地"等事关皇权内部争夺的重大事件,可见自世祖忽必烈起,柳林行宫已然成为了元大都政治副中心,皇帝经常在此处理朝中要事。

元朝统治者也属北方民族,其四季捺钵的传统,导致皇帝一般都不住在宫中。柳林海子是皇家春捺钵地,故冬春季节皇帝多在大都,在大都时就常常驻跸于柳林行宫。是以皇帝在柳林行宫除春捺钵外,还要在这里处理日常政务,甚至进行学术活动,比如元成宗还在这里听讲过《资治通鉴》,元朝忽必烈以后几乎每位皇帝都来过柳林行宫,许多皇帝的圣旨还特别点明"柳林里写来"。

元泰定帝经常来柳林行宫游猎,《元史·文宗本纪》:致和元年(1328)春,"大驾出畋柳林,以疾还宫"……《元史》涉及柳林和柳林行宫的记载多达四十多处!这是柳林行宫在元朝政治生活中地位重要的明确体现。

在与柳林行宫关系至为密切的元朝皇帝中,除了元世祖忽必烈和元顺帝,还有一位皇帝需要再交代一下,这就是元英宗。元英宗是元仁宗爱育黎拔力八达之子,名硕德八剌,生于今河南沁阳,自幼受儒家思想教育,通晓汉族文化,元延祐七年(1320)即帝位。元仁宗在位期间即实行科举制度,推行"以儒治国"政策,元英宗即位后继行其策,拜太祖功臣木华黎后裔拜住为丞相"励精求治",起用了一大批汉族官员和儒士,同时裁减冗官冗职,颁行《大元通制》推行汉法,严厉查处一些贪赃枉法的权贵,使元朝政治一新。大多数元史学家认为,如果不出意外,元英宗推行的一系列改革,坚持下来就能使元朝中兴,元英宗更可能成为清朝康熙大帝式的人物。

元英宗即位第二年(至治元年)即"畋于柳林,敕更造行宫",这被"更造"的行宫就是柳林行宫,柳林行宫明确为固定行宫从这一年开始。从"更造"这一敕令中,我们也可以看出元英宗汉化的倾向。接下来他所推行的汉化政策,触动了一些蒙古权贵的既得利益,最终导致了一场针对元英宗的政变杀戮。

按《元史·英宗·本纪二》,元至治三年(1323)五月,"戊戌,太白经天。庚子,大风雨雹,拔柳林行宫内外大木二千七百",这是元英宗与柳林行宫最后一次关联。这里除记录了柳林行宫的灾异,还透露一个重要信息就是"太白经天","太白经天"不过就是白天也可以看到金星的一种天象,但按照古代星象迷信说法,"太白经天"乃大凶征兆,是为兵戈更王之象。如《春秋·元命苞》:"太白逆经天,屠君父,外夷征。"说的就是这个意思,而且直接不利帝王。历史上最有名的太白经天占,就是唐朝初年的玄武门之变。元英宗一月之内遇此天象又现柳林灾异(柳林行宫遗址在今张家湾镇西永和屯村西砖砟地迤西,笔者故乡村庄距之不过数里,此地这种气象极为罕见),内心惶恐是不言而喻了。

按《元代野史》:元英宗"更造"柳林行宫两年,至治三年五月功成,英宗"乃下诏出猎,驾至柳林,忽大风雨雹,拔柳林行宫内外大木三千余株。帝惊,犹以西山佛寺,功久不就。下诏极力催督甚急。监察御史观音保上疏力谏,以岁饥,且东作方兴,请停其功。帝大怒,立命斩之"等语,说是柳林灾异时,元英宗正在行宫,那就更可怕了。不过《野史》不足凭信,《元史·卷二十八·英宗二》记载,柳林行宫灾异当时,元英宗在上都而非大都,那是不可能在柳林行宫出现的:"三月壬辰朔,车驾幸上都。……八月癸亥,车驾南还。"可是就在这次南还途中,也真就出事了!

"八月癸亥,车驾南还。驻跸南坡(上都西南之南坡店)。是夕,御史大夫铁失、知枢密院事也先帖木儿、大司农失秃儿……谋逆,以铁失所领阿速卫兵为外应,铁失、赤斤铁木儿杀丞相拜住,遂弑帝于行幄。……以果于刑戮,奸党畏诛,遂构大变云。"元英宗遇害时年仅二十一岁,如果没有这次政变,元朝历史真的可能改写,可惜只有结果没有如果,但元英宗与柳林行宫的关系,因此又多了些传奇色彩。

因为元朝皇帝的捺钵习俗,柳林行宫在其政治生活中的地位至关重要,元朝皇帝"岁猎漷州海子林",在柳林行宫驻跸也在这里办公。不过柳林行宫的兴盛与废弃也止于元代一朝。元朝末代皇帝元顺帝后期,这里作为元大都政治副中心的地位就结束了,《元史》记载:元顺帝至正十八年(1358)三月,"庚戌,毛贵陷蓟州,诏征四方兵入卫。乙卯,毛贵犯漷州,至枣林,枢密副使达国珍战死,遂略柳林,同知枢密院事刘哈剌不花以兵击败之,贵走据济南"。这之后就不见了元顺帝来柳林行宫的记载。

至正二十八年(1368)秋七月,徐达、常遇春北伐至此,攻克柳林行宫,并在此设大本营,攻克通州继而占领大都,元顺帝北逃,元朝灭亡。十年之间柳林行宫两遭战火,已是破败不堪,明兵痛恨元朝统治者及于柳林行宫,这里最终被毁于一炬。元朝灭亡了,曾经作为元大都政治副中心的柳林行宫也成了它的陪葬,从此在历史上湮没,至今遗迹都难以找寻。今西永和屯村西那片砖砟地,究竟是原来的柳林镇还是柳林行宫,一直争论不休。按曾经在柳林行宫觐见过元世祖忽必烈,并上"万言书"的王恽《秋涧集》描述:"隆禧观(约在今张家湾镇北

135

大化村一带)原隰平衍,洄流芳淀,映带左右。建元以来,羽猎岁尝驻跸。民庶观羽旄之光临,乐游豫之有赖"分析及实地踏查,柳林行宫应离这"隆禧观"不远,最有可能的遗址在今西永和屯村西砖砟地迤西,今柳营村迤东,今大北关村迤南,今牛堡屯村北这片区域。

(作者:刘福田)

136

牛堡屯的前世今生

　　牛堡屯在通州城南三十里,最早是通州区的一个历史悠久的乡镇,后来在二十年前,因为区划调整,牛堡屯镇二十八村整体并入到了现在的张家湾镇,从此,牛堡屯作为行政乡镇就消失了,成了许多人记得住的乡愁,但"回不去"的老家。

　　牛堡屯地区村庄集中,人口密集,前街村、中街村、后街村、后坨村、西永和屯村、前南关村、后南关村、北仪阁村、小耕垡村……几乎连在一起。研究牛堡屯,离不开延芳淀的演变以及"捺钵"文化。

　　在通州博物馆里面,有一张古代延芳淀的复原图。这片水域位于今天通州城南部,涵盖了漷县、永乐店、于家务等通州南部诸乡镇,也包括牛堡屯。这里有大面积的水域和湿地,方圆数百里。每到春秋两季,北上、南迁的候鸟就在这里歇脚、捕食。

　　据《辽史·地理志》记载:"延芳淀方数百里,春时鹅鹜所聚,夏秋多菱芡。国主春猎,卫士皆衣墨绿,各持连锤、鹰食、刺鹅锥,列水次,相去五七步。上风击鼓,惊鹅稍离水面。国主亲放海东青鹘擒之。鹅坠,恐鹘力不胜,在列者以佩锥刺鹅,急取其脑饲鹘。得头鹅者,例赏银绢。"这是描写辽

延芳淀的复原示意图(通州博物馆制)

137

主、太后率领嫔妃、文武百官以及侍卫军到此打猎时的情景。

辽、金、元代的皇上都是北方少数民族,喜游猎,有"捺钵"的习俗。"捺钵"原是个契丹语词,意为辽帝的行营。辽帝保持着先人在游牧生活中养成的习惯,居处无常,四时转徙。因此,皇帝四时各有行在之所,谓之捺钵,又称四时捺钵。辽代早期,四时捺钵在以上京为中心的区域内举行。至辽圣宗时期,为便于筹备对宋朝的战事,从统和五年到统和二十年,辽帝常驻南京(燕京),其春捺钵的区域大致在潞阴县之西的延芳淀一带。

元代时,延芳淀缩减为四处较大的水泊,其中的柳林海子就在西永和屯附近,周边慢慢形成了一些人口聚集地,柳林镇就位于现今的柳营村附近。至元十三年(1276)潞阴县升至潞州,州治一开始就设在柳林,同时在这里设置的还有大都营田提举司,割大兴府之武清、香河二县归州管辖。根据《北京历史地图集》,潞州治所就在牛堡屯东的大、小北关和前、后南关几个村落之间。这恐怕是牛堡屯历史上管辖地区最多、行政级别最高的时候了。

因为漕运的需要,潞州府搬走了。元世祖忽必烈在至元十八年(1281)到此游幸后于此处建有柳林行宫。此后近百年,这里都是元朝皇帝春夏在此游猎避暑之所,周围水面宽广,林木丰盛,蒲苇片片,鱼游鸟飞,环境优美。

柳林行宫是元朝皇帝游幸的主要驻跸地。元朝皇帝除行猎外,还在这里处理政务,许多元朝皇帝的圣旨都点明"柳林里写来"的字样,体现出其在元朝政治生活中的重要地位。据统计《元史》中涉及柳林和柳林行宫的相关记载达四十多处。

柳林行宫在明洪武元年被焚毁,成为一片废墟,令今人无法考证行宫的具体位置。据《读史方舆纪要》载:"柳林,在县西。元至元十八年,如潞州,又如柳林。是后,皆以柳林为游畋之地,建行宫于此。"陈喜波、张清华《北京通州区牛堡屯村为元代柳林行宫说》(《中国地名》第 9 期)一文据此认为:"柳林行宫建在潞州之西,而牛堡屯恰恰在大小北关、前后南关之间的元潞州故城(辽金潞阴城)之西,与古籍记载十分吻合。"然而笔者经过多次实地调查,判断柳林行宫不会在牛堡屯现有的村址之下,而在其北侧。因为所谓行宫和皇宫不一样,比如承德避暑山庄,作为清朝的行宫,一是面积比较大;二是建筑物之间相距比较松散;三是城墙比较随形。附近村落是依行宫而建,与行宫相伴而生,即便行宫后遭烧毁,也不可能在行宫之上建村,最大可能是将行宫旧地开荒种田。

刘福田《元代柳林镇寻踪》一文所述与笔者观点契合,文中勾画:"(行宫)当在今西永和屯村西砖砟地以西有相当距离,和今柳营村以东这片比较广阔的地带,其南北界线则应该在今牛堡屯北和大北关村南。"

关于牛堡屯名称的来历,也有近千年的历史。曾有现代史志说牛堡屯名字的由来是因为古时这里放牛的多,所以叫牛堡屯,完全是望文生义,缺乏对中国地名文化的研究。据当地朋友描述,20世纪90年代牛堡屯附近的村子里还有不少海子退去后形成的大水坑,例如前街村就有肖家坑、东坑、南坑等,古时这里是春水秋山狩猎的放飞泊,应该更是海子、沼泽密布,怎么可能大规模放牛呢?

中国测绘科学研究院研究员、地名学专家牛汝辰在《地名的简史》中针对"少数民族语地名的汉化"谈道:"一种民族语地名向另一种民族语地名形式的转化,这是世界地名的一种普遍现象……"他举例说:"随着满族的汉化,满语逐渐为汉语所代替,满语地名也随之演变,其中绝大部分借音改成汉语地名,并过分追求汉字义美,常不取同音而取近音。"其实,"牛堡"就是"捺钵"。所谓"捺钵",乃契丹语,又译作纳拔、纳钵、纳宝、剌钵等,相当于汉语中表示皇帝出行所居之处的"行在"或"行幸顿宿之所"。牛堡就是捺钵的讹写,牛堡屯,原来应该叫"纳宝屯",即依附行宫而成的村落,古人记地名往往记音不记字,后来叫着叫着就成了"牛堡屯"。

如此说来,牛堡屯跟"牛"还真没啥太大关系,但是由于其深厚的历史和文化,所以牛堡屯是真"牛"。辽、金、元三代少数民族帝王之"捺钵"文化,催生了通州南部尤其是牛堡屯地区村落的出现和发展,在2001年撤销牛堡屯镇之前,牛堡屯镇二十八个行政村,不少村子都与"捺钵"文化相关。

在后青山村西、前青山村北,原有一座高土台,占地约十亩,辽时帝王于此游猎,而且用膳,膳从僧俗不食荤,为清膳。金时在土台上建延庆院,台侧建村称清膳村。明初时徐达、常遇春率兵北伐元廷,在柳林行宫指挥攻陷元大都,后将延庆院烧毁。因"清膳"的谐音,再加上台上杂树盛长,状似青山,遂渐称清膳村为青山村。

青山村北还有一村曰苍上村,亦做仓上村,顾名思义,就是粮仓的意思。村东北有放鹰台,南有呼鹰台,台上就是延庆院,该村曾设置粮仓供皇上游幸食用。据周庆良考证,村南原有地势较高的耕地数亩,早在合作化时期建设场院时发现粗沟纹条砖所砌台基,应是辽代设仓遗址。

牛堡屯曾经是北京的水陆南大门。从古时地图沿革和水路变迁上看,牛堡屯往南是水泊和湿地沼泽,往北十五里就是漕运古镇张家湾,往北三十里是通州城,已是一马平川的平原,战略位置极其重要。

元末明初,也就是元至正二十八年(1368),朱元璋麾下大将徐达、常遇春北伐,首先攻陷柳林镇并占领柳林行宫,以这里为指挥部,直下通州,元顺帝自知北京无险可守,竟然主动放弃元大都远遁漠北,自此宣告元朝对中国的统治终结。

明清之时,随着北方漕运和陆路物资贸易往来,牛堡屯凭交通之利日益发展壮大。在明代原柳林行宫之南形成集市,渐有固定商户居此,又形成街市。明代商户村民俱望盈利粮丰,曾建关帝庙供奉关羽神像。至清代,牛堡屯渐渐发展成为周边地区的商业中心,根据乾隆《通州志》记载,"牛堡屯集场,逢一、五、三、八日集期",至民国时期依然如此。可见,牛堡屯至少在清乾隆时期,已经形成集市,并发展成为城郊固定地点的定期集市之一。据了解,牛堡屯的盐碱地比较多,应该是和水泊退去有关,这一定程度影响粮食种植。因此,该地村民在务农的同时,多从事一些副业和传统商业。

牛堡屯中街的275号和288号是两座古色古香的前门脸后宅院的老房子,于2013年1月被通州区文化委挂牌认定为普查登记文物。据介绍,老宅建于清代嘉庆年间,由此可见,那个时候这条街就已经十分繁华。

提起牛堡屯,不能不说通州的二锅头。清光绪年间,南仪阁村的刘家在通县建立"同泉涌""积成涌"烧锅,以大曲、高粱生产烧酒,行销京城各地。1950年,以"积成涌"为主合并其他几家烧锅成立了通县酒厂,起初名称为"地方国营北京通县牛堡屯酒厂",之后先后更名为北京市通县酒厂、北京市通县制酒厂、北京通州区制酒厂,酒厂也从牛堡屯迁址通州大杜社。1967年,由总厂授权生产二锅头,注册商标"向阳"牌,1980年代初改为"通州"牌。现在位于牛堡屯前街和中街附近的幼儿园就是以前酒厂的旧址。

这里还要提起的是在京城享有盛誉的老字号"烤肉季"的创始人季德彩就是牛堡屯中街人,该名号创建于清道光二十八年(1848),在餐饮圈素有"南宛北季"。"烤肉季"是京城百姓送给其创始人季德彩的美名。

牛堡屯中街的275号老宅

季德彩于清咸丰末年来京城,最初以挑担卖凉粉为业,后在什刹海一溜河沿设摊经营烤羊肉,打出了"烤肉季"的布幌。经过数代人的打拼终于成为京城最有名的餐饮企业之一。许多人不了解,烤肉季饭庄早年的名字叫作"潞泉居",不知道是不是季家为了纪念他们的祖先

中街 277 号原牛堡屯供销社生产资料门市部

而起的名,因为汉代通州称潞县,有潞水流经,通州早年的不少烧锅名叫"潞泉"。2008 年,烤肉季烤肉制作技艺被评为国家级非物质文化遗产。

三十年前,牛堡屯乡经济曾经领跑全区,1984 年牛堡屯中心小学扩建成三层教学楼,1986 年牛堡屯中学扩建为四层教学楼,是全市农村地区第一所小学教学楼、第一所中学教学楼。北京电视台还来牛堡屯实地拍摄了专题片《春到牛堡屯》。据说那会儿乡镇企业比较多,比如精铸厂、同仁堂饮片厂、堡头塑料厂、通州制酒厂,前街还有个出口创汇大户前街花丝镶嵌厂。

尽管这里已经没有了原来的行政地位,但是一些单位仍然以牛堡屯命名,比如牛堡屯邮政所、牛堡屯卫生院等,尤其有意思的是,不少店铺都摆着当年的招牌,中街 277 号店门口右侧立着的一个一米多高的残破的招牌,后边衬着一块木板,上书:牛堡屯供销社生产资料门市部,给思乡的人留下了一点点念想,店主人周大叔说这是 1987 年他刚来这儿工作时制作的招牌。这个房子是"文革"前后的老房子,门口的几个柱子还是当年建的,时不时有当年插队的老知青大老远过来拍几张照片。

随着北京城市副中心建设的进一步深入,牛堡屯的区位优势日渐突出。据了解,张家湾镇做了一个"张湾向南"的规划定位,以镇行政办公区驻地和优质资源南迁带动牛堡屯地区实现跨越发展。经济发展指日可待,古老的牛堡屯即将变身为"宜居新镇"。同时,笔者也希望相关部门能够对这片区域进行考古挖掘,开发柳林行宫遗址公园。如此一来,漕运古镇张家湾就北有大运河漕运码头公园,南有元忽必烈柳林行宫公园了,既传承了文化,又做大做强了文化旅游产业。

(作者:王陆昕)

曹雪芹与张家湾

一石激起千层浪

自 1992 年 7 月 31 日,曹雪芹墓葬刻石(后文简称"曹石")的消息于《北京日报·郊区版》首发新闻后,曾有上海《解放日报》、香港《明报》等十四种中外报纸登载这一要闻与评论,《北京日报》犹开辟《曹雪芹墓石争鸣》专栏共发表五十余篇文章,讨论半年之久。此间,扬州 1992 年国际红学会学术讨论会上,六个国家和地区红学家一百二十余人,因曹石出现而淡化原定研讨主题。一石激起千层浪,曹石使红学研究重掀高潮。然而,肯定者不明其来龙去脉,否定者不言其真凭实据,满城风雨,莫衷一是。结果京南大兴与曹雪芹毫不相干的地方,匆匆建起曹雪芹祠,令人莫名其妙;而与曹雪芹息息相关的京东名镇张家湾却茫然无措,默守曹石,掩珠遮光。其因盖源于对曹石未做认真调查研究。遵照列宁"多知道些事实"的谆谆教导,实事求是,将亲闻亲见亲历的曹石事完整地介绍出来,然后重点交代争论焦点,以求方家与广大读者给曹石进行科学的鉴定,让曹公含笑九泉。

一、古代张家湾

张家湾因元代万户张瑄督海运至此故名,历为京杭大运河北端的大型码头。明嘉靖四十三年为护漕卫京而筑城。入南门走十里街,街西侧有花枝巷,曹雪芹家当铺位于巷中路南;巷西部向北又一小巷,称小花枝巷,

刊载曹石争论的报纸

145

通西门内大道,巷南口西侧有曹家染坊井。曹家来往于京宁之间均走水路而必经张湾。文献记载:自张湾入京的古道两侧有曹家典地六百亩,此块耕地上,昔有马家坟、曹家坟、周家坟等十余处古墓,高低不平,影响机械化作业。在"学大寨"运动号召下,张湾大队将平整土地重点定于此。1968年秋后,集中各生产队劳力在此会战。

二、**曹石出土**　第四生产队平曹家坟及其附近耕地。一日下午,几名社员于一米深处,发现一块平放着的条石,都很奇怪。指导员李景柱让人将石抬上地面,去了土,见正中现出"曹公讳霑墓"五个大字,左下角刻"壬午"两个小字,便告诉大家:这石是曹雪芹墓碑。众人因不易遇上有钱人坟,无不惊喜,即在埋石处四周乱掘,寻找棺木。只是在石旁挖出一具男性朽骨,便七嘴八舌猜测口内必含宝珠。遂有人双手捧住头骨在小车把上猛磕,除从口腔中掉些黑色土屑外,别无他物。失望之余,便将碎骨随土装入小车簸箕,推到萧太后河边倒弃。当晚收工,李景柱唤来堂兄李景泉,将曹石抬上小车,推回自家,冲刷干净,依次用八开办公纸铺于五大字两小字上,用铅笔在纸上画涂,得到六张拓片,至今在家珍藏。次年春盖房将曹石用作后檐台基。

三、**普查遗憾**　1982年4月,文物部门在张家湾公社进行文物普查,走猪场畜棚,去园田场院,访问老人。在张湾村第四队场院,一刘姓老人告诉说:那年在大扇地平出一块长条石,说是曹雪芹碑,李景柱弄到家压在房下。文物部门打听到李家,果见房基有几块条石,不知有无曹石,若有也不知哪块为是,十分惋惜。在该公社普查完毕记录时,在专用普查本上记下遗憾之事:"1982年4月21日,张家湾公社张湾村李景柱家有曹雪芹墓碑一块,压在房下。"

四、**寄信问石**　1987年秋,《曹雪芹的足迹》专题片摄制组到张湾拍摄曹家当铺遗址,误将城外供销社生产资料门市部后院张家当铺所遗留的三间东厢房当作曹家当铺开拍,围观者众多。李景柱上街买烟闻见此事,指出拍错。摄制组立即停拍,随李奔城内花枝巷而来。在南门外通运桥上,李向摄制组严宽先生探听曹霑碑价值。严先生急忙追问碑在何处,并说些价值颇高之类的话。李未说实情,答应摄制完毕后帮助查找,当天即带到梨园公社曹家园村转上一遭,一无所获。其实,曹石就在他家房下!当年11月24日,严宽先生用"中国曹雪芹研究会专用稿纸",以毛笔纵书给李景柱写信道:"学会诸公"认为曹雪芹家在通县张家湾"有坟地,但无确考",要李将曹石铭文"恭录另纸惠寄",并道"如君所抄与曹坟有关,当有文物价值",犹"惜原碑失落,怅怅"。落款外加盖圆形公章——"中国曹雪芹研究会秘书处"。虽不知严先生为何许人物,但足以说明曹石早已引起红学界关注。李未回信,却将此信牢牢握于手中。

五、曹石三难 1991年春,李景柱为儿子结婚而翻建旧房。适逢市场经济大潮兴起,收藏和买卖历史文物的风气甚烈。李命工匠将曹石拆出移放,不意将左下角磕碎,"午"字只余其半,悔之不及。1992年4月11日至7月8日,李景柱握石不吐真情,忽言曹石在高楼金村,忽言在花庄,骄阳之下带众人北颠西跑;张家湾镇党委、政府和县旅游开发公司及县文化文物局,不厌其烦,做动员,赠图书,陪参观,有求必应,并且备好两百元奖金。7月9日上午8点,李请张家湾宣传部张文宽等人到他家东厢房北间看曹石。10日下午,文物部门同县旅游公司王建国等五人挤乘小车来看。测量尺寸,曹石长1米,厚0.11米,宽0.40米,并见石料粗糙,乃是一台基石所制,土浸度清晰。细察,猛见部分铭文笔画有新划细痕,急问得知,李怕折腾众位领导几个月而看不清楚,便用磨刀石锐角将不清楚笔画重划一遍。文物部门对他这种行为深表遗憾,临走时一再叮嘱:不准再毁,不准参观,待交国家。15日,时任县文化文物局副局长赵俊臣至张家湾镇政府汇报巡视检查该镇文物保护单位情况时,顺便谈及曹石被毁之事。时任镇党委副书记王士杰听后,立即命人将曹石运到机关内保护。众人大骇,不想曹石竟洗刷一新!细问后才知:13日上午,北京来位女士看碑,说字不清,李就用两把牙刷和浓洗衣粉水将石狠刷一遍,不想这是最严重的破坏。

六、张家湾聚会 曹石之事很快报到北京文物局。市局以为乃重要发现,即与县府协商,由市邀请文物、考古、红学等各界专家,于8月1日在张家湾召开鉴定暨新闻发布会,在北京各大报纸刊登重大新闻。不料郊区版按捺不住激情,抢先发表曹石消息,使市局恼怒,然顾全大局,珍视瑰宝,大会仍准时举行。会上先听介绍,后看曹石及其墨拓,既而有人抢先发问,发言开始。肯定者、否定者参半,不少人静听无言。会上有一种不正常现象,即有些人不调查曹石出土细情,而偏偏追问李景柱为何要收藏曹石,在水磨石厂做甚,看过几遍《红楼梦》,读过几本红学,从何时研究红学等一系列无关之事。李根本未涉足红学,见势而蒙,回答语无伦次,吞吞吐吐,本来应在会上亮出铅笔拓片,此时也忘从提包中取出。自9点至下午1点,未有定论而散。张家湾会后,市文物局不久又专请文物、考古专家开会讨论研究,虽有些分歧,但终决定其名为"曹雪芹墓葬刻石",巧妙指出其不是"墓碑",不应再用"大清传统碑制"去评判之。9月24日,市局在《关于同意展出曹雪芹墓葬刻石的批复》中指出:"尽管学术界对刻石的年代仍有分歧,但多数专家意见,认为刻石是旧的,对红学研究具有重要价值,对社会展出也有一定意义。"之后,展览脚本写出且经过县委、县政府主要

147

负责人讨论批准,博物馆完成设计制作任务,但由于说不清的原因,曹石未送交展览。

七、鉴定拓片 按理说曹石是出土文物,已经是曹雪芹卒年与葬地的铁证,没有必要给曹石找何旁证。但是迫于红学界争论激烈,置市文物局意见于不顾,庸人自扰,自作聪明,竟然对李景柱当年铅笔拓片展开鉴定活动。县文化文物局将拓片送到荣宝斋,几位老专家摸纸便道:"这是洋纸,我们不能鉴定。"继而送到北京市公安局技术处,请鉴定拓片纸制造时间,再三比较、分析、研究,仍未确定,建议请轻工业部试定。8月14日,拓纸送到沈阳国家轻工业部造纸工业科学研究所,经过化验,21日发回检验报告,指出"可以肯定,60年代有这种纸的生产和销售"。随后县局又在张湾村召开几次座谈会,老人一致说曾在大扇地挖出一块长条碑。然后由知情典型人写有证明材料。当年任平地总指挥、党支部书记的凤志安写道:在大扇地"发现平出一块石碑,大会战期间就平出一块不起眼墓碑,长有一米左右,宽有四十厘米"。当年善辨尸骨性别的韩士宽写道:"干活当中,平出一块石头来,后来不知被谁弄去了。这块石头一米来长,上面写什么我也没注意,石头旁有骨头,没什么别的东西。"其时,当时平地人很多,见到曹石出土者至今尚有数十人做证。

八、方家灼见 在众说纷纭之际,8月26日上午,国家文物鉴定委员会副主任、著名文物专家史树青先生和国家鉴定委员会委员、著名金石专家傅大卣先生来考察曹石。因年事已高,均借助放大镜认真仔细观察,不仅看正面,而且看反、侧面,于字迹及其字口处查看尤为耐心细致。傅老先生言:"碑是真的,没问题。""正是有划痕,才更清楚地看出字口是旧的。""至于合不合碑刻的规矩,不是问题,说明这碑不是名人给立的。""石刻是真是假,不在于它的大小好坏。"史老先生一针见血指出:"研究石刻,不要绝对化。""这是埋葬时临时找块石头,急就而成,草草

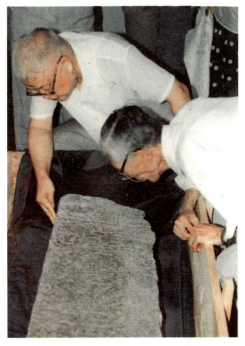

史树青、傅大卣老先生鉴定曹石

148

而埋。""这是一个墓志类的葬石,或者叫葬志,此类葬志历史上存在不少。"老先生深感曹石发现的重要性,情不自禁命笔挥毫,赋有四首绝句,其一云:"石头显世见芹溪,字字斑斓望欲迷。读罢懋斋怀旧句,河干葬志不容疑。"

8月31日,红学会会长、著名红学家冯其庸老先生第三次来到张家湾,对曹石极为关切。先生昔曾持"癸未说",自见曹石上所刻"壬午"字后,联系许多史料记载,转变旧说,认为曹雪芹确在壬午葬在张家湾无疑。老先生此次来说:"不怕大家挑剔,我们有胆量!"9月24日、25日,中国社会科学院文学研究所著名红学家刘世德、石昌渝、邓绍基、陈毓罴、王利器等老先生,先后来看曹石,俱认为曹石是珍贵文物,是红学界一件大事。

九、不同见解　张家湾鉴定会后半年时间内,在报刊上或公开场合持否定曹石意见者主要代表人物及其见解是:秦公认为曹石书刻无度,碑下无榫,石料未打磨,没书丹,刀法乱,很草率,必假无疑。周汝昌认为,秦公所谈正确,清代无此字体,曹家祖坟在东郊,但无记载在张家湾,尤其可疑者是清代没有碑上所刻的简体字"讳"。苏天均认为,1963年在朝阳区杨闸发掘全市最大的曹家坟,没听说张家湾有曹氏祖坟,又曹石字不伦不类,其做法是为给别人看,形式又不对。赵其昌认为,"公"之称谓不对,只刻"壬午"不刻朝代太特殊,字刻不深,还有后补,碑外没有一点借鉴文物,旁边尸体是否为曹雪芹难定。赵讯认为,制造粗糙草率,表面不平,无记无序,无立碑人姓名,字迹不成形无法断代,是作伪者良苦用心。

十、群众卓见　(一)曹石是出土文物,见前述。既然是出土文物,就足以证明曹雪芹埋在石旁,石旁尸骨就是曹雪芹遗骸。出土文物能补史、证史、纠史,这是一般常识。岂有死者张三而墓石刻李四之理?(二)曹雪芹卒年有明确记载,二百年前《红楼梦》甲戌本脂批载:"能解者方有辛酸之泪,哭成此书。壬午除夕,书未成,芹为泪尽而逝……"曹石为二百年前所埋之物,上刻"壬午"二字,与脂批所载年代完全一致,可互相印证。(三)曹石平埋地下,不是立于墓前之碑,无首无座,只起标记作用,表明所葬人物与时间,因而不能用"碑制"去衡量之;曹雪芹洪才河泻,逸藻云翔,叛道不羁,与其相交者也非正统礼法、道学、名教等庸俗之辈,故能刻此既表尊重又标主旨之石。因此更不可用"正统大清"的传统碑制去评论它。(四)曹石出土,不应因其粗率而否定之,应将其放在特殊历史中去研究,分析其何以如此。其生前"举家食粥酒常赊","老而落魄,无衣食,寄食亲友家,每晚挑灯作此书,苦无纸,以日历纸背写书",潦倒窘迫;几位穷友,经济亦困,无资相济,曹公病重亦无力救治;又曹公逝于大年除夕,时紧而艰,裹尸而葬,找块台基石以志,完全合乎当时情景。无钱购好石料,没有时间打磨细刻照规矩办,故有此石状况出现。若石优刻好,反而是假,因为不切当时环境。(五)敦诚《挽曹雪芹》诗有"鹿车荷锸葬刘伶"句,引用汉、晋时典故,悲叹曹公续妻随载运尸体小车送葬惨埋事,与曹石出土时无棺无随葬器物之寒贫情景正相吻合。(六)敦诚挽诗中又有"他时瘦马西州路"句,借用东晋羊昙悲其舅病逝而不走西州路事,指曹雪芹埋在京东,与曹石出土于北京之东张家湾也正相吻合。若史料明载曹雪芹埋葬在张家湾,还要今人研究作甚!(七)曹石用料乃一块旧有沉积岩台基石,此种台基石在张家湾城内外举目可见。其色灰白,质地坚脆,组织结构无规则,石线混乱,刻大字易于崩炸字口,若操之过急,崩炸更甚。曹石埋在地下二百余年,又在房下砌用二十余年,字迹虽浅,但字口尚坚,宁崩不蚀。故出现字口不齐现象乃因石质与急就而致。(八)"曹公諱霑墓"五字,一见便知是曹雪芹朋友所为。雪芹之子先其夭折,不可能为其葬石。其友所刻"公"字、"讳"字,极表对曹雪芹尊重,用法科学准确,正是明清时代书信往来或记人笔记常用之法;然而切要看清记住:那"諱"字乃非今天所用简体字"讳"!无须为否定曹石而乱造证据!群众见解深刻。

(作者:周庆良)

150

曹雪芹墓石目见记

1992 年 7 月 23 日,邓庆佑同志告诉我:端木老的夫人钟耀群同志打电话找我,说在北京通县发现了曹雪芹的坟墓和墓碑,希望我能去看看,看是否可靠。

我闻讯之后,当然十分重视,立即与钟耀群同志通了电话,果是如上所述,关键问题是要去实地调查,目验实物。经过多次与通县联系,确定 25 日去通县张家湾。

25 日清晨,我与庆佑一起先进城接了钟耀群同志。革命博物馆的周永珍同志是我们的联系人,她又是张家湾人,对情况熟悉,由她领着我们一行四人于 9 时 30 分出发。

对于张家湾我是比较熟悉的。70 年代后期,我因编著《曹雪芹家世·红楼梦文物图录》,曾多次到张家湾调查,拍摄资料。可当时并没有听到一丝一毫关于曹雪芹的坟墓的消息,现在突然冒出来这么一个大消息,当时我确实有点震惊。但很快从我脑子里冒出来另一种思考,觉得张家湾确实与曹家有关,不像是无根之谈。

我们到张家湾镇,已经是 11 点了,而且碰巧是个大热天,室外的气温,足有三十八摄氏度。我们的车子到达张湾村村民委员会门口时,镇政府的书记和有关人员都已经在等候了。随即我们到了镇政府,进了二楼会议室,听发现此墓碑的李景柱同志介绍墓碑挖出来的情况。李景柱说:这块墓碑是 1968 年发现的,当时"文革"还在高潮期间,乡里为了平掉张家湾镇周围的荒坟,改为庄稼地,才决定把张湾村西北的窦家坟、马家坟、曹家坟平掉。这三座大坟是相连的,面积很大,曹家坟高出地面有一米多。我和另外好几位一起平曹家坟。在平地时发现了这块墓碑,墓碑埋在地下一米多深处。碑上刻"曹公讳霑墓"五个大字;左下端刻"壬午"两字,"午"字已残。在墓碑下面约离地面 1.5 米左右的深处,挖出来一具尸骨,没有棺材,是裸葬的,尸体骨架很完整,据当时一位稍懂一点的人说,是一具男尸。

当时急于要平坟地,特别正是在"文革"中,破"四旧"刚过,也没有敢多想,但我读过《红楼梦》,知道曹霑就是曹雪芹,并告诉了在场的人,当时有一位一起平地的人听说曹霑就是曹雪芹,以为墓里一定有东西,就去墓坑里拨弄尸骨,结果一无所有。到晚上我就与我的堂弟李景泉一起把这块墓碑拉回家里,埋在院子里了。最近镇里规划要发展旅游,建立张家湾人民公园,想把周围的古碑集中起来建碑林,因而想起了这块碑,又把它拿了出来。因为当地没有人研究《红楼梦》,也不清楚是怎么一回事,无法鉴定,所以就找到原籍张家湾、现在革命博物馆工作的周永珍同志。周永珍本人也不研究《红楼梦》,就由她告知了端木蕻良老先生,再由端木老的夫人找到了冯先生。现在碑已取回,放在楼下一间房间里。

我们听完了介绍,就直接到下面存放墓碑的房子里。只见墓碑平躺在房子里,约一米左右高,四十多厘米宽,十五厘米左右厚,墓碑质地是青石,做工很粗糙,像是一块普通的台阶石,只有粗加工,没有像一般墓碑那样打磨,碑面上粗加工时用凿子凿出来的一道道斜线都还原样未动,证明根本未打磨过。碑面上凿刻"曹公讳霑墓"五个字,也不像一般碑文的写刻,就像是用凿子直接凿的,因为是笔画一样粗细、方方正正的字体,有点类似八分书,但毫无笔意,所以说可能是未经书写,直接凿刻的。总之给人以十分草草的印象。因为刻得很浅,字迹与石色一样,几乎已看不清楚,但只要仔细看看,还是可以辨认出来的。在碑文的左下端有"壬午"两字,"午"字已剥落左半边,但还能看出确是"午"字。

我们对着这块石碑,反复仔细观察,并拍了照片,觉得石碑和碑上所刻字迹,都是旧的原有的,并非后来新凿的。不过字迹上有少量被新擦过的痕迹,显出与原字迹不是一个颜色,两者新旧区别分明,一看即知。经询问,这是李景柱怕字看不清,用磨石擦了几下的缘故。午饭以后,我们没有休息,就到张家湾码头。这是一个古老的漕运码头,从南方来的漕运,无论粮盐和其他货物,都在此处上岸,那古老的通运桥还在,桥上有两排石狮子,颇有气势。桥的一头是老城,我昔年来调查时,城里还有粮仓。在桥的另一端西北向稍远,是很大的一片盐场,我昔年调查时,盐场还是原貌,现在已盖了很多房子,看不出盐场的旧貌了。就在盐场的西北方向稍远处,就是曹家坟,与此毗邻的,是马家坟和窦家坟。我们冒着三十八九摄氏度的酷暑,到了坟地附近,汽车无法再开,我们只好下车步行,在我们步行的机耕道的两边,右边就是马家坟,窦家坟在曹家坟的更远处,现在已经完全是一望无际的庄稼了。我们走上半米高的田埂,由李景柱指示了当年曹霑碑的所在地,离我们站立处大约还有五十米或更远。因为都是玉米地,就没有再进去,进去也看不到什么了。

张家湾通运桥底下的那条河,就是当年的运河,也就是萧太后河,那是辽金时代的称呼,老百姓至今还沿用着。在张湾村的里边,也即是原张家湾老城里面,有曹家当铺的基址,我们也去看了,基址是石砌的,上面已盖了民房。据李景柱说:这里原是张家湾城的南门内,花枝巷的东口,这里原有进京的古道,商店林立,是当年的闹市区。这个当铺遗址,才真正是当年曹家的当铺。至此我才明白,我昔年在镇上看到的那家当铺,年代比较晚,并不是曹頫于康熙五十四年七月十六日《复奏家务家产折》里所说的"张家湾当铺一所"的那个当铺,那时

曹雪芹墓石

搞错了,真正的曹家当铺,就是现在的这个基址。

在我们察看曹霑墓遗址及这个曹家当铺遗址的时候,正是中午1时左右,气温达到三十九摄氏度,我有点感到不支,原准备再回去看一下这块墓碑,因为怕暴雨来临,也怕中暑,所以就告别张家湾,赶回北京。一路上,我思考了两个问题:一是在通县张家湾,是否有曹家的土地产业,是否能找到文献根据;二是曹家祖坟坟地究竟在哪里,有无文献提及此事。

关于第一个问题,我查到下列资料:

一、康熙五十四年七月十六日《江宁织造曹頫复奏家务家产折》:

(上略)奴才到任以来,亦曾细为查检,所有遗存产业,惟京中住房二所,外城鲜鱼口空房一所,通州典地六百亩,张家湾当铺一所,本钱

七千两,江南含山县田三百余亩,芜湖县田一百余亩,扬州旧房一所。此外并无买卖积蓄。

这里提到"通州典地六百亩,张家湾当铺一所",这两句都直接说明曹家在通县张家湾有地有产。

二、曹寅《东皋草堂记》:

东皋在武清、宝坻之间,旧曰崔口,势洼下,去海不百里,非有泉石之奇……其土瘠洼卤,积粪不能腴,其俗鄙悍,诗书不能化。故世禄于此地者,率多以为刍牧之地,……予家受田,亦在宝坻之西,与东皋鸡犬之声相闻……

曹寅在这里明确提到"予家受田,亦在宝坻之西,与东皋鸡犬之声相闻"。现在宝坻、武清等地名都未改,地图上可以查到;就是崔口,现在叫崔黄口,地图上也有。这就是曹寅所说的东皋,也就是与曹家的"受田"相邻的地方。这地方离天津较近,离北京则已经很远了。

以上两处,明确记载是曹家的土地,前者就是在通县,后者则已是通县以外了。但以上两处,都未提到曹家的祖坟。

关于第二个问题,即文献上有无提到曹家的祖坟的问题,经查阅,这方面的文献资料也还有一些,可惜都未提具体地点,这些资料是:

一、康熙四十五年八月初四日《江宁织造曹寅奏谢复点巡盐并奉女北上及请假葬亲折》:

(上略)今年正月太监梁九功传旨,著臣妻于八月上船奉女北上,命臣由陆路九月间接束力印,再行启奏。钦此钦遵。……惟是臣母冬期营葬,须臣料理,伏乞圣恩准假,容臣办完水陆二运及各院司差务,捧接敕印,由陆路暂归,少尽下贱乌哺之私。

按:这里提到的"母",应即是孙氏,而不是曹寅的生母顾氏。这里提到的"冬期营葬"及"水陆二运",很显然是回北京,但葬在北京何处,却未及一字。

二、康熙五十四年正月十八日《苏州织造李煦奏安排曹颙后事折》:

154

（上略）奴才谨拟曹頫于本月内择日将曹颙灵柩出城，暂厝祖茔之侧，事毕即奏请赴江宁任所。曹颙母年近六旬，独自在南奉守夫灵，今又闻子夭亡，恐其过于哀伤。且舟车往返，费用难支。莫若令曹頫前去，朝夕劝慰，俟秋冬之际，再同伊母将曹寅灵柩扶归安葬，使其父子九泉之下得以瞑目。

在这个奏折里，明确提到"择日将曹灵柩出城，暂厝祖茔之侧"，还提到"将曹颙灵柩扶归安葬"等等，按曹颙死于北京，则可见曹家祖坟确在北京城外，而且曹颙、曹寅都是安葬在祖茔内，则可见前面提到的曹寅之母孙氏，也一定安葬在祖茔内无疑，问题是不清楚曹家祖茔究竟在北京城外何处。但玩其语气，当不是在城外几百里的远处，似乎是离城不太远，如果在百里以外的远处，就不会说"灵柩出城，暂厝祖茔之侧"，就会直指其地了。同样的情形，在康熙五十四年三月初十日李煦的奏折里还有，这里就不再重复。

据以上两方面的文献资料综合起来看，可以明确：一、曹家的祖茔在北京城外不算太远处；二、曹寅、曹颙以及曹寅之母孙氏等，都葬在祖坟内，甚至往上推，曹玺、曹振彦也应在内；三、揣度曹家祖茔的地点，可能不至于远到宝坻那边，通县张家湾一带，似还有一定的可能性；四、曹家祖茔，特别是康熙的保姆孙氏在内，曹玺、曹寅在内，当一定有较像样的墓碑，为什么至今片石不存？莫非抄家以后被毁乎，抑另在别处乎，或其他自然原因被毁乎？总之令人不得其解。

现在再来看一看乾隆年间，从北京到通县张家湾一带的情况。

雪芹的好友宗室敦敏的诗集《懋斋诗钞》一开头就是"东皋集"，这个"东皋"并非曹寅集子里的《东皋草堂记》的"东皋"，那个"东皋"，又叫"崔口"，是在宝坻附近。这里的东皋，实际上就是从北京到通县沿潞河一带，也就是北京的东郊，不过范围比现在概念中的东郊要远得多，实际就是指从北京东城外一直到通县这一带，这一带也恰好就是潞河（今称通惠河）的全程。按"皋"字的本义是指沼泽或水田。北京的东郊一带，恰好就是如此，至今仍未大变。敦敏《东皋集》的小叙说：

《懋斋诗钞》书影

155

自山海归,谢客闭门,唯时时来往东皋间。盖东皋前临潞河,潞河南去数里许,先茔在也。渔罾钓渚,时绘目前,时或乘轻筏,一篙芦花深处,遇酒帘辄喜,喜或三五杯,随风所之,得柳阴,则维舟吟啸,往往睡去,至月上乃归。……数年得诗若干首,大约烟波渔艇之作居多,遂以东皋名之。夫烟波渔艇,素所志也。他年小筑先茔之侧,一棹沧浪,想笠屐归村,应不至惊犬吠也。

再看看敦诚《四松堂集》里对"东皋"的记载:

东皋同子明贻谋作

豆花香外买村醪,水落平桥钓岸高。
无限新愁兼旧感,小楼倚病听秋涛。

子明兄云:忆昔与敬亭、贻谋两弟泛舟潞河,时波光潋滟,烟云浩渺,敬亭小病,倚阑看水,贻谋微饮,余独狂呼大叫,把酒淋漓,月横西岩,犹与诸仆作鲜鱼脍进酒。读此,不禁今昔之感云。录诗至此,并识。

从以上两段短文,大略可以得知,当年的潞河风光是颇为迷人的。而这一带,清代宗室贵族的坟墓也葬于此,最明显的是英亲王阿济格,也即是敦敏、敦诚的上祖的坟墓就在潞河之南,至今仍然存在。我昔年编《曹雪芹家世·红楼梦文物图录》之时,曾出北京朝阳门沿潞河直到张家湾全部走了一遍,就在英亲王坟上去看了一下,举凡沿途的八里庄、八里桥、庆丰闸(亦称"二闸")、水南庄等等敦敏、敦诚诗里提到的许多地方,至今仍在,潞河有些地段的风光也还不错。更值得一提的是曹雪芹的一些故友的墓,也在潞河边上,如寅圃的墓,《四松堂集》《过寅圃墓感作二首》之一云:

昔共蓬床伴钓筒,江湖旧侣忆龟蒙。
水南庄下无人问,两岸荻花吹晚风。

(昔与寅圃泛舟水南庄,有诗纪事)

如贻谋的墓，《四松堂集》《同人往奠贻谋墓上，便泛舟于东皋》云：

> 才向西州回瘦马，便从东郭下澄渊。
> 青山松柏几诗冢(三年来诗友数人相继而殁)，秋水乾坤一酒船。
> 残柳败芦凉雨后，渔庄蟹舍夕阳边。
> 东皋钓侣今安在？剩我孤蓑破晚烟。

读这些诗，得知雪芹当年的二三好友都葬在潞河边上。诗的自注文说："三年来诗友数人相继而殁。"很有可能雪芹也是其中之一位。再读敦诚的《寄大兄》文。文中说：

> 孤坐一室，易生感怀，每思及故人，如立翁、复斋、雪芹、寅圃、贻谋、汝猷、益庵、紫树，不数年间，皆荡为寒烟冷雾，曩日欢笑，那可复得，时移事变，生死异途，所谓此中日夕只以眼泪洗面也……

现在至少我们可以确知寅圃、贻谋即葬于潞河之畔。尤其是敦诚的《哭复斋文》里说：

> 未知先生与寅圃、雪芹诸子相适于地下作如何言笑，可话及仆辈念悼亡友之情否？

为什么说"与寅圃、雪芹诸子相逢于地下"？是否是因他们同葬于此呢？现在这块曹霑墓石的出现，就让你不能不认真思索这个问题了。

特别是我要提醒大家重读一下《懋斋诗钞》里的这首诗：

河干集饮题壁兼吊雪芹

> 花明两岸柳霏微，到眼风光春欲归。
> 逝水不留诗客杳，登楼空忆酒徒非。
> 河干万木飘残雪，村落千家带远晖。
> 凭吊无端频怅望，寒林萧寺暮鸦飞。

"河干"，当然是指潞河之畔，为什么在这里要"吊雪芹"？为什么会"凭吊无端频怅望"？联系"河干"张家湾雪芹的墓地和墓碑，似乎这首诗又给了我们以新的启示。

大家知道，雪芹暮年潦倒，以至于无棺可盛，草草裸埋，碑石亦是极端草草，认真地说，这根本不是墓碑，而是随死者埋葬作为标志的墓石，故埋在入土 1 米深处，而不是立在地面上，墓石下端一点也未留余地，因为它根本就不是用来树立的墓碑，而是作为标志的墓石！雪芹死时已无家人，这可能是他的"新妇"和穷困的朋友们勉力办的吧。埋葬得如此草草，墓碑也如此不成样子，是否还有更不幸的事，这就无法揣度了！至于刻"壬午"两字，我想也是草草记他的死年吧。甲戌本脂批说：

> 能解者方有辛酸之泪，哭成此书。壬午除夕，书未成，芹为泪尽而逝。余尝哭芹，泪亦待尽，每意觅青埂峰再问石兄，余（奈）不遇癞头和尚何，怅怅！

关于雪芹的卒年，已经争论了几十年了，过去我是主张"癸未说"的，但现在看了这块碑上的"壬午"纪年，再联系甲戌本脂批，我想不能把写得一清二楚的字，硬是解释为记错的了。

当然，这块墓石刚刚问世，一切有关的问题尚待深入研究，我的这些看法都只是直感式的初步的意见，提出来只是为了引发大家的研究和思考而已！

1992 年 7 月 28 日，目验雪芹墓石后之第三天，写于京华瓜饭楼

原载 1992 年 8 月 16 日《文汇报》

（作者：冯其庸，中国红楼梦学会名誉会长，《红楼梦学刊》主编）

重论曹雪芹卒于"壬午除夕"

——初读《四松堂集》付刻底本

一、关于《四松堂集》付刻底本与刻本的关系

《四松堂集》付刻底本是胡适在民国十一年(1922)四月买到的,现藏国家图书馆善本室,我在国图和朋友们的帮助下,在善本室仔细看了这部《四松堂集》付刻底本。胡适在书前有一段长题,可以借此了解此书的情况,兹摘录于下:

> 我访求此书已近一年,竟不能得。去年夏间在上海,我曾写信去问杨钟羲先生借此书,他回信说辛亥乱后失落了。今年四月十九日,松筠阁书店在一个旗人延某家寻着这一部稿本,我仔细翻看,见集中凡已刻的诗文,题上都有"刻"字的戳子,凡未收入刻本的,题上都帖(贴)小红笺。我就知道此本虽(确)为当日付刻的底本,但此本的内容都有为刻本所未收的,故更可宝贵。
>
> 即如第一册《赠曹芹圃》一首,不但《熙朝雅颂集》《雪桥诗话》都不曾收,我可以推测《四松堂集》刻本也不曾收。又如同册《挽曹雪芹》一首,不但题上帖(贴)有红笺而无"刻"字,可证其为刻本所不曾收,并且题下注"甲申"二字,帖(贴)有白笺,明是编者所删。此诗即使收入刻本而删此"甲申"二字,便减少多少考证的价值了。我的狂喜还不曾歇,忽然四月二十一日蔡元培先生向晚晴簃选诗社里借来《四松堂集》的刻本五卷(下略所列卷数),卷首止刻纪昀一序和敦敏的小传,凡此本不曾打"刻"字戳子的,果然都不曾收入。三日之中,刻本与稿本一齐到我手里,岂非大奇!况且世间只有此一个底本,居然到我

手里,这也是我近年表章(彰)曹雪芹的一点苦心的很大酬报了。(下略)

十一、四、二五,胡适。

胡适的这段题记,基本上为我们说清楚了《四松堂集》付刻底本与《四松堂集》刻本之间的关系,胡适说:"集中凡已刻的诗文,题上都有'刻'字的戳子,凡未收入刻本的,题上都贴小红笺。"我手头恰好有《四松堂集》的刻本。这本书说来也巧,1954年我刚到北京不久,在灯市东口一家旧书店里,在书架的最底层的面上,放着一部《四松堂集》,书上厚厚的一层尘土,我心想可能是同名的书吧,我随手拿起来一看,卷首居然署"宗室敦诚敬亭",开卷就是"嘉庆丙辰长至后五日河间纪昀"序。这是千真万确的宗室敦诚的《四松堂集》,当年胡适费了九牛二虎之力没有买到,还是蔡元培给他借来的,我却不费吹灰之力,而且以极低的价格买下了这部书,实际上书店老板根本不知道这书的价值,所以任其尘封,以后我在各书店一直留意,五十年来竟未能再遇。这次我就拿这部《四松堂集》的原刻本,与胡适的这部《四松堂集》付刻底本对照,验证了胡适的话是大致可信的,刻本比底本少了很多诗,连悼念曹雪芹的那首诗刻本都未收。不过,胡适对于《挽曹雪芹》诗题下的"甲申"两字,却仍有未经深思之处,此事待下文再论。

特别是胡适只注意到付刻底本删去的诗,却没有注意还有比付刻底本增出的诗。据我的统计,付刻底本共删去诗四十三首。但还有一种特殊情况,是在付刻底本结束后,刻本又增出十五题三十一首,为付刻底本所无。这是以前谁也没有注意到的,甚至胡适认为有了付刻底本,刻本就没有什么意义了,其实完全不是如此。所以刻本和付刻底本对研究来说都是有用的资料,并不是有了付刻底本敦诚的诗就尽在于此了。

二、关于《四松堂集》的编年问题

关于《四松堂集》和《四松堂集》付刻底本的编年问题,在《四松堂集》付刻底本第二册(胡适题《四松堂集下》)内有一首诗,题为《三月十四夜与佩斋、松溪、瑞庵、雨亭至黑山饮西廊看月》,诗云:

吾诗聊记编年事,四十八年三月游。

五客四童一瓮酒,黄昏白月黑山头。

160

按乾隆四十八年岁在癸卯,在此诗前正是《癸卯正月初十日,乾清宫预宴恭纪二首》,前后紧接,因此吴恩裕先生文中特别强调:"敦诚的《诗钞》是比较严格地编年的。再看他的自白'吾诗聊记编年事'一语,更可证明。"但我认真查核《四松堂集》付刻底本,书中关于纪年有多种不同的情况。

《四松堂集》书影

第一种是在诗题下有明确的纪年。如付刻底本第一页第一首《农家乐》题下有"丙子"的纪年,如同集后边《雨中泛舟》题下有"癸巳"的纪年,如后边《北寺蜡梅嵩山日使人探之,今春稍迟,至仲春下浣始放,因相约入寺,上人万钟置茗饮共赏其下,且拈春字韵索诗,即书以寄谢》题下有"辛丑"的纪年等等。第二种是诗题本身即含纪年。如《癸卯正月初十日,乾清宫预宴恭纪二首》,诗题开头即含纪年;又如《辛亥早春与鲍琴舫饮北楼,其友王悔生、恽简堂、张皋文为不速之客,琴舫有作,次韵二首》,这也是诗题一开头就含纪年的(此诗付刻底本上无,是刻本所增)。上举前一首诗,在付刻底本上未加删除,在刻本上也仍保留诗题的纪年,这是一种特殊情况。但到此种情况的纪年时,即诗题下的小字纪年,在刻本上都已加删除,尽管底本上未加删除符号,但付刻时也做删除处理。只有诗题本身即含纪年的一首付刻时未加删除。第三种情况是题下原有小字纪年,编定时在纪年上贴小白纸片盖住,表示删去纪年。如《南村清明》题下原有小字"癸未",编定时"癸未"两字被小纸条贴盖,经揭去纸条,才能看到下面被覆盖的字;又如《挽曹雪芹》一首,题下原有"甲申"两字纪年,付刻前又用小纸片将"甲申"两字贴盖掉,后来不知什么原因,又干脆在题上加了"✕",表示删去此诗。细看原稿,诗题上已有"○"(这个○因墨重已变成一个圆墨点),表示入选,后来又加"✕"表示删去。如果一开始就决定删去此诗的话,题下覆盖纪年的白纸条就无须多此一举,故此诗的删去估计是经过反复斟酌的。特别是此诗的下面一首是《遣小婢病归永平山庄,未数月,闻已溘然淹逝,感而有作》,诗说:"……一路关河归病骨,满山

161

风雪葬孤魂。遥怜新土生春草,记剪残灯侍夜樽。未免有情一堕泪,嗒然兀坐掩重门。"死者是敦诚的侍婢。给她写的挽诗倒入选,为挚友曹雪芹写的挽诗反倒被删掉,其间什么原因,值得深思,包括贴去"甲申"两字的纪年,是否还有纪年不确等情节也可思考。又社科院图书馆也藏有《四松堂诗钞》抄本一册,确是乾隆抄本,内有这首《挽曹芹》诗,题下"甲申"两字未删,但此集未抄完,最后一首是《上巳后一日,同佩斋、瑞庵、雨亭饮钓鱼台,台在都城西》。以下还有约五分之一的诗未抄。所以此本是未定本,故"甲申"两字未删。又如《送李随轩廷扬编修之任粤东二首》,题下原有"壬辰"纪年,题上已加盖"刻"字印戳,但题下的纪年仍用白纸贴掉。第四种情况是题下纪年用墨笔圈去。如《清明前嵩山庭中梅花盛开相招,因事不果往,记去春主人置酒,蒋银台螺峰,朱阁学石君,王员外礼亭,方水部仰斋,暨予兄弟俱在座,颇为一时之盛,倏忽一载矣。即次苻庄看梅原韵却寄二首,且冀补嘉会云》,题下原有"丁未"纪年,编定时用墨笔圈去。又如《南溪感旧,记乙未初夏同墨翁、嵩山于此射凫叉鱼,倏尔十三年矣》,题下有"戊申"纪年,被编者用墨笔点去。

尤其是吴恩裕先生特别强调的"吾诗聊记编年事"一诗,证明敦诚的诗是"严格地编年"的,但此诗在敦敏编定时,也一并删去。这只能说明"吾诗聊记编年事"这句话已不是十分确切了。所以综上几种情况,再看刻本《四松堂集》,除上述诗题上含纪年的二首外,其他所有的纪年概被删去,所以单看刻本《四松堂集》,要寻找各诗的明确纪年是已无法见到了。为什么会出现这种重要的变化呢?我认为《四松堂集》并不是真正"严格"编年的,大体编年还可以这样说,但并不严格。所以敦敏在编定此集时,感到并非"严格"编年,因此把有关纪年的文字全部去掉,以符合实际情况。由于此,我们对《挽曹雪芹》诗下的"甲申"两字被贴条删去,也不能不审慎思考。事实也确是如此,《四松堂集》的编年,是存在一些问题的。特别是付刻底本以外增出的三十一首,除其中《辛亥早春,……》一首诗题有纪年外,其余都无原稿可查,更难一一考明写作年份,所以说它为"严格编年"确是不尽合事实。因此我们对底本上各诗的纪年也不能不审慎对待。

三、重议曹雪芹的卒年

关于曹雪芹的卒年,红学界已经讨论半个多世纪了,最主要的仍然是"壬午说"和"癸未说"。这次,趁重见《四松堂集》付刻底本的机会,再来做一次全面的回顾和再认识，我觉得是十分必要的。

一、"壬午说"的根据有三条：

甲、"甲戌本"第一回脂批："能解者方有辛酸之泪，哭成此书。壬午除夕，书未成，芹为泪尽而逝。余尝（常）哭芹，泪亦待尽。每意觅青埂峰再问石兄，余（奈）不遇獭（癞）头和尚何？怅怅！

"今而后唯愿造化主再出一芹一脂，是书何本（幸），余二人亦大快遂心于九泉矣。甲午八日泪笔。"

乙、"夕葵书屋《石头记》"卷一录脂批："此是第一首标题诗，能解者方有辛酸之泪，哭成此书。壬午除夕书未成，芹为泪尽而逝。余常哭芹，泪亦待尽。每思觅青埂峰，再问石兄，奈不遇赖（癞）头和尚何，怅怅。今而后愿造化主再出一脂一芹，是书有幸，余二人亦大快遂心于九泉矣。甲申八月泪笔。"

丙、1968 年北京通县张家湾平整坟地（曹家大坟）时出土一块"曹雪芹墓石"，墓石高九十八厘米，宽三十六厘米，正中刻"曹公讳霑墓"五字，字体分书，左下端刻"壬午"二字。墓石现藏通州区博物馆，据文物专家鉴定，此墓石为原物，故墓石刻"壬午"二字于考证曹雪芹卒年至为重要。

二、"癸未说"的证据是敦敏的《懋斋诗钞》有《小诗代柬寄曹雪芹》一首诗："东风吹杏雨，又早落花辰。好枉故人驾，来看小院春。诗才忆曹植，酒盏愧陈遵。上巳前三日，相劳醉碧茵。"此诗无纪年，但在此诗前三首《古刹小憩》下有"癸未"两字纪年。同时编者又认为《懋斋诗钞》是严格编年的，《小诗代柬》既在癸未纪年后第四首，应是癸未年的诗。这就是认为曹雪芹卒于癸未（乾隆二十八年）除夕的唯一根据。我们现在就先从《懋斋诗钞》的编年说起。

《懋斋诗钞》基本上是一部编年诗集，但并不是"严格编年"。卷首"懋斋诗钞，蕴辉阁藏，自乾隆二十九年戊寅起至三十一年庚辰止"这就是完全错的。二十九年是甲申，三十一年是丙戌，连干支都错了，更错误的是诗的起迄年都不对，这一点吴恩裕先生已说过了，不必多说，何况这是"燕野顽民"题的，错不在诗集的作者。但就诗集本身来说，编年上也是有问题的，例如诗集第一页的一段题记说"癸未夏，长日如年，偶检箧衍，数年得诗若干首……遂以东皋名之"。这段文字里的"癸未"两字是后贴上去的，原文是庚辰。但无论是"癸未"抑或"庚辰"都是不对的。这段文意是说庚辰年的夏天，整理庚辰以前数年的诗，那么就是说庚辰是诗集的最后一年，所收的诗都是庚辰以前的诗（含庚辰），就算后来发现不是止于庚辰（乾隆二十五年），而是止于癸未（乾隆二十八年），因此改为"癸未"，这也仍然不对。细按各诗的序次，实际上是止于"乙酉"（乾隆三

163

十年）。吴恩裕先生说"抄到甲申为止"，这也是不对的。我们可以细按，从《懋斋诗钞》的第九题《清明东郊》开始，题下即有明确的"己卯"（乾隆二十四年）纪年。从此起直到《丁丑榆关除夕，同易堂、敬亭和东坡粲字韵诗回首已三年矣……》，自丁丑（乾隆二十二年）下数三年，正是己卯（乾隆二十四年），但诗题表明已是己卯除夕，诗的第一句就是"一岁余一宵"。所以从下一首《春柳十咏》起，便是庚辰（乾隆二十五年），顺次下数，季节很清楚，《午睡梦游潞河……》是夏天，《立秋前三日雨中……》是庚辰秋天，《访卢素亭……》诗说"秋冷寒毡自著书"则已是秋末冬初，下一首《过贻谋东轩……》末句说"满天明月凉于水"则已入冬季，以下诗集是空白，当是删去数诗。到下一首没有题目，首句是"入春已十日"，则已是辛巳（乾隆二十六年）春天，《寄松溪》说"无端樱笋又逢时"则是春末夏初，《和敬亭夜宿……》说"联床小话早秋天"，是早秋，下面《雪中月》说"乾坤一望白茫茫"则是冬天。以下《送二弟之羊房》首句说"帝京重新岁"，即又是壬午（乾隆二十七年）的新春，《雨后漫成》说"疏烟寒食候，小雨暮春天"则是壬午暮春，《秋海棠限韵》说"西风秋老雁声苍"则是晚秋，《九日和敬亭韵》首句说"不把茱萸兴自豪"则是重阳登高节，《雪后访易堂不值……》说"门掩一庭雪"则又是冬天。下面《古刹小憩》题下有"癸未"纪年，正是癸未（乾隆二十八年）的春天，下面《小诗代柬寄曹雪芹》确是癸未春天。再下面《饮集敬亭松堂……》应该就是《小诗代柬》的邀宴，此诗值得注意，但其中七人却无雪芹，可见雪芹未能赴宴，此事下文当再论。下面《刈麦行》当是夏初麦收季节，以下《秋事》说"秋事无端剩暮蝉"，则又是秋暮季节，《九日冒雨过敬亭……》首句说"登高愁负东园约"则是癸未的重九节，《十月二十日谒先慈墓感赋》《蜡梅次敬亭韵……》则是癸未冬天。下面《闲居八首用紫琼道人春日园居杂韵原韵》说"花竹自成园""插柳迁疏径，移花傍小亭"则又入甲申（乾隆二十九年）春天。以下有数处删去留空，直到《九日同敬亭子谦登道院斗母阁》则又是甲申的秋天。下面《虚花十咏》当不是纪年之作。接下去就是《河干集饮题壁兼吊雪芹》，开头即说"花明两岸柳霏微，到眼风光春欲归"，则已是乙酉（乾隆三十年）的春天。因为前诗已经到了秋天，现在又写"春欲归"，则当然是又过了一年，下面还有几首诗当都属乙酉年的。如此排比，可见此集终于乙酉而不是甲申。

从以上的排比，可见《懋斋诗钞》基本上是编年且依季节编排的。但其中也有误差，如《上元夜同人集子谦潇洒轩征歌，回忆丙子上元同秋园徐先生、妹倩以宁饮潇洒轩，迄今已五阅岁矣，因感志事兼怀秋园，以宁》。按丙子是乾隆二十一年，自丙子下数五年，当是庚辰（乾隆二十五年），但事实上根据上面的排

164

比,此诗已入辛巳(乾隆二十六年),可见作者自己把年份搞错了。其次是此集的起迄年份也是错误的,吴恩裕先生已指出此集应起于戊寅(乾隆二十三年),这是对的,但此集的终止年份应是乙酉,而不是甲申,此点连吴恩裕先生也搞错了。所以说《懋斋诗钞》基本编年而不能算"严格"编年。

辨明了《懋斋诗钞》的编年情况,我们就可以讨论《小诗代柬寄曹雪芹》一诗的问题了。《小诗代柬寄曹雪芹》,吴恩裕先生等坚持是癸未年的诗,根据以上排比,确是"癸未",这一点没有错。但问题是《小诗代柬寄曹雪芹》没有回音,毫无消息。到此诗下第三首《饮集敬亭松堂同墨香叔,汝猷、贻谋二弟暨朱大川、汪易堂即席以杜句"蓬门今始为君开"分韵余得蓬字》,诗题中就提到了六人,连敦敏自己共七人。全诗说:

> 人生忽旦暮,聚散如飘蓬。谁能联同气,常此杯酒通?阿弟开家宴,樽喜北海融。分盏量酒户,即席传诗筒。墨公讲丰韵,咏物格调工。大川重义侠,击筑悲歌雄。敬亭妙挥洒,肆应才不穷。汝贻排酒阵,豪饮如长虹。顾我徒老大,小技惭雕虫。最后易堂至,谐谑生春风。会者此七人,恰与竹林同。中和连上巳,花柳烟溟濛。三春百年内,几消此颜红。卜昼更卜夜,拟宿松堂中。

此诗的时节是"上巳","中和"是二月初一,也是节令,但此处是用来陪衬的,实意是在"上巳",正应《小诗代柬寄曹雪芹》诗中所说"上巳前三日,相劳醉碧茵"的诗句。当时敦敏邀客,当不止一人,也可能是敦敏、敦诚分头邀约,聚会饮酒赋诗的,但此会却无雪芹。按说所会都是雪芹的友人,雪芹不应不来,但竟然未来,这就更应注意。如果雪芹是因事未来,按理雪芹会有答诗,但竟然一无回音,这就不能不令人想到他是否已不在人世了,何况还有"壬午除夕,芹为泪尽而逝"的记载,这就更不能不考虑到这一点了。此诗是任晓辉同志悟出后提醒我的,我认真琢磨,觉得颇有道理。

主张雪芹卒于癸未除夕说的只注意《小诗代柬》一诗作于癸未春,因而认定雪芹不能死于壬午除夕。但从考证的角度来说,这只是推理、推测而并非实证。因为雪芹未应约,有可能是人在因故未赴约,也可能是人已不在,这两种可能是都可能存在的,不能单执其一,所以考证讲究"孤证不信",何况这还不是"实证"而只是推测。特别应该注意的是从《懋斋诗钞》里,自癸未春天的《小诗代柬》以后,经过整整癸未、甲申两年,迄无一点雪芹的信息。不仅敦敏的诗中两年未提及,就是敦诚、张宜泉等其他友人的诗集里再也找不到一首癸未年或以后与雪芹唱和的诗,这是一个非常值得认真思考的问题,如果雪芹还健在,他能不参加那上巳前三日的宴集吗? 他能与所有的友人完全不通音信吗?《懋斋诗钞》从《小诗代柬》以后,隔了整整两年,一直到乙酉(乾隆三十年),才又出现雪芹的名字,这就是《河干集饮题壁兼吊雪芹》这首诗,可惜已经是悼念雪芹了,而且从诗意看,雪芹已非新丧。诗题说的"河干"当然就是东郊的潞河,敦敏、敦诚的诗里屡屡提到潞河,《懋斋诗钞》第一首诗就是《水南庄》,水南庄就在潞河边上,现今还在,故诗里说"水南庄外钓竿斜",另一首《水南庄即事》说:"柳丝拂拂柳花飞,晴雪河干鱼正肥。"还有一首《庆丰闸酒楼和壁间韵》说:"古渡明斜照,渔人争集先。土堤崩积雨,石坝响飞泉……"二十多年前我曾到过庆丰闸,当时水势依旧,闸旁有一家卖酒楼,据乡人说,当年雪芹等人常到庆丰闸酒楼饮酒。我还到过潞河边上英亲王阿济格的陵墓,也即是敦敏、敦诚先祖的陵墓,至今这些地名和遗迹都还在。特别是诗题不仅标明"河干",还标明"题壁兼吊雪芹",这就非常明确地说明雪芹已故,其埋葬之地就在"河干"。要不是雪芹的墓就在河干,怎么诗题可说"河干集饮题壁兼吊雪芹"呢? 后来1968年通县张家湾平整坟地,从曹家大坟挖出一块"曹雪芹墓石",墓石的出土地"曹家大坟"即在潞河边上,这为《河干集饮题壁兼吊雪芹》这首诗无异是做了最好的证实。细味诗意,雪芹已非新丧,诗意只是惆怅伤感而不是剧哀深痛,不是悲不可止。由此可以细思,从癸未《小诗代柬》到《河干集饮》,中间整整二年有余,杳无雪芹信息,到乙酉则已是伤悼故去已久的雪芹,那么我们能不想想,癸未春天《小诗代柬》之时,雪芹之所以杳无音信,是不是他已经不在人世了呢? 有人说,雪芹与二敦如此深交,二敦怎么会毫无消息呢? 其实这不难理解。雪芹死时仅仅只剩一个飘零的"新妇"了,在当时的条件下,如何传递信息呢? 不要说在当时,就是在今天也常会发生类似的情况,我自己就经历过三起这样的情景,最短的是隔了一年多才知道,最长的隔了五年才知道,说来伤痛,不再具体细说。

总之,"癸未说"的《小诗代柬》一是"理证",不是"直证""实证";二是"孤证",没有其他可靠的证据,全凭推测,这就难以成为可信的结论了。何况更有与它对立的实证、直证在,"癸未说"就更无立足之地了。但《小诗代柬》确有它的重要价值,它虽不足以证明雪芹死于"癸未除夕",但它却是曹雪芹死于"壬午除夕"的有力旁证。正是由于癸未初的《小诗代柬寄曹雪芹》毫无响应,而且此后也再无音信,所以才证实了雪芹已于不久前的"壬午除夕"去世了,所以《小诗代柬》的这一旁证作用是不可忽视的。

166

说清楚了"癸未说"的根本不足成立的道理，那么再来看"壬午说"就比较容易说清楚了。

"壬午说"现有三条证据，都可称为"实证"和"直证"。但在 20 世纪 50 年代到 60 年初讨论曹雪芹卒年时，还只有甲戌本上的脂批一条。1964 年发现"夕葵书屋《石头

李景柱带领冯其庸等专家勘察墓石出土地

记》"残页脂批，俞平伯先生作了题记并写了文章，但文章到 1979 年才发表。曹雪芹墓石则是 1968 年发现，但未公布，直到 1992 年才公布和鉴定。所以现在讨论"壬午说"比起 20 世纪 60 年代的情况要有利得多，因为可靠的证据增加了两件，其情况当然就不同了。

先说甲戌本脂批(已见前引)。甲戌本脂批是可信的，但甲戌本脂批一是抄时被分割成两处，二是有抄错。即使这样，当年讨论时也未被否定。只是在"壬午"的纪年上有癸未的《小诗代柬寄曹雪芹》才发生了争论。"甲午八日泪笔"的"甲午"认为从"癸未"到甲午已相隔十二年，故"壬午"肯定是记错了。但是"夕葵书屋"抄件出来后，可以说这些疑问已涣然冰释。首先此批是批在"满纸荒唐言"一诗诗下的，今甲戌本在"谁解其中味"句下，还有"此是第一首标题诗"一句批语，而"夕葵书屋"本此句是整个批语的第一句，整个批语是完整的一篇，不似甲戌本上分成二处三段。这样可知"能解者方有辛酸之泪，哭成此书"一句，是针对"谁解其中味"这句诗来的。特别是末句甲戌本的"甲午八日"，"夕葵书屋"本却是"甲申八月"，所以俞平伯先生说"文甚简单，却把上文所列各项问题都给解决了"。从"壬午除夕"到"甲申八月"中间只隔一年半时间，还可以说雪芹逝后不久。所以这条批语的出现，确是把以往讨论的主要疑点都解决了，因此脂批就更为可信无疑了。至于通县潞河畔张家湾曹家大坟出土的曹雪芹墓石，石上不仅有"曹公讳霑墓"的题字，更有"壬午"的纪年，且经过国家文物鉴定委员会主任委员傅大卣和史树青先生鉴定，还有红学家邓绍基、刘世德、陈毓罴、王利器等专家的鉴定，一致认为可靠无疑；其后上海的大画家唐云、谢稚柳，上图碑刻研究专家潘景郑诸先生不仅一致肯定，还都作了题记。潘景

郑、徐定戡两先生还填了词作题。当然坚持"癸未说"的人仍然说墓石是假的云云,但这已是不足为辩的问题了,特别是墓石不合碑刻的规制云云,更是不值一驳。因为墓碑的规制,是对封建朝廷的官员来说的,普通老百姓死后的墓志墓石,有谁来管?我曾买到过一块高20厘米、宽12.5厘米、厚3厘米的明万历丁巳年(四十五年)的青花瓷墓志;还曾买到过一件直径21厘米的陶制盖盘墓志,盖上写"安陆黄公墓志",时间是乾隆丙子(乾隆二十一年,志文长不录),正好是曹雪芹的时代;我还买到一件94厘米×94厘米的唐代特大墓志,是狄仁杰族孙的墓志。所以曹雪芹的墓石不合规制,正好说明他穷困潦倒,且是家破人亡后的一个破落户,死后朋友们为他凿一块墓石为记,刻上"壬午"的纪年,以志他的逝年,这是完全合乎情理、无可怀疑的事实。所以曹雪芹卒于壬午除夕,既有脂砚斋的记载,更有墓石实物上的纪年,这是任何强辩都无济于事的。所以雪芹卒于壬午除夕,完全可以定论。

四、有关曹雪芹的几首挽诗的解读

有关曹雪芹的卒年、葬地等问题一直存在着不同的意见,所以对曹雪芹的几首挽诗的写作时间,内容的解释自然也会不同。这本来是属于共同探讨的问题,学术也正因此而能得到前进。假定说我的解释是错误的,别人的解释是正确的,读者自然应该选择正确的解释,连同我自己也应该抛弃错误的观点,接受正确的观点,这才是一个学者应有的态度。当然,当我现在写出我的意见来时,自然相信自己是正确的,否则就不会写出来了。我的这种想法和对待学术是非的态度,我想易人而处,也应该是同样的态度。所以当我对某一种学术意见不同意时,并不意味着对这一学术意见的作者的不尊重,反之也应该一样。例如我上面分析的对曹雪芹的卒年,主张"壬午说",虽然我认为这是定论,但这是我个人反复斟酌后得出的定论,是属于我个人的见解,并不是说别人都应以此为"定论"。别人完全可以保留自己看法,并且得到应有的尊重。这一点我想是应该郑重说明的。

敦诚挽曹雪芹的诗共三首,两首在《鹪鹩庵杂记》抄本里,此书原是张次溪先生所藏,后由吴恩裕先生借出,我是20世纪70年代前期获交吴先生的,而且交往甚深,并一起合写文章,但一直未顾得上询问此抄本的下落。还有周绍良先生,我交往更早,在20世纪50年代我们就交往了,他至迟到60年代就应该看到此抄本了,但当时我未研究《红楼梦》,所以也未向他询问此抄本的情况。现在更不清楚《鹪鹩庵杂记》抄本的下落,好在周绍良先生、吴恩裕先生都已将这两首诗辑录下来,所以我现在只能据这个辑录本加以分析。

首先要强调,据上面我的分析,我认为雪芹卒于壬午除夕是证据充足的,敦敏的《小诗代柬寄曹雪芹》是在不知道雪芹已于壬午除夕去世的情况下发出的。这是我分析这几首挽诗的立足点。

现在我先将《鹪鹩庵杂记》抄本里的两首挽诗抄在下面:

挽曹雪芹

四十萧然太瘦生。晓风昨日拂铭旌。

肠回故垄孤儿泣(前数月伊子殇,因感伤成疾),泪迸荒天寡妇声。

牛鬼遗文悲李贺,鹿车荷锸葬刘伶。

故人欲有生刍吊,何处招魂付楚蘅?

开箧犹存冰雪文。故交零落散如云。

三年下第曾怜我,一病无医竟负君。

邺下才人应有恨,山阳残笛不堪闻。

他时瘦马西州路,宿草寒烟对落曛。

对于这些诗的通读性的解释,我觉得蔡义江同志的《红楼梦诗词曲赋鉴赏》已作得很好,所以我就不必重复他的解释,我只把我自己不同的见解写出来,供大家参考,其余都请读蔡著,以省篇幅。

首先我认为这两首挽诗,是作于癸未上巳节以后,因为这之前敦诚、敦敏还不知道雪芹已死,所以还写诗去邀他来聚会,等到不见雪芹回音,也不见他到来,才开始得知雪芹已去世,究竟是癸未的什么时候知道的,现在很难确切地考出,但总在上巳聚会雪芹不到以后一段时间里。因此这两首诗,不是雪芹刚死时写的,并且敦诚当时还不清楚雪芹病故丧葬等具体情况,我们从诗里可以看得出来。

"四十萧然太瘦生"这一句一直有争论,我同意沈之钧同志的意见,不能死指"四十岁",这个看法,我一开始就是这样理解的。何况明摆着张宜泉的"年未五旬而卒"在那里,同是雪芹的好友,都为雪芹写过挽诗,而张宜泉还与雪芹同住西郊,为什么只认一说为可信而不考虑另一说呢?读了沈之钧同志的文章,更加相信"四十年华"不是实指四十整数。第二句"晓风昨日拂铭旌",这里的

"昨日"两字也不能死解,不能认为就是今天的上一天的"昨日",而是泛指已经过去的时间。这说明敦诚没有能参与雪芹的丧葬。第三句的"故垄",我认为是指"旧坟",也即是曹家在东郊张家湾的祖坟。因为他的儿子死了,不能去葬在别人的坟地里,所以只能葬到自己的祖坟里来。据文献,曹家在通县有典地六百亩,当铺一所,虽未说及祖坟,但"曹雪芹墓石"是从老百姓俗呼的"曹家大坟"挖出来的,这一点应该予以重视。至于注文所说的"前数月伊子殇,因感伤成疾",当然是说雪芹死前数月。"遗文"应该是指他的《红楼梦》文稿,可能还有部分诗稿。"鹿车荷锸"句是十分重要的一句,说明他像刘伶一样"死便埋我"。因此雪芹是死后不久即被埋葬的,埋葬的地点应该是张家湾的祖坟,与他的孤儿在一起,特别是曹家大坟挖出来的墓石,下面就是尸骨,没有棺木,真正是"死便埋我"。所以这句诗是实写。同样的道理,他死后,不能埋葬在别人家的坟地里,必须归自家的坟地,《红楼梦》第十三回秦可卿托梦,特别提到"目今祖茔四时祭祀,只是无一定的钱粮","趁今日富贵,将祖茔附近多置田庄房舍地亩"。这是曹雪芹对祖坟的观念,当然他死后只能归葬祖坟,才是他的安身之地,何况张家湾正有他家的典地六百亩等等,前文已提到,不再重复。末两句,特别是"何处招魂"说明他对雪芹的丧葬情况还不清楚,要招魂还不知向何处去招,这正是他初得雪芹死信时的情景。

第二首第一句,当然是指他的《红楼梦》文稿,第二句可参看敦诚的《哭复斋文》和《寄大兄》两文,确实在雪芹去世前后,不少位友人都相继去世了。第四句"一病无医竟负君",更是关键的诗句,说明雪芹从病到死,敦诚都不知道,也说明雪芹从得病到死时间很快,说明敦诚感到十分歉疚,正是因为他们不知道,所以还写诗邀雪芹来赏春。这些诗句都可以贯通起来理解。下面四句无须特别讲解。

第三首收在《四松堂集》付刻底本里,我曾从北京图书馆善本室看到原件:

挽曹雪芹　甲申

四十年华赴杳冥,哀旌一片阿谁铭。
孤儿渺漠魂应逐,新妇飘零目岂瞑。
牛鬼遗文悲李贺,鹿车荷锸葬刘伶。
故人惟有青衫泪,絮酒生刍上旧坰。

诗题下署年"甲申",而又被用白纸贴去。前二首应该是听到雪芹去世的消息后就写的,属初稿。虽未署纪年,我认为当是癸未上巳以后所写。第三首当是后来的改稿,因诗中句子都有相同。改稿的时间相隔已较久,但诗意变化不大。第二句"哀旌一片阿谁铭"比前首第二句更明确说明他对雪芹的丧葬事先一点也不知道。第三句上诗是说埋在祖坟里的孤儿知道父亲也死了,因而回肠九转地哭泣,改句改为雪芹地下的魂魄去寻找他在冥冥中的孤儿。五、六两句未改,第七句抄本是"青衫泪",《红楼梦卷》误作"青山泪",应纠正(吴恩裕《四松堂集外诗辑》不误)。末句"絮酒生刍上旧坰"是重要改动,前诗只说"何处招魂",要招魂还不知向何处去招,说明葬地不明;改诗却明确说"上旧坰",这就是说郊外的老坟,也就是指祖坟,则可见雪芹逝后,由朋友匆促间将他归葬到祖坟上,因贫穷,买不起棺材,是裸葬,正符合"鹿车荷锸"之典。人们常以为雪芹死后一定葬在西山一带,昔年我与吴恩裕同志还曾多次到香山、白家疃一带调查,杳无所得,但根本不曾想到东郊的通县,直到1992年墓石的重现,并经过鉴定,实地调查,再细读有关文献及诗文,才确信雪芹是最后归葬到东郊的祖坟,再细读以上诸诗,更可贯通无碍。

敦敏的《小诗代柬寄曹雪芹》和《河干题壁兼吊雪芹》两诗,前面已分析过了,不再重复,但这里要补充一点,即《四松堂集》里记到雪芹的朋友寅圃、贻谋的墓也在潞河边上,与雪芹的坟离得不远,我二十多年前,曾多次出东城沿潞河(现在叫通惠河,此名乾隆年间也用过,从敦诚、敦敏的诗里可以查到)一直走到张家湾曹家大坟,故确知其地理。现在再读敦诚的《哭复斋文》:

> 未知先生与寅圃、雪芹诸子相逢于地下作如何言笑,可话及仆辈
> 念悼亡友之情否?

为什么说"未知先生与寅圃、雪芹诸子相逢于地下"呢?过去未加深思,包括《河干集饮题壁兼吊雪芹》,总以为他们生前常在此游览宴饮,因此想起往事题壁感怀,现在确知贻谋、寅圃的墓就在潞河边上,与雪芹墓地较近,所以无怪敦诚要有这样的想法了。

还有一首张宜泉的《伤芹溪居士》,也是一首悼诗,也应该一谈。

伤芹溪居士

谢草池边晓露香,怀人不见泪成行。
北风图冷魂难返,白雪歌残梦正长。

琴裹坏囊声漠漠,剑横破匣影铿铿。

多情再问藏修地,翠叠空山晚照凉。

　　这首诗的写作,也应是雪芹逝后一段时间,不像是雪芹刚去世时的悼诗。诗意伤感而沉痛深稳,第一句用谢灵运"池塘生春草"的典,称赞雪芹是一位诗人;第二句说明雪芹已逝,再也见不到了;第三句用典说明雪芹还工画;第四句说他的《红楼梦》未写完;四、五两句说雪芹的才华未得抒展;最后两句说再到雪芹原来藏修(隐居读书)的地方,已经是"翠叠空山"晚照怆凉了。这末两句意义深长,不仅说明雪芹已逝,人去山空,连他的坟墓也不在西山了。如果说雪芹的墓地是在西山,就不能说是"空山",这"空山"一词,正说明雪芹已归葬东郊祖坟,此地只有空山晚照了。

　　所以将以上各诗作一整体的疏解,则雪芹死于壬午除夕,归葬东郊潞河边的通县祖坟,与当年的多位诗友同葬在潞河之滨,而与张家湾出土的曹雪芹墓石也完全是天然吻合,成为一体。

　　以上是我初读《四松堂集》付刻底本的一点新的体会,是否符合客观事实,还有待以后长时间的考验。我希望看到正负不同的验证,使学术有所前进。

2006 年 6 月 16 日于瓜饭楼

(作者:冯其庸)

何处招魂赋楚蘅

　　曹雪芹晚年住在北京西郊，敦敏、敦诚兄弟好几次拜访过他，有诗为证。他选择西郊居住，是为了潜心创作那部《红楼梦》，而且他还是位画家，"门外山川供绘画"，给了他一个景色怡人的幽静环境。虽举家食粥，仍写作不辍，直至"壬午除夕，书未成，芹为泪尽而逝"（有甲戌本和夕葵书屋本之脂批为证）。

　　他的墓究在何处，一直是个谜。现在通县张家湾发现了"曹霑墓石"，这一问题看来可望得到解决。

一

　　敦诚《挽曹雪芹》诗定稿之尾联云："故人惟有青衫泪，絮酒生刍上旧坰。"他把上新坟以吊故人说成是"上旧坰"，值得我们深思。坰是郊野，郊野本无所谓"新""旧"，这儿实指坟地。"旧坰"即老坟地，雪芹是葬入曹家的老坟。又，敦诚《挽曹雪芹》诗初稿，第一首之颔联云："肠回故垄孤儿泣（前数月伊子殇，因感伤成疾），泪迸荒天寡妇声。"从敦诚亲自写的诗注看来，雪芹在去世之前数月，有丧子之痛。所谓"故垄"表明其子也葬在曹家的老坟地。敦诚反复使用"旧坰"和"故垄"两词，唯有雪芹父子先后下葬于曹家老坟，方能解释得比较合理。旧时，世家大族，归葬祖茔，相沿成俗。数千里外，还扶榇返里，何况老坟所在并不算远，曹寅遗下的产业多在通州，有典地六百亩，张家湾当铺一座，他家在京东通州一带有坟地大致可信，坟地和祭田在抄家时并不入官。著名的李氏家族，如雪芹祖母李氏之父，曾做过广东巡抚的李士桢，就葬在通州城西之王瓜园。

　　《红楼梦》里贾府办丧事，停灵铁槛寺。曹雪芹写道："这铁槛寺，原是宁荣二公当日修造，现今还是有香火地亩布施，以备京中老了人口，在此便宜寄放。其中阴阳两宅，俱已预备妥帖，好为送灵人口寄居。"凤姐嫌不方便，带了宝玉、秦钟往水月庵来。据光绪《通州志》卷二《建置》,载有铁牛寺,志云:"旧在通州张家湾北门外,久废。"又载有水月庵三处,志云:"一在州城东北隅,明为州绅杨行中书院,行中孙世扬舍作佛地。崇祯二年,僧仁善建庵,三面阻水,通以木梁,结构清雅,士大夫爱揽其胜。国朝顺治十二年知州师佐颜其堂曰'小蓬莱',侍读沈荃作记。康熙十八年地震,殿门尽圮,僧智广、智度、慧吉重建。一在州治南,一在新城南门内。"1941 年编《通州志要》载:"水月庵,在潞河公园之前。"看来,曹雪芹对通州及张家湾相当熟悉,把这些寺观庵堂,或稍加变化,或直接借用,写入其《红楼梦》。

雪芹死在壬午除夕,正是一年将尽之时,故张宜泉《伤芹溪居士》诗有"北风图冷魂难返,白雪残歌梦正长"之句。如果归葬老坟,不大可能在大正月里,势必停灵在家或附近佛寺。何时何地殡葬呢? 敦诚挽诗初稿说:"故人欲有生刍吊,何处招魂赋楚蘅?"以宋玉自比而以屈原喻雪芹。屈原自沉于汨罗江。传为宋玉所作的《招魂》,其结语说:"湛湛江水兮上有枫,极目千里兮伤春心,魂兮归来哀江南!"敦诚之诗似暗示雪芹葬在潞水之滨。又,"晓风昨日拂铭旌"之句,用一"拂"字不像是天寒地冻之时,而且容易使人联想到宋代柳永《雨霖铃》词之名句"杨柳岸晓风残月"和"多情自古伤离别,更那堪冷落清秋节"。张家湾在通州城南,地处潞河下流,又联结北运河,正是南北交通、送往迎来之地,与"杨柳岸晓风残月"之景相合。现在这里又发现了"曹霑墓石"。然则雪芹很可能是在辞世次年之秋后归葬张家湾的曹家老坟了。

如果以上推测不误,敦诚挽诗初稿当写于癸未年秋季雪芹出殡之次日。出殡那天,他和敦敏并未亲临下葬现场,因为他们家里也有丧事,他失去了小儿,敦敏失去了小女,都很哀痛。到了甲申年初,敦诚重新检读挽诗,发现其中第一首出了韵,"旌""声""蘅"是八庚韵,而"伶"字却是九青韵,于是重行改写,并两首为一首,用九青韵,保留他颇为得意的"牛鬼遗文悲李贺,鹿车荷锸葬刘伶"一联(此联也确实精彩),因此就把此诗之写定年代署为"甲申"。(此处采用周绍良先生说)我觉得这些并不是凭空猜想,有一定根据,也合乎情理。因此,我认为有必要修正自己过去"经年而葬"的说法,雪芹停灵在家或附近佛寺,时间大概只有八九个月。

张家湾发现的"曹霑墓石"是旧刻,字体较一般碑刻大得多,已被风化剥蚀,在强烈光线下还看得清楚。当时,乾隆曾有谕旨,要旗人遵守满洲旧俗,坟前不许立碑。雪芹乃是一介书生,没有功名,没有做官,自不能违例。这块墓石标明了墓主之姓名及卒年,埋于地下,其作用也就相当于墓志了。

从种种迹象看,此墓石并非出于镌刻石碑的专门工匠之手。有些专家提出了怀疑,如石碑用石不合理,字的刻工不合理,事先未书丹,是直接下刀刻的,刀法乱,文法不合理等等。我以为应该充分考虑到曹雪芹身后萧条,没有后嗣,新妇飘零,家境贫困,在这种情况之下,也就只能一概从简,不能用常规去要求。敦诚挽诗已透露了此中消息,如"牛鬼遗文悲李贺,鹿车荷锸葬刘伶",说雪芹才华甚富而不幸短命,留下惊人之作,生性嗜酒,旷达放饮而丧事甚简。挽诗一开头便说:"四十年华付杳冥,哀旌一片阿谁铭?""阿谁"即求谁之意。曹雪芹死后无人为之书写铭旌(以帛制成,标识死者姓名,出殡时用,其作用在于引导魂魄至新的居所——墓地),他的新妇肯定经过此事。即便后来随便找个人写了,那也不能改变世态之炎凉及新妇的辛酸。我们若是充分考虑这种情况之后,对墓石之毛草及不合正规,便可以理解了。

试想,在当时,有一位曹雪芹的穷朋友或同情者,对死者有好感,佩服其人品及才学,为了不使他湮没于世,找来一块条石,刻上曹霑的名字及卒年,作为墓石埋之地下。作为曹雪芹的新妇,她是不是满怀感激之情呢?她会不会以墓石毛草和不合规范而拒绝这一份好心呢?这总是件好事,我想她谅必首肯的吧。

有人说墓石上应刻"曹公讳雪芹",我则以为"曹公讳霑"是正确的,因为"霑"是名,"雪芹"是号。如雪芹祖母李氏之父,其墓志铭说:"公讳士桢,号毅可,生于万历己未岁四月二十三日亥时,卒于康熙乙亥岁三月二十二日申时。"而且铭文就题名为《广东巡抚、都察院右副都御史李公士桢墓志铭》,可见钱仪吉《碑传集》卷二十六,此种例子不胜枚举。有人说雪芹葬入祖坟,碑上不应称"公"。我则以为,如是曹家人自己立的,不会称"公",若是他人(雪芹友人或同情者)所制,为了表示对死者的尊敬,当然可以称"公"的了。

这也是一般通例,屡见不鲜。况且是埋于地下,并非树在墓前。曹雪芹不会是"裸葬"。二百年间,京东一带经过战乱,如英法联军进犯北京,八国联军镇压义和团民,北洋军阀混战,沦陷时期通州曾是伪冀东自治政府所在地。兵荒马乱之际,很不安宁,坟墓屡有被盗者。旧时旗人坟前多不立碑,盗墓者不知墓主是谁,胡乱发掘。即便未发现什么珍宝,也不能空手而去,遗弃死尸,拖出棺木,好者拿去卖,劣者劈作柴烧,这些情形也是有的。墓石的石质不好,又沉,不好拿,自然丢在原处了。曹雪芹的墓大概也遭此劫。

这块"曹霑墓石"幸而终于现之于世。它虽简陋,却带着刻石者的好心,穷朋友的一片真诚,向后人提示了曹雪芹墓之所在。曹雪芹"十年辛苦不寻常"所创作的这部伟大作品——《红楼梦》传世以后,赢得了中外读者的热爱和尊敬,更在人们心中树起了一座天然的、非人工的纪念碑。

二

一些专家引用敦诚挽诗中的两联"他时瘦马西州路,宿草寒烟对落曛"(初稿)和"故人惟有青山泪,絮酒生刍上旧垧"(定稿),来证明曹雪芹死后葬在北京西郊的西山或香山一带,并认为曹雪芹墓在京东张家湾的说法与挽诗大相矛盾。

果真是如此吗?

"西州路"是一个怀念死者的成典,出自《晋书》卷七十九《谢安传》。按,《谢安传》云:"羊昙者,太山人,知名士也,为安所爱重。安薨后,辍乐弥年,行不由西州路。尝因石头大醉,扶路唱乐,不觉至州门。左右白曰:'此西州门。'昙悲感不已,以马策扣扉,诵曹子建诗曰:'生存华屋处,零落归山丘。'痛哭而去。"我查检了敦诚的全部现存诗作,把"西州路"和"坟墓"相联系起来的只有两首。一首是《挽曹雪芹》初稿之第二首,还有一首是《同人往奠贻谋墓上,便泛舟于东皋》。后一首之首联云:"才向西州回瘦马,便从东郭下澄渊。"这两句正是"破题",与诗题恰相印证。"才向西州回瘦马"就是指"同人往奠贻谋墓上"这件事,"便从东郭下澄渊"就是指的"便泛舟于东皋"。贻谋名宜孙,是敦诚的堂弟,两人小时过家塾,长大后也常一起游宴。他墓在何处,是见诸记载的。敦诚有一首诗,题为《潞河舟中遇书筠园、李仲青、郭澄泉,缆不能维,一语别去,因寄是诗,并感怀贻谋弟》,在诗题下有敦诚自注"弟墓近南岸",明言其堂弟贻谋之墓是靠近潞河的南岸。此处用"西州路"之典,是指北京东郊而非西郊。既然如此,那么敦诚前往处于潞河下流的张家湾去奠祭雪芹之墓,同样也是可以使用此典的。

敦诚挽诗中用"西州路",可能还有更深一层的寓意。羊昙为什么行不由西州路,过西州门而痛哭?因为谢安原来出镇广陵(今之扬州),"雅志未就,遂遇疾笃。……诏遣侍人慰劳,遂还都。闻舆入西州门,自以本志不遂,深自慨失"。他自扬州回到当时的京都——金陵,要乘车进入西州门,因自己志业未成,有很大的失落感。羊昙是他的外甥,知悉此事。

敦诚知道曹雪芹曾在南京的江宁织造署内宅度过一段富贵繁华的生活(《寄怀曹雪芹》诗有敦诚自注:"雪芹曾随其先祖寅织造之任。"),在父亲罢官及抄家之后，随家人由金陵取道扬州，经运河而入都。他弃舟登陆的地点就是张家湾，从张家湾到北京是他入京之路。雪芹是怀着十分沉重的心情进入北京的。入京之后，历尽世态炎凉，坠入困顿之中，正如敦诚诗中所云："扬州旧梦久已觉，且著临邛犊鼻裈。"虽然"著书黄叶村"，但一部《红楼梦》尚未写成，泪尽而逝。所志未遂，"竟坎坷以终"（敦诚《鹪鹩庵笔麈》），在这些方面与谢安回京师情况有类似之处。

《熙朝雅颂集》书影

雪芹是自张家湾入京，其墓又葬在张家湾，敦诚写"他时瘦马西州路，宿草寒烟对落曛"，正是最恰当不过的了。

关于"青山"的问题。

敦诚挽诗的定稿，不见于《四松堂集》刻本，而只见于《四松堂集》付刻底本和《四松堂诗钞》乾隆抄本。前者今藏北京大学图书馆，后者今藏中国社会科学院文学研究所图书馆。两处皆作"故人惟有青衫泪，絮酒生刍上旧坰"，是"青衫"而非"青山"。

敦诚乾隆二十二年做过松亭关的税官，二十四年离职回京。直到乾隆三十一年，即曹雪芹去世后四年，才补入宗人府笔帖式。他写挽诗时，没有担任官职，而且"三年下第"，在功名上失意，故以"青衫"自喻。"青衫泪"之典出自白居易名篇《琵琶行》的"江州司马青衫湿"，用来表示一洒同情之泪也。敦诚曾创作《琵琶行》传奇一折，曹雪芹题过诗，有"白傅诗灵应喜甚，定教蛮素鬼排场"之句；敦敏也写诗称赞曲作之动人："红牙翠馆写离愁，商妇琵琶溢浦秋。读罢乐章频怅怅，青衫不独湿江州。"敦诚在诗文中常用"青衫泪"之典，如和友人诗云："私念平生多少泪，万痕灯下看青衫。"其《留别东轩弟序》亦云："相顾潸然，不觉青衫之尽湿也。"

"青衫"之误作"青山"，由来已久，始于胡适之考证文章。吴恩裕先生早年出版的《有关曹雪芹八种》其中所收的《四松堂集外诗辑》亦误。1963 年出版的《有关曹雪芹十种》已加改正。（卷前说明中说："承陈毓罴同志代将其中的《四松堂诗钞》根据原抄本校正一过。"）我在 1964 年所写的《曹雪芹卒于癸未除夕新证质疑》一文中,也曾指明"青山"为"青衫"之误。

一字之差,虽是小事,可是有人用来证明曹雪芹葬于西山或香山一带,并以此对张家湾有曹雪芹墓地的看法加以非难,这就不能不郑重其事来重提了。诚然,通州张家湾是看不到"山"的影子的,然而敦诚的挽诗中又何尝有"山"的影子呢?

张宜泉《伤芹溪居士》诗云:"多情再问藏修地,翠叠空山晚照凉。""藏修"一语,出自《礼记·学记》:"故君子之于学也,藏焉修焉。""藏修地"是指曹雪芹读书和写作的地方,指他居处的环境,当然也就是写作《红楼梦》的环境。"藏修地"的意思并非葬身之地,它和"藏尸地""埋骨处"之间不能画上等号。

有的专家还引了敦敏一首题作《西郊同人游眺兼有所吊》的诗,认为其所吊对象非雪芹莫属,以此证明曹雪芹葬香山一带。按,这首诗见于《熙朝雅颂集》。此书是八旗通志馆总裁铁保奉皇帝之命纂辑,专收旗人之诗,于嘉庆九年编成。敦敏诗编入首集卷二十六,共三十五首,有三十一题。《西郊同人游眺兼有所吊》是其中第二十题。诗云:"秋色召人上古墩,西风瑟瑟敝平原。遥山千叠白云径,清磬一声黄叶村。野水渔航闲弄笛,竹篱茅肆坐开樽。小园忍泪重回首,斜日荒烟冷墓门。"紧接其后的第二首,即第二十二题,便是《赠曹雪芹》("碧水青山曲径遐"),即敦敏与其弟去西郊访曹之作,也见于《懋斋诗钞》,题作《赠芹圃》,文字稍有小异。如果此诗真是西郊吊雪芹,以常情而论,只会放在《赠曹雪芹》之后,而不会在其前,且相邻如此之近。《熙朝雅颂集》所收敦敏诗未编年,有错简的情况,但不应错到这样地步,以致造成先吊后访的咄咄怪事。第二十八题且还有一首《访曹雪芹不值》哩!我们可以进一步研究,敦敏此诗兼有所吊的对象到底是谁。

曹雪芹是敦敏、敦诚熟悉的朋友。敦敏若是凭吊雪芹,大可直书其名号,而那首在潞河岸边酒楼上所写的《河干集饮题壁兼吊雪芹》就是明证。他为什么要偏事隐讳呢?这"兼有所吊"之对象定是和西郊游眺之"同人"(即和他一起喝酒的朋友们)没有干系的,而且若写在题中有些不大合适。"黄叶村"一词出自苏东坡《书李世南所画秋景》诗:"野水参差落涨痕,疏林欹倒出霜根。扁舟一棹归何处,家在江南黄叶村。"此词富有诗意,常被人们用来形容及代指秋日的村庄。敦诚写过"残杯冷炙有德色,不如著书黄叶村",指雪芹住在北京西郊写书之事,然而这"黄叶村"并非雪芹所居村庄之专名,在敦敏诗中只是用它来写景。一见到"黄叶村"三字,就以为定指雪芹,乃是一种误会。此诗前三联写西郊同人游眺之情景,最后一联才写到"兼有所吊"。诗中的"小园"是敦敏指他自己的家,从"忍泪""重回首"等词可以看出所吊乃作者亲近之人,更可能是其家人。我认为,此人乃是敦敏死去的小女儿。

《懋斋诗钞》有《哭小女四首》,我们不妨对照一下。这四首诗如下:

其 一

一念旋教泪欲垂,那堪深思倍神驰。

灯前空屋重回首,最是黄昏钟静时。

其 二

膝前欢笑恰三年,钟爱非关少女怜。

忆汝临危犹眷眷,连呼阿父泪潸然。

其 三

小胆依人姊妹行,时惊鸡犬一彷徨。

如何衰草寒烟里,一例孤坟傍白杨。

其 四

汝弟才亡未七日,汝姑先去只三朝。

夜台相见须相护,莫似生前太恃娇。

我们看,"灯前空屋重回首,最是黄昏钟静时"与"小园忍泪重回首"何其相似,可以说是一回事。前者更具体,后者较概括。"灯前空屋"与"小园"不就是敦敏所居的槐园和水南庄别墅吗? 又,"如何衰草寒烟里,一例孤坟傍白杨"与"斜日荒烟冷墓门"更是写的同一之景,同样的悲哀。

乾隆二十八年秋天,敦敏、敦诚家中好几个小儿相继死去,包括敦敏的小女,敦诚的小儿子,敦敏、敦诚的妹妹。《四松堂集》卷四载有敦诚的《哭妹、侄、侄女文》。其中写道:"侄女(按,即敦敏之女)生而颖异,眉目秀朗,吾兄钟爱过于阿默。尝语余曰:'俟他日长成,汝教之诗。谢庭风絮何不可飞于我家与!'相与抚弄成笑。"这里明确写出敦敏最疼爱他的小女儿。敦诚文又云:"今将汝三人之棺,瘗于一处,不违汝等偕嬉之愿。汝等亦不必频来入梦,以伤我大人及我兄我弟之心。他日西郊过汝三人之小丘,衰草寒烟,一痛而已,不复更为堕泪也。"也明确点出三人合葬一处,地点在西郊。敦敏和友人在西郊游眺,他所凭

179

吊的"斜日荒烟冷墓门"正是其女之墓。因自己的三岁女儿与友人不是同辈,敦敏不便在友人面前为之号啕大哭,故说"忍泪"。诗题若作《西郊同人游眺兼吊小女》,就显得不伦不类,故作"兼有所吊",而不明白写出。

以上分析,我想可以证明敦敏所吊的并非雪芹,而是自己之小女,因此不能以此诗来证明雪芹葬在西郊而非东郊。

文章写到此处,不禁想起曹雪芹在《红楼梦》里所写的一副太虚幻境的对联:"假作真时真亦假,无为有处有还无。"这是曹雪芹观察过多少世事,经历了多少辛酸,所悟出的哲理,后人当三复斯言。

(作者:陈毓罴,中国社会科学院文学研究所研究员)

曹雪芹墓石之我见

　　曹雪芹墓石在北京市通县张家湾的发现,在红学界,是一件值得大书特书的大事。

　　关于这块墓石,有的专家、学者说真,有的专家、学者说假。说真的,例如,有人说,"可信的程度比较大"(冯其庸先生语,见《人民日报》1992 年 8 月 2 日的报道。参阅冯其庸《曹雪芹墓石目见记》,《文汇报》1992 年 8 月 16 日);有人说,"不是伪造的";有人指出,"河干墓志不容疑"(史树青先生语,见《北京日报》1992 年 8 月 29 日的报道。又,从报道中可知,傅大卣先生也有相同的看法)。说假的,例如,有人说,"漏洞重重,大可疑议"(周汝昌《"曹雪芹墓碑"质疑》,《解放日报》1992 年 8 月 16 日),"此石是不可信的"(周汝昌《"曹霑墓碑"之再质疑》,《北京日报》1992 年 9 月 12 日);有人说,"这碑可能是假造的"(秦公先生语,见《北京日报》1992 年 8 月 29 日的报道);有人则"对墓石真实性表示怀疑"(顾平旦先生语,见《北京日报》1992 年 9 月 5 日的报道)。有不同的看法,是正常的事情,这表露了人们对它的关心和注意。我相信,通过深入的讨论和相互的切磋,最终能够缩小或消除分歧,取得比较一致的意见。

　　8 月间,我有他事缠身,一时未能前去亲自查验墓石的真假。但我还是尽可能地搜集和仔细地阅读了北京、上海两地报刊上所发表的专文和报道。

　　9 月 16 日上、下午,我抽空前往张家湾,终于见到了这块有争议的墓石,并趁此机会向当地的有关人员做了一些必要的调查。依据我的判断,这块墓石是真实可信的。

　　墓石上,自上而下,中央一行镌刻着五个大字:"曹公讳霑墓。"左下端镌刻着两个小字:"壬午。"其中,"讳"字略小。它千真万确是繁体字,而绝非"现今简体字"(《解放日报》1992 年 8 月 16 日载周汝昌《"曹雪芹墓碑"质疑》,"字体不合"',"其'讳'字用现今简体字,尤为破绽")。"壬"字的第一笔显然是一撇,而不是一横,当中的一横也显然要比上面的一撇、下面的一横都长,这表明它就是人们所公认的"壬"字,而绝非"王"字;"午"字现今虽已有所残缺,但我从墓石当年出土时的拓片上,仍然可以比较清晰地辨认出,它就是"午"字,而绝非"干"字(《新民晚报》1992 年 8 月 19 日载周汝昌《弄巧定成拙》,左下角最低处有二残字,类似'王干'")。

怎样辨别曹雪芹墓石的真伪?

考辨曹雪芹墓石的真伪,若要得出科学的结论,就必须使用有说服力的证据。然而,证据又有主、次之分,有本证,也有旁证。我们所重视的首先是本证,最主要的证据,那种能起到类似于"一锤定音"的作用的证据。对于曹雪芹墓石来说,我认为,最带关键性的是这样四个问题:

一、这块墓石是新的,还是旧的? 根据我的观察,这块墓石确实不是最近几十年所开采的。说它已在地下埋藏了二百年之久,是完全可以信赖的。

二、墓石上所刻的字,是新刻的,还是旧有的? 我看到,字的刀口都是很陈旧的,断非新近二三十年间的刻痕。字痕凹处和墓石表面上的陈旧的程度(包括风化、腐蚀的程度),都是一致的。换句话说,字和石,在当年出土时,是连为一体的。

墓石出土于 1968 年秋。1969 年,墓石发现者李景柱盖房时,曾把它充作东房山墙基石之用。1991 年,李景柱家再次翻建房屋时,才把这块墓石又找了出来(焦保强《曹霑墓石是怎样发现的?》,《北京日报》1992 年 8 月 29 日)。从1969 年到 1991 年,这块墓石被砌于李景柱家东房山墙之下。在这段时间内,没有往石上刻字作伪的可能。因为无论是谁,他都恐怕不会愿意在自己房屋的墙上刻上"××××墓"这样几个字的。

三、墓石出土时,有没有旁人在场? 据我所知,墓石于 1968 年秋被挖掘出来之时,有许多农民在场。当时平整土地的"总指挥"以及其他一些目击墓石出土经过的农民,都已签字盖章地写下了证明材料。在这个问题上,任何个人要想瞒天过海,制造假文物出土的假现场,几乎是不可能的。

四、"曹家坟"的地名,是胡编的,还是实有的、旧有的? 据向当地一些年长的、土生土长的、熟悉当地情况的居民调查,获知昔年确有此一与窦家坟、马家坟毗连的地名。曹雪芹墓石出土的地点正在它的附近。这样,它是曹雪芹家祖坟的所在地便有了可信性。

基于上述四点,我相信,曹雪芹墓石是真实的。

考辨曹雪芹墓石的真伪,若要得出科学的结论,在使用证据时,又必须排斥反证。如果不能排斥反证,就会显示出论证方法上的不严谨性,就会使结论的科学性大打折扣,从而丧失了最起码的说服力。例如,周汝昌先生指出:"该石所刻大小字共七枚,全不类清代乾隆时期书体,乃是现代人书写之形态。"(周汝昌《"曹雪芹墓碑"质疑》,《解放日报》1992 年 8 月 16 日)这句话,"不类清代乾隆时期书体",在考辨曹雪芹墓石真伪时,就不应该作为一项证据使用。像不像"乾隆时期书体",这怎么可以作为判断真伪的准绳?因为流传至今的包括碑帖在内的清代乾隆时人所写的字(有的可称为书法作品),并不全是用一种书体写成的。难道镌刻在墓石上的字,使用什么书体,在乾隆时期,也有统一的、硬性的规定?何况,什么叫作"乾隆时期书体"?谁下过权威性的定义?试随手举出两位乾隆时期的著名的书法家,金农(冬心)和钱沣(南园),请问,他们之中,谁写的算是"乾隆时期书体"?我们还可以随手举出几十位乾隆时期的书法家,他们的"书体"无不或多或少地带有自己的个性,难道能够用一个十分抽象的、十分笼统的名词("乾隆时期书体")把他们笼而统之地概括在一起吗?这说的还是书法家,如果是一般的民众,那他们所写、所刻的字就更是千差万别了。

以我浅陋的水平,丝毫也看不出墓石上的大小七个字竟然具有"现代人书写之形态"。我向一些对书法素有研究的专家、学者请教过,他们也持同样的见解。我们想起了河南省博物馆所藏的那个伪造的"曹雪芹小像"。伪造者已招认,上面的题字出于时人朱某之手。朱某的字迹,根据许多专家、学者的鉴定,那才是典型的"现代人书写之形态"。这两个例证,不是恰恰构成了有趣而又有说服力的对比吗?

又如,有的专家说:"最近听说张家湾发现了曹霑墓碑,说老实话,1965 年我到处找曹家坟时,没听说张家湾有曹家祖坟。"(苏天钧先生语,见《北京日报》1992 年 8 月 29 日的报道)这居然也成了怀疑曹雪芹墓石的一条理由。个人的见闻,无论如何,总是有限的。某一个人没有听说过某一个地名,这是非常可能的;但,这并不等于说,某一个地名不曾在地球上存在过。

再如,有的学者在提到"碑文的可疑之处"时说,"按清初的常规,如果真是曹雪芹的墓碑,应该写'曹公讳雪芹之墓',那个'之'字是必不可少的"(严宽先生语,见夏边发表于 1992 年 9 月 19 日《北京日报》上的《曹雪芹长眠何处?》一文所引)。我们知道,在清初,确实有许多的墓碑有那个"之"字。但是,我们同时也知道,在清初,确实有不少的墓碑上没有那个"之"字(有实物为证),而且也没有听说有谁指责过它们破坏了"清初的常规"。再说,"曹公讳霑"——这合乎规格;而那位学者所设想的"曹公讳霑雪芹"——倒不合乎规格了。在"讳"字之下的一个字,应该是这位大作家的"名",怎么反而变成了他的"号"或"字"?

又如,有的专家认为,墓碑必须"庄重",而"曹霑墓碑""至少有五个不合理之处"。一、"石碑用石不合理":"这块碑石竟没有一个平面,六面四圆,都留有非常明显的斧凿痕迹,说明它原来不是准备做碑石的。"二、"字在碑上的位置不合理":"最后一字的最后一笔,已十分接近石碑的下沿,这碑还埋不埋?""碑的下端"也没有"好往碑座的槽里插"的"锐角"。三、"字的刻工不合理":"事先没有书丹,是工匠直接下刀刻的","刀法非常乱",而且"显得极为草率"。四、"文法不合理":"祖坟里立碑怎能称为'公'?""不应直呼其名,而应称其字,写为'曹君讳雪芹'","'墓'字前,还应有个'之'字"。五、"落款不合理":"起码应有年代","其次应有立碑人"(秦公先生语,见《北京日报》1992年8月29日的报道)。

这"五个不合理",出于专家之口,应该承认,有着一定的道理。但,"庄重"云云,以及那五项标准,都只适用于对正规的墓碑的鉴定,也是不可否认的。起码有下述几种特殊的情况,必须加以考虑:一、曹雪芹是穷苦人,没有给埋石人遗留下多少钱;埋石人自己也一贫如洗,他只能草草下葬,而没有更大的力量做到"庄重"二字。二、曹雪芹卒于除夕,埋石人急于料理丧事,他没有更多的充裕的时间,故而在很多方面暴露了"草率"的特点。三、埋石人社会地位不高,文化素养也不高,他对正规的墓碑所要求的那一套"合理"的东西不了解或不熟悉。四、曹雪芹无后,因他的幼子已先于他而逝世,下葬和埋石时没有亲人在侧。这几种特殊情况存在的可能性,是不容抹杀的。只要有了这几种特殊情况中的一种、两种,甚或它的全部,就无所谓"合理"与"不合理"了。

邓绍基先生曾在九月十八日的座谈会上打过一个比方。他说:皮鞋是鞋,草鞋也是鞋。不能因为皮鞋是什么样子,就要求草鞋也必须是什么样子;不能因为草鞋不像皮鞋,就硬说草鞋不是鞋。这话正好可以比较圆满地解释秦公同志所提出的种种疑点。

何况这不是一块墓碑,而是一块墓石,或者叫作葬石。它是埋于地下,而不是竖立在地面上。我非常同意史树青先生的意见:"如果用墓碑的规格、标准去套这块石刻,就会觉得它存在许多不合理处。这是一个墓志,急就的,临时找的,所以石头很旧,字也很草率,但它是真的,不容怀疑。有意作假者不会用这样的石头。用石、刻字都很草率,符合曹雪芹死前的状况。"(史树青先生语,见《北京日报》1992年8月29日的报道。又,从报道中可知,傅大卣先生也有相同的看法)我也非常同意傅大卣先生的见解:"合理不合理不能说明它的真假,验定真假时也不管它的大小、好坏。"

记得1962年、1963年间,在王昆仑先生(已故)的主持下,曾在全北京市的范围内普遍地查找了曹雪芹家的坟墓,但一无所获。有一天,王昆仑先生亲口告诉我,这个工作开展起来很困难,因为据他的了解,旗人死后是不立碑的。如今,张家湾曹雪芹墓出土的只有墓石,而没有墓碑,不知道是不是由于王昆仑先生所说的这个原因。

对曹雪芹友人若干诗句的理解

曹雪芹友人(敦敏、敦诚、张宜泉等)所留下的关于曹雪芹生平事迹的诗篇、诗句,在红学家看来,是十分重要的,也是十分珍贵的。其中保存着丰富的蕴藏,有待于我们去做反复的、深入的探索。新的史料、文物的发现,往往会使它们得到新的理解和体会。围绕着曹雪芹墓石真伪问题的讨论,不妨回过头来,再温习一下我们所熟悉的那些诗篇、诗句。

"故垄"与"旧坰"

在敦诚的七律《挽曹雪芹》的诗句中,出现过"故垄"和"旧坰"两个词汇。该诗有初稿和改稿之分。前者见于初稿第一首的第三句"肠回故垄孤儿泣"(敦诚《鹪鹩庵杂记》抄本),后者见于改稿的第六句"絮酒生刍上旧坰"(敦诚《四松堂诗钞》抄本)。

"垄",坟墓也。从诗意不难看出,"故垄"是"指曹家旧有的墓地"(蔡义江《红楼梦诗词曲赋评注》,北京出版社,1979年,第427页)。或者说,它就是指曹雪芹家的祖坟。"坰"的本意是郊野。"旧坰"却与"故垄"的意义相同,指"郊外某一块旧时的墓地"(敦诚《四松堂诗钞》抄本429页)。"故"和"旧",置于"垄"和"坰"之上,具有修饰或限制的意义。"故"和"旧"是特殊的,而"垄"和"坰"却是一般的。这就表明,曹雪芹死后,埋葬之处是祖坟,而不是一块随意选择的、新的坟墓。而曹家的祖坟,不可能在西郊,只可能在东郊。这两句诗,用

185

以作为曹雪芹葬于东郊的旁证,我认为,是颇有说服力的。

另外还有几句诗,被有的学者援引,用以反对曹雪芹葬于东郊之说,我却认为,是缺乏说服力的。

"藏修地"与"空山"

张宜泉七律《伤芹溪居士》中的最后两句是:"多情再问藏修地,翠叠空山晚照凉。"(张宜泉《春柳堂诗稿》)周汝昌先生引用了这两句诗,以及其他的诗句,然后得出结论说:"雪芹实是葬于山村居处附近的一块土地中——怎么会到的京东张家湾?"并且质问道,张家湾这儿哪里有"山"的影子呢?(周汝昌《弄巧定成拙》,《新民晚报》1992 年 8 月 19 日)

张宜泉此诗中确实有"空山"二字,问题在于,他这两句诗是不是直接地或间接地提到了曹雪芹的埋葬地?我们如果细读这两句,再通读全诗,那就只能老老实实地回答说:没有。关键是对"藏修地"一

张宜泉画像

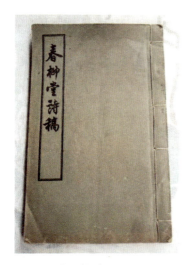

《春柳堂诗稿》书影

词的解释。"藏修",语出《礼记·学记》:"君子之于学也,藏焉修焉。""修",当然是学习的意思。因此,"藏修地"实际上是"指雪芹专心读书写作的地方"(敦诚《四松堂诗钞》抄本第443 页)。它与曹雪芹葬地了无关涉。充其量,这两句诗只能证明:曹雪芹晚年一度在有山的西郊的某一个地方居住、读书和写作。至于他是不是"葬于山村居处附近的一块土地中",那真是在这首诗中连一点影子也寻找不出来的。

不信,请看全诗:

谢草池边晓露香,怀人不见泪成行。

北风图冷魂难返,白雪歌残梦正长。

琴裹坏囊声漠漠,剑横破匣影铓铓。

多情再问藏修地,翠叠空山晚照凉。

哪里有那个"葬"字?或者,哪一字、哪一句表达了"葬"的意思?"山村居处",兴许还能勉强看到;然而,那个"附近的一块土地"却不知是从哪儿冒出来的。

这首诗中的任何一句,可以毫不夸张地说,对于直接地或间接地肯定或否定曹雪芹葬于东郊之说,是无能为力的。

"青山泪":"山"与"衫"

"故人惟有青山泪",据周汝昌先生所引,它是敦诚七律《挽曹雪芹》改稿中的第七句,位于上引诗句"絮酒生刍上旧坰"之前(敦诚《四松堂诗钞》抄本)。周汝昌先生引用这句诗,企图证明曹雪芹葬于"西郊之地","那里尽是山",而在张家湾却没有"'山'的影子"。看来,诗中的这个"山"字发挥了特别重要的作用。但,恰恰是这个"山"字,它最有问题。

让我再举一个有趣的例子。周汝昌先生昔年曾在他的大著中援引过敦诚的这同一首诗,其第七句作"故人惟有青衫泪"(周汝昌《红楼梦新证》,人民文学出版社,1976 年 4 月,第 748 页)。请注意,这里没有"山"的影子,代替"山"字的,却是一个同音而不同形的"衫"字。不知出于什么原因,当他今天为了鉴别曹雪芹墓石的真伪而再次援引此诗时,竟放弃了那个他已熟悉的"衫"字,偏偏要另外再去寻找一个"山"字。

据我所知,在新中国成立以后,最早造成这个错讹的是吴恩裕先生。在他的《有关曹雪芹八种》一书中,有《四松堂集外诗辑》一种,而他在移录此诗之时,第七句误写为"故人惟有青山泪"(《有关曹雪芹十种》,古典文学出版社,1958 年 1 月,第 6 页)。记得此书出版以后,有一次在参加一个会议途中,我和吴恩裕先生同乘一车,我曾把这个发现告诉了他。后来,他在把《有关曹雪芹八种》修订为《有关曹雪芹十种》的过程中,剔除了那个无端而来的"山"字,恢复了"衫"字(《有关曹雪芹十种》,中华书局,1963 年,第 177 页)。

按:吴恩裕先生的《四松堂集外诗辑》中所收的敦诚的诗,系自《四松堂诗钞》抄本中辑出。而《四松堂诗钞》抄本现藏于中国社会科学院文学研究所。我

187

曾亲自核对过,此字确凿地是"衫",而绝不是"山"。

"青衫泪",用的是白居易的典故。白居易《琵琶行》说:"座中泣下谁最多,江州司马青衫湿。"敦诚是借用这个典故,表达自己对沦落不遇的亡友的悼念。对敦敏、敦诚兄弟来说,这个典故是毫不陌生的。敦敏《送汪易堂南归省亲二首》之二说,"青衫游客泪,白发老亲恩"(敦敏《懋斋诗钞》)。敦诚撰写过《琵琶行传奇》(敦诚《鹪鹩庵笔麈》:"余昔为《白香山琵琶行传奇》一折,诸君题跋不下数十家。"见《四松堂集》卷五)。他的诗文中也一再地使用这同一个典故。他有诗《题丘司马绘册,即次原韵四首》(《四松堂集》卷二),其中第一首《凤台惜别》说:"晨登凤山楼,遥望甘露岩。对此忽言别,乃沾司马衫。"据他的《寄大兄》一文说,他曾在旅舍壁间见有题句,末云"日教双泪湿青衫";他联想到自己的遭遇,"因感而和之云":"早知大患缘身在,无奈悲心逐老添。私念半生多少泪,万痕灯下看青衫。"(《四松堂集》卷三)由此可见,"青衫泪"云云出现在敦诚的《挽曹雪芹》诗中不是偶然的。"青衫泪"三字置于那首《挽曹雪芹》诗的第七句中,非常妥帖而自然,既洋溢着思念,又饱含着同情。这三个字的传神,远非"青山泪"三字所能比拟。

退一万步说,如果假定敦诚的原文是"青山泪",而不是"青衫泪",那么,能不能证明曹雪芹是葬于西郊,而不是葬于张家湾呢?青山,山名,地处今安徽省当涂县东南。山之西北有李白墓。青山又名青林山,李白所仰慕的南朝诗人谢朓曾筑室于山南,唐代天宝年间因之改名为谢公山。李白死后,原葬于当涂之龙山。后范传正因李白生前有"悦谢家青山"之意,遂于元和年间迁葬于青山。如果把"青山泪"理解为诗人在援引李白、范传正的典故,那么,它无非是在表现作者对一位已去世的友人的悼唁。

任何比喻都是跛脚的,诗中运用典故也不例外。诗人的初意,只不过取其一点罢了。如果要求他事事关合,丝丝入扣,那是违反诗歌创作规律的。同样,在这个问题上,用一种胶柱鼓瑟的态度、方法,去对诗歌作品做出随心所欲的、过度地引申的解释,必然会离它的真实面目越来越远。而在严肃的考据学中,这种态度、方法更是我们所应力求避免的。就拿这有"青山"二字的诗句来说,青山位于当涂之东南,难道我们能够根据这一点就匆忙地断定曹雪芹葬于北京的东南郊吗?当年,范传正迁移了李白的坟墓,难道我们能够根据这一点就匆忙地断定敦诚果然也把曹雪芹的坟墓从西郊迁移到东郊吗?所以,李白之墓在"青山",并不等于曹雪芹之墓也非在"╳山"不可。

周汝昌先生坚持认为,曹雪芹的好友敦诚写下了哀悼曹雪芹的诗句"故人惟有青山泪"云云,但这并不能够用来证明曹雪芹葬地的附近必须有"山"。这个道理,我想,是至为浅显的。即使有那个"山"字,它指的也是一千年前的一位古人的葬地。诗的作者没有必要,也根本没有这个意思,去用它来坐实他的亡友曹雪芹的葬地。他在诗中所要表达的,是一种真挚的感情——对亡友的怀念和哀痛。在下笔时,他如果要想得那么的多,他如果想要给后世的考据家留下那么多的伏线,就很可能写不出这么朴素、这么深情的诗句了。

更何况,真正出现在敦诚笔下的诗句,根本不是"青山泪"!"山"字的凭空出现,完全是一场误会。既然如此,那又何必再在"山"字上大做文章呢!

"西州路"与"西"

依然是敦诚的七律《挽曹雪芹》,在初稿第二首中,最后两句为:"他时瘦马西州路,宿草寒烟对落曛。"(《鹪鹩庵杂记》)周汝昌先生以"方位不合"为题,引用了这首诗。他认为,这两句诗表明,"雪芹葬处是西城门外、西郊之地"(周汝昌《"曹雪芹墓碑"质疑》,《解放日报》1992年8月16日);"由此足见雪芹卒后,好友若欲出城扫墓,必出'西州门'。敦诚特标西州路,则绝不在京师之东,确凿无疑"。

这个结论能不能成立呢?请先看周汝昌先生是怎样进行论证的。周汝昌先生正确地指出,"此用《晋书》谢安与其甥羊昙之故事"。至于敦诚为什么要在此处使用这个典故,周汝昌先生的文章强调了两点:第一,"敦诚本与雪芹同辈(俱低于乾隆帝一辈)而特自屈居于'甥'位者,全为此典中'西州'二字重要";第二,"西州门""贴切"曹雪芹的葬处:"西城门外""西郊之地"。

这两点并不符合敦诚《挽曹雪芹》的原意。"西州路"之典,古代诗人习用,意在寄托对已去世的好友或亲人的真挚、悲痛的感情。但,在诗中使用这个典故的时候,很少有人(包括敦诚在内)着眼于吊挽者和被吊挽者之间的辈分;同样,也很少有人(也包括敦诚在内)把"西州路""西州门"的那个"西"字用为被吊挽者"葬处""方位"的实指。"西州"即"西州城",东晋时所筑,故址在今江苏省南京市。其命名之来由有二:位于台城之西;为扬州刺史治所。而"西州门"则是"西州城"的门,它乃"西州"之"门",实非"西"之"州门"。同样,"西州路"乃"西州"之"路",而非"西"之"州路"。《晋书·谢安传》说:"羊昙者,太山人,知名士也,为安所爱重。安薨后,辍乐弥年,行不由西州路。"从原始出处看,"西州路"之"西"的确没有实指方位的意思。

那么,敦诚有没有这个意思呢?我想,在回答这个问题时,让敦诚自己的诗

189

文来做证,将是有说服力的,也必然会有助于问题的解决。

"西州路"之典,在敦诚的诗文中出现的频率并不低。除了"他时瘦马西州路,宿草寒烟对落曛"这两句,我们从《四松堂集》中至少还可以见到另外七处:

一、"西州馀旧路,他日醉过时。"
———卷一《挽敏亭先生》

二、"才向西州回瘦马,便从东郭下澄渊。"
———卷二《同人往奠贻谋墓上,便泛舟于东皋》

三、"惘然向旧路,策马回西州。"
———卷二《嵩山约游夕照亭,酒间感赋》

四、"从今不上西州路,听雨楼空石壁沉。"
———卷二《送周导之扶立翁先生柩返滇南》

五、"华屋山邱多少泪,醉鞭羸马过西州。"
———卷二《感怀十首》之一"世父拙庵公"

六、"殆庚寅先公即世,先生哭之过时而哀,足不踏西州路者三年。"
———卷四《哭周立崖先生文》

七、"从此即过西州门,亦不痛哭而返也。"
———卷四《哭复斋文》

其中二、三、七等例,明显地不存在着辈分的考虑。贻谋(宜孙)是敦诚的堂弟(其叔父恒仁的次子),嵩山、复斋等人都是敦诚的友人。由此可见,敦诚在诗中使用"西州路"这个典故的时候,并不拘泥于羊昙和谢安之间的甥舅关系。所以,他在《挽曹雪芹》一诗中使用"西州路"这个典故的时候,只是把曹雪芹当作一位亲密的朋友来对待,他实际上并没有那种故意压低自己辈分(所谓"甘以'甥'自居")的想法。敦诚也没有用"西州路"一词来暗示曹雪芹的墓地在"西城门外"或"西郊"。从《四松堂集》中的全部诗作不难看出,他写诗不采用那种影射的手法。

不妨仔细看一下第二例。从表面上看,"西州"与"东郭"相对,那不是证明了"西州"的"西"字指的是方位吗?其实,这仅仅是诗人在追求字面上的对仗。且看诗题。它说了两个意思,一是"同人往奠贻谋墓上",一是"便泛舟于东皋"。而这两句诗是全诗的第一句和第二句。第一句说的正是诗题上的第一个意思,第二句说的则是诗题上的第二个意思。那么,贻谋的墓地是不是在"西城门外"或"西郊"呢?

不,恰恰相反,贻谋的墓地所在的方位和"西"字不沾边儿。《四松堂集》卷二有一首《潞河舟中遇书筠园、李仲青、郭澄泉,缆不能维,一语别去,因寄是诗,并感怀贻谋弟》,诗题下有小注说:"弟墓近南岸。"可知贻谋之墓在潞河南岸,即北京的东郊,而不在"西城门外"或"西郊"。

敦诚去祭奠胞弟的坟墓,诗中却说是"才向西州回瘦马"。他从城内动身,路程是由西向东,目的地在潞河岸边,这就是他在诗中所说的"西州"或"西州路"。一个"向"字,把这段路程和目的地叙述得一清二楚,容不得半点误解。明明是在东郊,却说成"西州"或"西州路",可见这只是在用典,诗人绝无将一个完整的名词("西州"或"西州路")割裂开来,抽取其中的一个字(西)以特指某个方位(西)的意思。祭奠潞河岸边的贻谋的墓,可以用"西州""瘦马";祭奠张家湾的曹雪芹的墓,为什么就不可以用"西州路""瘦马",以致被指责为"方位不合"?

所以,客观地说,敦诚《挽曹雪芹》的诗句"他时瘦马西州路"并不能证明曹雪芹葬于西郊;同时,要援引它来作为否定曹雪芹葬于东郊张家湾之说的证据,它也同样是无能为力的。

"兼有所吊"与"西郊""黄叶村"

有的学者引用了敦敏的一首诗,《西郊同人游眺兼有所吊》:

> 秋色召人上古墩,西风瑟瑟敝平原。
>
> 遥山千叠白云径,清磬一声黄叶村。
>
> ……   ……
>
> 小园忍泪重回首,斜日荒烟冷墓门。

这是一首七言律诗。其中的颈联被引用者省略了,现代为补上:"野水渔航闲弄笛,竹篱茅肆坐开樽。"引用者没有注明它的出处。其实,它见于《熙朝雅颂集》一书,敦敏自己的《懋斋诗钞》反而没有收入。引用者援引这首诗,企图用以证明"曹雪芹的墓应在西山""他的墓还应在香山一带"。他是这样说的:"此诗写于西郊,作者是曹雪芹的好友敦敏,诗中谈到的黄叶村,是曹雪芹著书的地方,根据是敦诚《寄怀曹雪芹(霑)》一诗中有'不如著书黄叶村'之句。因此,此诗所吊对象,就非雪芹莫属了;那座对着'斜日荒烟'的,也即雪芹的墓门了。"(严宽先生语,见夏边《曹雪芹长眠何处?》,《北京日报》1992年9月19日一文所引)问题在于诗题中所说的"兼有所吊",作者在"吊"谁?

据我所知,吴恩裕先生早在50年代发表的两篇文章中就曾先后三次引用过这首诗。第一次见于《曹雪芹的生平》(连载于香港《大公报》1954年8月12日至10月5日。按:此文曾在多种内部印行的"参考资料"书籍中转载)中的"北京西郊"一节。吴恩裕先生说:

另据在雪芹死后敦诚《西郊同人游眺兼有所吊》一诗"……野水渔航闲弄笛,竹篱茅肆坐开樽。小园忍泪重回首,斜月(严宽先生所引,此字作'日'而不作'月')荒烟冷墓门"诸句,则雪芹的坟墓,反而极有在北京西郊的可能。既然贫困,贫困到死后还遗下一个"新妇"飘零,那么,生活在那里,死了就葬在那里,是极自然的事情。

第二次见于同文中的"身后"一节。吴恩裕先生又说:

敦诚……他还有一首没有被考据家注意的诗:"秋色招(严宽先生所引,此字作'召',而不作'招')人上古墩,西风瑟瑟敞平原。遥山千叠白雪(严宽先生所引,此字作'云',而不作'雪')径,清磬一声黄叶村。野水渔航闻弄笛,竹篱茅肆坐开樽。小园忍泪重回首,斜日荒烟冷墓门。"这首诗作的年代很晚,题目是"西郊同人游眺兼有所吊"。据诗中所说的景物和情况,我认为这"有所吊"就是吊雪芹那些逝世很久("冷墓门")的老友(而这首诗也正可以为雪芹墓地在西郊做证)。

第三次则见于《关于曹雪芹》(连载于《新观察》1954年第15、16、17期)中的《曹雪芹生平二三事》《在北京西郊》。吴恩裕先生还重复说:

另据雪芹死后敦敏《西郊同人游眺兼有所吊》一诗:"秋色招人上古墩,西风瑟瑟敞平原。遥山千层(严宽先生所引,此字作'叠',而不作'层')白云径,清磬一声黄叶村。野水渔航闻弄笛,竹篱茅肆坐开樽。小园忍泪重回首。斜日荒烟冷墓门。"则雪芹的坟墓,反而极有在北京西郊的可能。就环境说,遥山、清磬、野水、山村、茅肆、小园,都是在敦氏兄弟赠雪芹诸诗中可征的特点;而"有所吊"则正是吊死了很久("冷墓门")的老朋友。既然贫困,贫困到死后还遗下一个"新妇"飘零,那么,生活在那里,死了就葬在那里,本来是极自然的事情。

我想提请大家注意四点奇怪的情况。第一,此诗的作者,吴恩裕先生一会儿说是"敦诚"(《曹雪芹的生平》),一会儿说是"敦敏"(《关于曹雪芹》)。到底是哥哥,还是弟弟?从原始出处看,应以敦敏为是。从诗的风格看,也和敦诚其

192

他的诗作有较大的距离。第二,吴恩裕先生在同时写成的两篇文章中三次引用此诗,被引用的文字竟然互有出入。例如,"敞平原"和"敝平原","千叠"和"千层","白雪"和"白云","斜日"和"斜月"。第三,此诗的写作时间,吴恩裕先生说是在"雪芹死后",不知根据何在?原诗并没有标明写作的年月。刊载原诗的《熙朝雅颂集》,是一部选本性质的书,它不但没有注出此诗的写作年月,而且还在编排的次序上,把此诗放置在敦敏的另一首写作于曹雪芹生前的诗篇之前。因此,说此诗写于曹雪芹生前,似乎更有理由。第四,1954年以后,吴恩裕先生继续撰写了不少有关曹雪芹生平的文章或著作,但似乎没有见他再提到过这首诗。

吴恩裕先生不再提及此诗,是有原因的。不可否认,此诗和曹雪芹二者之间仅仅保持着一个(而没有第二个)连接点:作者敦敏是曹雪芹的朋友。如此而已。从诗题到诗句,委实找不出它们和曹雪芹的更多的、直接的联系。到了80年代,有一位舒成勋先生,他又一次从吴恩裕先生的50年代的文章中搬出了这首诗。他一点也不考虑这首诗中根本没有出现过曹雪芹的姓名,也不考虑吴恩裕先生后来对待这首诗的态度的变化,比吴恩裕先生走得更远,竟然坐实了这首诗是"以曹雪芹的生活环境为定点""描写了居处的特定景物"(舒成勋述、胡德平整理《曹雪芹在西山》,文化艺术出版社,1984年12月,第29页)。但是,90年代的引用者比舒成勋先生走得更远,居然把诗中的"墓门"指实为"雪芹的墓门"。关心曹雪芹墓石真伪问题的同志们不禁要问:此诗究竟与曹雪芹有何相干?诗中到底在什么地方点破了它"所吊"者是曹雪芹,或是另一个、另一些有名有姓的人?连吴恩裕先生当年援引此诗的时候,都未曾正面地、直截了当地说"所吊"者是曹雪芹,而仅仅含糊地、笼统地说,"所吊"者是"雪芹那些逝世很久的老友"(意谓:曹雪芹虽在其内,但却不止曹雪芹一人)。实际上,无论50年代吴恩裕先生的说法,或是80年代舒成勋先生和90年代的引用者的说法,都不过是一种"想当然耳"的猜测,在诗中是寻觅不出丝毫的佐证的。只要不能证明此诗"所吊"者是曹雪芹,那么,企图用它来证明和曹雪芹有关的这样的或那样的事情,将永远是徒劳无益的。

那位学者"引诗证墓门",他推论的公式无非是这样的:"西郊"(诗题)+"墓门"(诗句)+曹雪芹="曹雪芹的墓应在西山"。殊不知,结论中只有"墓应在西山"这几个字是有根有据的,也是正确的;但,"曹雪芹"三个字却完全是外加的。用外加的东西做考据,焉能取信于人!对于严肃的考据学,"增字解经"的方法是不足取的。

不错,诗中有"黄叶村"三字。正好敦诚《寄怀曹雪芹》一诗的末句"不如著书黄叶村"也有"黄叶村"三字,用以描写和代指曹雪芹的居处。那么,敦敏此诗的"黄叶村"不也应该是描写和代指曹雪芹的居处吗?

非也。"黄叶村"其实是古人常用的一个非常普通的典故。出处在于苏轼的《书李世南所画秋景》诗:"扁舟一棹归何处,家在江南黄叶村。"后世因之常用"黄叶村"三字来描绘"秋景"美好的乡村。清代康熙年间有两位诗人,崔华和王苹,因诗中有"黄叶"名句而在当时的诗坛上享有"崔黄叶"和"王黄叶"的声誉。王苹的诗句说:"乱泉声里才通屐,黄叶林间自著书。"这些,都是敦诚耳熟能详的。他之所以写下"不如著书黄叶村"的诗句,非出偶然。严格地说,"黄叶村"只是出自文学家笔下的一种描绘性的词语。它绝不是曹雪芹居处的专门的代称,更不可能是曹雪芹西郊居处的"村"名。一看到"黄叶村"三个字,就生拉硬扯到曹雪芹头上去,想象力也未免过于丰富了。

以上种种例子无不表明,考辨曹雪芹墓石的真伪,若要得出科学的结论,在证据上,必须使用"硬件",而应避免使用"软件";不能用甲去证明乙,再用乙去证明丙,而甲本身却是有待于被证明的。

总而言之,在我们所见到的曹雪芹友人敦敏、敦诚、张宜泉等人的诗文中,只能证明曹雪芹生前曾在西郊居住过,并不能证明曹雪芹死于西郊,更不能证明曹雪芹葬于西郊。现在,我们知道,曹雪芹的墓石在张家湾出土了,这就事实胜于雄辩地证明了曹雪芹葬于张家湾。

(作者:刘世德,中国社会科学院文学研究所研究员)

《红楼梦》与张家湾

百余年来,红学日盛,流派分立,著述壅世,各领风骚。然而由于史料缺乏,很少有人谈及曹雪芹与张家湾之关系。因为此关系到曹雪芹创作《红楼梦》之生活源泉,所以有必要进行研究。同样由于古籍漏载,这种研究亦应从《红楼梦》入手。本文即试图从书中所写民俗风情与生产生活之部分事物,联系张家湾之历史实际,探讨此一问题,抛砖引玉,再辟一径。

林黛玉回家何处登舟

《红楼梦》第十二回写到林如海身染重病,写信要黛玉回家,贾母派贾琏伴送,"登舟回扬州"。黛玉回家应于何处登舟?

元代初期,大江南北统一,北京设为大都。从南方海运漕粮、货物,只能入海河,溯白河(古亦称潞河)至通州高丽庄东之码头卸船,由于再往北水浅不能胜舟。因为万户侯张瑄督海运至此停泊,办理陆路转运至大都事宜,于此居住,故以后渐有张家湾之地名。世祖时,郭守敬主持开凿大都路之坝河与山东之会通河,我国南北方形成一条驰名中外之京杭大运河,南来漕粮及百货才能水运至大都城下。元末明初,战伐不已,坝河与通惠河失于修治,加之明初建都南京,致使运道荒废。至永乐间建北京时,粮食、砖木等物资均只能船运至张家湾,故于此形成许多仓库、货栈,诸如皇木厂、木瓜厂、砖厂、江米厂、上盐厂、下盐厂等,渐成村落,村名以之而定,沿称至今。同时,客船亦只能于此停泊,当年之西泊岸今尚然留有遗迹。以后虽经几次疏浚通惠河,但都未彻底,张家湾依为大运河北端之唯一大型码头。嘉靖七年(1528),巡按御史吴仲力主修浚通惠河,并将此河河口北移到通州城北门外,又将通州至张家湾四十里之白河河道一并疏浚,漕船始得驶至通州。由于每年粮船就有万余艘之多,张家湾以北至通州石坝码头之河道,万舟骈集,帆樯林立。为保障漕船畅行无阻,此段河道只许行粮船、货船,而客船犹停于张家湾,不论四方贡使,抑或官船客舫,皆只有于张家湾上、下船。如明代嘉靖年间,杨升庵流放云南出京,就于张家湾上船而飞帆南下;万历年间利玛窦朝拜中国皇帝进京,就于张家湾下船陆路入城;清康熙年间,琉球贡使进献方物,往返亦都于张家湾上岸、登舟。此种状况一直延续至清嘉庆十三年(1808)通州南运河改道为止。

曹家来往于京宁之间,多走水路,正在运河改道之前,所乘亦非粮船,故均应于张家湾转换交通工具。曹家于张家湾城内花枝巷开有一所当铺,今地基尚存。于当铺之西不远处之小花枝巷口,乃有曹家染坊,今曹家用以收藏食品之井尚在。想必曹雪芹对此很为了解。而书中林黛玉回家亦必然于张家湾登舟。由此可知,《红楼梦》第四十八回写香菱向黛玉学诗时,回忆那年上京,半途下晚"湾住船"看岸上炊烟情景;第四十九回写邢岫烟进京,"走至半路泊船时",遇上李纹姊妹,便"打帮"来京;第一〇二回写探春回婆家,"上轿登程,水舟车陆而去";第一一六回写贾母等三人灵柩"发引下船"等。书中此数次入京、出京事,亦应是于张家湾上岸、登舟,除此别无他处。可见,曹雪芹非常熟悉古运河码头张家湾。

过会热闹数何地

《红楼梦》第一回中,甄士隐梦见"太虚幻境"之后,见女儿英莲生得粉妆玉琢,便喜抱怀内,带至"十里街"看那过会的热闹;又第十九回中,上元节后,贾府余兴未消,贾珍又在东府搭台唱戏和"扬幡过会",亦非常"繁华热闹"。此所言"过会",明指两处,一在街中,一在府内,而实指一事,不过有规模大小而已。在古代,数档花会大街上开场表演,依次往预定方向转移,复开场表演,如此边走边演,直到终点,至某庙宇内上香完毕方散。这种民间文艺表演形式,对表演者而言称作"走会",对观看者而言,因花会从各户门前经过,便又称作"过会"。借问古时京城与郊外何处过会最"热闹",古谣云:"京畿花会何可观,十人九说张家湾。"可见,张家湾堪称"过会热闹"之冠。

古时张家湾地区,由于水陆交冲,乃大运河北端大码头所在,地理环境优越,战略地位重要,人文历史悠久,经济力量雄厚,故而民间艺术丰富。尤其是花会,附近百余村庄,几乎村村有会,诸如高跷(又分文跷、武跷)、小车、少林、开路、狮子、铙子、吵子、大鼓、中幡(又分红、黄、绿等)、龙灯、跑驴、旱船、竹马、十不闲、五虎棍、童子老会等,有些会因师传而表演内容与形式之不同,又分成几派,各施绝技,相互争奇斗胜,五彩缤纷,喝彩不绝,十分热闹。

约定俗成,旧时每岁元宵节,数十档花会聚集于张家湾城内广福寺,然后顺次出发,出城南门,穿十里街(只有张家湾处有此街名),沿大运河,奔里二泗(旧运河南岸一较大村落),入佑民观去上香,表演一场,前走一段,绵延数里。通州城内市民络绎而来,张家湾百姓倾城出动,百余村庄农民扶老携幼,观者塞街填巷,好生繁闹。

数百年来,当地百姓流传民谣说:"马营的秧歌(即高跷会)牌营(今之牌楼营)的会(即小车会),皇木厂的竹马排成队。""公益会,惹不起,童子老会不说理。""南八会、北八会,碰到一块就作对。"将"过会的热闹"给以形象生动之描绘。皇木厂村在张家湾城东门之外,因设有建北京之皇家木厂而名。是村花会——吵子竹马之表演,最为精彩别致,因此曾经受过清廷皇封,会员均身穿黄马褂,所以其他众多档花会都惹他不起(1964年"四清"运动中,皇封行头皆被烧掉)。更有张家湾城内之童子老会,表演者为一班十几岁顽童,走会不按次序,随心所欲,天真活泼,最不讲理,其他档花会亦无可奈何,无法用会规约束之。此外,因各档花会均想当众献艺,以博得赞赏,有时互相比试,某环节稍有不慎,处理不当,就会发生吵嚷,甚或动手相打,则更添意外热闹。由于过会人多,又在水陆要会之处,因此四方商贩会集而至,百货丛集,无所不有,不仅热闹非凡,而且相当繁华。

我国古城众多,据考只有张家湾城内外有一条南北向大街称"十里街",而此街过会甚为热闹,这是历史事实。曹雪芹虽然在书中点出两处"过会"之事,但可见其对张家湾民俗及民间花会艺术亦相当喜欢和了解,不然何以一呼即出,信手拈来!

童子老会

褡裢与蓑衣

《红楼梦》第一回内,甄士隐在岳丈家居住时,于街上遇见一位跛足道人,不多时便"将道人肩褡裢拉了过来背着",同疯道人飘飘而去。又第四十五回中,

197

在雨中潇湘馆里,黛玉触景生情,写罢《秋窗风雨夕》一诗将欲安歇,宝玉"身上披着蓑衣"进来,惹得黛玉直笑。

此处提到之褡裢与蓑衣,在北方农村大概普遍可见,但是论多,还应数张家湾第一。

有史可证,元代以来,数百年间,张家湾一直为京杭大运河北端之大码头,乃京东重要之大集市,而且日日为集,只此一点就是京郊独一无二之事、得天独厚之处,五湖四海之物资至此汇集交易,四面八方之官民来此聚会购销,盛况空前。当地农民赶集,一般肩负褡裢,微少物品即放之于内。此物多为三块线织口袋片缝制而成,底片约长一米,比肩稍宽,两端各缝上一块袋片,形成二兜,口相对,距约三十厘米。用时,将底片搭于一肩,二袋相连搭在肩之前后,故曰褡裢。古时货币一般均用铜钱,较为沉重,衣兜难容,故多放入褡裢之袋内,因其形如分裆,故当地人俗称其为钱叉子。旧时,乡间小贩亦常用褡裢,将钱物分装于袋内;有时修理铜、铁、锡器皿等小手工业者亦用之,将所有小件工具放入兜中;甚至城中送报者亦效仿用之。生活需要与环境造就,古代张家湾一带生产褡裢,一直沿用至1958年渐止。社会改变,经济发展,技术提高,又使褡裢消亡,而今邮递员自行车上之书报兜,就是古代张家湾地区农民所用褡裢——钱叉子之遗型。

至于蓑衣,张家湾一带农民自古就用之避雨,家必备之,其主要原因是此处多河富水,地势低洼,莎草极为丰盛。辽金时代,此处曾是京郊著名大型湖沼——延芳淀之一部。沿至元朝,由于河川冲击,洪水泛滥,大淀淤塞,但此处仍然众河会流,坑塘遍布,诸如白河(亦称潞河)、榆河、浑河(永定河东支)、通惠河、萧太后运粮河等纷流而至,水势环曲,河滩辽阔,莎草盛长,京郊任何地方不可比拟。张家湾一带,浅水之区,河滩之处,低洼之地,莎草大片生长,密密麻麻,至今尚有遗迹。此草高约1米,独茎三棱,叶少而长,光润柔韧,当地人以莎草之茎形俗称之"三棱子"。此草割下晾晒,至潮干时捋顺捆把,闲暇之时用以编织蓑衣。

蓑衣

198

早在战国时期,就已用"蓑草结衣,为御雨之具"。两千余年来,张家湾一带村落之农民,代代相传,自制蓑衣,雨时披之身上,以避雨淋。此处河塘众多,自古就有许多渔民,终年以打鱼为生,蓑衣乃常备之具。更有农民亦均喜于闲时用网捕鱼,引以为乐。每年夏秋之交,阴雨绵绵,身披蓑衣,到水边下网,别有情趣。当地古来传有民谣曰:"小雨淋淋,烧酒半斤,蓑衣一披,搬鱼到黑。"此足以说明此处编织与使用蓑衣之早之多。此外,雨天农田排涝或走亲串友,则亦都身披蓑衣而往。此情此景,在京城,在西山则很难见到。直到 50 年代,各种雨具出现,农民生活水平提高,蓑衣才被淘汰,然而至今此处一些老人尚有会编织者。

书中道人肩上之褡裢、宝玉身上之蓑衣,俱在曹雪芹笔下出现,此非曹公闭门造车也,而是其亲目所睹,且见多而识深,随笔流出,此大概与其在张家湾多见褡裢与蓑衣不无关系。

铁锨与夹剪

《红楼梦》第四十回中,在大观园秋爽斋,贾母请刘姥姥吃饭,凤姐命人取来一双"老年四楞象牙镶金筷子",刘姥姥握筷说道,"这比俺那里铁锨还沉",说毕众人大笑。又第五十一回内,在大观园怡红院,请来一位大夫为晴雯治病,要付与大夫一两银子,便取出一块五两已夹去半边之银,因当时"没有夹剪",又显小器,就交给仆人拿去。此处所提之铁锨与夹剪,曹雪芹于何处得以多见而且印象很深,亦值得研究。

铁锨,是一种挖土工具,用途广泛。在商周时代,以铜铸之,称作锸,或作铲。铁出现后便改进之,仍以锸名之。敦敏在吊曹雪芹诗中有"鹿车荷锸葬刘伶"句,其中"荷锸"一典乃引用晋时之事,道刘伶纵酒狂放,使人肩扛铁锨随之,告诉随者,其死在何处,即用铁锨掘坑埋之。以此事来描述曹雪芹穷困潦倒,死后丧事极为简单,甚或以小车载尸挖圹葬埋之悲惨情景。所谓铁锨,乃锻打而成,长方平刃,身微内弧,上部中间为菱形銎,銎下端顺延出脊,方肩稍厚,安上木柄即可使用。古时张家湾地区修河、筑坝、打堰、掘井、翻地、和泥、挖沟、铲草……许多工程与农活,都须使用铁锨。因此,此处古来铁匠很多,以打制铁锨与其他农具。又此处乃南北物资交易大市场,铁源不断,所制铁锨可销往各地,因而促进铁业发展。清末洋务运动之后,所谓"洋铁"与设备、技术渐渐传入我国,用铁板一次冲压而成之铁锨逐渐增多,使用轻便,又不硌脚。然而张家湾地区仍然喜欢使用家乡自己锻打之铁锨,坚硬而锋利,较之铁锹得用,并引以为自豪。50年代末,当冲压铁锨日益改进之后,铁锨才不再被锻打使用。曹雪芹家典地六百亩,在张家湾城西(现仍存有老界沟)一带,许多农活和工程均必用铁锨,他大概不会不清楚,不会不熟悉。而在西山,农事多用镐、镢,以对付山地,刘姥姥所说铁锨绝非于此常见。

同样,张家湾一带铁匠亦能打制"夹剪",世代相传不绝,至今此处一些老人还将钳子习惯称作"夹剪",此名流传悠久。夹剪是夹而不剪,因其形若剪子,故而称之。此物轴前短直,方形平头,内面直平,轴后稍长渐圆,尺寸有差,以防硌手,便于借地用力,如现代之钳子夹物一般。此外还有一种长柄夹剪,乃铁匠锻造使用,以防烫手。此处铁匠众多,故所制夹剪亦属畅销之货。书中道那块五两银子已经"夹"去半边,而不是"剪"去半边,再想"夹"出一两银子付与大夫,而一时没有"夹剪",此种夹剪即指前面所述之短柄者。曹雪芹在何处多见夹剪而且熟悉之? 大概亦应是张家湾。

花子与野坟圈子、乱葬地

《红楼梦》第十九回内,宝玉不愿在东府看戏观会,茗烟要带其悄悄出城去逛,宝玉害怕道:"不好,仔细花子拐了去。"此处所提之"花子",在书中注为"叫花子(乞丐)",这里指"人贩子",张家湾地区俗称之为"拍老花子",亦简称"拍花子",并非"叫花子"之意。

拍老花子,古时在京郊经常出现,其以阴险欺哄之卑劣手段,专门拐骗独自出家游玩之儿童,然后到张家湾人市上,插上草标卖掉。张家湾为运河码头,南来北往者非常之多,买下儿童登舟就走,或骑上骆驼即去,待家长来寻时已无影无踪。往往女童被卖到妓院,男童被卖与官家为奴,异常凄惨。除张家湾设有人市外,京城内外很少有此市场,因此张家湾成为拍老花子聚集之地。也有些人贩子,窜到乡间穷苦户中,以甜言蜜语当面骗走儿童,但此种人贩子不称拍老花子,而直称为骗子、拐子,二者实质相同而方式相异,有明显区别。当地大人怕自家儿童独自到野地游玩出事,便吓唬道:"别出去,地里有拍老花子!"或者儿童随大人下地劳动,贪玩不回家,大人即恐吓道:"你不走,一会儿拍老花子就来了!"可见,宝玉怕出城被花子拐去,此"花子"乃指"拍老花子",而这种"花子"只有在张家湾才能常见,曹雪芹大概谙知。

书中第五十一回内,茗烟请来王太医为晴雯治病,药方里开些温和药,宝玉喜向麝月等表述自己身体结实时道:"……我就如那野坟圈子里长的几十年的一棵老杨树……"又第六十九回中,贾琏二房尤二姐不能忍受凤姐精神折磨,便吞金而死,贾母要下人将其尸抬出一烧或"乱葬地埋了"完事。此处所提之"野坟圈子"与"乱葬地",有清一代在张家湾一带,到处可见。

野坟圈子,是指有主墓地,在张家湾城西、城北,遍地皆有。此处地势稍高,土质坚密,地表水容易流走,地下水不易渗透,兼之地近萧太后运粮河与京杭大运河,旧时可谓"风水"好,故北京与通州城内官绅,皆愿选在此处立墓,因而坟地毗连。竟有以坟地命名之村庄,如将军坟、魏家坟、冈家坟、白家坟、车里坟等村,还有琉球国墓、赵王坟、国柱坟、宫女坟、谢尊光墓等一些名墓,坟冢相望,树林片片。曹家坟就在张家湾城西、北运河(亦称潞河)西畔、萧太后河北岸、京张古道北侧(即出土曹雪芹墓石处)。如此有主坟墓,均于其祖冢后面,以土堆起一道弧形高岗,象征山峦,效法帝王陵寝选在山前水后之意。因土岗形如半圆圈,故称为"坟圈子",又因处在郊野,故俗又概称之为"野坟圈子"。此种墓地有栽植松树者,有栽植杨树者,未有植他树者,故宝玉自夸体健如野坟圈子之老杨树,不无道理。

关于"乱葬地",则是无主墓地,在张家湾一带更多。古时有钱人买块土地,使穷人或他乡人死有葬身之地,故古称之为"义地";更有些穷人,亲人死去而无地可埋,便随便找个土丘或荒岗,掘坑掩埋,渐渐增多,地无定主,埋无秩序,故名之曰"乱葬地"。因张家湾乃运河北端大型码头,异乡来往人甚多,船夫、脚夫、纤夫、伙夫、贩夫、农夫等穷人不可胜数,不免伤病寒饥而亡,无友者暴尸荒野,有朋者将尸葬于闲岗,故此处"乱葬地"较他处为多。对此,曹公大概目睹极多而印象颇深。

刘姥姥所带所见之土产

《红楼梦》第三十九回中,平儿在凤姐屋内,见几个小丫头从刘姥姥带来之口袋里倒出"枣子、倭瓜并些野菜";第四十回中,在蘅芜苑处,贾母率众饮酒行令,刘姥姥亦来凑趣,见鸳鸯说出"右边'幺四'真好看",便随口答出"一个萝卜一头蒜";再第四十一回中,刘姥姥醉后逛大观园时发现一带竹篱,上有扁豆,遂自忖道:"这里也有扁豆架子。"此处所及几样土产——枣子、倭瓜、野菜、萝卜、

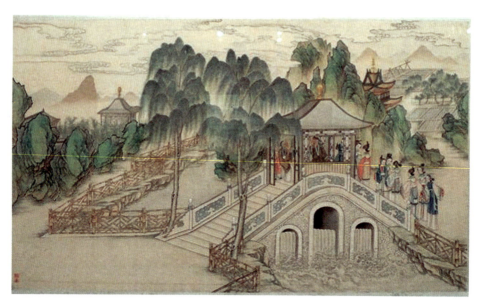

大观园

蒜与扁豆等，多是秋季方可并见者，而何处才能同时见到诸种蔬果，值得探讨。

刘姥姥带到贾府之枣，非山间酸圆小枣，而是乡间小枣。早在春秋战国之时，北方所产大枣即已名闻华夏。沿至金代，朝廷规定每户农民最少要有三成土地栽种枣树。到元代，皇家责令每丁保证栽活枣树二十株。迄明代宣德间更甚，则强迫每丁栽植枣树一百株。而京郊不敢苟且，到处枣树成林。今通县境内就有两座村落名为枣林，其中张家湾镇内之枣林庄，元代前建村，因当时枣林著称而名；附近百余村庄，几乎村村户户喜植枣树，此风一直延续至解放初期。该镇内之何各庄村，元代建村，田家曾有一株枣树，系明代所植，主干两人合抱，每秋红枣串串，甚是喜人，可惜于"文革"间被伐矣！

刘姥姥所带之倭瓜，正名称"中国南瓜"，其形有长圆、扁圆、圆、弯长者。其中那种扁圆形者，因其矮扁故称倭瓜，身有纵向弧棱，状如柿，因又俗称"柿饼倭瓜"，在张家湾一带盛产此种。其肉厚瓤小，沙性甘甜，既可当饭，又能入菜，家家或种于篱笆根下，或栽在地角园边，至今如此。当地将老实忠厚人贬为"老面倭瓜"，非常形象生动。

至所带野菜，即乡间自生自长者，无人栽植。因为是与枣、倭瓜同时带去，故亦应是秋季所长者。乡间野菜大都在春、夏季多产，鲜嫩可食，以济时饥。每到秋季，地上各种植物大都结籽枯萎，然而由于张家湾地区，秋季多雨，气候温和,土壤潮湿,地力肥沃,有些野菜生长二茬,如蚂蛉菜(即马齿苋)、人人菜(俗称)、河涝涝(俗称)、刺菜(蓟菜)等,还有秋播麦地里长出之黄豆芽等,均可剜之食之,别有风味,至今尚然,若在京西山下则难以见到矣。

关于刘姥姥行令时所言之萝卜与蒜,则更是张家湾地区特产。此处所提萝卜非指红心美、箭杆白二传统品种,而指那种粉红皮、满白心者,只能炒菜做饭,不能生食或腌制。此种当地俗称"汗萝卜",可入窖储存,随吃随出,直至次年三春,比白菜食用时间还长。因牌卜"幺四"红点像汗萝卜之形,故而刘姥姥脱口而出,很为形象。而蒜是指那种紫皮者,颇辣,京城内外均喜食用,今尚如此。牌上上端那独一红点,若一头紫皮蒜,刘姥姥敏捷而形象指出,很为生动,在座者无不大笑。古时,张家湾地区有一首"四辣"谣道:"青皮萝卜紫皮蒜,扬头老婆低头汉。"用辣萝卜与蒜比喻蛮横无理、走道扬头之刁妇与阴险狡诈、行路低头之恶男。曹雪芹倘不熟悉张家湾之特产,何以请刘姥姥出来道出粗俗而形象之令词!

至于刘姥姥所见那种扁豆,仍是张家湾一带之土产,旧时农家无不种之。此豆之蔓附篱而长,角宽而弧扁如镰刀,故称之为扁豆。其角嫩时可腌可炒,以腌为佳;其籽熟后可以放入五香调料煮食之。春种籽,夏长秧,秋结角,生长期较长,直至霜降,故只能植于篱笆根下闲处,让其自长,无虫无害,到时摘角就是。此种扁豆有股膻气味,故当地又俗称之为"膻扁豆",此豆至今尚然种植。有时,豆蔓从篱笆爬到篱边小树上,得风盛长,结角益多,所以当地流传一谜语:"一棵小树高不高,上面挂着小镰刀。"其谜底就是"扁豆"。

野菜与蔬果于秋季并见,在京城、在西山恐难出现,而在张家湾,所言蔬果不仅是当地土产,而且于秋季与数种野菜可见,曹雪芹大概熟悉之。

祖孙戏说虫禽

《红楼梦》第四十回内,刘姥姥带板儿随贾母到大观园秋爽斋探春屋中闲聊,板儿手指探春那葱绿双绣花卉草虫纱帐上之图案道:"这是蝈蝈,这是蚂蚱。"被刘姥姥打一巴掌。后又走入蘅芜苑宝钗住处饮酒行令,鸳鸯手指一骨牌,上面斜排三绿点,下有四红点,说"中间三四绿配红",刘姥姥答曰"大火烧了毛毛虫",众人大笑。第四十一回中,蘅芜苑酒后,刘姥姥陪贾母散步,看见笼中八哥,说是"黑老鸹子"长出凤头来,又惹大家一笑。此处提到之昆虫与飞禽,亦是张家湾地区常见者,曹雪芹当亦深为了解。

蝈蝈儿

蝈蝈儿,长有三四厘米,生在夏秋之交,葱绿色,因与玉米、高粱叶同色,故不易被发现。其头似蝗虫,短翅大腹,靠两翅基部摩擦而发声,颇为悦耳,对作物稍有危害。顽童常捕之,请大人用秫秸篾儿编制扁圆小笼养之,喂以倭瓜花,挂在窗处,令其鸣叫。古时张家湾人常称大腹便便之地主老财为"大肚子蝈蝈儿"。板儿生长在农村,常随大人下地,对此虫相当熟悉,故一见便知。此种蝈蝈儿与西山蝈蝈儿不同,山区生长者体小而土色,区别明显。

蚂蚱乃乡间土语,正名称蝗虫。此虫头顶二须,圆目突大,翅长能飞,后腿健而善跳,种类很多,因其活动场所与生活习性不同,故有不同颜色和跳飞能力。探春绣帐上所绣者为葱绿色,此种蚂蚱在张家湾一带多见,通体绿色,头尖体长,两只后腿长大,跳跃能力差,常生长在扁豆秧上,易为人捕捉但不易被发现,儿童常用两指捏住其后腿下节,其便连续挺直后腿几次,似人排水而起,故古来儿童边玩边道:"蚂蚱蚂蚱跳水……"因而书中板儿一见即晓。

至于毛毛虫,则更是张家湾一带土话。此虫正名称作松毛虫,幼虫时体圆而长约两厘米,色与树叶相似,从头到尾有几条纵向色线,浑身长满细毛,故当

蚂蚱

地古来习称之为毛毛虫,对树危害很大。此虫形状丑陋,幼童见之惧怕,因此大人每见儿童哭闹不听话时,就常唬吓之:"还闹呢,毛毛虫来喽!"书中刘姥姥答令时,见牌上那三绿点斜排,像一条毛毛虫在爬,牌上那四红点组成方形如农家灶门烧火一般,便顺口说出"大火烧了毛毛虫",十分形象。

乌鸦

关于"黑老鸹子",古来,每年秋冬与早春,张家湾地区经常见到。因此禽形似鸦,且遍体乌黑,故称乌鸦。喜群体生活,时或一群成百上千,在地上捕捉小虫之类而食,此飞彼落,令人眼花缭乱,呱呱叫盈耳,因其叫声,当地又俗称为"黑老鸹"。

古时张家湾本地贫民或四方之苦力,或因饥寒交迫而死,或因拷打鞭笞而亡,弃尸荒郊者时有发生,乌鸦便成群乱叫围食,故当地百姓一闻乌鸦叫声,便有不祥之兆,皆讨厌之。由于厌烦这种"黑老鸹",就在名后加一"子"字,称其为"黑老鸹子",感情色彩甚浓。当地古来流传一句歇后语:"老鸹落在猪身上——谁也别说谁黑。"讽刺两个都有毛病者相互埋怨和指责;还流传一句谚语:"天下的老鸹一般黑。"比喻各处之剥削者都一样压迫穷人。

书中刘姥姥与板儿所戏说之昆虫和飞禽,曹雪芹定然非常熟识,有可能就在其家之六百亩典地中亲眼所见。

花枝巷和小花枝巷

北京城内旧以"花枝"命名的街巷有三处,一在内城南城称"花枝营",一在内城东城称"花枝胡同",但直接称作"花枝巷"不曾见有。在通州城东北角部位也有一条花枝胡同,也未曾呼作花枝巷。然而《红楼梦》第六十回"幽淑女悲题五美吟,浪荡子情遗九龙珮"中写道,贾珍将其二小姨子尤二姐暗暗安顿在"小花枝巷"内一所房子里,此处的"小花枝巷"是"假语村言"吗?非也!

说到小花枝巷,应该先交代清楚花枝巷。此巷在张家湾城南门内以西,与城墙平行,东西走向,约有四百米,曹家当铺就在巷内路南。巷内南北两侧古时住居的都是豪门富户。就在花枝巷腰部,向北有一条小胡同,直通西门内大街,它就称小花枝巷。从北方来张家湾码头乘船南下的,或从南方来张家湾码头登陆入京的,有时不走西门内大街和南门内大街,而是走小花枝巷和花枝巷。

就在小花枝巷南端西侧,旧曾有一所院落,有二十来间房,据当地老人相沿传语,这所院子最早是雪芹曹家染坊,曹家败落后转卖给黄家,黄家再转卖给张家,到解放时一部分拆建。原院中东厢房北屋内有一眼砖井,口小底大,约有十米深。此井非为饮用,而为夏季凉镇蔬果等物,以防腐烂,有现代冰箱作用。有年5月份,张家湾镇政府派工拆掉此间房子,拆下的檩条上有旧钉眼很多,内含不少古代锻铁枣核钉子,多有锈烂,据我们考证,这种房檩曾被反复使用,约有三百年历史。另外,在井口砖缝间发现一枚"康熙通宝"铜币,据我们考证,此币是当初砌井的瓦匠故意放的,估

花枝巷旧照

计井壁每层的砖缝中都会有一两枚当时流通的铜钱,以求吉利安全。同时,在井底清出一折扇嵌金檀木边骨,据有关专家初步鉴定,这一扇骨是乾隆以前之物,这不由使我们联想到《红楼梦》第三十一回、四十八回中撕折扇的情景。这所院子的后面原是一片空地,曾是曹家的花园菜圃,解放后还是一块菜地,而今建了许多民居。

如此可以认为,曹家当铺选在花枝巷内,不设在闹市大街,与权势之家为邻,一为安全,二为赚钱,三为结交。曹家选在城中西南角部位的小花枝巷置染坊,一为与自家当铺为伍,二为环境幽雅安静。这就不能不向我们提出一个令人震惊的问题:曹雪芹是否在此居住过而且在此著过《红楼梦》呢?

西门外牟尼院和花匠

《红楼梦》第十七回至十八回中,提到妙玉十八岁在苏州入了空门,"去岁随了师父上来,现在西门外牟尼院住着";第二十四回中,提到凤姐应贾芸所求,在

大观园里种树栽花,贾芸取银子"出西门找到花匠"买树。两件事虽性质不同,却都与"西门"有关,不能不引起我们注意。

先已谈过,这里提到的"西门"不会指北京城的西直门、阜成门、广安门和西便门,道理清楚,不再赘述;也不应该指通州城的西门,因为通州曾有旧城西门、新城西门,在清乾隆三十年(1765)将新旧城合并,旧城西门失去城门作用,只留新城西门,然而那时,曹雪芹已经逝世两年了。按照曹雪芹的足迹来说,书中的"西门"无疑是指张家湾城的西门了。那么,西门外有无"牟尼院"?"牟尼"是指释迦牟尼,他是佛教鼻祖,佛教中没有一位僧人以本教祖师名字直接命名寺院的,因此这是曹雪芹的"假语村言"。但是在一些寺院的正殿——大雄宝殿中,一般都供奉释迦牟尼像,可没有在匾额上直出"牟尼佛"者。所以可以说,曹雪芹笔下的"牟尼院"必是一座主要供奉释迦牟尼像的寺院。张家湾城有没有这样一座寺院呢?

在张家湾城西门内有座较大的寺庙称作广福寺,元代创建称高丽寺,以高丽庄而名,明正统四年(1439)重修,赐名广福寺。此寺南向,三进院落,正殿是大雄宝殿,内正面当中供奉铁铸释迦牟尼大型佛像,两侧诸佛像也都为铁铸,故此闻名遐迩,香火极盛。明初,徐达率军北伐,对蒙古人非常仇视,所过之处,凡蒙古人坟墓、蒙古人所建寺庙,都基本上给毁掉,这里的很多铁佛也难逃劫难,被拉倒弃于寺前的水塘之中(解放初期被挖出砸烂卖铁)。明代重修,又泥塑释迦牟尼像供奉。此寺每年在旧历四月初八佛诞日,举行香场庙会,甚为热闹。该寺就在曹家当铺以北百余米处,曹雪芹对这个不清楚吗?不过将这座供奉释迦牟尼的寺院从西门里移到了"西门外",则是虚构了。

至于说到"花匠",就应提到花园,提花园就得说明花园由来。据古籍记载,在张家湾设有不少国家机关,诸如通济库、巡检司、大通关、盐仓批验所、抽分竹木厂、潞河驿以及营卫等多处,这些机关大都设在张家湾城南码头附近,其中盐仓批验所就设在西门外以南烟墩桥及西泊岸附近,极为富有。诸处官员也效仿皇帝与贵臣而兴建园林,以供游玩。就在西泊岸及水月庵附近建有一座花园,由施姓管理,俗称施家花园,园中自有花匠栽培各种树木和花草。所以书中写贾芸"出西门找到花匠"买树,不是曹雪芹凭空构想的,是有一定生活基础的。

玉皇庙和达摩庵

《红楼梦》第二十三回中提到凤姐将大观园里"玉皇庙并达摩庵两处"的小沙弥、小道士,打发到家庙铁槛寺去,要贾芹管理,以便元春省亲时随叫随到。

这里所言"玉皇庙并达摩庵",在洋洋巨著中虽只提此一次,但因句中"并"字很重要,所以有必要进行探讨,因为这"并"字表明了两座庙宇间的并列和相近的关系。

玉皇庙天下很多,主要供奉玉皇大帝,是道教庙宇。旧时北京城内就有这类庙宇二十来座,只张家湾城附近就有两座,城东一座,城北一座。城北这座玉皇庙就在土桥村中、通惠河北岸、张通古道东侧。元建清修,南向面河,二进院落,正殿供奉的玉帝泥彩塑像,身着九章法服,头戴十二行珠冠冕旒,手持玉笏,非常威武尊贵,两侧供奉的四大天师,形态各异。每年农历正月初九日是玉皇诞辰日,此庙举行祝寿道场,诵经礼忏,祈祷风调雨顺,国泰民安;腊月二十五日又是玉帝下界巡视众生日,考察人间善恶祸福。因为这里是交通要冲,平素各方官民商旅交织于此,互相争道抢行而吵打者屡有发生。另外此处地势低洼,河水在夏秋间经常泛滥,桥没道断。所以为镇住三界十方,道教在此处建了玉皇庙。此庙在"文革"间拆除。

无独有偶,就在玉皇庙西面、张通古道西侧又有一座庙宇,称作达摩庵,也是元建清修,也是南向面河,二进院落,正殿供奉泥塑彩绘达摩佛像,肩负禅杖,立足芦苇,稳渡江流,以示其坚毅不拔,法力无边。达摩是南天竺僧人,北魏时在嵩山少林寺,"面壁而坐,终日默然",达九年之久,提出舍伪归真、灭却情欲的修行方法,被佛教视为禅宗初祖。因为这里来往船只、过往车马、官绅百姓、地痞豪商等,经常发生矛盾,为调和缓解这种矛盾,则以去伪存真、禁扼私欲的佛教经义去进行说教,所以佛教在此建庙。此庵后殿供奉观音菩萨,因此又俗称菩萨庙。此庵至今后殿尚存。

特别需要指出的是以上两座庙宇一道

铁槛寺

208

一佛,同在通惠河北岸,同向同大,同在土桥村中,同在古道两侧,而且相距不足一百米。这就不能不令我们联想到《红楼梦》中提到上述二庙时用的那个"并"字来。试问:北京城郊"并"处一块儿的玉皇庙和达摩庵还有哪里呢? 可见曹雪芹在著书时并未将此"真事"隐去,只是将张家湾城北不远的土桥村移到了书中的大观园,从而成为"假作真时真亦假"的"假语村言"了。至于《红楼梦》第二十五回写有"荐玉皇阁的张真人"来给宝玉、凤姐治病一事中提到的玉皇阁,旧时一般不是一座庙宇,而是道教庙中中轴线上的一座主体建筑——后罩楼,内奉玉帝,称玉皇阁。张家湾城东的里二泗村西口、北运河南岸边的佑民观,它的第四层殿宇就是玉皇阁。此观驰名中外,香火极盛,南来北往的旅客大多上岸入庙祭拜,每年举行规模盛大的香场庙会,曹雪芹是否也熟悉佑民观中的玉皇阁呢?

北门大道和水仙庵

大凡古城,其大者四边各建几座城楼,都取美名,因此出入城门全不可简以方位称之,如北京城的德胜门和安定门,虽然都位于皇城北边,但是不能简称北门。而一些小城,四边各建一座城门,虽各有美名,但百姓喜以方位称之,如通州城北边只设一座城门,雅称凝翠门,而一般百姓都习称北门。张家湾城属于小城,四边各只设一门,东边后开一便门,因此可简以方位称呼城门。为什么要谈及这一问题呢? 因为《红楼梦》中涉及此事,不能不先介绍一下,以防他解。

《红楼梦》第四十三回写宝玉不参加凤姐庆诞宴会,却托言去北静王府而骑马出城去祭奠金钏,所走的道路就是"出北门的大道",并且"转了两个弯子,出了城门",随后进了"水仙庵",烧香施礼;第四十七回写柳湘莲约薛蟠在"北门外头桥上"聚会,遂将薛蟠骗至"下桥二里多路"的一带苇坑,痛打一顿。这里所写的都是张家湾城北门内外的情景。

张家湾城南门外大运河西岸曾是码头的东泊岸,元末至明嘉靖六年的近二百年间,通惠河缺乏彻底治理,河道淤浅,而张家湾城以北的北运河,也水量不足,故此从南方水运来的漕粮、百货都要在张家湾码头卸船,然后陆路转运到通州、北京。因此形成一条南北向的大道,即前面提到的十里街。这条大道进南门,出北门,过土桥,穿梨园,入通州,转北京,因四季繁忙加上年久,这条大道如河道一般,至今仍有遗迹可见。从花枝巷出来,拐一个弯子上大道,行至便门处,又稍向东拐一个小弯子,继续沿大道北走,便出了北城门。北门外是护城

张家湾城北门(1900年摄)

河,在河上建有一座单券石桥,桥侧设有石护栏。

下桥继续沿大道北行,约二里路至土桥一段,与通惠河并行。此段河道由于淤浅,宽窄深浅不一,形成断断续续的坑塘,久不通船,便生长许多芦苇,形成一条绿带,至今芦苇尚有,不过没有那么多了。说也凑巧,就在北门外通惠河东岸有一座庙宇称作水仙庵,元时所建,只一进院落,面西,隔河与铁锚寺相望。此庵供奉水神河伯,因为庵中尼姑喜植荷花,故也俗称莲花寺。今庵早已荡然无存。

如此看来,曹雪芹在著《红楼梦》时,大概对张家湾附近的地理环境十分熟悉,实际与所写何其相似!

桥闸和行宫

《红楼梦》第十七回至十八回在写贾政"大观园试才题对额"时描述道"原来这桥便是通外河之闸",并名之曰"沁芳闸",还写了贾元春省亲游览大观园时"进入行宫",想必曹雪芹对桥闸和行宫也甚了解。

桥闸,既是桥可通行,又做闸以节水,两种功能兼备。古代北京城郊的桥闸只有几座,大多是元、明时挑挖通惠河所建,如东便门外的大通桥闸、通州城内的通流闸。就在张家湾以北、以东也有两座闸,都是元代所修,当时史书上还没有张家湾这个地名,两座闸因距离高丽庄较近,故称作高丽庄闸。其下闸离通惠河汇入白河(也称潞河、北运河)的河口很近,又俗称河门闸,只起节水作用,至今遗迹尚存。其上闸在土桥西口,今仍保留有一些石料。这座闸东侧就建有石桥,可通大车,由张家湾码头去通州、北京的大道就穿过此桥。明清时代,北运河又俗称外漕河,简称外河;通惠河又俗称里漕河,简称里河。所以,《红楼梦》中所提到的"通外河之桥闸"就只有张家湾城北的"广利闸"了,因为这是元代通惠河上通往白河的唯一一座桥闸。

至于"行宫",则为数众多,康乾六下江南、两陵祭祖、泰山封禅、木兰秋猎、巡视河道等活动,京畿所建行宫星罗棋布,而张家湾行宫并非皇帝敕建,而是康熙皇帝巡视运河时暂且利用太平寺作为行宫,因而渐渐习称行宫庙。此寺在张家湾城北二里多路的砖厂村西、运河西畔、古道东侧,与上面介绍的桥闸相距三百余米。此寺南向,二进院落,殿宇宽敞,翠柏劲挺参天,国槐浓荫匝地,康熙帝选择此寺歇息议事,非常适宜,因为这里正是北运河大回弯之处,极易淤浅。尤其应该一提的是,除通州城中行宫外,在京附近,此处行宫可算距京城最近,距张家湾城最近。由于《红楼梦》中提到了"行宫",所以我们不能不对张家湾城北这座实际上处于特定环境中的行宫介绍一番。

由此,我们是否可以认为,曹雪芹在写大观园内的桥闸和行宫,其生活源泉就是张家湾城北的广利闸和行宫庙呢?

栊翠庵和地藏庵

《红楼梦》自第四十一回写刘姥姥见到妙玉始至一二〇回止,提到栊翠庵处共十七次;自第七十一回写宝琴、湘云同两个姑子说笑话开始至一一五回止,提到地藏庵处共五次。两庵在书中情节上所起的作用不同,故而提到的次数相差悬殊,然而,实际上两庵到底有无呢?

书中的"栊翠庵"是十二钗中的妙玉所生活的地方,所以提到的次数较多。可是北京城郊却没有称作栊翠庵的寺庙,可见是曹雪芹虚拟的一庵,然而在张家湾城西门外西甸村西北角倒有一座庵庙值得研究,此庵称作"栊泉庵"。其实"龙泉庵"在北京城郊所见不少,但其头字都是"龙",唯独此庵头字是"栊"。此庵在萧太后河北畔,张京古道北侧,距发现曹雪芹墓葬刻石处约四百米。庵南向一进院落,院中有一眼古井,水质清洁,味道甘甜,与当地其他众多苦水井不同,村民全愿食用此庵井水。为保持清洁,防止乱扔杂物入井,避免树叶刮入,便用木围成护栏,故称"栊泉庵",并非他处"龙泉庵"的意义。庵内供奉的也是观音大士。《红楼梦》第一一三回写道:"栊翠庵原是贾府的地址,因盖省亲园子,将那庵圈在里头。"而张家湾的"栊泉庵",它的西北都是农田,而且距发现曹雪芹墓石的地方不远,这就使我们不能不联想到曹家在"通州典地六百亩"一事,而且进一步想到,清初圈地时,曹家是不是也将"栊泉庵"圈在旗地中去了呢?曹雪芹笔下的"栊翠庵",不是没有生活源泉的。栊泉庵解放初期就已荒废拆除,庵中甜水井因前些年自来水进入千家万户也废弃填塞了。

211

在北京,"栊翠庵"不曾有过,但《红楼梦》中提到的"地藏庵"却是很多,在张家湾城西300余米处,萧太后河南岸也有一座地藏庵。此庵创建于唐大历年间(766—779),初称净业院;明宣德三年(1428)重修,改称净业寺;万历五年(1577)再次重修,易名立禅庵。此庵南向一进院落,主要供奉地藏菩萨,故又称地藏庵。敬奉地藏菩萨是要人们安忍不动,静虑深密,不要轻

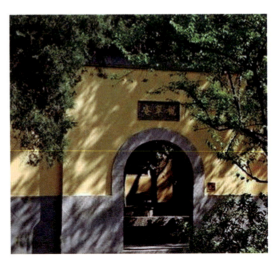

栊翠庵

举妄动。因为庵东是张家湾码头的西泊岸,这里的脚力、商贾为争地盘,经常打架斗殴,死人事不时发生,附近的烟墩桥上又是刑场,附近的卖人市上哀伤而死者也为数不少,故此在此庵中供奉地藏菩萨,以救度地狱中所有的罪鬼。此庵与栊泉庵隔河相望,距曹雪芹墓石发现处也甚近,想到《红楼梦》第一一五回里地藏庵的两个姑子去见惜春时说"我们是本家庵里,受过老太太多少恩惠",也不由使我们深思:清初圈地时,地藏庵是否也被圈进曹家的六百亩典地中去了呢?

"假作真时真亦假,无为有处有还无。"曹雪芹的创作与他的生活源泉之间的关系,就是这样奥妙无穷!

(作者:周庆良)

曹雪芹家世传说

曹 家 井

张家湾城内有个花枝巷,花枝巷中间有个深宅大院,院内东厢房里有一口井。据说,这口井是曹雪芹家的。

曹家在张家湾有当铺,"本银七千两",还有其他房地产。曹雪芹年轻时在这院住过。

坐落在东厢房外屋的这口井,老深老深,井口直径足有三尺。井身都是阴得发绿的青砖砌成,好像一个大肚坛子。那时的井水,好清亮哩! 抿一口甘甜爽口,人们都喝这井水。

曹家有时也用它"镇"东西。从南方带来时新瓜果,放竹篮里,往井下一坠,夏天阴凉阴凉,吃起来老是那么鲜嫩如初。

有一天,出了怪事。曹家放井里的东西不知怎么没了,问谁谁也说没拿,后来再放东西,第二天竹篮又是空空的。于是,曹家想了许多,是不是井里有活物?

这事后来不知怎么传出去了,越传越广,越传越神,说是曹家井里有一条龙,金光闪闪的,只是时数未到,一旦过了九九八十一天,就会腾空而起,直上青云。

皇上后来也知道了这件事,龙廷之上越想越不是味儿,这不是另立真龙天子,要谋反吗? 于是,降旨数百精兵抄了曹家,那口井也加盖了青石,敕令:永不得使用。

现在,这口井还在。60 年代初,曾有人架辘轳,在后房山掏洞,贴墙修水道,浇后面的园子。水势足,色儿也清亮,只是味儿带着苦音儿了。

213

三 家 坟

张家湾城西,有一条萧太后河。河水清澈见底,水边长满茂盛的芦苇。河边靠近花庄的那片地方,有参天的苍松翠柏。人们都说这里风水好。说风水好的原因还有另外一层:花庄的西北角有个楼子庄,遥遥相望,正应了"坐楼观花"的景致。所以,就有不少大户人家选这里做坟地。最早的时候,只有窦家坟,后来才有的马家坟、曹家坟。据说曹家坟是曹雪芹家的坟地。曹家几代做大官,声名显赫,家兴人旺。

三家为什么都选这里做坟地,而又友好相邻呢? 这里有个传说:原来,先来的窦家见这里是块宝地,便借音取吉利,讲作"豆卧金田";马家见这窦(豆)家"遍地生金",便想到"草长精神豆长膘",于是,死了人也埋在这里;曹家见窦(豆)家"落土成金",马家靠着窦(豆)家,肥得流油,而自己却是空空一曹(槽),便也把坟地选在这里,这样就"槽头料满,财源茂盛"了。

后来,花庄有一个庄头,见三家都在这里建坟地,认为把花庄"吃"穷了,就出钱盖了一座关帝庙。为什么建关帝庙,不建别的庙呢? 那关羽不是骑大马吗? 马在座下,永受人骑(欺),并在庙门悬挂一支马鞭,做镇物,为的是从根儿破三家的风水。后来,曹、窦、马三家都败落了。曹家、窦家已经断后,只有马家现在还有后人,空留下窦家坟、曹家坟的地名。

文房四宝地

曹雪芹家墓地的东面,有一块地方叫"文房四宝地"。这一年,一个多年落第的老翁,住在张家湾城内的南省会馆中,等待着再次应考的结果。

这一日,秋尾冬头,天上灰蒙蒙的。老翁心中烦闷,沿城中的"官沟"北上,漫步到离北门不远一片荒凉之地。一抬头,见前面有一座铁塔,三四丈高,锈痕累累;塔边是一块石碑,年代久远,缺棱短角,字迹斑驳。近前,见塔与碑之间是一眼深井,下望一片漆黑,井旁长满干枯的杂草。看来,这里不常有人光顾。老翁不觉一阵凄凉之情油然而生。正叹息,忽见远处走来一位和尚。那和尚破衣烂衫,蓬头垢面,脚下趿着一双破鞋。走到这塔、碑、井旁,和尚大叫一声:"好风水!"惊得老翁直了老眼。明明是残碑破塔,怎么是风水宝地呢? 那和尚念念有词:"文房四宝也,文房四宝也。""文房四宝?"老翁发愣发呆。"是呀,你看,这铁塔,高高地拔地而起,顶儿尖尖,不是笔吗？那石碑,长长方方,立在地上,不是墨吗？那眼井,自然就是砚台了……""四宝之中的'纸'又在何处?""那纸嘛,"和尚说完,用手一指天空,说来也巧,正好天上落下一场雪花来,飘飘洒洒,铺天盖地,转眼漫地皆白,"你看,那一地瑞雪,无边无沿,不是上好的宣纸吗?"老翁听此,恍然大悟,真是三生有幸呀！他想问问和尚,自己能否中举。和尚笑道:"至此知此,金榜题名!"说罢,飘然而去。

后来,那位老翁真的中举,做了大官。为了感谢张家湾这块宝地,他重修了塔、碑、井,以示纪念。可惜事经多年,战火连天,地震摧毁,这些古迹不复存在了,但"文房四宝"的传说流传了下来……

(作者:刘祥;康德珍,原张家湾镇里二泗中学教师)

题曹雪芹墓石（四首）

冯其庸

一

迷离扑朔假还真,踏遍西山费逡巡。
黄土一抔埋骨处,伤心却在潞河滨。

二

哭君身世太凄凉,家破人亡子亦殇。
天谴穷愁天太酷,断碑一见断人肠。

三

草草殓君土一丘,青山无地埋曹侯。
谁将八尺干净土,来葬千秋万古愁。

四

天遣奇材一石珍,夜台不掩宝光醇。
中宵浩气森森直,万古长新曹雪芹。

1992 年 7 月 25 日张家湾目验曹雪芹墓石归来后题于瓜饭楼。

216

题曹雪芹葬志绝句（四首）

史树青

　　原石 1968 年通县张家湾农民李景柱平整土地时发现，运回家中建房做墙基石，近因改建新房而拆旧房识为曹雪芹墓碑，邀余鉴定，定为雪芹葬志，喜题七绝四首。

一

石头显世见芹溪，字字斑斓望欲迷。
读罢懋斋怀旧句，河干葬志不容疑。

二

盛世先茔傍潞河，江南来去此经过。
一从家难"说不定"，天水冰山感慨多。

三

大去分明壬午年，鹿车荷锸为题幡。
故人执引情深重，一路悲风带雪寒。

四

半生潦倒人千古，入土一棺赖二敦。
草草劳人刊墓记，张家湾上为招魂。

（作者：史树青，当代著名史学家、文物鉴定家。曾任国家博物馆研究员、国家文物鉴定委员会副主任委员）

217

文物古迹

张家湾地区的古遗址

张家湾城遗址　位于张家湾镇张湾村原村址南口两侧、萧太后运粮河北岸。西段长约 200 米,只余内甓砖壁,残高 1—3 米不等;东段长约 120 米,其中近南门一段 20 米,于 1992 年 3—5 月按原貌重修,余则按旧状修缮而已。此外,其东垣西折北转处,尚余残段 50 米,高 2 米余,杂树滋生;北门两侧城基尚余 80 余米,土掩。是村旧址到处可见城砖残块,且有不少带印记者,诸如"直隶常州府无锡县造""嘉靖三十八年(1559)窑户耿珍造"等等,均系苏、皖地区烧制,由大运河运来建设北京,乃地地道道运河文化载体。

据 1983 年是村之北土桥砖瓦厂内出土唐代潞县录事孙如玉墓志铭载(后有专节叙及此合墓志),北齐天保八年(557)所筑土长城经此,并于此设有戍所,旁边原始森林一片。当地久传,此处乃辽时萧太后养马圈。萧太后主持开凿之萧太后运粮河于此汇入潞水,此当为漕粮转运码头。元代,万户张瑄督海运至此,始有张家湾名,且水利专家郭守敬所开通惠河亦于此汇入潞水(白河),此再为大运河北端漕运码头,同时设有大型商业码头,成为水陆要冲。明嘉靖四十三年(1564),为保卫漕河此明廷经济命脉,且拱卫京师,加强防备蒙古兵侵扰,抢筑张家湾城。

礼部尚书、建极殿大学士徐阶所撰《张家湾城记》曰:"自都城东南行六十里,有地曰张家湾,凡四方之贡赋与士大夫之造朝者,舟至于此,则市马僦车,陆行以达都下,故其地水陆之会而百物之所聚也。"既而记述筑城之事。工程于当年农历二月二十日兴工,约在是年五月告成,历时三月。由顺天府丞郭汝霖、通判欧阳昱督修。以诸官赎罪款和士子、庶民捐助款为经费,搜集官家营建所余木材、砖瓦和废弃桥、闸石料,发动驻通军士及富裕商人、农民修筑。周长"九百五丈有奇,厚一丈一尺,高视厚加一丈,内外皆甓以砖"(周长约 2900 米,厚约 3.5 米,高约 6.7 米)。东以潞河、元通惠河,南以萧太后河为护城河,西、北挖壕为城池。城不方正,随河就势,只北垣稍直,余墙均有弯曲。四面各建城门楼一座,互不直对,于东垣西折处辟便门一,又建水关3处,从此,"南北之缙绅,中国四夷朝贡之使,岁漕之将士,下逮商贾贩庸,胥恃以无恐,至于京师,亦隐然有犄角之助矣"。后于万历三十三年(1605)、四十年(1612),崇祯四年(1631)曾予重修,清代也曾"间有修葺",但无记载。至光绪九年(1883)时,城墙多圮,而城楼尚固,启闭如旧。

1937年卢沟桥事变后,此城为日寇占领,开始拆城墙,建炮楼。1945年9月,国民党军队据此,拆除各城楼。1958年后,生产队拆城墙砖卖钱。"文革"间,城心夯土全部挖用。今所余城址,均因单位或村民依残城用为院墙而有所保留。以其历史价值甚高,于1995年9月,与南门外明代通运桥一起,公布为北京市文物保护单位。

至于明代著名学者杨慎身被廷杖之伤急急于此登舟南下,日本国大使策彦和尚觐见嘉靖帝于此下舟登岸,康熙帝率子视察运河于此视朝,英国大臣拜见乾隆帝前于此习练单腿跪礼,英法联军入犯北京于此烧杀淫掠,辛亥革命中北方革命军司令部于此策划起义等等诸多事件,均发生于张家湾城内外并载入史册。

东汉砖窑群遗址 位于张家湾镇土桥村西八通轻轨铁路终点站内,共有16座东汉砖窑遗址与1座唐代砖窑遗址。2001年秋,区文物管理所配合北京市文物研究所进行考古勘探发现,次年1、2月进行发掘,同时勘探发掘者还有汉、唐古墓等260余座。此况为北京地区罕见。

窑群遗址基本集中于6000平方米之内,皆处于同一层面中。每窑址均存窑体下半部,残顶距地面50厘米,大小、结构基本一致,由窑道、窑门、窑灶、窑床、烟道、窑室组成。窑床为马蹄状,但平面顶端线稍弧,底线直,纵约2米,横约2.5米,床面素泥抹平,色焦红;砖坯陡砌窑壁,内抹泥烧焦;烟道为单数,三五不等,或砖坯砌成方形,或掏土使成圆筒;窑道长短不一,有直者,也有弯者,均锹挖而成,还有两窑一道支分者;窑门咸掏挖成洞,洞顶抹泥,人弯腰可过;窑灶平面似等腰三角形,床沿做底,两腰微弧做边,坑较深,以存储大量柴灰。窑床与窑门之间即窑灶处当有铸铁箅,均无存。

窑床上或多或少残留未出窑之砖,砖以放射线式单砖码成线,两行砖间留有空隙如砖厚,为火道,从砖层顶面遗留痕迹,可知第二层砖坯码放时与第一层砖成45°角,推知第三层砖坯码放应与底层同,如此循环相间置放,使窑内形成网格式火道。高温由近及远,由下至上,再自上而下,余热自烟道排使柴火热量得到充分利用,烧为成砖。

有一处近150平方米地方,分布6座砖窑,北部一排3座,窑门北向;南部亦3座,但有2座为东汉者,1座为唐代者。东汉者有一条窑道,一在东北方向,一在西南方向,窑门相对;东北方向者东侧,有一座唐代砖窑,南向窑室左壁打破汉代者右壁,且此二窑窑床上都残留一些成砖,原位码放,汉者绳纹,唐者沟纹,两窑相吻,相隔约400余年,难得一见。窑体形制几同略异,唐有烟道5处,道孔略大,加快高温在窑内循环速度,缩短烧成时间,提高质量,质地坚硬耐腐,技术有明显进步。

在窑址群四周,勘探发掘数十座东汉墓,有不少墓砖与窑址残留大小、纹饰一样,表明汉代丧葬风俗之一即就地烧砖砌墓,同时表明,当年此处附近林木茂盛,可供烧窑。又,窑群间未探出水井,而群窑南面不远有东西向条形洼地,应是古代河流遗迹,窑地用水当取自此河。更重要者,在条形洼地东延长线上有元代郭守敬所开通惠河之广利闸遗址,则有力证明元时此带通惠河是东西向,河自西来,而不是由通州城南来,进而见证元通惠河不经今通州城,一些专家学者言通惠河自通州城南去张家湾之提法应当改变。此处东汉砖窑群遗址之历史价值可见一斑。

辽、元漕仓遗址 村名仓上者,以在粮仓之侧建村故也。此村周围乃辽时延芳淀重点区域。村东北有放鹰台(今唐头村址),村南有呼鹰台,台上有延庆院。辽代帝、后、王公游猎时于此用餐,后形成村落称清膳村,以随僧俗不食荤故名。供游幸食用粮食必设置粮仓,遂产生仓上一村。是村南,原有地势较高耕地数亩,亦早在合作化时设场院而发现粗沟纹条砖所砌台基,拆毁无余,应是辽代设仓遗址。

港沟河旧时北起张家湾,乃潞水故道。东汉末期,曹操北征乌桓时也曾利用此水漕运粮秣,故此后亦有笥沟之称。辽时转运辽东海漕粮米,似以宁河白龙港与笥沟二河名称尾字连组作港沟河,辽圣宗统和晚期所开萧太后运粮河,至今张湾村东南入潞水,即入港沟河,则自此河转运之辽东粮米又在今张家湾村南由萧太后河驳运,驳船小,装粮少,则应在河口处设粮仓暂储,此乃自古以来驳运一般规律。又,萧太后为南讨宋朝,不仅在延芳淀操演马步兵,而且在今张家湾城处设有养马场,都需要巨额粮草供应,于此设仓储粮亦合乎情理;张家湾城东南角之现代粮库所在地,应是为辽代国仓遗址。

元代在通州设漕仓13座,《元史河渠志》记述通州漕仓时分两组,前一组9座,即富有、乐岁、乃积、延丰、乃秾、广储、盈止、有年和庆丰诸仓;后一组4座,即及衍、富储、富衍和足食诸仓,均傍河而建。至元十六年(1279)开坝河,三十

223

年(1293)开通惠河,皆驳运白河所漕粮米。坝河在前,且驳运量大,先建9仓;通惠河在后,且驳运量小,后建4仓。这后4仓遗址应在今张家湾城南门内迤东原张家湾粮库旧址。明代所设的通济仓遗址也该在此处。

辽、金、元帝王游猎淀泊遗址 北京小平原由永定河与潮白河冲积而成,通州区域地处其西北边缘部位,地势低洼,古代水泊连片,河流众多。在辽代,今漷县镇、永乐店镇、于家务乡与张家湾镇凉水河以南、马驹桥镇前后银子村以东等区域乃是古雍奴薮北部范围,称延芳淀;今宋庄镇葛渠、富豪村与永顺镇西马庄以北、马厂村以西一带,乃是古夏谦泽西部范围,称金盏淀;今台湖镇台湖村周围有狩猎土台与宽阔水泊,称台湖;今马驹桥镇姚村周围有广袤沼泽,称姚村淀。均盛长芦苇、蒲草及其他水生植物,春夏之季,无数天鹅群居各湖淀。

辽金时期,帝、后与王公、大臣每至春季,多至各淀泊游猎,规模宏大,气氛热烈。每来则众多侍从跟随,许多军士身穿深绿服装,手持连锤、刺鹅锥,或带锣鼓。军士围定一处水泊,锣鼓手于顺风处击鼓筛锣,苇蒲中天鹅闻声惊飞,帝后公侯立在土台上,见鹅飞离水面,便将手中海东青鹘放出,迅入云霄,后疾飞冲下,利喙劲爪捉住天鹅,在空中搏斗,累极而双双落于泊中,军士游水至,举锥刺住天鹅,取锤击破鹅头,让鹘吸食鹅脑,便快速将鹅献给帝后,献头鹅者受重奖。此即辽金时代帝王"捺钵文化",且因此于辽圣宗太平年间(1021—1030),析出潞县南部、武清北部区域,设置漷阴县,县城即今漷县镇漷县村处。以帝王游畋而产生漷阴县,乃是中国历史上第一次,今河北省围场县是清代帝王狩猎所置,则晚于漷阴县600余年。

辽金帝王"捺钵文化"所留遗址主要有以下数处:

在漷县镇唐头村址处,初名塘头,以水塘之头故名,后讹写之。辽时帝王于

辽、金、元帝王游猎淀泊遗址

此放鹘擒天鹅,台西为浩荡延芳淀,元时洪水泛滥,大部淤塞,仅余几处较大水塘,农夫于此建房成村。村西千余米处今有大锅洼、扁担洼等耕地名称,尚有二处水塘,有百余亩,乃延芳淀遗址,今农民用以养鱼植藕。

在张家湾镇后青山村西、前青山村北,原有一座高土台,占地约 10 亩,辽时帝王于此游猎且用膳,膳从僧俗不食荤,为清膳。金时在土台上建延庆院,台侧建村称清膳村。元时延芳淀淤塞。明初徐达、常遇春率兵北讨元廷,至此附近柳林行宫指挥攻陷大都后,将延庆院烧毁。台上杂树盛长,状似青山,遂渐称清膳村为青山。"文革"间,呼鹰台被平除而建学校。

在永乐店镇德仁务村中,原为西北至东南走向,长约 500 米,宽约 80 米,高 4—10 米不等。台上散布许多战国至汉代时期红、灰陶片,台内有不少汉代砖墓或土坑墓。辽时其周围为水泊,处延芳淀南部,为游畋场所,遂名之晾鹰台,"文革"至 1985 年以前,村民取土挖台,今仅余此台西北端部,长约 60 米,宽约 20 米,高约 10 米。

在张家湾镇南火垡村东南,黄面沙土堆积,方方正正,原南北约 80 米,东西约 60 米,高约 4 米,俗称萧家台子。此台之北耕地称东洼子;又村西有耕地名西洼子,西洼子西边有山岗子(战国、汉墓地)。洼地乃延芳淀淤塞后形成。辽代帝后至延芳淀游幸,不在一处,而是帝、后、王公、大臣分地畋狩。此处萧家台子乃萧太后或后族将相游猎之所故名。1949 年,中国人民解放军一个营驻村,准备攻打北京,官兵经常在此台练习打靶,不少儿童到此台侧拾捡弹头。1975 年在"农业学大寨"运动中平除之,尚有弹头出土。

沿至元代,延芳淀不复存在,缩减为四处较大水泊,乃是元代帝王游畋文物古迹之所。其中两处在今镇域内。

一为马家庄飞放泊,在今枣林庄东北、海子洼村南一带,明代淤塞,至今此处地势低洼,古来沥涝严重,应是此泊遗址。

一为柳林海子,在今张家湾镇西永和屯之西,有一大块耕地称"砖砟地",地面多碎砖头故名。元世祖至元十八年(1281)至此游幸后,于此处曾建有行宫,称柳林行宫,乃元廷帝王夏季于此游猎避暑之所,周围水面宽广,林木丰盛,蒲苇片片,鱼游鸟飞,环境幽美。元顺帝后至元三年(1337)正月,竟"猎于柳林凡三十五日"。六年(1340)二月,秦王、中书大丞相巴延妄图杀君自立,阴谋诱帝猎于柳林而弑之,于柳林行宫进行政变,但被顺帝识破未能得逞。至正十五年(1355)三月,红巾军起义首领毛贵率兵北伐,攻克枣林(今枣林庄),杀死枢密副使达国珍,进而围攻柳林,被同枢密院事刘哈喇击败而溃回。明洪武元年(1368),大将军徐达领兵驻此,指挥攻陷大都后,焚毁柳林行宫,成为一片废墟,后辟为农田,今仍有元代行宫砌砖零星出土。因柳林行宫曾建有围墙,设南、北二关门,居民成村,遂以大、小北关与前、后南关称名。

辽、金、元三代少数民族帝王之"捺钵文化",使通州区域村落得以出现、发展,也给今人留下不少文化遗迹。

张家湾入京官道遗址 在张家湾镇大高力庄与梨园镇将军坟村之间、萧太后运粮河北畔。土道,东西向,长约 15 公里,宽 3—5 米不等,两侧为农田。此道应创于辽金时期,时都城在今宣武区一带,自潞水船运之物转而陆运至燕京蓟城距离最近,且傍萧太后河而行,水陆并用。辽代帝王后妃至今张家湾及其以南延芳淀游畋、练兵、驯马,可出京城东门,或登舟,或骑马,来往便利,因形成之。元代承之。明、清两代此道通北京外城广渠门,车水马龙,盖因张家湾为大运河北端大型客船码头。且今宣武、崇文区一带文人会馆 100 余座,来往京张之间多行此路。同时建北京木材也由张家湾皇木厂走此道入京,遂在广渠门外有神木厂(皇木厂),后废弃,厂内荒草茂盛,而有"荒厂"之名。明嘉靖初,著述家杨慎(字升庵)两次被廷杖而流放云南,防备贼臣雇佣刺客在半路行刺,便带伤乘车走此大道,人多刺客不得下手,至张家湾不敢住宿,连夜乘舟南下直到临清,刺客无机会行事而回京。又,曹雪芹及其祖、父三代,来往京、宁之间,俱于张家湾车船换乘,亦行此道,曹家 600 亩典地就在此道两侧,曹雪芹就埋典地内道之南侧。明清外国贡使亦走此道出入北京。由是光绪版《通州志·建置》言:"张家湾进广渠门大道,为京东最洼之区。"

清乾隆二十年(1755),高宗下旨重修此道。直隶总督方观承奏准,于旧道南侧另垫一道,自张家湾至大兴县(今朝阳区)荒厂大、通交界止,全长 4493 丈(约合 14976 米)。并且从商捐余额中拨给通州地方政府 3000 两白银,交给当铺生息,用以每年修理和道侧栽柳。三十一年(1766),通州知州万廷兰专设修道夫,每两里设一名,共 12 名,责成随时修垫浇水防尘轧实。

此道在 1982 年时,尚全程存在,近些年来改毁甚烈,今仅余上述一段而已,虽短,但昔日承载文化却十分丰厚。

张家湾入京驴道遗址 在梨园镇东小马庄西口至魏家坟村东口之间,长约 100 米,宽约 3 米。2002 年,为改善两村间道路环境,上铺筑混合料。此道明代已形成,因张家湾为大运河北端客船码头,南来商旅进京为省脚费而乘毛驴,出京南去亦然,直至民国二十六年(1937)日寇侵华时止,相沿 500 余年。

张家湾与北京朝阳门外都设驴店,驯养毛驴数十头,用以"驮脚",即为乘客雇佣骑跨赶路,来往于京张之间。此种驴驯养有素,俗称顺槽驴,亦称对槽驴。乘客自张家湾雇驴入京,驴户不随行,客自骑驴行去,若有贪心人半途盗驴他走,驴则根本不下道,任鞭抽棍打,照样顺路前走。至朝阳门外,驴户看驴缰绳所系形式，便知乘客是否付钱欠钱，应否找钱与找钱数额。若顾客雇佣驴自朝阳门出发到张家湾客船码头亦然。脚驴之驯化顽顺如此，尚未知用何术。

驿道遗址　在张家湾镇土桥村中，为西北东南走向之街心沟，多年大道走成河之故。长约 150 米，宽约 5 米，深约 3 米，现杂物乱弃，几塞。此道之侧有北齐土长城遗址，为守长城，则旁设巡道。元代广设驿站，今通州区内曾有驿站，此道当作驿路。明永乐中（1403—1423），在通州城东关潞河西岸设水马驿，称潞河驿，同时在今西集镇和合站村设和合驿（因外白河与内白河在通州城东分，而于此复合故名合河村，村旁河边设驿称合河驿，后附会"和合"二仙，称和合驿，驿站

驿道遗址

闻名南北，遂以驿站代村名而称和合站至今）。明万历四年（1576）潞河大水而改道南移，失去水驿存在的意义，遂将此驿西北迁至张家湾通运桥南迤西，仍称之。清康熙三十四年（1695），裁潞河驿而并于张家湾和合驿，仍为水马驿，此道依为马驿驿路。明嘉靖年间，日本国使臣策彦和尚两次出使明朝，沿运河至张家湾上岸，即徒步通行此道至通州潞河驿，受明廷礼部官员接迎，出京回国亦然。此驿道遗址满载中外友好文化与历史驿递文化，应予以保存，且使之绿化美化。通州区内古道原来甚多，解放后，特别是"农业学大寨"运动，农田方格化，使众多古道遗址彻底消失。现仅存者应十分珍惜爱护之。

西定福庄铜币窖藏　1981 年 11 月，张家湾公社农场专业队在今张家湾镇西定福庄南、凉水河左岸堤处平整土地，于地面下 50 厘米深处，发现一方形土坑，边长 12 米，深 1 米，内藏汉代"五铢"铜币 35 麻袋，约 1 吨重，乃为汉代窖藏。文物部门责成专业队妥善保管以待交公，但被当时负责人卖与供销社收购站。

北仪阁铜币窖藏　2000 年 5 月，今张家湾镇北仪阁村卖土修路，于村南约 200 米处以掘土机挑挖排水沟，将一距地面约 40 厘米砖砌方池挖毁，内藏铜币

227

10 余公斤,为汉代"五铢"与"货泉",东汉窖藏。

坨堤铜币窖藏　2009 年春,今张家湾镇坨堤村村民建房,在村南土坑边挖土,发现土坑窖藏战国燕刀币 10 余斤,整齐叠放在坑内,锈蚀不太严重,主动上交到区博物馆。

南火垡李氏井中银圆窖藏　今张家湾镇南火垡李氏解放前是地主家庭。解放时惧怕贫下中农分其浮财,便将家中所存银圆装入麻袋,暗暗沉入三合院东侧自家一眼砖井中,且扬言井水脏,以防附近村民于此井打水,淘井时露馅。1966 年"文化大革命"开始,李氏在强行逼迫下,供出所藏,遂淘井使涸,且迫"五类分子"下井底将袋装银圆捞出大部,尚有部分银圆淤入井底泥中。

此外,在镇内里二泗村南侧沟坡处也曾两次发现少量战国燕刀币窖藏。

坩埚窖藏　1998 年 6 月,张家湾镇皇木厂村旧村改造中,于明代皇木厂遗址东南角处今古槐西侧建楼挖槽时,发现距地面一米余深处有许多灰色环底筒式小器物,即全部清挖装入化肥袋内,同时出土者还有元代龙泉窑瓷片、宋代卷口丰肩四系罐等,报告文管所,再转报北

银圆窖藏

京市文物研究所。经确定为元代坩埚窖藏。此处窖藏共出土小坩埚 3000 余件,基本有两种型号,形制相同。一种高 8 厘米,口径 55 厘米,另一种高 74 厘米,口径 5 厘米。直口、平沿、筒腹、环底,皆规整、坚实、光洁。此等乃稀有金属冶化所用,铸造小件器物,小巧玲珑,便于浇铸,不易浪费。皇木厂村乃元代大运河北端张家湾码头遗址,部分漕粮与全部商品自此转运入大都城,铜、锡、铅类金属亦自此转运。张家湾有盗铸铜币之历史记载,此处窖藏小坩埚有可能是为盗铸铜币或银锭所用。

城砖窖藏　1995 年春,张家湾镇张湾村粮管所干部马德旺,在自家宅地翻建旧房时,于院南侧发现码放整齐之城砖百余块,未曾砌用,似是存放城砖备用所遗,抑或窑厂遗址所遗。2004 年,马将此砖捐与文管所。此处窖藏城砖,尺寸大小一致,灰色深浅相间,棱直角正,质地坚固。其中一块侧面有长方条阴文楷

书印记,为"二十八年张家湾窑户韦继洪造"。此砖价值颇大。志书记载张家湾城修筑于明嘉靖四十三年(1564),为防蒙古兵侵入而保卫运河与北京所抢筑,所用砖皆通州仓廒等修缮时所余废料,此处窑藏城砖绝非嘉靖时烧制。清代康熙年间治理永定河、潮白河后,河水泛滥次数减少,此处窑藏城砖亦非清代洪水所淤没,在明嘉靖至清康熙间年号有二十八年之多者唯有明朝万历间,故可知此处窑藏城砖印记中"二十八年",应为明万历者,则城砖乃明万历年间制造。古籍志书、史书或笔记资料,均未见有张家湾烧造城砖之记载,则此砖印见证古代张家湾确曾设窑烧造城砖,以备修缮北京、通州等城墙或其他皇家建筑。此砖之发现,既填补历史记载之空白,又表明通州对建设北京历史上做有贡献。

城砖窑藏

(作者:周庆良)

张家湾地区的古墓葬

南火垡战国至汉代墓群 位于张家湾镇南火垡村西南一公里处黄土岗下，此土岗俗称山岗子，南北走向，长约150米，宽约80米，高1.5—2米，北为漫坡。解放前，在岗西侧挖土成坑，坑内有不少夹砂红陶片，村民习称之为"鱼骨盆"，且每有镰刀之伤，便以此种陶片碾成细面涂之伤口即愈，故俗称"聚宝盆"，不少人捡拾至家备用。"文革"期间，生产队于此岗腰部设砖窑，村民建房也在此岗上挖土制土坯。1984年后，承包户于此又挖鱼塘，今仅余东西向公路下一段土岗残址，约800平方米未曾动岗下封土；另鱼塘底下尚残存部分战国时期墓葬遗迹。在打坯、制砖、垫房基于此取土和挖鱼塘时，不时发现古墓葬，多为汉代土圹竖穴墓，少为独室砖墓，有数十座之多，极为密集。在汉墓之下，有一些战国时期遗迹，如灶灰、灰陶管道及铜铸銮铃、戈、镜、带钩、镞等小件青铜器物。于此前后收集战国至东汉遗物共100余件，其中有代表性者为战国三翼锥形铜镞2枚。1981年4月、1982年3月，先后出于两座竖穴土坑墓内，平面均呈长方形，南向。其一坑长2米，宽1.1米；其一坑长1.9米，宽0.95米，深皆不明。同时出土者还有一柄锈残数段之铁剑、数枚环纽平肩扁口之銮铃。其箭镞一枚长3.2厘米，短粗，六边形铤裤，裤内残存锈蚀铁铤，硬弓所用，前冲力大；另一枚长8厘米，修长，后有细短圆杆，用以插入木茎内，出土时，此镞仍牢牢扎在一尸骸股骨上。加之同地出土之残戈、銮铃等器物，可证当时此处曾发生过激烈战斗，是燕国人民抗击齐国军队入侵，还是当地人民反抗统治者压迫，尚待深入研究，历史价值较高。

战国马头、鹅头铜带钩两件。腰带首端构件。1984年4月出土于两座土坑墓中，墓穴等大，平面长方，南向，长1.9米，宽1米，深不明。伴出者还有残碎厚胎夹砂红陶片。带钩均为青铜所铸，首端皆弯成钩状，钩身反向弧弯，背尾有一钉帽，用之固定在腰带首端，皆长9厘米，钩部体圆，一作马头形，小耳微立，眼眶高显，面长嘴抿，甚为生动；一作鹅头形，扁阔长喙，额瘤突出，长颈弯曲，颇是形象。至尾部渐扁渐宽,宽 2 厘米。带钩乃春秋、战国时期北方游牧民族创制而传入中原,今通州区古为中原汉族与北方少数民族交往所必经之地,较早学会制作使用带钩,且能将家畜、家禽形象巧妙结合,形式与实用完全统一,整体成"S"形,相反相成,不仅继承传统技法,具有民族特色,而且反映当时朴素唯物辩证法之哲学观念。

西汉彩绘灰陶壶两件。1983 年 9 月,出土于一座土坑墓中,据村民言,二壶倾置土中,器盖在一边,墓状不明,出土时色彩鲜明,村民刮除泥土,碰掉不少纹饰,变得模糊。其一高 32 厘米,口径 13 厘米,腹径 30 厘米,足径 11 厘米,侈口,平沿、高领、丰肩、钵腹、圈足外撇。丰肩处以圆钝工具按印一环长点纹,口沿至肩部用朱、白、绿三色绘画图案,白色勾勒细线,朱色描画粗线,绿色涂填其间,色比感强。其盖高 3 厘米,口径 16 厘米,大于壶口,为圆形弧顶,近口沿南火垡出土西汉彩绘灰陶壶部环绘一道朱线,内用朱彩环绘 5 条内向变形蟠虺纹,复用白彩将朱彩圈勾,而头、尾再用白彩随形虚点,相互勾连纠结,新颖活泼。另一件 29.5 厘米,口径 12.5 厘米,腹径 25 厘米,足径 10 厘米,造型与上者基本一致,只是肩圆而不丰,亦用朱、白、绿三色勾画图案,唇、颈、腰部各绘一环朱线,将画面分为上下二区,模糊见有山、云、鸟纹,笔意潇洒自如。盖如上者。此二彩绘灰陶壶对研究西汉幽州地区制陶业与民间绘画艺术之水平,具有一定价值。

战国山纹半圆瓦当残片。共两片端面,出土于此岗南端部位下陶片瓦砾之中。半圆形,一片高 8 厘米,直边 13.7 厘米;一片高 8.5 厘米,直边 16.5 厘米,当面结构与纹饰相同。宽缘浅轮,山形纹饰模印。山纹坐于直边,分上下三层,山纹两肩处各印卷云纹,有层峦叠嶂、祥云缭绕之感,寓意如山之大且稳,祈望祥云常在笼罩,而太平无事。纹饰简练清晰,寓意深刻,是研究当时燕国统治阶级思想与制陶、建筑技术之重要实物史料。

东汉灰、红陶博山器盖。乃仿当时青铜器博山炉所烧制。在 1982—1984 年间零星出土于岗下诸墓中,共有 5 种形态,高5、6、9、11 厘米不等,口径 11、16、15、17 厘米相异,有乳顶环四山两层盘口者,有环五层山形纹饰

南火垡出土战国山纹半圆瓦当片

231

侈口平沿者,有堆雕四层山峰撇口尖沿者,不雷同,表明当时制陶匠人思想活跃,不呆板划一,艺术多样有创造性。

该墓群内文化内涵丰富多彩,反映今通州区战国至两汉时期农业发达,铸铜制陶业兴盛,工艺、美术水平较高,百家争鸣思想突出之社会、经济、文化状况,研究价值颇高。

土桥村西汉墓群 在张家湾镇土桥村西 200 米处,南北长约 800 米,东西宽约 150 米。2001 年秋,北京市文物研究所与通州区文物管理所,为配合八通轻轨铁路终点站工程建设,先期进行考古勘探,于此发现汉、唐、明等时代墓葬 262 座,其中汉墓 50 余座,散处无规律,墓坑多南北向,少数为东西汉墓墁地方砖西向;多为砖室墓,个别是竖穴土坑墓,还有瓦片护棺墓。因多墓古代被盗,部分较大砖墓又遭"文革"破坏,因此出

西汉墓墁地方砖

土文物不多,完整器较少,亦都入藏市文研所。2002 年 1—2 月,对其中汉、唐墓发掘有铜镜、"五铢"铜币与灰、红陶壶、罐之类,不值一谈,然而有两种墓葬形制值得记载。

西汉墓墁地方砖

其一,"一厅二室"布局之东汉砖墓两座,二墓位于土桥村西南 300 米处,东西骈列,相距约 50 米,均于 1974 年平整土地时破坏,仅余下半部残室。平面布局大体相同,皆南向墓门,前设一厅而东西向长,后设对应二墓室,南北向修,厅、室间有甬道相通。条砖皆有绳纹,一陡一伏相间而砌,壁直角正,接转规矩。东者厅内靠北壁砌以矮祭台,与墓门相望,西者则无。

二墓都以印花方砖墁地,有三种

型号,边长分别为42、33.5、30厘米。东墓方砖有两种,大者模印纹饰繁缛,弦纹与波纹刚柔相映,主题纹饰为三角形四区,上、下区各有阳线翔状朱雀一只,左区设圆轮方孔古钱纹,右区亦然而有"天吉"二字铭文,据文研所专家言,此类东汉墓此款铭文塸地方砖尚属首见。其小者所印主题纹饰为五乳钉,中心者大而四角者小,间以弦纹与网纹相隔,寓意多子多孙,代代相传。西墓平面形状恰似一巨大平足布币,塸地方砖单种,阳线纹饰为内外两区,外区为双线栏网纹,转折自然,混为一体;内区中心及四角设乳钉,心至四边设大小相似菱形,紧凑有序,圆方互衬,寓意繁衍连绵,家族兴旺。

二墓形制较大,设计巧妙,用料考究,砌垒规整,表明墓主应是庄园主,反映汉时建筑亦讲究造型与装饰之美。

其二,瓦片护棺墓三座。位于土桥村正西200米处,其中一座南北向,位在东;两座东西向,位在西。相距约60米,同为东汉墓,似非同一家族。木棺朽没,尸骨糟存,随葬灰陶壶、罐之类残毁。清理时甚费工,因墓圹内堆布厚厚一层残碎泥质陶瓦片,中间薄,四围厚。几十年来,今通州区内发现汉代墓葬千数百座,未闻有此葬式者。

《庄子·外物》载:"儒以诗礼发冢。"知盗墓现象起码在战国时期已经存在。西汉淮南子刘安及其门客苏非等人所著《淮南子》一书载曰:"夫再实之木根必伤,掘藏之家必有殃。"其注称:"掘藏,谓发冢得伏藏,无功受财。"古之盗墓有杀头之罪,但因利益驱动而屡禁不止。为防盗墓,于棺外放置大量残碎瓦片,使盗墓者掘凿困难而延搁时间,容易被人发现则不能得逞。此法虽土而智,不仅废物利用,而且节省花费,尚能预防被盗。此处发现之瓦片护棺墓即为之典型。

此次三墓出土瓦片,各弃堆于墓圹口四周,均可车量,无计其数,无人问津。区文管所同志见其正、背面皆有纹饰,遂翻掀瓦堆,拣拾40片纹饰相异者,编号存放,且分陶色、面纹、背纹、残长、残宽及厚度等诸项列表依次登记之,且捶拓正、背纹饰。

瓦片纹饰拓片显示,模印纹饰简单,但多变化。其中有宽、窄边不规则或较规范之网纹、菱形纹、方格纹、长方格纹、

西汉墓出土的瓦片

沟纹、带纹;有粗、细、疏、密绳纹;有粗布纹、麦粒纹、方格圆孔纹等,还有大小、交插、异向、重叠、多元等区别。如第 32 号瓦片,乃所拣选者中最大一块,正背面 4 种纹饰,残长 29.5 厘米,残宽 20 厘米,厚 2.5 厘米,尚存原瓦多半隐端与侧边,正面纹饰分上下二区,上区 13 厘米,布纹覆菱格纹;下区残长 16.5 厘米,布纹;背面纹饰亦分二区,上区 20 厘米,纵密粗绳纹,下区残长 9.51 厘米,横向阴带纹,乃以扁刃利器横向刮铲出宽条而成。瓦之背面印纹,乃增加泥与瓦接触面积强固附着力而使之牢固。瓦在房顶,防大风掀起与人踩滑落,此乃其实用价值,而纹饰多样,则反映当时瓦商不拘一格且有以美促销之意识,瓦片之历史价值较高。

《事物原会》引三国蜀汉人谯周所撰《古史考》言:"夏后氏时昆吾氏作瓦,以代茅茨始。"夏后氏即大禹,昆吾氏即上古高辛氏火正祝融之后,言其始造陶瓦代替房顶所铺茅草防雨。但目前未见有夏代之瓦出土,即商代遗址也未见。以往考古证明,我国在西周时期已经用瓦,此后渐广泛使用。到汉代,筒瓦、板瓦应用越广,且瓦当纹饰精美,享誉中外,但极少提及板瓦,而土桥村西出土大批板瓦残片,则表明当时板瓦亦很有韵致。

土桥村西汉墓群,集中反映出汉代北京地区丧葬习俗与陶瓦制作技术,一叶知秋,颇具历史、艺术、科学价值。

里二泗村汉墓群 1982 年至 1992 年春,10 年间在里二泗村南约 200 亩耕地中进行基本建设施工时,曾发现汉代砖室墓葬 10 余座,多独室,亦有多室者,出土灰、红陶片成筐论袋,不可计数。阅《通县志要·古迹》得知:里二泗村南有殉良三冢,"佑民观道人自置之地内,有土垄三,每垄高二丈六尺余,围二十八丈余。据古人云,是齐国三杰之坟,故名'殉良三冢'。某年,道人垦地得古砖一方,上书'里中有三坟'五字,其砖尚存"。《通县志要》乃民国二十八年所出,出时铭文砖还在,但以后不明去向。我国古代有三"齐",一战国齐,都今山东淄博;一南朝齐,都今江苏南京;一北朝齐,都于今河北临漳。所谓"齐国三齐"究属何朝? 又何以称之"殉良三冢"? 至今尚谜,但确定为大型汉墓群。

文物部门前些年自里二泗汉墓群极少墓中搜集出土陶片内,可以粘接成器者有灰陶高圈足盘口杯、盘口折腹高圈足灰陶壶、灰陶井带辘轳(明器)、灰陶博山盖、侈口平底灰陶罐、灰陶高柄灯盏、浮雕乐舞人器物盖、红陶镇墓兽(狮子狗俑)、灰陶狗俑、红陶鹅俑等等随葬品。虽较为粗糙,但很有历史价值。其中乐舞人器盖,已经残半不全,但上雕乐舞人极生动,表明死者生前生活富裕,家有乐仆舞婢,见证汉代时今通州城内音乐舞蹈已经兴盛。又如镇墓兽若狮子狗,表明汉时今通州城内已有狮子狗原形,否定今日北京地区盛养狮子狗为近代外传狗种之说。还有灰陶井明器,口小底大,符合力学规律,又储水量大,广集泉水,不易干涸,是当时通州前人劳动者智慧的结晶,上设辘轳架,证实汉代通州前人已用之提水,或饮用或浇园。此外,砖墓墁地乳钉"日"字纹方砖,内表正灰色,质地坚细,纹饰美观,不仅显示汉时通州前人制砖技术高超,而且标明装饰艺术精湛,文化底蕴深厚。

里_泗汉墓群北起村南边护村沟,南至凉水河北岸,西起烧酒巷村东口外,东至该村东口外以南,面积广阔,砖墓极多,且有多室大墓,现在多原地埋藏,是北京地区最大汉墓群之一。故于1993年3月,北京市政府公布为地下文物埋藏区。

张家湾镇域内已发现元代以前墓葬群统计表

序号	发现地点	墓群	占地面积(平方米)	备注
1	大高力庄北	汉墓群	6700	无存
2	土桥村西	汉墓群	5500	半存
3	立禅庵村西	汉墓群	4600	半存
4	牌楼营村东	汉墓群	6700	半存
5	梁各庄南	汉墓群	5500	半存
6	枣林庄北	汉墓群	6700	半存
7	贾各庄西南	汉墓群	5500	半存
8	烧酒巷村东	汉墓群	6700	半存
9	南火垡村西南	汉墓群	6700	半存
10	南姚园村西南	汉墓群	5500	无存
11	垡头村西北	汉墓群	6700	半存
12	坨堤村西北	汉唐墓群	6700	半存
13	王各庄东北	汉元墓群	5500	半存
14	西永和屯西北	汉墓群	6700	半存
15	后坨村东北	汉墓群	5500	半存
16	牛堡屯中街西	汉墓群	6700	半存
17	后青山村西	金元墓群	6700	半存

南火垡金家坟祖茔 在张家湾镇南火垡村西南一公里山岗子南端部位。下面乃战国、汉时墓葬，上面是金家族墓。所埋葬者为清初宗室人物，入关后即封地于南火垡村之南，跑马占圈曾累死一匹战马(另置马坟于金家坟祖茔村南口外，陪葬战刀一把，解放前每年清明时节，金姓族人亦给马坟上供祭祀，"文革"中平除)，占良田10余顷，四至按马蹄印迹掘沟称金家沟，所圈地称金家圈。据金家后裔

金家坟祖茔出土的二龙戏珠纹青花笔洗

相传，其祖犯罪被杀，择金家圈外山岗子上，置衣冠冢，此后代代族人死葬于此，称金家坟。1986年5月，村中顾姓农民建房垫台基于金家坟祖茔处挖土，不见棺木骸骨，在一块大型金砖下面，盖压一件二龙戏珠纹青花笔洗，证明金家族人所传为真。笔洗高10.5厘米，口径13厘米，腹径14厘米，足径3.5厘米。侈口、卷沿、束领、圆肩、阔腹、平底、小平实足。白胎坚致，白釉薄匀，足露胎。肩部外饰青花环带，内绘短斜线相交为网状；腹部绘二龙戏珠，目灼爪利，富勇猛态，上下飞云朵朵，从龙而行。造型美观别致，小足灵巧新奇，青花色淡素雅，龙身雄劲屈曲，行云飘流秀媚，应是清前期景德镇官窑产品。唯不足者，因挖土将其碰有冲纹一道。此洗出土后被顾家亲戚本镇坨堤人拿走，后经南火垡村农民周庆林劝说交公。洗上所覆金砖，正方形，边长100厘米，厚约12厘米，与清代宫殿所墁方砖相似。出土后，被金姓族人运至家中，建房时置于明间门前作台阶，后被非法收购文物小贩买走，不知去向，追而未得。据顾姓农民言，在金家坟祖茔处还出土一块砖刻墓志铭，亦金砖所刻，建房时用于房基，待以后其家翻建房时上交，此乃清初圈地政策之宝贵实物史料。

张家湾镇域内近些年来还在张家湾镇南火垡村东发现有明南京都督府前军都督戚斌墓；清吏部尚书张士甄墓，在立禅庵村东公路南侧；通州著名处士单纪墓，在宽街村南菜地处；明大理寺左寺副李傲隍墓，在大高力庄村北沟北坡；明蒲台县令张汝济墓，在张湾村西耕地中等。

(作者:周庆良)

236

张家湾的琉球国墓

一

琉球国墓,顾名思义,是琉球国人埋葬的坟地。打开当今或民国间出版的世界地图,搜遍全国,也没有找出"琉球国"名称,只有"琉球群岛"一名,不过只是一群海岛的名称,是日本国的冲绳县区域。至于琉球国墓,据福建师范大学专家徐荣生先生研究指出,琉球人墓在中国内有"福州的仓山白泉庵""北京通州张家湾""福州至北京的官路上"与"中国东南沿海地区"等四大区域,而北京乃至华北地区则只有通州张家湾者。

琉球本是一个岛国,国土由许多岛屿及其海域组成。早在明朝洪武五年(1372),琉球国王就开始派遣使节入贡明朝,直至清光绪五年(1879)间,数百年里,琉球国国王都由明、清两朝皇帝封赠。中琉两国的庆贺使、吊唁使、封诰使、朝贡使等等往来不断,民间交往更是络绎不绝,始终和平共处。其中,有些琉球国官员、官生、水手、商贾,或因水土不服而生病,经治疗无效而死在中国,或因突遇狂风巨浪而船毁人亡在中国沿海,有的得到中国皇帝谕祭而葬,有的得到中国官民打捞而埋。由是,在中国上述区域内,形成了不少琉球国人的墓地,而通州张家湾琉球国墓地上的葬者,不是官员,就是官生,基本是得到皇帝谕祭者。

那么,张家湾琉球国墓葬有多少异国他乡之人? 各是何等人员? 就要请看下表,即徐荣生先生所制的《北京张家湾琉球人墓地埋葬人名表》:

北京张家湾琉球人墓地埋葬人名表

序号	唐明	和名及位阶	官职	死亡年月日	享年	死亡地
1	杨联桂	名嘉地通事亲云上	正仪大夫	康熙五十八年十月十七日	53 岁	张家湾

237

序号	唐明	和名及位阶	官职	死亡年月日	享年	死亡地
2	蔡宏训	久高里之子亲云上	官生	雍正二年十一月		北京
3	□□□	渡口筑登之子亲云上	宰相	雍正年间		
4	程允升	名护里之子亲云上	朝京都通事	雍正六年二月一日	36岁	山东临清
5	夏瑞龙	内亲云上	使者	乾隆三年		北京
6	郑国观	宜寿次亲云上	朝京都通事	乾隆九年		北京
7	金型	具志坚里之子亲云上	官生	乾隆二十五年三月十六日	24岁	北京
8	梁允治	外间亲云上	官生	乾隆二十五年四月十九日	32岁	北京
9	郑孝思	宜寿次亲云上	跟伴	乾隆二十九年二月		北京
10	林世忠	新垣里之子亲云上	官生	同治九年	27岁	北京
11	葛兆庆		官生	同治九年		北京
12	林世功	名城里之子亲云上	陈情通事	光绪六年十月十八日	40岁	北京

从表中可以看出,清朝埋葬在张家湾的琉球人有康熙五十八年(1719)病逝于张家湾的副供使、正议大夫(文职正三品)杨联桂(汉名),雍正二年(1724)病逝于北京的官生(琉球国派来北京国子监读书的留学生)蔡宏训,六年(1728)病逝于山东临清的陈情都通事(向清朝皇帝报告国情的翻译官员)程允升,乾隆三年(1738)病逝于北京的使者夏瑞龙,九年(1744)病逝于北京的朝京(朝拜清朝皇帝)官员郑国观,二十九年(1764)病逝于北京的贡使伴随官郑孝思等官员7名,官生5名。

表中没有列入的还有一名,叫王大业,是陈情都通官,光绪十四年(1888)病逝于北京,也葬在张家湾琉球国墓。我在1996年6月13日,电话里听到张家湾村文物爱好者刘春报知后,立即前往唐小庄王姓村民家房山角外坡处看到王大业墓碑,马上给以奖励而收集到文物管理所内进行保护。因此,可知张家湾琉球国墓应该至少葬有13位琉球国人。有关王大业的书面史料没有记载,故博学多闻的徐荣生先生没有搜集到,才没有列入表内。但历史文物是铁的见证,填补了历史记载的空白,十分可贵。

据徐荣生先生在 1990 年 11 月 15 日给我抄录张家湾琉球墓所葬部分人的史料,得知不少历史信息,可为此处墓地增添不少光彩。如夏瑞龙,是乾隆二年(1737)中秋节后"为庆贺乾隆皇帝登极之事……奉命为势头"而前来中国的,长途跋涉一年之余,于次年"11 月 24 日到京,12 月间染病,请医疗治无效",于四年(1739)早春"病故"。"蒙皇上(乾隆帝)"赐给丧葬币帛,"乃葬于张家湾正议大夫杨联桂""墓境之内"。

如官生梁允治,29 岁那年,被琉球国派到北京国子监学习,住在京城琉球驿馆。他"执经书,孜孜请问,日五、七次不休,一句一字,必求其至是,字义偏旁、声音清浊,不毫毛放过。诗文亦可观"。因为读书过于刻苦劳累,加之日夜操劳官生金型丧葬事而忽然卧病不起,经"百方救之",竟"卒于馆",也赐葬于张家湾琉球国墓地。

如官生蔡宏训,于雍正二年(1724)入北京国子监读书仅"数日",就病故了。清朝礼部请户部、工部发给一口上等棺材和一匹围遮棺木的红色绸子,"并抬夫、杠绳等物送至张家湾利(立)禅庵茔地埋葬"。另外特赐给 300 两银子,用 100 两修坟,其余的银两交给琉球国贡使带回国,"交宏训母为养赡之费"。

如官生金型,年 19,就于乾隆二十五年(1760)"二月初八日入监读书,3 月 16 日申时身故",入学仅仅一个多月,就病亡了。其间,曾命王、苏两位太医(给帝、后、妃子治病者)给予医治,祭酒(国子监长官)全魁还给人参五钱以助保养,最后还是没有回春而逝。一月之余的读书,其"昼夜阅之,忘寝餐,因积痨疾",未能痊愈而客死北京。临终前,其哭泣说:"生甫入学,遽苦兹!无从报天朝(指清朝)及我王(指琉球国王)之德,贻老母忧,不忠不孝!"说完,又哭泣不已遂卒。于当年六月初三日,"衬葬于通州张家湾利(立)禅庵茔地朝京都通事郑国观"的坟冢后,因为郑国观是金型的老丈人。当时,"国子监及礼部皆拨官员送葬焉"。

从上述史料来看,可以充分反映出古代中琉两国之间的亲密关系和礼仪制度、丧葬习俗。同时反映出张家湾琉球国墓地的"一个重要特色"(徐荣生先生的评价语)。

表中所列的陈情都事林世功,其事可歌可泣。其乃华人移民后代,是琉球国士族久米村人。自幼喜好祖传中华文化,诗文颇著。清同治八年(1869),作为官生身份,与毛启祥、葛兆庆、林世忠等一同来北京国子监读书,从师徐干与孙衣言,儒家文化深入脑髓。在北京学习 4 年,饱学而归,满怀报国之情,累官

239

至琉球国王世子师。清同治十三年(1874),怀狼子野心的日本国突然强迫琉球国停止向清朝朝贡,蛮横地拒绝琉球国的数次交涉。光绪二年(1876),琉球国王尚泰,密遣向德宏、林世功等19人,险遭船沉而来到福州,向闽浙总督何璟转交国王密信,送达北京后,软弱无能的清廷却一直没有做出任何反应。五年(1879)四月,日本国强行将琉球国王等文武官员掳劫而入东京,强行占领琉球国土。林世功得息震惊,即刻迅至北京,向清廷上表,痛斥日本国吞并之滔天罪行,诚切请求清廷与日本国交涉,恢复琉球国。但清廷并未出兵救复琉球国,而由李鸿章出面与日本国竹添进一郎谈判,摆出一个"三分琉球国"的方案,大部分岛屿仍为琉球国,靠近日本的五岛划归日本,靠近中国的岛屿划归清朝。但日本谈判代表坚持除划归清朝的岛屿外,其余岛屿全部归入日本国,而成僵局之势。次年冬,中日两国签订了《球案条约》,琉球问题搁置不提,仍依日本强盗之议。此时,林世功复国绝望,心灰意冷,跪泣清朝总理衙门前,绝食赋诗两首:

古来忠孝几人全? 忧国思家已五年。
一死犹期存社稷,高堂专赖弟兄贤。

廿年定省半违亲,自认乾坤一罪人。
老泪忆儿双白发,又闻噩耗更伤神。

作毕七绝二首,其悲愤挥剑自刎于总理衙门之前,以死抗议日本强贼的侵略。隔日,慈禧太后以为林世功为琉球王室的忠孝,赠银200两,将其厚葬于张家湾琉球国墓地。

然而,诸多史料没有记载的"陈情通都官王大业",应该是琉球国在被日本吞并之时,被派来清朝汇报国情、请求出兵援救的另一批使节,因清朝没有应请又不能回到已经灭亡的祖国,只能在北京琉球驿馆居住,悲愤忧愁而于十四年(1888)亡故北京,亦埋在张家湾琉球国墓地,成为此处墓地中埋葬的最后一名琉球官员。

二

清朝时期故于北京的琉球国官员、官生为何选择通州张家湾作为墓地? 这一问题须从京杭大运河北端水驿驿站说起。元代在大运河通州段曾设有两座

240

驿站,一是设在今东关大桥两端南侧的潞河驿,一是设在今西集镇南部的合河驿(以通州城内内外白河于此合流故名),即今和合站村以东的吕家湾村附近,外白河(村民称作北泗河)与内白河(即今北运河)在此村相合,驿站设此故名合河驿。

沿至明代永乐年间,两座水驿驿站恢复使用,史籍载为"永乐间置",其实是袭用元代所设者。至明万历四年(1576),似是因为外白河淤塞,不再行驶驿船,遂将合河驿(和合驿)西迁至张家湾城南以外萧太后河南岸,至今张湾镇村北部仍有一条南北向胡同称作"馆驿胡同",即因设有驿站而名。清康熙三十年(1691),为保障通州至张家湾之间大运河漕运,也因潞河驿与设在张家湾的和合驿之间距离较短,故将潞河驿南迁至张家湾,与和合驿合并。如此,京杭大运河通州域内段落仅存设一座驿站,即设在张家湾的潞河驿。此后至嘉庆十三年(1808)间,大运河头第一水驿即在张家湾,其间中外使节走大运河而出入北京者,都在张家湾下船或登舟。理所当然,琉球国使臣或官生入京朝贡或出京回国,也必然于此上岸或乘船。

至元二十六年(1289),京杭大运河形成,直至清嘉庆十三年通州城内运河改道,这500余年间,大运河北端客船码头始终在张家湾,而和合驿或潞河驿设在张家湾后,则客船码头也就自然而然成为驿站码头了。

设在张家湾的客船或驿站码头,就在今张家湾城址南门外的通运桥处。通运桥俗称萧太后桥,以横跨在辽代所开萧太后运粮河上故名。明万历三十三年(1605),将此处的木桥改建为石桥。旅客或使节于此上岸后而陆路入京,则客船或驿船停泊在桥西300余米处的广阔湖塘处。为了便于候船或上岸,在石桥南北两端的两侧,各用石块垒砌一座平台,台的外侧各砌有狭窄台阶,以便上船或下船。北京地区古代石桥成千上万,只有此桥两端的东西两侧建有石砌平台与台阶,此是大运河北端客船码头的缘故,是特色建筑和特殊文化。当然,琉球国当年使节及官生,即于此石桥处下船或乘舟。停泊客船或驿船的大片水塘处,岸北有张家湾城西门和通北京广渠门的宽阔官道,岸西有立禅庵村,岸南有"馒头庵"和唐小庄,岸东有烟墩和烟墩桥。立禅庵村以建有立禅庵寺庙而名。此庵唐代创建时称作"净业院",明代重修时易名立禅庵,今其遗址在该村东北部位,上已早建有民居。

在泊船水塘西南角外,即立禅庵村东南角外,就曾有琉球国墓地,有三四亩地。墓地南临东西向水沟,沟南即唐小庄村,墓东有当地回族墓地。琉球墓地之所以选择在此,主要原因是这里距离大运河北端客船、驿船码头极近,就在驿

241

琉球国墓地示意图

船、客船停泊处南岸，东距潞河驿馆舍仅三四百米，便于琉球国使臣、官生或商旅前来拜祭葬在此处的国人。琉球国人也信奉佛教，而此处墓地之北100余米就是比丘尼庙宇立禅庵，墓址选在此处，也应该说与尼庵有关。在运河改道东迁后，潞河驿及琉球国墓地没有再易他址，于同治、光绪年间亡于北京的使臣和官生也都埋葬于此了。

据中琉关系研究专家徐荣生先生所提供的琉球人《杨氏家谱》中所绘《张家湾之墓图》可以得知，此处琉球国墓地南向由两部分组成，反映的是清雍正三年以前的状况，当时墓地上只有三座坟冢，即杨联桂、蔡宏训和一个琉球国姓名、官位的渡口筑登之亲云上，三人分别于康熙五十八年、雍正二年左右的时间先后埋葬于此。

该墓北半部分为祭祀用建筑，称为享堂，设为一座院落，四设围墙。其北面正中为歇山筒瓦顶，应是面阔七间，明间门额有"泽及远臣"大匾，康熙帝为杨联桂所赐"谕祭碑"应该选立于堂内，通州知州黄成章所立告示碑也应立于其中。如果有死者牌位，就当放在南面那座面阔五间的房内，而东西两侧各五间的家房里，是放置祭祀用具之所和厨房。别设东南角门以便出入。最初埋葬副贡使杨联桂时，康熙帝不仅赐立谕祭碑，当地应有祭祀用房，而当地个别百姓以为是外国坟地建筑，不予尊重，便拆用此处建筑砖瓦木料，引起筑坟者不满，告到朝廷，这才引起知州黄成章重视，于是在雍正三年，按照原茅屋规制，予以重修，且立有告示碑，严禁村民破坏，命令地保加强保护。

该墓南半部分是坟冢范围，周围建有砖墙，正南前设歇山筒瓦犬门，应是雍正三年所建，门额有"恩赐琉球国茔"大匾。门内正中偏后有杨联桂墓冢，冢前立有墓碑，碑阳绣刻官阶姓名；其西有官生蔡宏训墓冢及墓碑；右前方有宰领渡口筑登的墓冢及墓碑。大门内东半部分空缺，应是留待后死者葬埋。

张家湾琉球国墓,在国内史料中无载,古代数种版本的《通州志》更无涉及此事,而远在琉球国的史料里,倒是记载得较为详尽。据徐荣生先生撰供的史料复印件,可知康熙帝关于杨联桂的"谕祭碑"全文,抄录并标点如下:

　　皇帝谕祭琉球国贡使、正议大夫杨联桂之灵曰:远人效归化之义,入贡天朝;国家隆恤死之恩,均施外域。尔杨联桂因使入贡,跋涉远来,黾勉急公,间关况瘁。方期早竣厥事,不意在途遽殒,朕用悯焉!特颁祭典,以慰幽魂。尔如有知,尚克歆享。

康熙五十八年十二月十六日

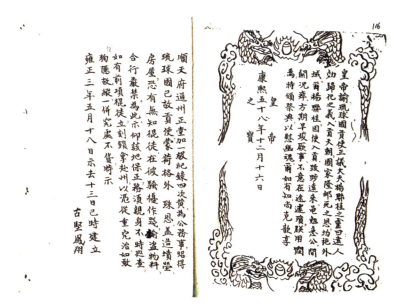

康熙帝颁发的证书

　　短短的谕祭文,将中琉两国关系点得非常明确,且十分友好,因此才把清朝的"隆恤死之恩,均施外域"。同时高度描述杨联桂入贡艰辛、急公守职,病逝入贡途中张家湾,感动皇帝而"特颁祭典"。至于通州知州黄成章的"告示碑",则甚为鲜见,《通州志》多种版本中亦无记载,现据徐先生的复印件,抄录并标点如下:

　　顺天府通州正堂、加一级纪录四次黄,为公务事,瘤(照)得琉球国已故贡使,蒙荷格外殊恩,盖造坟茔房屋。恐有无知棍徒,在彼骚扰作

243

践,偷盗物料,合行严禁。为此,示仰该地保正,务须亲身不时巡查,如有前项棍徒,立刻锁拿赴州,以凭从重究治,如敢徇隐故纵,一并究处不贷!

　　特示。

　　雍正三年五月十八日示,去十三日巳时建立。

　　据此"告示碑"内容可知,在雍正三年以前,当地村民确实有过盗拆琉球国墓地房屋建筑的现象,不然,不能无故立有此等碑石。

<h1 style="text-align:center">三</h1>

　　据徐先生提供的复印件看,张家湾琉球国墓地的坟冢,也和我国北方平民百姓的形制一样,即圆锥形"窝头式"。因为不是家族墓,只是单个一人坟冢,互无联系,故排列基本无序,没有神道,并在每座坟冢前立有一道墓碑。根据复印件中墓冢形制分析判断,埋葬于此的13个琉球国人,各自都有一座坟冢和一道墓碑。但是,墓碑的形制不太一样,大体可以分为两种类型。一种是正规的,与中国古代墓碑传统的基本形制相同,由碑头、碑身、碑座三部分组成,碑头方形抹角,碑身长方形,碑座比碑身宽厚。而碑文内容及布局就和中国古代墓碑的不大一样了。中国的墓碑碑身阳面铭文多点明墓主人,如"李卓吾先生之墓"(通州西海子公园内者尚立),又如"李云舫先生之墓"(通州漷县镇李辛庄者尚立),诸如此类,无以计数;在其阴面则镌刻墓主人的生平事迹。而琉球国墓地的墓碑碑头上面多自右向左横刻"琉球国"三字,碑身阳面多纵刻墓主人姓名、

琉球国王大业墓碑

官职与死葬时间之类,仅此而已;碑阴则光板一面,不刻一字。铭文十分概要,突出"琉球国"与姓名官职及死葬时间,只起一个"标记"作用。这是琉球国在中国古代墓葬与碑制既有相似之处,亦有相异之制。

上述这种琉球国墓碑形制,是光绪五年日本侵吞琉球国以前的情况,而以后的墓碑形制则是另一种情况。这就得从张家湾琉球国墓地上目前只单一发现的王大业墓碑来说明了。

王大业墓碑实际上是一块曾经使用过的条石,颜色深灰,首与身一体,无座,全高163.5厘米,宽

琉球国王大业墓碑局部

35厘米,厚19厘米,破坏严重,然其上所制文字尚可辨认。碑首部位高19厘米,与厚度相同,面窄,类似中国古代碑刻的碑首,上面从右到左横刻"琉球国"三个大字,楷体,笔画坚劲;身部高48.5厘米,正中纵刻柳体字"陈情都通官王大业墓",略小于额处之字,其右侧低一字纵刻"十二月廿五日卒"等七字,又均略小于中间者;其余下部分高96厘米,铁钎横凿痕迹累累,而埋入地下部分为86厘米,如此,碑立甚稳。可惜目前张家湾琉球国墓地仅仅发现此碑,据此推断,于光绪六年(1880)葬此的陈情通事林世功的墓碑形制也当如此。此处琉球国墓碑何以遭到如此下场?盖因日寇侵华罪行使中国百姓深恶痛绝,而无知百姓又将日本帝国主义与古代琉球国混为一谈,于1945年8月15日日本国宣布无条件投降后,痛将此处琉球国人墓碑全部推倒他用,建筑拆除。

进而于1966年"文化大革命"开始后,此处坟冢均被平掘,仅余遗址一块。改革开放后,人民公社解体,此处墓址分给村民个人,遂在遗址上建筑棚屋,或种园栽树,遗址只是空名而已。

据立禅庵村东南角处琉球国墓地西侧居住的张姓村民说,他曾经亲眼见过平整该墓地时的情景,发现墓圹多是"三合土"夯筑而成,圹内棺木未朽,内只有一具尸骨,有的棺内还出土有铜镜等随葬物件。"三合土"即由纯净黄黏土、生

石灰与细沙搅拌均匀而成,略使潮润,则可拙所需夯筑墙壁,我国古代城墙内心多为三合土夯筑所成,非常坚韧牢固耐腐蚀。琉球国墓地圹坑四壁及圹底均由此土筑构,十分结实,将棺木放进圹内后,再用三合土夯筑圹壁,使成一个整体,可防雨水或地下水浸入圹坑,以保护棺木。此种葬俗,古代通州就曾产生,但为数不多。我搞文物工作20多年来,只在今通州区永顺镇西马庄西与乔庄南发现两座清代墓葬此类葬法,其余地方多为土圹木棺墓,也许不是没有,而是我未能发现。总之,三合土圹木棺墓很少,但张家湾琉球国墓地都用的是此种葬制,也可以说是沿袭了中国北方古代的这种葬俗,具有一定的科学防腐性,值得研究。

此外,琉球国墓碑不仅在碑的形制上有所差别,而且在碑文及书刻形式上也不尽相同。如王大业墓碑是把官职、姓名刻在碑身正中间,而死葬时间对应分刻在姓名两侧,而在福建省高盖山发现的琉球国人孙国柱墓碑,其碑身中间纵刻"安座间通事国柱孙公之墓",左侧纵刻"嘉庆五年庚申四月十九日卒",右侧纵刻"地长二丈二尺横一丈五尺"。同是琉球国墓碑,而碑文内容及书刻形式略有差异。这种情况,在中国古代墓志铭中也有体现,如通州区内出土的数十合古代墓志铭中,大多数都把撰文者、书丹者、撰盖者的官职、祖籍、姓名分行刻在序文的前面。明故戴处士墓志铭,在首题之后序前先刻"赐进士出身、翰林院国史编修、承德郎仁和汪澜撰",次刻"征士郎、中书舍人、直文渊阁莱阳用文通书",再刻"中宪大夫、太常寺少卿、直内阁会稽陈刚篆",然后刻大篇的序文;而唐处士公孙封墓志铭,在首题之后,开门见山,开头就刻序文,序文前没有撰文、书丹与篆盖者的官职姓名籍贯,又明岳正母亲刘氏墓志铭,没有首题,序前只有篆盖人官职、籍贯、姓名和刻字人姓名,而把撰文、书丹人岳正刻在序文之后。由此可以得出一个结论,即古代碑刻铭文及书刻形制有一般规律,但也有特殊情况。那么,我们今人研究石刻文物就不能用一般规律去评判所有石刻,应该根据石刻文物的存在形制去具体问题具体分析研究,不能因为某一石刻形制不符合石刻文物的一般规律就否定这一石刻文物,这是形而上学又无知的表现,甚不可取。张家湾出土的"曹雪芹墓葬刻石",就不和一般碑制一样,不能因为这样就否定这件刻石。

关于张家湾琉球国墓地遗址,现今有许多研究中外关系的专家学者给予关注,特别是现在日本国的冲绳县人(日本于光绪五年吞并琉球国后的琉球国人后裔),尤其重视此处墓地遗址。1992年以来,我曾亲自给福建师范大学师生、中日友好协会、北京大学日本留学生、日本冲绳县百人徒步旅行团、冲绳县百人骑车旅行团(沿明清两朝琉球国贡使、官生入京路线)等多批人士,讲述张家湾琉球国墓情况。

2014年5月13日,北京大学、青岛大学、琉球龙谷大学、冲绳国际大学及冲绳琉球民族独立研究学会事务局等单位北京研讨会代表一行16人,来通州张家湾通运桥参观,我给他们讲述古代琉球国贡使、官生在此登岸乘舟的码头;他们又参观了泊船水塘遗址和琉球国墓地遗址,我给介绍古代此处墓地情况,已经是下午两点时分,他们才恋恋不舍地离开去吃午饭。在冲绳县人中,有位叫川满信一的长者,当年82岁,身体很健康,文思也很敏捷,在参观墓址时,在笔记本上即兴赋一首七言诗,完全用汉文写出,诗题为《清人追悼》,诗曰:

四时代序逝不追,日日昏昏漏未央。
黄菊残花谁欲诗,思妇捣衣正堪悲。

川满信一
二零一四年五月十三日

在吟此诗之前,他悲痛地讲述了林世功于光绪五年受琉球国国王之遣,来北京上表恳请清朝出兵援救琉球国,而没有成功后,绝食并挥剑自刎于总理衙门之前的悲愤凄壮情况,使旁听的北大博士生张展,不得不摘下眼镜擦掉泪水。因为他当时用琉球语讲述,只有懂此语种的琉球国后裔和师生听懂,非常肃穆,而我一句也听不懂。川满信一在讲完诗序后,用琉球国语很有感情地吟了他的即兴诗。我听不出来他吟的诗句,但那种似唱非唱的吟调,我是相当喜听。当我深情而敬重地听完吟诵后,情不自禁地向中国社科院世界史专家汤老先生说:"琉球国人后裔的吟诗是跟咱中国学的,现在,咱中国人有几个还会吟诗的呢。"老先生默然笑了。

从以上情况看出,琉球国人后裔还在深深怀念古代中琉两国间的深厚友情。他们非常希望张家湾琉球国墓原貌能够恢复,将古代中琉两国人民的友情世世代代传下去,让世界更加美好。但令人痛恨的是,曾经吞并琉球国的日本帝国主义,又于1931年9月18日,发动了侵华战争,野心勃勃,疯狂残忍,烧杀淫掠,罄竹难书,妄想像侵吞琉球国一样而吞灭中国,被抗日民族统一战线指挥下的英雄的中国人民杀得落荒而逃,魔爪被霜刀斩断,于1945年9月3日,无条件在投降书上签字,如落水狗一般龟缩回巢。然而,如今日本现行政府部分头目拒不承认血淋淋的侵华战争,我当然要把日寇在通州的野蛮罪行及通州伪保安队抗日武装起义的事实,如实地也向上述日本友好人士讲述,也是我义不容辞且责无旁贷的义务和责任,带他们参观了"宝通银号暨日寇慰安妇所""伪冀东政府所在地(三庙)",让日本今天的男女老幼知道日寇侵华的真相和史实,不要随声附和,跟着日本右翼头子走向黑暗。前来张家湾琉球国墓地参观的琉球国后裔和中国师生、专家学者不由得连连点头和悲愤感慨。

通州张家湾琉球国墓遗址是古代中琉两国人民友好往来的历史见证,也是通州运河文化的重要产物,有着颇高的历史价值,应很好地保护这个珍贵遗址,甚至于恢复古代此处琉球国墓的原貌。

（作者:周庆良）

张家湾地区的古石刻

明南京前军都督府都督佥事戚斌墓志 1987 年 1 月出土于今张家湾镇南火垡村东戚家坟墓地,开挖鱼池时发现,被当时大兴县长子营乡拖拉机站擅自运走,后此墓志收归国有。一合,均汉白玉制。志盖横纵均 57.5 厘米,厚 9 厘米,正面纵刻细画玉柱体篆书题额 5 行,行 5 字,为"明故骠骑将军南京前军都督府都督佥事致仕戚公墓志铭";志底横纵均 58 厘米,厚 10 厘米,右下角残断,正面纵刻小楷志文 30 行,满行 28 字,首题为"明故南京前军都督府致仕都督佥事戚公墓志铭"。文曰:

> 赐进士弟、中宪大夫、鸿胪寺卿,前监察御史新城杨瑄撰文
>
> 征仕郎、中书舍人、直文渊阁、预修国史南阳蔚瑄书丹
>
> 朝列大夫、山东参议、直内阁兼经筵官上虞陈纲篆盖
>
> 公讳斌,生于永乐乙酉八月廿二日,享年六十有八,成化壬辰十二月一日,殁于正寝。其子旺,卜以明年二月九日,附葬于顺天府通州潞县新河里苍头屯先茔之次。大鸿胪署丞徐公亮克明其姻亲也,具公行实,请予铭其墓,义弗获辞。
>
> 按状,公世为金山乔木巨族,质直好义,志高行笃,精韬略,善骑射,而又攻儒书,乐与贤士大夫游。
>
> 长大父讳曲列儿,归附燕山右护卫,以武功升正千户;次大父讳察罕台,袭其职,殁于锋刃之余。至公父,讳贵,亦袭其职,克树勋庸,以年耄解任。公自代职,倦倦以先人建立功业为难,朝廷高爵厚禄为重,务竭乃力,以图报称。
>
> 正统辛酉,思任发猖獗,朝廷遣兵除害。人皆曰"山谷之峻,沙江之险,最难克服"。公直抵巢穴,见其象阵,遂出奇计以破,众兵水陆,

攻,先获渠魁,后擒协从。旋归,升指挥使。甲子征毡帽山,升都指挥佥事,把三千营总。己巳,虏寇侵犯京城,总兵孙镗知公才器超迈,以军政事闻,升都指挥同知。彰义门大战,升都指挥使。柳杨山截杀,升是职于中军都督府,坐三千营,管操。天顺戊寅,英庙授诰命,封配赵氏为夫人。生子,即旺,娶李氏,封淑人;侧室张氏女三,长适马昭,任金吾左卫指挥使;次适靖安伯子和忠;次适后府都督长子杨滢。孙男三,长英,娶陈氏;次俊、杰;孙女二,长适左府都督长孙宝玺;次在室。己卯,转南京。成化丁亥,具疏乞归,以终天年。上嘉其贤,录其子旺为金吾右卫指挥使,盖以崇其功而世其禄也。公自乞归,以恬淡处己,以谨慎训子,未尝以私干于执政者。卒之日,上甚悼之,锡斋粮麻布,以厚其终;命礼部尚书邹干致祭,工部官营葬,以荣其死。呜呼!公之为人,幼而学,壮而行,老而休,生蒙宠禄,殁受荣光,是宜为铭。

　　铭曰:"昪豪杰之雄才,发超迈之奇谋。遂建功而立业,将□□而封侯,上允疏以优归,遽遘疾而长逝。锡荣葬于高冈,昭令德于无休。"

　　志文主要记述通州人、明南京都督府前军都督佥事戚斌在平定云南叛乱、征讨西北乱军及抗击蒙古兵入侵北京等战役中屡立战功,以致颇得英宗嘉奖和沉痛追悼;又在退休家居之时,过恬淡生活,严格教诲子女,不以私事干扰政事,此戒骄戒奢品格亦很难得。此外,亦告诉今人戚斌乃蒙古族人,后逐渐汉化,是

戚斌墓志

中华民族融合之历史见证,还表明今苍头村明中期曰苍头屯,属新河里(今台湖镇新河村),为今人研究通州历史地理提供史料依据。

明大理寺左寺副李儆隍墓志 1986 年 6 月出土于张家湾镇大高力庄北东西向老沟北坡处,文物管理所即时收集之。一合,艾叶青石制。志盖横 70 厘米,纵 70 厘米,厚 11 厘米,正面四边刻直线为栏,内线刻如意头朵云与行云,中纵刻玉柱体篆书题额 5 行,行 4 字,为"明文林郎、大理寺左寺副儆隍李公墓志铭";志底正面四边纹饰与盖同,内纵刻小楷志文 39 行,满行 40 字,首题同题额。文曰:

> 赐进士出身、湖广道监察御史、业水眷年弟梁天奇顿首拜撰并书
>
> 余乡同榜李儆隍父艰,癸酉冬扶病补官,命下十日,卒于京。
>
> 卒之日,贫无以殓,得南科诸同年捐资助棺,五日始殓。嗟嗟! 当今之时,有五年县令不能具一棺,其人品尚待问乎!
>
> 儆隍髫年颖异,有大志,受业于翔峰高之门。凡其所与游者,皆海内名士,咸以大物期之。乙卯,果登乡荐,出关中长庵周公之门,而主司则武进兰谷龚公浙江昆阜阳公也。丙辰罢南宫试,益奋发下帷,于书无所不读,凡三试俱不获与,兰省选文三槐公曰以李之才何难一第,顾余耄矣,家仍壁立,河清难俟可业何? 儆隍不得已遂以二榜谒选,得繁水博士,时天启壬戌岁也。繁固才薮,儆隍至日进髦誉,课艺不辍,一切修脯罔较也。薪水之余,仍以恤寒士之不能婚葬者。乙丑,擢知金乡,值莲逆蹂躏后,疮痍载道,儆隍悉意抚循,不啻婴赤,仍严保甲,简丁壮,躬自训练;以备不虞。芃苇斯摧,鸿雁来集。俗善讼,儆隍痛为惩抑,间有烦肺石者,一秉公平处之,束矢不人也。邑多盗,捕盗者往往波及无辜,儆隍严鞫其确者置于法,余俱得解悬。至于狱囚,长吏多莫不加意,儆隍独恻然曰:古者导人不孥走,何辜? 必废祀也! 察其无子而有室者另创一室,间少投以冀嗣。时有大盗谋越狱,合诸故盗,故盗曰:"官实生我,安忍相累?"约俟入举发,语泄谋解,民不忍欺,类如此。邑遍额设民马,以备三差,小民赔累奔命。儆隍捐俸市马二十四,立废喂养以稣民,因又有箴夫之役,□不时之供,□□更苦。儆隍即行裁革,凡供应俱出棄雇募,岁约省民资数百余金,而私囊罄也。□中节,列孝友,及骚雅遗踪,凡淹没未张者悉为阐扬,刻露其最者无如

251

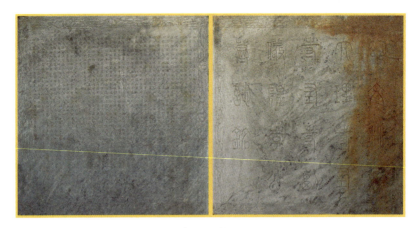

明李儌隍墓志铭

巨卿元伯鸡黍一事。他若学宫、书院、城垣，无不整饬，梨然一新。乃复缮养济以恤孤，捐谷石以赈贫，列树以表道，建坊以志理，靡不出自己资。犹念侯馆行台内几筵帷帐之类，往往骚扰民间，一切捐资，取次增设，凡此皆病中规为而费棄益罄矣。间有余俸，家族与共，姻党遍周，故旧知交，靡不厌欲而往。儌隍方然未有倦色也。犹善事父，父多异母子，儌隍抚之倍加昂造。

庚午二月，以秩满升大理寺右评事，将之任日："父老矣，恐介念。"诸幼弟遂尽出笼中物瓜分之，棄竟尽。先是病渺一目，已巳冬又伤膝，及至任，犹艰步履者，久之时平，及倥偬值溽暑，又增痔瘘恙，医治终弗愈。辛未三月，转左寺副。六月，三槐公病，儌隍视疾，欲终养。俄而三槐公殁，儌隍哀而尽礼守制，日贫甚，移居州中，出门乘敝舆，随一狼怆蠢仆人，不知其从大夫声也。且病日羸，终年偃仰榻上，至药饵不能给，竟恬然听之。癸酉九月，服阕强起，简尘笥中上余旧乌纱，其青衫革履，皆假诸友者。及入都，待命五月，至明年上元后，命始下，仍旧职已。择仲春之七日上任，而病竟作，六日不起矣。嗟呼！儌隍少而颖宜第，与人厚宜寿，存心坦宜无病，仅仅以乡榜入仕籍，贫病交困，以之而死，天乎？其不可问至此乎？其子请铭于余，谓余雅相契，能知儌隍之素。噫！余何知？三十载相与，亦知其始终一孝友人耳，始终一贫病人已耳，始终一无负人之人已耳！

按谱，先系毗陵之暨阳人，自七世祖福广公扈文皇驾北迁，始藉武

252

功家潞河。福广公生贵,贵生仁、仁生遇、遇生凤、凤生封镳,号三槐,以傲湟任金乡,恭遇覃恩,封如傲湟秩。元配王氏,赠孺人;继赵氏,侧室齐氏、何氏、朱氏。生八子,长即傲湟齐氏出,讳国泰,字仲,傲湟其号也。七岁能文,二十五登乡榜。配鲁氏,南康府照磨履道公女,封孺人;生子二,长懋华,郡庠生,娶□氏,封刑部河南司即中原任山西五台县知且应科子、庠生起鲸之女;次生华,聘顺义辛酉孝廉张君第女也。

傲湟生于万历十九年辛卯三月初三日午时,卒于崇祯七年甲戌二月十日寅时,以卒之年四月十五日,葬高力庄祖茔。于是含泪而为之铭。

铭曰:"昆陵发源,潞水产英。孝友天植,文章乔声。抚字龚黄,交际雷陈。晋司廷尉,狱无冤民。县磬其室,逍遥此生。学则为己,仕则为人。但易清真,永垂其铭。"

志文主要记述李傲湟少年聪颖宏志,学业精深而受权奸梗阻,在疮痍载道之乡为官,除弊治盗,公正谨慎,捐俸济贫,私囊告罄,且出己资修葺公舍,恤孤赈贫,且始终如一,未有倦色。以致晚年贫病交困,病殁而无资置棺,乃古代爱民廉官之典型,为通州历史名人。然方志、史书无传,此志文可补之。

明故戴处士墓志铭　1995年6月出土于梨园镇高楼(娄)金村西南部位,挖自来水渗井坑时发现,文物管理所闻讯,一番工作,自该村委会收集之。一合,汉白玉制。志高横48.5厘米,纵50厘米,厚8.5厘米,正面纵玉柱体篆书题额3行,行3字,为"大明故戴处士墓志铭";志底横49厘米,纵50.5厘米,厚8厘米,正面纵记得楷书志文25行,满行28字,首题为"明故戴处士墓志铭"。文曰:

赐进士出身翰林院国史编修、承德郎仁和汪澜撰
征仕郎、中书舍人、直文渊阁莱阳周文通书
中宪大夫、太常寺少卿、直内阁会稽陈刚篆
成化己亥冬十月一日,处士戴公以疾卒于家。逾四年,癸卯,其子升自淮扬回,卜以是年九月十二日葬高力庄之原。介友韩仲质持秋官主事陈一夔所为事状,来乞铭。余素未知公,仲质与余相知久,又称其子升之贤,不可辞。

按状,公讳芳,字世芳,姓戴氏。其先淮安盐城三都望族,以资雄

253

于乡。祖子真,父廷玉,皆隐德弗耀。廷玉生子三人,公其季也。永乐初,取天下富民实京师,公之父廷玉与焉。遂占籍顺天府宛平县,居德胜关里第。

公生而纯实,体貌魁伟,气识宏大。遭时多艰,门户日就衰薄。公念祖父以勤俭起家,欲复其故业。既长,克自树立,乃徙居通津张家湾,创业于中马头。不惮江湖之险,往来南北贸易。辛勤数十年,业益饶裕,子孙于是遂家焉。

公平居事亲孝,事兄友,教子弟以礼让,一门和气蔼如也。乡邻有不平者,公以理喻之,辄解散去。宗族姻党贫乏者,赒恤之不少吝。疏财仗义、乐善好施之心拳拳焉。以此,内而邻里、亲族,外而商旅、宾友,莫不敬服,称为长者云。卒之日,惟以"勤俭孝敬"遗训子姓,亦贤矣哉!

距其生永乐丙戌六月十三日,享寿七十有四。配王氏,亦巨族女,有淑行,克谨内助。生子男五:长即升,乞铭者;次昶、次昱,皆克家;余早卒。升娶卢氏,昶娶高氏,昱娶马氏。女一,适陈砲。孙男二:长辅,次辂,皆未冠;女一,适通州庠生蔡淮。

呜呼!公能振先业于不坠,延后嗣于无穷,其亦可铭也已。

铭曰:戴氏之先,世泽孔良。中更迁徙,盈缩匪常。公能树立,家业以昌。子孙蕃衍,不替其芳。吉壤肇茔,高力之庄。勒铭坚珉,以永其藏。

志文载处士戴芳祖先乃淮安盐城望族,富甲于乡。"永乐初,取天下富民实京师",其父一家被征而迁到顺天府宛平县德胜门里,后遭时艰,门户日衰。其欲振家业,便"徙居通津张家湾,创业于中码头,不惮江湖之险,往来南北贸易,辛勤数十年,业益饶裕,子孙于是遂家焉"(今墓志铭藏于通州区文物管理所)。死后,就葬在土桥村西高力(丽)庄北,土桥村中戴姓应是戴芳后代。

金延庆院圆照塔铭 "文革"间出土于今张家湾镇后青山村西呼鹰台上。1982年文物普查中发现存于前青山村一农户中,1984年收集于文物管理所。仅余幢身,汉白玉制,呈小八角直柱形,高83厘米。纵面上端环刻祥云,下端环刻波纹,八面纵刻楷书铭文19行,满行21字,首题为"潞阴县清善村延庆院照公寿塔铭并序"。铭文曰:

门人僧戒才
照公一日扶锡礼吾门,余□敬迓迎,坐于文斋,从容谓余曰:"人之

254

处世,生死大事,所所不免。吾年几乎知命,拟建寿幢为身洛计,当为我作铭焉。"仆与照公旧岁柳,又重其三,天性仁慈。垂髫之岁,夫高意了此真空,故难它托,请略言生平之大概。

照公,香河县西北乡紫荆曲,俗姓侯氏。之考成义,之妣曹氏。

渠处其秀,肇自龆年,不喜童志,乐缁素,父从焉。年十有八岁,礼溮阴县清善村延庆院职慧大师为师,训名为圆照,而复讲诵四大部。日就月将,无时或怠,德业进修纵有所。皇统二年,恩受具愚,年三十有二,听华严经几千,二载成名。至四十有八,在县请做管内监寺,请舍异众,为于得化被优,惟管内监寺,其趣,会吾师化期年,复众□为寺之主□常住,功德颇有增美焉。管领寺几了无遗失,内众共推信,共□有,建寿幢,以为先备,所以区区□铭焉。

仆曰:公之言然也。秉笔书此,亦□以为铭序也欤!

铭曰:欤欤圆照,光我释门。藓然内则,□然外温。大弘佛教,累受天恩。说法雷吼,听众云屯。慧日除昏。至德遐被,非言可论。其名不朽,其道常存。阴魔元空,隙骑任奔。此无缝塔,永镇乾坤。

时大定十八年,月日建。法云奴、实弟奴、戒行□□奴。

序文主要记述金延庆院住持圆照籍贯及少志出家,学授经书,功德颇深,且任管内监寺职,同时在生前即为己建寿幢,为今人研究金代佛教葬俗,提供重要资料。此外,序文还提供三条历史信息:一、表明金大定年间,辽时延芳淀呼鹰台尚在,且做狩猎用台;二、辽金时在帝后游猎场所建有佛教寺院,以便随时就地祭祀佑安,此处延庆院史志无载,此幢序文可补缺;三、今青山村在金代已存在,称清善村(也作清膳村),表明此村历史悠久和村名之演变,青山村乃因呼鹰台实体如山与清善村谐音而得名,为研究通州历史地理提供重要依据。

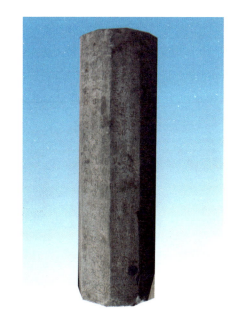

金延庆院圆照塔

张家湾镇域内石刻一览表

序号	名　　称	时代	地　　址	现　状	备　注
1	重修广福寺碑	明	张湾村小学	完整,磨泐甚重	是村建材库内
2	观音寺碑	明	张湾村北门外	身存仆地	是村建材库内
3	山西会馆碑二	清乾隆	张湾村小学东	身座分置	是村建材库内
4	重修佑民观金华圣母殿碑	清乾隆	里二泗村观内	身存剥蚀重	张湾村建材库内
5	佑民观无字碑	民国	里二泗村观内	身、座分置	是村建材库厂内
6	重修三官庙碑二	清	土桥村王姓猪圈处	身存,砌猪圈坑	今无存
7	重修金刚庙碑	清	皇木厂村	身存	"文革"失
8	五显财神庙碑	清乾隆	白庄村中	身存仆地	"文革"失
9	敕建通运桥碑	明万历	张湾村南门内	完整,有剥蚀	2022年重立
10	敕建通运桥碑	明万历	张湾村南门内	身存仆,泐重	原地仆置
11	碑身张湾村东城垣弯处	身存仆弃	原地仆置		
12	康熙谕祭杨联桂碑	清康熙	立禅庵村琉璃墓	无存	
13	光绪谕祭瓜尔佳氏碑	清光绪	里二泗佑民观	座失身存磨蚀	庙内仆立
14	"善德遗方"碑	民国三十年	里二泗佑民观	身存	存观内

南大化关帝庙旗杆座　原在今张家湾镇南大化东口外南侧关帝庙山门前

南大化关帝庙旗杆座

256

置,用立庙旗旗杆。解放后,庙易作小学校,旗杆拔除,其石座弃置庙前。"文革"间学校迁移,庙址改作工厂,将石座用作机器座而裂,用 8 号铅丝捆绕之使不分。2000 年,是村将此石座移至村委会院内,当作国旗旗杆座。

此旗杆座为明代遗物,艾叶青石制,形制为正方体二层台式,通高 45 厘米,下层边长 65 厘米,上层边长 51 厘米,下层 187 厘米,四立面光素无纹;上层四立面高浮雕两尊力士神像,做蹲坐式,另雕太、少二狮相戏,长鬣飘逸,生动活泼。纹饰寓意凡来此庙上香者,家庭都有力士神像保佑平安,后嗣者有希望做到朝廷命官——辅导太子之太师、少师。此石座雕琢精巧,纹饰新颖脱俗,乃区内同类石座之上乘。

佑民观无字碑方座

原立于张家湾镇里二泗村佑民观内,民国间雕制。1958 年春,此庙改为里二泗中学校,此碑推倒散弃。1993 年,张家湾镇欲建人民公园,将此碑座及其身运至该镇政府机关以东公园预留地内,园未成,又移运至张湾村太玉园小区北侧建筑料场内放置。此碑座艾叶青石制,长方体,高

佑民观无字碑方座

70 厘米,宽 107 厘米,厚 46 厘米,体量较大。四纵面周围各阴刻正反"丁"字纹,使其间阳纹形成正反相间之描边"丁"字,连接不断未见头;内面浮雕"暗八仙"纹,汉钟离所持之宝扇、吕洞宾所持之宝剑、铁拐李所持之宝葫芦等八位散仙所持之器物,各以飘舞绸带捆系,间有云纹,道教气氛颇浓,乃区内民国间碑座之最精美者。

张家湾镇域内现存石雕一览表

序号	名　　称	时代	地　　址	现　状	备　注
1	须弥座雕花鱼缸一	清	张家湾镇清真寺	完整	尚存
2	佑民观牌楼戗柱一	清	里二泗村操场	完整	今无存

序号	名 称	时代	地 址	现 状	备 注
3	广福寺狮首方柱门枕石一对	明	张家湾小学操场	一埋一蚀	今无存
4	广福寺香炉座	元	张湾村小学校	完整	今无存
5	土桥镇水镇一只	明	土桥村中石桥处	身裂	尚存
6	刘家门狮首方柱门枕石一只	民国	南火垡中街北	完整	文管所
7	戚家坟墓碑龟趺二	明正统	南火垡西南坑内	完整	今无存
8	汉白玉龟趺二	明	里二泗佑民观	完整	今无存
9	方碑座二	明	人民公园	完整	移地存
10	石口井	明	人民公园	完整	移地存
11	狮首方柱门枕石一	元	张湾村花枝巷东口	完整	今无存
12	法宝寺门鼓子一	元	后南关村寺遗址	完整	今无存
13	广利上闸燕卯石构件	元	土桥村西公路侧	完整	尚存
14	张家坟石像生一套	明	北仪阁村西埋	完整	尚存

御制慈云寺石匾　《通州志》所载慈云寺在通州旧城东关,清光绪元年(1875)创建,而此御制慈云寺匾乃乾隆帝御笔,且出土于三间房飞机场西南部位,同时发现有古代庙宇建筑遗址,可以断定此处遗址是慈云寺坍塌后所成,表明此处历史上曾有一座慈云寺。是匾为汉白玉雕制,右边角稍残。高60厘米,宽245厘米,厚27厘米。四边设框,框宽17厘米,浮雕飞云赶珠龙;内心凹平,高26厘米,宽212厘米,厚19厘米,居中横刻楷书"敕建慈云寺"五大字,潇洒

御制慈云寺石匾

258

有力,正中上缘有篆书阳文印"乾隆御笔"。由此可知,此庙宇乃为清乾隆诏建。乾隆帝一生拜谒东陵、西陵多次,其中有七次斜穿通州地域,由东陵去西陵,在烟郊行宫驻跸后启程,再到南苑(南海子)新老行宫,然后由南苑去西陵回宫。自烟郊至南苑则斜穿通州城。此六次分别在十三年七月、十九年十一月、二十一年二月、二十三年三月与十一月、四十三年八月、六十年闰二月。乾隆题匾应在此七次行程之一中。也许是某僧人托中官请乾隆帝题写后选地创建,亦未可知。御匾精美硕大,为珍贵文物。

惜字局石匾 原嵌砌于今张家湾镇皇木厂村关帝庙山门额处,"文革"间是庙拆除,匾被埋赵姓村民庭院内,1999年旧村改造建楼施工中挖出,妥善放在老年文化活动场所——长乐宫院内保护。此石匾为艾

惜字局石匾

叶青石制,扁方形,高65厘米,宽123厘米,厚12厘米。四边无纹饰,正中自右向左横刻双沟楷书大字"惜字局",上款纵刻行书"□巳荷月";下款纵刻楷书3行,为"江苏同知罗允猷撰文""赐进士出身、翰林院编修姚礼泰书""北平杨艾摩勒"。"惜字局"似应是针对当时文风日下、不认真继承发扬古老深邃文辞而胡编滥造浅显粗俗词语之风而成立,乃一种民间自发组织,倡导深入学习,广泛正确使用中国文字词语。从落款刻石者乃"北平"人断定,此匾应刻于1928年,首都南迁金陵而北京改称北平之后,抑或在对1935年伪冀东政府成立后推行"日语"而针锋相对倡导学习汉语而为?不管为何均有积极意义。

山西会馆石碑遗存

山西会馆石匾 原嵌砌于今张家湾镇张湾村旧村址关帝庙山门门额处。日寇于1933年侵占通县,大肆推销日货,又疯狂掠夺冀东资源,使国产物品销售萧条,张家湾镇山西商贾受到严重侵害而所办产业纷纷破产,所设会馆亦废。1958年,张湾村拆城墙卖砖,此会馆建筑随之拆除,改建电磨车间,将门

山西会馆石匾

额拆下弃于院内,日久掩埋。2002年该村拆迁,此石匾出土,2005年收集于文管所内。此石匾为青砂岩制,分作两段,各高26.5厘米,宽44.5厘米,厚5厘米,分别刻有"山西"和"会馆"字样。

该会馆内主祀关羽,清乾隆时建,现仍遗碑两通,则此石匾应彼时所制。在民间,关羽常作财神供奉,故此会馆又俗称老爷庙。此石匾乃老爷庙正名之见证,又是古运河北端码头张家湾商业发达之见证。

如意坛石匾 原嵌于今张家湾镇里二泗村佑民观东跨院新开北大门额处。日寇侵华时期,沦陷区内有不少地主、汉奸卖国投敌,为虎作伥,拼凑日本特务外围组织,充当日寇走狗。通县有"一贯道""如意坛"与"万字会"等汉奸组织。其中"如意坛"总部设里二泗佑民观东跨院处,为与此庙道士互不影响,将主院通向跨院之随墙门楼砌堵,于东跨院正殿东耳房易作向北大门,诡称修缮文物古迹,在门额处嵌砌石匾。解放初,镇压反革命运动中,通县恶霸地主、如意坛主刘瑞堂被人民政府判处死刑,立即执行。随后,将此石匾拆下弃置门外,2004年收集文管所内。此石匾为艾叶青石制,高42厘米,宽125厘米,厚21厘米。无纹饰,正中自右向左双沟横刻行书"古迹复新"四大字;上款纵刻楷书"中华民国辛巳年";下款纵刻楷书"如意坛主人谨题"。"中华民国辛巳年"是1941年,正是抗日战争相持阶段,日寇急需巩固侵占地区,以便解除后顾之忧,集中兵力进一步扩大侵华范围。在此关键之际,如意坛此日寇特务外围组织成立并设佑民观东跨院,乃助纣为虐。此石匾是日寇侵华历史罪证,对教育后人勿忘国耻、激发爱国热情有较重要作用。

御制匾额复制碑 原立于今张家湾镇里二泗村佑民观东跨院内。解放初将汉奸、地主、反动会道门会首刘瑞堂镇压后,群众将其所鉴碑推倒弃置。1982年文物普查时发现,现仍仆置于原遗址处。此碑汉白玉制,方首高59厘米,宽

64 厘米,厚 19 厘米,浮雕二龙戏珠与海水江崖,方额篆刻阳文"南薰殿宝";身高 110 厘米,宽 57 厘米,厚同首。四边阴刻正反"丁"字纹,正中纵刻双沟大字楷书"善德遗方",字径均 21 厘米;上款纵刻楷书一行:"万善老会会首刘公瑞堂公鉴。"下款纵刻楷书一行:"佑民观始祖周从善敬赠金世芬沐手代署。"周从善乃明嘉靖年间创建佑民观时道士,请明世宗赐额。嘉靖帝有可能给此观赐匾,题词为"善德遗方",但年久款字难辨,而刘瑞堂曾予以鉴识;额"南薰殿宝"有可能是嘉靖帝御印,是原匾上者。刘瑞堂借明代帝王之题词来显示其"万善老会"会首将善德给予周围地区,故用以吹嘘自己,掩盖其恶霸、汉奸之本质。因此此碑乃明嘉靖帝御匾之翻版,然落款有误,应是周从善受嘉靖帝赠匾,非是周从善敬赠别人。

(作者:周庆良)

261

张家湾地区的庙宇

关帝庙暨山西会馆　位于张家湾镇张家湾小学校东南、十里街东侧。明建，清乾隆年间重修后亦做山西会馆。嘉庆十三年（1808）夏大雨，运河泛滥，自今永顺镇大棚村附近改道（现在河道、张家湾城以北以东河道淤塞胶舟，此处不再为运河北端码头），商业顿弱，山西会馆开始冷清。道光二十年（1840）复重修。民国元年（1912）二月该庙、馆改为通县立张家湾小学校，但原样使用。

1959年6月，北京文物普查小组来此见到者为：南向一进院落，正殿三间，大式作法，硬山，筒瓦，调大脊，大吻，垂兽，五小兽，前廊外推，后改玻璃门窗。东西配殿各三间，顶后改。山门亦后改。当时见到在院中尚存碑身6块，均仆地，座无存。

其一为《重修通运桥记》碑，高1.64米，龟首刻云，额篆"重修通运桥记"，下刻铭文，首题同额，赐进士出身、资政大夫、奉敕总督仓场、户部尚书保定杨潭撰书，赐同进士出身、通议大夫、工部左侍郎固安刘永篆额，"明正德戊寅（十三年，即1518）夏月吉日"立。开头即云"潞河为王畿之首地，四方商贾辐辏而运河望焉，往来必藉以桥"，言张家湾战略地位之重及修桥之必要性。其二碑圭首，高1.6米，额刻"万古流芳"四字，下面刻人名。其三碑，亦圭首，高同上，额刻"千秋永载"，阴朝上无铭文。其四碑，高1.56米，圆首刻云级，无额，身纵刻"道光二十二年正月，有本城王姓，在东便门（张家城者），路此刨得银两……以废桥之石……道光二十二年三月"。其五碑，2米，螭首，龟趺另置，字不清。其六为《重修关帝庙碑记》碑，高2.5米，圭首刻云，额篆"重修关帝庙碑记"，身刻楷书首题如额，铭文剥蚀莫辨，"大清道光二十年六月二十四日"立。

"文革"间，庙、馆拆除，碑他用，其中两块艾叶青石碑及座运至村北搭玉带河（元通惠河故道）小桥。1992年桥拆，将石碑运到张家湾镇政府以东"国防公园"内保存。2000年，是园改建工厂，石碑再运至张湾村建筑料场内保存。此二碑均为清乾隆四十五年（1780）所立山西会馆碑，等高等制，纹同技同。圭首方座,全高 2.27 米。首浮雕拐子龙,一面方额均刻双沟楷书"山西会馆"四字,身正面周边均线刻回纹,一面纵刻楷书铭文 12 行,行 41 字,无首题,记述创建会馆之事,字不清;一面纵刻建馆捐资者字号、官职、姓名及银两数额。阴面首额一刻楷书"万古流芳",一刻"千秋永载"。方座四立面浮雕拐子龙精美。此二碑即 1959 年 6 月于是庙馆中所见之第二、三块碑,浩劫幸存者矣,而其他三碑目前不知所向,修桥碑重立原处。

法宝寺 位于张家湾镇后南关村西口外迤北,古传为东八大寺之一。是村乃处辽延芳淀之中,为元代柳林行宫(今西永和屯村西砖砟地)南关故名。似创建于元,明、清重修。山门远在 5 里外大耕垡村,僧徒开关山门须骑驴去回。乾隆帝自东陵(遵化)归住南苑团河行宫经此拜祭,故前殿明间眉额处曾悬蓝地金字匾一块,上书楷字"皇帝万岁万岁万万岁"。1958 年,此寺辟作牛堡屯公社农机站,1959 年寺内主体建筑尚存。是寺南向,前殿三间,大式作法,悬山筒瓦卷棚顶;正殿三间,亦大式,硬山筒瓦调大脊,大吻,垂兽,七小兽,彻上明造,五架梁,前后廊,苏式彩画,门窗无存;东西耳房各一间,小式作法,硬山合瓦元宝顶。"文革"间,农机站西迁,是寺为生产队库房和场院。1982 年时,东耳房已无存,西耳房后改为三间,正殿西山尖壁上仍保留重彩工笔画一组,但瓦顶残破漏雨。1986 年夏,雨大殿圮,今仅余殿后檐壁一堵。正殿内曾供奉木雕竖三世佛(即过去佛燃灯佛、现在佛释迦牟尼佛和未来佛弥勒佛),解放初圮毁;另寺内曾供祭出土 1 米高铜佛一尊,与铭文甚多之近 2 米高铁钟并于 1958 年大炼钢铁时遭劫;四人合抱、几十米高之青杨两株及古柏九株亦化为炼铁燃料。在日本投降后,有位美国人以此寺占地半顷,又宝刹壮观,古树参天荫翳,前来议购,村民一致反对,未成。

占验寺 位于张家湾镇前南关村中。明建,清及民国三十年(1941)重修。寺内主祀观音菩萨神像,以寺内僧人占卜灵验而名。解放后村公所设此。1958 年秋人民公社化后,此庙为村公共食堂使用。1959 年初,食堂名存实亡,化聚食为散在自家食,然食堂仍在,占用此寺为厨房、库房。当年 6 月山门、配殿已拆除。是寺南向一进院落,正殿三间,大式作法,硬山筒瓦箍头脊,前出廊,蚂蚱头雀替,彻上明造,四架梁,苏式彩画,明间六抹直棂格扇四扇,次间设坎墙,有四抹直棂窗各四扇。1980 年春,生产大队批准社员在寺址建造住房,然无人敢拆,特雇用该镇前街人来揭瓦卸梁,遂建成民居。

金刚庙 位于张家湾镇皇木厂村南部北齐土长城遗址上。以主祀右手执金刚杵、左手执金刚铃而能摧毁魔敌之密宗菩萨故名。明建清修,为适应官民保障漕运而降服码头上各种丑恶势力之需要而建。解放后,为本村初级小学校占用,1959年仍保存部分建筑。是庙南向一进院落。山门无存。正殿三间,大式作法,硬山顶,调大脊,筒板瓦,大吻,望兽,五小兽,前出廊,彻上明造,五架梁,四抹正交斜棂隔扇门各四扇,旋子彩画。西配殿三间,小式,后改石灰顶,前后廊推出,五架梁,明间隔扇门如正殿,次间砌坎墙,二抹斜方格隔扇窗各四扇。"文革"间,拆除此庙移地建校舍,遗迹无存。

姑子庙 位于张家湾镇土桥村南大运河北端码头张家湾、土桥(中码头)入通进京古道之侧。正名无考,访而不知。当地人习将佛、道教寺、庵、宫、观类庙宇都简称为"庙",由尼姑居住并管理之庵即俗称姑子庙,今从习称。

明建,清、民国间重修。1959年6月是庙殿宇尚作生产队公共食堂。原南向一进院落,山门、配殿已拆除。存有正殿三间,大式作法,硬山,筒瓦,调大脊,正吻、垂兽与走兽无存,前后廊,前廊推出,彻上明造,五架梁,后改玻璃门窗,苏式彩画。明间梁上刻楷书"民国二十三年二月二十八日重修"。东西耳房各一间,小式,硬山合瓦元宝顶,玻璃门窗。"文革"间此庙拆除,庙址建民房。

垡头菩萨庙 位于张家湾镇垡头村中南北街西侧。始建无考,现存者为清代建筑。1941年前院设作本村初级小学校。1958年,拆除前院建筑,后院为供销社占用至今。是庙南向二进院落,周砌古钱纹瓦顶砖墙。山门、前殿及附属建筑无存,完整保存第二进院落。正殿五间,大式作法,硬山筒瓦调大脊,大吻、垂兽、走兽与排山勾滴均后改修,彻上明造,前后廊推出,五架梁,后改玻璃门窗,石垂带砖踏跺,旋子彩画模糊。东西配殿各三间,小式作法,硬山,元宝脊,近山处各有合瓦五垄,余皆仰瓦灰埂,后改玻璃门,上下合步步紧窗。院内有古槐一株,主干粗裂,树冠荣阔。

土桥菩萨庙 位于张家湾镇土桥村中,北齐土长城遗址上、大运河北端码头张家湾入通(州)入京古道西侧。始建于元,明、清重修。本名观音寺,主祀南海观世音菩萨,又俗称菩萨庙。此庙还曾俗称达摩庵,因前殿供奉"东土"(中国)禅宗初祖菩提达摩圆觉禅师,略称达摩,由尼姑使用管理故名。与同时所建玉皇庙(道教庙宇)隔古道并置,被写入《红楼梦》中,又处在大运河北端中码头附近,名传南北。1941年时,曾于此庙前院开设本村初级小学校,解放后,校舍扩大到后院,直到"文革"末小学校迁走,拆除大多数古建,仅余南向正殿及其耳房,为是村库房。1984年生产队解体后,庙院被村民占用建房。房逼殿宇,无人使用管理,亦无人敢拆他用,残破渐甚。正殿三间,大式作法,硬山筒瓦调大脊,大吻残缺,西垂脊望兽尚存,走兽均无,排山勾滴,前后廊推出,彻上明造,五架梁,六抹方格隔扇残甚,旋子彩画模糊。东西耳房各间半,小式作法,硬山仰瓦箍头脊,步步紧门窗破极。

铁锚寺 张家湾城北门外,河西岸一块平地上,七百年前,此地建有一座寺庙,很有名气,这是郭守敬凿通通惠河

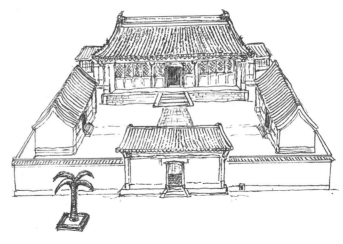

铁锚寺重画图

以后的事。当时称"五行寺",明朝万历三十一年(1603)重修。寺内供奉的不是佛道神仙之像,而是一头铁铸犍牛,世俗称其为"铁牛寺",但久已倾废。

唐代前后,将铁牛看作镇水之神,放置在河边堤岸,吓唬水妖,后有建铁牛祠者,供人祭拜。唐末封"顺正庙"。北宋大中祥符四年(1011),宋真宗曾亲到陕州拜祭,并有《铁牛诗》为记。

元朝建都北京,粮米仰给东南,漕粮之运乃朝廷大事。雨季,洪水波涛中,军士、漕丁、役夫迷信铁牛可镇水,便选在通惠河与潞河交汇处,建"五行寺",铸铁牛而膜拜,祈求镇压水患,保佑船只船夫。

明代成化年间,通州城重修燃灯佛舍利塔时,有不少传言:通州城船形,漂浮在汪洋大海之中,北街鼓楼是船舱,燃灯古塔是桅杆,张家湾北面通惠河即今玉带河西段是缆绳,河边的铁牛寺就是稳船的大铁锚,因此,水无论有多大,通州城也不可能翻船,稳稳地泊在海面上,通州百姓以此得到永久安生。于是,人们觉得供奉铁牛还不如供奉铁锚呢!经过往行人和游方僧道等提议,将铁牛抬出熔化,铸一只巨型铁锚,改铸好以后供奉于寺。在全国的寺庙建筑及供奉史上,并不多见。

铁锚寺坐西朝东,面对通惠旧河,一进院落,山门三间,硬山筒瓦箍头脊,正殿三间,硬山筒瓦调大脊,内供巨大铁锚,高一米八左右,重约一吨,别无神像,只有八仙过海一幅壁画,过往官船客船、漕船商旅行至寺前,无不恭拜铁锚,祈祷一路平安或感谢一路顺风。

今寺与锚均已不见,令人徒然遐想。

张家湾镇域内佛教庙宇一览表

序号	名称	位置	创建年代	主祀及名称由来	备注
1	观音寺	张湾村北	明	奉祀观音菩萨	
2	通济寺	土桥	元	以在运河北端中码头边保漕运名	碑遗失
3	海藏寺	土桥	宋天圣八年	释迦牟尼,示传播佛教《大藏经》	
4	古城寺	张湾镇村	辽天庆十年	以建北齐土长城边名	
5	广福寺(原名高丽寺)	张湾村	元	释迦牟尼,示佛广佑幸福,以高丽族人所建寺名	铁佛埋在寺前坛内
6	圆通寺	西甸村	元延祐	释迦牟尼,传播天台宗教派教义	
7	弥陀寺	大高力庄	元	阿弥陀佛,净土宗教派	
8	兴国寺(林皋寺)	张湾村北	唐太和	释迦牟尼,祈佑国家振兴	
9	铁牛寺(后改铁锚寺)	张湾村北	元	铁牛、铁锚	尚遗碑身一块
10	孤舟寺	张湾村北	元	观音菩萨,祈获安全无灾	
11	觉云寺	坨堤村	明	释迦牟尼,祈获佛佑如云遮日	尚遗龟趺
12	朝阳寺	牛堡屯前街	元	大日如来佛,祈可向光	
13	立禅庵(原名净业院)	立禅庵村	唐大历	坚定禅宗教派	
14	观音庙	后邢街	明	观音菩萨	
15	大佛寺	高营村	明	释迦牟尼	
16	观音寺	苍头村	明	观音菩萨	
17	观音寺	南火垡	明	观音菩萨	
18	石佛寺	小耕垡村	元	释迦牟尼	
19	七圣庙	张辛庄	明	释迦牟尼佛及以前六	
20	七圣庙	牌楼营	明	释迦牟尼佛及以前六	

佑民观 光绪版《通州志》载:佑民观"在张家湾,即天妃庙,旧名里二泗"。今属张家湾镇。

里二泗由来较久,是通州南部最早有人烟聚落地之一,上可追溯到公元前的战国时期,有两千多年历史。村南三大坟冢,是汉朝砖墓之式,传为殉良三冢。旧传村名李二寺

里二泗佑民观复原图

并有动人传说,神乎其神。其实里二泗因元代的白河、萧太后河、浑河、通惠河四水,在张家湾东汇合后,流向潞县境内,张家湾至潞县段当时称泗河,四字加三点水即是此意。白河在通州城东,分成里外两股,里二泗正处里股泗河岸边,且水量比外泗河小,位居第二,又因河岸早有观庙,因此得名里二泗。

佑民观即在村西,运河南岸,为道家观院,俗名也称天妃庙,是圣母娘娘道场。明清两朝是名副其实的京东道家第一福地,最大观场。

明嘉靖十四年(1535),道长周从善奏请赐观额曰"佑民观",沿称至今,但民俗仍称里二泗庙。观院占高地十余亩,坐南朝北,观前即运漕之大运河,观内祭奉金花圣母铜像,俗称娘娘庙。明万历十年,漕运总督汤世隆为佑漕运,奏请神宗生母、永乐店人、慈圣太后李氏重修,李太后向慕金花圣母之神,此观又在其家乡运河岸边,多有捐资布施。崇祯八年(1635),仓场侍郎程注、管河御史禹好善合力重修。清顺治皇帝于顺治八年(1651)慕名而来,亲到观中上香求子,赏银五百两,又经通州绅士田文孝募捐三百两,用以修缮和香火之资,后经乾隆、光绪、民国等多次维修补建。

佑民观四进院落,东边两进跨院。临河四柱三楼式牌楼一座,悬山筒瓦调大脊,五昂斗拱,丁头雀替,颇显壮观,集砖塑、石雕、木刻于一体,精致典雅,与河水辉映。正南一额,"赐佑民观",北面一匾,"保障漕河"。金光耀眼,丽日生辉。山门三间,硬山筒瓦调大脊,关帝殿三间,罗汉殿五间,勾连搭二券,金花圣母殿五间及玉皇阁五间。殿脊吻兽精致,细刻精雕。每重殿各有配殿三间,供奉药王孙思邈、白面灵官达摩、文王后妃及眼光娘娘泥塑神像。各殿之间有廊相通,整个建筑结构一体紧凑,殿头硬山、悬山、歇山皆有,苏式彩画、旋子彩画、

里二泗佑民观古槐

和玺彩画,佛道故事,重彩工笔,三交六碗隔扇,八角套方棂窗,泥塑像栩栩如生,工艺精美。

院内翠柏苍松,虬枝古槐,绿荫之下,十余块玉雕石琢,方座螭首碑记,镌刻真、行、隶、篆各体铭文。铜钟浑厚肃穆,三尺宽阔平口铁磬,敲之余音袅袅,殿内殿外香飘四野。

土桥三官庙 位于张家湾镇土桥村通惠河南岸、广利桥南端迤西部位。明万历年间(1573—1614)由内官监太监张琪奏请慈圣李太后,捐帑创建,俗称福德庙,以赐福施德故名。清乾隆四十二年(1777),天津绅士王起凤出资重修,嘉庆元年(1796)复修。解放后本村完全小学校设此。1959年6月尚存前院古代建筑,后院无存。是庙坐西朝东,二进院落。山门一间,仿大式作法,无梁,为砖砌拔券仿木结构,筒瓦,歇山顶,调大脊,大吻,垂兽,砖雕花鸟盘子,椽飞、檩枋俱为砖作,对扇木门,门额嵌石,横刻楷书"敕赐三官庙"。前殿三间,进深三间,大式作法,硬山筒瓦调大脊,绿琉璃制大吻、垂兽,小兽无存,排山勾滴,前后廊推出,彻上明造,五架梁,后改玻璃门窗。南北配殿各三间,为后改修,木架未动。时犹存记碑三,碑身仆地,座分另置,俱弃山门之外。其一为重修土桥三官庙记碑,圭首方座,身1.6米,宽0.8米,首浮雕双龙戏珠,方额阴刻楷书"永垂不朽"四字。身纵刻楷书铭文,首题为"重修土桥三官庙碑记",文始刻曰:"张家湾距都城五十里,而有桥二座,东西相望,西曰盐桥,东曰土桥,为水陆四达之衢,其西则关帝庙凭其上,其东临桥而耸峙者即三官庙。"尾款为"大清嘉庆元年岁次丙辰冬十一月恩叙员外郎加顶戴一级、大兴信官弟子王佩敬撰并书"。其一碑身已断,阳向上,字不清;另一阴向上无字。重修记碑言二桥"东西相望",可证元代郭守敬所开通惠河在土村西一段乃自西流至,非流自通州城东南角南浦闸,否定通惠河流经通州城说,价值颇高。1982年4月间访查得知,"文革"间小学校迁走后,是庙所余建筑尽拆除,用木料去建新校舍。有二碑身被王姓村民砌在自家门前猪圈炕上,且见一范姓村民正用大锤将一块汉白玉碑身砸成碎块,以作石料,目不忍睹。

三士庙 在今张家湾镇陆辛庄村,位于村东大坑西岸水边,当初选址时就是块风水宝地。此庙明初创建。而此村原名陆家新庄,现虽无陆姓人家,但此村为明初移民组成,疑建庙之初为陆姓功德。清光绪十七年(1891)重修。光绪二十三年(1897),再修时,翻建中殿,1924年增建玉皇阁,即今后殿。

笔者在陆辛庄中学读初中时,不止一次进庙上楼,与同学呼吼玩耍。庙坐北朝南,三进院落,面积1680平方米,庙墙高厚,主要建筑:山门一间,硬山筒瓦调大脊,关帝庙三间,娘娘庙三间,殿顶与山门相同;玉皇阁为三间二层小楼,高十多米,楼梯铜制扶栏,楼上楹柱质朴美观,脊式与山门相同。每殿各有东西耳房两间,东西配殿各三间,均为小式作法。娘娘庙前东面有方座方首碑记一通,记重修及捐资等事。

此庙各时代所供神像有变动:大致是前殿供关羽,中殿供文殊、普贤、地藏,后殿楼上供真武,后面东配殿供药王、吕洞宾、鲁班座像,站像为上八仙,西配殿供王母娘娘、王奶奶、疯婆婆,站像是中八仙。

故老相传,早年间一陆姓举人进京赶考,路过此地,见水草丰茂,风水很好,致仕之后偕妻子在此定居,临终苦于无庙报神,引为恨事。后季氏禹氏相继来

三士庙

269

此定居,季氏乃黄河河套间谋生之人,富有财产,又与官宦往来,为求平安,联络村人共修此庙,为死人报神所用,据说建庙的地基砖是禹氏兄弟,名叫大道、二道,因赌武功赢来的,颇有传奇色彩。数百年扩大完善,终成今日格局。村中季氏尚武,组有"少林会",庙前即是平常习武之地,庚子年闹义和团,团民在此练武杀"二毛子"。此庙正月十二、十三庙会两天,在此耍中幡,敲大鼓,玩狮子,演少林。

解放后曾为乡政府住所,后改为小学校,因此得以完整地保存下来,使今人得见庙样原型,了解古代工匠的技艺与巧思,但其山门和前院一进的东西配殿早已拆改他用,现院内松苍柏翠,环境幽深,给人恬静平和之感。2002 年重新翻建,由政府拨款保护,不足部分,由村中集资捐出,目前焕然一新,且稍有扩大,很是壮观。

玉皇庙　位于张家湾镇土桥村中,古运河北端码头张家湾、土桥人通进京大道东侧,与达摩庵对峙,并被曹雪芹写入《红楼梦》中。玉皇大帝乃中国世俗心目中最大天神,源于上古时期对天崇拜,唐宋时期被道教供奉,且编纂《玉皇经》吹捧之,言其可辅国救民,度化群生。宋真宗在北国失土未复、辽国强敌压境情况下,抬出玉皇以佑国保位,于大中祥符八年(1015)封玉皇为"太上开天执符御历含真体道玉皇天帝";宋徽宗于政和六年(1116)在北方又一强盛少数民族女真族兴起壮大且威胁严重之时,又加封其为"昊天玉皇上帝",此后,奉祀玉皇之风传遍天下。明代前中期,土桥村乃大运河北端中码头(上码头在本镇北马头村,下码头在本镇张湾镇村即长店),又是下码头陆路入京必经之途,此处水陆交冲,过往行人复杂,社会秩序混乱,故朝廷在张家湾设有巡检司,以随时戒备,遂在此一带建有两座玉皇庙。一在此村,一在长店,满足官民祈祷玉皇需要。清及民国间曾予以重修。为南向一重殿规模。

解放后此庙为集体生产组织办公处所和库房,开始拆改,1959 年 6 月仅余正殿三间,小式作法,硬山筒瓦箍头脊,望兽,五小兽,彻上明造,四架梁,明间为四抹直棂隔扇四扇,次间为坎墙二抹直棂隔扇窗各四扇,方砖墁地,前出垂带式石阶三级。殿内尚置泥制彩绘神像三尊,玉皇居中,右观音,左关公,塑绘较粗糙,壁上墨笔升龙两幅,工笔重彩关羽故事壁画数幅。殿后有一座砖砌小塔。山门、东西配殿均早已无存。

"文革"间,此庙夷为平地,无所遗。

张家湾镇域道教庙祠一览表

序号	名称	始建年代	地址	主祀及名称由来	备注
1	三士庙	明	梁各庄村	太上老君,以《道德经》中述及上、中、下三士名	"文革"拆
2	五圣庙	明	小北关村	五通神(兄弟五位妖邪之神)	"文革"拆
3	五圣庙	明	三间房村	五通神(兄弟五位妖邪之神)	"文革"拆
4	五圣庙	清	后坨村	五通神(兄弟五位妖邪之神)	"文革"拆
5	真武庙	明	牛堡屯前街	北方神玄天上帝	"文革"拆
6	娘娘庙	明	小耕垡村	九天玄女送子娘娘	"文革"拆
7	玉皇庙	明	张湾村北部	玉皇大帝	"文革"拆
8	三官庙	明	张湾村南门内	天、地、水三宫	"文革"拆
9	真武庙	明	张湾镇村	北方神玄天上	"文革"拆
10	真武庙	明	上马头村	北方神玄天上	"文革"拆
11	东岳庙	明	张湾村东门内	治鬼之神泰山齐天仁圣大帝	"文革"拆
12	祖斛庙	明	张湾镇村	发明量器者黄帝臣伶伦,以离运河北端码头验粮处近设	"文革"拆
13	梓潼阁	明	张湾村东门内	掌禄籍之神文昌帝君,以其为四川梓潼故名	"文革"拆
14	火神庙	明	张湾村南门内	火神、火德真君	"文革"前尽拆
15	火神庙	明	张湾村南门外	火神、火德真君	"文革"前尽拆

皇木厂关帝庙 位于张家湾镇皇木厂村旧址北部南北街西侧北齐土长城遗址上。是村乃明永乐年间因存放建北京皇木故名,是庙为管理皇木官吏建于木厂东墙外侧,祈祷关圣帝君神灵保佑皇家木料安全无虞。是庙明永乐年间创建,清代曾予重修。光绪十年(1884)曾于此庙设惜字会。1941年曾辟作本村初级小学校舍。解放后,村公所、农业生产合作社办公室及人民公社生产大队仓库先后设此。1959年主体建筑尚存。

此庙坐北朝南,一进院落,山门已无存。正殿面阔、进深皆三间,大式作法,硬山顶,调大脊,筒瓦,大吻、望兽、三小兽,排山勾滴,彻上明造,五架梁;东西配殿各三间,小式,顶残后改。另有惜字楼记碑身一块,仆地,高 1.6 米,宽 1.4 米,阳刻"惜字会创惜字楼于两厂关帝庙内……光绪十年五月谷旦丰城罗允猷谨撰"。"文革"间此庙尽拆无余,仅遗惜字局石匾一块,原嵌山门额处,现存是村老年活动中心院内。是匾艾叶青石制,宽 1.23 米,高 0.65 米,阳面正中横刻楷书"惜字局"三大字,右首纵刻行书"□已荷月",左边纵刻楷书"江苏同知罗允猷撰文赐进士出身翰林院编修姚礼泰书",下部刻人名 22 位,而惜字楼记碑不知去向。此外在庙前有古槐一株,系 600 年前皇木厂官吏所植,仅余此株。

大辛庄关帝庙　位于张家湾镇大辛庄村东口处。辽代此乃延芳淀水域内,永定河、潮白河泛滥,将泊淀淤小分割。到元代,此处为马家庄飞放泊水域,再淤为低洼易涝荒地。明初,枣林庄村人至此垦荒种田,另建一村故名新庄,较村北另辟新村为大而名大新庄,清代以与皇姓字重而改"新"为"辛"。每遇雨则多处歉收,村民祈神灵保佑风调雨顺、五谷丰登,便建庙于村东古河道边,奉祀保民护国仁圣神武大帝关羽。是庙明建,清、民国间重修。1941 年已将部分殿宇辟作本村初级小学校舍,直至 1982 年 4 月尚此,只余后院而已。为南向二进院落,现存正殿面阔三间,进深三间,大式作法,硬山筒瓦,调大脊后改,排山勾滴,砖雕墀头,彻上明造,五架梁,方砖墁地,原隔扇改制为玻璃门窗,垂带式石阶三级,山尖有小幅工笔重彩壁画。东西耳房各一间,小式,硬山,仰瓦灰埂;东西配殿各三间,亦小式,硬山,元宝脊,近山五垄合瓦,余为仰瓦灰埂。今为村民租作厂房,貌依旧。

牛堡屯关帝庙　位于张家湾镇牛堡屯中街西口。是村乃元代蒙古族人放牧牛羊兼耕种而建村故名,因处于柳林行宫之南,而形成集市,渐有固定商户居此又形成街市。明代,商户村民俱望盈利粮丰,建庙供奉关羽神像,以供祈祷。是庙清代、民国间曾重修。民国时本村初级小学校设此,解放后依然。到 1959 年 6 月仅存后院。坐西朝东,前临商业街市,原二进院落,山门、前殿及附属建筑俱无存。存有正殿三间,进深三间,小式作法,硬山顶,合瓦,清水脊,彻

柳营关帝庙

上明造,后糊纸棚,一整二破旋子彩画。南北配殿各三间,形制同正殿,又南北厢房各六间,乃拆除前院后建。均为后改玻璃门窗。"文革"间贫下中农管理学校,此庙当作"四旧",尽毁。

柳营关帝庙 位于张家湾镇柳营村东北角部位。是村原名柳家营,乃明初柳姓富户于此管理迁民耕种屯田建房成村故名。地处元代柳林海子处,浑河洪水将水淀淤塞成低洼荒地,迁民开荒种田,十年九涝,生活困苦,祈求财神关羽将军保佑村民不受涝害,故在明代修建此庙。民国予以重修。解放后曾作本村初级小学校,"文革"间学校迁走,做生产队办公室。是庙南向一进院落,山门及东西配殿、耳房皆被拆除,现仅余正殿,面阔、进深均三间,大式作法,硬山筒瓦箍头脊,排山勾滴,兽被砸毁,彻上明造,后吊顶,改玻璃门窗。

张家湾镇域内关帝庙一览表

序号	名称	始建年代	地址	说明	备注
1	关帝庙	明	大高力庄	祈请财神关羽与求雨	
2	关帝庙	明	大北关村	祈请财神关羽与求雨	
3	关帝庙	明	北大化村	祈请财神关羽与求雨	
4	关帝庙	明	南火垡村	祈请财神关羽与求雨	固山墙铁锔一
5	关帝庙	明	苍头村	祈请财神关羽与求雨	
6	关帝庙	明	三间房村	祈请财神关羽与求雨	
7	关帝庙	明	南大化村	祈请财神关羽与求雨	造像旗杆石
8	关帝庙	明	西永和屯	祈请财神关羽与求雨	
9	关帝庙	明	小王各庄	祈请财神关羽与求雨	
10	关帝庙	明	姚辛庄	祈请财神关羽与求雨	
11	关帝庙	明	何各庄	祈请财神关羽与求雨	
12	关帝庙	明	瓜厂村	祈请财神关羽与求雨	铁钟一口

(作者:张建,北京市作家协会会员,通州区政协文史和学习委员会特邀委员)

273

张家湾地区的清真寺

数百年南北水陆要汇的地理位置,繁荣的漕运业与商业、服务业,给天南地北各种各样的人创造了就业机会,元、明、清三代,只要来到张家湾,想找口饭吃实在是不难的,只要你有头脑、肯干、有力气、够聪明。正是以上这个原因,张家湾地区包容了东西南北的各族移民。不知有多少人在这里走的走,来的来,不断给张家湾充实新鲜血液,这些移民中也包括回族兄弟。

在通州及周边区县,张家湾附近是回民人口最多的地区,他们因张家湾这个漕运码头才迁来此地,寻找希望,或经商或干脚力,并最终落户在张家湾。这里的回族居民来得早,时间久远,经过几百年长时间融合,张家湾地区的回民已与土著汉族人并无过大区别。

回族信奉伊斯兰教,在一个地方生活时间长了,人口逐渐地多了,为信仰上的便利,自然要建清真寺以方便礼拜,方便举行宗教活动。现在,张家湾地区有三个清真寺仍在履行宗教职能,分别位于张湾镇村、枣林庄、堡头三个行政村庄,其中以张湾镇村清真寺规模较大。

张湾清真寺

张湾清真寺 位于村西口偏中路南,临街。始建于明代,历史上多次重修。建筑风格与中国古代建筑无太大区别。寺门东向,现由北门进院。

此寺一进院落,礼拜殿南有一跨院,面积约 1500 平方米。中轴线山门一间,硬山筒瓦调大脊。礼拜殿三间:进深 23 米,勾连搭四券,第一券为敞厅,第二券是过厅,全部硬山筒瓦调大脊。四券明间儿窑殿,四角攒尖顶兼绿琉璃宝瓶,次间为硬山筒瓦箍头脊。南北讲堂各三间,有抄手走廊可通。殿内南北两山各有三扇圆形窗户,有用阿拉伯文雕刻且闻名国内的"念礼斋、课朝孝"

张湾清真寺礼拜殿

六个楠木经文窗棂,显得别致而富有特色。

从北门进入清真寺院落,正前方 25 米处有汉白玉纪念碑一座,碑身高 1.5 米,宽 2 米,厚 20 厘米,碑座长 2.6 米,高 50 厘米,厚 50 厘米。正面中间上方,用阿拉伯文雕刻伊斯兰教基础语言,即"清真言",下部为汉文,意思是:"万物非主,唯有真主,穆罕默德是真主的使者"背用 5 厘米大的楷体字简要介绍了张湾清真寺的历史。

山门内石缸一口,直口平沿,收腹平底,外壁为浮雕,刻仙鹤莲花、海水与江涯等纹饰,刀法娴熟而有力。缸下配须弥座,束腰,围雕鸟兽纹饰,线条流畅自然,传是明代之物。

寺内北配殿东山墙外,古槐一株,平胸腰围三抱,叟干童枝,有 500 多年树龄。另有古柏一株,树龄 300 多年。此寺于 1985 年 9 月公布为"通州区文物保护单位"。

相传,此寺乃是皇帝敕建。

枣林庄清真寺 枣林庄村位于现张家湾镇政府所在地南部,历史悠久且是个较大的村庄,清真寺位于此村的西南部。

辽、金、元时期,枣林庄村地处古延芳淀北部边缘,是块地势较高的地方,那时,古淀周边村落不多,遍是湖泊河汊芦苇荒草,鸟类众多,其中尤以天鹅最为辽、金皇家喜爱。每到春季,皇帝亲率皇族亲贵及大臣军士等来此狩猎,有时要在这里盘桓很长一段时间,一月半年也说不定。

元朝时回民属色目人,因他们长于经商,便借辽、元皇帝狩猎机会跟随来此做买卖,赚取高额利润。后来,有一部分回民见这里水草丰茂,便留居此地,在此放牧为生并开垦荒地,此时正当元朝初期。到了明朝时这里的回民逐渐增多,为方便礼拜始建清真寺。此寺在康熙十八年(1679)地震时倒塌,后在原址

枣林庄清真寺礼拜殿

重建,清光绪时曾经重修。

该寺东向一进院落,山门一间,礼拜殿三间,进深六间,南北讲堂和水房各六间,重修时山门尚好,并未翻修。礼拜殿勾连搭三券,大式作法,硬山筒瓦,彻上明造。一券为箍头脊,前轩梁六架,罗锅椽,山墙嵌圆窗,六抹步步紧隔扇门窗。二券调大脊,五架梁,前后穿插枋木,山墙嵌方窗。三券明间望月楼,四角攒尖顶,绿琉璃宝顶,次间箍头脊,五架梁,卷棚顶,山墙嵌圆窗。

此寺建筑面积 417 平方米,礼拜堂面积 166 平方米,寺后有水塘数亩,芦苇丛生,风景幽美。寺内有古柏四株、椿树一棵,皆双人合围,不知生长了多少风月。此寺现为信教群众礼拜沐浴的场所。

垡头村清真寺　垡头村原属通州区牛堡屯镇,合乡并镇后归属张家湾镇,现为本镇少数几个大村庄之一。该村位于现张家湾镇地域的中东部边界,东北方向与枣林庄为邻。此村回民来源与枣林庄和于家务乡的回民相同,都是放牧者后代,都是起始于元代后期而至明代人口增多。

垡头清真寺位于该村北部,这一带是回民聚集区。该寺始建于明代,清代重修后保存尚可。

寺门东向,一进院落。山门一间,为砖砌仿木结构,硬山筒瓦顶,调大脊,后改为卷棚顶,大吻以望兽代替。进山门有砖砌影壁,宽 4.4 米,厚 0.4 米。礼拜殿三间,勾连搭二券,大式作法,前券原为前轩敞厅,后又向外推建。硬山筒瓦,箍头脊,有望兽、三小兽,排山勾滴,飞檐,彻上明造。四架梁,罗锅椽,明间儿六抹步步紧隔扇门四扇,次间四抹同椤隔扇各四扇,砖砌垂带式踏跺四级,后券调大脊,大吻,垂兽,三小兽,彻上明造,五架梁,两山儿各嵌直椤窗扇,三圆一方。

后券明间儿外出望月,北配殿、北洗房各三间,小式作法,硬山儿,元宝顶,近山处各有三垄合瓦,其他为仰瓦灰埝,二抹直椤门窗。配殿西次间前有古槐一棵。南配殿、南水房已拆,但台基尚在。院中有砖井一口。

垡头清真寺于 1999 年重修,现为正常宗教活动场所。

(作者:张建;康德廉,退休教师,原张家湾镇清真寺寺管会副主任)

张家湾地区的古桥

土桥 在今张湾村北,通惠河故道之上。元朝至元三十年(1293),通惠河由郭守敬主持督挖竣工,由西山经北京城流经通州八里桥,沿五里店、果园、九棵树、车里坟、东小马庄一线,东南流向今土桥村南,转向张家湾与皇木厂之间入潞河,作为漕河,水至此地才够宽够深而利于行船。通惠河建有24座闸,最后两道广利上闸和广利下闸都在张家湾界内,以借闸蓄水通航,其上闸就在土桥村西偏南,现在的水沟附近。此处曾堆有许多嵌锭槽花岗岩方石,1992年就地掩埋。这些剩余石料,便是元代改木闸为石闸的材料。明巡仓御史吴仲将通惠河调直后,由八里桥直入运河,原南部旧河废而不用。

元代通惠河繁忙之时,南北大运河北端码头张家湾,运物及漕务最为重要,尤其通惠河水量不足之时更加繁重,南方漕米、北方贡物由此上下船,再陆运北京和通州。于是,在通惠河咽喉必经之地,修木桥以供通行。初名广利桥,因地近广利闸而得名。桥面灰土填垫夯实,因日夜车马人流不停,桥面旱时为土,雨时为泥,故俗称土桥,相沿至今,也即今土桥村之由来。

明嘉靖四十三年(1563),因蒙元残余之患而建张家湾城,从此木桥更不堪重负。沿至清乾隆四十二年(1777),天津人王凤重修。桥南北方向,跨元代通惠旧河之上,独券平面,长11米,宽5米,侧设石栏、望柱,栏板浮雕几何纹,栏端饫以如意、撞券石、斧刃石、金钢墙加雁翅,由花岗岩条石砌成。东北向雁翅壁上嵌石刻一块,记乾隆年间重修经过。东南向雁翅嵌一块大石镇水兽,应为明代遗物,艾叶青石材料,长1.5米,宽0.8米,卧伏昂首,扭头怒视,大角犀利,鳞片遍体,长尾回蜷,此物为龙子之一,生性好水好饮,常用为镇水之兽,置于桥下,护桥镇水,保佑商民、官宦、贩夫走卒通行。

由于人来人往,络绎不绝,此地被道士看中,为得到一些过往香火之资,便在桥南建三官庙一座,是明神宗万历年间,太监奏请慈圣李太后捐内帑所建,既方便行人祈祷,又为太后求福。庙内植牡丹数百株及各种花木,花开季节,慕名

虹桥

者、路过者真把此地当成了洛阳、曹州，颇有盛名。

清嘉庆七年（1802）以后，张家湾附近河塘收缩，运河被淤水浅，码头没落渐小，只有盐船停驳。随着海运与铁路的兴起，土桥渐被遗忘废弃。

解放后尚存石桥雁翅残段，镇水兽埋入土中多半，而今已找不到昔日全桥，只剩民间夸谈、故老回忆。

虹桥　位于张家湾镇张湾村东便门外元通惠河河口处故道上，以状若雨后出虹故名。明代前期，此桥南北乃运河北端大码头，为通惠河河门闸上游一座石桥。为便于河下船往，两岸商旅畅行而建成虹形。清嘉庆十三年（1808），张家湾城以东以北运河改道，码头废弃，虹桥只为皇木厂村与张家湾城民众往来使用。

1958年以后，此桥不仅水冲失修有所毁坏，而且开始被生产队或民户拆用石料，致使残破不堪。其南北向，为独孔拱桥，残长虹桥长13米，残宽4.8米，矢高3米，弦长6米，全为艾叶青石砌筑。券洞半淤，撞券石参差，对联石失落，护栏无存，雁翅残缺，桥东南岸弃置浮雕纹饰汉白玉栏板一块。桥虽残，但为通惠河故道见证，不失运河文化光辉。

东门桥　位于张家湾镇张湾村东门外元通惠河故道上。明代前期，通惠河近河口一段河床淤窄，又桥东为大运河北端码头，为便于码头上货物运往通州和北京，便修此石桥以利车行，桥下通行驳船，转运漕粮入京。嘉靖四十三年（1564），为保卫北京和漕运要道，抢筑张家湾城，并建东门以对此桥，故称东门桥。后此桥与虹桥般同遭厄运。1982年其主体建筑尚完整。为单券平面石桥，东西向，全长16米，宽5.4米，矢高2.55米，弦长5.7米。撞券石、桥面石、金刚墙及雁翅均乃花岗岩石块砌筑，两侧石护栏早拆无存，地伏石两侧浮雕纹饰，雁翅被拆，石块纷然。张家湾东门桥乃通州运河文化载体，元代通惠河之历史见证。

张家湾镇域古代石桥一览表

序号	名称	始建年代	地　　址	桥下河流	桥名由来	备　　注
1	善人桥（木）	明万历三十三年	张家湾镇张湾村中	凉水河故道	取"善气迎人"义	1958年拆
2	广济桥（石）	明	张湾村南	凉水河	取广泛便利过河之义名	1954年拆
3	烟墩桥（石）	明	西甸村南	萧太后河	因位于放烟报警之墩台名	1958年拆
4	广福桥（石）	明正统间	张湾村小学	城中水沟	以在广福寺之前名	1958年拆
5	弥陀桥（石）（鲜鱼桥）	明	大高力庄	萧太后河南支	以位近弥陀寺名	1958年拆
6	通利桥（石）	明	大高力庄	萧太后河北支	以均受其利名	1958年拆
7	通济桥（石）	清光绪四年	张家湾镇张湾镇村	凉水河汊	取"道路贯通"之义	1958年拆

（作者：张建）

279

张家湾地区的古槐

　　镇内现存古树以国槐为主,城乡庭院或庙宇中多有栽培,不仅因其干、冠之美且树龄长久,更因其在古代乡试期间开花结籽,鼓励学子奋发向上考取功名,遂成传统。千百年来,霜侵雪摧,雷轰电击而岿然不动,象征我华夏民族之铮铮铁骨,郁郁然后继有人。示植树造林之优良传统,绿化美化神州大地。

　　辽圣宗统和十五年(997),诏令"诸道劝民种树";金朝田制,"凡桑枣,民户以多植为勤,少者必种其地十之三",且"除枯补新,使之不缺";元"种植之制,每丁岁种桑枣二十株。土性不宜者,听种榆柳,其数亦如之"……朝廷诏令植树,推动与促进绿化环境,保障衣食及建筑用材。虽历经洗劫,仍有不少古树遗留至今。

陆辛庄古槐

280

古树现分一、二级,且钉牌标示,有专门机构对之加强保护管理。其中古槐千姿百态,景观不凡,值得观赏。一是赏干。以张家湾镇皇木厂村中原明代皇木厂遗址处者为胜,四支粗壮分干高耸若伞,摩云拄天,而主干低矮雄壮,分杈处可坐数人,又枝杪下生抚地,更为奇特,1985

皇木厂村 神树古槐

年被列为文物保护单位。二是品险。以张家湾镇里二泗村佑民观内者为胜,粗干横出,荫笼庭院,主干本已空斜,岌岌可危,惜于20世纪90年代被村中顽童在树洞中放鞭炮点燃,将横生粗干焚毁,后在干茎处扣锅抹灰,又滋生新枝簇簇。

北仪阁村古槐位于北仪阁街中心路北,为一级保护树,村里人称其"大槐树"。1987年普查时测量树高十米,胸径一米,四个分枝各长六米多,主干已空洞。相传此树为元代一位告老还乡的张家武官所植,时院门东、西两侧各植一棵,后东侧树被刮倒,时间不详,现存为院门西侧一棵,距今已有六百余年的历史。

皇木厂村古槐位于村中心,树干直径达一米六,树龄年逾六百岁,树旁还有碑刻记载:永乐四年(1406)至嘉靖七年(1528),北京城里皇家建筑所用的珍贵木材沿大运河运到此存储,管理官吏在木厂周围植槐,今仅余此株。古槐枝干

皇木厂村古槐树

遒劲,冠如巨伞,粗壮的树干需要四个成年人才能合抱,堪称通州区最大的古树。这株经历了六百余载风雨的参天古槐默默见证着皇木厂村、张家湾的发展。如今,这棵古槐被加以重点保护,相关部门每年都会给古槐施药、护养。到皇木厂参观的游客,一般都会去参观这棵大槐树。

张家湾镇域内挂牌古槐一览表

序号	编号	树种	级别	所在位置
1	11011200114	国槐	一级	北仪阁村
2	11011200115	国槐	一级	垡头清真寺内
3	11011200116	国槐	一级	垡头村原供销社院内
4	11011200117	国槐	一级	皇木厂村
5	11011200118	国槐	一级	里二泗佑民观
6	11011200119	国槐	一级	张家湾清真寺内
7	11011200121	国槐	二级	张家湾清真寺内
8	11011200122	国槐	二级	东永和屯村
9	11011200123	国槐	二级	陆辛庄三士庙内
10	11011200124	国槐	二级	马营村
11	11011200137	国槐	二级	土桥村

(搜集整理:张建)

张家湾地区的零散文物

汉双盘口阔腹灰陶壶
1983年3月出土于今张家湾镇南火垡村西南山岗子竖穴土坑墓内。高30.5厘米,口径15.5厘米,腹径25厘米,足径15厘米。盘口,长颈,圆肩,钵腹,环底,覆盘口高圈足。肩环一道阳弦纹,腹部饰网纹、绳纹。

明青花梵文撇口碗 1996年张家湾码头遗址出土5片粘接基本完整,高7厘米,口径14.6厘米,足径6厘米。撇口,圆沿,缓收腹,平底,圈足。施亮青釉,身白胎,足不规整。内口沿环一笔不规则宽带纹,底双圈栏,内草隶字"福";外腹下部环饰草双弦纹,其上至口沿环绘葫芦叶缠枝花,青花浓深有紫斑,似为明永乐年间景德镇民窑制品。

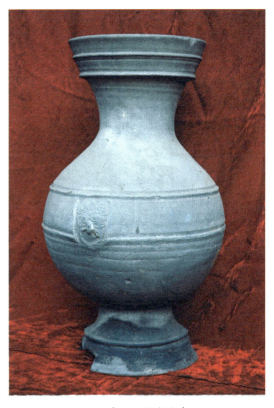

汉双盘口阔腹灰陶壶

明佩剑铜钩 1997年6月出土于今张家湾镇南火垡村戚家坟明南京都督府前军都督金事戚斌墓处。长4.8厘米,宽2厘米。一端呈葫芦形,各穿一孔,长钩。应是戚斌生前佩剑所用者,精致,为研究古代兵器佩带提供实物见证。

娘娘庙铁钟 现仍收藏于张家湾镇瓜厂村委会库房内,乃村娘娘庙遗物。全高55厘米,口径48厘米。桥纽顶圆突,两端浮铸人面,高鼻直挺;环顶平缓,圆肩均设 4 圆孔，直身下侈，撇口联弧作莲瓣，钟裙厚唇，一瓣残缺。身分上下二区几何纹。腰部楷书铭"国太(泰)民安，风调雨顺"；下区纵铭楷书"顺天府通县张家湾南瓜厂村弟子张增、方欣敬献娘娘庙，中华民国三年穀旦"。铭文中之"中华民国三年"，正是通州志中所载通州降级称通县之年，同时，顺天府改称"京兆特别区"，而铭文中又有"顺天府通县"一语，按志书载民国三年时顺天府已改称为京兆特别区，铭文中不应再出现"顺天府"，即"顺天府"与"民国三年"不能同时出现在一口钟铭文当中，且"顺天府"也绝不会与"通县"同时出现在一口钟铭文中。由此表明：在民国三年之前，已有"通县"地方政府机构与其地域名称，此与 2004 年文管所征集到清光绪间盖有"通县"印章正合。

五神庙铁钟　现仍收藏于张家湾镇后青山村委会库房内。解放后曾作村小学校(庙址)报时钟，学校迁走后，继作社员上下班报时钟，1984 年秋人民公社解体后，此钟收在村委会库房至今，有投机小贩曾多次收购之，均遭到村干部拒绝。此钟铁铸，清光绪四年(1878)造，钟口有裂纹。全高 52 厘米，口径 40 厘米。桥纽，随形纵饰 3 道弦纹；环顶，均布 4 圆孔；圆肩饰一环连续正反丁字纹；身渐外展，以 3 环粗凸棱分上下二区几何纹，下区纵铭楷书依次为："京都顺天府通州漷县城西后青山村"、"五神庙"(横铭)、"大清光绪四年十二月初十日立"、"京都崇文门外祥盛铁厂铸造"；侈口联弧呈莲瓣，口唇有随形棱，钟裙均布 4 钟月。此钟纹饰线条清俊直瘦，楷字铁线劲挺为鲜有者。

佑民观铁钟　1996 年 6 月于张家湾镇里二泗村佑民观遗址出土，文管所收藏。此钟铁铸，锈蚀严重。全高 45 厘米，口径 40 厘米，高环纽；环顶，心及四向各有一圆孔；圆肩，肩界一环范线作弦纹；身渐外展；侈莲口瓣稍方。身之一侧铸铁线松树，另一侧有楷书阳文铭，锈蚀不清，隐约辨出"大明万历十七年"字样，身阔纽高，别一形制，体铸折枝树纹，为鲜见者。

佑民观铁磬　出土于张家湾镇里二泗村佑民观遗址处，文管所即时收集之。应是同处出土之明万历年间所造铁钟同时铸造，锈蚀甚重，肩部两处残毁，高 39 厘米，口径 53 厘米。直口，尖沿，钵身，环底设一圆孔。

张家湾下盐厂石权　张家湾乃辽、元、明、清时期古运河北端巨大码头，清嘉庆十三年(1808)，北运河张家湾以东以北河道改易成现在河道位置后，才失去码头作用，此前一直是朝廷专卖食盐批发场所所在地，称盐厂。朝廷设在张家湾之盐厂分上、下二厂，上盐厂在今皇木厂村东北，下盐厂在是村旧址西南部位。在下盐厂处发现三件明代石权，现收存在皇木厂村"长乐宫"(老年文化娱乐场所)内展示。其一，花岗岩雕制，方体圆纽，体边长 47.5 厘米，圆纽高 10 厘米,重约 400 斤。为防纽体断裂,雕琢时使纽两端宽缓,既柔和美观,又牢固稳重。权体正面中间微凸,亦方形,中心纵刻楷书"昌延店"三大字,已剥蚀不清。由于久用,纽孔处权体上面出现一条绳磨浅沟,整个石权方正、古朴,重心准确,历史积淀沉厚。盐店名"昌延",寓意长久兴盛。其二,石灰岩白石制,长方体,长 62 厘米,宽 40 厘米,厚 28 厘米。顶面凿银锭形卧纽,亦显坚固;正立面中间纵刻"德隆号"三楷字,右上角横刻"上口"二楷字,其下纵刻"张家湾"三楷字,均亦漫漶。字号称"德隆",取与人恩惠而能兴隆之意。铭文中"张家湾",则指出盐厂之具体位置,有重要意义。其三,造型与花岗岩者似,圆纽方体,体边长 37 厘米,纽高 8 厘米,权上铭文全然剥落不见。

原弃埋于张家湾镇上马头村南古运河北端码头处,"文革"间平整土地时出土,被是村刘姓社员运至家中放置,2004 年春,被文管所征集入库。此石权为汉白玉制,其身堂鼓形,高 18 厘米,面径 32 厘米,腰径 38 厘米,近上、下沿处浮雕一环连珠纹,似鼓面蒙皮状,其形象。银锭形高纽,高 6 厘米,长 25 厘米,最宽 17 厘米,孔径 5 厘米,纽梁两端外面凿沟痕 6 道。此石权制作精良,造型美观,是明代运河码头上遗物,乃通州运河文化之重要载体。

变角石权 原乃张家湾城遗址遗物,张家湾粮库退休干部、文物保护积极分子马德旺拾之,于 2004 年冬上交文管所。此石权下四角上八角,全高 25.5 厘米,上高 13 厘米,下高 12.5 厘米,上身对面径 22.5 厘米,每边宽 9 厘米,下身边长亦 22.5 厘米;顶银锭纽长 13.5 厘米,宽 10 厘米,高 1 厘米。上身隔面横纵钎痕相间,字迹凿击剥落不清。张家湾乃数朝漕运码头,亦是大运河北端大型商业码头,各批发业务凡需称重者多用此类石权,前述皇木厂村下盐厂遗址三件石权,即是此类。此外在张家湾城南门内花枝巷东口十里街东侧盐店(传说为曹雪芹家所开私盐店)遗址,曾有一件长方体卧纽大型石权;在张家湾镇南许场村中街南侧一农家房后护坡处弃置一件石权,整体似铜钟形;在是镇张家湾镇村中街北侧戴姓农家亦有小型石权一件。可见在张家湾古运河码头处曾遗有不少石权,应该加以搜集。

高银锭纽方权 原掩埋于张家湾城遗址处,2004 年拆迁时出土,文物爱好者马德旺收集上交文管所收藏。此石权为艾叶青石制,权身长方体,长 52 厘米,宽 38 厘米,高 33.5 厘米,纵面似有字迹而被凿蚀;银锭纽,纽底长 47 厘米,最宽 30 厘米,高 9 厘米,纽顶长 41 厘米,最宽 34 厘米,纽孔口宽 21 厘米,孔径 10 厘米。此石权体量较大,亦大批量称重者用之。

在潞城镇郝家府村东修路施工中亦曾出土一件汉白玉鼓形石权,现收藏于后北营村一秦姓画家家中,表明郝家府村东曾有外白河道,元代漕运由坝河转运至大都城者则走此;同时,有可能百货运船也曾走此河,于郝家府村边设码头交易,然后陆路运往山海关一带,故有货栈用此石权。此石权出土表明元代外白河河道走向与商业码头之位置,有重要意义。

花板石厂遗石　在古籍《日下旧闻考》中,曾载明代在张家湾设有花板石厂,而于1959、1982、1996年三次文物大普查时,均未发现遗址。1998年春修筑京沈高速路垫路基,自张家湾镇皇木厂村旧村址东南取土,在约6000平方米村址下面,共出土长方体、扁方体大小规矩石块46块,皆为一种岩石凿成。在一些石块一侧,尚遗有开板材所凿密集钎眼。此石出土位置正在古代大运河遗址西岸,与建北京所设之皇木厂、批发北国食盐所设之下盐厂、批发京畿所食江米所设之江米店等朝廷厂店毗邻,可断定石块出土之处即明代朝廷工部所设运河码头张家湾之花板石厂。

所出石料均为竹叶纹石灰岩,以剖切面呈现疏密无秩、大小不一、组合无律、形状不同之灰白色竹叶纹故名。竹叶纹间布满方向不定、粗细不均、曲曲弯弯红色线纹,色调不多,反差鲜明,十分美观,古代山东所产红丝砚即用此种石料。可知,此处所出众多方正毛石乃山东所产,沿大运河运至张家湾花板石厂,于此加工,辟为板材去建设北京。因此石开成板材抛光后,花纹秀美,遂称此厂为花板石厂。据史料载,明十三陵中之永陵即嘉靖帝陵地宫,全部由此石砌筑。可见,此类高级石材是皇家所用。

出土石块中有两块最大而形状相异。其一为长方体,长5米,宽1.2米,厚1米,合6立方米,重约20吨,竖立而起则尤显壮观;另一为扁方体,厚0.8米,边长3米,合7.2立方米,平放之而显硕大无朋。

古代无吊车,全凭人力。自山上开采此类巨石,运至运河船上,至张家湾后,再从船上卸到岸上。搬运时人多站挤不下,必用一种科学办法装卸运输,其起重智慧可见。

花板石

朝廷在明前期于张家湾码头设皇木厂、盐厂、花板石厂，并非舍近求远，乃因在嘉靖七年(1528)以前，通州至张家湾之间数十里河道河水漫散不能行舟，不得已将厂设此。可见，此处出土众多嘉石应是在嘉靖七年以前所开凿并运至此厂。《明史》载在嘉靖十六年(1537)至万历二十九年(1601)间，在北京地区曾发生七八次洪水，而通州城北运河同时汇入四条河流大水，至张家湾，又增两条河流大水，使运河泛滥，卷带大量泥沙将岸边花板石厂淤没。但不知何次洪水所为，也许是几次洪水叠为。皇木厂村旧址出土之数十块明代所开采之竹叶纹石灰岩嘉石，乃明代建设北京之历史见证，是通州运河文化重要载体，是通州区特色文化之代表性实物，不可多得。

印记城砖　史料明确记载明洪武元年(1368)、正统十四年(1449)、嘉靖四十三年(1564)、万历四年(1576)分别修筑通州旧城、新城，张家湾城与修缮潞县城，加之通州皇家建筑大运通仓等，所用城砖极多，皆制自苏皖而输自运河。1952年开始拆通州城墙，砖砌新华大街下排水道，1958年开始拆张家湾城墙砖当作生产大队副业。故而在通州城旧房处、张湾村中，到处可见散置之整块或残城砖。其中最重要者是带有印记之城砖。近年来，文物部门自通州、张家湾二城遗址处收集一些印记城砖，但仅是其中之极少数，有不少已经流入民间私人爱好者手中。20世纪80年代，美国一大学博物馆专门到北京长城遗址请取两块明代城砖，乘专机运至某大学展览。此处只择文管所收集的两块不同表现形式之印记城砖概要记述。其一为浅灰色，长44厘米，宽19厘米，厚11.5厘米。平直坚固，一侧窄面纵印阳文四行，参差布列而有定式，近右边略低印"直隶安庆府委官"七字，中偏右近端起印"成化二十年"五字，中偏左略下印"铜城县委官"五字，左偏下近边印"匠人苟永诚"五字，字皆正楷，笔画隆起坚挺，有铸造拔模之感。"成化"二字位近顶端，高在上，突出封建皇权思想，且置于府、县委官之中，又显示古代官员忠君意识。此铭文乃事先将文字反刻于一侧模框上，澄泥入模挤压印出，开模

印记城砖

287

框坯成,入窑烧之,字迹丝毫无有损伤与走形,可见其制砖技术之高超。

另一块印记城砖则不同,正灰色,长45厘米,宽20厘米,厚10厘米,边直角正,坚致沉重。一侧窄面中间有长方形阳文印记一,长22.5厘米,宽3.5厘米,内有印文三行,行字数不等。首行为"直隶松江府金山卫管工委官指挥□□文照磨任格"等21字,中行为"上海县□官□□□□:□□□□□□县丞汤□吏王恺"等24字,多字磨蚀不清,左行为"成化十六年月日匠人□文恭金福海"等15字,共60字,皆为小楷,但因笔画繁简而大小不一,笔意较差,而有木刻韵味。其制作方法与所用工具与前者同。

两块城砖俱由张湾村刘姓村民于2002年冬交与文管所,乃1958年拆城墙卖砖时发现,用垫家中墙柜四角,以防潮气入柜。旧村改造迁居楼房,老墙柜无用而卖掉,将城砖上交。二砖有其特殊性,前者印记方式罕见;后者印记方式常见,但印记字数长达60字,亦属罕见。犹有一块更好,正灰色,长42.5厘米,宽21.5厘米,厚11厘米,一窄面印阴文印记一,为"二十八年张家湾窑户韦继洪秋季造",表明明代张家湾亦烧造城砖,填补历史记载之空白。均为今人研究明代城砖产地、制法与规定提供重要实物见证。

通州区文管所收集张家湾城印记城砖表

序号	城址	长/宽/厚(厘米)	印记文字	文式	完残
1	张家湾	35/24/13	弘治八年修武县监造	阴文	多半块
2	张家湾	49.5/29/13.5	正德六年濮州造	阴文	完整
3	张家湾	46/19/10	成化十九年安阳县窑造	阴文	完整
4	张家湾	47.5/22/13	□□□□□十年造	阴文	完整
5	张家湾	45.5/22/12.3	不清	阳文	完整
6	张家湾	46.5/23/12.5	不清	阳文	完整
7	张家湾	49.5/29/14.5	正德六年濮州造	阴文	完整
8	张家湾	48/22/14.9	成化十七年一月汶上县监造	阴文	完整
9	张家湾	48/24.5/12.7	不清	阴文	完整
10	张家湾	45.5/17/窄8.7 宽10.8	成化监造(城门砖)	阳文	完整
11	张家湾	35.8/14.5/9.7	纵铭文3行,中有2"州"字	阳文	完整

序号	城址	长/宽/厚（厘米）	印记文字	文式	完残
12	张家湾	36.8/17/8.5	直隶苏州府委官知事赵荣嘉定县提调□□□□□徐锡成化年月日吏文彪窑钱行	阳文	多半块
13	张家湾	49.3/24.5/12	成化八年汤阴县窑造	阴文	完整
14	张家湾	49/19/9.5	成化十六年□凵凵□□	阴文	完整
15	张家湾	44.7/19/8.5	成化十七年安阳县窑造	阴文	完整
16	张家湾	41/14/10.7	直隶安庆府委官□□成化十八年七月□□日□州怀宁县□□□典史刘信□□	阳文	铭文完整
17	张家湾	50/24/11	成化十九年长垣窑造	阳文	完整
18	张家湾	45/19.5/10	成化十七年七月日长垣县监造	阳文	完整
19	张家湾	50/23/11	直隶常州府无锡县造	阳文	完整
20	张家湾	46.2/24/13	不清（抹灰）	阳文	完整
21	张家湾	48/23.5/12	嘉靖二十八年窑户耿珍造	阳文	完整
22	张家湾	25.5/20/12.2	□□二十二年窑户张亨造	阳文	完整
23	里二泗	50/24.5/14.5	"年例""嘉靖七年窑户□□□造"	阳文	完整
24	张家湾	42.5/21.5/11	二十八年张家湾窑户韦继洪秋季造	阳文	完整
25	张家湾	47.5/25/12.5	万历二十九年窑户蒋□作头□□造	阳文	完整
26	张家湾	45.5/19/9	成化十八年乐陵县窑造	阴文	完整
27	张家湾	41/16/8	直隶松江含山……成化十年	阳文	完整
28	张家湾	41/17/8.5	直隶苏州府委官知事赵荣嘉定县金山□□知县刘翔、徐锡，成化□□□窑匠钱行	阳文	完整
29	张家湾	39/13/9	成化十八年直隶苏州含山县委官□□□，窑将钱行	阳文	完整

明永乐景德镇"福"字青花碗底 碗底基本完整，碗身大部皆无存。内底即碗心以不同笔体书写一"福"字，字外有单、双圈栏，亦有无栏者。1998年出土

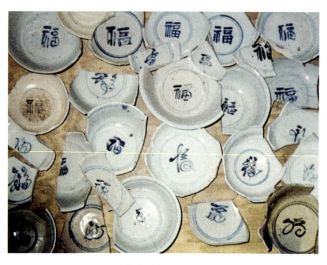
明永乐景德镇"福"字青花碗底

于皇木厂村旧址西南原大运河北端大型码头处,同时出土者还有上下船跳板及排桩与大量单色釉、其他青花元明瓷片。文管所只收集青花"福"字碗足片就有 28 种,其中隶书者 2 片,篆书者 2 片,楷书者 3 片,行书者 7 片,草书者 14 片,而且同种书体者其字形大小与笔画也不同,乃不同窑厂或不同时间之工匠所书写者。此外,在多人手中仍存有于此收集青花"福"字碗足数十片,合起来约有此类碗足百余片,且均是明代永乐、宣德年间景德镇民窑烧制。可见,瓷文化在通州运河文化中占有相当比重。如此多碗足"福"字在景德镇陶瓷博物馆中亦不多见,对研究瓷文化提供重要实物资料,对研究当时民俗民情也有一定参考价值。

龙泉窑系竹节高足碗片 与青花"福"字碗足同时同地出土,元代烧制。高 12 厘米,口径 11.8 厘米,足径 4 厘米,碗身残缺四分之一。撇口,圆唇,收腹,环底,高足外侈制为竹节形,内外施浅绿釉,光洁温润,虽残犹珍。

定烧款青花碗片 1998 年出土于张家湾城东门内遗址处,为是村文物爱好者刘春拾得,共 2 片,其中字款完整者于 1999 年 10 月主动上交文管所,另一缺字者赠予《张家湾瓷录》作者王世纬。此块瓷片乃一青花碗足,足径 6.3 厘米。胎质坚致,压手,色白,内外施影青釉细润;碗心绘折枝牡丹,线条洗练,蓝色明丽;圈足周正,足墙秀挺,足心设双环,内蓝款纵书楷字 2 行,行 3 字,为"张家湾梓橦阁"("橦"字乃别字,应为"潼")。从碗足造型及青花色泽分析,此乃清康熙年间烧制。"梓橦(潼)阁"即"文昌阁",虽属同一性质庙宇,但名称不同。《通州志》(光绪版)在《楼台亭阁》栏目内载称"文昌阁","在张家湾东门内",而此处出土瓷片定烧款则称"梓橦(潼)阁",表明古籍所载有变化,似是在清康熙以前称"梓橦(潼)阁",在后来修缮时易称"文昌阁";抑或始终称为"梓橦(潼)阁",因内奉文昌帝君而俗称"文昌阁"。近日,在我们走访王世纬先生的时候,得知先生于近期又用重金购得定烧瓷片一片,且瓷片上"张家湾梓童阁"

定烧瓷片照片

字样清晰完整。定烧瓷片的相继出土和被发现,可见当时张家湾地区漕运的兴盛。

　　文物保护单位　自 1959 年通州区人民委员会公布第一批文物保护单位后,至 2010 年止,镇内有各级文物保护单位 13 处,现列表示之。

张家湾镇域内各级文物保护单位一览表

序号	名　　称	时代	地　　址	级别	备　　注
1	通运桥	明	张湾村南口外	区级保护文物	尚存,升市级
2	土桥镇水兽	明	土桥村中	区级保护文物	尚存
3	佑民观	明、清	里二泗村西北	区级保护文物	"文革"中拆除大部分,后尽拆,2003 年重建
4	三士庙	清	陆辛庄坑西	区级保护文物	2003 年重修
5	皇木厂古槐	明	皇木厂村中	区级保护文物	白石栏杆维护
6	张家湾城址	明	张湾村南口	区级保护文物	1992 年重修,升市级
7	张家湾清真寺	清	张湾镇村中街南侧	区级保护文物	1999 年重修
8	通惠河故道及二座石桥	明	皇木厂村西	区级保护文物	解放后改称玉带河,桥残破
9	大运河故道	金—清嘉靖	张家湾城址东、皇木厂村北部及村南、张湾镇村东	区级保护文物	成为坑塘,后改称萧太后河
10	张家湾城址通运桥	明	张湾村旧村址南届	区级保护文物	1992 年重修城墙,2002 年重修桥

序号	名　　称	时代	地　　址	级别	备　　注
11	大运河故道	金—清嘉靖	张湾村旧址东、张湾镇村东、皇木厂村南北	市级保护文物	成为坑塘,后改称萧太后河
12	里二泗汉墓群	汉	里二泗村南—凉水河	国家级保护文物	北京市地下文物埋藏区,部分被破坏,大部分在地下埋存,为市地下文物埋藏区
13	坨堤汉墓群	汉、唐	坨堤村西北角处	市级保护文物	北京市地下文物埋藏区,大部分地下埋存

(作者:周庆良)

明代北京城建中诞生的皇木厂

　　皇木厂村位于通州城东南,此处古时河流环绕,得天独厚,形成天然客货码头。明永乐五年(1407)五月,朝廷在张家湾中码头之侧设皇木厂,存储大木以备皇家调用,村落由此而得名。此后至嘉靖七年(1528),历时120余年,京城官民乃至三北地区(东北、华北、西北)所用漕粮、海盐、茶叶、建材等物资,抑或北方牲畜、皮毛、山货等大宗商品,皆用舟船或驼队运抵皇木厂一带集散。其时,此地港湾码头舳舻蔽水,帆樯如林,驼队、车队不绝于途,水陆交通、客货运输极一时之盛。嘉靖七年(1528)重修通惠河时将其河口改至通州,皇木厂一带航运作用退居其次。至清嘉庆十三年(1808)北运河改道,村域码头、厂库、店铺废弃,由盛转衰,形成几个居住点,依附张家湾。1935年,皇木厂、江米嘴、骆驼巷、小张湾等7个自然村从张家湾析离,组成皇木厂行政村。

　　皇木厂因明代存储皇家专用木料而得名。明永乐四年(1406)为营建北京皇都,朝廷派遣大批官员去云贵、巴蜀、湘赣、闽浙、秦晋、鲁豫等地区采伐珍贵木料、嘉石等建材,且于五年(1407)将所采征建材沿大运河运至此处存放保护,工部同时设置有皇木厂、花板石厂,户部于此设置有上、下盐厂。明武宗还曾于此设有皇店(江米店)。建材于此加工再陆路转运入北京各皇家建筑工地,而食盐要销往三北地区甚至远达乌兰巴托或莫斯科,必用骆驼运送,因而于此设有骆驼店。于是,皇木码头与厂、花板石码头与厂、盐码头与厂以及皇店、骆驼店等管理和服务设施,逐渐形成了几片独立区域。此况一直延续到清嘉庆十三年(1808)北运河改道。民国二十六年(1937)因张湾村村落太大,为管理方便,将通惠河东侧几个孤立的自然村落析离出来,单独组成一个行政村落,因原皇木厂自然村最大,故称皇木厂村。

　　古时,皇木厂一带河流纵横,沿岸河滩多为沼泽湿地,先民祖辈择吉营宅首选高坡台地,渐成聚落。村址有纵贯南北的条形土岗,长达600余米,乃北齐长城遗址。成村之初,即建于北齐古长城旧址之隆起坡地上。迄明、清漕运繁盛之际,村域曾有多处码头与厂店,位在张家湾镇皇木厂旧村址西北部、南部,元通惠河与古运河夹角处,是元代与明前中期皇家所设皇木厂、花板石厂、上下盐厂等官营机构遗址。

盐厂遗址有两处,一处在该村东北古运河道西侧,称上盐厂。一处在木厂之南元通惠河左岸,称下盐厂。官营批发北京地区及华北乃至蒙、俄等国之食盐。1998年在修路取土施工中,发现下盐厂侧盐船跳板与其旁之排桩,跳板上下黑沙泥中出土许多元代龙泉瓷片与明前、中期青花瓷片。此处还发现3件巨大石权,乃等臂天平式砝码。上盐厂遗址尚原封未动。

花板石厂遗址在该村旧址南部,古运河道西岸。史料中只记载明代所设花板石厂在张家湾,但其具体位置始终不明。1998年建楼取土施工中,于村址南部发现40余块大小不等竹叶纹石灰岩毛方形料,个别石料一侧尚留有开板材时所凿眼痕。石料乃山东、河南一带山区所产,自大运河运至此存放加工,可确定明建北京所设花板石厂即在此处。

村之北、东尚存大运河故道遗址约300米,旧村址西部之江米店遗址、北部之骆驼店遗址则在近年旧村改造中被彻底破坏。1998年6月,在北齐长城遗址上,皇木厂古槐西侧建楼挖槽时,于地下5米余深处,发现一处坩埚窖藏,共出土小坩埚3000余件,均由耐火黏土制成,形制相同,灰色、直口、平沿、筒腹、环底,内外光洁,小巧玲珑,规整坚实。有两种型号:稍小者高7.5厘米,口径5厘米;略大者高8厘米,口径5.5厘米。均为冶化稀有贵重金属所用,以铸造精小器物或钱币。伴随出者还有元代龙泉窑瓷片、宋代卷口丰肩四系灰陶罐等。经考证,此处窖藏坩埚为元代遗物。

皇木厂现在已看不出当年作为壮阔的皇家木材存储地的原貌了(运河改道、民居密集),但原皇木厂遗址所遗存的巨大皇木,却是最好的历史见证,其不糟不朽,坚硬如铁,平放地上,对面二人相对竟不见面。

运输存储皇木并非一件易事。难免遇到风险而漂没,也难免遭到淤沙而搁浅。史载:万历三十五年(1607)闰六月,淫雨一月,通惠河堤闸难辨,张家湾皇木厂大木漂尽。

在元初,朝廷实行海运,漕船沿海河、白河至今皇木厂村一带停泊,再陆路转运。至元二十六年(1289)京杭大运河形成后,漕船至此亦然。至元三十年(1293)通惠河开凿后,此处为河口,海运或河运皆至此以水陆转运。部分漕粮与铸币所用铜、锡、铅等金属原料也自此转运。张家湾一带曾有盗铸铜币的记载。此处窖藏小坩埚当为元代于此盗铸铜币或金、银锭的历史见证。江米店位于皇木厂旧址东南部位，西临通惠河，东靠金刚庙，曾为大运河北端江米批发市场，村民俗称"米码头""江米嘴"。江米既可食用，亦为古时重要建材。以糯米汤与砂浆混合而成的糯米砂浆，比石灰砂浆黏合力、耐水性更强，乃修

运河出土的皇木

筑陵墓、城墙、塔寺、四合院必用之物。正德十五年（1520）四月，明武宗自江西乘舟沿大运河至通州，驻跸 40 余日，在通州建有两个皇店，皇木厂江米店即为其中之一，后渐成村落。现遗址处已建成居民楼。

解放前，村内有金刚庙、关帝庙、骆驼店、土地庙等古建，其中金刚庙、关帝庙最为庄严高大。村中有一尹家坑，东西走向，长 100 余米，深约 3 米，将皇木厂南北中分。相传土桥村清代修建三官庙，风水先生看中此地土净、土沃，遂取用成坑。此坑东宽西窄，东宽 20 余米，西仅五六米。村域因之有坑南、坑北之称。此际村内曾流传一首顺口溜，描述村民聚落形状，曰："皇木厂两头尖，尹家风水土地看。村子不大七个名，四大三小七佛龛。"关帝庙、北土地庙、姜家、土地庙、古槐、李家古槐、北臧家、陈家胡同、马家胡同、赵家圈儿、南陈记、汪家园

皇木厂村古槐树

在坑北；金刚庙、刘家古槐、魏家古槐、南赵记、龙王庙、虹桥在尹家坑南。土地改革时，庙宇划为公产，后因建设办公设施、工厂、学校等需用砖瓦檩材，被陆续拆除他用。

皇木厂东西步行街西段北侧有一株古槐，胸径 1.6 米，高 16 米，4 根粗大分枝散向四方苍穹，树冠

200余平方米。古槐主干虽已中空,但仍苍劲挺拔,生机无限,枝杈曳地,实为鲜见。1985年,古槐被北京市通县人民政府列为文物保护单位。2007年被北京市园林绿化局定为一级古树,加以重点保护。每年文物管理部门和林业部门都为古槐施药、护养。

槐下立有"皇木厂古槐"碑,其文云:"这株古槐位于明代朝廷所设皇木厂的东南角外,胸径1.6米,铁干虬劲,童枝拂地,为特色景观。永乐四年(1406)至嘉靖七年(1528),北京皇家建筑所用的珍贵木材沿大运河运到此存储,管理官吏在木厂周围植槐百余株,今仅余此株,是建设北京的历史见证。"

据村民回忆,解放前皇木厂村数度驻扎军阀部队,曾多次欲砍槐为柴,皆因槐旁村民臧士印誓死拒伐,古槐始得存留。1958年大炼钢铁时,又欲伐槐炼钢,又是臧士印老人挺身而出,要与古槐共存亡,因此无人再敢砍伐,古槐又逃过一劫。人民公社时期,村内如有文娱活动或上映电影皆在树边进行。古槐有几段树根裸露在外,宛若天成之木墩,社员常常列坐其上,学习、开会、安排生产,槐下俨如常设会址。1989年春节间,村中孩童将鞭炮投进古槐树洞中燃放,导致槐干起火,村民及时发现,连续扑救四小时,使之免遭劫难。随后村委会为古槐修筑汉白玉护栏,且以卵石墁地,同时建有一间小房,派人看护。1999年夏,狂风暴雨将此槐西南巨干摧折,村委会遂为之架支余干。

(作者:赵凤生,张家湾镇皇木厂村党支部副书记)

296

家族珍藏的两份敕命书

我是通州区张家湾镇北仪阁村人,祖传有两份清代皇帝的敕命书。一份是族兄珍藏的承德郎刘守祯及其妻黄氏的,另一份是族兄刘起发传到我手中的承德郎刘士美及其妻乔氏的。这两份敕命书都是顺治十四年三月十日(1657 年 4 月 23 日)颁发的,在我们刘家已经流传十代,至今已有 350 余年了。

两份敕命书俱用黄色锦缎做,呈手卷式。纹饰、形制、书写、用印完全一致,纵 31 厘米,横 305 厘米。自右至左,开端纵绣"奉天敕命"四大篆字,字右绣升龙一条,左绣降龙一条,喻真龙天子;继之纵书楷字,工整有力,记载敕命内容,言简意赅,是一篇精美古文;汉文之后,是皇帝颁发敕命的时间并盖有"敕命之宝"朱文大印。继而是满文。满文书写得直画有度,环转柔美,堪称书法精品。满文的后面是皇帝颁发敕命的时间和盖有"敕命之宝"的朱文大印。随后又出现所绣两条龙,升降相对。敕命书质料精良,制作精致,语言洗练,书写优美,是两份不可多得的珍贵文物。但是因为时间久远,保护条件和措施又不甚好,致使锦缎有些微残,轴头饰物也遗失了。

清朝定都北京后,实行"首崇满洲""满汉一家"的策略,官吏以满人为主,而归顺的蒙、汉官员也被广泛任用,同时通过科举、捐纳、议叙等制度招募蒙、汉人才,为清朝封建统治服务。我的第十辈祖刘守祯就是那时入朝为官的,而且能熟悉满、汉语。从敕命书内容来看,刘守祯在任管理仪仗队的翻译官时,勤恳工作,秉公办事,尽心尽力,成绩突出,被晋升为正六品的承德郎官职,妻因夫贵,其妻黄氏也被封赠为安人(六品官员妻子封赠的称号);又刘守祯之父刘士美因多年积德行善,教育子女有方,邻里相处甚好,同时也因推恩被封赠为承德郎,其妻乔氏被封为安人。清代的封赠制度是一品官封赠三代,六、七品官封赠一代,敕命书两份。这两份敕命书不仅为研究清朝的官员晋升制度和封赠制度提供了实物资料,有一定的历史价值,而且具有较高的文物和艺术价值。

承德郎刘守祯及妻黄氏敕命书

奉

天承运

皇帝制曰:锡类推恩,朝廷之大典;分猷亮采,臣子之常经。尔笔帖式哈番品级、法一旦哈番加一级刘守祯,持心克谨,任事惟勤。奉公罔懈,尽职靡愆。盛典既逢,宜加新命。兹覃恩授尔为承德郎,锡之敕命。於戏!弘章服之荣,用励靖共之谊;钦兹宠命,懋乃嘉猷。

初任笔帖式哈番品级、法一旦哈番,二任今职。

制曰:恪共奉职,良臣既殚厥心;贞顺宜家,淑女爰从其贵。尔笔帖式哈番品级、法一旦哈番加一级刘守祯妻黄氏,含章协德,令仪夙著于闺闱;黾勉同心,内治相成与夙夜。兹以覃恩,封尔为安人。於戏!龙章载涣,用褒敬戒之勤;翟茀钦承,益励柔嘉之则。

顺治十四年三月十日

承德郎刘士美及妻乔氏敕命

奉

天承运

皇帝制曰:资父事君,臣子笃匪躬之谊;作忠以孝,国家弘锡类之恩。你刘士美,乃笔帖式哈番品级、法一旦哈番加一级刘守祯之父。善积于身,祥开厥后;教子著义方之训,传家裕堂构之遗。兹以覃恩,赠尔为承德郎笔帖式哈番品级、法一旦哈番加一级,锡之敕命。於戏!殊荣必逮于所亲,宠命用光夫有子。承兹优渥,永庇忠勤。

制曰:奉职在公,嘉教劳之有自;推恩将母,宜锡典之攸隆。尔笔帖式哈番品级、法一旦哈番加一级刘守祯母乔氏,壶范宜家,夙协承筐

298

之嫩;母仪诒谷,载昭画荻之芳。兹以覃恩,赠尔为安人。於戏！彰淑德于不限,式荣象服;膺宠命之有赫,永贲泉炉。

顺治十四年三月初十

撰写此文时曾得故宫博物院研究员单士元老先生和通州区文物管理所周庆良先生的帮助,在此表示感谢。

(搜集整理:刘起兴,原中国财产保险公司通州分公司干部)

民俗文化

张家湾地区的自然村落

今张家湾镇域,是在 2002 年将牛堡屯镇域并入而形成,于原有三十二座自然村落基础上,又增加了三十座,总共达到六十二座,是全区内辖村较多的镇域。其中,每座村落的名称,都是在三百多年前不同的历史时期定下来的,都有一定的由来,都保留了固有的历史信息,为我国重要的非物质文化遗产的组成部分。下面就将这些自然村落历史名称的由来,简介如下。

一、以姓氏命名的村庄

在我国浩如烟海的地名中,以姓氏命名的不可胜数,这是古代地名拟定的原则、规律之一。本镇内以此命名的村庄有陆辛庄、张辛庄、姚辛庄、大辛庄、贾各庄、何各庄、梁各庄、小王各庄、高家营、柳家营、马家营、齐善庄、白家庄、唐小庄、沈家庄、周家庄、南许家场、北许家场、姚家园、施家园、张家湾等二十一座,占域内村落总数的 33.9%。其中,又可分为三个不同历史时期形成的。

第一类,村名中间字是"辛"的村庄。此类村名是明代初期建立而定名的。这时期,被明军赶走的蒙古统治者,势力仍较强盛,对明朝北部边域安全有很大威胁。明朝为有力防御蒙古军队的侵犯,在长城一线驻有大批官兵。守边将士的粮饷,需要从江淮一带调运,而海运有风波沉船之险,漕河又失修难运,不能及时满足边防部队需求。为解决这一严重问题,朝廷于洪永期间,实行移民政策,先后从今山西、河北等省地少人多之处迁徙五批农民,来到顺天府地区屯田,开垦因连年战争而荒废的大量土地,并从今浙江、江苏、山东等省迁调来不少富裕农家,对穷苦移民进行管理。于是,在北京地区建立了许多新的村庄,这些新建村庄就以富裕农家的姓氏命名为"某家新庄",今镇域的陆辛庄、姚辛庄、张辛庄等村落,就是这样产生而定名的。我国古代,"新""辛"二字在"新"的意思上通用,又因通州人喜好简约,也就渐渐形成今天此类村庄的称呼了。

至于此类村名中镇域内的"大辛庄",开始也是同上述村落那样建立的村庄,名叫"某家新庄",因为有附近两个同姓氏的村名,为区别而称"大某家新庄"和"小某家新庄",渐渐简称作"大辛庄""小辛庄"。也有这种情况,"某家新庄"建立的若干年后,从此庄中搬出来的人家又在另一处建立一座村庄,仍以原庄为名,而且比原村庄小,故此,渐渐分称为"大辛庄""小辛庄"。今域内的"大辛庄"与潮县镇内的"小(中)辛庄",隔枣林庄相望,就是后一种关系。

第二类,村名中尾字是"营"的村庄。此类村名的聚落同上述姓氏村名中带"辛"字村庄的产生原因是一样的,以南方调来的富人或地方政府派遣的吏役来管理营田事宜而形成村落,即名"某家营",如本镇内的高家营、柳家营、马家营等村名。属军事性质,用三分力量种田,用七分力量军训,以备保卫北京和北边。年长日久,口头上习称作"某营",但在纸面上仍然写作"某家营"。1958年以后,此类村名大多也写成"某营"了。如本镇内的高家营、柳家营、马家营等村名。

第三类,村名中间字是"各"的村庄。此类村落大都在元代及其以前创建的,如镇域内的贾各庄、梁各庄、何各庄、小王各庄等村。对于迁民来说,这些村内的农民是土著民人。他们开始建村时曾叫"某家庄",而这"某"姓仍是村中的首户望族。明代初期,从外地迁移来的农民,新来乍到,需要很快站住脚,不受本地人欺负,就千方百计和当地村中首户搞好关系,敬称"某家庄"为"某家哥庄",习俗上逐渐简称之为"某哥庄"。明初移民经过较长时间经营,根基已稳固,势力渐大,可以和当地首户势均力敌了,也就不再强调"哥"字本意了,大约在明末清初,故俗将"哥"字说成轻声,不再说成阴平声,而又以谐音,将"哥"字写成"各"字了。至今说村名时,"各"字说成轻声,不说去声。

至于镇域内的"小王各庄",开始称"王家庄",后称"王家哥庄",因比今于家务内的"王各庄"小,而习称"小王家哥庄",习简称为"小王哥庄",再习称为"小王各庄"了。

第四类,村名中间字是"家"的村庄。此类聚落都是清代初期朝廷实行"圈地"政策之下建立的村庄,如镇内的沈家庄、周家庄、白家庄(今已并入大高丽庄)、唐小庄、齐善庄、姚家园、施家园、南许家场、北许家场等村。清朝顺治年间定都在北京后,从东北地区带来的八旗官兵思乡观念严重,不安心处于新占领的汉族区域,影响清政府政权的巩固。为稳住八旗官兵和牢固占领灭掉南明的后方基地,便推行"圈地"政策,至康熙八年(1669),共推行了三次大规模"跑马占圈"活动,让八旗官兵肆意去抢占京畿地区的无主荒地或有主农田,各归圈占者所有,成为旗地,他们在圈占的土地上,各自雇佣或租与汉族失地或无地的农

304

民进行耕种。那些受雇农民长年在旗地上劳作吃住,建有场房、园房,渐成村落。圈占的官兵就成为这一村落的庄头,并派管家来管理。于是,就用各自庄头的姓氏命名各自的村落为"某家庄""某家园""某家场",分别以种庄稼、种蔬菜或栽植果树为主业。

1958年以后,沿袭古代村名的口头称呼,书面文字大多也都简化为"某庄""某园""某场"了。

镇内此类村名中的"唐小庄",始称"唐家小庄",与今台湖镇域内的"唐家大庄"东西相对,民国期间分别简称为"唐小庄""唐大庄"了。

至于"姚家园"村,古代凉水河自村中穿过,南岸的称"南姚家园",北岸的称"北姚家园",行政村统称"姚家园"。1954年扩展河面时,原村中河北岸的住户仍然北迁到河北岸边,形成一个独立行政村落,仍沿袭口头称呼而称作"北姚园";而原村中河南岸的部分村落仍称为"南姚园"。

至于"南许家场""北许家场"两个村名,因取口头俗称,而今也变成了"南许场""北许场"。

关于"齐善庄"一名,在古代是两个自然村,分别称为"齐家场""齐善庄村""善家庄",口头称作"齐场""善庄"。村小户少,各自不能称为行政村。清代作为一个行政村对待时,口头则始称作"齐善庄"了。1958年后,这一口头称呼成为正式村名。

第五类,以姓氏与河流组成的村名。镇域内此类村名只有"张家湾"。"张"是指元代漕运万户侯张瑄;"湾"指水流弯曲的地方。自秦汉至清嘉庆十三年(1808),沽水,亦称北河、潞水、笥沟、潞河、通济河、白河、潮白河、自在河、漕河、泗河、白漕、外漕河和北运河等,一直流经今张湾村东,如果从上游说起,此河自东北迤逦而来,至此转向东南逶迤流去;若是逆水而言,则此河自东南而来,至此则转向东北而上。总之,古代大运河于此有一个大转弯,河面宽阔,宛若湖淀。秦至辽代,有些王朝曾利用此河进行漕运。辽统和晚期(约1005—1011),由萧太后主持开凿的运粮河——萧太后河,自辽陪都南京(今西城区南部区域一带)东门外,东行开凿到这里入潞水,这里成为潞水码头。辽朝还曾利用修筑到此的北齐土长城遗址,辟作萧太后的养马圈。金天德三年(1151),开始修治潞水,使其成为正式运河,北到潞水北端的潞县城下,并"取漕运通济之义",将潞县升置为通州;而南到今天津,与卫河(隋炀帝大业四年即608年所开凿的永济渠)相接,用以转运淮河以北所征调的粮物,这里也还是运河码头。

元至元二十二年(1285),漕运万户侯张瑄首次率领海船将漕粮运到海河,再指挥河船由直沽(今天津)转运海漕粮米沿白河北运至今张湾村处停泊卸船，再陆路转运入大都城，因当时今张家湾到通州之间的白河沙滩多而大，水流漫散，不能行船，漕船只能在此停泊，此处成为元代运河码头。至元二十六年(1289)，山东省内会通河开凿成功，京杭大运河形成，这里成为大运河北端码头之一。至元代中晚期，正像明代大历史地理学家顾祖禹在《读史方舆纪要》一书中所言，这里"以万户张瑄督海运至此而名张家湾"。

古代张家湾主要指的是萧太后运粮河河口以北部分区域，而萧太后河口以南部分的大运河西岸，是商运民用码头，南北方物品于此交易，沿运河岸边就形成了一条开着各种店铺的南北向大街，故此形成聚落后就以"长店"为名。此处日日为集市，又在张家湾南门外，故名张家湾集，长店村进一步扩大，于民国间，长店村渐渐湮没，代之以张家湾一名了，即今之张湾镇村。

二、以地上物命名的村庄

古代，通州域内以地上标志物而名的村庄很多，诸如今永顺镇内的窑厂、梨园镇内的将军坟、台湖镇内的垛子、马驹桥镇内的东店、于家务乡内的吴寺、永乐店镇内的前后马坊、漷县镇内的杨堤、潞城镇内的杨坨、西集镇内的萧林、宋庄镇内的窑上等。此类村庄在张家湾镇内为最多，诸如坨堤、土桥、仓上、样田、三间房、上马头、皇木厂、潞观、牌楼营、瓜厂、立禅庵、宽街、海子洼、枣林庄、里二泗、上店、烧酒巷、北仪阁、牛堡屯、大小北关、前后南关、前后青山、后坨、堡头等二十九座村庄，约占域内村落总数的百分之四十七。此类村名的由来在下面分类介绍。

第一类，以地上建筑物而名的村庄。此类村庄有：

土桥 土桥原名叫广利桥，是木桥，横跨在元代郭守敬所开凿的通惠河上，南北向，是京杭大运河北端码头张家湾去通州和北京的必过桥梁。其西不远处有通惠河上倒数第二座水闸，称广利上闸，挨近水闸建的木桥就称作广利桥了。此桥桥面是"三合土"，由纯净黄黏土、石灰

土桥村古槐

306

与沙子夯筑而成,很厚,也很结实。但是,多结实的夯土也禁不住夜以继日的铁瓦车碾轧和骡马铁蹄踏跑,桥面渐出车痕而起土,车马过桥尘土飞扬,时修时毁,当地人和外地人都戏称其为"土桥"。明初,为便于通行,将土桥改建为石桥,但因车辆穿行过多,将桥外路面的土尘带到石桥上,桥面、桥栏、桥洞撞石与雁翅等外露部位,蒙土很厚,看不到石桥的模样,仍然戏称之为"土桥"。此桥是张家湾地区大运河的中码头,建设北京的城砖即于此处码头上卸船,存在岸边的砖厂(工部所设的收储城砖的料场)上备用。因而,在此处码头附近,居民渐多,形成村落,便以码头附近的广利桥俗名而称作"土桥"了。

三间房 此处原是辽代延芳淀范围的一部分,金、元时期潮河(今凉水河)与潮白河洪水泛滥,带来大量泥沙将此处水泊淤塞成低洼荒地。明代洪永期间,有山西三家穷苦人家迁移到这里,开荒种地居住。因无钱独自建造房屋,便合伙搭建三间土房(屋壁为板筑土墙或土坯垒砌),一家一间,各自开门,团结互助,共度时艰,逐渐发展起来。为纪念创业之苦,教育子孙后代艰苦奋斗,坚持勤俭朴素作风,便以"三间房"为村名,直至于今,已有六百余年历史。另有一说是:明初三户穷苦人家从山西迁移到此处种地居住时,想就地祭祀祖先而没钱独自建造祠堂,便三家搭帮共建一座祠堂,共三间,一家一间,同走一个门。多少年中,三家从未有过纠纷,十分友好,为发扬友好这一优良传统,就以"三间房"为村名,流传后代。

仓上 此处在辽代为延芳淀中心范围之内,是一处湖岛。其东北有放鹰台,南面近处有呼鹰台,是辽时帝王经常游幸的地方。因而需在这里设立一座粮仓,以就近供应帝王需求。于是,储存、保管并提供粮食的服务人员,居住在粮仓的旁边,渐成一村,就以粮仓而名"仓上"了。"上"字之义,是"旁边"的意思。此村因自然环境限制,没有发展成大的村落,至今尚然较小,但其历史已经有千年了。

潞观 此处也是辽延芳淀中一座岛屿,四面围水,水草丰盛,野芳幽香,佳木繁荫,风景秀丽。元代,延芳淀虽然淤塞成四个海子,但是仍然有许多小的水塘,这里便是如此。道士于此建造一座露云观,香火很旺。由是,在旁边逐渐形成一个小自然村落,便以庙观的名称称呼村名为"露云观",有村以来一直是其西面北大化村的附属村。清末,观宇坍塌,道士离去,此庙荒废,而村名口头简称为"露观"。但白字先生不做调查研究,遂写成"路观"。

新中国成立后,又把"路观"写成"潞观",真正的历史村名——"露观",从此便泯灭了。

立禅庵　据 1983 年土桥砖瓦厂内出土的唐代潞县录事孙如玉墓志铭记载,此村附近曾有一片原始森林。林子南面有一片大水泊,被辽统和年间开凿萧太后运粮河时利用为码头,也是元代以来大运河北端客船码头的泊船之处。唐代大历年间(766—799),有僧人在水泊西岸建造一座净业院,后来毁坏废置。明代宣德三年(1428),又有僧人于废址再建一座净业寺,后又坍塌,于万历五年(1577)又复建,叫作"净业禅寺"。至清,此寺变为比丘尼住持,改称为"立禅庵",南向二进院落。因处于运河码头处,香火甚旺,渐成一村,俗以庵名为村名。清末,北运河停止漕运,此庵香火日冷。新中国成立前,庵废渐拆尽,但村名沿称至今。

牌楼营　此村形成于明初,与前面"高家营"类村子一样,同是移民营田而建的村落。但不是以姓氏命名,而是以一座牌楼为名。历史上,曾是两村,曾称前牌楼营、后牌楼营,中间夹着凉水河,河南的在前,河北的在后,故而分称之。牌楼营村何时所建,史书无载,但《辽史》中有载,传统和年间,萧太后和其子辽圣宗,以破北宋在北边界处开挖水塘、开辟稻田的防御骑兵之策。而此处正在延芳淀北部边缘,北距萧太后养马圈很近,于是择此进行水陆攻击演习,则是必然的举措。而今,在牌楼营村东有一块地势较高的耕地叫"将台地",历代相传是萧太后的马步兵点将台,这样就同《辽史》的相关记载相吻合了。可见,当年在演练水陆攻战时建有行宫,行宫前建有牌楼。后行宫败落,而明初时那座行宫牌楼尚在,这是一个具有历史文化内涵又非常明显的标志性建筑物,迁到这里的移民觉得在此居住营田很荣耀,就给新村起名叫"牌楼营",后分成了前后。

北仪阁　2000 年 5 月 1 日,在北仪阁村东取土掘沟时,发现了砖坑窖藏一色汉代铜钱。据此可以见证此村应该在汉代就已存在了,当时以至明代的一千多年间,究竟村名叫什么无从可知,但"北仪阁"一名是清代康熙年间出现的。

顺治年间,此村有位叫刘守祯的人任正六品承德郎的官职,因他忠于职守,克己奉公,颇有政绩,顺治帝给他一件书写在龙纹黄绫子上的"敕封",予以表彰。又推及他的父母教育培养有方,因此又给其父母一个敕封,给予表扬。敕封是皇帝谕旨,由礼部官员用毛笔书写在特制的黄绫子上,上面盖有皇帝玉印,赐发给受封赠的人。刘姓一家世代务农,从未有过做官之人,此次家族中有位六品官员而且得到皇帝敕封,甚至荣及父母,就极为重视此次荣誉,并为炫耀,便腾出或特建一所房子,恭敬地收藏和展示在那里,让邻居、族人和亲朋前来观瞻。我国古代,把放有这类文书的房子叫作"阁",将这种成为典范表率而有贡献的贤人称为"仪"。村里有这样的贤人和建有展示皇帝谕书的房子,就叫为"仪阁"。刘家有了势力,就把村名改作"刘仪阁"。后来刘姓家族有一支迁出另建一村,同老村南北相望,仍称"刘仪阁",便分为"北仪阁"和"南仪阁"(今于家务乡南仪阁村)了。

第二类,以地面上构筑物而名的村庄。此类村庄有:

坨堤 因村旁有巨大土岗和宽阔大堤而名,十岗是自然地貌,但大堤是人为构筑而成。先说大堤。现在村西南有隋炀帝于大业四年(608)征发河北百余万男女民夫所开凿永济渠的故道,可见此处曾经有过的大堤,必是当年在永济渠东岸夯筑的堤防,一防洪水泛

坨堤村

滥冲决堤岸而冲毁田园村庄,一保护河道而保证漕运。近些年来,从村西北角处大山子(当地百姓俗称大土岗子,现在是北京市地下文物埋藏区)内发现六七座汉代和唐代的砖室墓葬来看,此村至晚在汉代已经形成,但叫什么名字,目前尚未可知,然而"坨堤"一名应该在隋唐时期就出现了,因为隋朝大运河北端段——永济渠的大堤修筑了。这和坨堤村西面的"堰上"村,隔永济渠东西相望。而"堰上"村名也因永济渠西岸筑有堤堰,在大堤旁建村故名。

牛堡屯 辽时,这里也在延芳淀的范围之内。到了元代,延芳淀被洪水卷带的泥沙淤成了四处大面积水泊,是元代帝王游幸的地方,放海东青猎取水泊蒲苇中生活的天鹅,而称为"飞放泊",有马家庄飞放泊(今张家湾镇海子洼村附近)、栲栳垡飞放泊(今永乐店镇半截河村北一带),还有一个"柳林海子"(今牛堡屯村东北一带)。元朝选定此处海子建行宫,修宫墙设南北二城门。还修筑海子堤,防避海子水进入行宫。

元顺帝至正二十八年(1368),明太祖派遣大将军徐达、副将军常遇春,率领二十五万大军北征讨元,水陆兼进,攻破柳林镇元朝守军,并在此设指挥部,指挥攻破通州和大都城后,放火烧毁行宫建筑,而柳林镇行宫城墙(土城)和海子堤却保留下来。随后,明朝把不愿再回到蒙古草原沙漠生活而投降的蒙古族人,分别遣放到荒野之处,让他们一边放牧,一边耕种。于是,来到这里的蒙古

309

族百姓利用柳林行宫土城墙与海子堤当作大牛羊圈，在里面放牧牛羊，而在宫墙南面居住，且在住地进行牛羊交易，形成市场，村落迅速发展，成为一大聚落。古代，防水冲淹的土围子称作"堡"，防水河堤称作"坝"，二字通用。故将这座聚落称作"牛堡屯"。因村落很大，后分出前街、中街、后街，分别称之。

但通州地区属于汉族农耕文化区域，附近村庄汉族人开垦牧场中的荒地，变为农田，且挖掘宫墙与堤防以用土，宫墙与海子堤都被用光，以至到民国期间，就什么也看不到了，唯一见到的就是原行宫建筑遗址上的碎砖烂瓦，故耕地名称叫作"砖砟地"。

前、后青山　这两座村子一南一北，南面的叫前青山，北面的叫后青山。辽时，也都在延芳淀范围之内，而到元代，也是漷州（柳林镇）海子的南部区域。《元史》中载，"筑呼鹰台于漷州泽中"，应该就是这里曾经有的大高土坨，名叫"呼鹰台"。我在牛堡屯中学读书时，曾经在清明节前后，与全班同学在土坨上栽树。"文革"间"学大寨"运动，这土坨被平除了。

但在平坨时出土的金代延庆院照公塔经幢铭文载，那时坨旁就有一座"清膳村"。这充分表明：一、《元史》记载有误，在辽、金时，这里已经有了一座呼鹰台，同辽时所称的"放鹰台"（今漷县镇塘头村处）、"晾鹰台"（今永乐店镇德仁务村中，今尚存其北端）是同一时期的互相呼应的土台；二、金时台东的今后青山村叫"清膳村"。

明初，元柳林镇行宫被烧，海子渐被淤塞成低洼荒地，没有游猎的自然资源了。又明永乐年间开始在今南苑（方圆四十里）内设游猎场所——南海子，不再到这里游幸了。寺毁无修，土台成为废墟，荒草被坡，丛树茂盛，远望似一座青色山峰，逐渐将"清膳村"改称为"青山村"。后此村中有人搬出，于原村南另建房屋住，渐成一村，也叫"青山"，为区分开来，俗称老村叫"后青山"，新村在南，便称为"前青山"了。

后坨　据实地考察，此村于清代初期应是建在元代海子堤的遗址的土坨上，而且位于牛堡屯村之北，俗

后青山村

310

称"北"为"后",故封名叫"后坨"。

第三类,以国家设的物品储存仓场而名。此类村名有:

皇木厂 顾名思义,是以存放皇家建筑所用木料的厂子命名。明永乐元年(1403),永乐帝要将首都移建在他的兴王之地,就把北平府改称北京,遂于四年(1406)派遣大批官员到川蜀、云贵、湖广(今湖南、湖北)、浙赣等原始森林处去征伐建筑宫

皇木厂村

殿的珍贵木材,随后即在大运河北端码头张家湾设置一座验收、储存、保管和转运木材入京的厂子,叫"皇木厂"。同时,在这座厂子的附近还设有花板石厂(今遗址出土数十块建北京宫殿的方石)、上盐厂与下盐厂(国家批发食盐的厂子)和江米店、骆驼店等,渐渐地形成了几个小的自然村落,但一直附属于张家湾,不是行政村。民国二十六年(1937),伪冀东防共自治政府为加强"保甲制度",以控制百姓抗日活动,因张湾村落太大,又和上述几个小自然村隔着元代所开的通惠河,不便管理,便把这几座小村组成一个行政村落,当时以皇木厂名声大,村子也大,就用"皇木厂"为行政村名,正式成为一个独立行政村村名。

瓜厂 明代建村时称作"木瓜厂"。张家湾在元明清时曾是大运河北端的大型码头,南方所产而沿运河运到的各种水果,多在此销售。而木瓜不仅能生吃,而且是中药原料,同时还能较长时间地储存而不烂,因此运量较大。在张家湾码头的最南部位,设有木瓜等南方水果卸船的码头和储放的厂子,以木瓜运销量最大故名"木瓜厂"。后来,河北一带生产的各种食品瓜(甜瓜、面瓜、酥瓜、打瓜、西瓜、菜瓜等)也都到此批发销售,渐渐简称村名为"瓜厂"。

瓜厂村在古代凉水河北畔,而凉水河于何各庄北入大运河,故大运河运输南方瓜果的船只快到张家湾时转行入凉水河,到今瓜厂村处卸瓜上岸存储批售,形成市场,渐成一村,遂而出现这一村名。

第四类,以水命名村庄。此类村庄有:

里二泗 据史料和实地调查以及口碑考证,在元代,白河(今北运河)分内

311

外两条,由今永顺镇大棚村处分流,又于今西集镇吕家湾村(元时没有此村,当时此地为今和合站村辖域)合流。以外白河为主流,上游先后汇入高粱河(今通惠河)、温榆河与小中河,故这条白河又称"泗河",也可以叫"外泗河";内白河于今张家湾处,先后汇入通惠河(元郭守敬开凿的通惠河)、萧太后运粮河与潞河(今凉水河),故这条白河也称作"泗河",也可以叫"内泗河"。外泗河在上游,为第一条泗河,而内泗河在下游,是第二条泗河。第二条泗河在"内",就是"里",是里二泗河,俗简称作"里二泗",在此条河边的村庄也就称作"里二泗"了。

但是,据该村之南先后发现的战国时燕国刀币窖藏和大面积汉墓群(是北京市地下文物埋藏区),可证此村在战国时期就已有村落了,但称为何名则不得而知,然而最晚在元代,已经称作"里二泗",而《元史》和一些史料写作"李二寺",还编有无稽故事,到明代才拨错反正,恢复其原名"里二泗"。

海子洼　元代以马家庄飞放泊遗迹而名。辽时延芳淀于元代淤塞分割为"三泊一海",即南新庄飞放泊、栲栳垡飞放泊、马家庄飞放泊和柳林海子。马家庄飞放泊就是今海子洼村南面的广阔水淀,而此一水淀以"马家庄"而名,表明元时那里已经有座村庄称"马家庄"。北方人将较大的水面称作"海子",如明代皇帝狩猎场内因有几片大水面而叫"南海子",通州城内有"东、西海子",辽代金盏淀的遗址叫"海子底儿",北京城内有"什刹海""北海"等等。所以,古代"马家庄飞放泊"口头上称为"马家庄海子"。

到清代,此处飞放泊已被洪水淤塞为低洼荒地,开始叫"海子洼",雨水如果较大,这里便出现沥涝。年长日久,"海子洼"一名就代替了"马家庄"为村名。

北马头　在20世纪80年代之前,"北马头"称作"上马头"(古代"码头"写成"马头"),因与"中马头"(今土桥村东北处)、"下马头"(今张家湾处)相呼应而名,是因为此处码头处于张家湾运河段的上游。今改成"北马头",而没有相呼应的"南马头"。然而,在明代中期,此处夹运河设东、西两座码头,分称为"东上马头""西上马头",形成自然村落后,就以"马头"分称村名。清嘉庆十三年(1808)运河改道为今天的走向后,这里就不能再设码头了,但村名被保留下来。民国间,两个自然村落组成一个行政村,改名为"上马头"。

第五类,以其他地上物而名的村庄。此类村庄有:

大、小北关与前、后南关　"关"是"关厢"的意思,而"关厢"又是指城门外附近的地区。北关在城门之北,南关在城门之南。大、小北关村几近东西并列,前、后南关而是南北相望。

北关指元代柳林镇行宫之城的北关。南关同是该城的南关。元朝在柳林镇海子处建行宫,建有宫城,设有南、北两座城门,多朝帝王至此游幸、避暑或办理朝廷要务,为行宫服务的人员或农民逐渐聚居于南北城门之外,遂形成4个自然村落,以大、小或前、后分称之为大、小北关和前、后南关。

后南关村

烧酒巷　在大运河南岸。明、清两代,漕弊丛生,或官员克扣,或吏役勒索,使得押运漕粮的官兵或旗丁受到严重侵害,不得不贿赂打点,而固定的运费肯定不足,便逼使押漕兵丁不得不偷盗漕粮卖给沿岸商家,使漕粮亏损。为弥补缺空,就买一种药物,喷洒在舱粮之内,使粒粒涨大,又一时半会儿不会使漕粮霉变。于是,在漕船快到通州之前,商家便买下被盗卖的漕粮,就近建造制酒作坊,设烧锅造酒,又将酒卖给来往船上商贾行旅,很是兴旺,沿运河南岸形成制造烧酒的巷子,遂名此一聚落叫"烧酒巷"。

上店　以具有多家旅店而名。村在大运河北侧,与里二泗村隔河相对。元代至元二十六年(1289)京杭大运河形成后,里二泗村西北角处高坨处建有天妃宫,奉祀海神妈祖,供来往船上人员祈求保佑平安。在庙前设有码头,供祭祀人员上下船。此外,为适应来往行旅住宿需求,在河北村内,农民开有多家旅店,两处旅店东西并列,夏家开有旅店的村子称"下店",也称"夏家店"(后简称"夏店"),而居于上游旅店的村子依俗而叫"上店"。

宽街　原名"宽家街",因清代宽氏家族于此定居建房,形成一条街巷,全为该家族成员,没有杂姓,习称"宽家街",后成为自然村落名称。

枣林庄　因有大片枣树林而名。战国时期,燕国区域就有渔、盐、枣、栗之利,可见,燕蓟地区栽植枣树早已成为习俗,因枣是甘甜水果,晒干后又是备荒食品,还是景观树,春夏秋冬枣树或枣林景观各具特色和情趣,因而北京地区城乡居民都喜欢栽植枣树。为了备荒,自金朝开始至于明代,三代王朝都明文规定乡下农户都必须栽植枣树,或按亩数,或按成人丁提出栽植枣树的棵数,而且必须栽活,要是死了要补栽。从此村附近发现的汉墓群断定,该村应在汉代已经建立,但名称不明。

《金史·食货·田制》载:"凡桑枣,民户以多植为勤,少者必种其地十之三,

313

样田

猛安谋克(女真族人三百户为一谋克,十谋克为一猛安)户必课种其地十之一,除枯补新,使之不缺。"按此规定,汉人在自己土地上,每三分之一亩地要栽种桑树和枣树,若桑、枣各占其中一半,则每六分之一亩必种枣树,如果一家有六十亩地,就要出十亩地栽枣树。枣林庄村在当时严格按朝廷规定种枣,且管理很好,持续多年,枣林片片,景观突出,远近闻名,于是以枣林而名村,此村名出现不晚于金朝。

样田 自古以来,此村被当地民人说作"砚田"。样田就是示范田、样板田。明初,为保卫北京和京杭大运河北端码头,朝廷派有五卫兵马驻守通州,近四万人。还在通州置有"管屯指挥卫"管理通州地区屯种的移民和军队屯田事宜。朝廷向屯田者按什么标准来征收税粮,须按当地实际情况征收。于是,管屯指挥卫就选定在通州凉水河南畔一块地,作为样板田,这里的各种农作物的亩产量和应征的税粮,就是全通州甚是北京东南地区的征粮标准。为了准确无误,管屯指挥卫的官员和所属人员,把样板田分为方格,每格一亩,格有土埂为界,格内播种各种农作物,如高粱、玉米、谷子、小麦、豆子等,并以这里的产量作为普遍应征税粮的基数,来确定应征税粮的标准。在样板田旁边渐成的村落,则沿习俗称作"样田"。

样田上以土埂为界的方格,就像围棋棋盘,故明代以来,作为样板田的这块耕地地名,就叫"棋盘",后来分称为"大棋盘儿""小棋盘儿",历来是附近南火垡村农民的耕地,一直沿称到1974年调整耕地地块的时候。

垡头 村名中的"头"读作轻声。用在名词后,是后缀词。"垡"是指翻耕土地或耕过的土地。这里指耕过的土地。

原来此村是辽时延芳淀中的一个岛,十分荒凉,无人居住。当辽代帝王经常到延芳淀进行游猎之后,这块孤岛开始被人重视,于是有人开始上岛建房居住,并开垦这里的荒地,耕地种粮,成为耕地。而村子就在耕地一头,故称村名为"垡头"。看来,此村当是辽时所建,近些年来在该村东北角外发现的辽代粗沟纹砖所砌的墓葬棺室,则已得到印证。

314

三、其他类命名的村庄

镇内此类村庄有南大化与北大化、东定福庄与西定福庄、东永和屯与西永和屯、大高力庄、苍头、南火垡、十里庄、小耕垡、西甸、后庄等村。

南大化、北大化　当地古来都说成"北代化""南代化"，"化"字说成轻声，至今如此。元世祖派兵灭宋而统一中国后，为有力控制边疆少数民族地区，巩固统一，采用迁民之法，将部分民族头人及极少所属族人，迁到大都郊区居住业农，当作人质。他在位期间曾搞了十几次迁民屯田活动，并于至元十七年十月辛巳(1280年11月11日)，在柳林镇设置大都营田提举司机构，掌管移民屯田事宜。同时，陆续迁来各种色目人1355户来柳林附近屯田，由国家供给耕牛、种子和各种农具。迁来的边疆区域少数民族人众之中，就有不兰溪、火者、黑瓦木丁及大化等民族人户。大化人当年居住在云南省内，当时被视为色目人。迁

南大化村

315

到这里的大化族人,一为表明自己的民族,二为表示怀念的故乡,便将他们所居住的村落称为"大化"。

又由于分居在一片大水泊(今南大化村人称为北大洼)南北两侧,故而大水泊南岸的俗称"南大化",而北面的则叫作"北大化"了。

东定福庄、西定福庄 元代,今西定福庄称千户屯,因某千户(军官名称,为千夫之长)率兵于此屯田而名。元末清初,此处驻军参加抵抗明军的战斗,被打败后,此处的屯兵不复存在,遂有当地百姓纷纷至此种田居住,希望不要再发生战争,而过安定生活,以享幸福,故以吉语"定福"(安定幸福)名村。1969年在定福庄村东修筑巨大军用构筑物,将部分村民迁到构筑物之东居住,才产生东、西定福庄之村名。

西定福庄村新村

东、西永和屯 元代以前已成村,在柳林镇之东,但不知称作何名。元至正十八年(1358),红巾军首领毛贵率军攻打元行宫柳林镇,失败南归;二十八年(1368),明大将军徐达率军北伐,攻破柳林行宫,并在攻克通州、大都城后,烧毁此处行宫。十年之间,此处连续两次打仗,村民背井离乡,四散逃亡。待明朝稳定占领北平地区后,这里旧有逃散的部分村民又重回故里,实在不愿意再发生战争,希望永远和平,便定村名为"永和里"。

随后,又有迁民至此屯住,分居在大水塘东西两侧,按照通州地区统一编制,同其他新定的"永富屯""永安屯""永盛屯""永隆屯""永丰屯""永宁里""永乐里"等村名一样,这里称为"永和屯"。

后来,迁民日盛,把握村级政权,"永和里"这一名称消失。发展到清代,位于水塘西侧的迁民朱姓一家和东侧的迁民杨姓一家,各自家族人口甚多,形成两个大的家族人口群,村子也扩展较大,原有的一个行政村破裂成两个行政村,于是产生了"东永和屯"与"西永和屯"两个村名。

大高力庄 唐代贞观年间创建,名"高丽庄"。贞观十九年(645)四月,唐太宗李世民御驾亲征辽东,以巩固统一,防止分裂,统率百万大军自幽州(今北京西城区南部区域一带)出发,横穿潞县(今通州区),杀往辽东,征讨高句丽。于征战中,生俘高丽民众一万四千余人,先在十月带回幽州城中暂居,然后分散在州域各地居住而进行耕织生产,最后才凯旋回师,在幽州追悼东征阵亡官兵。当时,既有一些高丽族俘虏被指令来到这里屯聚业农,遂以民族而将村称为"高丽庄",直至元代至元二十九年(1292)修通惠河时仍在沿用。

1993 年春,今梨园镇小高力庄村南出土一合明代成化年间处士戴芳的墓志铭,其序中已将"高丽庄"写成"高力庄"了。出现此种情况应该有两种原因:一是撰写铭文的人没有深入调查村名,误将"丽"写成"力"了;一是高丽族人在这里生活了八百多年,生活习俗已经完全汉族化了,其后代人已经变成了汉族人,再叫"高丽庄"已经不合时宜了,故将"丽"字写成了同音字的"力"。

清代初期"圈地"运动时,高力庄中有地主带地入"圈地",在高力庄村北另建一村,仍称其原名,但比原村为小,这才有大、小高力庄之称,则原高力庄改称为"大高力庄"。

苍头　现在改写成"仓头"了,实在错误,抹杀了原村名的历史含义。

"苍头"在我国战国时代,就指青色头巾裹头的士卒。明代,此处是驻通军队屯田之处,军士都用青巾包头,渐成聚落后就以"苍头"为村名。清代,这里已经没有明军屯驻了,但二百多年以苍头营地而名的聚落名称一直沿称下来,不知哪年同音的"仓头"代替了"苍头"。

南火垡　从该村西南"山岗子"处发现的战国至东汉时期土圹墓和砖室墓群及锅灶、地下排水陶管道、山字纹半圆瓦当等见证,这里战国时期曾经是一座村子;从出土的铜镞仍然扎在尸骨的大腿骨上来断定,战国时此处有过一场战斗。这表明,今南火垡一村早在战国时期就已经成村,但其名称不明。1974 年"学大寨"平整土地时,在该村之西老坟地块的土坨内,发现了元代砖墓群,又表明今南火垡村到元代仍然存在,依然不知村名为何。

到明代,同"辛"字庄、"营"字村形成一样,有顾、韩、丁、陈、李等五姓家庭人户,迁移至此,共同开垦经营此处的荒地,主人结成异姓兄弟,合伙耕垡低洼荒地,遂将村落取名为"火垡",其"火"字,是"合伙"之义。同时,在浑河(今凉水河)之北畔,同样有五姓农户迁到那里合伙耕垡台湖被淤塞了的荒地,也将村名称为"火垡"。两个火垡村隔河南北相望,故有南、北火垡村名,至今尚然沿称。

十里庄　在凉水河南岸,清代"圈地"建村,以东北距古镇张家湾、南距古镇牛堡屯均为十里,故而称作"十里庄"。

小耕垡 明初迁民建村,同姓两家富人在延芳淀淤塞的低洼荒地处,管理迁民开荒种地,渐成村落,便取唐代韩愈《送文畅师北游》诗中"余期报恩后,谢病老耕垡"这一诗句里的"耕垡"词义,定为村名,因各建有一村,南北相对,南者大称"大耕垡",北者小称"小耕垡"。

后庄 清代建村,以位在张家湾之北故名。

西甸 清代建村,以位在张家湾城之西故名,"甸"是指城外的地方。这两小村一直为张家湾的附属村。

从镇域村庄的名称看,给今人带来了许多历史文化内涵,为今人研究通州古代历史地理和运河文化,提供了重要的历史信息。

(作者:周庆良)

张家湾地区的商业与街市文化

张家湾自元代成为运河大码头后,数百年间经济繁荣,百业兴旺。运输业和仓储业不必说了——它是张家湾经济生活的主业;粮食交易与制酒业也不必说了,这都与漕运有关。单就它的日常商贸生活而言,亦足以反映出它作为当时国家南北经济交流中心与首都东门重镇的富足与兴盛了。

因码头口岸吞吐量大,此处曾成为国家税收通关。明代,武宗一朝税务征收本来一直由顺天府批验茶引所管理,所收税银皆按季解部。但武宗皇帝太贪婪无度,把国家税收独揽在手来个一元化领导。他认为这样是个乐子,于是,在太监于经的怂恿下,于张家湾开了两家皇店——宝源号和吉庆号。皇店由于经直接管理,于经小人得志,终于有了中饱私囊的机会,于是除征收巨商大贾税银外,连小商小贩也不放过。然而他却上交少量关税遮人耳目,大部侵吞私有。当时,宦官纷纷在西山修寺建厦,一为流芳百世,二为日后离宫留个养尊处优处。明王廷相《西山行》诗中有"西山三百七十寺,正德年间内臣作"句,正是这一写照。远在京西的碧云寺即于经搜刮张家湾税金,在原来碧云庵基础上兴建的。

说起张家湾的商业贸易来,那就不得不说说它一街两巷的买卖了。在早,城内南部最繁荣,建有曹家当铺、刘记老盐店、王记茶叶店、川广杂货、风味小吃等买卖数家;后来因城南河岸码头罗列,于是南北向长街两侧,货栈、旅店鳞次栉比;至十字街,与东西向主街相交,这里便成为整个张家湾最繁华的商品交易和生活消费街区:潞河驿(和合驿)国宾馆与递铺(邮政局)、粮行斗局、烧锅油坊、车马挽具、肉杠菜床、果市食摊、丝绸布庄、日用百货、古董珍玩、银号当铺、澡池药堂、茶楼酒肆、秦楼楚馆……商号林立,旗幌临风:天圣斋、天成楼、二友轩、庆和成、济生堂、永元号等买卖近百家。张家湾南从下马口(广利下闸)的南大桥至城内官沟六里,再出北门三里至土桥(广利上闸),俗称十里街,皆有买卖夹道,行旅如织,人声喧嚷,商业气息甚浓。

张家湾由回民经营的风味小吃不得不提。及至清末民初,张家湾街市仍有马成山的老豆腐,戴振明的馅饼,何庆岚的烧饼、螺丝转……戴德山的江米面年糕,长条裹豆沙馅,用刀断截,瓷盘托盛以卖——凉、黏、甜、香。钟德福的煎饼果子,以小米和黄米去皮磨浆,摊烙薄片,卷果子、葱白儿、黄面酱。戴成明的切糕:黄米面、上等爬豆、小红枣……李文才的面茶:细糜子面熬的是工夫,稀稠适度,盛碗里抡上芝麻酱,再撒一层芝麻盐儿,喷香。还有李刚的糕干可与杨村糕干媲美。钟记的豌豆黄系列小吃,据说是从宫里传来的做法,细绵的豌豆黄,里边灌上晶亮的糖稀,好看又好吃……

张家湾当时就是一座旅游城市。站城头或于通运桥上观完风景,尝罢各种小吃,您还可以坐在茶馆里一边品著一边欣赏评书艺人的"上回说到——"直至"请听下回分解"……张家湾的文化娱乐生活除广福寺和佑民观的庙会及节庆日民间花会演出外,还包括镇内平日的日场和晚场的评书表演。书场多设在茶馆,如王记茶馆以武侠、公案书为主——《三侠五义》《包公案》《彭公案》,有时也说《岳飞传》《杨家将》。

另外,张家湾的民间体育活动也很有特色。张家湾人称"跤窝子",尤其是住在这一带的满人,常聚在一起练跤,有时连京东高碑店的人、京东南广渠门外的人都到这里练跤看跤,有的还带一些当地便宜的货物回去,或者随便逛街散散心。清末民初,张家湾有好摔跤者,崔永顺、王二、王恩、卢老、王振邦、尹辅臣、胡季峰、杜振魁、李老、戴洪才等。其招数有绊子、大别子、踢跩脚、倒口袋、夺葫芦、挑勾子、闪拧子、掌破攒扛、抽子、粘粘跩腿、撕拿等。每天数十人,有习者、教习者。他们曾多次由长者带领去于家务、长营、新河、通县城等处访友比赛或请对方来张家湾以武会友,增进友谊。至解放前后摔跤场地有三处:镇下口、清真寺、城里刘记骆驼店门前——那是门前老槐树下,旁有青色条石斜卧歇脚,眼前一蓄满河沙之圆坑,无冬历夏,月色斑驳中但见一场场赤膊大战。

张家湾有丰富的口头文学流传至今。如民间传说故事《九缸十八窖》,都是南蛮子憨宝盗走了金银财宝等。《银子坑》其实就是张家湾的一件真事,但掘宝人将天降之财慷慨捐给了庙里。《方观承与五道弯》是说京官方观承忌恨不仁商家冬天夜晚门前泼水,方中举得官后迫使城外南街改道事。还有李秉衡大战八国联军的《海子湾》、与曹雪芹家有关的《曹家井》及《冯奎卖妻》等。

后来改编为各剧种、曲种的《冯奎卖妻》流传全国:

女 大明一统美江山,
男 国泰民安万众欢。

320

女　南北朱门十六帝，

男　末帝临到崇祯年。

女　崇祯登基坐了殿，

男　天下荒旱不平安。

女　头一年旱得不下雨，

男　二一年涝得把庄稼淹。

女　顶数第三年庄稼好，

男　又起了蝗虫就在五月天。

女　往南吃到黄河岸，

　　往北吃到老黑山，

男　往东吃到顺天府，

　　往西吃到西长安。

女　四面八方都吃到，

　　张家湾吃得更可怜，

　　绳穿黑豆长街买，

　　河里苲草上了秤盘。

男　小米一斗十八吊，

　　高粱米一斗八吊三，

　　头等人家卖骡马，

　　二等人家卖庄田。

女　三等人家没啥卖，

　　卖儿卖女度荒年。

　　青年媳妇没人要，

　　十八岁姑娘才值两吊钱。

　　别人家受苦咱不表，

男　单把冯奎家境谈一谈……

《冯奎卖妻》在张家湾从未遭到过禁演，张家湾是个移民镇落，冯氏家族并非大户，再说唱词里也只不过骂了皇帝，碍不着老百姓的事。

张家湾的名字多次出现在通俗小说中，明代大文学家冯梦龙、凌濛初的"三言二拍"中《沈小霞相会出师表》《苏知县罗衫再合》《杜十娘怒沉百宝箱》《两错认莫大姐私奔》都明确地提出"张家湾"仨字或"至潞河（张家湾），舍陆从舟"。

至现代,剧作家颜一烟(电影《中华儿女》作者)在里二泗体验生活,其体验生活之作歌剧《农家乐》即由里二泗剧团首演。

电影《垂帘听政》《火烧圆明园》多次提到张家湾,并有战争场面。

电视剧《甄三》因张家湾摔跤有名,剧情又是表现摔跤的,所以选景在通运桥上。

直至当代,更有著名作家王梓夫所作长篇小说《漕运古镇》成为通州人美谈。

(作者:刘祥;马德旺,张家湾粮食管理所干部)

里二泗庙与里二泗庙会

　　里二泗村位于通州城南十公里,大运河及京津公路西侧,为张家湾镇所辖。里二泗在元代讹称李二寺,因紧临泗河,明代改回原名。里二泗村西北角有一座道教庙,正名叫佑民观,俗称娘娘庙。这座庙,不仅历史悠久,规模宏大,且濒临古运河,与漕运密切相关,曾受到元、明、清三代皇帝的敬奉和关注,远近闻名,香火极盛,是旧时京东一带少有的名胜古迹。

　　早在元初里二泗就有一天妃庙,里面供奉的是水神天妃。天妃的真名叫林默娘。相传在唐五代年间,福建督巡检林愿的夫人生一女婴,直到满月还不会啼哭,就起名叫默娘。默娘十三岁时,经一道人指点,从古井中得天书一本,便刻苦研习,从中学会了秘法,能预知吉凶祸福,会治病救人。特别是常在大海狂澜中抑风阻浪,让船和人获得平安,人称神女。多年之后,她在山头坐化,乡人感激她,为她建庙供奉,凡驾船航海之人都祈求她保佑。元世祖至元十五年封林默娘为护国明著天妃,明成祖封她为弘仁普济天后,清康熙加封她为天上圣母。天妃之名广为传用,天妃庙(东南沿海一带多称妈祖庙)也从闽浙沿海向北方沿海及内河地区延伸发展。元代建都于北京,京城衣食住用所需,多靠江南供应,漕运兴起。至元二十二年(1285),漕运万户侯张瑄首次指挥海船,装载数十万石粮米,自松江府(今上海)出发,历经艰险,沿海边驶进天津口岸,转而入白河(今潞河、北运河),逆水行舟,顺利

里二泗佑民观牌楼

到达张家湾,然后改为陆路将粮米运达大都(北京)。此后每次海运都较为顺利,漕运官兵都以为是天妃女神在保佑一路平安。为感其灵验,一些人就选址在里二泗村白河边建天妃庙一座,每过此处都要停船进香。过往商旅以及附近村民百姓也到此庙拜神祈福,天妃庙的名声越来越大了。

随着漕运事业的日益发展,天妃庙的香火更加旺盛,原有的殿宇已不能满足香客的需求,于是在明朝嘉靖十四年(1535),由道长周从善主持扩建后竣工。为扩大影响,酷好道教、疏忽朝政的世宗皇帝朱厚熜也被请到庙中,恳请赐庙名,明世宗便赐名"佑民观"。自此,佑民观代替了天妃庙之名,成为中国道教中"正一道"的重要传承地点之一。此后,佑民观历经明万历十年、崇祯八年两次重修,殿宇更加巍峨端重。清朝顺治八年(1651),入关第一代皇帝爱新觉罗·福临慕名前来庙中上香求子,并资助香火钱白银五百两。这以后,乾隆五十一年、光绪八年以至民国期间又进行过多次重修。

佑民观坐南朝北,面向漕河,面积约五千平方米,其主要殿宇有:临河矗立四柱三楼式木制牌楼一座,上顶是悬山筒瓦调大脊,五昂斗拱,丁头雀替,集木刻、砖塑、石雕于一体,十分典雅精美。下面是四根戗柱,夹杆石座,给人以坚实之感。牌楼上方,北面悬一匾为楷书"古迹里二泗",上边题"敕赐佑民观";南面悬一额,刻有"保障漕河"四个大字,并写有"康熙二十八年修建"字一行。牌匾两面交相辉映,古朴壮丽。

玉皇阁

从牌楼往南共有四进院落。依次是硬山筒瓦调大脊的山门三间;硬山筒瓦箍头脊的关帝(汉关羽)殿三间;钟楼、鼓楼分列东西两侧,与山门瓦作相同的罗汉殿五间;勾连搭二券,前券箍头脊,后券调大脊的金花圣母(娘娘)殿五间;硬山筒瓦调大脊高二层的玉皇阁五间。每层正殿之间,又有东西配殿各三间,所供神像有药王(唐代孙思邈)、达摩(佛教禅宗创始人)以及子孙娘娘、眼光娘娘等。各殿之内五彩缤纷的和玺彩画、苏式彩画,与工艺精美的窗棂、阁扇相互辉映。院子里苍松占槐枝叶繁茂,绿荫遮地。道士宽袍长髯,香客络绎不绝。六尺高的龙纽铜钟,铸有嘉靖年号的铁香炉,十余通螭首龟趺石碑共同记录着古庙几百年的文化风貌。

　　佑民观还有两件事颇引人注意:一是供奉金花圣母的娘娘殿。金花圣母是金花夫人与水神天上圣母的共称,是全国唯一的合二为一的神。金花夫人是何许人?据传说,早年广东有位巡抚按察使的夫人,怀胎十月,分娩时婴儿数日不下,生命垂危。忽梦见一神仙告诉她请金花女到来就可顺产。于是即刻派家人四处打听,还真的找到了金花女,就请她来助产。金花女来到衙署,夫人果然生下一个胖小子。一个未婚的处女能够助产,不免令人生奇,没有人敢同她结婚,她也因害羞投湖自尽。为求神人助产,广东人到处为她塑像,顶礼膜拜,称她为金花小娘,后又改称金花夫人。金花夫人能助产送子,天上圣母能救人危难,代表了旧时人们的愿望。佑民观将二神合在一起供奉,信仰者众多,香火自是旺盛。殿内悬挂着各代名人、善男信女献挂的数十面匾额,就是很好的见证。

　　其二,佑民观东侧有一道院,是道士们日常起居、诵经演乐之所,有房二十多间。每到年节及庙会日,道院大门口便挂出一只灯笼,灯笼上写有"天师府"三个字,据说道教中正一道的首领张天师进京时常住在这里。正一道创始人是东汉时期的张陵,后人称他为天师张道陵,天师职位从此世袭相传,清光绪九年六十一代天师还曾到四川青城山祭祖。张天师住过佑民观似乎可信,然而究竟哪一

娘娘殿

代天师在此住过,已无据可考。延绵几百年闻名遐迩的古庙,在 20 世纪 50 年代末为建学校办教育而拆毁。2003 年,遗址之上,佑民观重建,香火鼎盛,复现昔日光景。

里二泗的庙会由来已久。据《帝京岁时纪胜·里二泗》记载:"里二泗近张家湾,有佑民观……前临运河,五月朔至端阳日,于河内斗龙舟、夺锦标。香会纷纭,游人络绎。"又据《北京市志稿·庙集》:"里二泗河神祠四月四日有庙会,祠在张家湾运河之滨。昔年江浙两省漕运皆由内河,粮船至此停泊者数十艘,凑费演戏酬神。远近游人……年必万人攒动,红男绿女,少长咸集。庙外有百货摊。"这大约是几百年以前的盛景了。

现在我们知道的是,在 20 世纪早期,里二泗每年有两次庙会,一次是农历正月十四、十五两天,一次是农历五月初一。庙会日,庙内庙外古刹钟声阵阵,香烟缭绕,商贾云集,人头攒动。善男信女摩肩接踵,八方香客敬意虔诚。一字排开的摊位上,从日用百货、儿童玩具、农耕用具到应时小吃,一应俱全。院内空隙处,设有拉洋片、套圈、曲艺、杂技等娱乐项目。到处是一片欢乐与喧嚣。

在两次庙会中,以正月十五日最为红火繁盛。这一天的上午,里二泗南边和北边各村组成的香会(当地人称南八会、北八会),分别来佑民观举行朝顶进香仪式,他们所带来的各档花会也要在这里表演技艺。此时,拜神和娱乐活动融为一体,将庙会推上高潮。南八会是指里二泗村以南的潮县、靛庄、草场、东西鲁村、黄垡、丁庄、南仪阁等十多个村联合组成的香会,正名叫万善老会。香会有统一的组织、会规和标志。每年的正月十五日,为了和其他香会比试高低,争取到佑民观烧第一炷香,各村花会从天亮前三四点钟就开始到靛庄村南口集合。与此同时,许各庄的"接茶小会"已准备下茶水,并给每个香会成员分发一个用黄色纸剪成桃形或石榴形,上面印有"万善老会"或"朝顶进香"四个黑字的纸片,要求粘在帽子或衣襟上,作为统一的标志,名叫"顶码"。六点钟左右,各村花会到齐,按规定的次序向里二泗进发。花会行进的次序大致是旗、锣、伞、扇率先,紧接其后的是狮子会、童子会、吵子(音乐)会,然后是开路(飞叉)、少林、高跷、小车、龙灯、中幡、挎鼓等。走在最后的是每村一面黑色或白色三角形特大号旗,旗上印着或绣着北斗七星图形。行进中各种乐器及爆竹、火铳等都响起来。首尾几百米长的队伍走出靛庄村北口后,乐声停止。队伍经过吴营凉水河桥,按规定的路(称香道)前行。约在七点钟左右到达里二泗村西南口。经过一番准备之后,乐器响起,整队进村。绕过一条街,自东向西来到佑民观牌楼前面的空地上。此时空地的东西两侧早已用杉篙搭好两个三角架子,架子上各悬着一挂大鞭炮。整好队伍，一切就绪后，一位手举黄色旗的会首高喊一声"进香!"场上众人除高跷弓身合十外，都一一下跪。高悬的鞭炮与锣鼓唢呐先后响起来。一队队年龄不过十一二岁、穿长衫戴礼帽、斜挎黄色香袋、手举杏黄色三角旗的童子会，在大人们的带领下走进山门，直去娘娘殿。轮流进入大殿后的孩子们面对金花圣母像横排下跪。年长的本村会首手举一股香，用响亮声音向神佛禀报本会到此奉神进香祈福求祥的虔诚愿望，陈述完毕，用右手擎香上下摆动三次后插入香炉。道士敲磬三响，唢呐奏一支短曲，童子们唱佛曲之后，横放旗杆叩拜。到此，进香仪式完成，人们退出殿外。

当庙内进香时，庙外牌楼前后，各档花会正大显身手，尽情表演各自的技艺，观众围得里外三层，热闹非凡。表演结束，观众散去进庙，或拜佛烧香，或参观购物，直到傍晚，庙会活动才渐渐停止。

各村花会在劳累半天之后，从原路返回靛庄，天近中午，各村已把午饭备好。人们吃饱喝足稍加休息之后，又重新装扮起来，再到靛庄娘娘庙前表演一番，称作"回香"。表演再次引来附近村的观众，众多没去里二泗的男女老少就在这里一饱眼福。观众鼓掌叫好，表演者更加卖力。

（作者:张雪光,原通州区成人教育局干部）

广福寺与广福寺香火庙会

唐代以前张家湾因地势凹凸不平,森林茂密,又河湖港汊遍布,芦苇丛生,只是作为一个军事关隘而派兵把守。唐时附近除高丽庄外,尚无村郭。所谓"天下名山僧占尽",正是因为这里地势险峻,风貌原始,才成了僧道选择建设禅林的理想之所。还有另一个原因:那时张家湾一带白河还没有被用以运粮,河畔未有可以称村的聚落,所以《元史·河渠志》所载的通惠河"东至通州高丽庄入白河"及所谓的"高丽寺",就"张冠'高'戴"了。

张家湾确实是一个平原上的另类。它不是江南水乡,却河网交织,蒲苇茂盛;不是山区,却分布着小山似的多处陡坡高地,大树成荫,原始状貌。外来人进入这所谓的"城里"不免心生疑云,就连现在住在这里的本地人也大多不知根底。

张家湾城里的地形大,凡是有大道的地方都在低洼处,如南北中间最长的官沟、横贯两侧的几条东西向道路——东便门至西门、东门至西北城根大老衙门,另有众多的半截分叉胡同小巷,其脉络就像一个巨大的"丰"字。

张家湾城里的坑洼也确实太多:从南至北说起,"王八盖儿"下大坑、大坑沿、银子坑、莲花池、大老衙门前大坑……

元时所建的高丽寺具体规制未见史载,史书上说的是明洪武元年(1368)大将军徐达、副将常遇春率大军北伐讨元,因当时南方汉人被元朝定为第四等人,歧视有加,民族积怨过深,故所过之处,凡蒙古人坟墓及蒙古人所建寺庙全被明军捣毁。广福寺因元时香火旺盛,亦受牵连遭损毁,数尊铁佛在劫难逃,被拉倒弃置于寺前的"大坑沿"水塘中。直到明正统四年(1439),英宗敕命重修高丽寺,并寓"广布福祉"意,赐名"广福寺",原高丽寺香火才重新兴盛起来。至此,高丽寺变成广福寺了。

清顺治年间(1645—1661),州人张云祥再修广福寺。寺坐北朝南,背倚高坡,前滨水塘,东南皆临大道;三进院落,方砖墁地,古槐参天;正殿大雄宝殿五间流光溢彩,两金柱之间,供奉大型铁铸释迦牟尼像近丈高。西山站十八罗汉像,俱为铁铸。铁佛如此之多,实属罕见,足显当时家国财力之雄厚。因广福寺建于临河古城内,靠近码头而声名远播,每年佛祖生日四月初一至十五,四乡八镇善男信女会聚寺内虔诚祭拜,人流涌动,香火缭绕,弥漫晴空;同时这里也成了盛大的商品交易会和热闹的民间艺术展示会。

广福寺大门有九级台阶,进院后中间是条石铺的三米宽甬路。两旁是龙爪槐,北边是一排齐脊大瓦房,作为库房厨房、宿舍讲经堂用。南边是菜地种些蔬菜。再上几级台阶就到正殿,正殿前是一片平台,有一口四方形铁香炉,香客点着香,一进庙门就一边走一边举着香,双手拱手鞠躬膜拜菩萨,到正殿前把香插在香炉内,袅袅细长柔软的白烟随风摆动,旁边有木箱装施舍钱的。

三进院落。正殿是大雄宝殿五间,明间后两金柱当中供祭着大型的铸铁的释迦牟尼像。两山站立的十八罗汉像,千姿百态,也是铸铁的。这在京城内外是稀罕的,而且张家湾处于运河北端码头边,故而闻名遐迩,香火极盛。每年农历四月初八是释迦牟尼的诞生日,这里要搞香火庙会,进行物资交流。方圆几十里的群众都聚集在这里,道路上熙来攘往,寺内外人山人海,车水马龙,热闹非凡。

庙会一般进行三天,主要是物资交流,以小农具为主,因为麦秋就要到了,卖镰刀的,卖杈子、扫帚、簸箕笸箩、牲口用的笼头、套包子、小鞍的等等。各种各样的小吃,凉的热的都有。还有耍猴儿的、吹糖人儿的、抽签算卦的、吹笛子算命的、相面看风水的、变魔术的、套圈的……尤其是拉洋片很吸引人。顾客坐在小凳子上,眼睛从小镜子往里看,一个人在唱,里面皮影在动。

搭台唱大戏是地方京剧爱好者组织的,张湾村唱《打渔杀家》,尹恩福演肖恩,刘明演桂英,朱文瑞演教师爷,这出戏在农村很吃香,也好演。一来布景简单,二来人物不多,三来台词不复杂。

(作者:康德廉)

329

陆辛庄的武林传奇

　　陆辛庄村位于张家湾镇中南部,原属通州区牛堡屯镇,合乡并镇后属于张家湾镇管辖,20世纪五六十年代曾为陆辛庄小乡驻地,现为行政村。陆辛庄现有户籍人口一千七百零四人,村民有季、禹、高、葛、张、王、刘、袁、李、祁、任、杜、赵、陈等姓氏,以季、禹二姓人口最多。此地古属延芳淀周边,土地多盐碱,人口多是明代以后的移民,其中以清代迁居此村者居多。居民世代务农为业,兼有从事小商小贩等职业者,自古民风淳朴。自清中叶以后,村中季姓人家开始习枪练武,村风渐趋剽悍。

　　陆辛庄村最为清晰,既有口头传说,又有文字可查,也有最辉煌的历史,应从清代中叶开始,也即乾隆后期到清末民国这一段,而这一段历史应当从陆辛庄人的习武练拳开始。据村中练过武的许多人讲,陆辛庄武术来源于山东历城县季家寨一个叫季潮的人,由此人的徒弟李三胜在此传授少林拳法、刀法、枪法。起初只传授季氏一家,即今天村中所谓"大门儿里的"先祖,这户人家儿管吃管住,共教习了十八年。此家世代以行医为业。经过若干年的发展,逐渐地,所有姓季的人都可以学练,约在清朝道光末年季遥为少林会首时才有外姓人习武。正是以上原因,陆辛庄武术和少林会的会首始终由季氏家族父子相传而没有外姓。他们也有奉祀的宗主,据说是孙膑。

　　陆辛庄武术主要练习的名目有"起式拳六十四式""十八套罗汉拳""十二趟潭拳""小拳十六趟""青龙偃月刀八趟""擒拿散手七十二把""六合枪八趟""对棍""对拳""对刀"等,在北京市第一届农民运动会上被授予印有"农运盛会花似锦,精神文明谱新篇"的奖旗,同时被北京市体委命名为"武术之乡"。在此次运动会上,村民高永堂、高士杰获得两块银牌、两块铜牌。高永堂的青龙偃月刀术曾被中央新闻纪录电影制片厂拍成新闻片。

　　陆辛庄武术经历过几次足令后人称道的大事:

　　清末的庚子年,眼看着"八国联军"要进北京,北方的义和团掀起了轰轰烈烈的抗击"八国联军"运动,用血肉之躯与洋枪洋炮做了殊死的抗争。当时,陆辛庄村的三士庙前即是坛场,远近四乡团民在此聚齐,开赴张家湾、八里桥等地与洋人作战,与他们接战的正是日本军队。由于当时的团民迷信,认为神仙附体便可刀枪不入,身上有件灵符也可以避开子弹,所以,初上阵时死了不少人,只有受轻伤的人回到了陆辛庄。村民高海(高永堂伯父)被日本人用长枪打穿了右臂,落下终生残疾。据说,带领拳民与"八国联军"作战的人村里叫他为"大个儿老先生",意为按排行在平辈中最小。

另一件发生在抗日战争时期,当时,日本军队和日本浪人等已经进入通州城乡。民国十九年(1930),通县商会会长刘瑞堂在牛堡屯镇为日本人请会,其中特别邀请了陆辛庄少林会,请他们表演武术、耍狮子。基于国恨家仇,行前,陆辛庄小学教师、台湖镇蒋辛庄人孙涤川写了一首抗日歌词,并谱了曲教给少林会、狮子会的人学唱,这些人都是血气方刚的年轻人,天不怕地不怕,说起来胆子也真够大,走会那天,大家集体在牛堡屯大街上当着日本人的面唱出了这首歌曲,真是不能不说"悲壮"二字,歌词如下:

> 中华民国,重温民尚武,学校机关人人练武术,徒手兵式,要纯要正数。站立场中,讲今或比古。武术根源,达摩老祖传,稽查史册,洞中万古千。相演已久架势随人变,精心模仿,还可胜于前。武术功夫柔软最为先,腰顺膀搬蹬摔□间,身体活动手足真灵变,虚点是计,方算是神拳。
>
> 日本侵略进了我中原,民国二十年九一八事变,占据三省,把守山海关,内外蒙古,他也要暗算,这种仇敌不宜共戴天,剪草除根,才能靖国难。
>
> 断绝交通,文见主义先,武力对待,莫在耻国□。义勇军长首推马占山,收复失地,身在士卒先。忠臣良将国民当教员,义勇兵驹全要去助拳。

这首歌唱过之后,不说听唱的其他人,连组织者刘瑞堂也不得不说出这样的话:"中国人要是都跟陆辛庄少林会的人一样,也没人敢进来,一京二卫三通州改成一京二卫三陆辛庄也行。"

最先开始长城抗战的第二十九军,多北方子弟,以河北、山东人最多,如住在通州的张克侠等人。北方人身躯高大,适合练武耍刀,加上当时的二十九军

走访高永堂老人

枪炮不足,弹药更少,便组织大刀队,与敌肉搏,近战夜战,这种战术战法在敌强我弱的形势下,起了很大的作用,使二十九军在长城内外一战成名。民国三十年(1941)后,在二十九军赵登禹师,有三十六名陆辛庄村的少林武术子弟做武术教官,教练战士们刀法和武术,为抗日战争做出了贡献。这些人今天还可依稀记起:季增太、季增年、季守珍、季增俭、季增禄、季增申、季荣山、杨桂芳、任友善等。

改革开放后,陆辛庄少林会改为武术队,现任队长高士忠,武术队受到市、区、镇各级政府的重视,多次组织武术队参加比赛和运动会,队员也多次获奖。高永堂一家三代,直至今天仍是几代人习武练枪,四个儿子,两个女儿,如今再加上孙辈,个个都出手不凡。1983年被授予"北京市模范体育家庭"称号,1984年荣获"全国模范体育家庭"称号。经过多年努力选拔,陆辛庄武术队现有正式队员三十多人,非正式人员则更多。陆辛庄少林会被评为通州区非物质文化遗产项目。

学的是少林武功,自然就要有少林会,这是个较松散的民间会团组织,平时务农,闲时练武,既参加比武也参加民间年节的群众性花会娱乐。陆辛庄不但有少林会,在民间花会兴盛时期,还另有几档花会,即狮子会、中幡会、大鼓会、四支会、清音会,加上少林会共有五六会之多。民国时期,各会承头人为:狮子会高永奇,中幡王岳,四支会袁海祥,大鼓高玉,这些人一般都是各会的主角,狮子会的狮子头至今仍在村中祁姓家中。

各会每年去里二泗佑民观朝顶进香,狮子开路,少林打场子,中幡居中,一米五高的大鼓助威,四支会的人维持秩序,出现情况先讲理后打架。八十七岁高龄的高永堂老人曾经打过大鼓,至今还记得些鼓词:

> 正月里来过新年花红一片,陆辛庄里安会去朝东鼎喽,在前边摆列着五色花幡,有一对护法狮头前带路喽,四支会清音会少林老会哟,八面鼓在后边响动连天。五色幡要的是保月背箭喽,有一堆护法狮常把门来看,四支会讲会理清音老会,少林会抖威风刀枪剑戟喽,八面鼓打的是国泰民安。

> 正月里来正月正,斩将封神姜太公,能掐会算诸葛亮,未卜先知徐茂公。赵子龙长坂坡曹兵大败喽,老黄忠一口刀打到长沙,穆桂英大破天门阵,打板算卦苗光义。二月里来哟桃杏花儿开,艳阳天春光好百鸟声喧,三月里来三月三喽,里二泗斜对着张家湾。有一个小昆虫下了一个大牛喽,我要是一说你们都不信喽,杨村菜村尽相逢,码头安平河西务喽。

全国解放后,陆辛庄村于1953年率先成立了群众性剧团,演京剧、评剧,也演落子剧,人员多素质好,唱遍四乡八村,他们所用道具和服装很简陋,大多是演员自己负责行头。排演的剧目有《梁山遗恨》《三打祝家庄》《全部武松》《小女婿》等。剧团主要演员均来自少林会中的武术子弟,高永堂老人就曾在《小女婿》这部剧中饰演过杨香草这个角色。该剧团当时受到广大群众的欢迎与好评。后因种种原因于1956年停演至今。

随着时间的推移,老一代人逐渐老去,青年人不愿吃这份练武的苦,这份民间武术瑰宝有失传的危险,需要有识之士加以关注。

(作者:张建)

333

古铜张派青铜器复制工艺

  李万祥,北京市通州区张家湾镇北仪阁村人,自幼喜欢精美的青铜艺术,师承于北京"古铜张派"。1987 年在北仪阁村创办华兴青铜器复制加工厂(后更名北京华兴达青铜雕塑艺术有限公司),厂区坐落在北仪阁村西口。曾为中国社会科学院考古研究所、北京文物研究所、北京孔庙、山东省博物馆、北京工艺美术品公司、北京首饰厂、北京天文馆、颐和园等数十家文博部门及相关单位复制过秦代铜车马、文庙编钟、司母戊鼎、颐和园铜狮子、长信宫灯、四羊方尊等大小青铜器物一万余件,尽管原器物造型复杂,纹饰繁缛,器壁轻薄,但用传统工艺方法复制出来,与原物毫无二致。前国家文物局局长孙轶青先生 1991 年 5

月来公司详细参观各车间复制工序和复制品展示后,十分高兴,挥笔写下"依真作假假似真,以假乱真真更真"的条幅。

  华兴青铜器复制加工厂完整、优良地继承和发扬了中国悠久的青铜器复制工艺,出色地完成了文物部门交给的各项复制任务,因此成为中国文物学会的团体会员单位和北京市文物研究所的文物复制教学基地,得到许多单位的好评。现展于新西兰首都惠灵顿博物馆的中国汉代候风地动仪出于华兴青铜器复制加工厂,惠灵顿市长看到在此大型地动仪旁一踩脚

青铜器复制品

便有铜珠从跺脚方龙嘴落入相应的青蛙口中时,不禁竖起大拇指。

一、历史与传承

铸造金属器物(包括青铜器)是修复旧有破损器物的重要一步,没有这一工序,要想修复破损器物是根本办不到的,根据原破损器物残存部分的器形、纹饰、锈色,或参考其他相同以至类似器物的同一部位情况,补铸同样质地、形状的残缺部分,再补配到原残失部位,就能使一件千疮百孔的残损器物变成一件完美的器物,浑然一体,真假难辨。

青铜器皿

20 世纪 80 年代初,李万祥怀着对中国精美青铜器的无限热爱,到北京"贾氏文物修复之家"诚恳拜贾玉波为师,认真刻苦学习实践,得到真传,边参加修复工作边学习,将贾玉波先生的青铜器复制制作工艺学到手,之后又得到中国社科院考古所修复大家王振江的指教。于 1987 年在家乡创建了华兴青铜器复制加工厂,按照贾玉波的复制工艺为中国社科院考古所、北京市文物研究所等复制新出土的青铜器,完全符合考古所复制制作要求。

青铜面具

贾玉波的青铜器修复工艺来源于宫廷造办处。明朝时期朝廷就设有军器局、兵仗局、银作局、盔甲局、内承运库等机构,其中许多器具需要铸造,比如马镫、马衔、刀、矛以及宫中使用的各种青铜器物,全国各地的匠师在北京完成各种铸造任务。到了清朝,宫中内务府专门设了造办处这个机构,有郎中三人、员外郎两人、主事和委属主事各一人、六品库掌六人、八品司匠十三人、笔帖士(满语文书官,专用旗人,掌低级事务)等各级官吏,负责宫中所用器具制造任务。

清末,内务府造办处有一位青铜器修复工艺精湛的人,传说是在"八大怪"中外号称作"歪嘴于"的太监,姓于,未知其名。此人光绪年间出宫后在前门前府胡同庙内开办一座修复古铜器的作坊,叫"万龙合",专门修理古旧铜器,他先后收徒七人,其中最小一个徒弟叫张泰恩。

张泰恩是直隶省(今河北省中部)冀县梁辛庄村人,生于光绪六年(1880),十三岁那年,张泰恩来到北京,在前府胡同庙内的"万龙合"作坊拜"歪嘴于"为师,是于太监收下的第七个徒弟,称他张七。宣统三年(1911),"歪嘴于"因病医治无效去世。张泰恩为他办理丧事后,继承"万龙合"产业,改称为"万隆和古铜局",原址未变,主要业务是为琉璃厂古玩商修复青铜器。生意随着古玩局倒售青铜器给外国人的洋庄而发展起来。1919年五四运动前后,张泰恩将作坊迁到崇文门外东小市大街路北第四家店铺,继续操持旧业,生意益加兴旺,大批古玩商以其工艺绝佳频频屡至。因生意紧张繁忙,青铜器供不应求,张泰恩便开始收徒助业。三十年间,共收了徒弟十一名,因而开创了老北京"古铜张派"的青铜修复工艺。

"古铜张派"的青铜器修复工艺传人有两位名师,一位叫张文普,号济卿,是张泰恩的亲侄子。张文普十四岁学徒,心灵手巧,技艺超群,号称"小古铜张",手下有七名高徒,即李会生、赵振茂、高英、张兰会、侯振刚、贡聚会、冀勇奎。另一名高徒叫王德山。王德山,河北省衡水县巨鹿人,出师后在崇文门外草厂胡

青铜车马

同居住,并在东小市大街开办恒兴德铜作坊。王德山也带七名徒弟,即刘增、杨政填、王喜瑞、贾玉波、王荣达、毛冠臣、杨德清。

"古铜张派"第三代传人在解放后大部分进入文博单位,是新中国青铜器修复行业的开创者,他们将传统

的青铜器修复工艺传遍了全中国,为中国文物事业发展发挥了重要作用。其中一位著名的传人叫贾玉波。贾玉波是河北省束鹿县人,十三岁时来北京恒兴德铜作坊拜王德山为师。20世纪40年代出师后,一直为琉璃厂的古玩铺修复青铜器。1947年贾玉波参加革命,以此行业为掩护,做地下党情报工作。

解放后,贾玉波脱离本行业进入北京市军管所,再派到市粮食局任干事,直至1959年重操旧业,在老师王德山和几位师兄创建的北京市美术公司(北京特艺公司文物加工部)参加了中国历史博物馆通史陈列的青铜器的文物修复工作。此后,贾玉波为外省市送京委托修复了大批青铜器,同时还为北京、山西、陕西、湖北、江苏、安徽、山东等省市培训了二十多名青铜器修复专业人员。贾玉波加入中国社科院考古研究所后,修复了长信宫灯、错金博山炉、错金银鸟篆纹壶、鎏金银蟠龙纹壶和鎏金银镶嵌乳丁纹壶等大批精美青铜器。1982年贾玉波退休后,仍为中国人民革命军事博物馆、中国农业博物馆等多家文博单位修复和复制青铜器倾注了大量心血。

李万祥从1987年扔掉"铁饭碗"与一位张姓干部开办了一家精密铸造厂,由李万祥负责青铜器复制与现代铜制器物铸造事宜。后来他自己回家在一座废旧破厂的地方创建了北京华兴青铜器复制加工厂,指导工人效法贾玉波传授的工艺,在塑型、翻模、蜡型、修型、挂砂、硬壳、脱蜡、烧壳、化铜、浇铸、清砂、焊接、抛光、作旧等各个复制制作程序,一丝不苟地遵循失蜡法传统工艺与新材料使用相结合,为中国社科院考古研究所、北京市文物研究所等许多家单位复制了马踏飞燕、双羊尊、四羊方尊、五耳鼎、长信宫灯、人面鼎、三星堆立人像和人面、司母戊鼎、坐龙、镇水铜牛、颐和园铜狮子、北京观象台各种仪器、宝光寺铜钟、文庙编钟(音阶准确)等大小青铜器物千种万件,均博得好评。

利用传统失蜡法为黑龙江省阿城市政府、中国印刷博物馆乃至西欧,铸造了十米高的铜坐龙、六米高刘福通骑马持枪像、河南黄帝陵天地人大鼎、北京国际饭店前铜"爵王"、毕璋像、铜人头像、马三立头像、秦代铜车马、汉代候风地动仪、金太祖骑马举斧像等古青铜器仿制品与大型城市雕塑铜像。曾获得前国家文物局局长孙轶青,现国家文物局局长单霁翔,老一辈青铜器修复专家赵振茂、王振

向外宾交付青铜地动仪

江、周宝中等的高度评价。李万祥是北京青铜器复制制作工艺"古铜张派"的传人,此派历经几代,传承次序是:清末宫廷造办处"歪嘴于"—"古铜张派"创始人张泰恩—高徒王德山—高手贾玉波—李万祥。和李万祥一起学习的师兄弟共计十多个人,现在仍从事这份复制工作的则只有他一个。

二、青铜器复制制作工艺和基本程序

(一)原作品的复制保护工艺

首先要在原作品年代、器形和时间及用途方面进行认真仔细的确认,并要有相关的标本记录。分析和验定古代时期的制作方法,包括原作器物的材质认定数据。认定其原作外表及内部的矿质腐蚀程度和自然损坏程度。确认原作品外观和内部纹饰装饰内容意义及各部位的具体分析情况,逐一造册。

(二)对于原作品的化学保护和矿物质保护处理工艺

首先对原作品的化学清理,使其对原作品及其他器物形成安全不易损坏的保护膜;根据具体情况对所复制的原作品按器物的实际需要低温或高温处理。

(三)模具翻制工艺

在原作进行化学处理和矿物质处理之后进行硅橡胶模具表面翻制,即内模翻制法:HX001液体分型保护剂涂层,GBHX002Pr原胶填充剂合成法翻制,其中GBHX002Pr网状加固金属带为辅助材料,石膏高强粉及矿物质粉外模套模翻制,即古代的传统翻制模式。

(四)蜡型制作工艺

涮型工艺,将白石蜡、硬脂酸进行低温液化注入所需翻制蜡型模具之中,经冷却固化后形成所需要的原作蜡型;压型工艺,在固定的石膏模具或硅橡胶模具内浇注合成蜡,经容器增压或手工操作增加压力,使其在模具当中迅速成型,即是原作品的蜡型(所需要的原作蜡型)。其主要传统的方法为手工操作法而后进行精雕细刻。

(五)型壳制作工艺

陶壳制作,既是手工陶模制作,也叫陶土模制作;砖粉模制作,既是蓝砖和红砖的粉末合成制作,也是中国古代最传统的制作方法;

青铜器制作现场

338

石英粉石英砂作为型壳材料进行制作，玻璃水和高铝矾土作为辅助材料；石膏型制作，其主要材料为高强度石膏料、硼砂、工业氯化铵、工业氯化镁作为辅助材料。

（六）型壳硬化与风干工艺

型壳的硬化与风干是铸造当中非常关键的环节，液体硬化和自然风干时间差异很重要，主要涉及自然风干和人工强化风干，其主要原因和条件取决于各地方空气干湿的高与低而定。

（七）高温熔炼浇铸工艺

电炉熔化金属液体，保持型壳自身恒温；地炉熔化金属液体，提高型壳自身高温，可进行高温浇铸至1350℃，根据不同的作品形状、尺寸、规格、不同的气候条件分别采取不同的熔炼和浇铸方法。

（八）清理清砂打磨加工制作工艺

原作品铸造加工完成后，将分别去掉型砂和氧化物质及浇口，进行打磨雕刻及精加工。

（九）表面效果处理（做旧）工艺

化学药品做旧处理；矿物质做旧处理。

（十）青铜器复制制作工艺流程

原作品防护和保护处理—硅橡胶模具翻制—石膏模具翻制—蜡型制作—型壳制作—脱蜡风干—高温型壳焙烧—金属高温熔炼浇铸—清理清砂打磨精加工—表面效果处理（做旧）保护处理。

三、青铜器复制制作工艺的价值与保护

1985年9月至1987年11月，北京市文物局和通县（州）人民政府筹资，对位于西海子边上的燃灯佛舍利塔进行抢救性修缮，李万祥团队的工作是修复塔刹，补铸铜铃。

当时，塔刹空心纹带宝珠的情况是破损严重，残破不全，遗失断裂部位太多，已经无法连接，氧化腐蚀面积大，多处面目全非，刹表面纹饰难以辨认，而且此刹独具特色，与其他塔刹完全不同，没有可供参考的资料，想要修旧如旧实在不是件容易的事，想要完成这个任务需要仔细研究和反复实验。

李万祥组成六人专业修复小组，由设计、焊接、模具加工、蜡型制作、型壳制作、铸造施工各自把关，开始精心、大胆细致的修复工作，一次、两次、三次、一

区级非物质文化遗产证书

周、两周、三周,结果却都不理想,查阅了大量资料,走访了多位专家,一直没有更好的办法。最后决定土法上马,也就是传统的水冷却法:砌水泥池子,将器物吊装入水池中,用水做保护,水面上露出多少就焊接多少,焊上多少就补铸多少,补铸多少就加工打磨多少,一点、一块、一段、一面,经过十多天的努力,按时保质地完成了宝珠修复任务。

燃灯塔共悬挂铜铃两千二百四十八枚,其中需要修复补铸的有一千二百枚,每枚铜铃上都有不同的铭纹即阴线纹,可以发出不同的声音,补铸和修复铜铃工艺复杂,难度很大。尺寸大小要与原件相同,不能有丝毫差异,声音也同样要分别不同,铭文要和原件吻合,而且铜铃悬坠有逆风摆向的要求,修复补铸的风铃表面效果要与原件一致。李万祥采取古代失蜡法工艺,一次又一次地摸索,一个又一个地分析,经过实验,经过失败,终于将大小一千二百个发声不同的铜铃补铸修复完成,悬挂后,与原件无一丝一毫差别。

利用传统的铸造复制制作工艺,北京华兴达青铜雕塑艺术有限公司(原通州华兴青铜器厂)为全国各地复制和仿制了大量文物和雕塑工艺品,如:黑龙江省政府的标志——十米多高的青铜坐龙、秦兵马俑青铜战车、记里鼓车、指南车、四川出土的青铜立人像、大型的青铜面具,和世界仅有的中国古代十大天文仪器等诸多作品,已走出京城跨越国门。青铜器复制制作工艺已被评为区级非物质文化保护项目。

(作者:李万祥,通州区非物质文化遗产传承人,北京华兴达青铜雕塑艺术有限公司总经理)

西永和屯的朱氏家族

一

《北京市通县地名志》(1990年版,以下简称《地名志》)中的"西永和屯"词条下,有"朱姓大户居此……村民多习书法、绘画,历来就对子女就学……读书非常重视"。这个说明在全书中体例特殊,其他村落词条下都没有此项。西永和屯村隶属于张家湾镇,是张家湾镇下辖的一个普通村落。对西永和屯何以特别强调?因为这个村绝大部分村民都姓朱,这里的朱氏家族有非常深厚的文化教育传统。

据西永和屯仅存的《朱氏族谱》(以下简称《族谱》)记载,其一世祖朱文亮元末为避战乱由江南迁徙至潞邑永和里,朱氏后人相传其祖上全部家当是一担子挑来的。按《族谱》记载,其一世祖专以务农为业,但经三世屯垦,传至四世祖朱礼时"始教子读书"。可以教子读书,说明家境已然不差。几十年时间,朱家仅靠务农就积累了相当的财富,且其五世四人即有监生、贡元、耆老三个,其中朱骥为太学生,曾任米脂县县丞;朱驯为贡元,曾任五河县教谕。六世朱瓒为贡元,任赵府教授,更有名朱环者中二十名举人。

一个从外地新迁

朱起东所画的扇面

来的屯田户，前三世还都是单传，人丁不旺，且仅"以务农为业"，一百年左右时间便能如此富裕发达？由此推想，其先祖始迁今址之时，可能带来一定财富，而且这个家族还可能具有一定的社会背景渊源。朱氏后人先祖传说除"一担挑来"外，还有一说法更为传奇，据现居京城的其二十世后人朱起东多方考证后，认为其一世祖朱文亮可能为建文帝幼子(朱文圭)，靖难之役后为避难逃亡，改名北上，明史所谓朱文圭被俘，实为假借替身。从年代上看朱文圭失踪与朱文亮出现时间吻合。有关建文帝及其子传说很多，这种传说过于复杂难以稽考，但朱氏先祖迁今址之初，有一定积蓄或社会背景却是可能的。另外还有一说是其先祖为朱熹后人，这个说法一样已无从考据。

《族谱》对一世祖朱文亮之前追溯甚简："谱朱氏之族也，朱字始祖起于两汉，继于晋唐宋。殆元至正末，天下大乱，吾远祖避兵北上，而止于漷(漷县域内)，迨我太祖定鼎金陵，安戢人民，而文亮祖遂编氓于斯焉。"按此在一世祖朱文亮前，朱氏已北迁漷邑，具体何处不详，但于明初才迁今址。如此《族谱》为何没有更前交代，只从朱文亮开始呢？或者真有什么难言之隐也未可知。

朱氏家族自四世祖开始耕读传家，后代很多族人都有功名，但因为宗派分流，很多人没有被记载在《族谱》上，另外还有一些人迁离本地，后来就失去了联系。据西永和屯现已八十多岁的老人朱永孝回忆，乡民有外出经商者回来说，在山东偶遇一支朱氏六世后人，人家也是当地大户，另有族谱。如是，按西永和屯现流传下来的《族谱》统计，累计到清末废除科举制度，朱氏家族仍计有生员、廪生、庠生、省际大吏等功名者不下数十人。其中科名显达者，多从事教育业；为官宦者，也多在教育部门。

朱氏《族谱》"务习生理"条陈："耕读之外，无他务也！"可见朱氏自四世始，数百年来一直保持着重视教育的家族传统。朱氏《族谱》初修于明崇祯四年(1631)，由朱氏七世一廪生字国柱者撰跋，其后九次增补修订，直到民国三十三年(1944)最后版本。《族谱》主要记载宗族流派，比较著名人物也主记功名，事迹则没有详细记载，如今尚可查证的一些人事，始于民国时期。

《通县志》(2003年版)第二十三编《文化》第二章第一节《文学创作》中列举通州历史文人及其著作，其中有："民国时期内忧外患，战乱不已。通县文人不乏针砭时弊、图谋振兴之作……朱永庆著《通县见闻录》。"其第三节《著述》说明："朱永庆，字云峰，通州人，民国间通县教育科主任。"《通州文化志》(2007年版)相关栏目，也有同样记述。这里的朱永庆就是西永和屯朱氏家族的第十九代人。

朱永庆是民国时期西永和屯朱氏家族比较著名的人物,其世系按《族谱》载即:"朱文亮—朱峻—朱辉—朱礼—朱骥—朱瓒—朱朝凤—朱化润—朱大缙—朱铭—朱之—朱三策—朱云泰—朱玉璠—朱桐—朱德信—朱景珂—朱天元—朱永庆……"据朱永庆孙朱希章回忆,祖父生于清末,读书时科举制度已废,但考入新学县立高小,并以第一名成绩毕业,后又到京城读过新式高等学校,具体不详,毕业后先是从事教育业,后来开始从政。

据朱永庆后人及其乡民回忆,朱永庆民国时期曾做过通县财政科、教育科主任,还短期代理过县长职务。在职期间造福乡里,官办东永和屯完全小学为其一力促成,学校办成后接纳周围十几里数十个乡村的孩子,促进了整个地区的教育业发展。此外他还资助宗族贫困人家孩子读书,比如宗侄朱起萃,因为得朱永庆帮助才得以就读通县师范,后成为教员,并以书法有相当名气。可以说,朱永庆为朱氏家族文化传承做出了贡献,也为朱氏家族文化后来的繁荣奠定了基础。

关于朱永庆之死说法不一,一说死于民国二十八年(1939),说是日本侵占通州后,其因拒受伪职服毒自尽;一说其殁于民国三十七年(1948)通县教育科主任任上。比较一致的是其死亡年龄(五十六或五十七岁),还有当时极其隆重的送葬场面,据其孙朱希章回忆:挽幛挂出数里,国民党这边送,共产党那边接,送葬队伍首尾不能相望。朱永庆长子朱起予为之作《哀启》称:"乡里同痛,亲友同悲。"

死亡时间两种说法难以考证,但据朱希章回忆,其家中曾有一匾题"诚正堪亲",乃时任县长苗瑞凤亲笔书赠,笔者查《通县志》苗瑞凤任职时间为民国三十七年(1948),此证后一种说法更为可信。又朱希章生于1937年,若按第一种说法只有两岁,如何记得当时葬礼场面和《哀启》内容?但众说不一,暂无确证。

朱永庆得此风光大葬,既因为仕途,也因为自身成就。朱希章回忆当时及后来他都曾见到过爷爷留下的一些作品,《通州志》所载朱永庆著作的《通县见闻录》,为石印版,书中多记载通州名人事迹,比如通州第一位大学教授付省三,小杜社人,北师大毕业等。除此还有当时发在一些报刊上的文章,印象比较深的有一篇《明代九边军饷》,笔者查证此文刊于《大公报》民国二十四年九月八日,此外还有《叶淇与明代的"开中纳粟"制度》等,载于《大公报》经济周刊。

朱希章回忆,爷爷死后他还见到过其一些手记,尤其对《格物学笔记》印象深刻,因为格物学就是后来的物理,由此可知其新学方面的造诣颇深。由这些遗作还可以了解,朱永庆所著文字多为文史资料、学术研究、时事记述之类,没有什么政治倾向性。可见其一直恪守族训,虽有仕途经历,也主要在教育研究领域,即使这样,其临终时还留下遗嘱:后代子孙只做学问不要做官。想是曾经身在官场,更忧惧官场的黑暗残酷,或者他对当时国民党的政治命运已有所预见。

民国时期政治动荡,朱氏家族在外为官者不多,但文化名人除朱永庆外还有很多,比如朱永庆还有三个兄弟也都从事教育业。朱氏家族民国时在西永和屯已分流几大宗派,朱永庆属于"北新房子"一脉,除此还有"南新房子""北场里""东场里"等,其中南新房子一脉民国时也有朱永怀、朱永恒两人读到大学,后从事教育业。朱氏各宗派都有人才出现,这个家族好像传承着某种文化基因,各宗派文化名人的出现此起彼伏,有如"接力",或者这正是一种环境比较效果。

据村里老人回忆,民国时期西永和屯在外教书者,不下数十人,附近乃至县城、京城很多学校都有来自西永和屯的教师,很多人还都担任一定教职,比如朱永慈,在潮县、永乐店和通县都当过校长;还有朱起齐、朱起钧等很多人都是这样。因此西永和屯朱氏家族文化世家名气很大,早已远近闻名。不说有没有名气,村里爱好书法、绘画和各种杂艺者甚多,尤其擅长书法者,据说当时只要是西永和屯人,没有学问也能写得一手好字,更有甚者就是不识字也能写书法。

西永和屯朱氏家族数百年来培养了一种文化气候,这种环境不仅影响着家族后人,也影响着乡里他姓,村里有些他姓村民甚至干脆也改姓朱,希望沾点文气。朱姓在西永和屯占百分之九十以上,即使他姓村民,在这样的文化环境下也有名人出现,比如村民有王姓名叫王瑞者,书法造诣也远近闻名。新中国成立后,西永和屯朱氏家族文化传统被发扬光大,更是出现了一大批文化名人。

二

1986 年北京电视台到京郊采风,被当时县乡领导引荐到西永和屯村,因为这个村有个远近闻名的书画社。其发起人之一是朱小峰,当时他已是一位耄耋之年的老人。

朱小峰(1899—1989),朱永庆长子,名起予,字小峰,西永和屯朱氏近世家族文化代表人物。朱氏家族传到民国,以朱永庆一脉最为显达,朱小峰从小受家族文化熏陶,兼其家境富裕,因此受到了更好的教育。比较其父朱永庆,其所涉领域更为广泛,文章之外还涉猎书法、绘画、音乐等等,而尤以书画为精。

因喜欢画画,朱小峰在高小毕业后,于 1919 年考入由蔡元培倡导成立的国立北京美术学校(1923 年更名为国立北京美术专门学校),受教于陈师曾、王梦白、萧谦中、姚茫父等名师门下，并深受诸师长青睐，尽得他们真传。所学在融会贯通基础上有所创新，在学习时已小有名气，被同学们赞为"诗书画三绝"，因而还推举他做了班长。1923年，朱小峰以优异成绩毕业于该校师范系。

毕业后，朱小峰也是首先从事教育业，一边教书一边书画、著作，其书画作品曾在北平、唐山和邢台等地参加过画展，在当时书画界有相当名气。1929年4月12日其发表于《新晨报副刊》的《中国画法之比较谈》，已成为上世纪30年代中国艺术史论中的重要文献。除此还有他的文学创作，其《南行埙记》在刊物上连载，据说当时的稿费就够其长子(朱希增)读书的学费了。应该说青年时期的朱小峰春风得意。

这样的日子没有持续太久，很快他也像其父朱永庆一样开始从政。朱小峰从政的原因，据其后人说有几个方面，一是因为其父朱永庆当时在政界的关系，官官相亲，这些关系主动就会找上门来；二是因为朱小峰当时表现出色，正年轻有为蒸蒸日上；还有一个原因可能就是他自己也愿意。

朱小峰的从政经历不是很长，但据说职位升得很快，在河北省邢台县，从政几年就做到了科主任一级，俨然就可以和其父比肩了。但正在这个时候，其父病逝并留下遗嘱，要求后代只做学问不要做官，朱小峰可能因此退出政界，并从此再不提他从政的经历，是以其后人无从了解其从政这段经历的详情。

退出政界重拾教鞭，或者是基于家族传统基因，或者是发现自己一直热爱教育。不同于对从政经历的缄默，朱小峰对自己教学经历一直提起。在其离世后，后人在他留下的一本书里发现一页纸，上面密密麻麻地写满了学校名。因为平常经常谈起，大家知道那都是其曾经任教过的学校，这页纸就是他从事教育业的总结：卢沟桥第四中学、潞河中学、富育女中、通县简易师范、乡村师范、通县初师、河北大名第十一中学、河北大名第五女师、泊头镇第九师范、丰台弗伦学校、唐山弗伦学校、石家庄交通大学、北京美术学院……最后是怀柔红螺寺中学。朱小峰任教红螺寺中学，已是解放以后的事。1957年，朱小峰从红螺寺中学辞职，从此离开他所从事的教育事业，这是他继辞官后的又一次重大人生转折。

对朱小峰的从教经历，其后人还是了解一些的，比如任教潞河中学美术教师，那是他从教比较早期的事。在潞河中学任教一年后，他转教富育女中，这一年正是潞河中学第一任国人校长陈昌祐上任，想要聘他回去潞河教书，双方本已谈妥，但富育女中不放，这件事也就没有办成。那时候教员实行短期聘任，所以朱小峰也就到过很多学校，估计有些学校他自己也记不清了。

从教多年,朱小峰任教科目大多是美术、书法、中文、音乐(教钢琴课),具体详情不得而知,其子朱希章只记得他在石家庄交通大学是中文系副教授,在北京美术学院做过庶务处主任、教务襄理等,是中国画讲师,那都是临近解放了。解放后朱小峰被重新安排,最后调到了红螺寺中学教美术。本来这已是固定职业,到了年纪应该可以退休,但因为看不惯时任校长占小便宜贪污几袋白面,朱小峰竟是愤然辞职。

从朱小峰的人生履历不难想象,少年得志,中年显达,一路顺风,未遇坎坷,这种经历几乎必然造成性格上的某种张扬和偏执。朱希章回忆,父亲年轻时脾气很大,有一次因为其长子朱希增贪玩误学,父亲一枪从兄长头皮上擦过,吓得他再也不敢贪玩惰学了。

还有就是处理其和著名画家王雪涛的关系。王雪涛(1903—1982),原名庭钧,字晓封,号迟园,河北成安人,原北京画院院长。就读国立北京美术学校时,王雪涛是其下届师弟,因两人当时都是班长,关系非常密切。一次他们的老师王梦白因与时任校长闹矛盾而罢课,朱小峰和王雪涛共同组织两个年级的学生去跪求,结果王梦白老师哭了,也就恢复了给他们上课。朱小峰与王雪涛的交情由此可见一斑。

朱希章记得他小时候两家关系还非常密切,他曾多次去过王家,但后来关系疏远,原因是王雪涛留学日本。朱小峰痛恨日本人,因此就与王雪涛断绝了关系。他为什么这样痛恨日本人呢?或者因为父亲,或者因为恩师,或二者兼而有之。朱小峰的恩师王梦白死于日本人之手。王梦白是当时绘画名家,经常到日本卖画,引起一些日本人嫉妒,后王患痔疮到天津日本陆军医院医治,那些日本人就阴谋治死了他。

王梦白是否死于日本人阴谋没有定论,朱小峰却对此认定不疑,朱希章说父亲痛恨日本人,还有一个因素可能直关自身:恰在王死之前,他随父亲朱小峰到中山公园参观有其参加的画展。当时遇到一个老头,他看到父亲给这个老头鞠躬,那老头对朱小峰说,你的作品已经成了,只要秋后我们两个合办个画展,你就肯定是名副其实的大家了。朱小峰回来筹备画展,其间却传来王梦白死讯,因此画展没有办成。朱希章后来才知道,那个老头就是父亲的老师王梦白。

"如果画展办成,你爷爷(笔者是朱小峰孙婿)可能就出大名了……"朱希章对笔者说这话时一脸的遗憾。不管因为什么,反正从此朱小峰就恨透了日本人,"恨屋及乌",因此断绝了与师弟王雪涛的来往。从这件事可以看出朱小峰性格偏执的一面,后来因为看不惯校长愤然辞职也就不足为怪了。

1957年，五十八岁的朱小峰辞去公职，回到西永和屯当了农民，没想到从此却遭遇了人生巨大的磨难。"文革"之后，朱小峰又拿起了毛笔、画笔，这时他已经是一个快八十岁的人了。笔者1981年后见过朱小峰老人，并与之有过几年接触，那是一个非常普通也很慈祥的老人，没事就在自己的房间里写诗作画，与之谈论诗词，老人还能思路清晰地对答，再后来就有了西永和屯书画社。

朱小峰一生虽有太多遗憾，但他从教多年，培养了很多弟子，晚年成立书画社，更培养了一些家族子弟和乡邻后辈，让朱氏家族文化得以继续传承。1986年某日，北京电视台第一套节目播出了《春到牛堡屯》(时西永和屯村隶属牛堡屯乡)

朱小峰书画集

文化专题片，电视里的朱小峰老人神采奕奕，精神矍铄。

1989年，朱小峰以九十岁高龄安然辞世，他晚年留下的书画被弟子、乡邻广为收藏，但其前期作品大部散佚。朱小峰逝世二十五年后，其弟子朱起东一次出差河北，在朱小峰早年曾经工作过的地方，发现了朱小峰生前的书画作品，在高价求买不得的情况下，将作品拍照，后又多方征集其晚年作品，编辑整理出版了《朱小峰书画集》。这部遗作加之其早年正式发表和出版的《南行琐记》《中国画法之比较谈》《漫画集》等，成为朱小峰留给朱氏家族后人的宝贵遗产。

西永和屯朱氏家族传承至今，较小辈分已到义字、克字，其家族辈分议定排字顺序，后几代依次是"晋、义、克、诚、世、家、有、庆"。世家有庆！朱氏家族文脉代代传承，已成为世家文化传承和发展的典范，在张家湾这样一个著名的文化古镇，西永和屯朱氏家族数百年的文脉传承之道更值得研究和探寻。现在的西永和屯，随便一家都有一两个大学生，毫无疑问，这个文化世家正薪火相传，其未来还将创造出更大辉煌。

（作者：刘福田）

上店村何氏家谱

何、王、李、杨、戴是上店村的五大姓氏。何姓者,历史记载,可上溯至周武王姬发之子周成王诵,(公元前 11 世纪中叶)原封邑为始,即今陕西省韩城县南部的古韩城,其后以韩为姓氏。由此可知,韩姓源于姬姓,至春秋时期(前 770)为晋所灭。

另据田海英编著的《认祖归宗——中国百家姓寻根》(广州花城出版社出版,1993 年 7 月第 1 版)一书介绍:一、何姓源于姬姓。据《广韵》及《元和姓纂》所载,公元前 230 年韩国灭于秦国之后,其子孙(韩王安)避难逃亡到江淮一带。当地方言,"韩"读若"何",字随音变,遂有"何"氏。二、唐代的"昭武九姓"之一

何氏家谱

有何氏,隋唐西域阿姆河、锡尔河两流域各姓氏统称为"昭武九姓",即康、史、安、曹、石、米、何、火寻和戊地。又据《五代史》所载,吐谷浑亦有何氏。三、改姓与赐姓。据《汉书·五行志》所载,西汉有朱苗,冒姓何氏,为何苗,其后繁衍为望族;又《兰州府志》载,元朝有吐蕃宣慰使锁南,其子铭在明朝担任河州卫指挥同知,朝廷赐姓何氏。

又有何氏家族出于庐江郡之说,秦代九江郡在楚汉之际分出一部分为庐江郡,相当于今安徽省庐江一带长江以北地区。

这本何氏家谱,第一页附有何氏历代起名时中间用字,共二十八个字,即

"进、天、裕、文、庆、广、志、士、德、长、守、永、振、宗、凤、起、来、朝、英、俊、杰、殿、兆、鸿、廷、书、泽、家";是否还有其他用字,后页缺失,因此不得而知。本家谱纯用文字形式,记载了以血缘关系为纽带的家族世系繁衍情况,世系文字记述世代本人名字、生卒年份,及夫人简介,包括姓氏、生卒年份、籍贯,有的还介绍了岳父名字。何氏家族中,虽没有出现过巨商富贾、朝廷重臣、科技精英、教育名人,但也是一个有着优良传统的读书世家,原区青少年活动中心主任何志东即是这个家族的。老伴儿何淑廷跟我介绍过,她祖父何文焕就是一

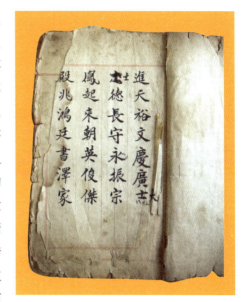

何氏家谱

位私塾先生。她曾记得,小时候,她家后照房东西山墙上各钉有一块一尺多宽的木板,上面整齐地码放着各种版本的线装书。还记得当年临街大门花墙下方曾刻有"忠厚传家久,诗书继世长"的楹联。

家谱初始记载:始祖何玉,二世祖何久旭,这两代人生卒年代没有记载,可能是因年代久远,已无法回忆。按每代二十到二十五年计算,可上溯四五十年,当是雍正年间或乾隆初年。从三世祖何进保开始,详细记载了有关情况,介绍如下:何进保,乾隆己亥年(1779)四月初八日亥时生,道光戊申年(1848)四月十八日寿终,享年六十九岁。妻子祖妣氏杨,未育,卜落堡村人。祖妣氏李,乾隆甲辰年(1784)九月十一日戌时生,咸丰己未年(1859)五月初三日寿终,李家疃村人。两人育有三子二女。长子天禄,次子天相,季子天叙。家谱一直续写到八世何广清,民国十二年(1923)六月二十九日酉时生,2007年11月9日晚9时寿终,享年八十四岁。原配夫人刘文芳,民国十一年(1922)六月十八日卯时生,1955年寿终,梁各庄村刘永才之长女。其后续配也是刘氏,共育有二子。广字辈中还记载了广澄、广德、广义、广英、广增等人。后因种种原因,家谱续写中断。

2008年,何氏另一支脉何庆丰之孙、广安之子何志文,1944年生,大学文化,秉承族叔广勋之命,编写了他们那一支的家谱,涉及"庆"字以下夫妻及子女共五代八十余人。上店何氏家谱几百年来虽历经沧桑,历经战乱,历经磨难,仍

完整保存下来,实属难得。由此可充分看出:何氏家谱续修的生生不息,足见其生命力的源远流长。相信必有后来者,以其丰厚的学识、坚韧的毅力、诚恳的态度、不懈的追求,续写好代代何氏家谱。

（作者:张保林,通州区西集镇政府干部）

陆辛庄村季氏家谱

　　季氏家族现生活在通州区张家湾镇陆辛庄村,原是山东历城县人。老祖宗季潮是一个绿林人,喜欢拔刀相助,打抱不平,经常云游各方。清初,季潮云游至现张家湾镇陆辛庄村,因陆辛庄村常常受到邻村的欺负,季潮路见不平,帮助陆辛庄村不受邻村的欺负,后就落户在陆辛庄。季家现保存着一本族谱,距今已有三百余年,清晰记载季氏家族的成员,而且每一代要选出一位掌门人,将族谱传交给他,由他进行保管和供奉,并不断传承下去。此本族谱封面写道:"季氏门中宗祖之谱。"先祖朝、代、全兄弟三位不在序谱之内,本序谱由二辈太祖,守字起共排八十辈。八十辈的序谱也很讲究,都是五言绝句。守文国永维,明庭德宗增;荣连常旭庆,万代显鸿升;春雷瑞霞赢,夏震霓云峰;秋雨澄光月,冬雪彩松青;福禄玉华蓬,兴旺宝忠宁;书学怀俊志,武世绍言同;金香辉祖建,圆满应化隆;贺明然天飞,麒麟在传冲。这本族谱包括春夏秋冬福禄等,从里面可以看出祖宗对后代的祝福与期望。

季氏家谱

(作者:季连宝,通州区张家湾镇陆辛庄村村民)

张家湾地区的民间花会

张家湾,漕运古镇,文化底蕴深厚,民间舞蹈活动更是异彩纷呈。民间舞蹈,通州人称之为花会,历史悠久,种类繁多,初为祈福酬神,后为群众主要的娱乐形式,民俗节庆内容深受群众喜爱。通州历史上张家湾、永乐店、牛堡屯、西集、马驹桥、城关、通州镇等一百多个村镇均有花会。活动主要集中于春节、元宵节和影响较大的二十余个庙会。张家湾花会活动闻名遐迩。民谣云"京畿花会何可观,十人九说张家湾""马桥秧歌牌(楼)营的会,皇木厂的竹马排成队",可见张家湾地区民间花之繁盛。历史上通州民间舞蹈有一百二十一档二十三种表演形式,主要有高跷、跑跷、小车、龙灯、旱船、竹马、狮子舞、十不闲、五虎棍、少林、中幡、杠箱、太平鼓、武术双石、花钹大鼓、大头和尚斗柳翠等。这些花会品种,几乎涵盖了整个张家湾地区。可惜,由于种种原因,逐渐消失。1988年,通(县)州区文化馆搞民间文化普查时,在张家湾地区只搜集到了高跷、小车、中幡、竹马等,而且还很不完整。

高跷　高跷的历史久远,《列子·说符》云:"宋有兰子者,以技干宋元。宋元召而使见其技。以双枝长倍其身,属其胫,并趋并驰,弄七剑迭而跃之,五剑常在空中,元君大惊,立赐金帛。"说有一个叫作兰子的人,他为宋元公表演跷技时,小腿上绑着比身体长一倍的两根木棍(跷),快速地跑跳并向空中循环抛起七把短剑,五把常在空中,元君看后非常吃惊。从文中可知,早在公元前五百多年,高跷就已流行。有诗云:"捷足居然逐队高,步虚应许快联曹。笑他立脚无根据,也在人间走一遭。"(清·恩竹樵)

高跷是张家湾地区民间舞蹈主要表演形式之一。其主要用于祭祀,活动依附于民俗和庙会;春节及其他重要节日也有重大演出,俗称走会。走会有一定会规,如到里二泗庙会进香,前几天,各档高跷要做好准备。正会要下请帖请各督官(各村高跷负责人)研究走会事宜。各督官再下请帖请各位艺人。朝拜先后顺序有所规定,进庙之前各会档要到指定地点集合,叫作"齐会",不得随意变更时间和地点,亦不能随便赶前错后。待组织者发出指令后方可进庙朝拜,然后走街串巷表演。两会相遇要燃放鞭炮,相互换帖,致意恭敬,以防生事。否则,就要被宣布违反会规,停止表演,可见走会纪律十分严格。

高跷秧歌的形成在通州有两种说法,一是由武术梅花桩演化而来,加强了杂技功夫;二是由梨园行演化而来,原有演员在舞台上踩跷,后来打地摊表演,加高了木跷,一是为表演技巧,二是为便于群众观看,但这些说法均无从考证。然而从高跷现在的表演可以看出,有各种人物角色,有塑造人物形象手段及表演程式,有传统队形变化,有丰富的唱腔内容和各种特技表演,是戏剧、武术、杂技一些主要因素兼而有之的表演形式。

高跷表现内容主要是渔樵生活,同时又有三个故事传说。一是相传宋朝时,金花娘娘与张天师作对,用聚众幡将众妖聚来,缠着一个樵夫作耍,其意在捣乱张天师作法,后人引以为乐。二是梁山英雄劫法场,攻打大名府。卢俊义被抓后,梁山好汉以高跷扮作各种角色,假装进城烧香顶拜,大闹法场,救出了卢俊义。三是人间降妖。传说在很早以前,通州的庵、观、寺、庙、阁经常生事(闹鬼)。永乐皇帝得知后,请来了张天师之子,分别降服妖精并将其聚集到通州的西关娘娘庙等候发落。人们借此扮作高跷表演。

张家湾的高跷主要是文会武跳,文跷腿子(高三四尺)高于武跷,一般十二人至十八人表演。陀佗,身穿青缎子镶边白纽袢衣裤,围征裙,扎鸾带,头披长发束金箍,手持一对木棒边走(跳)、边耍、边敲,其他角色都按照他敲木棒的节奏变化行进和表演内容,他类似乐队的指挥。遇到观众放鞭时由陀佗"钻鞭"。小二哥穿红色桃形领上衣和镶云边的红绿裤,头戴孩发。武扇内穿软靠,外披红色绣花公子氅,头戴公子巾,迎面插一朵绒球,拱嘴翘须,手拿一把折扇。文扇(俗称老座子)身穿红袄外套青色官衣,绿彩裤外围碎花青褶裙,头戴八宝彩珠。渔翁穿草黄色衣裤,外套黄袍,腰系鸾带,白须白发,头戴镶边草帽圈,手持钓竿。樵夫穿豆青或蓝色衣裤,腰扎鸾带,通梢水发,戴帽圈,肩挑一根竹扁担。渔婆身穿粉红色衣裤,外披网状披肩,下穿白水裙。两鼓穿青箭衣,扎丝绦系鸾带,戴蛐蛐罗帽,挎鼓。二锣穿红或粉色衣裤,有饭巾和四喜带,戴绒球额子。膏药身穿紫袍黄马褂、青彩裤,头戴红缨帽,一手持药幌子,一手持串铃。高跷用打击乐伴奏,一般配有两个锣两个鼓,普遍运用"老三点",演奏简单易于掌握。有起鼓、行鼓、进场鼓和还乡鼓。节奏有快有慢,清晰有力,艺人说:"头锣打,左右碰。最后有个锣盖顶。"这一艺诀同样适用于击鼓者。高跷唱腔统称为唱秧歌、攒秧歌或点秧歌,以高腔调为主,均是舞一段唱一段,多以"渔樵问答"

353

方式演唱,节奏平稳,音程跳动较大,旋律线条粗中有细,但句式结构不太规则,音乐效果与舞蹈形式也不太吻合。但能为高跷增添民族风格和地方色彩,唱词内容极其丰富,涉及日常生活类、爱情类、宗教信仰和传说故事,盘古论今,无奇不有,但也有封建的或不健康的因素。高跷唱段内容用词广泛,可波及十三道辙韵,而且,同是渔樵对答并存多种声韵。句式多以四、六、八、十二等双句组成,艺人谓"四、六、八板",衬字较多,但大都合辙押韵。

高跷秧歌具有膝部屈伸、颤顿的动律特点,以腰部为轴心,双肩耸摇,臂舞"∞"形。由于演员踩在木跷上,而木跷底端受力面积小,重心不稳,需要以腰为轴心以掌握身体平衡,随着鼓点节拍,身体左右摇摆,形成"扭"的特点。其基本步法为以胯发力带动木跷,轻抬重放,力点在膝,两膝关节屈伸颤动,形成缓起猛止、顿挫鲜明的舞蹈动作形态。"扭"为全体角色共有的特色,而每个角色由于性格、身份不同,又有不同的形体动作,如老座子的基本动作"风摆荷叶",左手摆动红汗巾,右手舞彩扇,双臂、双肩柔和地推摆向右前方,拉回时手向里翻腕,合着鼓点的节奏一顿,韧劲显露,恰好使手中的彩扇宛如随风摇曳的荷叶。舞蹈的另一特点则是"逗"。艺人说"高跷玩的是精气神",而精气神在于眼的传情达意。武扇与老座子的挑逗、膏药与渔婆的嬉戏等都充满了"潜台词",表演时意在动先,用眼传神做戏,瞟眼调情,情趣盎然。再有是"耍"。每个武角表演中,手中耍"棒""鞭""扇",跷上做"蹲桩""抱月""背剑"各种技巧。高跷在扭、逗、耍的动作中都有先柔后刚、刚柔相济的特点,动律则可概括为"扭腰、耸肩、颤膝、顿胯"。

张湾村高跷(包括"浪子"和"黄轿子") 成立于 20 世纪 30 年代,前后担任会头的有李艳秋、蒋子青、谢××三人,演员有赵亮、刘桂、常德祯、郑振祥等,主要角色有四打(打鼓、打锣各二人)、四跳(陀头、小二哥、膏药、武扇)、四唱(渔翁、渔婆、樵夫、老座子)共十二人。腿子由杉木芯做成,高一米二,雕花彩漆,呈金黄色,底部套着环箍。演员文武兼行,文的以扭唱为主,唱词主要是《三国》内容;武的跳高坡,蹦桌子板凳,表演背剑、劈叉、翻身等动作。每年正月十五到里二泗庙上香拜佛。这时,由二十个小男孩组成一支"浪子"队。在队长陈小二带领下,手拿"童子老会"会旗,肩挎香袋,打着"娘娘幅"口唱歌谣,边唱边舞,走在高跷会前边。到了里二泗庙,这支"浪子"队走进庙里拜娘娘,见哪个娘娘唱哪段娘娘歌,高跷只能在庙外表演。跟在高跷后边的还有一拨黄轿子,由四人或八人抬轿,罩呈黄色,里边是事先画好的"符"(很神秘),拜完香后把"符"烧了。最后边是"童子老会"会都的"都幅"。据说"都幅"插在哪里,这个地方禁止一切人通行,直到表演结束才能放行。这一套花会前后共计四十多人,加上指挥、伴奏、打旗、服务人等,总计将近百人,整个队伍浩浩荡荡,盛况空前。资金来源由有资产、有权威、有势力的富裕户捐助和演职员工自愿献出。"文革"开始后,逐渐解散。此外,"童子老会"还包括高楼金的大鼓、花庄的"吵子"、齐善庄的中幡、皇木厂的"竹马"、里二泗与大高力庄等村的高跷和枣林庄、姚辛庄、瓜厂的小车会等。张家湾的童子老会成立于1930年前后,新中国成立前由李二录担任会首,新中国成立后由王福负责管理。

里二泗高跷会 里二泗庙是个娘娘庙。据《日下旧闻考》第6册1827页记载:"里二泗近张家湾,有佑民观,中建玉皇阁醮坛,塑河神像。嘉靖十四年,道士周从善乞宫观名赐金额,名其阁曰锡禧。万历十年,灵璧侯汤世隆复新之。"

里二泗庙建于元代,明、清两代庙会极盛,一直延续到20世纪50年代。庙会期间,香火极盛,人流如织,各路花会竞献技艺,这里每年有大活动四次。即阴历正月十五、三月十五、四月十八、五月初一。以正月十五、五月初一进香最为热闹。各路花会争先奔赴里二泗朝拜。通州文史资料记载:"每年正月十五,除买东西和烧香许愿者纷纷云集外,还有南八会、北八会(高跷、秧歌、狮子、竹马、大鼓音乐、中幡、少林、十不闲、小车会)等都来朝顶进香,在庙前大展身手,各显其能,似有请神人校阅之势。……该庙会场,摩肩接踵,拥挤不动……所有朝顶进香的各会,打不开场,不能如愿尽兴施展技艺,或被挤倒、挤散、挤坏,各会乘兴而来,败兴而归者不一而足。"里二泗高跷会总会在其中大显身手。

里二泗高跷会约有三百多年历史,至今已有十四代传人,解放前,里二泗高跷会多随庙会活动;解放后,高跷会多是配合政治活动(如庆祝土地改革、庆祝人民公社成立、送新兵等)及节日(如春节、元旦、三八妇女节、五一劳动节、建军节、国庆节等)庆祝活动。里二泗高跷会主要靠师徒传承。现在只能追溯到第十二代传承人。第十二代传人为刘荣(1894生)、王永生(1891生);第十三代传人王世昆(1922生)、王泰(1920生)、张元(1936生)、林广仁(1933生)、徐克琴(1924生)、金廷兰(1937生)、齐瑞华(1935

里二泗高跷高难度表演

生)等;更为可喜的是它的第十四代传人,是该村四十多名小学生,他们出生在20世纪末21世纪初,他们是里二泗高跷会真正的传人,由第十三代传人齐瑞华负责培训,村委会已制订培训少年高跷队的实施计划,并在人力、物力上给予支持。

里二泗高跷会角色为十二个,即武角四个,文角四个,俊锣、丑鼓各两个;有时增加丑婆和花子各一人,共十四人。以《水浒传》中梁山英雄人物为主。武角陀头、武扇、小二哥、膏药;文角渔翁、樵夫、文扇、渔婆;此外有丑鼓、俊锣各两人。服装道具有大头行:月牙箍、棒槌、青衣、偏衫、白丝绦板带;武扇:彩扇、红大袍、红裤子、红内衣、压金帽;小头行:鞭子、花篮子、上红衣、下红裤;文扇:扇子、手帕、黑氅衣、蓝裙子、青裤、兰娥帽;渔翁:草帽、浅棕氅衣、胡子、板带;樵夫:帽子、蓝衣、青裤、丝绦板带;渔婆:大鬏髻、帽子、篮子、鱼竿、鸭尾巾、红上衣、白褶裙;膏药:黄帽子、阴阳鱼黄上衣、黄裤子、串铃、幌子;俊锣、丑鼓:锣鼓、红衣、红裤、绿衣、绿裤、围巾、娥帽、青衣、青裤、白丝绦板带、黑网帽。

里二泗高跷会是文跷武跳,动作体态优美,戏曲色彩浓郁;表演有逗坡、走圆场、堆山子、上板桥等。表演时除做"苏秦背剑""怀中抱月"和蹲、跳、鹞子翻身等动作外,还有蹦高桌、跳板凳、跑旱船等。1989年在北京市龙潭杯农民文化艺术节获组织奖,1990年在通县举办的花会调演中,获表演二等奖。里二泗高跷会被列为通州区级非物质文化遗产保护项目。

小车表演

小车 小车会亦称太平车。木制车架,外蒙布,布上画车轮,车架套系在表演者腰间,如女子坐车状。另一人推车,通过推车赶路、上山过桥等动作,载歌载舞。辅助角色有先生持纸扇;丑婆子拿芭蕉扇和手绢;傻小子拿酒壶等二十五人,鼓乐伴奏。小车会内容主要表现汉朝王昭君出塞,促汉朝与匈奴和好,百姓依依惜别情景等。也有三皇转世之说。表演套路为行车、圆场、睡车、卧车、跑车、过独木桥和扑蝴蝶。常用队形为单花篱笆、双花篱笆及五谷攒心等。既可穿插引用，又可单独表演。穿插有情节，单独有趣味，分散与联合、局部与全局各自映视，变中有宗，活而不乱。以"甩头冠子"为总指挥，领舞者，凭手中的扇子和特有的"点鼓"动作发出指令，协调变换队形，转换场地，确定演出段落。推车的、坐车的、拉车的三人合作表演，步伐统一，步态各异，配合默契。通过"车"给人以整体美感。傻小子、膏药等丑角为逗源，以逗带舞，因情而变，戏在脸上，即兴表演。谁与谁逗，无固定章法，有更多的灵活性、随意性。舞蹈动作连贯流畅，绘声绘色，风格奔放热烈，粗犷古朴。

关于动律，艺人们说："步法全都是鼓点，扭动不能丢步眼。"体现了小车会舞蹈中的节奏性，以幅度极大的耸肩带动全身各部位的抖、晃、扭、颤，包括面部变化。如横眉立眉、微笑、装傻充愣等面部肌肉表演，每个动作无不体现在节奏中。

北大化小车会　始于清代道光年间（约 1838），至今已有一百七十多年的历史，是通州地区有代表性的会档之一。

20 世纪 80 年代，通县（通州）文化馆对全县（区）的民间花会进行普查，据北大化艺人张魁义介绍：北大化小车会是其曾祖父张永旺从河南学来的（地址不详）。张永旺是有名的裱糊匠，且精通抓胎塑像技艺，远近闻名。北大化小车会颇具传奇色彩。当年八十八岁老艺人刘诚（1900 年生）传述：三皇造世前，天宫不法神灵被贬下界而生众生灵，其农桑极为简单，只到田间用棍子一攉，念"草死苗活地发墥"即可五谷丰登，并用烙饼给小孩做屁垫。后来王母娘娘派小神下界察访，发现众生灵收获如此之易，众生灵懒惰且浪费严重，随之报告给王母娘娘。王母娘娘听后令三皇、仙姑下界，点化男耕女织。仙姑坐于车上，三皇推车，菩萨拉车引路，车行天下繁衍人世。

北大化小车会主要参加民间祭祀活动。每年正月十三日在会头家里供娘娘码。全村人纷纷前去烧香磕头，拜神祈福。正月十四走街表演娱乐村民。正月十五赴里二泗娘娘庙朝顶进香，进庙后，在牌楼前把娘娘码、钱粮（纸元宝）和香一起点燃，全体演职人员跪拜齐唱上香歌，香歌云："里二泗庙，灵圣宽，金花娘娘好灵验。也有烧香为儿

太平车表演

357

女,也有烧香为神安。果木行烧香为树壮,庄稼佬烧香为种田,园子口烧香为菜而全,买卖人烧香为银两,开当铺烧香为赚钱;新婚夫妇也烧香,为的是那儿女全……"

据艺人王俊良(1920年生)介绍,北大化小车会早年传入时只有推车的、坐车的和拉车的三个角色。后来增添文武扇与甩头冠子,六十年前又增加了膏药、先生(瞎子)和傻小子,1955年又加两个锣和丑婆子,逐步发展为十二人。由此可知,该村小车会表演人物、情节和叙事说唱内容都有很大变化,但以小车为主题的舞蹈语汇是稳定的,它的继承性更是无可置疑。

北大化小车会独具特色:一、鼓点儿特殊。他们的圆场鼓是"一单一双",点扇鼓是"双单",跑起车来鼓点儿变化到"一双一单"接"两双一单",而跑敲鼓就由"三单一双"接"两单一双一单"。行会活不活关键看鼓点儿,他们的鼓点儿使行会富于变化,引人入胜,观众没有单调感。这独具特色的节奏也使别的小车会里的人"扭不了他们的步",据说这鼓点儿是个叫王二愣的买卖人去张家口做买卖时学来的。当然也加上他们的创造。二、"武扇"有很深的武功。跑车时"武扇"需按鼓点儿表演武术套路,"过桥"时做规定动作"鹞子翻身""空翻一百八十度"等。这个角色受邻村陆辛庄少林会影响较深。其他地方小车会很少有"武扇",即便有,也多戴公子帽,没有武功。另外"拉车"一角儿也很别致。别的会,"拉车"者是男角儿,用肩拉,走"八字"步,显出用力样儿,他们"拉车"是女角儿,用手拉,左手牵绳,卡在腰间,右手捏绢巾,摇摆遮颜,走"一字"步,动作轻柔巧美。第三个特点是有唱。这比那些哑会就更显风采。舞中有歌,且歌且舞,如逗圆场选段,舞后众角色唱几首歌,既是休息又可延长时间。有时将歌穿插在舞蹈选段之中,这种联合交替演出形式,是北大化小车会一大特色,别的地方少有。唱段有《春耕》《过桥》《好一朵茉莉花》等,解放前去里二泗进香时唱香歌《里二泗庙》,更是别具一格。北大化小车会2002年停止了活动,这是非常遗憾的。

里二泗小车会　里二泗小车会起于何时,待考。但并非无迹可寻。据《北京市志稿·庙集》记载:"里二泗河神祠四月四日有庙会,祠在张家湾运河之滨。昔年江浙两省漕运皆由内河,粮船至此停泊者数十艘,凑钱演戏酬神。远近游人……年必万人攒动,红男绿女,少长咸集。"这可能是几百年的盛景了。20世纪初期,每年都有四次庙会,有南八会、北八会,在此献艺,里二泗小车会当然也在其中。因此可以断定,里二泗小车会最晚成立于清代。

里二泗小车会角色齐全,有膏药、甩头冠子、公子、大烟袋、媒婆、傻柱子、傻丫头、打锣人、拉车人、坐车娘娘、推车老人等计十七个角色。有时根据故事情节，还有猪八戒、小媳妇、老汉背妻、小毛驴、赶驴人、算账先生、挑担人、帮车的等角色，可安排二十六人同时表演，外加鼓乐队五人（或童男童女）。表演内容有千里

里二泗小车会表演

送娘娘、娘娘逛庙会等；甩头冠子：头戴甩头帽，身穿花色衣裤，手拿鹅毛扇（右手）、花手绢（左手），脚穿花丝鞋。在队伍的最前边，手把羽扇摇，冠子头上转，打旋风脚，绕场跑几圈；四个公子头戴公子帽，身穿大袍（红、绿、粉、紫）——白色内衣、白色裤，中腰加带，下穿红色高马靴，手拿各种配色扇。紧靠甩头冠子，舞动扇子，鹞子翻身，扫堂腿。老太太排在公子队伍后边，左手拿手绢，右手持烟袋，脚穿花布鞋。耍大烟袋，卧鱼叼花。媒婆：打扮成中年妇女，排在大烟袋的右侧，头戴老太太花帽，身穿老太太上衣、花裤子，手拿大烟袋，脚穿花绒鞋。傻柱子：排在大烟袋后边，头戴立天锥小帽，手拿一根小辫儿，身披褡裢，脚穿破鞋。傻丫头：排在傻柱子右侧，头上梳两个高低大小不均的小辫儿，上穿花衣，下穿色彩不一致、长短不齐的花裤，脚穿花鞋，串行逗趣。打锣人（两人或四人）排在拉车人的前边，头戴花冠，身穿彩衣，腰间肚兜，手拿小铜锣一个，脚穿花鞋。童男童女：穿娃娃服装，在拉车人前面走，有时在小车两侧，有时车上坐，中腰系大绸带，两手抖起。拉车人身穿彩服，头戴花冠，脚穿花鞋。坐车娘娘：头戴娘娘头饰打扮，身穿彩服，后披肩，右手拿彩扇，左手拿手绢，下穿花裤和花鞋。推车老人：老头打扮，头戴草帽，脸上胡须，中腰系腰带，下穿老头鞋。膏药：头戴花顶帽，左手拿摇铃，右手拿幌子，身穿有黑圈黄土上衣，脚穿黑色鞋。翻身，倒立打走，鱼行，倒立叼花，前后空单腿悬空跳跃，蝎子勾。小车会的精彩表演动作有逗桥（也叫过桥）、云车跑（也叫跑车）、卧车等。套路、步调雄健有力，诙谐幽默，逗人取乐。

里二泗小车会的传承人为徐克千（1926年生）、齐瑞华（1935年生）。现在，里二泗小车会有人员二十余人，会头（或小车会的组织者）有韩德成、张子珍、王

淑琴。里二泗小车会曾到过二十多个村镇演出,参加了奥运圣火传递、奥运开幕式和闭幕式、通州小吃节、三义庙、顺义花会比赛等活动。里二泗小车会和北大化小车会一样,有唱词唱腔。除了《上香歌》外,还有《对歌》等。歌词曰:

锣鼓咚咚敲起来,娘娘坐车有安排。先看风景再上庙,敬完神灵回家宅。什么好吃口难开,什么草儿动起来。什么草儿低头笑,什么花儿对着太阳开。樱桃好吃口难开,跳舞草无风动起来。含羞草低头笑起来,向日葵对着太阳开。什么鸟儿穿青又穿白,什么鸟儿穿青又挂彩。什么鸟儿来人喳喳叫,什么鸟儿见来人尾巴展开。喜鹊穿青又穿白,乌鸦穿青又挂彩。鹦鹉来人喳喳叫,孔雀见人尾巴展开。什么鸟穿十样锦,什么鸟穿蓑衣来。什么鸟会讲话,什么鸟唱起来。金鸡穿着十样锦,麻雀穿着蓑衣来。鹦鹉学舌会说话,画眉开口唱起来。鼓对鼓,锣靠锣,新媳妇孝敬公和婆。月亮围着地球转,牛郎织女靠天河。朝顶进香娘娘庙,莫忘回家孝敬公婆。

里二泗小车会已被列为通州区非物质文化遗产保护项目。

皇木厂竹马　竹马流行于汉代。《后汉书·郭伋传》载:郭伋于民素有恩德,他"至行郡,到河西美稷,有童儿数百,各骑竹马,道次迎拜"。唐代竹马游戏极为普遍,李白《长干行》云:"郎骑竹马来,绕床弄青梅。同居长干里,两小无嫌猜……"从唐宋时代起,竹马渐趋复杂化,出现了以竹或以纸等扎为马头形的竹马,并成闹社火的重要游戏。

竹马表演

皇木厂的"竹马"起于何时,待考(据说经历了元、明、清三代)。2000年,我曾到北京图书馆查找皇木厂竹马资料,虽说没查到,但收获还是很大的。在查找资料的过程中,我发现南方各省市竹马会众多,运河沿线各省市也有不少竹马,这些竹马和皇木厂的竹马很是相似。据我所知,北方竹马很少,通州好像只有皇木厂一家。通州是大运河的端头,张家湾是漕运码头,皇木厂,又是皇家存储皇木的地方,种种迹象表明,皇木厂的竹马很可能来自于南方,也就是说,皇木厂的竹马是南北文化交流的产物。当然,这只是我的想法,还需要相关资料佐证。竹马是用竹子或藤子做骨架,用平纹布染上颜色装饰成八匹马、两头骆驼(其他地方竹马没有"骆驼",好像与皇木厂的骆驼店有关,这也更加证实了竹马融入了通州本土文化,成为通州独特的花会品种),马的颜色为红、黄、白、黑、粉等,骆驼为黄色的蒙古装,扮演者将马、骆驼的模型拴在腰上作舞,表演串花篱笆、跑字型等动作,并伴有打击乐和烟花爆竹,晚上表演时,马、骆驼的头尾还燃起蜡烛,远远看去,似萤火蠕动。另有二十名男童组成"拨子"队走在前面,后有三十多人举着旗、锣、伞、扇跟随。关于竹马会表演的内容与形式,知道的人已经很少了,但从其他省市的竹马中可见一斑:竹马会的特点重在跑,以跑入场,以跑收场,贯穿始终,即跑中见阵,阵中有情,跑出姿态,跑出阵势,主要跑法有"疙瘩轴""园插花""双穿花""剪子股""里外罗成"等。竹马会每年到里二泗庙朝顶进香,春节前后在本村或邻村表演。1936年前后,竹马会逐渐失散。据知情人现年八十六岁的马文泉回忆,当时的会头是马振铎,主要演员(扮马者)有马文泉、刘昆、吴殿荣、张学富、刘汉生、姜方、刘斌等,扮骆驼的有刘瑞、刘勇等,这些人除马文泉、刘昆外,其余均已去世。这是非常遗憾的。

齐善庄中幡　中幡起源于唐、宋年间,至今已有一千多年的历史。中幡早年叫"大纛旗",又叫"大执事",用于军队的仪仗、指挥等;后来传到民间,经过演变成为现在的中幡。中幡的表演有十几个套路、五十多个动作。

齐善庄的中幡属童子老会。"幡"是一根高三四丈、又粗又大、分量很重的竹竿,上面悬挂一面布幅,顶端插小红旗,迎风飘摆,挂几串铜铃,声声盈耳。表演者托起

中幡表演

几丈高的粗重幡竿,以额头、下颌、肘臂、牙齿、拇指、中指等部位依序托幡,还有脚踢幡飞至头顶、左右回环、单手托幡前滚翻、单臂平伸托幡大十字、缠身飞绕双倒手等动作,其传统动作有"霸王举鼎""牙箭""苏秦背剑""十字披红""封侯挂印"等。先前是由个人表演,发展为群体表演,有一定的套路,由低潮到高潮,编排有序,使中幡上下起伏、翩翩起舞,预示人们一"帆"风顺、健康幸福,场面颇为宏伟、壮观。耍幡人用手托、肘架、肩扛、头顶等不同姿势,使幡直立不倒,并不断变换花样,有时两三个人互相传递。张家湾齐善庄的中幡新中国成立前有十一种,新中国成立后只剩下九种,重的七八十斤。后因种种原因,中幡停止了活动。

高楼金大鼓和花庄的"吵子" 二者均属于童子老会。高楼金的大鼓由八面如同圆桌面大小的鼓队组成,表演者身披"童子老会"缎袋,头戴黄帽,敲打出变化多端的鼓点。花庄"吵子"有锣、铙、大镲等打击乐,由一面单皮鼓做指挥,敲打出各种点子。吵子会以大镲为主,八至十六对大镲对击,经常演奏的曲牌有《七鼓三》《倒将袍》《十棒鼓》《入海楼》等。其表演特点是:动作幅度大,速度快,节奏鲜明,声音响,气氛热烈,振奋人心,立而观看,震耳欲聋,透出了张家湾人的自豪与自信。

陆辛庄少林会 陆辛庄少林会盛行于明末清初,至今绵延三百多年了。据已八十多岁高龄的少林武术传承人高永堂回忆和《传奇三百年》资料记载,是山东铁枪将季潮携妻辛氏及弟子季三胜落脚该村而传世。高永堂的曾祖父高洪、祖父高万伶、父亲高术四辈均为少林武术教头。陆辛庄少林武术在各个历史进程中也创造出不少的业绩。20世纪初,八国联军入侵北京,陆辛庄少林弟子毅然奋起,给洋鬼子以痛击,很多洋鬼子死在了他们的大刀长矛之下;民国十九年,抗日将领赵登禹的二十九军中,有三十六名武术教练来自陆辛庄村。20世纪初,陆辛庄村习武之人以庙宇作学堂,练武声响彻庙宇街巷。"文革"结束后,国家体委有关领导到陆辛庄村,要求村干部把群众性武术活动组织好,坚持下去。村里请了八名武术教练,安排了习武大院,成立了近百人的武术队。县体委给武术队添置武术器械,乡政府给买了六十套运动服装。1986年在村庙宇前殿,建立陆辛庄武术馆。2004年底,村武术队负责人为季树山、高士忠。武术队习武项目主要有"十八套罗汉拳""小拳十六趟""六合枪八趟""对棍""对枪""对刀"等。1986年在市第一届农民运动会上被授予"农运盛会花似锦,精神文明谱新篇"锦旗,同时被市体委命名为"武术之乡"。高永堂一家被称为"武术之家",四个儿子、二个女儿都身手不凡。高永堂本人练的青龙偃月刀曾被中央新闻电影制片厂拍摄成新闻片播放。在北京市第一届农民运动会上,高永堂、高士杰获两块银牌、两块铜牌。1983 年被授予"北京市模范体育家庭"称号。1984 年荣获"全国模范体育家庭"称号。2007 年,陆辛庄少林武术被列为通州区级非物质文化遗产保护项目。

（作者:郑建山,北京作家协会会员,通州区政协文史和学习委员会特邀委员,通州区文化馆副研究馆员）

苍头村的高跷会

苍头村的高跷会始建于清朝中期,盛于民国中晚期至 20 世纪末期。该跷会的演技传承在早年与六郎庄有过互为师徒的关系。先是师从六郎庄,后来苍头通过借鉴创新,形成了自己的跷技风格,并一度成为大高力庄的师父。而六郎庄的跷技曾因几个硬角儿外出卖艺未归而失传后又与苍头学习。但后来六郎庄也另辟蹊径,有了自己的套路。

苍头高跷会在民国时期至解放初曾与相临会档加盟。按早年的会档规制,凉水河至凤港河之间有西三会、南八会之称。从烧酒巷村往西至苍头为"西三会",南仪阁往西北则为"南八会"。因此苍头属"西三会",就此逢年过节、重大活动则一起出演,形成了一定声望。

苍头高跷的基本属性及相关特点。按照跷类的文武规格要求,从跷队人员组成及腿子高度来看,该村高跷当属文跷。跷队有十二角儿,具体人员有大头行、小二哥、公子、老坐子、膏药、樵夫、渔翁、渔婆、俊锣、俊鼓、丑锣、丑鼓。其腿子高度,自踩盘以下,为四尺三,若加护腿高度,腿子全长为五尺七。这一尺码则超过了普通文跷规限的踩盘以下三至四尺的高度。因此苍头跷的腿子高,确是有其一定的优势和看点。除此本村的跷在演技上,还有其"硬""横"等特质与内涵。这充分显示出"文跷武跳"的功底。在具体印象上,该村跷,在打场亮相等表演环节中无拘谨束缚之态,亮得出腿脚,甩得开臂膀。身形跷步相当灵活。动作大气飘逸,有如行云流水,精彩纷呈。本会跷技在个人表演上有蝎子勾、怀中抱月、苏秦背剑、鹞子翻身、越高桌、跳板凳、爬坡、走桥。集体队形变化有:蹲桩、串花篱笆、乌龙摆尾、裹白菜心、二龙戏珠、蹄马分鬃、堆山子等。

随跷于后的便是吵子队。早年成立时曾有钹子、狮子,日月更替,经年历久现只有吵子一行,成员十二人,所持演奏器材有大筛(铜锣)、钹、镲、铙、锣、单皮、大鼓、海笛、唢呐等。演奏曲目有二十余首。

再从走会的程序上看,仍有其一定的传统看点。首先在太阳未出的黎明时分，由二人抬着大铜锣，从主街上凉水河大堤，过苍头桥至新河桥将大铜锣敲起，向周边村民做起会前的召示。使沿河两岸的人们早做准备，到时观会。"叫起儿"之后，上午九点进入走会程序。先是在"朝顶进香"的旗下，跷队吵子队一行拜东西两庙，祈求平安康顺。然后便是叫棒起程，鞭炮引路，鸣锣开道，上街走会，"打场"演出。

本村跷会所演绎反映的是《水浒传》中水泊梁山好汉三打祝家庄的故事情节。由此跷中的角色扮相、装束及动态所表达的含意，都可相映对照，从而找到他们的身影。

除本档会中腿子的特点、跷上的功夫以外，在走会歇跷时，有三方面娱乐项目随时展示。一是跷上的"角儿"演唱歌曲，间有卖膏药的现场取材"砸皮科"。再就是"吵子队"一边给跷上的歌者伴奏，一边展示各种曲目。在静与动的转换中，让观众的视觉与听觉再次得到了愉悦和满足。在这一过程中，印象最深的是其中的歌曲，这二十多首唱段，皆经口传心授而来。演唱形式有独唱，二人、四人对唱，小合唱，大合唱。相较于其他跷会，能有这么多首歌曲，现在看来应是很少见的。唱词内容多为反映这十二角的亲缘眷属的处世之道，让人感觉到这一大家子的憨厚率真、勤劳质朴、善良豁达的良好心态与品行，并从中感悟到这"一帮子弟秧歌"待人对事、遇险逢难、行孝尽忠时的忠勇与厚道，以及面对世态炎凉、人生悲喜的那种"胜似一品当朝"的超然静雅的作为。

在历经两百余年的沧桑演进中，苍头高跷会给人留下诸多的感怀与期许。让历代追跷人存续了不可忘怀的记忆。在口口相传中，人们至今依然能清晰地讲述，百年前老膏药带队闯里二泗庙，以及武扇李天富在牛堡屯拜庙闯关时所展现的高超跷技与传奇。时过境迁，苍头高跷会当年那种过碍越障、闯关跨坎、勇毅前行的英武之气和果敢作为，将会不断激发苍头人奋斗未来的智勇与性气，由此更好地丰富本村文化。将这一故事讲下去，把更多的美好传下来。

（作者：朱永生，退休教师）

佛教音乐的传承者——延寿圣会

牛堡屯镇前街老道会是专事演奏佛教乐曲的民间艺术团体。其实,老道会只是个俗称,民间佛道不分,信仰也比较混淆,老道会更具民俗色彩,民众称呼"老道会"就显得更为上口。其实"老道会"的正式名称应该叫"延寿圣会"。

"延寿圣会"前身是"源清圣会"。据知情人介绍,明末清初,"少林会"传到张家湾、皇木厂、大辛庄等村,主要是以佛教、武术和乐曲的传播为主,佛教为了向民众宣传教义,常常利用中国的民间音乐曲调配上宗教色彩歌词,"延寿圣会"表演用的词谱、曲谱来推广佛门教义,这就是所谓的佛教乐曲。也就是说,这期间的"少林会"是武术与音乐兼容以佛教教义为宗旨的民间团体,后因"少林会"趋于武术方面的强盛,佛教乐曲与其分离,这样就有了"源清圣会"。"源清圣会"主要侧重的是佛教音乐与民间音乐的结合。这种宗教音乐与民间音乐兼容又还原于宗教的音,为普通民众所接受。明末清初,这种形式的表演进入了鼎盛时期。"源清圣会"的名称也一直延续到清康熙二十四年(1685)。

清康熙二十四年发生了一件大事,以习武功为主的"少林会"和以弘扬佛教音乐的"源清圣会",在行会期间发生了矛盾,导致了肢体冲突。起因原本是个人恩怨问题,但伤了人这就成了大事,"源清圣会"卷入其中遭到了刑部审查。结果,"源清圣会"被取消了,活动也停止了。"源清圣会"受到了沉重的打击。为不使这一民间艺术失传,社会著名的贤达人士韩石引荐永乐店应寺村佛教界有名望的前辈,将解散了的"源清圣会"组织起来,教授当时流行的佛教乐曲,并增添了许多新的内容,拓展了佛教领域音乐的新知识。为正月十五和七月十五开法会所用的乐曲和经文,进行了规范和统一,"源清圣会"遭损毁停止演奏的乐曲,得以延续和传承。遗憾的是,圣会的名称问题一直在困扰着他们。是啊,一个宗教团体没有名字怎么制定教规、教义?怎么有号召力和凝聚力?没有章程和目标,一盘散沙,又怎么被人们接受呢?

起个什么名字呢?这就说到了通州南西栲栳堡的震寰大和尚。此人曾在西梣楛垡延禧寺做过住持,后来到京西潭柘寺,做了方丈。

震寰大和尚自幼家境贫寒,其弟王天兴从小被牛堡屯王姓人家抱养,西梣楛垡与牛堡屯两村相距不远,兄弟俩小时候互相想念,也多来往于两村之间,震寰对牛堡屯有着特殊的感情。那些年,每逢九月二十三,通州有不少人起早走上百十里路到潭柘寺上香,一般人大多是当天来当天走,唯独牛堡屯与西梣楛垡的人,震寰大师都要他们留在寺里住上三天,予以厚待,以示对家乡的关爱与眷念。这期间,人们自然请教了圣会的名字问题,震寰大师认为朝廷已经废除了"源清圣会",再恢复恐怕不妥,得重新起个名字,就叫"延寿圣会"吧。"延寿圣会",传播福音,灭罪增福,延年益寿,福慧增长,再说叫起来也响亮啊! 大家赞成,"延寿圣会"就这样叫了起来。"延寿圣会"成立后,主要以牛堡屯前街为主,后又发展到了周边南仪阁、王各庄等村。震寰大师徒弟郭真、旺财,二人都是音乐高手,经常组织僧众及周边民众研习佛教音乐乐谱,后来,郭真到殿庄庙上任住持,旺财到王各庄庙上任住持。震寰大师曾指派郭真和旺财到牛堡屯前街指导练习各种佛教音乐,对村中前来观看和学习的民众进行指点。为了更好地教授民众,郭真搬到了牛堡屯的三圣庙中居住。他耗费心血,竭诚尽忠,最后终老于三圣庙中。

"延寿圣会"演奏用的是工尺谱。这些曲谱晦涩生硬,只能口传心授,死记硬背,这就需要学习者有较强的毅力、悟性与超强的记忆力。古代的乐谱中没有半音,而乐曲中常能出现柔情委婉的曲调,需要用滑音来过渡,滑音本身是由多个半音组成,所以这样的音乐只可意会不可言传,有时光靠记谱和语言也是表达不清的,学习的人只能在长期的磨炼中心领神会。

"延寿圣会"的表现形式主要是吹、打、念。"吹"以管乐为主,主旋律的领奏是管子,笙、笛、唢呐等齐奏;"打"即打击乐,有板、钹、镲、碰钟、云锣、鼓等等;"念"即佛教所念经文,有:《金刚药师经》《易经》《地藏经》《大悲咒》《心经》《七佛真言》《三归经》《三宝经》等等,还有些外场做佛事用经的文;念经加用:芊子庆、手铃、铛子、钟鼓、佛尺等。

"延寿圣会"演奏的乐曲有《焚化赞》《华严赞》《大出对》《小出对》《金字经》《地流子》《天王赞》《浪淘沙》《唐头令》《望江南》《青江矣》《赵圣宝》《计枪》《玉芙蓉》《三归砝》《大出串》《四分板》《往生咒》《柳汗烟》《大三宝》《皮扒合》《夫上妻坟》《妻上夫坟》《小跳神》《菩萨托》《春季》《夏季》《秋季》《冬季》《逃军令》《走马》《抓不住》《凡调跳神》《普奄咒》《柳青华》《西方鹅浪》《翠竹连》《燕过南楼》《救命星》《蚂蝇郎》《反调琵琶令》等等。

乐曲演奏形式有合奏、齐奏、独奏、三重奏、四重奏或多重奏,哪个声点用什么乐器,哪个节点需用停顿,非常清晰,这种搭凑,绝不亚于西方的大型交响乐,而听起来却又更显沉稳、激昂、古朴,简直就是一种天籁之音,是古老音乐的活化石。

"延寿圣会"的演奏盛事是逢年过节时的会演,或寺庙上做佛事时的伴奏。正月十五灯花节做法会,就要上演重要音乐节目配合法会。此时要供上三尊仙女佛像,一尊为天仙圣母娘娘,一尊为天仙送子娘娘,一尊为天仙眼光娘娘,这几尊娘娘是由本村有名望的几个老人在事先用纸糊好,上画彩绘,人物开脸生动慈祥,微笑中带有肃穆威严,每位娘娘面前都有用纸糊成的四方立体框,名曰大表,大表上书"天仙圣母娘娘秉教沙门封……",依次写好放在三位娘娘面前。早八时即立于坛上,众生到齐,随后开坛,由主持僧人先念《香咒》,后念《大悲咒》《心经》《普安咒》,之后上香,开始奏打击乐,磬声响起,钟鼓齐鸣,大镲铿锵的敲击声此起彼伏,这是开坛盛会的序曲。到了晚上,就要撒灯花,人们手提灯笼,打着火把,霎时幽黑的夜空一片光明。后,灯火褪尽,灯花闪闪烁烁,黑暗中增添了神秘,大人小孩跟随"延寿圣会"的吹班们,欢腾雀跃,听着那古朴迷离的清音梵声。从前街撒到后街,回来的路上,观看散落的灯花,听和尚念《地藏经》。正月十五的晚上,是撒灯花的正日子,主要是在本街撒,各主要街道都要撒到,到时大人、小孩儿包括老人,都出来观看,并加入到撒灯花的队伍中,等花撒尽,火花还在燃烧,人们再从走过的路上走回,孩子们跑前跑后,大人们喜笑颜开。在回来的路上,"延寿圣会"的吹班要为人们演奏最拿手的佛教曲调,当中还要朗诵经文,口中念出一般人听不懂的佛家梵语。

正月十六是交供的日子,"延寿圣会"的演奏人员要在白天吹打各种各样的曲谱,送别这即将散去的盛会。除了以上所叙农村民俗节日时所做的法事乐曲演奏之外,"延寿圣会"所做最多、最普遍的法事乐曲演奏还是在农村日常生活中婚丧嫁娶的时候。在农村,按以往的风俗也是要有吹鼓手一类的民间演奏者,迎亲娶嫁,接来送往,都要跟随吹班,在明清时期也曾盛行一时。现在,农村只有在谁家办丧事时才请吹鼓手来演奏,主要是烘托气氛或驱邪避灾,对死者具有安魂抚慰、超度亡灵的一些象征性意义。"延寿圣会"最能区别于农民吹鼓手的特点就是从不收取任何费用。街坊四邻、十里八村的乡亲,谁家死了老人,都要去请"延寿圣会"的吹班到场。"延寿圣会"秉承从康熙年间震寰方丈成立圣会时的宗旨,从不向办事人家收取费用。如果谁家单点曲目,有些不是佛教乐曲的,那就象征性地收取点笙钱。点笙是指乐器有了损坏之后需要维修的费

"延寿圣会"表演

用。"延寿圣会"数百年如一日，真正做到了为广大人民群众服务。在牛堡屯周围，不管谁家办丧事需要"延寿圣会"的人去吹曲，不管这家有多么贫穷，不管路途多遥远，风里来雨里去，"延寿圣会"的人都要前往吹奏做法事，这些看起来很平常的事，却起到了团结人民、寄托哀思、弘扬佛法、服务社会的重要作用。

"延寿圣会"的活动在"文革"中受到了严重冲击，损失惨重，做法会所用器物大多损毁或丢失，其中有旗锣、伞扇、沙灯、宫灯等几十件。乐器中的钹、锅子、鼓等被盗，太山圈和七十二司的挂图也被毁坏。牛堡屯前街的"延寿圣会"，从康熙二十四年(1658年)传至今日，已经第十五代了，也就是说"延寿圣会"已有三百多年的历史。现在活跃在牛堡屯的"延寿圣会"有十八人，他们是会长王佑起、张连友，成员有王朝福、王忠全、王佑民、王佑忠、王启良、王德水、王连涛、赵兰丰、张继昌、张朋喜、刘征、张继福、王德忠、张福清、王景春、王雪冬。

一个向往并执着传承佛家音乐的民间团体，凭心传口授，悉心明记，一代一代地延续，坚持到今天，这得需要多大的毅力！三百多年啊！这是一份珍贵非物质文化遗产，我们要将其继承下来，传承下去，使其更好地为建设首都城市副中心服务，这是我们的责任，也是我们的义务。向那些默默无闻坚守自己精神家园的人们致敬。

在本文采写的过程，得到了王朝福等"延寿圣会"成员的大力支持，特此表示感谢。

(作者:康和中，北京唐宁工业有限公司经理，通州区政协文史和学习委员会特邀委员)

张家湾地区的叫卖调与叫卖歌

　　张家湾是漕运码头,有着丰厚的文化底蕴。漕运不用说了,即使是漕运停止后,20 世纪 50 年代以前,也是人口稠密、商贾云集、经济繁荣的地方。这里有里二泗庙会,有张家湾大集。居住在城内胡同里的居民,从清晨到夜晚常常会听到各类流动商贩的叫卖和音响声,给寂静的胡同带来了活力和生机。这种叫卖声在农村的街道虽然稀疏些,但也常有。尤其在农村的大集和庙会上,各种叫卖此起彼伏,简直成了叫卖的大会演。

　　叫卖,又称吆喝,是古老的广告形式,其目的主要是招徕顾客,推销商品。

　　叫卖是很有讲究的,叫卖的内容不仅唱出所卖货物的名称或修理家什的项目,更有番商品或修理家什的描绘介绍,以招徕顾客。听到叫卖声,人们就知道卖什么东西的人来了。叫卖语言通俗易懂,具有地方方言特色,如儿化音在许多叫卖中出现,这也是通州京味儿的一个特色。另外,由于过去很多商品带有季节性,所以这一类商品的叫卖,又顺便捎来了节令到来和季节变化的信息。

　　有些叫卖仅有一句或半句或无旋律而未能形成歌曲结构,我们叫它叫卖调;把由叫卖调发展而成、音和结构完整、音阶调式清楚、完全符合作为独立歌曲条件的叫卖称作叫卖歌。其中,叙述性强,似说似唱,音域不宽,大都与语言音调紧密结合的为说唱型;曲调悠扬动听,多具有小调儿的某些特征的为歌唱型。

　　旧时,这些叫卖声长期伴随着人们的生活,曾给人们的生活带来不少方便和乐趣。如今,它已成为研究过去通州或张家湾地区的社会、经济和市民生活的历史资料。

　　1988 年,我们访问了王德顺、夏海全二位老人。王德顺,男,回族,1909 年生,1990 年去世。通州张家湾镇人。他祖辈父辈两代经商,开鲜果铺。1949 年以前他是船民,经常给别人运货。20 世纪五六十年代,他挑担杂货,四处叫卖,此君还开过豆腐坊。80 年代他卖了几年酱菜。他的叫卖调主要是和他父亲学的,有些是自己编的。夏海全,男,汉族,1926 年出生,祖籍北京前门外西河沿牌子胡同。少年时和天桥艺人胥德贵学习相声。1950 年加入新疆军区政治部文工团任相声演员兼京剧小花脸演员。1953 年回原籍。1956 年在其岳母的家乡通县次渠乡次二大队落户务农。他经常参加县、乡、村各级的文艺演出。夏海全熟悉老北京生活,更熟悉张家湾集市和庙会,会唱很多不同内容、不同风格的叫卖调和叫卖歌。根据他们的演唱,我们将张家湾地区的叫卖调与叫卖歌介绍如下(附叫卖调与叫卖歌词曲):

卖 糖 豌 豆

1 = C

中速稍慢

要 吃 糖(来我就) 糖(啦)豌(的)豆, 红 果儿(那)
做 的(那) 山(那)楂儿 糕。 山楂儿 糕(来我就)
红(啊)腾 腾, 糖 豌(你) 豆(来) 满(上)天
星。 哎! 包着 包儿 卖, 也 包着 包儿
售, 老 太 太 吃 了(就) 拿上 大 包,
学 生(那) 吃 了(那) 会上 体 操。

(王德顺唱 李辉、杨青山采录 常富尧记谱)

371

卖西瓜、甜瓜

1 = C

中速

2/4 6·1 6̂1 | 6̇ 0 | 1 1 2 | 3 3 2 | 1 1 2̂1 | 1· 0 |

这个 样儿的 味儿， 要 吃(那) 西 瓜(那) 沙(上)土 地儿。

5̇· 3̂2 | 3 3 2 | 1 1 2̂1 | 1 - | 1 0 ‖

旱 甜 瓜 (来了) 另(了) 一 个 味儿!

卖 咸 菜

1 = ♭B

慢速 节奏较自由

卅 3 5 5 6 5 5 5 - - - 0 ⫴ 3 5 6 5 6 5 6̂6

韭菜 花儿黄 瓜 哟! 韭菜 花儿来 花儿 黄

5· 6 5 6 3̂3 | 0 5 3 5 3 5 3 | 6 6 0 3 5

瓜、 还 有 辣 椒， 我 这个 净是 酱 油 腌的

5 - 0 ⫴ 3 5 7 6 5 | 0 2 3 5 6 5 6 5

啦! 疙瘩 头 哇! 咸 辣 萝 卜 还 有

5·3 3 5 ⫴ 0 5 3 5 3 5 3 0 6 6 3 5 5 - ‖

辣 椒， 我 这个 净是 酱 油 腌 的 啦!

372

卖 老 倭 瓜

1 = ♭B

慢速 节奏较自由

廿 6 6 6 5 - - 3 ┊ 3 ⌄5 ³⌢3 3 . ²2 3 - - ⌢0 ┊
　　沙　倭　瓜① 喂!　　　　大　老　倭　　儿　呕!

3 6 ⌢5 5 5 . 5 3 . 2 3 - - - ⌢ ‖
大　磨　盘　　倭　　儿　呕!

（王德顺唱　李辉、杨青山采录　陈树林记谱）

----

① 倭瓜：瓜读轻声，发音近似"菇"。
② 一般倭瓜有两种：细长的俗称"象鼻子倭瓜"；扁圆的称"磨盘倭瓜"。

卖臭豆腐、酱豆腐

1 = ♭E

中速

2/4　0 6　6 2̣ | 1̇ 2̣⌢7 | 6 - | 6 7 6 5 |
　　　臭　豆　腐、　酱　豆　　腐,　　还　有　八　宝儿

3/4　³3 0　6 6 | 2/4　3 6 7 | ⌢6 - ‖
菜,　　还　有　　　　酱　萝　卜　　嘞!

（田永义唱　常富尧采录、记谱）

373

卖 梨 膏

1 = ♭B

慢速

$\frac{5}{4}$ $\dot{2}$ $\dot{2}$ $\dot{2}$ 6 6 $\dot{1}$ - | 6 6 $\dot{1}$ $\dot{2}$ $\dot{2}$. $\dot{1}$ $\dot{1}$ - ‖

梨 膏 哦，白 糖 儿 多! 白 糖 儿 多，梨 膏 号 喂!

（夏海全唱　龚文龙采录　常富尧记谱）

卖玉米花、凉炒豆

1 = C

慢速

廿 0 3 3 6 6 $\overset{?}{1}$ $\dot{5}$ $\overset{\frown}{1}$ 6 6. ✓ $\dot{2}$ $\dot{2}$ 7 $\overset{?}{2}$ 5 $\overset{\frown}{1}$ 6 6 6 - ‖

玉 米 花 儿 喏，凉 炒 豆 儿 哎! 花 儿 哎， 凉 炒 豆 儿 喏!

（夏海全唱　龚文龙采录　常富尧记谱）

卖 凉 粉

1 = A

慢速　节奏自由

廿 $\overset{?}{6}$ $\dot{5}$ - - 5 6 $\overset{?}{5}$ 5 5 . $\overset{\frown}{5}$ - - 0 ┊ 5 -

凉 粉 儿 哩 酸 辣 耶! 哎!

$\overset{?}{6}$ 5 6 . 0 ┊ 5 5 5 6 $\overset{?}{5}$ - - - 0 ‖

凉 粉 儿 来! 绿 豆 换 凉 粉①!

（王德顺唱　李辉、杨青山采录　常富尧记谱）

① 前边的"凉粉儿"是零售"碗儿"的，后边的"凉粉"是用绿豆换"大块"的、未打开（未切碎）的。

374

卖 篦 子

1 = C

中速稍慢

$\frac{2}{4}$ 6 i 6 i | 5 3 3 | 4 3 5435 | 3 5 3 2 | 6 i i i |

买的买， 捎 的 捎。 卖 好 篦 子 的 来 到 了。 一 年 来 一

3 3 5 3 5 | 3 5 3 | 0 i 6 i 6 6 | $\frac{3}{8}$ i i 3 |

稍快

趟（你 是）二 年 来 两 遭。 买 我 稀 篦 子 刮 虱 子 儿，

原速

$\frac{3}{4}$ 3 3 5 3 5 3 | $\frac{2}{4}$ 5 4 5 5 3 5 | 3 5 3 2 | 6 i i 6 i 6 |

密 篦 子 刮 虮 子 儿， 不 稀 不 密 的 刮 油 泥 儿。刮 得 你 大 虱 子

i 7 6 6. 3 | 3 i 6 i | 3 3 3 | 6 6 i 6 i |

快

呜 儿 哇 叫， 小 虱 子 儿 上 了 吊。 半 大 虱 子 说

$\frac{3}{4}$ 6 i 6 i i 3 3 | $\frac{2}{4}$ 3 3 5 3 3 5 | 3 5 3 2 | X X X 0 ‖

不 好 了,不 妙 了， 卖 好 篦 子 的 又 来 到 了! 买 来 呀!

（王凌氏唱 常富克采录、记谱）

375

卖小壶、小碗

1 = ♭E

中速稍慢

$\frac{5}{4}$ 6̲ 1̲ 6̲ 7·6̲ 5̲ 0 | 6̲ 6̲ 7·6̲ 5̲ 0̄ | $\frac{2}{4}$ 6·7̲ 6̲ 5 |

买　小壶儿　呕，　买小碗儿　呕，　　还（了）有（的）

3　5　6　7 | 6̲ 5̲ 5̲ 0 ‖

攒　钱的　罐儿　呕！

换 茶 碗

1 = F

中速

$\frac{2}{4}$ 5̲ 1̲ 1̲ 6̲ 6̲ | 1̲ 1̲ 6̲ 5·0̄ | 4̲ 5̲ 1̲ 6̲ |

有花 边子嘞 花袖　子，　　换 茶 壶 来，

5̲ 5̲ 2·4̲2̲4̲ | 5 - 2·1̲1̲ | 1̲ 6̲ 5 |

换 茶 碗　　使　去哟！　潮　银 子①　嘞，

4̲ 5̲ 1̲ 6̲ 0 | 5̲ 5̲ 2·4̲2̲4̲ | 5 - ‖

换 茶 壶 来，　　换 茶 碗　　使　去哟！

（田永义唱　常富尧采录　记谱）

————————

① 潮银子：成色不足的次品银子。

(作者:郑建山;常富尧,原通州区文化馆馆员,通州区政协文史和学习委员
会特邀委员)

376

土桥镇水兽传说

　　元代郭守敬修通惠河,在仅长一百六十四里的河道上,竟然建造了二十四座闸。其中最后两座闸称广利上闸、广利下闸,都在张家湾镇内,上闸就在土桥村中。通惠河入潞河处正是张家湾下码头,建设北京的木材、供给北京的粮米以及各种物品都在此卸船上岸储运,或从通惠河"梯航入京"。从下码头车运百货或木材去北京,要穿过横在土桥村中的通惠河,因此在河上架木为桥,桥距广利上闸很近,所以称广利桥。木构桥面铺灰土夯实,但也经不住夜以继日的蹄踏轮轧,于是屡毁屡铺,此桥得名为土桥,今村名即源于此。

　　由于木桥重负难当,故而在明代前期改建成石桥。嘉靖四十三年(1564),为保卫北京和漕运要道而抢筑了张家湾城,这座石桥更加繁忙,桥面石被轧得沟痕累累,有碍运输,甚至不时发生车翻人亡事故。于是在清乾隆四十二年(1777),天津有位绅士王起凤出资重修桥面和护栏。至今又过二百多年了,此桥仍在默默服役。

　　这座石桥南北向,横跨元代通惠河故道上。单券平面,长11米,宽5米,两侧安装石护栏。护栏的望柱和栏板都浮雕几何纹饰,两端戗栏板雕成如意墙头,雁翅都由花岗岩长方石块砌筑,缝隙细小,衔接恰当,显得十分坚固。在东北雁翅壁上,嵌有一块石刻,楷书工整遒劲,简要地记载着乾隆年间重修石桥之事。在东南雁翅中间顶部,嵌砌着一只罕见的石刻镇水兽,集圆雕、浮雕、线刻技法于一身,颇具明代雕刻风格。它由一块艾叶青石所制,长1.5米,宽0.6米,做卧伏状,梗项扭头,怒视绿波,大角犀利,鳞片有秩,长尾回蜷,栩栩如生,是北京地区古代石桥中较大较精美的镇水兽。因为砌嵌时不小心,使该石雕腰断,留下不小遗憾。它是龙子之一,号称饕餮,因平生性好饮,所以造桥者把它放在桥下水边,用来镇水护桥。

　　在石桥南端入京大道西侧,曾有一座三官庙,是明代万历年间内监奏请慈圣李太后捐钱所建。院内植有牡丹数百株,开花时节,为过往商旅所景仰,盛名

被周仓刀砍的镇水兽

远播京城。

奇怪的是,此桥应该有四只镇水兽,为什么只剩一只呢?据传,现存的这只石兽,一天夜里饥饿难忍,就悄悄地跑到岸上去偷吃庄稼,肚子饱了又悄悄地回到原处,饮一阵水卧下。天亮了,一位农夫惊奇地见到庄稼丢失不少,就立即到三官庙里向关老爷告状。关公一听就火了,瞪了眼睛想了想,不知是谁干的,没法去惩罚。关公是个细心人,就暗暗派身边的周仓夜里秘密查访。这只石兽以为人不知鬼不觉,独自暗笑。

第二天夜里,石兽又来到另一家地里偷吃庄稼,咔嘣咔嘣,响声惊动了正在提着鞭子四处寻查的周仓。周仓举着鞭子就朝响声扑去,见是桥下石兽在祸害老百姓的庄稼,抡起大鞭就抽了过去,那怪兽正在扬扬得意地吃着,万万没料到挨了一鞭子,哎呀大叫一声,跑了。周仓心想,这石兽不会再敢了,也就没有向关公报告。不料这石兽恶习难改,第三天夜里,又去了别的一块地,先四下小心地看一阵,见没动静,再忍一会儿,还是没动静,这才放开胆子偷吃。那周仓知道这石兽贪食,不放心,这回是提着关公的青龙偃月刀出来探看的,从东边走到南边,又从南边绕到西边,都没发现什么疑点。当他从西边刚刚向北边走几步的时候,突然听到咔咔声,就气呼呼地举刀奔了过去,照准石兽的身上,咔嚓一刀下去,那石兽来不及躲闪,腰上挨了一刀,一条大口子往外蹿血,嚎叫着奔回原处,老老实实地卧下了。周仓也不追赶,提刀回庙,一五一十地向关公述说了一遍,关公满意地点了点头,让他继续站在赤兔马边。天亮了,卧在受伤石兽对面的那只,看见同伴鲜血淋淋,问清情由后吓得不敢在这里看桥,就偷偷地跑到张家湾城南门处,卧在通运桥下。不久,桥西边的两只石兽也逃走了,不知去向,只有那只被砍一刀的石兽还在那里卧着,至今腰上的刀痕清清楚楚。

(作者:周庆良)

378

九缸十八窖传说

张家湾是运河的老码头。张家湾城东,有个五六丈高,六七亩大小,砖头瓦块堆积而成的高岗。明嘉靖年间筑张家湾城墙时,城内不少民房被拆毁,柁木檩架为筑城所用,剩下的碎砖烂瓦,都运到这里,故此,成为"砖头山"。

单说砖头山两边有块西瓜地,瓜把式名叫张二。因为他每年卖瓜时,秤杆总是低着头,分厘不让,并且每称一次都要嘟囔一句:"这就赔本儿了。"所以人送外号"够本儿哭"。

这一年,眼看人家种的西瓜长得滚瓜溜圆上了市,可他的瓜却还是青蔓绿叶,生西瓜蛋子。

一天晌午,太阳火辣辣地照在头顶,张二渴得嗓子眼儿冒烟。心想,摘个瓜吃吧。便弯下腰,用四个手指轻轻地拍拍这个,拍拍那个,都是生的。"他妈的,等你们熟了,市上的西瓜就得臭街了! 老本都得赔进去!"瓜把式张二蹲在地上,真要哭了。

这时候,从大道上走来一个人,肩上搭着褡裢,沿着瓜地边儿,低着头径直向瓜把式张二这边走来。走着走着,忽然站住了,低着头直愣神儿。张二想,这人一定渴了,想吃个蹭儿瓜,别理他。他站起来,刚要回瓜棚乘凉,只听那人叫道:"喂,老哥,买个瓜!"

张二吼了一句:"不卖!"转身就走。谁想那人追了过来,死缠住不放,非买不可。张二被缠不过,只好说:"我给你摘一个,生熟不管。"那人说:"我已经看好了一个,只要您说个价儿。"不由分说,拉着张二走到他刚才站着发愣的地方,手一指,"这个要多少钱?"张二低头一看,嘿! 他可真会找,是个圆不圆、扁不扁的、一点也不顺眼的小赖瓜儿。噢! 张二明白了:绕了半天,你还是想吃个蹭儿瓜呀! 什么人呢! 他顺口说道:"行啊,你给一百个'大子儿'吧,这就赔……"他的"本儿"字还没出口,那人却连声答应:"不贵不贵。"说着,从褡裢里掏出了一百个"大子儿"。

379

张二接了过来。那人说："老哥，我三天以后来摘瓜。"

张二一听火了，心说：我在这砖头山种了十几年的西瓜，瓜地买瓜的主儿多了，我还从来没遇上过你这号的。这张二不愧是久卖瓜的，话来得快："那倒没关系。只是我今天下午要把地边儿的都摘下来，明早赶张家湾集，就怕这瓜被小孩儿……"

那人想了想，从褡裢里又掏出一百个"大子儿"，说："这钱，是付您的看瓜钱，只要这瓜不丢，三天以后，瓜地里所有的瓜我全包了。"

张二一听，惊呆了，有点不相信自己的耳朵。他不接钱，只是上下打量那个人。只见那人四十多岁，两只大眼炯炯有神。身上的衣服虽然有两块补丁，却不显寒酸。张二觉得此人有些来历，眼珠子一转，说道："这钱我不要，我也不是那爱钱的主儿，可有一样，你必须告诉我，你买这个小赖瓜儿究竟有什么用？"那人并没立即回答，看着张二，寻思了好一会儿，然后说道："我看你是个老实的庄稼人，也该发财。实话告诉你，这张家湾一带，藏有九缸十八窖，九缸珍珠，十八窖元宝。我察看了一下，其中一窖，就在砖头山西边的一座大坟底下，这窖里全是金子。你这一地的瓜所以长得慢，是因为地力都被这一窖财宝夺去了……"张二听得眼都直了，心也怦怦地要从嗓子眼儿蹦出来，急忙追问道："这赖瓜有什么用呢？""那大坟上有个窟窿，从现在算起，到第三天子夜十二点，摘下这个瓜，放进窟窿里，那坟就会自动裂开。到那天，咱俩一起去，这一窖财宝，一人一半儿。"张二听了喜得眉开眼笑，满口答应。

那人走后，张二总觉得这事有些神乎其神。他来到砖头山西边的坟圈子，果然看见一座大坟，坟上有一大窟窿，黑洞洞的，深不可测。回到瓜地，再看这个瓜，真新鲜，显得比刚才个儿大了。他这才对那人的话确信不疑。索性从瓜棚把被窝搬来，守着这个瓜睡。说也奇怪，这小赖瓜儿就像气吹的似的，一天比一天大，到了第三天的晚上，长得足有三十斤重。

天黑了，张二守着瓜等着那个人。时间一个时辰一个时辰地过去了，那个人还没有来。他看看天，黑茫茫的没有一颗星星。凭经验他知道离子夜还早，于是躺在瓜旁寻思开了：虽说是一窖财宝，可窖有多大，他并没说。万一窖不大，我能分多少?! 他既能看出砖头山这一窖，剩下的九缸十七窖，也必能看出。别看他在我眼前显憨厚，那心里……再说这赖瓜儿是我种的，这窖在我的地边，地力全被这一窖财宝夺去了，我这就赔本儿了，哼，不能便宜他……想到这儿，他一骨碌爬起来，把瓜摘下，装进一条大布袋，背着直奔坟地。来到大坟前，他把西瓜朝窟窿里轻轻一放，那瓜咕噜咕噜就滚进去了。只听到"咔嚓"一声，大坟裂开五六尺宽的大口子,从里面射出万道金光,漆黑的夜,霎时亮如白昼。张二探身一看,嗬!下边是五尺左右见方的一个窖,装得满是金光闪闪的元宝,刺得他眼花缭乱。他抓起口袋,抬腿就要下去,不料从窖边的一个洞里探出一条碗口粗的大蟒头,张着血盆似的大口,喷着火,两只眼睛像两盏血红的灯笼,凶恶地瞪着张二。张二"妈呀"一声,昏倒了……

当天蒙蒙亮的时候,张二苏醒了,躺在这座大坟的旁边,那过路的人正守护在他的身旁。那人把张二扶着慢慢坐起,叹着气说:"完了,全完了,这西瓜只有到子夜十二点才得满日精月华。那大蟒也只有吞下这熟透了的子夜瓜,才能破了道行,逃命。可你……"他没有再说下去,只是喟叹一声,辞别了"够本儿哭"张二,郁闷而去。

据说,这一窖元宝被大蟒转移了,究竟转移到哪儿了,谁也说不准。不过"西到立禅庵,东到砖头山,北到兴国庙,南到海子湾"。老人们说这九缸十八窖,至今没出张家湾附近这个圈儿。

(作者:刘祥、康德珍)

381

马坟的传说

在张家湾镇凉水河边，有一座古老的村庄。这村的西南全是黑土地，下雨存水，是有名的西洼子。洼地西边，不知道什么时候堆起了南北一道土岗子，俗称山岗子。岗子里竟出些死人骨头和"聚宝盆"（按：战国以前的夹砂红陶片），有一回还发现了一个铜箭头扎在大腿骨上，人都传说这个村子年头远了去了。

这个村子就叫南火垡。有人说古人开荒种地，先用火烧地上荒草再去耕地播种，所以村名叫火垡，以这种方式开始建立的村庄有南北两座，这一座在南，就叫南火垡。其实不然。是大明朝洪武年间，为了充实北京经济实力，以便保卫长城一线安全，保护北京城，曾经从山西、河北等人多地少的地方，迁来了两批穷民百姓，在北京郊野安家落户，种地交粮，其中就有五户人家，从山西洪洞县大槐树底下，集合挑担来到了这个地方，合伙开发这片洪水淤塞了的低洼地。古时五人为火，开地建村，才称南火垡。

这五户人家姓氏不同，有顾、韩、陈、郑、李五姓，情同手足，年年月月，辛辛苦苦，经过一代代二百多年的勤勤恳恳劳动，春种秋收，纳粮交税，小日子过得安安稳稳，红红火火。

不料想，闯王李自成攻入了北京城，把个崇祯皇上吓得在煤山（今景山）老歪脖树上挂死了。也不料想，蓟辽总兵官吴三桂勾结后金兵打入了山海关，洪水般流入北京，改了朝，换了代，建立了大清朝，将首都也定在了北京。

这大清朝可了不得，有八旗兵将，举起刀枪就是兵，能打仗，拿起锄镐就是民，能种田，实行的是兵民制。为了巩固阵脚，久住中原，一招儿推行剃头令，打到哪儿行到哪儿，留发不留头，留头不留命，一句话，不剃头发就视为存有二心，就一刀送命。另一招儿是在京畿顺天府地区推行"跑马占圈"政策，让八旗兵丁去圈占乡间无主的荒地，归己所有，招佃汉民，坐地收租，以此来安稳八旗兵丁思乡之情，死心塌地守在京郊，保住北京，保住皇上。

这八旗兵丁圈地各有分地,通州地面开始分的是由正黄旗兵丁来圈占,后来又改由正白旗兵丁来圈占。这通州是京东大门,离北京最近,多河富水,一望平川,土地肥沃,旱涝都有收成,谁不愿意在这儿占地扎根? 所以,正黄旗兵丁不乐意撤出通州,而正白旗兵丁是非占不可,往往两下争斗,私下谁也不服谁。可是皇命如山倒,哪个敢抗? 故此,正黄旗兵丁大都遵命移往别的州县去圈占耕地了。

可也有脑门儿硬胳膊根儿粗的,暗地里不听皇上那一套。来南火垡村圈地的一家正黄旗兵丁就很横,姓金,是皇姓爱新觉罗氏,皇族,据说是顺治皇帝的近支,到底叫什么名字,谁也说不清了。这金氏一家到南火垡来圈地正是春天,怀揣着皇上的圣旨,骑着几匹战马,由地保领着,傲里傲气地过了凉水河样田村桥,到了山岗子,进入了村界。展眼一望,几处坑塘绿水漪漪,有不少水鸟飞来翔去。道旁农田平平整整,垄沟(按:一家一户的耕地交界处低洼,出现浅显沟状)条条,簇簇柳丛(按:地界间栽植柳树,不让长大,只长柳条)泛绿,好生心喜。

不一会儿,几匹马来到村西关帝庙前,下了马,进了山门,跨入正殿,倒头便跪,拜谢关公像,口中念念有词道:"我大清朝马上得天下,是学了《三国演义》才能如此,是多得关爷保佑之力。今日,我们到此,还望关爷大显神通,保我们一家圈地成功!"随后便唤来了村甲,亮出了圣旨,拔出了刀,不由分说,就决定在村南圈地。消息传开,合村人无不咬牙切齿,也无不痛哭暗泣,只因为那村南大块平地是村里人二百年的血汗换来的命根子,哪一条地都有主有名有姓,哪里是什么无主荒田!

这金氏一家依仗皇权,不管村南上等好地有没有主,也不管村人哭爹喊娘,只管喂足坐下之马,让几匹马好好歇息,待明日跑马占圈,夺得更多土地。

挨得次日,金氏一家选得一位能征惯战的勇士、一匹健壮善跑的乌蹄白雪马,披挂齐整,紧紧张张来到村子西南角外,强令村甲聚集村人到齐,大人都灰心丧气,战战兢兢,只有一些孩子追来逐去,不知大难临头。只听得金氏家主凛凛说道:"今日我们一家奉皇上圣旨,来在这里圈地,谁敢抗拒当场杀头!"接着,手指着那匹白雪马,又狠狠说道:"这匹马今天一口气跑到头,凡蹄子印儿圈儿的地,就都姓金了!"说罢,村人们都傻了眼,吁吁地叹气。

这时,金氏家主一拍战马屁股,那骑马的勇士勒紧缰绳,一声鞭响,那马挺颈昂头,四蹄飞起,向正南奔驰而去,村人都心突突,眼睁睁望着那马跑去,转眼间变得小起来,简直就像追兔子的一条猎狗,渐渐地变成了一个白点。那白点

张家湾通运桥

忽然左拐向东，又左拐向北，渐渐地又像是一条猎狗，又变成了白雪马，跑到了村子的东南角外，站住了。金氏家主急忙跑到马前，笑嘻嘻拍着马的鼻梁子，连连夸赞着："好马！好马！"村人也都慢悠悠来到村东南角外，远远地站在一堆，望着那匹浑身汗津津的马。马头一扬一扬地喘着气，又是可怜又是可气。

金氏家主一面让骑马勇士回到庙里喂马，还附耳嘱咐了几句话，然后冷冷地对村人说道："大家都看到了，这马蹄子圈儿里的地，从现在起就是我的了！有不服的到皇上那儿去告，我姓金的接着！"说完，就领着地保，叫家人提着早已准备好的几袋子白灰粉，顺着马蹄子印儿，撒下了一条催命的白线。这三条白线可了不得，把几百年间村民开辟的良田一千五百余亩，白白地被金氏一家旗丁霸占了，还起个耕地名称叫圈里。

完事，兴兴奋奋地回到了庙里，那些村人都含着眼泪，蹒蹒跚跚地回了家。待金氏家主入庙，突然大惊失色，原来那匹战马倒在院内，四腿直直，两眼闭闭，呜呼哀哉了。急问勇士，原来是这匹疲疲累累的马，喝了一筲凉水后，浑身哆嗦一阵就倒地没气了。金氏一家围着死马转了几圈儿，不住地咂着嘴片儿，眼睛泪汪汪。

晚上，黑乎乎，金氏一家点着蜡，商量着，以为这匹战马为他们一家圈地立了一次大功，便决定给这匹马建一座墓，隆隆重重地祭奠一番。次日早晨，他们选定了村南老坑边，深深地挖了一个大坑。然后唤来地保，要他找村人抬死马入葬，村人谁也不管，实实地解着气。没办法，金氏家主只得从北火堡等附近村子请来圈地的正白旗兵丁，帮助抬马下葬，并且陪葬了一把立有战功的单刀，堆起了坟头，恭恭敬敬地对着马坟烧香磕头。从此，金氏一家立下了一个规矩，就是在每年清明时节，给祖宗上坟（扫墓）的时候，也要给马坟添几锹土，上一些供,烧一股香,磕几个头。

　　人们要问,如今这马坟还在吗? 不在了。现在那里建起了民房,但是没有深挖,大概马骨头和那把战刀还应原封不动地埋在那里。

(作者:周庆良)

名人古诗

铁 牛 庙①

迺 贤

燕人重东作②,熔铁象牛形。

角断苔华碧③,蹄穿土锈腥。

遗踪传野老④,古庙托山灵⑤。

一酹壶中酒,穰穰黍麦青⑥。

迺贤,字易之,元代南阳人,后迁居浙江鄞县。能文,尤善作诗,与当时浙江长于书法的韩兴玉、善古文的王子充,并称江东"三绝"。曾任东湖书院山长,后被举荐为翰林编修,曾参重臣桑哥失理军事。著有《金台集》《河朔访古记》。此诗选自《天府广记》。

①铁牛庙:据《通州志》记,铁牛庙在张家湾北门外,但无考。

②重东作:重视农业生产。东作:农事。

③华碧:闪着绿色亮光,说明苔藓含水分多。

④野老:野,民间;野老,村野老人。

⑤山灵:神灵。

⑥穰穰:大面积的庄稼。

张家湾舟中作

樊　阜

朝发燕山阳①,夜宿张湾侧。

高树蔚繁荫②,浮云淡无色。

衍彼西日驰③,忧心恒恻恻④。

赖我同心人⑤,相期崇令德⑥。

樊阜,字时登,明代缙云人。成化举人,官至延平训导。善诗,著有《樊山集》。此诗选自《日下旧闻考》。

①阳:山的南面。

②蔚:草木茂盛。

③衍:同"眷",回顾、恋慕之意。

④恒:经常,常常,恻恻:切切,诚恳。

⑤赖:依赖。

⑥相期:相互期望或共同推崇;令德:美好的品德。

晓发张家湾

许天锡

黄鹂啼歇晓阴开①,两岸垂杨荫绿苔②。

叶底轻花君不见③,暖风吹入短篷来④。

许天锡,字启衷,明代著名文学家。弘治进士,官至吏科给事中。因对权臣刘谨贪污纳贿不满,并清查出刘谨数十次侵匿内库,而被刘谨派人缢杀。当刘谨被惩处死后,由皇帝下谕对其公开祭奠,并抚恤其家属。此诗选自《日下旧闻考》。

①晓阴开:清晨天空中的阴云散开。

②荫:遮蔽。这里做动词,荫湿而滋长之意。

③轻花:小野花。

④短篷:用竹木、苇席等在船上搭制的遮蔽风雨的短篷。

长店作①

殷云霄

牵舟下潞河,河浅不可行。

前途漫浩浩,日暮悲孤征。

缘流百里间②,淼茫即东瀛③。

挂帆越万里,快哉平生情。

失计今如此④,忧怀徒自盈⑤。

殷云霄,字近夫,明代山东寿张人。弘治进士。官至工科给事中。为官廉洁,深得民望。平生雅志诗文,卒时年仅三十七岁。著有《石川集》。此诗选自《日下旧闻考》。

①长店:距通州城南约十三里,张家湾一带。

②缘流:指潞河发源的地点。

③淼茫:渺茫。东瀛,这里指东海。

④失计:失算,计谋上的错误。

⑤徒自盈:自己充满忧伤也没用。

张家湾棹歌①

陆　深

张家水流北山头,十里洪身九曲洲。

惟有老渔知进退②,深滩撒网浅滩揪。

　　陆深,初名荣,字子渊,明代诗人。弘治进士,曾官任太常卿侍读,詹事房詹事。陆深幼小文章即有才名,善书法,习李邕、赵孟頫帖。鉴赏博雅,写文用词为群臣之首,著述甚丰,有《玉堂漫笔》等。此诗选自《日下旧闻考》。

　　①棹歌:船歌。棹:摇船的用具。

　　②老渔:老渔夫。

张家湾晓发

王崇庆

沙鸟知山雨,舟人狎海潮①。

五云堆魏阙,回首路迢迢。

王崇庆,字德征,明朝开州人。正德年间进士。官至南京吏部二部尚书。著有《周易议卦》《五经心义》《山海经释义》等。

①狎:亲近,游乐。

里二泗东皇祠下作

王嘉谟

柽桐发春华①,蔼蔼照中圃②。
杳渺平沙阔③,孤帆逗新雨④。
中流见古祠,松云淡群树⑤。
举酒酬芬芳⑥,村巫起屡舞⑦。
雪消蕨初绿⑧,苹香鱼正乳⑨。
但醉不须辞,此乐真堪取。

王嘉谟,字伯俞,号弘岳,明代顺天府(今北京)人。万历十四年(1586)进士,任行人司行人,掌传旨、册封等事。善诗文辞赋。此诗选自《日下旧闻考》。

①柽(chēng)桐:落叶类的小乔木;发春华:草木吐绿返青。

②蔼蔼:柔和的云气;圃:种植蔬菜、苗木的绿地。

③杳渺:远得没有边际。

④逗:戏耍,这里指在雨中单船为乐。

⑤淡:此句之意是稀薄的白云挂在树梢。

⑥酬芬芳:感谢春天里的美好大自然。

⑦村巫:指装神弄鬼、跳来跳去地替人祈祷除病为职业的人。

⑧蕨:植物,多年生草本,幼叶可食。

⑨苹:植物,亦称"四叶菜""四字草",多年生浅水草。鱼正乳:鱼儿在幼小生长开始吃草的时期。

登张湾里二泗道院高阁①

汤显祖

弭舳聚氤氲,屣舄凌晖皎②。

旅积方此舒,波情亦堪绕。

榛丘见蒙密③,重关思窈窕④。

况此羽人居⑤,青荧满幽眺。

双扉永平直,层楼回飞矫。

陵岳翠西矗,河渠白东淼。

幢樯密林树⑥,咿优轧鱼鸟⑦。

封畛四如画,岐术纷可了⑧。

非经灞陵役⑨,复异河阳绕⑩。

如何帝乡云,悠然映江表。

汤显祖,字义仍,号若士,生于 1550 年,卒于 1616 年,明代文学家、剧作家。三十四岁考中进士。历任南京太常寺博士、詹事府主簿、礼部祠祭司主事等职。汤显祖留下了丰富的作品,其中尤以《紫钗记》《还魂记》(即《牡丹亭》)《南柯记》《邯郸记》(世称"四梦")最为著名。此诗选自《日下旧闻考》。

①里二泗道院:在通州城东南约二十里。

②屣舄(xì):舄,鞋;屣舄,拖着鞋。凌:迫近。

③榛丘:长着小乔木的土岗子。

④窈窕:指山水、宫宇深远。

⑤羽人:仙人的代称,也指道士。

⑥幢(chuáng)樯:挂着帆的桅杆。

⑦咿优:象声词。

⑧岐术:岐黄之术,泛指修道。

⑨灞陵役:公元 171 年在陕西芷阳县人工修筑灞陵,汉文帝死后葬于此。

⑩河阳绕:指河从道院的北边流过。

七月十五日夜泛舟里二泗

刘廷谏

早秋十五潞河边,里二滩头一系船。

为爱清风消溽暑,更怜明月满中天。

涛平千里水如练①,云挂孤帆人似仙。

有客扣舷解予意②,郎吟赤壁不曾眠。

刘廷谏,字咸仲,号良哉,明代顺天府通州人。万历四十七年(1619)登进士,授刑部广西司主事。因能兴利除弊、除暴安民,升吏部郎中。后因得罪魏忠贤而被罢职。崇祯初复官吏部郎中,在吏部为官二十多年,敢于直言上疏。崇祯十七年(1644)拜佥都御史。著有《雪巷祁集》等。此诗选自清光绪九年《通州志》。

①练:洁白的熟绢。

②扣舷:敲打船边;予:我,指作者。

晓发张家湾作

邱云霄

舟居变春夏,倦与云水期。

月明宿沙湾,鸡声何咿咿①?

寒烟薄汀渚②,征人事驱驰。

长河就东没③,明星亦西移。

鸣镳扬缁尘④,策马纵青羁⑤。

远瞪鸾凤楼⑥,有怀金玉姿。

元发抱衷素,绿丝方见治。

辗转繁虑积,缅邈千古思⑦。

邱云霄,明代人。此诗选自《日下旧闻考》。

①咿咿:象声词。

②汀渚:水边和水中沙洲。

③长河:银河,这里似指潞河。

④镳(biāo):马嚼子露出嘴外的部分;缁尘:灰尘。

⑤青羁:马笼头。

⑥鸾凤:喻指夫妻。

⑦缅邈:遥远的样子,有瞻望不到的意思。

下第张家湾

桑绍良

貂裘凋尽客还家^①,郭隗台前日欲斜^②。
回首凤城春色好^③,莺声啼碎碧桃花。

桑绍良,字于遂、经魁。明嘉靖乙卯科(1555)登进士,曾官山西岚县知县。此诗选自《日下旧闻考》。

①凋:坏,破旧。

②郭隗:战国时燕人。燕昭王欲报齐仇,拟招徕人才,向郭隗问计,郭说那就从我开始。于是昭王特为他筑台,尊他为师。并在台上放置千金,以招聘天下贤才,于是乐毅等相继而至。郭隗台,即黄金台。

③凤城:指北京城。

皇 木 厂

先朝富物力,连筏下江淮。
楚蜀来云栋,唐虞崇土阶。
故尝储将作,遂尔委天涯。
去去毋延伫,奇材却易埋。

谈迁,原名以训,字观若;明亡后改名迁,字孺木。生于 1593 年,卒于 1657 年,浙江海宁枣林人,明末清初史学家。有《国榷》《北游录》等著作。此诗选自《北游录》。

张家湾古铁锚歌

管庭芬

金星流如旭日堕,坠地化为顽铁土。

何年鼓铸成巨锚,抛掷荒原土花蚀。

雨零日炙黝为苍①,应有精灵守其旁。

不作铁柱镇蛟蜃②,抱才未遇谁其航。

欹斜角立各盈丈,却为佛家系龙象。

铜山西倾洛钟鸣,试为一扣钟亦响。

相传唐征高句丽③,欲从直沽窥藩篱④。

后来改道不复用,贞观款识谁能稽⑤。

又传蒙古利海运,大舰峨峨转诸郡。

北门夜放首鼠奔,此锚免销作兵刃。

历翻史志皆无实,或者阙疑或者逸⑥。

寒云漠漠风萧萧,积铁无言难絮诘⑦。

至今久弃城墙下,过客摩挲趁闲暇。

休将金马比清高,竟恨铜驼共惊诧。

我来吟诗云老衲,铁环鉴然似相答⑧。

何时齐变蛰龙飞⑨,好与延津双剑合⑩。

管庭芬,字培兰、子佩,号芷湘,晚年又号芷翁,生于 1797 年,卒于 1880 年,清代诸生,方志学家,浙江海宁人。其诗清新,熟习乡帮掌故,曾参加纂《海昌备志》。此诗选自《漷阴志略》。

①黝:黑;苍:灰白色。

②蛟:泛指蛟龙,古代传说中能兴风作浪、发洪水的龙。

③高句丽:古国名,在今辽宁新宾东境。

④藩篱:篱笆。

⑤款识:钟、鼎等器物上刻的文字;稽:查考。

⑥阙疑:把疑问留着不下判断。

⑦絮诘:絮叨地追问。

⑧鉴然:仔细一看的样子。

⑨蛰龙:潜伏的龙。

⑩延津:古津渡名,古代黄河的重要渡口。

张 家 湾

张继恕

柳色凝青曙①,莺声散晚霞。
微茫连水国,迢递见村家②。
绿满平田草,红开断岸花。
流亡宜早复,此地足鱼虾。

张继恕,生平年代不详。此诗选自《古今图书集成》第八卷。
①凝:凝聚。
②迢递:远貌。

404

通州道中

张宜泉

未熟东来路，沿村问去程。
看山含寿色，听水带仁声。
众鸟争压枝，群鸿作字精。
一鞭残照里，得意马蹄轻。

张宜泉，清《红楼梦》作者曹雪芹的好友。其生平年代不详。曹雪芹家在张家湾曾有当铺，在通州有典地六百亩。张宜泉的祖父灵柩可能因与曹雪芹的关系，暂在张家湾寺庙停放。此诗选自《春柳堂诗稿》。

赴张家湾寻曾祖枢

张宜泉

宗枢遗萧寺①,高僧不可寻。
特留三月宿,要觅百年音②。

①枢:装有尸体的棺材。
②"要觅"句:见祖父灵枢以寄哀思。

津门杂记

沈　峻

别有香船泊河浒[①],携男挈女求圣母。
楚楮那惜典钗环[②],愿赐平安保童竖[③]。

沈峻,字存圃,清初贡生。此诗选自《沈存圃明经峻诗》。

①津门:渡口,码头;浒:水边。

②楮:纸的代称;典:抵押,出卖。

③竖:直立,这里是健壮有生机之意。此诗是写里二泗佑民观,人们朝拜金花娘娘求子的情景。

重至张家湾有感而作^①

富察·明义

昔从銮舆曾此径^②,重来熟地弗胜情。

彩云一片今何在^③,春梦三年记不明。

目送吴帆心共远,迹存潞水恨难平。

江湖来往饶情客^④,谁向云卿漫寄声^⑤。

　　富察·明义,清代镶黄旗人,据有关红学家考证,可能生于1740年左右。他曾做过乾隆朝上驷院侍卫,即为皇帝管马执鞭,曾随乾隆多次到过通州张家湾。他与《红楼梦》作者曹雪芹有密切关系,并作有《题红楼梦》诗二十首。富察·明义风流倜傥,是明清文人雅士好与歌妓酬唱风尚的代表人物,曾自评:"屈指论生平,花月事惟我最多情。"此诗选自《绿烟琐窗集》。

　　①作者曾于乾隆三十五年(1770)初春,随皇帝到张家湾,与苏州歌妓陆笺(字云兰)邂逅,感陆笺美艳绝伦,琴诗兼妙,故一见钟情,别后他有若干诗词寄托对她的思念。此诗是1773年作者故地重游,触景生情之作。

　　②銮舆:这里指皇帝出行的车马交通用具及仪仗。

　　③彩云:既借指天上的云,又喻歌妓云兰,属双关语。

　　④饶:任凭或尽管的意思。

　　⑤云卿:指陆笺。

望江南^①·寄云郎^②

富察·明义

何处好？魂梦忆张湾。手语暗传身影后，唇香近接酒杯边，眉眼尽流连。

①望江南：唐代教坊曲名，后用为词牌。又名《忆江南》《梦江南》《江南好》。
②云郎：指陆筴。

土桥庙中赏牡丹作（二首）

戴凤池

一

桃花开罢牡丹红，续得韶光泄化工^①。
谁谓人间春易老，老禅关也可住翁^②。

二

庙门幽绝庙廊闲，庙内仙花笑破颜。
一自仙人来驻驾，好留春景在人间。

　　戴凤池，字翰元，清末通州上店村人。清同治丁卯年（1867）补禀生，光绪十四年（1888）岁贡生，授通州知府训导。光绪二十年（1894）恩科奖五品顶戴，宣统元年（1909）赐四品。光绪壬辰年（1892）运河水溢，上店受灾奇重，官赈为数甚微，凤池命子由京筹款若干，散济贫户。此诗选自民国三十年《通州志要》。

　　①韶光：美丽的春光。化工：自然创造或天工。
　　②老禅关：古老的寺庙。

文化名人

冯其庸与张家湾

　　北京通州漕运古镇张家湾芳草园中坐落着一个古朴典雅的中式院落,镶嵌着青瓦的白色院墙和一扇古色古香的木质对开院门,将喧嚣的外界与清幽的小院内部隔开,推开厚重的木门走进其中,开阔的小院中左右各耸立着两尊巨石,一座二层别墅被园中的梅树、西府海棠和玉兰树簇拥着,静谧地坐北朝南伫立在园中,门前的佛像安详地注目着来往的过客,让人感到置身于浓郁的文化氛围中。这所别有一番江南风韵的民居就是著名红学家冯其庸先生的故居。

　　冯其庸先生,名迟,字其庸,号宽堂,斋名瓜饭楼。1924 年 2 月 3 日出生于江苏无锡。中国著名红学家、文史学家、书法家和画家。曾历任中国人民大学教授、中国艺术研究院副院长、中国红学会会长、中国人民大学国学院首任院长和中国文字博物馆首任馆长,以及中央文史研究馆馆员等职务。特别以研究《红楼梦》和曹雪芹闻名于世,著有多种红学研究专著。

　　冯其庸先生晚年卸任中国艺术研究院副院长职务后,一直隐居于通州张家湾芳草园瓜饭楼家中,著书立说,潜心绘画,安居乐业。

　　冯先生与张家湾的渊源始于他从事《红楼梦》和曹雪芹研究。20 世纪 70 年代末 80 年代初,为撰写《曹雪芹家世·〈红楼梦〉文物图录》一书,冯其庸先生曾多次来到通州张家湾实地调查,寻找拍摄曹家典地、花枝巷、曹家当铺、曹家染坊井、曹家坟、漕运码头、张家湾古城遗址、通向古城的张家湾古桥以及这里所有与曹雪芹相关的实景资料。而 1992 年当他得知张家湾(曾在 1968 年)出土曹雪芹墓葬刻石的信息后,为了辨清墓葬刻石的真伪,他冒着三十多度高温进行考察;尔后更是多次率众多国内知名红学家、史学家、考古学家和金石鉴定家来这里观看实物,访问出土文物当事人和目击者,进行考证、论证、座谈和鉴定工作。一石激起千层浪,一场张家湾与红学的大讨论轰轰烈烈地展开,多家报纸杂志开辟了专栏,讨论张家湾与红学、张家湾与曹雪芹……红学家、历史学家、考古学家等都卷入其中,各种观点激烈碰撞。在讨论中,冯其庸先生发表了重磅文章,毅然推翻自己多年坚持的"癸未说"的观点,支持了"壬午说",从而得出曹雪芹墓葬刻石为真的结论。冯先生说:"关于雪芹的卒年,已经争论了几十年了,过去我是主张'癸未说'的,但现在看了这块碑石上的'壬午'纪年,再联系甲戌本脂批,我想不能把写得一清二楚的字,硬是解释为记错的了。"有关整个事件的全过程,冯先生在他晚年的口述自传《风雨平生》中有过详尽阐述(详见《风雨平生》263—267 页,《曹雪芹墓葬的发现》一节),在此不赘。就这样,在做这些工作的同时,冯先生慢慢地与张家湾结下了不解之缘。

此时冯先生居住在北京城区中国艺术研究院宿舍楼中,身为中国艺术研究院副院长,他主管着研究院的学术研究工作。因每日工作繁忙,又访客盈门不堪其扰,以至于每每做学问都要等夜深人静,访客走尽,秉灯夜研。20 世纪 90 年代中期,时任张家湾镇党委书记得知了冯先生的情况后,建议冯先生为研究曹雪芹和《红楼梦》之便移居张家湾。怀揣着对曹雪芹的敬仰,1996 年底冯先生在离休后,为了能安静地继续做他的研究工作,举家迁居到张家湾芳草园。那时的通州张家湾刚刚开发,四周农田毗邻环绕,没有超市,交通非常不便,芳草园的居住和研究条件十分艰苦。冯先生以他乐观的生活态度,为新宅取名"且住草堂",自力更生,自己在院中栽花种树挖池塘,让瓜饭楼渐渐丰满起来,也让他的文学和艺术才华在这里得以绽放。当我们今天走进瓜饭楼,正对楼梯上的"且住草堂"真实地反映了冯先生的处世情怀。

从 1996 年入住瓜饭楼,到 2017 年离世,冯其庸先生青灯黄卷,笔耕不辍,在瓜饭楼中先后完成了上千万字的著作,其中最具代表性是他的《瓜饭楼丛稿》,它是冯先生半个多世纪学术研究成果的汇编。《丛稿》规模宏大,内容浩瀚,共三十三卷,厘为文集、评批集和辑校集三个部分,共一千七百余万字,集萃了冯先生对文学、史学和哲学的思考,主要内容涵盖了中国文化、传统艺术、大西部历史、古典文学,尤其是《红楼梦》研究等。特别是《瓜饭楼重校评批〈红楼梦〉》,是冯先生毕生研究《红楼梦》的集大成之作,是自《红楼梦》问世以来最全面的重校评批,权威阐释解读它全部内涵的文化巨著,也是《红楼梦》众多版本中一部内容完善、制作精美的全新版本。除却冯先生的大量书稿,晚年他在张家湾瓜饭楼居所还留下了大量诗稿,这其中不乏对曹雪芹的咏叹和对《红楼梦》以及与其相关人物或事件的感怀。这类诗稿大致有近百首,寄托了他对曹翁的追思和对《红楼梦》这部巨著的感悟。

在著书立说的同时,冯其庸先生心系国家和民族的兴旺与发达,在耄耋之年十进新疆,三上帕米尔高原,游历考察西域历史文化古迹、古丝绸之路和玄奘

414

取经之路,做出翔实的调查报告,为我国西部开发奠定了坚实的人文历史调研基础。冯先生力倡大国学之理念,认为国学应是长期以来由多民族创造的涵盖广博、内容丰富的文化学术,而非仅限于汉学、儒学。"凡是现在属于我国内的学问都应收入到我们的研究范围之中。"在他的倡议下,2005 年中央批准中国人民大学成立国学院,隔年国学院又成立了西域语言研究所。

2010 年为庆祝中国人民大学国学院成立五周年之际,人大举办了"国学前沿问题研究暨冯其庸先生从教六十周年国际学术研讨会",时任中共中央政治局常委、中央书记处书记、国家副主席习近平特致函冯先生,高度评价了他从教六十年来在多个学术领域取得的重要成就,尤其是在红学研究方面的突出成就。信中说,冯其庸先生"以八十八岁的高龄,仍带领中国人民大学国学院为国学新时期的发展,为促进中国传统文化的研究发挥着重要作用,其治学报国的精神令人钦佩"。

离休后的冯其庸先生更是醉心于中国传统书画的创作。其书法远宗二王又自出机杼,运笔自然,挥洒自如,气韵幽远;其写意画师宗青藤白石,山水画师法宋元,求真尚意,笔随心遣。因多次游历西域,那里的地貌对其画风产生深远影响,令其设色大胆泼辣,不拘一格。在居住于张家湾的二十余年中,冯其庸先生先后完成了百余幅精湛细腻的书法绘画作品,诸如为纪念汶川地震举国上下万众一心共抗天灾而创作的巨幅书法作品《天下归仁》,被首都博物馆收藏的四尺整幅书法作品《黄河之水天上来》;写意画《葡萄》《紫藤》《墨梅》《老少年》等;山水绘画《秋山问道图》和《青山一发是中原》,山水长卷《溪山无尽图》和《云山烟水图》;描绘西域的重彩山水《祁连山色》《取经之路》《问君曾到西天否》《金塔寺》等。这期间冯先生还先后于 1998 年、2002 年、2006 年和 2012 年四次在中国美术馆举办个人画展,并出版《冯其庸书画集》(文物出版社,2006年)和《中国近现代名家画集·冯其庸》(人民美术出版社,2013 年)。

2011 年 12 月,冯其庸先生凭借其卓越才华和杰出成就以及毕生对文化艺术事业的崇高追求和贡献,荣获文化部颁发的首届"中华艺文奖"。转年,冯先生再次荣膺中国人民大学首届吴玉章终身成就奖。

毫不夸张地说,冯其庸先生晚年在张家湾居住的二十余年,是他高产的二十余年,远离了日常公务和琐事,他完全彻底全身心地投入到自己热衷的事业之中,也正是因此,冯先生对张家湾有着深厚的情感。2015 年为纪念曹雪芹诞辰三百周年,张家湾镇和中国艺术研究院红楼梦研究所共同举办了"曹雪芹与张家湾"红学学术研讨会,冯其庸、李希凡等四十余名国内著名红学专家和知名学者与会,共同探讨红学研究的未来发展和张家湾红学文化之乡的建设前景。由于张家湾镇与曹雪芹及红学文化的历史渊源,张家湾镇在萧太后河两岸修建了七米多高的曹雪芹像和归梦亭等红学文化景观。冯先生亲自提笔为巨型曹雪芹铜雕像题诗:"哭君身世太凄凉,家破人亡子亦殇。天谴穷愁天太酷,断碑一见断人肠。草草殓君土一丘,青山无地埋曹侯。谁将八尺干净土,来葬千秋万古愁。迷离扑朔假还真,踏遍西山费逡巡。黄土一抔埋骨处,伤心却在潞河滨。"并为归梦亭写下"万古不磨石头记,千秋永载曹雪芹"之名句,以示张家湾的后人永远铭记曾经发生在这片土地上的故事。

2017 年 1 月 22 日,冯其庸先生走完了他跌宕起伏、丰富多彩的人生之旅,平静祥和地谢世,享年九十三岁。而就在冯先生离世前几日,他依然念念不忘曹雪芹墓冢之事,希望能为曹雪芹在张家湾留下安身立命之所,希望张家湾能重建曹雪芹墓,希望世人在阅读《红楼梦》这部中华经典巨著时,可以在张家湾曹雪芹墓石出土之地拜谒这位三百年前伟大的作家,这或是冯其庸先生最后想在张家湾为曹翁所做却又未竟之事吧。

(作者:冯幽若)

416

我的点滴记忆

编者按：今年腊月二十九，我给房树民老师拜年，顺便提出采访要求。房树民老师建议我给写个提纲，自己写写供我参考使用。稿子寄来了，我大吃一惊，树民老师竟然写出了一篇很有价值的文史（资料）文稿。老人家已经八十七岁了，体弱多病，他又不会电脑，这些字都是他一笔一画写出来的。这得克服多大的困难？我怎么能"参考使用"呢？就推荐给编辑部照原样发表吧。

——郑建山

一、大辛庄的记忆

我的童年生活有两个阶段，一是东北的阶段，一是大辛庄的阶段。祖籍是大辛庄，出生地是吉林省。我祖父一代十分贫穷。土房三间，无法住下包括六个子女的八口人。靠六亩老坟地无以为生，又靠织网打鱼接济生活。我父亲是我祖父母唯一的儿子，二十八岁才结婚，当年就携我十九岁的母亲闯关东到吉林省九台县火石岑矿区，开始下斜井窑坑挖煤。讨这种生活过于危险，就做小生意，两三年后，在小镇上开了一间门面的小铺，经营的日用杂货是父亲靠一个手推平板车从十里开外的九台县城运来的。夫妻两人拼命攒钱寄回老家，二十年中，由我祖父置地二十余亩。

日本投降东北光复后的 1946 年，父母带我们兄妹三个孩子回到故乡大辛庄。当时我十一岁，祖父母早已相继去世。父母重新安家，仍住在他们二十年前的三间旧土房里。我的六姑母去世后留下的四个年龄与我们差不多的孩子，都被我父母接来一起生活，加上我又新添了一个妹妹，此时已是十口之家。母亲操持繁重的家务，大田里农活全靠父亲一人，春种秋收特忙的季节就靠乡亲邻里的互助帮工。至今提起我父亲的辛劳就忍不住心酸落泪。夏季三伏艳阳

417

高照,父亲扛着一尺多宽的大锄,不误农时,钻在棒子地里锄地,每天下午我都是提一壶开水带半个棒子面饼子给锄地的父亲送去。那天有了例外,我提一壶开水走到地头时,父亲满身大汗坐在地头正在等着。他喝了一碗开水,看看我,是要问什么,我说:"爸,头晌贴的饼子吃完了,'留盒'喊饿,我妈把那块剩下的饼子给她吃了。""留盒"是我的三岁妹妹的小名。这时我看见父亲什么话也没说,只用汗巾擦着脸上的汗,我就提着空壶走回家去。在这段青黄不接的日子里,我家向较富裕的七爷家和别的几家借了好几斗棒子"接短儿"。也有邻里乡亲大缸里腌的芥菜疙瘩送给我家。

日子是艰难的,但我也有一般孩子的乐趣,比如夏天在村里坑塘和离村不远的凉水河里洗澡(游水),冬天棉袄兜里揣着一大把玻璃球和小伙伴们比赛弹球。还有打尜,是用长木棍击打放在地上的两头削尖的小木棒(尜),打到尜尖头,尜就跳起,要及时用木棍照准木尜打去,看谁打得又准又远。弹球和打尜这类游戏,经常把手冻得红肿裂纹。到了夏秋之际,我和邻居伙伴本顺骑着各自家里的小驴,带上磨快的镰刀和大长口袋,每天相约下午太阳"不毒"的时候,出村放驴、割草。时常要到凉水河对岸河滩湿地上去找水稗子等牲口爱吃的新鲜的水草。把驴缰绳拴在驴腿上,让他们自由地在河边找草吃。我和本顺在河里扑腾一阵儿,就开始割一堆一堆的水稗子和爬拉蔓等青草。太阳偏西了,我们把草装满两个大口袋,再把大口袋平放在驴背上,此时,驴也吃饱了,我们也玩够了,就牵着驴悠悠达达地沿着土公路回家了。也有时候,我和本顺攒点零钱,晚饭后天黑时,到何各庄的西瓜地里,叫醒窝棚里的看瓜的大爷,叫他给摘一个熟透的西瓜,我们两个一边吃一边玩,竟能把一个大西瓜吃完才腆着肚皮回家。

再有难忘的是我和我的(堂叔伯)聋二伯下河打鱼的事。聋二伯年轻时也下过关东,但受不了下窑挖煤的苦,没多久又回来了。他的耳聋是因生过一场大病,嘴也有点歪斜,说话稍有结巴,但力气很大,一个人可挑起一百多斤的大网出去打鱼。他一生未娶,和我二爷二奶奶生活在一起,生活过得比较好一些。我父母还在东北时,我爷爷死后留下的大网小网全部交给聋二伯了。他的大网有三丈来长,可以到苏庄一带运河里打鱼,凉水河水少时,三四个跟他一起打鱼的人可用大网把河床罩住,一网上来,常常能收获两大鱼篓各色各样的鱼,我就多次跟着一起去捡鱼,鲤鱼、鲫瓜子、白条子、鲇鱼、扎鱼都有,大蛤蜊、小螺蛳和小鱼、小虾扔在河滩上不要。到晚上该点灯时,我家和聋二伯家同住的这个小院里,粉色和黄色的草茉莉花还有两棵大石榴树上的红石榴花开得正盛,走村穿巷卖鱼的挑着空鱼篓回来了,白天跟着打鱼的几个人也都吃过晚饭聚拢到小

418

院里来了。聋二伯坐在院中的一个小板凳上,卖鱼的人解开围裙掏出两大把钱票,放在扫得干干净净的地上。聋二伯开始点钱,按当天出工的五个人分,分成六份,出工的人各取一份,聋二伯留下两份(人一份,网一份)。常年没有活钱收入的人能得到几个活钱是满意的,大家从地上的烟簸箩里捻了一袋烟,叼在嘴上乐呵呵地走了。每年该歇冬时,聋二伯也更忙了,他要到县城买回一些粗细不同的棉线和麻绳,开始织网和补网了。我喜欢坐在二奶奶家的热炕上看聋二伯怎么操作,他那几根粗硬的手指捯着竹梭,在网眼间飞来飞去,让我看得发呆,我也慢慢跟他学会补网了。常常用坏几只梭子,他会从谁家找来几段竹劈子和一把小剪刀,让我给刻新梭。小时候我喜欢小刀、小锤子之类,刻竹梭没问题,先把竹劈裁成长短宽窄不同的竹片,磨光,头上削尖,靠前刻成一个空洞,里边留着一个结实但有弹性的"舌头",梭子的底部要刻一个凹槽,这样,就可以在"舌头"和凹槽中缠线织网了。梭子制成聋二伯会高兴地摸摸我的头,塞到我手里几块钱,让我买笔用。

二、张家湾记忆

1948 年我读完村里初小,报考了离家较近的两处高小(完小):堡头村高小和张家湾高小,两处皆录取,最后选择了条件较好的张家湾高小。这年晚秋时,我父亲背着我的行李和半口袋棒子面送我上学,我成为住宿生。这所学校是在一座大的庙里,大庙建在一个结结实实的巨大的夯土墩上,要登十几级台阶才能走进大门,院落宽敞干净,正面是一座坐北朝南的大殿,殿门封闭,里面供的是关公老爷,那时早已没有香火。左右平房里分别住着单身的男女老师。东西两面的厢房分别是四、五、六年级的教室和老师们的教务室,大门两侧是大厨房和工友宿舍。大院东部延长扩建部分是远路学生的一大间集体宿舍和厕所。大院东侧教务室后面有一小片空地是学生课间活动的小体育场(正常的体育课要到西边初小分校的大体育场)。大院殿前有两棵粗大的柳树或槐树,上面挂着一口铜钟,每到上下课时,厨工老董就去拉绳敲钟。除了预备上高小的四年级学生外,五、六年级在读的高小学生不超过六七十人。我们大辛庄两个学生住在集体宿舍里,每周回家一次。在校吃的是大个儿窝头和白菜汤。这年入冬时,局势紧张,天津解放了,北京被解放军包围,老师们要比平时严肃,我们这些孩子住在宿舍里,不懂时事,晚上不睡,胆大地溜到大殿旁的储藏室抓来两把黄豆,放在火炉上烧烤,边吃边闹。那晚突然间一声炸雷般的巨响从北京方向传来,把我们吓坏了,都钻在被窝里不敢吱声。这声巨响直到今天我仍记忆深刻。不几天,学校就提前放假,等着过年了。

1949年春,天津、北京相继解放,张家湾完小恢复上课。重要的变化之一,是大殿内的佛像已经搬出,宽敞的殿堂经过改造装修,变成一间大教室,我们五年级就在这间大教室里上课。新的书本发下来了,语文课本是用又薄又黑的纸印的,内容都很新鲜,增加了不少打日本炸炮楼这类故事,课外活动学唱了一些解放区的新歌和扭秧歌、打花鼓。校长和教导主任也是新换的,最让我难忘的是上面发放给学校为数不多的新书,老师分给我们轮流着阅读。轮给我的一厚本是东北新华书店出版的《暴风骤雨》,那时我还不到十四岁,读这本厚书已没有大的障碍,尤其写的东北农村土改的生活,那里活生生的人物,引起我童年在东北时的记忆,读着就像和曾经熟悉的农民人物重新见面一样。我记住了周立波,琢磨这个写书的人怎么把东北话写得这么像!更有一件影响我一生走文学之路的事,是我的班主任陈学增老师,一次讲完课后,他叫住我,把一本正方形浅褐色封面的杂志递到我手里,说:"房树民,这是一本新出版的儿童杂志,送给你吧!你好好看看人家学生写的文章,多好啊!我看你也可以写。"我谢了陈老师,接过杂志看封面印的是《天津儿童》(或《新儿童》,年久记不准了)。回家后我把这本杂志内一些不同学校学生写的文章读了好多遍,他们写的日常学校和生活引起我的共鸣,也激起我想试一试的想法。没过多久,北京也出了一本月刊《中国儿童》,内容更丰富,里面的文章都是北京五六年级学生写的五六百字的短文,还有插图,生动活泼,我就抑制不住自己激动,非得试它一试不可!我怕同学耻笑,也没敢告诉陈老师,就按照《中国儿童》社址北京御河桥3号,经常写稿寄去,但也多次都被退稿。终于在1950年4月的《中国儿童》登出了我的处女作《喂猪》一文,约五百字,占了一页版面。我高兴地抱住这本杂志不知怎么好了!过了几天我收到一张稿费汇单,大约是五块钱。第二天我步行十六七里路到通州万寿宫大街邮局去兑钱,邮局要本人图章,没有,返回家磨了一小块瓦片,自刻了名字,再去邮局取回了五块钱。《喂猪》就这样成为我未来人生职业(写作、编辑)的起点。

1949年春复课开始,我们家住较远的外村学生也不再是自带粮食包伙住宿生,而成为每天自带干粮的走读生了。解放初期,国家还在恢复时期,农民生活还很艰苦,我们村里两个走读生每天天还不亮就起身结伴经过何各庄踏水过凉水河,经下马口到张家湾新城南门,穿街而过萧太后河上的三孔大石桥,过旧城南门到完小。自带的饽饽饼子经常是带着冰碴儿啃几口作为午餐,天傍黑的时候原路回家赶上吃顿热粥热饭。这是冬天，苦一些，但农村孩子习惯了，蹦蹦跳跳一天还是快乐的。

夏天的时候，我们这些十三四岁的孩子可玩的地方就多了，没人想在中午课休时趴在课桌上打盹儿，一帮喜欢游泳的就去大石桥下脱光背心裤衩往岸边大石板上一扔，跳到清澈见底的河里扑腾。个个都会游水，在桥下的大石孔洞中穿来穿去。下过大雨，水位涨高时，水性很好、胆子又大的张玉贵带头爬到桥上的狮子护栏上，来个双手抱膝的倒栽葱，落水时激起一大片水花，他自己却要到一丈多远的地方露出头来，甩甩脸上的水游到岸上。我们一帮孩子只他一人有这本领，始终没有别人敢试。

张家湾留在我心里的记忆比这要早。孩子时期，一个地方的气味往往是让他一生难忘的。我最喜欢秋天时上张家湾去给家里买东西，肘弯里挎个柳条编的捞斗子（相当于南方的竹篮子），手里提个不大的煤油桶，从大辛庄，经瓜厂、小辛庄，过凉水河石桥就到了张家湾新城南门。一进街口就闻见丝丝飘来的糖炒栗子气味、麻酱烧饼味和沙果梨的甜香气味。南门脸旁边的马三果局内外摆满秋天的香果大柿子、面酸梨和通红的大脆枣。这家果局的店主马三爷，高个儿，面白，慈善，下颌上留着一缕灰白色胡子，这是1947年我十二岁时从他门口路过时最早的印象。到1949年我已在高小读书时，就跟马三爷很熟了，因为《中国儿童》经常给我的退稿信就是由邮局投放他这里，有时我放学路过果局门口三爷就叫住我取信。从果局往北再走几步，是严麻子烧饼铺，老严和他的徒弟正在大案子上制作和在烤炉上翻烤烧饼。他家的烧饼层儿多，用的是上好的麻酱香油，远近闻名。小白脸的徒弟甩动着黝黑的小擀面锤，有时还故意给外边观看的顾客敲打几声鼓点。再往北走是十字街口，拐弯向西，街面宽敞，转角处，坐北朝南，原是年代久远的、著名的义丰永布铺，我母亲说，我爷爷去世时，在这家买过五福牌大白布。坐南朝北的是回族杨家的一间牛肉铺，整扇的牛肉挂在案前。沿这条东西向的大街往西走，有一家两大间门脸的杂货店，是聚成兴，这里油盐酱醋、茶叶点心、窗纸贡品，无所不有。我在高小上学的那年，没钱买写字的纸，就从家里带一升老玉米，到聚成兴换一大张土黄色的包装纸，裁成小块，订一个写字本。聚成兴斜对面，是一家门面较大的山货店，家用的铁锅饭碗、农用的叉子扫帚，以至火柴灯油，应有尽有。我就在这里给家里买过点灯用的美孚牌洋油。再往前走靠南一家常年敞开门脸的是戴记茶馆，门口一过，就看见灶上的大水壶喷着热气，里面坐着喝茶的，多是南来北往赶集的人在这里歇脚。1947年我姥爷带我回台湖村去看我姥姥时，路过张家湾，就在戴记茶馆喝过茶。再往西走就是当时还有城墙的西门,这年不知发生了什么传染病,那天西门封锁,所有进出西门的人都要注射防疫针。西门外直对着穆斯林清真寺,寺前有一片空场,每逢集日,这片空地就是粮食市场,附近各村的农民会把余粮运到这里交易。

三、潞河中学和通县师范的记忆

1950 年我考入潞河中学,这年夏秋多雨,农地大涝,庄稼所收无几。9 月 1 日开学,我因无钱交学费不能按期入校,已做失学打算。但不甘心,过几天,到校询问还可上学否,校方告知:可以来,无钱可以粮食折算学费入学。我家忙把涝地潮湿的玉米摊在热炕上炕干。9 月 20 日,我父亲以驴驮着八斗棒子和我的行李送我上学。当年学费问题解决了,却又无钱入伙吃饭,就得一周一次回家自带窝头饼子和咸菜,坚持到下年秋季新学期开学时,带上村里开的证明,再跑到牛堡屯五区政府(当时大辛庄归属通县五区政府管辖)取得申请证明,最后校方审定后给了一份助学金待遇。

入学仅一个多月,到 10 月底,朝鲜战争爆发了,"抗美援朝,保家卫国"运动激起了学生们强烈的爱国热情,除了完成正常课业和学校组织的护校活动外,我对写作的爱好也没有放弃。"潞友楼"二层上的图书馆和阅览室是我每天课余时间最想去的地方。这期间阅读的主要是解放后的新作品,如《新儿女英雄传》(孔厥、袁静著)、《洋铁桶的故事》(柯蓝著)、《荷花淀》《采蒲台》(孙犁著)等。孙犁的作品独具一格,语言和内容可感性很强,特别迷人。我在校园图书馆没有借到孙犁新出版的长篇小说《风云初记》,就去县图书馆借阅,县图书馆规定不能将这本书借走,我就用两个星期日整天趴在图书馆的桌上把《风云初记》读完。那两三年,凡是能找到的孙犁同志的作品我都看了。正因喜爱孙犁作品和崇敬他的人格,我就格外关注着他主编的天津日报《文艺周刊》,也尝试着用自制的红格稿纸一笔一画地抄好稿子投给《文艺周刊》。1952 年我 18 岁时,试投的两篇三千字左右的小说习作《麦秋》和《秋天》居然先后发表在《文艺周刊》上了,这给我很大鼓舞。但冷静下来我又沉思了一下,自感场景描写多,人物刻画少,该进一步认真读书,提高水平。大约有一年时间,我着重阅读了鲁迅先生的作品和俄罗斯果戈理和屠格涅夫等大作家的作品。1953 年重新开始写了一篇小说《年底》寄给《文艺周刊》,并致函告诉编辑我一年来的读书情况。没过几天,这篇小说并我写给编辑的信都同时发表在 1953 年 6 月 26 日出版的

《文艺周刊》上,这正是我在潞河中学和初中毕业的前夕,对我继续写作是极大的激励。

1953 年夏季,初中毕业后,我被分配到河北通县师范学校(又称"男师")。至今不解,报考的志愿是潞河本校高中,分配的学校却是师范。这年 9 月背着行李进入通师。潞河、通师两校气氛感受不同:潞河自由散漫一些,教师、学生来路多样,经济情况较高,文化受外国影响明显,校园的多座洋楼和教会传统遗存,时感洋味漂浮。通师,一入大门,既感质朴、深厚,迎面一排灰砖大教室,后面两排普通平房学生宿舍和大厨房,前面临街的一排低矮的房屋是教务室和学校图书馆。不知怎么,看到这些,心已平定下来,既无激动,也不失望,知道这就将是我的归宿。教室和宿舍的后面是通州旧城墙的遗迹。城墙与教室之间是一片不大的运动场。开学的第一次大课就是在这块空地上听教导主任从老师(他是从维熙的亲叔叔)讲"社会发展史"。师范的教学目的是培养小学教师,因此课程十分专业集中。老师们岁数偏大,从衣着到风度,显出朴素、踏实、专注。师范的课程没有外语,却比普通高中增加了心理学、美术(专业老师辅导素描、写生)、音乐(专业老师辅导识谱、风琴、钢琴)等,学生们入学后,普遍埋头专业,心无旁骛。

我在通师学习的三年中,也是努力学好专业课,并在课余尽力多做一些工作。报道学校动态和学生学习生活的大黑板报,由我们班级负责。我和薄家景负责编辑、审稿和抄写,每周定时刊出两次,每遇学校大的活动,学校广播站采访播出的稿子,由我完稿。1955 年国庆前由我编剧、薄家景导演(他还会多种吹、拉、弹乐器)的四幕话剧,在新建不久的南校园大礼堂演出,受到师生欢迎,也获得校领导肯定。全县召开团代会时,校团委书记张殿英老师带我一起出席。通师的文化积累丰厚,惠泽后来的学生。1953 年我入校时,图书馆是一排矮平房中的三四间,可供阅读使用的桌子也仅三五张而已。但我翻阅藏书卡片时却发现许多此前想读却无法找到的书,如萧红的《生死场》、萧军的《八月的乡村》以及叶紫、蒋光慈等人的小说,在这里不仅找到了,而且多是三四十年代出版的初版本,一看封面,就与解放后的一些新书迥异。留下最深印记的是在这里借到肖洛霍夫的《静静的顿河》,40 年代出版的小 32 开本四厚册,金人译,我如饥似渴地吞了一遍。尽管当时我对他的宏大的历史背景还不理解,但麦列霍夫一家以及葛利高里、阿克西妮亚、娜达莉亚等人物在国内战争和第一次世界大战中生奔死离的遭遇从头到尾牵动人心。这部小说展示的历史感和撼动心灵的人道人性描写深刻地留在我的记忆里了。三年中,我还读了一些我国和俄罗斯等外国作家的古典名著,虽然数量不多,但也奠定了阅读的基本范围和趣味。

通师是我的母校,是我成长的沃土。三年中我在不误课业的情况下写了不少东西。这些作品主要发表在天津日报《文艺周刊》上。1955年下半年,我整理了一部分发表过的小说,由上海新文艺出版社出版了我的第一本小说集《诞生》,1956年毕业前出版了第二本小说集《九月的田野》。1956年3月还在校时参加了全国青年创作者会议,这也是延续到现在每五年召开一次的全国青年作家会议中的第一次全国性会议,由共青团中央和中国作家协会召开。

1955年秋季,我给《中国青年报》投去一篇新写的小说,未被采用,却引起编辑同志的注意,当年寒假中,报社来信约我去实习。我在文艺部实习了十天。主要是处理来稿,修改可用的稿件和对退稿提出具体意见,交责任编辑审阅后再交文艺部主任吴一铿同志过目。吴一铿同志是延安时期的老干部,不到四十岁,性格直爽热情,她肯定了我这段工作的表现,又了解我毕业后的几种出路。1956年我在通师毕业后,报社通过团中央与通师联系商调后,于9月正式把我调入中国青年报。

四、中国青年报的记忆

我于1956年9月15日正式调入中国青年报,工作部门是文艺部。当时文艺部编有三个副刊:一是《青年文艺》(1952年后改为《向日葵》,发表诗歌、散文、小说及文艺评论等);二是《周末》(介绍新电影、戏剧、音乐等作品及有关演出活动,报道业余、假期的健康有益的生活等);三是《辣椒》(发表讽刺文稿,揭露官僚主义、贪腐、违规及道德缺失等现象)。当时文艺部有编辑及其他工作人员大约十五个人,多数是二十多岁的年轻人。文艺部主任吴一铿同志对部内年轻人非常爱护,对我这样刚出校门的学生更是关怀。她每天都到各办公室走走,看到我趴在桌上改稿子的时间长了,就打个招呼:"房树民,当编辑还不完全习惯吧,累了,你可以到楼下小花园里活动活动嘛……"她鼓励我做好工作,也为我安排条件多跑基层,增长见识和本领。这年10月,她就请本报驻山西记者带我去阳泉矿区采访一位抗战时期的老干部王元寿,并同王元寿一起到大山里去访问一位老房东,故事感人,回来后我写了一篇文章发表在《文汇报》上了。她还让我带新从上海调来的年轻秘书到通州、张家湾调查访问。初冬时我还去过白洋淀。1957年春,她看了《解放军文艺》刚刚发表的苏联著名作家肖洛霍夫的新著《一个人的遭遇》,极受感动,就推荐我写了一篇书评《俄罗斯性格的赞美》登在本报副刊上,让更多读者先读为快。1957年5月初,我提出到团中央号召组建的黑龙江北大荒"北京青年垦荒队"采访和体验生活,她也全力支持。在我走出校门刚刚参加工作的阶段,吴一铿同志给了我很多帮助,她是我的好领导,也是我的恩师,一直铭记在心,永远不忘。

五、关于《向秀丽》的采访写作

1958年底,广州何济公制药厂的职工在紧张生产操作中,车间里一个装着五十斤无水酒精的大玻璃瓶不慎落地破碎,酒精遇热剧烈燃烧,职工们一时惊叫不知所措,正在操作中的青年女工向秀丽面对火势,心头一个闪念是不能伤了工友,毁了车间,立即扑到火中翻滚,大火扑灭了,向秀丽烧伤面积占全身面积的百分之八十,烧到骨头和肌肉的三度伤占百分之四十。送到医院全力抢救,终因伤势太重,不幸牺牲。《中国青年报》对此事件甚为重视,派我和黄际昌赶赴广州进行采访报道。开始,我们设想是写一篇不长的文章,着重写她的扑火壮举和她的崇高心灵。当我们访问了向秀丽的亲属、工友、师父、工作过的各单位的领导人和她生前熟悉的许多人,特别是她那慈祥的母亲含泪讲述女儿生前的经历,我们就已深切感动,虽然没有见过生前的向秀丽,但向秀丽鲜活的形象已经站立起来了,她的思想、性格和心灵也清晰起来了。于是我们决定以纪实的手法、平实的语言,不是仅仅写她的一个行动,而是把共和国成立初期一个普通青年女工成长的经历(牺牲前的两个半月她刚刚加入中国共产党)叙述出来,这就是在广州用二十多天边写边用电报发回报社的文稿《向秀丽》。这份文稿连载于1959年3月19日至4月2日的《中国青年报》。与此同时,配合共青团中央发起的学习向秀丽活动,中国青年出版社出版《向秀丽》一书,向全国发行约80万册。新时期以来,《向秀丽》被收入上海文艺出版社和1997年出版的《中国新文学大系(1949—1976)第12卷报告文学卷一》。

六、关于《为了六十一个阶级弟兄》的采访写作

1960年2月中,文艺部王石同志在翻阅一堆过时的旧报时,看到《北京晚报》一个版面不太显眼的地方,刊有一篇这样的报道:山西省平陆县有几十个修路民工食物中毒,在紧急救治时却到处找不到特效药,只好向北京求助。最后

由北京派出空军飞机当夜将特效药空投到平陆县,使几十名民工得救。这则简短的报道引起王石和文艺部同志的讨论:这则新闻的背后可能会有更多没有报道的东西。我们可以就这篇简短报道的框架进一步挖下去,说不定能写一篇更丰满的报道。想法得到报社领导的同意。文艺部立即派王石和我赶赴平陆采访。我乘夜车从北京赶到河南三门峡,次日上午搭上茅津渡口的木船过黄河赶到山西平陆县。县委特别支持我们的采访。在那两三天的紧张工作中,访问过已康复的民工,采访了几十位有关部门的领导和在事件中挺身而出做出贡献的人物。例如在当地实在找不到特效药二硫基丙醇的紧急情况下,老县委书记当机立断,敢于越级把电话打到中央卫生部求救。县医院司药员半夜敲开渡口老船工的屋门,说明急需过河到三门峡找药为民工救命,老船工二话不说,披上棉衣,带上徒弟,不畏夜间风大浪急,摆船把司药员送过黄河。当空军的飞机带来特效药飞抵平陆上空时,平陆县城"圣人涧"那里立即燃起了大堆柴草,火光引导空投,成千上万的人拥入现场,向飞机高呼,连正在剧场观看蒲剧演出的观众和来不及卸妆的演员也跑来欢呼了。药箱刚一落地,人们就抢着把药箱抬进交通局备好的一辆汽车里。司机宋宽亮夜车开得最有经验,立即驾车奔向工地,一路都是颠颠簸簸的山路,宋师傅一面加速开车一面说:"就是车子出了问题,我也扛着药箱把药送到!"与此同时,王石也已在北京采访过许多单位,搜集到很多动人的材料。骑车能手王英浦智穿大街小巷,躲避拥挤大街上的人流,急奔广安门外的药品仓库,只用一个多钟头就把一大箱特效药二硫基丙醇安全地运回到八面槽特效药品商店;接着是又一棒的与时间赛跑,电器商店的职工闻讯放下门市营业,想尽一切办法为特制的药箱四角八叉装上电池照明。空军机组克服夜航平陆对当地地形复杂、山峦重重,以及地面缺乏导航联系等等困难,在中毒民工命悬一线的时刻,勇敢地将特效"神药"提前送到民工身边。

三天后我回到北京,与王石归拢了一下两地采访掌握的材料,都感到满意,同时也担心素材组织不好,很可能写成一篇平铺直叙流水账式的作品。这时,王石从抽屉里拉出一张折叠着的大白报纸,上面打好了不少直排的方格,有些格里他已经填写了他在北京采访的素材片段。他说,他想尝试用电影分镜头方法把两人采访的素材按发生时间的顺序交叉地填到这些格子里,还没把握,问我怎样。我一听,这种方法新鲜,可行,不仅以时间为线可把两地的故事片段交叉有序地连接成为整体,而且像看电影不断变换镜头似的,有跳动感,能引起读者阅读兴趣。就这么办了。这之后,我们就商定用两天时间把各自手上的材料按事件发生的时间顺序像写卡片那样一张一张写出:"2月2日下午7点,平陆县委扩大会,县委第一书记郝世山得知六十一个民工食物中毒,立即指挥抢救战斗(会场场面气氛)";"2月3日下午4点,首都八面槽特种药品商店接到平陆电话求救,商店职工正准备下班参加春节晚会观看演出,此时大家放弃参加晚会,分头准备特效药,联系各种途径把药送到平陆,一面紧张繁忙(画面)"……因为考虑文字不能过长,就力戒空话废话,两人很快就写出一大叠"卡片",填满了大报纸上的格。随后是由王石集中"卡片",经过增删、整合,拉成一份统稿,又由两人反复修改多次,最后又由工石打磨润色定稿,交给主管副总编辑纪云龙同志审阅签字发稿。拟定的几个标题一直未定,直到2月27日见报前夜,总编辑孙轶青同志亲临夜班现场,拍板定题为"为了六十一个阶级弟兄",值班主任李明春以遒劲的书法题写了标题。1960年2月28日发表在《中国青年报》头版,同时配发的社论是唐飞虎(唐非)所写,社论中第一次提出"一方有难,八方支援"的理念,这个口号几十年来一直在中国大地上叫响。

(作者:房树民,著名作家,原《中国青年报》编辑室主任、作家出版社副总编辑)

通州文化名人刘祥

——《我所认识的通州文人》(节选)

2020 年 3 月 24 日,挚友刘祥不幸逝世,悲恸欲绝,泪不能禁,思绪混乱,下笔不能,翻出旧稿,挚友的音容笑貌宛在眼前。刘祥,老兄,您怎么能这样走了呢?我们还有多少事没有办啊!我们还有多少话没有说啊!您就这样默默地走了,老天还不让我送您,这是多么残酷啊!您是我相濡以沫四十年的老兄啊……庆良走了,如今,刘祥您又走了,难道老天真要灭绝我辈乎?

老兄,这篇文稿您看过,也觉得比较好,那么,我就用此稿来祭奠您的在天之灵吧。刘祥兄,一路走好!

——作者

说刘祥是文人,在通州好像是没有什么异议的。早在 20 世纪 70 年代初,我就知道刘祥这个名字。那时,我经常在报刊上读他写的诗,读多了自然就有印象;小说《金光大道》有个人物也叫刘祥,则加深了这个印象。还有,那时我喜欢文学,做着作家梦,有一次,我和杨殿武给文化馆寄一篇稿子,文化馆有个叫周祥的给我们回了一封信,信中分析了我们所谓的小说的问题,说了许多我们从来没有听说过的鼓励滚烫话。可我这人糊涂,也许是通州人名"祥(翔)"字太多了或对刘祥的印象太深了,我就分不出是周祥还是刘祥,甚至认为刘祥就是周祥,周祥就是刘祥。就这样糊糊涂涂地维持到 1981 年。

1981 年 7 月 28 日,我从中央戏剧学院毕业愣头磕脑分配到通县文化局工作。工作是在文化局,宿舍却在文化馆里,是文化馆的一间小平房。现在想来,我那间小平房真的很偏僻。在我的印象中,当时的文化馆好像有三四排房,我呢,就在后排靠东的那间。我东面是文化馆的库房,煤呀,破炉子呀,炉子烟筒、破自行车啊杂乱无章地堆积在那里,我在那儿那么一住,就像是个看库房的。

我的西面住着我的同事张桂莹，她文笔不错，发表了几篇小说，人称通县的小张洁。挨着张桂莹的就是后来在通州闻名遐迩的周庆良了。一天（因时间太久忘记哪天了），天气真好，微风吹来，有点拂面的意思。我打着哈欠懒懒地从宿舍中出来，一出门，碰到一个衣着朴素、个子

刘祥

不高、满脸和善的青年人冲我微微一笑。有人告诉我，这就是文学组的刘祥。啊，我吃惊了，瞬间闪现出《金光大道》中那满脸愁容捯粪砸坏自己脚那个大个子刘祥。咳，他怎么会是刘祥呢？刘祥怎么是这个样子？眼前这位刘祥虽谈不上英气逼人，但很阳光，憨厚中透出帅气、灵气，怎么能和那"大个子刘祥"交织在一起呢？我有些蒙了。刘祥那年二十九岁。

就这样，我们在"蒙圈"中相识了。刘祥在文化馆文学组。那时的文学组可谓是兵强马壮：组长孟宪良，人高马大，满脸的喜气，说话声音不高，中气十足，有些话耐人寻味，让人莫名其妙，他朗声大笑，有时笑得人从脊梁沟里冒凉气，他善写诗，好像在刊物上发表了不少诗歌，有些影响，言谈举止中就有了诗人的意思；孙宝琦呢，发表了几篇小说，有一篇还发表在《争鸣》刊物上，有点轰动效应，他整天乐颠颠的，像是被请喝了喜酒。二人都穿着雪白的汗衫，汗衫兜里揣着个黑色的小本本，这小本本随着他俩在我眼前晃动时上时下、时隐时现（有时还掏出看那么一眼，我知道，那是北京作家协会会员证）。在小本本"时上时下""时隐时现"的晃动中，我隐隐感到了天上的文曲星下界，电光石火般觉得自己遇上了中国文豪，霎时感到自己的渺小和作家们的伟大，使我顿时失掉了搞文学的勇气。刘祥呢，时常到我的宿舍聊天，聊绿野中的小路、村边的小河、高粱穗上的螃蟹、清晨野花嫩叶上的露珠……聊鲁迅、老舍、巴金、孙犁、艾青、沈从文、汪曾祺……使我对文学充满了憧憬。刘祥的创作体裁丰富，形式多样。他写小说，写诗歌（歌词），写散文，写曲艺，写报告文学；《北京日报》《人民日报》

《北京文学》《诗刊》《词刊》等，我都见过他的作品。有那么一段时间他仿佛迷恋上了微型小说，《北京日报·郊区版》仿佛成了他的专版，差不多每个星期都有那么三四篇小说发表。刘祥的文章充满了才气和灵气，但他很少张扬，外界知道他的人并不太多。他呢，好像也不太喜欢刘祥这个名字，文章署名常常是"刘洋"。这样就往往"蒙骗"了不少人，以至于若干年后的某一天，我到北京通州报(后来刊物改名《通州时讯》)与总编赵玉祥聊天。老赵神秘地对我说，通州有一个人写东西特棒特有味儿，我读过他许多文章，你帮我找一找，认识认识。谁呀？刘洋。刘洋啊，您见过。见过？对，就是刘祥啊！啊！刘祥？怎么是他呢，老赵两眼直勾勾地看着我，半晌说不上话来……

　　也许就是以上这些原因吧，在感情上我敬佩孟孙，亲近刘祥。其实，所谓的亲近只不过是我们俩多聊会儿天，聊多了就有了共同语言。后来我调到文化馆工作，这样，我俩就成为同事并随之成为挚友。开始我是他的领导，后来他是我的领导，而且一直维持至今，这一合作就是三十多年，我俩好像从来没有红过脸。之所以如此，我想恐怕这与我和刘祥的性格有关吧。我这个人性子直，不会曲了拐弯，有什么事不藏着掖着，直通通地说出来，不玩那个"里根愣儿"，更不喜欢牛气哄哄的人。刘祥的性格和我很是相似，他眼里不揉沙子，爱憎更是分明，不过表达的方式不同罢了。我说话语速快，声音高，说什么话都和吵架似的。刘祥说话和我相反，他语速很慢，轻声细语，有时还断句，但偶尔冒出一句就呛得您一愣一愣的或让您喜不自胜。他不喜闲聊，不喜开会，更不喜欢听那些无聊永远正确的废话；他开会总是坐在最后，很少发言，即使发言也总是跳跃，人们很难跟上他的思维。他谦和让人，和人吵架的时候很少。当然，也有暴怒的时候，而且是雷霆之怒。这也引起了一些误会。一次，刘祥拉大幕回来，心中有些不快，我邀其到我家喝酒，陪同的有庆良、景民二人。刘祥善饮，年轻时喝个斤八两的玩意儿似的，碰到较劲儿的时候弄个一斤二斤的也没啥问题。其实，我们四个人能喝酒的真的不多。我呢，滴酒不沾，庆良比我强不了多少，景民也就那么回事，这次不知怎么回事，个个都敞开心怀。庆良喝得眼眼笑个没完；景民也失掉了矜持，脸红脖子粗的；刘祥呢，一杯接一杯地喝，语速开始加快，声调越来越高，话也越来越多……什么卡特啊、布什啊、萨达姆啊、中东战争啊……腐败啊、下海啊、官倒啊、飞机打盹、火车亲嘴儿、轮船沉底啊！倒盘条、倒木料、倒水泥啊……聊着聊着就聊到了文化馆，这时，我可就不认识刘祥了。敦厚质朴的刘祥一下子变成了暴怒的狮子。对当天不悦的事情破口大骂，甚至还要找人理论，经过我们好一通劝阻，刘祥才停了下来。也许是骂累了吧？躺下就呼呼大睡起来。等醒来,我们再一问,他淡淡一笑,也不记得说些什么……直到后来我才知道是因为工作中的一点小误会产生的……

刘祥喜读书,有点陶渊明的意思,陶先生是"好读书不求甚解;每有会意便欣然忘食";刘祥呢,是不动笔墨不读书。刘祥读书兴趣很广,什么文学历史哲学人文地理民俗民风等书都爱读。刘祥读书很快,几十万字的长篇小说读完也就用那么十几个小时,如果要他写个序或写个评论什么的最多也不会超过两三天。这当然是指一般的书。刘祥读书很慢,经典著作或是他认为的好书,一本书读他个三五个月那是常事,一年二年呢也很难说。尤其是经典著作,他反复研读,精心琢磨,细心品味,边读边做笔记。刘祥的笔记内容广泛,记自己的感受,摘抄书中的内容和精彩词句,甚至达到诵咏的程度。梓夫与刘祥是过命的交情,二人是无话不谈,梓夫对刘祥不动笔墨不读书之态度大为赞赏,并开玩笑地说,兄弟,把你那日记本卖给我得了。刘祥神情愉悦,说,要,可以。买? 你给咱六万紫金,兄弟概不出售。

刘祥是位作家,一不小心又被有关单位评上了通州文化名人,我觉得很值。我多次和别人说过,通州如果刘祥和周庆良评不上文化名人,这个活动就失败了。当然,评上他们也谈不上成功。鲁迅是全国人民选出来的吗? 郭沫若、老舍、曹禺、巴金、徐志摩、沈从文呢? 那得看他们的艺术成就和对中国文化的贡献。连什么文人都搞不清楚就搞什么评选,而且是网上投票,岂不是很滑稽? 得了,不多说了,再说就不好了。

刘祥对通州文化建设贡献是很大的。我之所以这么说,倒不是因为他是作家或是什么通州文化名人,而是他留下的"一串脚印"。刘祥是通州张家湾人,初在宣传队供职,是宣传队的创作员;宣传队解散后,他又到了文化馆文学组工作。嘿,您可能会说,搞创作多好啊,小说发表了,您出名了,又有稿费,还拿着工资,这是多好的事呀? 哎,您错了不是,有一件事您可能没搞明白。这是文化馆文学组,可不是什么作协。文化馆是干什么的? 这个问题说起来还挺复杂,过去,人们讥笑文化馆是"打球照相,跳跳唱唱,布置会场,带头鼓掌"。现在呢,用官方的话来说文化馆的任务就是搞群众文化活动的组织和辅导,搜集全区的非物质文化遗产或组织全区有重大影响的文化活动。说白了就是引导群众过健康的文化生活,让群众玩得好、玩得舒服。至于将来怎么样,那就不好说了。关于文化馆的情况,我准备写一本书,叫《文化馆那些年那些事》,在此不赘。不过,我这么一"白话",您该明白文化馆文学组是怎么回事了吧。那么,文学组干些什么呢? "副业"嘛,什么看个摊儿呀,拉个幕啊,下个乡啊,装个车啊……总之什么都得干。本事大的人也有,如刘祥,他的低音贝斯就弹得很好,20世纪80年代初,我俩奉命到北大化写反映毕德山搞联产承包的节目,刚到北大化,文化馆就来了信,说您速回吧,文化馆要排小节目,缺您的低音贝斯。刘祥的歌唱得也不错,每逢遇到什么需要唱歌的场合,我们都首推刘祥,保准镇得您一愣一愣的。

文学组的"主业"有两大任务吧,一是群众文学活动的组织和辅导,办个班儿,弄个讲座呀,办个刊物啊,人人在行。搞文艺创作呢,那还用您说,那是他们的本职啊!不过,文学组创作可能和您理解的不太一样。您想写小说、散文、诗歌,那您可就打错算盘了。有一段时间(当然不是全部)谈论小说、散文、诗歌之类的东西就像"特务接头",写这些东西就成了"地下工作者"了。写什么东西呢,表演唱啊,大鼓书呀……有歌,有词,有曲艺,有戏曲。

刘祥也写过这类作品,而且不少。其高明之处在于他是用独特的视角来审视生活,营造出浓浓的艺术氛围。一句话,他就从来没有把这些东西当作宣传品来写。记得是20世纪80年代初吧,新时期的第一次人口普查,让文化馆写些东西配合宣传。我和刘祥接受了这个任务。我写的是《人口普查员之歌》,自我感觉不错,常富尧谱曲,薛春会演唱。唱得我是热血沸腾。刘祥呢,他用年轻人(小孩子)的视角写出了表演唱《妈妈,这就是人口普查》,新颖独特,在电视上播放。演完之后,我倍受刺激,发誓不再写这类东西。像这种情况是非常多的:上级说要宣传精神文明,刘祥写出大鼓书《买礼帽》,通过《买礼帽》中"礼帽"和"礼貌"的谐音,来歌颂文明鞭笞丑恶;领导说计划生育是我们的国策,他写出了《果园里》,以苹果园为背景,以苹果剪枝为线索,来歌颂计划生育,赞美一对夫妻一个孩儿的好处。赞扬家庭和睦呢,他避开了婆媳矛盾这一老套,别出心裁地写出了表演唱《夸婆婆》,展示出新型的婆媳关系。其实,这类宣传性的文艺节目局限性是有的,但是并不是不能写好,关键是怎么写、谁来写。最忌讳的就是直通通地直给。这您还真得下点功夫,将其做成艺术作品而不是宣传品。举个例子吧,通州小吃节,刘祥奉命写通州的老字号大顺斋。刘祥翻阅了大量的资料并深入到大顺斋糕点厂,全身心地体会,写了《大顺斋的糖火烧》。随之常富尧又花费了大量精力,为其谱了曲。《大顺斋的糖火烧》歌词幽默诙谐,曲调采用京韵大鼓之音调,演唱用通俗歌曲之方法。演唱者演唱幽默风趣:"通州城尽是宝,开口说大顺斋糖火烧。一杯浓茶就美味,不夸几句受不了。哎——香,实在是香!香满口,香满屋,香你个跟头站不住脚。别看它的个儿小,黑红的脸儿好喜俏。小孩儿见了爱不够,老人见了眯眼笑。哎——酥,实在是酥!酥软软,不用嚼,酥得你骨头都要化了!马尾儿精粉要头遭,小磨香油白芝麻炒。桂花本是那江南产，红糖来自台湾岛。哎——甜，实在是甜！甜掉了牙，甜透了心，甜得你今天忘了明朝！大顺斋的糖火烧，三百年前的老字号。一十三省传美名，就连那老外都知道。（白：wonderful）好名声，好味道，好得你八辈子都忘不了，忘不了哎！"

嘿，您看这还是应时作品吗？这是地地道道极其富有通州味儿的经典作品。一演出就引起了轰动，并获得了文化部的最高奖项——群星奖。它多次参加全国或省市级大型文艺比赛，并多次获得大奖。它的旋律至今仍荡漾在通州的文艺舞台上，是通州难得保留的艺术精品。

其实，这种现象在中国文学史上是屡见不鲜的。《夫妻识字》是应时作品吧；《兄妹开荒》呢，那就更不用说了，这两个作品不都成为经典了吗？《白毛女》这个应时作品一出世便引起了轰动，激励着解放军高喊着"为喜儿报仇"的口号，横扫千军如卷席，解放了全中国。后又鼓舞了几代中国人热情投入到社会主义建设中，它成为现代民族歌剧的奠基之作。它被改编成各种艺术形式，芭蕾舞剧风靡世界。这个应时作品成为经典不是给我们以很大启示吗？

当然，最值得称道的就是刘祥创作的《运河组歌》了。这是通州第一个大型音乐作品，也是通州有意识弘扬运河文化的一个里程碑。那么，以前他没有写过这类作品吗？写过，但基本上是无意识的，有很大的随意性。也许是机缘巧合吧，1984 年，文化馆的班子调整，冯振光任馆长，我呢，和王启会任副馆长，那时我们都很年轻，年轻就不知道天高地厚，就想干大事。搞个大型节目吧，抓自己的产品，找谁呢，刘祥吧，刘祥能干这个。嘿，想到一块儿去了。得有契机啊。真的很巧，9 月吧，刘祥抓住北京民间艺术研究会进行采风这一契机，从通州到杭州，骑着自行车沿着运河采风，过村庄，绕桥梁，入茅屋，进舟舱，他如鱼得水。听陈秀才敬鼠神等民间故事，谈民俗民风、奇闻逸事……微山湖上的鱼鹰，运河水中的渔翁，这是梁山水泊吧，那一百单八将呢？天津、河北、江苏、山东、浙江、杭州……一路走来，船队浩浩荡荡，这还是那盛大的漕船吗？豁然间，他产生了一种错觉，遥想当年，舳舻蔽日，万艘梯航，舟楫之盛，可敌长城之雄……是何等的雄壮！如今呢，唉，这伟大的母亲河啊！他流泪了，母亲，伟大母亲啊！祖国，我亲爱的祖国啊……他心胸宽广了，热血沸腾了……走啊走，走了一千七百多公里，他终于到了杭州。一个多月啊，他回来了，回到他梦牵魂绕的通州。燃灯塔吗？那个老船工？听，谁在召唤？漕运码头呢？"云光水色潞河秋，满径槐花感旧游，无漾蒲帆新雨后，一只塔影认通州。"通州，我回来了，母亲，我回来了。他铺下了稿纸，眼含热泪，写下了激动人心的《运河组歌》。

《运河组歌》由"我家住在运河旁""放河灯""运河渔歌""运河夜曲""欢腾的运河"五部分组成,常富尧谱曲,曲与曲之间穿插朗诵。独唱、重唱、混唱、小合唱、大合唱;深情的低吟、朦胧的夜曲、催人奋进激扬向上的黄钟大吕……异彩纷呈,击人魂魄,动人心扉。"春风吹,绿水长,我家住在运河旁。运河水把我抚养,母亲的恩情永不忘……"

《运河组歌》参加了中国文化部、总政文化部、中国音乐家协会、北京市人民政府举办的第二届北京合唱节,获二等奖,并被拍成电视风光片在全国播映。如今,三十多年过去了,通州创作的文艺作品举不胜举,现在看来还真没有哪件作品能和它匹敌,无论是思想还是艺术,它都是扛鼎之作。即使是现在,有些歌曲还在人们中间传唱,在歌曲演唱会上,在各种艺术大赛中,都能听到《运河组歌》那优美的旋律,它已经成为通州人文化生活的一个部分了。

刘祥到底写了多少这类作品呢?其实是很难统计的。我想,作为文化馆的创作干部,刘祥应该是合格的吧。试想,一个文化馆的干部,不能完成文化馆交给的创作任务,他能在文化馆站住脚吗?作品能得到人们的拥护吗?这不正充分反映刘祥的职业操守和踏实的工作作风吗?对于日益浮躁的今天来说,他给我们多少启示呢?

刘祥也创作了大量的文学作品。主要有《刘洋散文选》《少女的运河》《刘祥作品选》《超越亲情》《热血人生》《大地的回声》《通州作家群》《曹雪芹与通州》《京门九衢图解》《孽阉录》(合作)等。我算了算,有三百多万字吧。我想,这恐怕与文化馆文学组的工作有关吧。文化馆文学组有两大任务,群众文学活动的组织和辅导是其中之一。文学创作对文化馆文学干部来说如车之两轮、鸟之两翼。您想,如果您没有作品或"作品就那么回事"怎么对业余作者进行文学辅导呢?不会写或不能写却夸夸其谈地谈如何写作,岂不滑稽?当然,文化馆也要为创作干部提供一个宽松的环境。尤其是上班时间应有弹性,这点我是深有体会的。文学创作哪有什么时间概念呢?您上班写下班休息?这不可能。一般说来有了灵感,或构思成熟马上就写。一写就需要一段时间。如果写了一宿,白天他们能上得了班吗?再说了,白天上班,三五人一室,乱哄哄的能写东西吗?干工作当然要上班,不上班谁管饭呢?我想说的是,对于创作这个个性很强的工作来说,上班应该有弹性,主要是看作品。如果您没有作品——"创造财富","天天上班"又有什么意义呢?好了,话扯远了,打住。还是说刘祥吧。

刘祥是个唯美主义者,这个"唯美主义"不是文艺理论中那个"为艺术而艺术"的唯美,而是我的感觉。刘祥的作品是为人生的。他的文体——小说、散文、报告文学、纪实作品，甚至是文史中的篇章……无论是鸿篇巨制还是只言片语，都可称之为美文。他追求美——赞美美的人性，弹奏美的旋律，描绘美的画面，谈着美的语言……他的文本，像一首诗、一幅画、一首曲……读他的作品，您会想起孙犁或汪曾祺，孙犁的作品以美闻名于世；汪曾祺呢，为了文体美，曾想打破散文、诗歌、小说界限，小说《复仇》《小学校的钟声》《天鹅之死》不就是典型的代表吗？

刘祥的作品是为人生的这不是什么套话，是我读其作品的一个体会。刘祥的作品大多是以家乡运河为背景，小说《鸡王》说的是乡民李公喜吃毛鸡蛋，某日刚上锅欲蒸，忽闻雏鸡吱吱声，李公闻之急掀锅见一鸡雏蠕动。李公甚是惊奇，怜之，找一盒蓄棉絮，将其放入养之，鸡雏逐渐长成，李公将其放置雏群。此雏极丑，颈常瑟缩于体，群雏啄之。谁承想，三旬过后，此鸡高脚满胸，五彩斑斓，鹤立鸡群。夜唱三遍，此鸡为首，出外觅食，常与蛇斗。对群鸡，稍有不逊，即啄即鹐，常使满院鸡毛乱飞。一日求偶不成，竟将母鸡鹐得鲜血淋淋。李公大怒，将其打出。谁料群鸡更加萎靡，不食不饮，即将死去。李公大惑。一日，偶闻"野鸡"远声，群鸡骤然肃立翘首，精神大振。

说实话，我是佩服刘祥兄的，一个不过千八百字的小说，却把雄鸡与鸡群的关系写得活灵活现，尤其是最后一笔，令人称奇。联系到我们社会中那些奇奇怪怪的东西——如果鸡群也是社会的话，岂不是可以发人深省的吗？

《白洋淀的姑娘，远去了……》是刘祥一篇独特作品。白洋淀的姑娘，远去了……运河的小伙子望着天边的帆影，惆怅了……白洋淀的姑娘来到运河打鱼撒网。运河的小伙子在运河边上种植稻田。小伙子喜欢白洋淀的姑娘；喜欢看姑娘打鱼，喜欢看姑娘织网，喜欢听姑娘的笑声，更喜欢渔船上晚上的渔火和白天那袅袅的炊烟……姑娘呢，也喜欢运河边上的小伙，给小伙讲打鱼人的生活，讲白洋淀的故事。姑娘用行动感染着小伙，用跳动的话语丰富着小伙。小伙滋润了。小伙陶醉了。小伙听姑娘的话包了鱼坑，姑娘呢，给小伙传授养鱼知识，帮助小伙养鱼，小伙呢也明白了许多道理。而白洋淀的姑娘却远去了，远去了……临行时，姑娘告诉小伙，明年她会再来，再来会给他带来白洋淀的菱角……小伙等啊盼啊，第二年，白洋淀的船队真的来了。小伙奔跑着，呼叫着，姑娘呢，姑娘呢，咳，姑娘在家乡的五丰闸救一个孩子牺牲了……姑娘的弟弟拿出了菱角，这是姐姐让我交给你的，姐姐说你养鱼需要菱角……白洋淀的姑娘远去了……小伙的心碎了，小伙在呼喊，白洋淀的姑娘啊，何日归……

说实话，我是非常喜欢这篇小说的。这是小说吗？我的心震颤了，这是诗、是画、是歌啊,是作者用心弹唱的古老童谣。

刘祥的散文写得潇洒、酷,有真性情,洋溢着青春的气息。跳跃的语言透露出对人生的思考,追述着人生的记忆。……哇,隔壁传出婴儿的啼哭声,父亲在织网。妈妈说我去看看,是安嫂生了吧,这年头,咳,真不是时候……父亲在织网。孩子饿啊,快不行了。咳,咱们家的老窝瓜呢……父亲在织网。房后又有哭声传出来,撕心裂肺的。是钟二爷吧,钟二爷不知从哪儿弄来的棉籽饼拼命地吃,活活胀死了……父亲在织网。父亲真的在织网吗?《生命之网》蕴藏着怎样的信息?

……天上的太阳怎么是黑的呢?人的眼睛怎么发出蓝光?真饿啊,小伙伴们,来吧,咱们玩摔泥盆儿。这是胶泥吗?我怎么看是黄澄澄的玉米面呢?嘭嘭嘭,泥盆碎了,这不是窝窝头吗?好香的窝窝头啊!大家快来吃吧……这还新鲜,我家还有月饼"磕子",是我爸爸从城里带回来的。咱们来做月饼吧!月饼,枣泥馅、白糖馅、五仁馅……啧啧……哎!月饼"磕子"来了,装满泥巴,拍平,啵儿,月饼出来了,月饼出来了……啵儿啵儿……大家快来拿,大家快来吃……一地的金光灿烂,一地的黑月饼。《月饼磕子》,给我们留下了什么印记?

这两篇散文,把人的精神状态和饥饿写到了极致。"有过多少往事仿佛就在昨天",这就是我们的童年吗?我们经历了怎样的磨难啊!

《活秧儿》《倒嚼》《好黄豆·捡》。听,这个名字多有动感!这是刘祥的文艺理论吧?刘祥是很有悟性的,这哥们儿吃完香喷喷的老玉米后,竟然被老农民的话吸引。这个玉米是活秧儿!"活秧儿?"鲜鲜灵灵,一个"活"字,绝了。那么,文学作品呢,不也应该是鲜鲜灵灵的"活秧儿"吗?《倒嚼》是刘祥看到牛倒嚼所受到的启发吧。作家不就是牛吗?您想写好的作品,就得像牛一样对生活反复咀嚼,吃下的是草,挤出的是奶啊!天马行空胡咧咧靠下半身写作写出的东西能叫作品吗?得倒嚼啊!《好黄豆·捡》是刘祥的感悟。我们不是提倡深入生活吗?其实我们就在生活之中啊!关键是我们要善于发现生活那些"好黄豆",而且要"捡",如果这些都做不到,您还称什么作家呢?"好黄豆·捡",吃下去进行"倒嚼",作品才能是"活秧儿"。这不是很简单的道理吗?

刘祥的报告文学堪称一绝,不信,您看看他的《大地的回声》《超越亲情》《热血人生》《温馨的萨克斯》《曹雪芹墓石出土记》……

当然,我最喜欢的还是刘祥的诗歌。刘祥的诗歌有阳刚之气,又有阴柔之美,有时二者巧妙融合,质朴大气,酣畅淋漓,没有那些爱呀恨呀我要死了这些无病呻吟的东西。他写《解放》,写《春节组诗》,写《中国宋庄》的艺术家们,写大灾难——南方的冰雪和汶川的大地震……他吟唱着:"我美丽的天府之国啊/难道会在顷刻间蒸发吗/青山绿水说不/万里长城说不/于是/从天上　从地下/机载　车运　步行　救援大军/滚滚的生命之色/一起向灾区奔涌……"他感慨:"那绿色好浓啊/像从大森林里流出来的……那绿色好温暖啊/让人想起黑夜里的小橘灯……那匆匆闪过的是医务人员/那白色比天使的翅膀还要圣洁……/蔚蓝色来了/大海一般/给大地镇定与安然/一顶顶帐篷遮风避雨/抚慰着灾民们受伤的心灵……"他大声疾呼:"四川不会沉没/中国正在飞腾……"

这是多么炙热的感情啊,像雷,像电,像火。哎,伟大的中国人民啊!

他的《母爱之歌》,是对地震中警察母亲的礼赞:

　　你是一位女警察

　　你同样是一位妈妈

　　当大震骤然袭来的时候

　　你毅然离开了哺乳期的娃娃

　　在废墟中苦寻残存的生命

　　给无家可归者以安心之所

　　抱起地震中的孤残婴儿

　　亲吻着一株株泪水中的嫩芽

　　……

　　你裂开自己的橄榄色衣襟

　　将母爱神神圣圣地袒露

　　那嫩嫩的小嘴吸吮着甘泉

　　发出咂咂的甜美声音

　　……

　　那是暖流啊

　　那是天籁啊

　　罩满光环的圣母再世

　　我可敬的人民警察妈妈

　　你在恬然中脸上露出笑容

　　你进入了一个神曲缭绕的梦境

437

这就是地震中的小人物吧？刘祥是很善于写小人物的。汶川地震中普通战士、人民教师、献血者;《爱唱歌的小梅》《传达室的老赵》《写给父亲》《哥哥,山上的柿子红了》《卖野菜》《同志》《我最美的妈妈》等等。这些都是赞歌,赞美人性,赞美生活……那么,对丑陋的东西呢？刘祥更是无情地抨击,视角独特。比如《蚊子的抗议》,以蚊子都提出抗议,讽刺贪污腐败;又如《浮躁》,以写实的手法描绘了一张"群丑图",对社会的浮躁进行了无情的揭露。

对历史,刘祥进行深深的反思:

> 那个不幸被冰雪深埋的北极人
> 有幸被几千年后一睹尊容
> 那个亿万年前松树的一滴眼泪
> 成就了当代散文名篇《琥珀》
> 我们早晚也将被岁月凝固
> 被后来的考古学家用碳 14、DNA
> 结合 U 盘里的历史数据拷问
> 拷问比考问严厉

他是在《拷问历史》吗？不。《拷问历史》不就是拷问现实吗？现在终将变成今后的历史,历史就是这样一次次地轮回。我们将变成怎样的《琥珀》？

《永远响亮的是那金唢呐》其实不是诗,是一首词。刘祥写歌词是非常棒的。可以说是通州一绝。这首词充满了人生哲理,可惜还没有谱曲演唱。这是非常遗憾的。

> 红花小轿悠儿咿呀,
> 十七八的姑娘眉眼羞答,
> 翻开了幸福的新一页哟,
> 锣儿鼓儿迎进了家。
>
> 吹唢呐的老爷子没了牙,
> 唢呐吹成了一枝花,
> 乡村里难得唱大戏呀,

438

古老的节目人人爱它。

冬也是它哟,夏也是它,
不老的是庄稼一茬茬;
春也是它呀,冬也是它哟,
永远响亮的是那金唢呐……

当年的媳妇已满头白发,
八十岁的老奶奶盈满泪花,
走完了艰辛的人生路哟,
累了困了要回家。

吹唢呐的换成了少年娃,
唢呐吹成了一枝花,
乡村里稀罕那哀怨的泪呀,
明天的太阳会圆又大。

喜也是它哟,悲也是它,
枯死的大树还有新芽;
悲也是它哟,喜也是它哟,
永远响亮的是那金唢呐……

　　吟诵这首诗,您会发出由衷的感叹。伟人说中国人最懂辩证法,把结婚说成是红喜事,把死亡(老年人)说成是白喜事。红白喜事啊!刘祥呢,用诗(歌)来诠释伟人的声音:"悲也是它哟,喜也是它哟,永远响亮的是那金唢呐……"一个复杂的哲学问题竟然成为一首歌。真是大手笔。那么我们呢,我们如何度过这个平凡而伟大的一生呢?

　　刘祥是非常眷恋家乡的,诗歌内容主要是放在家乡上。他热爱张家湾,唱出了《月光下的张家湾》。张家湾是漕运码头,他热爱大运河,赞美大运河。"运河你风光锦绣,多像当年妈妈出嫁的时候。遍地的高粱熟了,野花开遍了渡口,秋风掀起你红红的盖头……"他在运河岸边流连徘徊,寻找历史的足迹;他看着靓丽的通州城,纵情高歌:

爷爷拉过的纤绳引来长安街的灯火，

爸爸撒过的渔网铺开京东路的网络，

奶奶坐过的花轿船停在记忆的渡口，

妈妈栽过的荷花仍飘香在今日的生活。

如云的漕运船在水墨丹青中闪过，

穿梭的元明清客在说演弹唱中活着，

捞一只沉船都是沉甸甸的故事，

捡一块瓷片都是中华文明的诉说。

流了千年，绿了千年，我的大运河。

解冻的开漕节预示着一年的火热，

五月的龙舟赛张扬着运河人的性格，

夏夜的荷花灯流淌着浓郁的民俗美，

金风里的大闸蟹缠绕着高粱似火。

古老的大河两岸与时俱进，

深厚的运河文化再度蓬勃，

唱一支运河号子迎接远客，

向北京新城区喊一声：开船了！

北京的河，世界的河，我的大运河。

——《我的大运河》

　　当然，我最欣赏的还是他的《盛世漕运（音舞诗画）》组歌。此歌由"序曲""红红火火开漕节""纤夫号子一声吼""运河女儿水灵灵""漕帮护航保平安""桨声灯影歌咿呀""五月端阳赛龙舟""扛夫脚力装卸歌""军粮经纪密符扇""漕运码头美景多""漂来一座北京城""尾声"十二部分组成，全面地反映了盛世漕运时期的情景，气势宏伟，大气磅礴。读了这部作品使我想到了《丝路花雨》《黄河大合唱》《长征组歌》或大型舞蹈史诗《东方红》的某些画面……咳，我想,如果把它搬上舞台,它将是个具有通州味儿的完美独特的经典作品,一曲运河文化的生命赞歌;它必然会在通州文化史上写下浓浓的一笔。它会给人们以震撼,当然也会给后人打下鲜活的生命底色……

作为文人,刘祥受人们敬重远不止这些吧,我觉得最重要的是人们看到有这样一个人,他就像在烈日炎炎下或蒙蒙细雨中头戴斗笠辛勤耕耘的农民——为通州的文化事业默默地工作——编刊物,出版书籍,培养创作骨干,栽培文化新人;他的周围团结着一大批出身不同、性格各异的文化人;他赞赏他们,包容他们,吸引他们……引导他们讲述通州的故事,鼓励他们要有大格局,出大作品,用新的视角,诠释生活,用新的观念展示新时期人们的精神状态。在他的培养和引导下,一大批通州作家迅速崛起,通州呢,也获得了作家之乡的美誉。

刘祥编辑刊物辅导业余作者培养文学新人的时间很早,1979 年,通县宣传队解散,刘祥调入了文化馆文学组,他就开始进行这项工作。那真是一个轰轰烈烈的伟大时代。尤其是 80 年代初期,百废待兴,新时期文学运动兴起,通州文学活动开展得如火如荼,文学青年如雨后春笋。有一次(是 1983 年吧),文化馆办了个创作班,一下子竟来了三四百人。浩然来了,刘绍棠来了,从维熙来了,徐刚来了……刘祥也是授课者之一。那是多大的阵势啊! 那么刊物呢,在刘绍棠的倡议下,文化馆 1979 年创办了《运河》。刘祥也是编委之一。就这样,一直维持到 80 年代后期。后来呢? 嘿,"神马都是浮云"。"一夜之间呼啦圈呼啦啦转起/一夜之间大秧歌咚呛呛遍地/一夜之间水煮鱼羊蝎子满锅鼎沸/一夜之间土掉渣鸭脖子热遍中国……/一夜之间小轿车塞堵了京城/一夜之间捡破烂的都用上手机……/一夜之间的纷纭缭绕/一夜之间的雾霾氤氲……"仿佛也是一夜之间,通州的文学活动陷入谷底。创作队伍做鸟兽散,用浩然的话说是"溃不成军"。关心赚钱,关心升官,关心前途……大家都很忙,谁还管文学这个劳什子? 至于《运河》命运嘛……先还算是个不错的刊物,在文化馆七八年间出了那么两三期,后来成了文联的一个可怜巴巴的小报,再后来就成了可有可无的"年刊"。就这样,时断时续,时有时无,一直延续到 1996 年。

是 1996 年的一天吧,梓夫、宝玺找到我和刘祥,说这样下去可不行,你们要把《运河》抓起来,刘祥做执行主编,建山协助,要把通州的文学队伍组织起来。嘿,抓起来,组织起来? 谈何容易? 稿呢? 人呢? "这可要了盒钱了。"有什么办法呢? 谁让咱是哥们儿呢? 谁让领导信任咱呢? 干起来吧,《运河》一年出四期。不要忘了,这正是刘祥的创作如日中天之际。也就是从这一天起,刘祥放弃自己的创作,全身心地投入到通州的群众文学创作辅导中,他联系老作者,鼓励他们不要放弃青年时的理想,继续写作,他发现新作者,哪个作者有出息,他都要精心培养。

李永庆是个老八路,也是文化馆的老馆长。他的人生简直就是一个传奇。这个老兄写了一部回忆录,反映自己和一帮小八路在反扫荡中如何和鬼子周旋斗争的故事。这是很长的纪实作品,刘祥觉得很有价值,下大力量帮其修改。使之成为长篇小说,名为《小八路的故事》,并在《运河》中全文刊载。《小八路的故事》还被刘祥编辑进"运河文库"中,由中国和平出版社出版。

听说过李延芳吧?刘祥发现她是个极偶然的机会。一次,刘祥到瓜厂亲戚家串门儿,无意中听到这样一个信息,说老李家那个李延芳,是个残疾人,挺好写的,前几天,还从电台得奖了呢!……是吗?我去看看。刘祥真的去了。刘祥鼓励李延芳,说你应该向文学发展,你这个年龄想象力丰富。你的处境和别人不同,看事情的角度也就不一样,这样,你就有可能写出好东西来……刘祥又将多本杂志、稿纸送到李延芳手中。受到鼓励的李延芳沉下心来,开启记忆的锦匣,将童年往事、求医经历、亲情友情以及面对病魔的幽怨、超迈之情一路写来,洋洋洒洒竟达四万字,经刘祥的删改,一个多月后,两万多字的《珍爱生命》发表了。接着她的一篇篇小说、散文在《运河》上连续发表。她的真情和友情感染了很多人。《北京青年报》的记者李俊兰无意中在朋友家发现《运河》中载有的李延芳作品,深受感动,几次下乡采访李延芳,写出了力作《李延芳——在文字中健步行走》。现在,李延芳已经是通州小有名气的作家了,出版了长篇小说《血色年轮》,小说集《乡间古瓷》,散文集《隔岸观秋》《生命之花》。其中,《乡间古瓷》在北京文学节获二等奖。李延芳被通州评为通州区十佳青年。

知道张凤军吧,对!就是那个风萧萧。凤军文笔好,有才气。但他每年只是发表一些诗歌、散文、小小说之类的东西,就是在这些小作品中,刘祥发现他的创作潜质。1998年3月15日,20世纪末通州最伟大的一项工程——通胡路一期暨通州新华大街改造工程开始。刘祥敏锐地察觉到这一点。这是通州将来的历史啊。他找到了张凤军:凤军,你写一篇报告文学吧,要全景式的。凤军心急火燎,白天,他采访干部群众;晚上,他来到工地,看那如同白昼的灯火,倾听机器的轰鸣,他终于有了灵感,写出两万多字的大型报告文学《通湖路一期长镜头》,此文在《运河》上发表后,立即引起了轰动。这篇报告文学也成为凤军在文学道路上的一个转折点。接着,又连续在《运河》发表大量的诗歌小说。刘祥还经常邀他写些导读之类的作品。凤军有语言天赋,小说写得幽默风趣。现在,凤军已成为通州很有名气的作家,他出版的著作有中短篇小说集《鲫瓜子闹鱼塘》《红桑葚黑桑葚》,报告文学集《潮起运河》。2003年,风军成为北京作家协会会员。

张建的经历非常丰富,为了生计,他曾离开故乡四处飘荡,东北原始森林里他伐过木,深山叠嶂里他挖过煤、淘过金;茫茫大漠,大江南北,黄河上下,四方边陲,到处都留下他的足迹。传奇的经历形成他桀骜不驯的性格,也影响和吸引了刘祥。刘祥对他的经历和性格有一种天然的兴趣。在一次交谈中,刘祥发现他喜欢读书,是个奇人怪才。这可真是天大的好事,刘祥让他多写快写,不拘一格,写自己喜欢的东西。他真的写了,小说、散文、诗歌一篇篇在《运河》上发表。现在,张建早已是北京作协会员。他的著作呢,更是五花八门,研究通州文化的有专著《通州古建》《通州丧葬文化》;诗集呢,有《游走的歌者》;散文集有《尘世屐痕》;小说呢,有长篇小说《月支王陵谷》、小说集《拉拉秧女人》;至于《颠覆刘心武》嘛,那就属于红学文化范畴了。

刘福田和刘祥相识不过是一次偶遇。有那么一天,福田拿篇稿子去找孟宪良指点。不料,福田有些迷糊,没有分清文化局还是文化馆,结果就阴差阳错地成了刘祥的弟子。刘祥对这个弟子真的偏爱,为他修改作品,提供发表园地。更重要的是刘祥发现他的特点:此君善于逻辑思维,对哲学有很深的造诣,就指引他往哲学方面发展。结果,福田不但出版了散文集《网络迷魂》《网路心痕》《妙道凝玄》等,还出版了哲学专著《混沌哲学本体论》和国学专著《〈周易〉原义》,接着又在刘祥指点下研究通州文史,连续出版《说说延芳淀皇苑那些事儿》《一代宗师李卓吾》等。

刘正刚是个乡镇干部,20世纪80年代初期,我和刘祥到宋庄办创作班,刘祥和他相识。正刚很有悟性,他的作品既有传奇色彩,又有浓厚的乡土气息。也许是工作太忙的缘故吧,有那么一段时间,正刚少有作品问世。刘祥很是着急,多次电话催促。正刚真的很争气,他抓住春节这个不多的休息时间,创作了一批脍炙人口的作品。现在,正刚已是北京作家协会会员。他的小说集《惊蛰一犁土》早已问世。

张来源是我的朋友,一名工程师。他对老通州那些事相当熟悉,写了一大批反映老通州风土民情的散文。我将其推荐给刘祥。刘祥对此人作品很感兴趣,为其出版了散文集《往事风景》《我本草民》。尤其令我感动的是,有那么一天,刘祥突然给我打电话:建山,来源得了重病,你要抓紧校对他的稿子,使他生前能看到自己的作品。来源去世后,《运河》还在源源不断地登载他的作品。不仅如此,刘祥在他去世多年后,还将他的作品推荐给通州政协文史办,使他的作品出现在政协出版的书籍中。

值得一提的还有胡绍先一家,这一家三口人都是作家,而且都受过刘祥的指点。父亲胡绍先,20世纪六七十年代就开始文学创作,著有小说集《小村故事》。张果珍呢,新时期创作出现了井喷之势,出版了长篇小说《那个年月》、小说集《那一朵白玉兰》。胡松岩呢就幸运多了,可以说是年轻的老作家,她十几岁在刘祥、梓夫的指导下就发表文学作品,后来的作品就更加老到,尤其是她的短篇小说写得真是入木三分。如今,她是北京作家协会会员。著有小说集《小城平民》《飘来飘去》。

对于老作家,刘祥是格外关注。张葆森老师20世纪60年代就在《北京文艺》发表了不少作品,并以《裱糊匠》闻名于世。进入新时期后,张老师有些不适应,刘祥给其以具体的帮助,葆森老师焕发了青春,出版了散文集《求学路上》、小说集《校园里,田野上》。马景良先生是个农民。20世纪70年代开始文学创作,但鲜有作品发表。刘祥给其以具体指导,现有不少作品问世,出版了小说集《原上草》《苹果跟西瓜似的》。李东是名中学高级语文教师。20世纪60年代就开始发表作品,但响动不大。刘祥发现他擅长写小小说,便帮助其修改作品,并为他推荐发表园地。《运河》也集中发表他大量的作品。目前,他已有散文集《运河走笔》《想念打瓜》问世。张春昱是位老作家,曾参加通县长篇小说《晨光曲》的创作,后来一度沉寂,在刘祥的影响下,振作精神,重新奋起,现已是北京作家协会会员,著有小说集《老雨伞》《麦子黄梢》。彭乐山老师已八十有余,在刘祥的帮助和影响下笔耕不辍,著有诗集《空灵玉石》、散文集《闲居碎笔》。毛洪其是通州教师进修学校高级语文教师,著有散文集《荷叶莲花藕》《风花雪月歌》。董文海、傅兆庆生于1943年,二人都是普通工人。傅兆庆著有小说集《底味儿》、诗集《听蝉声》。董文海著有小说集《清明雨》。郎桂林生于1949年,农民,著有小说集《败者》《苣荬菜》。刘维嘉,通州区残联副理事长,著有散文集《永年花糕》《运河畔抒怀》。韩万友原通州区财政局局长,著有诗集《面对夕阳》《韩万友诗选》。这些人的作品,几乎都渗透着刘祥的心血。

令刘祥最感欣慰的是在他的帮助和影响下,通州出了一大批中青年作家。这些作家们已成为通州文学创作的主力军。就说邢冬兴吧,他把那"捡垃圾的老太"写到极致。现在他已出版两本小说集《体验极限》《无边的雨季》。郝津俐呢,文笔隽秀,作品像歌,像诗,已出版了诗集《心有千千结》、散文集《一河清梦》、长篇小说《雪儿日记》。罗春梅是个诗人,著有诗集《淡墨花开》《绿荷听雨》。王风是山东诸城人,定居北京通州,是个自由撰稿人。他也加入通州作家的行列,著有诗集《爱情鸟》《东方少年》,散文集《超然居》,小说集《春去春又归》。杨家毅是陕西石泉人,通州区文联副主席,是个典型的80后,他对通州运河文化及通州的历史很感兴趣,他的散文集《汉水运河》写得大气;《中仓》呢,则考证了运河和通州的历史;他的专著《北京市通州区文化产业研究》是不是对我们的文化产业有所启发呢?张宝石是个农民,他的小说集《潞城传奇》颇具传奇色彩。吴德龙是个乡镇干部,著有小说集《乡镇小政府》,把乡镇干部这一"层级"写得活灵活现。刘洪春著有长篇小说《青春记忆》。刘建初著有小说集《过眼云烟》。崔振林著有散文报告文学集《军仓》《哑女画家》。张慧娟是报社记者,著有小说集《树宫》。李吏著有藏传佛教音乐专著《融入天籁》。金月霞著有小说集《谁知我心》。徐伟成是个民营企业家。此君爱好广泛,著有诗集《半红半绿》《徐伟成诗选》,书法集《徐伟成临多宝塔碑文》《古代名帖名碑临本》,长篇小说《校花》等。这些作家作品的出版,都曾耗费刘祥大量的精力。

刘祥还有两支大军需要提一提,一个是"潮白文友会",是老作家张春昱组织的,有那么十几个人,是中老年人吧,有闻名通州的老作家,也有喜欢文学的"新人",他们对大秧歌之类的东西不大感兴趣,却迷恋上了文学。十几个人聚在一起,探讨文学,品评作品,你这小说写得不错。不行,还有问题。是啊,换个角度就有新意。咳,您这篇小说结构有点问题。对,得想点办法。什么语言啊,细节啊,人物啊,情节啊,结构啊……争得脸红脖子粗的。这是好事啊。刘祥经常参加他们的讨论,帮助他们修改作品,现在,他们有不少人都出了书,发表了作品,有人还成为北京作家协会会员。另一个就是潞园文学社了,社员都是年轻人,十七八岁,都是潞河中学的学生。年轻人嘛,思想前卫,有朝气,写出东西无拘无束,酣畅淋漓。嘿,提到了潞河中学,您可能马上想到了刘绍棠。是啊,刘绍棠不就是潞河中学的吗?当年谁能想到,一个中学生,他的作品竟然出现在自己学习的课本里。绍棠就是在潞河中学完成他的代表作,成为乡土文学大师、一代神童的。那么,这些人中会不会也出现刘绍棠那样的神童作家呢?概率虽说不大,也不是不可能。我读过他们的诗集、小说集,非常棒的,与那些出了名的所谓"80后大家"相比毫不逊色。只不过他们是年轻人或缺少一些运气,还没被人家认可罢了。他们创办自己的刊物《潞园》。刘祥格外喜欢这些年轻人,与他们一起交流经验,鼓励他们深入社会,深入实际,要写出反映时代的大作品,并专门在《运河》刊物上开辟栏目,对他们发表的作品解析。

刘祥是《运河》刊物执行主编、"运河文库丛书"执行主编、"运河文化丛书"执行主编、《通州运河文化历史研究》执行主编……那么,刘祥到底为通州出了多少书呢,还真说不清,我粗略地统计了一下,有那么几百本、三千多万字吧。《运河》杂志不用说了,"运河文库丛书"呢,已出版了十辑,每辑十部书,一千五百字吧。"运河文化丛书",十本,怎么也有一百八十万字;《通州文化志》《通州文物志》呢,一百二十万字吧;《运河文库作品选》《运河文化论坛》,一百多万字。至于为老作家出版的作品集,那就更多了:《刘康达戏剧集》《郑建山作品选》《刘祥作品选》《楚学晶作品选》《周庆良文史选》《通州的民俗文化》等五六百万字;更不要说被人家"抓了公差"编辑出版《文明落农家——通州区宋庄镇的文明村创建活动》《新时代的道德楷模孟宪峰》了……哎,这得多大的工作量啊! 不要忘了,刘祥不是出版家,2000年后的很长一段时间,他还担任着通州博物馆的馆长工作。他这个编辑部,说白了,也就那么一个人。出版社您得跑吧,印刷厂您得去吧,有些事情您得运作吧,一部书至少您得三校吧……举个例子吧,我出了十本书,几乎都是经过刘祥编辑出版的。我曾在《郑建山作品选》后记中说过这样一段话:"刘祥是通州作家协会主席,又是我多年的好友,他每年要编辑出版二十几本书、几百万字啊,还要出四期或五期《运河》杂志,跑印刷厂,去出版社……我的这本书,就是他负责编辑的。望着这密密麻麻修改过的校对稿,我的眼睛湿润了。近百万字书稿啊,这得耗费他多大精力和心血,我想,受此恩惠的恐怕不是我一个人吧!"这是实在话,也是我的心声。

现在,刘祥仍在忙着。《运河文库(十一辑)》已经编辑完成,该出版了吧?《楚学晶作品选》《周庆良文史选》在编辑部还是在印刷厂中? 听说你还在为通州文史书籍操心? 哥们儿,该歇歇了,咱们的日子还长着呢。

一个人做点好事并不难,难的是一辈子做好事,不做坏事……这话是毛泽东主席说的吧? 是啊,在这物欲横流的今天,竟然还有这样一种人,默默奉献,无怨无悔,而且,一做就是三十多年,人生有多少三十年啊? 奇人? 怪人? 不对吧,还是让我们听听鲁迅先生的吧:"我们自古以来,就有埋头苦干的人,有拼命硬干的人,有为民请命的人,有舍身求法的人……虽是为帝王将相作家谱的所谓'正史',也往往掩不住他们的光耀,这就是中国的脊梁。"那么,刘祥呢? 无论是创作、辅导还是做编辑编书,他都默默忠诚地工作,"埋头苦干",他不就是鲁迅先生所说的"中国的脊梁"吗? 他就是响当当的中国文人!

写到这里,本文似乎该结束了,怎么结尾呢? 我忽然想到了刘祥的一首诗《他在寻觅》,这首诗写得很美很有哲理,使人浮想联翩,我非常喜欢。对了,就用此诗作为此文的结尾吧!

鸟儿在哪里?

鸟儿在鸟笼里叹息;

鸟笼在哪里?

鸟笼写满竹林的回忆;

竹林在哪里?

竹林藏在矿山的缝隙;

矿山在哪里?

矿山无奈着绿色的寻觅。

啊! 鸟儿——森林——大地,

在一起,不分离。

花儿在哪里?

花儿在阳台上孤寂;

阳台在哪里?

阳台被铁窗封闭;

铁窗在哪里?

铁窗布满城市的忧郁;

城市在哪里?

城市高昂着湛蓝的希冀。

啊! 花儿——阳光——空气,

在一起,不分离。

鸟儿——森林——大地,

花儿——阳光——空气,

在一起,不分离。

2015 年 4 月 3 日

这是我 2015 年 4 月写的稿子,如今,近五年过去了,刘祥又为通州运河文化做了多少事呢? 除了编辑出版《运河》刊物外,为各级组织过多次征文活动,培养了不少新作者;编辑出版了周庆良编著的《漕帮秘籍》、"北京城市副中心历史文化丛书"(3 册)、"大运河文化带·历史文化丛书"(10 册),和常富尧写了大型运河文化史诗《运河组歌》第三版,此歌为十五首,非常棒的,因种种原因,没有排练演出。这是很遗憾的。这些故事,我要写一篇文章,叫《刘祥的最后岁月》。刘祥走了,我们要把刘祥的精神传承下去。这是我们活着的人应该做的。

郑建山又及。

(作者:郑建山)

448

追忆我的朋友周庆良

2017年5月14日凌晨两点钟,我的朋友周庆良去世了。我很震惊,但并不意外,我知道,他的病是很难治愈的。他呢,好像对自己的病也不太在乎,什么会都参加,参加了就侃侃而谈,一谈就是半天一天,看那精神头,你很难想象他是重病之人。震惊的是今年春节,我打电话给他拜年,他中气十足,哈哈大笑,和我讨论我们出版的"运河文化丛书"问题,说哪几篇文章应该改,哪段句子还需要润色,哪个提法还有些问题⋯⋯前几天吧,他还为政协文史委几部书稿卧床修改校订,还在询问他的新书《漕帮秘籍》出版事宜⋯⋯怎么这么快就走了呢?

我和庆良相识是在1981年9月,那是我大学毕业后工作的第一天。我在文化局工作,宿舍被安排在文化馆的小平房里。这天晚上,我翻来覆去睡不着,再加上秋天的臭蚊子在我耳边嗡嗡乱叫,弄得我是心烦意乱。大约过了12点钟吧,我迷迷糊糊地睡着了。突然,我被骂声和水声惊醒。出门一看,是个个子不高的精壮汉子,在我宿舍前的水池子哗啦哗啦地洗制钱。谁啊?深更半夜的,嘿,这家伙愣头磕脑的,是看大门的吗?不太像,职工的家属吗?谁有这样的家属啊?第二天,我把这件事告诉我的一个同事。同事神秘地笑了笑,谁?周庆良呗,周伯。前两天,和咱们局长干起来了。嘿,惹得满院子都是人。这家伙!真够愣的。这不,从图书馆副馆长给发配到文物管理所了,文物管理所?整个管理所,就他一个人。还是新建的,你说你能闹出圈儿去?

说实话,我对"闹出圈儿""闹不出圈儿"的事真的不感兴趣,我的兴趣是文学创作。对搞创作的人有种天然的亲近感。至于其他的吗?那可就另说了。尤其是机关那点破事⋯⋯你升了他降了,你鼓了他瘪了,你挤对我我挤对你,嘀嘀咕咕,出出哩哩,极为反感。我觉得,一个单位的关系复杂,大都与这"嘀嘀咕咕""出出哩哩"有关。这事很快就过去了,庆良呢,也没有给我留下什么印象。直到有一天,庆良在文化馆《运河》杂志上发表一篇文章,叫《古刹留民谣》,这才引起我的注意:嘿,这哥们儿粗粗拉拉的还能写东西?行,那就聊聊吧。其实,我和他的宿舍只隔一间房,但聊天的机会还真的不多。见面不过是"今天天气哈哈哈"之类。这天,我来到庆良的宿舍,刚一推门,就弄我个倒憋气。嗬,他这个宿舍,说是宿舍,其实还兼着办公室、库房和冲洗文物照片的暗室,哎,太简陋了。有一桌一椅一床,有两个书柜之类的东西,上面有毛泽东思想宣传队字样。十几平方米的空间,还堆积着制钱呀瓷片啊一类的出土东西。那味儿呀,嘿,呛得你喘不过气来,阴气森森的。知道的说是宿舍,不知道的还以为掉到坟圈子洞里。我连忙拉着他到了我的房间。我们聊了起来……在聊天中,我发现庆良善良,聪明,是个奇人怪人。一方面他对领导绝对忠诚,是块"砖"的角色,哪位领导都可以"搬","搬"到哪儿都可以用;他当过小学老师,做过管理知青的干部,在教育局编过小学教材;到了文化局(毛泽东思想宣传站)呢,他的事就更杂了,宣传队这帮小子不好管,让谁去呢?庆良啊,庆良能干这个,某某单位不好弄,让谁去呢?庆良啊……不过,他主要工作还是下乡。当时下乡是非常频繁的。学大寨、大麦二(两)秋、中心工作、农田水利基本建设、计划生育……领导干部都得下乡支持,文化局当然也不例外。那么文化局谁去呢?当然是周庆良啊。年年如此……当然,庆良下乡也有"得倚"(得益)的时候。一次,是地震之后吧,他随某村党支部书记检查工作,其实,所谓的检查主要是动员村民离家在外搭窝棚居住。他和书记一前一后,走东家儿串西家儿,谁想刚进一户人家的门,书记一下子就蹿了出来,庆良忙问怎么回事。那书记大骂,他妈的,倒了大霉!怎么了?怎么了?大白天就敢光屁股睡觉,这娘儿们还他妈的大抹笼。您说,这叫什么事呀?大抹笼?庆良说,原来,这家女主人上下无条线,光着身子睡觉,让书记给碰上了。"大抹笼"是通州的土语。后来庆良写《谈通州的土语》一文,将它用上了。

庆良的另一方面就不好说了,是桀骜不驯还是别的,说不清。有时这"砖"您还真不是那么好"搬"的。您领导得有个领导样吧?如果没有呢,那就麻烦了,"砖"可要砸手了。关于庆良被调到文管所,有多种版本,因种种原因,略之。反正图书馆副馆长的位子是不能待了,得给他找个位置,可让这"货"上哪儿啊?嘿,您甭说,还真有主意高的,上级不是让咱们成立文物管理所吗?就让他去!反正就他一个人。总而言之,说被贬也好,工作需要也罢,反正就是这样了。嗨,说起来还真得感谢文化局的领导们,没有他们,庆良只不过是个默默无闻的普通干部,顶多您弄个科级,凭他的性格,他会华丽转身吗?会成为通州的"活历史""活地图"吗?会成为中国运河文化研究有通州味儿的顶级专家吗?会成

450

为一名响当当的中国文人吗？那么,通州历史通州运河文化将会留下多么大的遗憾啊!

嗨,无论怎么说,庆良走马上任了。上任的第一个任务就是全县的文物大普查。哎呀,那是怎样的情景啊?"文革"结束不久,国家百废待兴。钟鼓楼被扒了,燃灯塔呢,摇摇欲坠,李卓吾墓破败不堪,三教庙还有模样吗?大运河、通惠河更是臭气冲天。更可怕的是经过这么多年的折腾,人们的文物保护意识没了。庆良有些发蒙。应该说,对于通州文物的惨状,庆良还是有思想准备的,没想到,比他想象的还要惨。怎么办呢?还能怎么办?干呗!可整个文管所,只有他一个人(后来加上了姚景民),他觉得自己像唐·吉诃德。白天,他骑一辆除车铃不响,哪哪都响的自行车,跑啊跑啊,跑遍了全县二十二个乡(公社)五百二十一个村庄与通州城一百七十四条街巷。饿了,到小卖部弄把动物饼干或来块蛋糕,渴了呢,就买瓶橘汁或趴在路边的自来水管子嘟嘟弄两口……通州城墙呢?恐怕还有遗址吧?得找。御制通州石道碑呢,倒是还在,在通惠河南侧。您再看那石碑,南向面道,艾叶青石制,有七米高吧。碑额篆刻"御制"二字,碑身阴刻御笔,左汉文,右满文,遒劲工整,文之周围浮雕群龙游水。真精美啊!八里桥呢,不错,还比较完整,那长桥映月的美景您是看不到了。张家湾呢,古镇,曾是大运河漕运码头,是何等的辉煌啊!"自潞河南至长店四十里,水势环曲,官船客坊,漕运舟航,骈集于此,弦歌相闻,最称繁盛"。"潞水东湾四十里,烟光无数紫云生。王孙驰马城边过,笑指红楼听玉筝"。现在呢?他感叹,嗨,白驹过隙,时代沧桑,那城还在吗?还好,那城的遗址还在,那通运桥还在,桥上那车道沟还在,深深的,是不是在诉说着通州或张家湾车辚辚马萧萧的繁华场景呢?漷县呢?延芳淀?遥想当年,辽国帝王贵胄们在这里驻跸狩猎,那是多么壮观啊!"延芳淀方数百里,春时鹅鹜所聚,夏秋多菱芡。国主春猎,卫士皆衣墨绿,各持连锤、鹰食、刺鹅锥,列水次,相去五七步。上风击鼓,惊鹅稍离水面。国主亲放海东青鹘擒之。鹅坠,恐鹘力不胜,在列者以佩锥刺鹅,急取其脑饲鹘。得头鹅者,例赏银绢。"这是《辽史·地理志》记载。明代的《燕山丛录》说得就更生动了:"辽时每季春必来此大猎,打鼓惊天鹅飞起,纵海东青擒之,得一头鹅,左右皆呼万岁。海东青大仅如鹊,既纵,直上青冥,几不可见,俟天鹅至半空,欻自上而下以爪攫其首,天鹅惊鸣,相持殒地。"啊,这是多么生动的画面啊!活灵活现,难道这些只能活在史书中吗?现在还有痕迹吗?有啊,还真有。听,那欢快的乐曲,不就是《海青》或《海青拿天鹅》吗?那老者吹得多么带劲儿。这首曲早已飞出漷县,飞出通州,飞出北京,深入到皇宫里。啊,晾鹰台。

辽代帝王每季春在此高岗上放鹰猎取淀中天鹅。虽说只是遗迹了,可他引起多少遐想与无奈啊:"苍鹰已去不重回,金殿荒芜尽绿苔。箫鼓声湮惟鸟噪,羽林军散低云回。晴川应识霓旌影,寒菊曾迎凤辇开,彼日谁能歌五子,至今殷鉴使人哀。"这是当年漷人董方的感叹。那我们今人呢,面对我们祖先留下的遗产,我们能不感到汗颜吗?……这不是马驹桥吗?对,马驹桥他太熟悉了。青年时代,他不就是在马驹桥度过的吗?在这里,他当过教师,那真是火红的年代啊,发疯的年代啊!如今,这一切都已经过去了,那么文物呢?那享誉北京甚至影响全国的大南顶碧霞元君庙呢?那闻名朝野的香场庙会呢?碧霞元君庙北向三进,西近河,东临道,明成化年间所建,清乾隆时重修。玉皇阁五间:"崇殿杰阁,自门达庑,每逢庙会,附近百十村庄,京中男女人士皆来此上香,南来北拥,络绎不绝于道。张旗鸣鼓,吹演弹唱,街中列市,商贾云集,大开利市,大发其财……""元君宫接马驹桥,香火遥分岱岳高。龙凤旗翻翠羽盖,山河影动赤鹓袍。何人得见三花树,此地曾无千岁桃。金鼓声微幡盖远,月明应自度云璈。""柳映红亭水映桥,碧霞宫殿郁岩峣,年年五水开香社,大好风光慰寂寥。龙冈委宛似卷呵,披拂薰风爽气多。一带苇棚临水岸,酒徒豪饮姣童歌。"……毁了,一切都毁了!他的心里发疼,我们做了多少混账事啊!子孙后代能原谅我们吗?这一切的一切,都将记忆在历史里。……关帝庙呢?天后宫呢?静安寺呢?他踏勘着,他寻找着,哪些古迹已经消失?哪些古迹还有遗址遗存?他记了厚厚的几大本文物账,当然这些古迹也印在他的心里。

其实,这是一个很复杂、很烦琐、很枯燥的工作。您想啊,里外就他一个人,走访、测绘、记录、拍摄、洗印、填表、收集、宣传……这得多大的工作量?您得查阅历史文献资料吧,您得看看文物现状吧,最主要的还是要访问当地的老人,您以为老人是那么好找的?您早上去了,人家说了,对不起,我们家老爷子串门去了。什么时候回来?这可就难说了,要不然,您下午再来?下午呢,嘿,您来得怎么那么不巧呢?这不刚走,不知道上哪儿转悠去了,是不是上东街找人玩牌去了,您再等等……这样的事发生多少回呢?说不清。后来,庆良醒过梦儿来了,嗨,这年头谁愿意陪您聊闲篇呢?他们闲得住吗?或场院或猪场或畜棚或园田……对,就上这些地方找他们。庆良还真找到他们了。聊吧,老人和老人还真不一样,有的老人就像闷罐子,不好说,聊起来也就那么两三句,您听起来还挺费劲;有的老人就不同了,善聊,云山雾罩的。我告诉您,这坟是古坟,有年头了,听说里面埋着某某。您怎么知道,是您爷爷的爷爷说的?我爸爸告诉我的。小时候我经常到这玩。这桥是当年皇上下令修的,可积了大德了……寺庙、匾额、驿站……真让庆良开了眼界。当然,在勘查中也会遇到危险。这不,在牛堡屯三间房村东口大水塘边拍摄日本侵华罪证——1942 年所筑暗堡时,不就碰到危险了嘛。坝窄而滑,他一下子跌入水里,水多深呀!他紧紧地握住照相机,几番挣扎才脱险上岸。唉,这是小菜。最让人后怕的还在后面,1984 年12 月的一天。这天清晨,大姚(姚景民于 4 月调到文管所)感觉不对,唉,怎么没见到庆良啊!平常早就起来了,再说,文化局今天不是还有会呢?怎么回事?趴窗一看,哎呀,不好,庆良口吐白沫滚到地上了。景民将门踹开,忙颠似火地将其送进医院。原来庆良整理文物档案过了夜里 12 点,疲惫不堪,匆忙睡去,谁想到煤火炉子出了问题,结果,弄了个煤气中毒。那时,我已调到文化馆,听到消息便匆匆赶到医院。此时,庆良已经醒来,一见到我很是激动,高声朗诵道:“大梦谁先觉?平生我自知。草堂春睡足,窗外日迟迟……”

白天勘查普查,晚上呢,除了冲洗文物照片、填表格、整理收集来的文物外,他就拼命地读书。读什么呢?什么《诗经》《楚辞》《史记》《春秋》《汉书》《旧唐书》《新唐书》《辽史》《宋史》《元史》《明史》《清史稿》……他读得最多的是北京的志书,正史、野史,通州各个朝代志书。《通州志》《漕渠志》《通惠河志》《日下旧闻考》《长安客话》《帝京景物略》……尤其是大运河的各种史料,他反复读,认真研究。庆良读书有个习惯,无论读的是什么书,凡是涉及通州的内容,他都做摘录,制卡片,他卡片真多啊,有五六抽屉,上万张吧。那位说了,这有什么呀,新鲜吗?学者或做学问的人,读书谁不做卡片呢?不做卡片怎么写好论文呀!嘿嘿,您错了不是。庆良做卡片可不是为了什么论文,他完全是为了背诵。庆良的背功堪称一绝。什么重点朝代、建筑、遗址、诏书碑文,甚至连哪年哪月哪日、长宽厚实物尺寸、段落句读,连带民间传说都要背诵。白天背,晚上背,吃饭背,睡觉做梦背……有一次,我们聚会约他吃饭,他骑着自行车吟咏着:“潞河为万国朝宗之地,四海九州岁致百货,千樯万艘,辐辏云集,商贾行旅梯山航海而至者,车毂织路,相望于道,盖仓庾之都会而水路之冲达……”当……咕咚……哎哟,什么东西?嘿,他撞到了电线杆上……他就是这样做学问的,我不知道还有没有比这个更有效的办法。凡是和庆良打过交道的人都很奇怪,没见过他翻过书啊,也没见过他拿过什么资料,嘿,邪了,无论您提起哪个村哪个街道有什么文物或遗迹,他张嘴就来,滔滔不绝,什么年代啊背景啊特点啊价值啊,逻辑性和真实性不差毫厘。奇了怪了。其实,一点都不奇怪。刘祥有言:“他的学问是脚走出来,他的学问是熬出来的,他把通州吃透了……”

踏勘、读书,读书、踏勘……就这样,历史在他面前活起来,通州在他面前活起来,大运河在他面前活了起来！通州,西汉建制,初称路,后称潞,因漕运通济之义改称通州。唉,建制已有二千多年了,它见证了历史上多少风风雨雨。通州呢是大运河的端头,元、明、清三代,封建王朝定都北京,漕运进入鼎盛时期,通州成了上控京阙、下控天津,"舟车辐辏冠盖交驰,京畿转漕之襟喉,水陆之要会",成了京津水路交通枢纽、重要的漕运码头和货物集散地。"舟艘直入积水潭,帆樯林立。"每年运粮漕船二万余艘,"岁入粮四百万石"。官府的水师船和商船一万余艘。船队浩浩荡荡,绵延数十里,"万舟骈集"成为有名的通州八景之一。"天际沙明帆正悬,翩翩遥望影相连。漕艇贾舶如云集,万国梯行满潞川。""帆樯林立人如蚁,灯火星罗浪泊鸥。"是漕运造就了通州,繁荣了通州,没有大运河,通州只不过是个小镇,至多是个普通的县城,哪来的什么灿烂的运河文化？您还奢谈什么"一京二卫三通州"？漂来了北京城,繁华了大通州,这不就是通州的历史吗？大运河呢,蜿蜒数千里,是中华民族开放进取包容的象征。长城是一撇,运河是一捺,在中华大地上就是一个顶天立地的"人"字。"人"字的两笔交会于北京,捺的起笔处就在通州。通州啊通州,你承载了多少历史记忆？运河啊运河啊,你是百姓衣食、国朝命脉……

这些深厚的历史文化,能在我们手中丢掉吗？得赶快行动啊,不然真的来不及了。行动？怎么行动？对,先把现存文物保存起来,维护起来。他想起了李卓吾墓。政府不是要迁李卓吾墓吗？对,就从这里入手。李卓吾何许人也,嗨,我国明代著名思想家、文学家啊,著有《焚书》《藏书》等书。因触犯朝廷,被以"敢倡乱道,惑世诬民"之罪下狱。在狱中夺剃刀自刭。好友马经纶将其运回通州,遵其遗嘱,将他安葬在通州城北马厂村西迎福寺侧。唉,说起来李卓吾墓也是命运多舛,初还真过几天好日子,好友詹轸光为其立"李卓吾先生墓"碑,碑阳以焦弘手书"李卓吾先生墓"。碑阴有詹轸光于万历四十年书《李卓吾碑记》和《吊〈李卓吾先生墓〉二首》。有不少文人墨客前来祭奠,光祭诗就有一百多首。这样,一直维持到清末民初。1912年,倒霉的日子来了,通州北门外马厂村的两个大地主,造谣说"要想马厂好,必须墓石倒"。就这样,在一个狂风劲刮的黑夜,套上八匹骡马,把墓碑推倒。墓碑断了三截。1926年,民国政府又复立此碑。1953年,国家要建结核病研究所,李卓吾墓又在用地范围。因迁李卓吾墓于通州城北牛作坊(原名大悲林村),安葬尸骨,复建碑楼。1983年10月,在周庆良先生的坚持和努力下,李卓吾墓迁入西海子公园,建碑楼,砌围墙,植花树,且新立周扬"一代宗师"题词碑与重建碑记。1984年,李卓吾墓也由县级文物保护单位升格为北京市文物保护单位。在青松翠柏、一湖碧水的环绕中,李卓吾先生得以安息。

燃灯塔呢，那是通州标志性建筑，通州的象征。清王维珍诗云："云光水色潞河秋，满径槐花感旧游。无恙蒲帆新雨后，一支塔影认通州。"然而，此塔经历了多少磨难？远的不说，就说近代吧，光绪二十六年，八国联军侵犯北京，这帮畜生对燃灯塔进行了野蛮的破坏和疯狂的掠夺，他们用洋枪击断了塔尖宝镜，射掉了上千枚塔身铜铃。"文革"初期，塔座上所嵌的精美佛、兽砖雕全部被凿毁。1976年的唐山地震波及通州，塔顶莲花座的砖被抖落很多，塔身也有酥裂，岌岌可危，如果再不维护，这一千四百多年的宝塔就有坍塌的危险。庆良四处呼吁，一定要维修通州塔，保护通州的历史文物。真得感谢市县的领导们，他们拿出了二十九万元修缮通州塔，要知道，那可是20世纪80年代初，二十九万元，那是多大数字，这得需要多大的勇气？何况正是全民搞经济的时刻。

这是一次抢救性修缮，困难还是很大的，庆良小心翼翼，专业古建修缮队来了，修塔尖、补配件、按原色粉刷塔表、油饰檐面、安装避雷针……修缮中，庆良几乎天天在场。当然有督促的意思，此外，他还有个小小的私心，向他们学习古建修缮技艺，他知道，通州还有多少文物需要修复；好好地研究通州燃灯塔。这真是宝塔啊！精美绝伦。是密檐式八角形砖木结构实心塔，塔身十三层，一、二、三、四层每面二十二根飞头，五、六、七层每面二十一根，八、九、十层每面二十根，十一、十二层每面十九根，第十三层每面十八根，收缩极小，第一层最高，其正南一面，设有拔券门洞，深到塔心，里面砌有神台，台上安奉燃灯石佛；您还甭说，除角梁、飞檐是木质的以外，全是砖雕仿木结构；其余七面，除嵌仿木砖雕门窗外，都与正南面相同；其他十二层，除无门窗外，也都与第一层相同。当然，庆良最感兴趣的就是塔铃了，全塔共悬铜铃二千二百四十八枚。铜铃的形制也有多种，有平口的，也有联弧口的，有圆肩的，也有折肩的，有长身的，也有阔身的，有清脆音的，也有浑圆音的，有当地人献的，也有外地人捐的，五花八门。每个铜铃外壁都刻有捐献人的姓名和籍贯，有寡妇率子叩拜的，有祖孙三代祭奠的，有鳏夫独自祝愿的，情况各异。刻写的字体也不全同，正楷多，行书、隶书少，个别的是双沟刻法，都很美观。可惜，有一千多个塔铃毁坏或失踪了，没办法，补上吧，对，上张家湾，北仪阁有一个仿古青铜器铸造厂，干这个门儿清，就用它吧。至于老角梁嵌入塔体的相交处的尊神像，庆良更有兴趣了，有立有坐，有披铠甲执剑者，也有着袈裟合掌者，有慈眉善目者，也有凶相毕露者，惟妙惟肖。最令人喜爱的是一尊猪八戒像，肥耳巨嘴，大腹便便，乐颠颠儿的，好像是刚从高老庄出来一样。

庆良真是个有心人，在监修燃灯塔的同时，他反复琢磨研究，有那么一段时间，他甚至倾心于佛学。在掌握大量的第一手材料后，他写了《燃灯佛舍利塔》一文。此文登载在 1989 年第五期的通县政协的《文史选刊》上。全文分为"塔名释义""建筑年代""结构装饰""塔上七绝"四个部分。您甭看小文不长，有三四千字吧，但这是我见到的第一次全面描绘燃灯塔的文章。你见到的？对！以前就没有这类文章吗？没有！历史上也没有吗？嘿，还真让您猜对了。您甭看燃灯塔名气大，一千四百多年来，对这座宝塔记述真是不多，有些记述散落各种古籍中，很分散或语焉不详。尤其是塔的结构装饰部分，几乎没有。明代倒是有人指出，其身披"金碧琉璃"，"工花纹，妍色泽，后世实莫及"，那可是清康熙十八年前的状况，而且很简略。至于明代王宣的诗"冰虬峭立倚云霄，云际层峦势并高。一柱界空分晓色，八窗飞雨响秋涛。铎声清引天边鹤，灯影潜通海上鳌。笑拍危阑独翘首，满襟清兴入吟毫"和王维珍的"一支塔影认通州"，那只是诗人的一种感受罢了。至于不少民间故事，在人们中流传，神神秘秘，我在编著的《大运河的传说》中就收录了十几篇，不过，那只是人们对燃灯塔的一种美好愿望和想象，和燃灯塔的历史和本身的装饰结构，没有半毛钱关系。

　　庆良还对古籍中燃灯塔是否藏有燃灯舍利提出了质疑。史料不是有这样的记载吗？康熙"十八年地震尽圮……塔顶藏有舍利数百粒，如小米，色淡黄微红，莹彻如珠。又佛牙一，长三寸许……人皆见之，存胜教寺中。知州吴存礼捐募重建塔成，仍置其上"。瞧这架势，好像有，您看，要不然怎么写得这么有根有据言之凿凿呢？可在拆除塔顶时，庆良特意监督施工，小心翼翼，细心寻找，哪有什么佛牙和舍利呢？倒是在第十三层正南面当中，看到一块砖刻诗碑："巍巍宝塔镇潞陵，层层高耸接青云。明明光影河中现，朗朗铃音空里鸣。时赖周唐人建立，大清复整又重新。永保封疆千载古，万姓沾恩享太平。"这倒是把燃灯塔创建重修事迹、所在位置、特殊景致以及企盼心情都描写出来，而且绘声绘色。但那舍利呢？佛牙呢？没有啊！那么，是不是在地宫里面呢？（一般说来，有塔就有地宫，即在塔基处正中砌有砖券，券内放置石函或缸坛，函或缸内收有僧人骨灰）难说。反正将舍利藏于塔顶，目前还没见到什么先例。再者说了，既然塔顶被震倒，那么，又怎么见得所见舍利是藏在塔顶，而不是收于十三层中？还有，牙长三寸，谁的牙有三寸呢？这不也是妄言吗？再者，塔座仍为初建，并未尽圮，怎么能藏舍利和佛牙呢？故此，可以断言，古籍所载，并非实事。当然，也不能说此塔就没有燃灯佛舍利，因为地宫仍在塔下，并没有发掘，一切都应以发掘眼见为主，因此，我们仍然可称其为燃灯佛舍利塔。当然，庆良还考证了塔的建筑年代。燃灯塔建筑年代目前有三种说法，一是北周说；一个是唐建说，此类说法当然有根据，从史料中得来；另一个就是辽建说，这是官方组织专家研究得出的结论。庆良同意辽建，并根据监修时所见到情景丰富了辽建说：塔的建筑用的砖都是辽砖，塔的形制呢，也是辽塔。辽塔北京还有那么几座，形制与这个几乎一样；燃灯塔康熙时代时重建，塔外表两层皆为清砖，塔心儿用的砖则是辽塔倒塌时剩下的旧砖(残砖)。辽国时期捺钵文化盛行，辽国皇帝贵族到延芳淀游玩，拿天鹅，路过通州，建个塔镇水就不足为奇了。当时的辽国正是强盛时期，有强大的财力来建燃灯塔。

应该说，这是庆良的一次华丽转身，由一个普通的文物工作者向学者转变，《燃灯佛舍利塔》这篇文章，就是转身的拐点。与其说他在做监修工作，还不如说他在做监修工作的同时，亲临第一线，一点一滴地积累知识，一点一滴地研究学问。这种转变，不仅别人没有意识到，甚至连他自己也没有意识到。

庆良做了多少这样的监修工作呢？这么说吧，凡是通州遗存的有点名气的文物，几乎都经过庆良之手：1989年监修佑胜教寺；1992年监修张家湾城址；1996年监修枣林庄清真寺、张家门楼；1997、1998年监修了马驹桥、张家湾清真寺；2000年监修了三义庙；2001年监修北辛店真武庙正殿；2003年监修了明代通运桥石桥；2004、2005年监修通州清真寺、文庙主体建筑；2006年至2008年监修"三庙"、"通州起义指挥部"、冯玉祥驻通营盘钟警楼……到处都留下他的身影，到处都能听到他粗犷的大嗓门，他将自己的全部融入通州的历史文化之中了。

对于新出土的文物，庆良更是格外重视。在他的第一次文物普查中，庆良在建立三百零四项档案的同时，收集出土文物六百余件；在1996、1997年的文物普查中，庆良又收集文物一百多件。后来就不用说，通州进行大规模的经济建设，出土文物更是层出不穷。那么这些文物的价值如何呢？看您说的，能不高吗？给您举个小例子吧。您知道1983年那件事吧？对，就是庆良在梨园乡(公社)小街村普查时发现的两合唐代的墓志铭，一合是孙封的，一合是孙如意的。您知道，这两合墓志铭解决了多大的难题啊？谁都知道，通州古称"路"，县城呢，就是潞城镇的古城村，那么，是什么年代搬到现在的通州城呢？谁也说不清。"路县城考"一争论就是几百年啊！清乾隆年间，学者刘禹锡根据当时出土的墓志铭，倒是推断"当在齐周设渔阳郡之时"，可那只是推断啊！孙如意墓志铭的出现，给予了有力证明。墓志铭有这样一段记述，相当精彩："念陇钊锻缺，魂埋潞川，东有潞河通海，西有长城蓦山，南望朱雀林兼临河古戍，北有玄武至至潞津古关,并是齐时所置。"墓志铭出土于梨园乡(镇)小街村东南约三百米处,墓主人当葬于此地,正好在通州城南。地理位置完全相符。说明路县城由河东迁建于河西——现在通州城这个地方,是在公元550年至577年之间完成的,正好与刘禹锡的推断相符合。尤其是"齐时所置",妙不可言!更让庆良兴奋的是墓志铭不仅证明了通州城的建迁,它还证明北齐长城存在于通州。庆良读过大量的古籍,知道现今的昌平、顺义、通州、武清诸区县内有一条数百里的土长城。也就是说,通州既有运河文化,又有长城文化。文献嘛,这当然是考证历史的重要依据。那眼见为实的历史文物呢,不更是有力的证明吗?这两合墓志铭就是如此。其实,在清康熙年间,通州城南门外窑厂村东就曾出土过唐贞元六年(790)一合墓志铭,是"故莫州长丰县令李君墓志铭"。铭文载长丰县令李丕埋藏在"县之南三里,潞水之右"。这里的县当然是指今日的通州城,潞水呢,就是北运河了。"潞水之右"就是潞水之西,"县之南三里""潞水之右"不就是今天的窑厂村东吗?确实,窑厂村老村址就建在一条西北—东南的长土岗上。《李丕墓志铭》中还有一句"屹然孤坟,长城之东",就是说李丕墓这座坟冢,屹立在长城的东面。那么,窑厂村的土岗不就是古"长城"吗?这古长城是什么时候修的呢?铭文没有记载。1983年3月,小街村出土唐公孙封的墓志铭,铭文中有一句"左潞水兮右长城",是说公孙封的墓左面有潞水,右面有长城。瞧,在20世纪50年代,小街村南北部确实有一条长土岗,方向与上面所说的窑厂村的土岗在一条线上,铭文中指出了条形土岗叫长城,遗憾的是也没有指明何时所建。让我们再看看孙如意这个墓志铭吧。"魂埋潞川,东有潞河通海,西有长城蓦山,南望朱雀林兼临河古戍,北有玄武垒至潞津古关,并是齐时所置。"也就是说,孙如意墓地西侧的长城、南面的临河长城戍所、北面的潞县县城和潞河上的关口桥梁,都是"齐时所置",哈哈,还有比这合墓志铭说得更明白的事吗?再联系到我们上面说的那两合墓志铭所提依据,北齐长城遗址不就昭然若揭了吗?就是南关窑厂村那个土岗,长约150米,岗地宽15—17米,残高3—5米,顶宽5—10米。夯土而成。这条长城始建于北齐天保年间(551—559),距今已有一千四百多年的历史,是惧柔然、契丹侵犯,故此自昌平居庸关长城,傍河而行,先沿温榆河经狐奴(今北京顺义)至潞县(今北京通州),后顺潞河(今北运河)至雍奴(今天津武清),终于海河,绵延二百公里……由西北向东南修筑了这条土长城。墓志铭的发现,既证实了通州城迁建的时间,又指出了北齐长城的遗址,您说,这三合墓志铭的价值,是高还是不高呢?

在"三庙"里有两根从运河中挖出来的皇木。一根是硬合欢木,长7.5米,截面是长方形,长45厘米,宽35厘米。另一根是格木,长10.85米,截面是正方形,边长60厘米,有"顺太"等红色的三方印和编号。那是庆良抢救出来的。这就是漂来的北京城的证据啊!那博物馆存放的元、明、清三代十余头个铁锚呢,那是2003年闹"非典"最严重的时期,庆良冒着被感染的风险,深入到运河西岸铺设污水管道工程现场抢回来的。庆良还发现了三艘沉船和漕运文物多件。两根皇木历经沧桑,饱受风雨,铁锚呢,锈迹斑斑,它们向我们透露出运河文化的多少信息?

当然,在新出土的文物中,最值得一提的是曹雪芹墓葬刻石了。您想,曹雪芹何许人也?清代著名的大文学家呀!他的《红楼梦》堪称中国文学之巅,光照日月。别的甭说,就说对他及《红楼梦》的研究吧,能在全国乃至世界形成一个很大的流派——红学,出现了许多由于研究红学而成名的大师。您说,全世界有谁能比得了呢?然而,由于这位大文学家晚年的不幸遭遇,人们对他的坎坷经历知之甚少。他逝于何年?葬在何处?始终是个谜。多少红学家们争论不休。

庆良听到曹雪芹墓葬刻石的消息,非常激动,是啊,如果曹雪芹墓葬刻石真在张家湾发现,无疑揭开了雪芹卒年之谜,填补了红学研究的一项空白。他会对中国社会产生多大的影响啊?运河文化旅游公司和庆良、刘祥等人几经周折,找到了当事人李景柱。据李说,1968年冬,通县张家湾进行平整土地大会战,声势浩大。当工程进行到张家湾城西曹家坟时,发现距离地面一米深处,有一条石。李景柱性好古物,闻讯立即赶到现场,细观察,发现青石正中隐约有"曹公讳霑墓"五个大字,左下角有"壬午"两个小字。李景柱读过《中国文学史》,知道曹霑就是曹雪芹。他将墓志刻石小心地保护好,至夕阳落后,趁天黑,与堂弟李景泉用独轮车将墓志刻石运回家中。再用窗纸拓好拓片后,精心保存。经旅游公司人员及刘祥、庆良等人再三动员,李将刻石无偿献出。墓志刻石长100厘米,宽40厘米,厚15厘米,沉积岩,阳面未磨光,左下角略有残缺,正中有"曹公讳霑墓"字样。字为楷书,阴刻。墓志左下角刻着"壬午"二字。这真是画龙点睛之笔。庆良高兴至极。

曹雪芹墓葬刻石的消息是1992年7月31日《北京日报》(郊区版)在头版头条发出的。嘿,真是一石激起千层浪。这个消息立即震惊了社会各界。红学家、考古学家、古碑帖文字鉴定家、石刻专家纷纷云集张家湾,对刻石的真伪进行了鉴定。各界群众及海外学者也纷纷来此参观。专家们听取了刻石出土情况介绍,观看了出土测绘图,查验出土的墓葬刻石。他们对刻石的形制、书写法度、篆刻程序等各抒己见,争论激烈。《北京日报》《北京晚报》《人民日报》《中国日报》《文汇报》《文学报》《解放日报》《中国文物报》《人民政协报》《红楼梦研究》《新民晚报》《香港明报》及《美国纽约日报》等纷纷发表文章,谈曹雪芹墓葬刻石消息及研究动态;中央电视台两次开辟专栏节目,聘请不同观点的学者、专家座谈刻石情况;就连1992年在扬州举行的国际红学研究讨论会也冲淡了原定议程,会上会下大谈曹雪芹墓葬刻石。全国著名的文物专家傅大卣、史树青先生对刻石进行了全面鉴定,引经据典,确认刻石为真迹,兴奋之余,挥笔赋诗题字。红学大家冯其庸先生不顾年迈体弱,冒高温酷暑,多次到张家湾来察看刻石,向当年目睹刻石出土者调查,根据实地考察结果及历史资料,发表了一篇八千字的论文。冯先生说:"关于雪芹的卒年,已经争论了几十年,过去我是主张'癸未说'的,但现在看到了这块碑石上的'壬午'纪年,再联系甲戌本脂批,我想不能把写得一清二楚的字硬是解释为记错的或写错的了。"冯先生以大家风度,毅然改变了自己数十年的"癸未说"之观点,在刻石面前承认了"壬午说"。当然,也有对这种观点持否定态度的。如红学大家周汝昌先生。但是,无论如何,曹雪芹墓葬刻石的发现,都为红学研究开辟了一个新天地,填补了红学研究的一项空白。

庆良当然也参加了这次讨论,除了质疑红学大家周汝昌的观点外,他还另辟蹊径,对《红楼梦》与张家湾的关系进行研究。张家湾是京东古镇、水陆要会、漕运码头;自古就是交通枢纽和货物集散地,凡万国朝宗,四方贡赋,士大夫仕朝及商贾往来均泊于此。"市马僦车陆行到达京城。"曹雪芹的家人们就经常来往于北京、张家湾、南京之间。曹雪芹家在张家湾有"典地六百亩""当铺一所"。据传他和祖母就曾住在张家湾的花枝巷。他生前和朋友们多次在潞河游玩。朋友们留下许多歌颂潞河风光的诗句。那么,张家湾及通州的风土人情、人文地理,对《红楼梦》的写作有没有影响呢?庆良兴奋了,是啊,《红楼梦》中描写的民俗风情与历史上的张家湾何其相似啊!书中提到的"十字街"与"葫芦庙",不就在今张湾镇村大街东部交叉路口处?"葫芦庙"不就是那座小关帝庙吗?长得和葫芦似的。贾珍藏尤二姐处的"小花枝巷",不就是张家湾城南门内花枝巷西段向北的那条小胡同吗?对了,曹家染坊就在巷口西侧,院内还有曹家井呢。贾宝玉骑马祭奠金钏时的"北门大道"和"水仙庵",柳湘莲约薛蟠的地方——"北门外头桥上",将薛蟠骗到"下桥二里多路"的"一带苇坑",是多么熟悉,不就在张家湾城北门外吗?"馒头庵"原名水月庵;"铁槛寺"实际说的是"铁牛寺"。至于书中十七次提到的"栊翠庵",这您还看不出来?它的影子不就是小西甸村西北角的"枕泉庵"吗?那么,五次提到的"地藏庵"呢,您不觉得熟悉吗?看看西甸村南隔萧太后河的"立禅庵"就知道了(这些清初都圈入曹家典地的范围内)。"西门外牟尼院"是"假语村言",真的确是西门内广福寺中的释迦牟尼殿;"这桥便是通外河之闸"的"外河",不就是土桥村东的古运河道吗?"闸"呢,是土桥村中的"广利闸"。贾元春游的"行宫"离桥闸不远,对,就是"行宫庙"。"玉皇庙"与"达摩庵"呢,不就在土桥村中京、通、张古道的两侧吗,一道教庙宇,一佛教庙宇。至于"过会的热闹"、"道人肩上褡裢"、"宝玉"身上披着蓑衣、刘姥姥说那"镶金筷子比俺那里铁锹还沉"的铁锹、给晴雯治病后找夹去半边银子的"夹剪"、拐孩子的"花子""野坟圈子"、刘姥姥带去的"枣子、倭瓜并些野菜"与所看到的"扁豆架子"、板儿手指着纱帐上的绿色"蝈蝈""蚂蚱"与行令时"大火烧了毛毛虫"等等景物民风,在张家湾地区不是随处可见吗?现实生活、书中情景相互辉映,足以证明,曹雪芹确实在张家湾生活过,张家湾的风情景物是曹雪芹创作巨著的部分生活源泉,曹雪芹死后埋葬在张家湾,不是再正常不过了吗?那么,您对那块墓葬刻石还有什么可质疑的呢?庆良满怀激情,写出了《曹雪芹与张家湾》一文。我觉得这是庆良的一个好作品,成功的作品,是红学研究的新视角,我将其推荐给《农民日报》。《农民日报》副刊编辑是我的老朋友,见此稿件非常兴奋,独辟版面,连续发表……

庆良为自己制定了文物工作者三字铭。铭曰:"志如鸿,胸如湖,坚如刚,胆如虎,面如铁,情如炉,目如剑,心如烛,品如松,操如竹,实如山,怀如谷,清如泉,身如柱,直如炮,爽如秋,习如钉,工如牛。"

庆良将全部的心血倾注在通州的历史运河文化上。那么,家呢,嗨,他哪有家啊?妻子还记得,那时,两个孩子还很小,他呢住在单位,每周回来一两天,自己和孩子住在一个破旧的平房内。当时窗户都糊着报纸,一下雨屋子里到处漏水,唉,有什么办法呢?没办法,只能把孩子搁在窗台上。他周末回家,我本想和他说这个事,可他进来后,就一直在屋里来回踱步,想文物的事,地面都是湿的,他踩着也不知晓。我出门一趟,回来他都走了。有一次,他外出几天,也没有通知家人,"还以为他走失了,不回家也联系不上,后来辗转找到朋友,才知道是去修书了"。

庆良的名气大了,找他了解通州历史、运河文化的人自然就多了。不管您是什么人、什么身份,只要您想了解通州历史,了解运河文化,来者不拒。市县的领导来了,想了解通州的历史,找谁呢?周庆良啊!专家学者呢,想了解运河,找谁呢?庆良,庆良能干这个。至于各个委办局的领导、各乡镇的头头们,那就更不在话下了。就连"红领巾"们都要找他座谈。大运河畔我经常见到他的身影;电视上我经常听到他的声音。通州可以做证,大运河可以做证……

他讲运河开漕节,祭坝,那是什么样的场面啊?每年三月,第一艘漕船到达通州,就举行祭坝活动,主要是祭祀吴仲等人,您知道吴仲吧?就是他,疏浚通惠河,为朝廷分了忧,为人民解了难,他是顶了多大的压力啊?人民呢,当然忘不了他,生前就为他立了生祠,死后又祭奠他,生荣死哀啊!他讲土坝和石坝,漕运码头,对,就在葫芦头附近。他讲大光楼这个验粮楼,那副对联写得那么大气:高处不胜寒,溯沙鸟风帆,七十二沽丁字水;夕阳无限好,对燕云蓟树,百千万叠米家山。他讲潮白河与温榆河在这里交汇,二水汇流,成为运河的端头。谈军粮经纪密符扇的奥妙。讲漕船规制;讲仓储,大运中仓、大运西仓、后南仓;谈运河闸坝;讲与漕运相关的人员与行业;谈漕运机构;谈运河衙署坐粮厅;讲《潞河督运图》;谈漕帮……讲与漕运有关的村庄,砖厂、盐场、小神庙、皇木厂……讲皇木厂的石权、古河道和老槐树,那老槐树是明朝管理皇木的官员植的,"文革"中有人聚众要砍老槐树,一位藏姓老人,手持大斧,站在老槐树的面前,要砍先砍我……他讲万寿宫,那是全国少有的漕运会馆;他讲山东会馆、潞河驿、"三庙",儒释道三座不同派别的庙宇呈品字形排列,虽形式各异,但又和谐地统一在一起,体现了运河文化的融合性。他讲燃灯塔,天气晴朗时,佛塔和天空中的白云相互映衬,蔚为壮观,被称为通州八景之一"古塔凌云"。他讲漕运给通州带来的繁荣;讲那些来通州使团中著名的朝鲜学者感叹:自通州至皇城四十里,铺石为梁,铁轮相搏,车声益壮,令人心震荡不宁。"千樯云集,车毂织络。盖天萌之都会,而水路之冲逵也。""不见潞河之舟楫,则不识帝都之壮也。"尤其是讲到"至河边,河广且清,舟楫之盛,可抵长城之雄"时,庆良满脸放光,自豪之情,溢于言表。他讲八里桥大战,中国军民抗击八国联军,讲大汉奸殷汝耕建立的伪防共自治政府,讲通州暴动痛击日寇,摧毁了伪政权,讲潞河中学的红楼……他讲董芳、岳正、阎应元……

他的演讲感染多少人,人们无不为他的魅力所折服,无论官员还是专家和学者,甚至挑剔的记者,人人都很兴奋,脸上都是钦佩的目光。是啊,没见他拿一张纸,更谈不上什么资料,走一路说一路,您提啥咱答啥,无论是历史还是运河文化,丝毫不差。

这真是个奇才怪才啊,他不是科班出身,师范毕业,三十七岁才搞文物,在通州这个地面上,却硬生生地搞出名堂来,真是个奇迹。有时,我甚至在想,是不是冥冥之中老天眷顾通州,派一个文曲星或什么星下界来眷恋通州的历史、

462

运河文化呢?

当然,对于非物质文化遗产,庆良也是格外重视的,他研究通州土语、谚语和歇后语,写出了《谈通州的土语》一文。他搜集通州的民间故事,在我的《大运河的传说》一书中,就收集了他的《八里桥的故事》《通州燃灯塔》《土桥镇水兽》《里二泗的传说》《狗塔》《马坟》《赖候》等八篇作品;他研究通州的庙会,什么里二泗庙会、鲁仙观庙会、徐辛庄庙会、马驹桥庙会、永乐店庙会……他研究通州的民间花会,西集、马桥、漷县、张家湾……"京畿花会何处观,十人九说张家湾""马营的秧歌牌(楼)营的会,皇木厂的竹马排成队"。对了,他还向我推荐过皇木厂的竹马,说那是皇封。我到北京图书馆查了一下,哪是什么皇封啊。竹马南方居多,我想,皇木厂的竹马,很可能是从南方漂来的,是南北文化交流的产物。对于谱牒文化,他更感兴趣了。漷县的李氏家谱、陆辛庄的季氏家谱,恐怕都有他的心血吧;对于曹氏家谱,那就更不用说了,他曾抱病参加了曹家祠堂的祭祀大典,对曹家祠堂的维修更尽了全力。一天,他突然给我打来了一个电话,说某某村有一个奶奶会,你能不能看一看。也许是信号不好吧,我没有听清他说的到底是哪个村子,最主要的是我担心他的身体。都什么时候了,你还这么玩命,赶紧回来休息。至于什么村呢,我现在都没弄清楚。我现在还在琢磨,奶奶会到底是什么样呢?活动方式呢……对于通州许多新建小区和奇怪的建筑,庆良更是格外反感,通州建制两千多年,每个村名地名都有故事,都是文化,村名没有了,文化丢失了,愧对祖先哪!我们还有什么脸面来谈什么文化建设!为了留住乡愁,保留我们的地名文化,给子孙后代有个交代,庆良用他丰厚的文化修养,写出了《通州地名趣谈》一书。

当然,庆良做出的最后贡献就是路县古城的发掘了。其实,在通州被定位为北京城市副中心之前,庆良在政协会上就多次呼吁,要重视路县古城遗址的研究勘探工作;通州被定位为北京城市副中心之后,庆良凭借多年来对相关文献的研读,并结合在通州地区发现的一些汉墓遗址,认为文献中所记载的西汉路县古城就在通州区内,很可能就在古城村附近。方位已定,庆良通过大量的工作,大致确定了路县古城的地理范围。此后,他一再呼吁要用科学的手段进行发掘。借着北京城市副中心建设的东风,路县古城遗址终于在 2016 年 7 月得以重见天日。虽然,年事已高的庆良没有直接参与这次发掘工作,我想,路县古城遗址成功挖掘,说庆良功不可没,恐怕没有什么异议吧!

庆良就是这样承受"雷暴风雨",进行了艰苦的"华丽转身",成为一名响当当的学者,成为一个大写的人,顶天立地的中国文人。他根据自己的实践经验与学术素养,出版了大量史地及文学专著。有《通州文物志》《通州漕运》《通州地名谈》《潞阳杂叙》《潞水吟》《漂来的北京城》《图说大运河·古运回望》《清帮秘籍》《古代张家湾》《四言通州文》《通州名人》《周庆良文史选集》(上、下卷)等,我算了算,有三四百万字吧。有许多著作是开创性的,如《通州文物志》,它填补了通州志书的一个空白。从策划到出书,五十万字,他仅用了一年。《漂来的北京城》呢,那是大运河对北京城的贡献,没有大运河,哪有现在的北京城。至于《通州漕运》,则翔实记载了通州河流、漕运的历史、漕运与通州关系、漕运的各种设施等等。《通州地名谈》前面已谈,不再详叙。《潞阳杂叙》主要谈的是通州深厚的文化底蕴。《清帮秘籍》呢,那就是典型的运河文化了。

他建议并大力参与创建通州博物馆,编写《古代通州》《曹雪芹墓石展》《骏马腾飞展》《漕运与通州》等多个展览脚本并提供展品,参与制作和展陈。

他对政协文史资料征集工作非常重视,《古韵通州》《烽火通州》《辛亥革命在通州》《通州民俗》等书籍都渗透着他大量的心血;至于说《漕运古镇——张家湾》《京畿重镇——马驹桥》《千年古镇——潞县》《检翠新华》等,那就更不用说了。书中的历史沿革部分,几乎都出自他的手笔;书中的内容,有的书几乎有一半多都是他写的。他对历史要求非常严格,甚至到了苛刻的程度,在内容和文字上都不能有一点错误,因为这是历史,弄不好,危害极大,会遗祸子孙。他多次写文章,反驳某些人的错误观点,用翔实的资料阐述自己的史学主张。

有那么一段时期,政协文史资料征集工作,每年要开几次会,会议除了征集资料外,如有计划出书,还要组织八九个人找个地方,分三个组,进行封闭式的稿件修改或校对,每次需要四五天。庆良通宵达旦地工作,总是第一个完成文稿,上面密密麻麻写出他修改的文字。

闲暇下来,他做自己喜欢的事。他喜欢的事好像都和文化文物有关。他喜楹联,喜书法篆刻。每次开会,他都要撰写楹联祝贺。胡建功兄说他"书联篆刻无所不精。兼善诗文训诂,笺疏墓志碑刻。其章地书法在业界独树一帜,近年篆刻的《弟子规》《三字经》《千字文》等国学蒙学经典,刀法娴熟,字体变化多样,既有极高的艺术价值,又是弘扬国学教育后人的名篇佳作"。我认为这个评价是不过分的。据我所知,他有不少书法作品发表在各种报纸杂志上;有《重修佑胜教寺碑记》《重修菩萨庙碑记》等十余篇碑文镌刻于石。在近几年参加全国性的书法大展赛中,有七十余幅作品获得了金银奖。他是中国文物学会会员,中国硬笔书法协会会员,中国书法家协会理事,中国文物修复委员会委员,中国李贽学术研究学会会员,北京考古学会会员,中国民间文艺研究会北京分会会员,政协通州区(通县第七、八、九届)政协委员,第一、二届委员会文史资料委员会副主任,《通县志》副主编,通州十大文化名人之一。

庆良终于修成了正果。

庆良走了,真的走了,他走得太匆忙、太匆忙了!苍天何不佑英才?大匠暝世众心哀!追悼会上,通州区区委、区政府、区人大、区政协"四大家"的领导们来了,在哀乐声中他们缓步来到庆良的遗体前肃立默哀,向这位为通州运河文化做出巨大贡献的老人三鞠躬……通州各界百姓们来了,数百人呀,稚嫩的"红领巾",白发苍苍的老者,他们满含泪水,要看老人最后一眼,要送这位德高望重的老人最后一程……"德高仁厚胸中洒洒不挂一尘满心皆爱系通州,志深节贞身外清清了无半石一生至情为运河。"这是朋友写的挽联,它默默地诉说着庆良的一生,是庆良一生的写照啊!人民网、光明网、中华社区网、中国美术家网、中青网、新浪网、网易等网站都发表了文章,文章充满了惋惜和悲痛:《文保专家周庆良病逝》《通州痛失"活地图"》《通州"活地图"临终批文稿》……尤其是我在凤凰网上看到一篇文章,题目为"如今周公已仙逝,通州历史可问谁?"这是写实。那种惋惜,那种感慨,我的眼泪流了下来。

现在有些事想起来不可思议,他呢,走之前也只是个中级职称,原因呢是他的学历不够。笑话!可人民是公平的,历史是公正的。"名在人间草木香,魂归天上风云惨""纵然建置两千载,通州再无周庆良""大运河史诗撼华夏,活地图伟业传通州""通州痛失活地图,京畿送别文史君""扛鼎通州文史,匡扶世道人心"……这是人们对他的评价。他呢,早已融入运河文化中,融入通州历史里,他成为通州运河文化的一个部分。

他就没留下什么遗憾吗?是啊,他在文物战线整整工作了三十六年,经过多少雷霆风雨,怎么能没有遗憾呢?他有多少事没有做呀?他还有多少话没有说呀?!

燃灯塔塔尖上有一株塔榆,主干直径17厘米,高3.7米,树冠4.2米,没有主根,须根丛集,密布在整个一面瓦下,形状如同扇面,最长一条细根2.5米。它是怎么长出来的,没人知道。砌砖时用满灰——江米汤和灰,树根怎么能扎下去呢?它就靠这一面瓦存的薄薄一层土生活,春末才发芽,秋中就落叶,二百多年来,它饱受烈日暴晒而干渴,痛被寒风袭击而冻害,顽强拼搏,奋斗不息……1986年春天修缮塔顶时,将它移植在塔下葫芦湖畔。庆良喜欢这棵塔榆。

我忽然感到一种悲凉。

庆良,你安息吧,北京城市副中心建设正在如火如荼地进行,您保护的历史文化正在融入这个古老城市的血液中,您的心血没有白费,您的著作必然发挥大的作用,老兄,值了。通州记住你,大运河记住你。庆良,安息吧!

2017年7月14日草于通州三元村

(作者:郑建山)

人物与事件

张瑄与张家湾地名的来历

　　提起张家湾一名的来历，就不得不从一个叫张瑄的人说起。

　　据元史载，世祖二十二年（1285），丞相伯颜采纳海盗出身的朱清、张瑄的建议，倡海运以解京师粮米之危，朱、张首次用六十艘海船将四万多石粮食海运抵天津，费用竟降近八成。后来朱清、张瑄觉得把粮食卸在天津不够方便，就指挥运粮船队由天津驶入白河（今运河），逆流而上向北试航，最后一直驶到水浅无法航行之处才抛锚停航，卸粮装车。这个地方就是距元大都（今北京）只需一天航程的张家湾。元、明、清三代，张家湾好几个阶段、好长时间，是海运、河运和陆运京师的起点，亦为南来货物的终点、南北物资交流的集散地。

　　由于这里富河多水，漕运可北达通州，西至都城北京，又有从张家湾至通州城、至广渠门的黄土大道，各类船只多在此停泊、转运，官民商绅多在此换乘休憩，所以张家湾逐渐成为了富甲一方、繁华于世的重镇。张家湾除先后设有漕运通判衙署、巡检司、宣课司、大通关、防守营、驿站等漕运衙署，还有各类仓场、诸多坐商，商业经济十分发达。还因张家湾水绕城垣，多见小桥流水、蒲柳人家，一派江南水乡之色，加之诸多庙宇、牌坊等文化古迹，足以招徕四方游客玩赏。古人有诗写道："潞河东湾四十程，烟光无数紫云生。王孙驰马城边过，笑指红楼听玉筝。"正是当时张家湾的繁华写照。

　　还得回到张家湾的名字上。唐以前的张家湾还是未开垦的处女地，蒙着一层朦朦胧胧的绿纱呢。虽然它的周边远在汉代就已出现人迹（有出土汉墓、陶器为证），已经出现了高丽庄等地名，但张家湾却以河流的密布、森林的茂盛、地势的高低悬殊一直不为人群所选择。它的记述只在最初的典籍中被称为"临河古戍"，显然是一个非宜人居的军事要塞。

　　是一个人改变了它，一个偶然而难得的机遇；一个出身并不光彩，但建有奇功，而又毁誉掺杂的南省人。这个人就是张瑄。

　　张瑄，平江（今上海）嘉定人。年幼丧父，跟着母亲艰苦度日。等到长大，身材魁梧伟岸,力气过人。但好喝酒赌博打架,乡里人以恶少年看他。曾有乡人稍不遂其意,他便将此人捆绑投于大海。时有朱清(崇明人,其家芦苇搭屋,靠捕鱼贩卖为生)贩私盐,入吴淞江,至嘉定换米,遇张瑄,二人相见恨晚,结为兄弟。因违法经营,又有顽劣青少年前科,为巡盐吏所获,关平江军狱达数年。提刑官明日将问斩,这一夜梦见两只白虎率群虎趴于堂前,猛醒,以为不祥。白天出去一看,狱卒枷众从囚跪厅下,提刑官取准状和毛笔交给朱清,朱清涂五指尖以画押,张瑄亦同一动作。提刑官奇其状貌(虎爪),以为应梦兆,于是说:"今中原大乱,汝辈皆健儿,当为国家立恢复之功。"便释放了他们。

朱清、张瑄回家,他们不但辜负了提刑官的期望,没为大宋的光复出力,反而驾船下海沦为海盗。官府戮力剿捕,张瑄、朱清乃携老幼,乘船逃至胶州,投降了元朝。

至元二十二年(1285),张瑄与朱清创行海运,丞相伯颜从之。以后又为元朝立下汗马功劳:南宋小朝廷向元朝进贡纳款,朱清、张瑄运金银至大都;将大批前朝史册图籍运抵京师,为元朝统治者提供中原文化参考。世祖便授朱清掌管海道运粮万户府事,张瑄为海运千户。二十四年(1287),命朱清子朱济、张瑄子张文虎,并为千户,运粮十七万石征讨边远之地的交趾。

至元二十四年至二十八年(1287—1291),朱清、张瑄略遭压抑后地位骤升,均冠以骠骑卫上将军的名号,分别以江东道和淮东道宣慰使之职衔兼海道都漕运万户府事,专制海运。当时的朱、张二人,"贵富为江南望","弟侄甥婿皆为大官,下至厮养,佩金虎银符者动以千计;田园宅馆遍天下,库藏仓庾相望,巨艘大舶交帆番夷中,舆骑塞隘门巷"。朱、张的豪富,是直接得到了元朝最高统治者的庇护,世祖忽必烈就曾对丞相完泽说过:"朱、张有大勋劳,朕寄股肱,卿其卒保护之。"这充分反映了朱清、张瑄的得宠,也反映了元统治者对海运地位的看重,这也就为海运的进一步发展创造了条件。

大德七年(1303),朝廷以为朱清、张瑄气焰日盛,恐生变故,为削弱其势力,以"叛逆"罪名逮捕朱清、张瑄,押解至京师。朱清不服:"我本世祖旧臣,世祖对我恩重如山,岂从叛逆。不过新进宰相图我家资,加害于我罢了。"遂怒起,以首触石而死,年六十七。张瑄与子张文虎、朱清子朱虎,皆斩于市。张瑄子张文龙,流放漠北。朱、张两家的家产全部没收。后来,朝廷因海运乏人,又起用张瑄之子张文龙从事海运,并发还部分家产。今江苏太仓南北张家巷均因张宅而名。"邾长巷"由"朱张"谐音而变,也因两户富宅而名。据传,张家湾也有张瑄后人,封建时代重文轻商,张瑄又死得不明不白,故张氏后人很少提起;久之,张

470

瑄谱系之张家湾分支繁衍,连一丝记载也没有了。

史家评论说:"元之海运,创于朱清、张瑄,重利而轻民命,不仁莫甚焉。二子用此致富贵,然亦不免诛夷。君子鉴于作俑,有以哉!"

（作者:刘祥）

一代名臣李三才

　　李三才(? —1623),字道甫,号修吾,明代通州张家湾人,世居皇木厂侧。自幼目睹大运河北端码头上民夫困苦受欺与官员腐败凶残的情景,立志主持正义,刻苦学习。青年中举,名列前茅。

　　万历二年(1574),他入京赶考,中为进士,任职户部主事,掌细碎事务,从不玩忽职守,任满升任本部郎中,管一司之事。此间,同事魏允正未按上司谬见办事而被贬官,他主持公正,给上司写信为魏申辩,遭到打击,降三级谪任山东东昌府推官,管刑罚监狱事。

　　李三才并未灰心丧气,因识高力强,政绩突出,渐升任山东省按察使佥事,分管全省司法大事。辖内多地痞恶棍,搅扰一方,百姓不得安宁。他不怕报复,深入调查,掌握实情,坚决采取分化瓦解、各个击破战术,除恶务尽,俱绳之以法。他因功再提任为右佥都御史、漕运总督和凤阳府巡抚,一身兼三要职。

　　当时,明神宗委派太监充当各地矿监使或税监使,搜刮民财供皇亲贵戚享乐。他们无视地方政府,肆无忌惮,到处敲诈勒索,疯狂镇压反抗民众,社会动荡不安,民不聊生。尤其是税监陈增,以为上有皇帝靠山,在皇族故乡凤阳府横行霸道。李三才对此憎恨气怒,挥笔上疏,直陈矿监税使危害,坚决请求法办陈增。然而奸臣当道,上疏被佞官扣压不报。他不顾个人安危,一心除害,连续上疏四次,尽被阻未报。

　　万历三十年(1602),神宗重病在身,以为天怒人怨,遂下诏罢免矿、税监使,以此求病体康复。李三才忧国忧民,继续上疏,极言国家将危,再三请求彻底停止二监使,昏君未纳。此间,大运河山东段清口处干涸,漕运阻断,他立即建议朝廷组织疏浚,并且建闸节制河水,以利漕船行驶。但户部督储侍郎赵世卿勾结少数地方势力,贪于私利,坚决阻挠。李三才身为漕运总督,但浚淤修河不得施行,受制而不能使运道畅通,就以有病为由上疏请求离任。神宗以为他推诿逃避,便予以批准,但北京、南京御史台纷纷上章,乞求神宗挽留李三才复任。

472

御史史学迁疏言："陛下以陈增故去三才，非所以抑奸邪扶正气！"此疏未报神宗御览，三才遂离任而去。徐州官员接连上疏请求免自己职以代替三才，未获批准。恰好侍郎谢杰替赵世卿职，再次请留三才，神宗方命三才在原岗位供事，但不任命实职。安徽歙人程守训依附陈增而肆意妄行，三才决心为国除害，不畏再受迫害，继续揭发检举，查出程贼赃款数十万，严拿治罪，远近大快。

吏部文选郎中顾宪成革职家居，于家乡东林讲学，三才与之交厚。淮安、徐州一带水灾，三才请求朝廷赈灾优抚，免除杂税，深得民心，由是升任户部尚书。时内阁缺人，部分大臣有意举荐三才。浙江党派嫉恨他与东林党人交谊，便制造事端，竭力阻止他再升迁。不久，由工部郎中邵辅忠出面，弹劾三才，给他捏造四大罪状。御史徐兆魁继之。李三才四次上疏力辩，乞请退休。顾宪成向大学士叶向高写信，指出三才被诬陷。一时间陷害者、救护者聚讼朝廷。浙党御史乔应甲诬指三才有"十贪五奸"之罪，神宗既不驳斥，也不理睬。三才十五次疏请免职，久不得允准，遂挂冠而归，神宗也不追罪。

浙党畏惧朝廷复用三才，便由御史刘光复落井下石，再诬告他盗用皇木厂木材营建私宅，侵占官厂做园囿。他异常气愤，上疏自请朝廷搜查他家，又请诸臣会察。神宗命浙党御史李征仪，给事中吴亮嗣前去核查。二贼趁机加害他，便回报如前面众人所劾。神宗信以为真，遂将三才削职为民。但三才不以此为患，在家乡创办双鹤书院，为四乡子弟讲学，且著书赋诗。著有《双鹤轩诗集》《灼艾集》《无自欺堂稿》《诚耻录》等书行世。

李三才削职为民后曾在家乡创办双鹤书院，为四乡子弟讲学，且著书赋诗，抒发自己治国主张与超脱胸怀。天启三年（1623），新皇帝朱由校曾起用李三才，任他为南京户部尚书，据说，东林党人赵南星和邹元标、高攀龙初冬曾到张家湾看望李三才，李三才招待他们都是些农家菜，只是多了两瓶竹叶青酒。饭间，赵南星问李三才何时上任，是不是要等到明年开春，李三才脱口答道："老夫无意出山！"赵南星、高攀龙一怔，忙问："道甫，何出此言？"李三才含笑道："白居易有一首诗'七十而致仕，礼法有明文'，老夫都七十有余了，该让贤了！"听了这一席话，邹元标抬头打量了一番李三才，他仿佛从李的神情中揣摩出一些东西，是预知大明当朝不会长久，或是预见到社稷江山的岌岌可危，还是对不务正业的天启皇帝的不信任？

耐人寻味的是，未及上任，李三才抑郁而卒。后来宦党魏忠贤乱政秉权，指使党羽接续弹劾已故李三才，迫使天启皇帝下令夺回朝廷所颁任命。崇祯初年，明思宗朱由检补慰前贤诏命九泉之下李三才官复原职，入文庙乡贤祠，被传颂为一代名臣。

朝廷如此反复无常,但终归合于天理,功至名归,可见朱氏王朝的煞费苦心。

据清光绪五年(1879)《通州志》载:为表彰李三才政绩,张家湾曾建有"积德昌后坊"。然而具体位置、规制、材质一概不知。随着岁月流逝、时代变迁,那座应该不算简陋的牌坊,也寻不到一点遗迹了。

（作者:刘祥）

二部尚书张士甄

张士甄,字绣紫,号铁冶,清代张家湾人。自幼受家庭影响颇深,崇尚读书。顺治六年(1649)春,赴京参加科考,中进士,因其文学及书法均优,故选入翰林院内庶常馆继续学习,学满三年考试,成绩优良,初受任翰林院编修,负责编纂、记述等事。

既而逐步晋升刑部尚书,掌管法律,刑狱事务。其执法公正允当,能够宽大者即从轻处理。后改任礼部尚书,再转任吏部尚书。在吏部三载,在集吏考试、量人授官职务中,其拒谢请托,任优淘劣,注重疏通贤而被屈抑者,尤其谨慎正己,颇得士心。

其在任礼部尚书期间,曾代替皇帝率从人拜祭山西恒山、霍山,中途遇见山西被裁兵士,怜悯其无依无靠,当即命令当权者就地划田屯处。看到河东(今山西)盐税拖欠积多,商人屡次赔偿很苦,其上疏皇帝请予豁免,得纳。

在吏部任职间,曾任会试同考官,得先阅举人试卷,并加批荐给主考或总裁官。也曾任文科会试总裁(主考官),总阅应试举子试卷,核定名次,并将取中者及其试卷奏报皇帝。还曾任武科会试总裁,总阅应试武举人内场所默写武经试卷。经其录取者全凭考试成绩,公平无弊,"皆称得人"。其居官谨慎周到,谦让平和,蔼然可亲。奖赞推荐人才必有真知灼见,不肯轻率徇情。年老托病辞官,卒于家,年七十。

(作者:周庆良)

活捉洋酋美名传

1842 年 8 月,腐败无能的清朝政府在英军炮舰威胁下,被迫签订了屈辱卖国的《南京条约》,神州门户首被撞开。西方列强见清廷软弱可欺,便得寸进尺,接踵而入,在"中国通"——英国翻译巴夏礼的谋划下,英法两国组成联军,并求得美、俄两国公使配合,于 1858 年 4 月,悍然挑起了侵略中国的第二次鸦片战争。

巴夏礼不仅充当英军翻译,而且是英法两国谈判代表和联军军师及侦探,因此他是地地道道的英法联军头目。1860 年 9 月,在他的策动下,英酋额尔金和法酋葛罗率兵一万八千,从天津进犯北京,扬言要到皇宫当面胁迫咸丰皇帝签订更加苛刻的条约。清廷惊恐,连忙传谕各处援军抓紧挑选官兵,日夜兼程,驰赴通州,又遣大学士瑞麟、亲王僧格林沁统重兵在通州、张家湾、马头一线严密防守,于里二泗村驻扎大本营,在张家湾迤南、迤东一带分扎十营。5 日,英法联军狂悖异常,动辄虚声恫吓,意图挟制清廷,执意进京,并先令巴夏礼查看驻京机构,苛索赔款。清廷钦差大臣桂良、恒福等却腐朽懦弱,公然擅自允准。狡黠的巴夏礼已经探知河西务、张家湾、通州一线扎有清兵,就狂言若沿途见有防兵,定必即行开仗,直抵通州,并且暗暗通知英法联军自天津开始进犯。11 日上午 10 点左右,怡亲王载垣、兵部尚书穆荫,受命来到里二泗大营,与僧格林沁会晤,紧急磋商抗敌之策,并诏令洋酋不准北犯。

此时,张家湾迤南通衢大道,已经挑挖沟堑,修筑土垒,连日激励将士和当地民团,晓以大义,官兵无不同仇敌忾,共抗洋兵。13 日掌灯时分,趾高气扬的巴夏礼带洋兵二十三人来到马头,住在紫清祠庙内,载、穆立即派人投递照会,准许洋酋到通州谈判,但不准携带兵器。次日 10 点,在清兵护送下,巴夏礼一行行过张家湾,12 点到达通州,大言洗澡后再商会谈地点。载、穆受咸丰皇帝旨意,一意求和,下午 4 点,在通州东关东岳庙内与巴夏礼接晤,推诚开导,祈求洋兵一概驻扎张家湾迤南五里开外,不许再进一寸。巴夏礼拒不接受。15 日又谈

476

判一天,至深夜2点方散,还是没有结果。由于各路援兵陆续抵达通州,清廷又以为力量雄厚,胜利在握,倘若谈判不成,就予以坚决抗击。

18日上午8点左右,毫无诚意、等待时机的巴夏礼带领四十余洋兵又来到东岳庙内,拿出照会,忽生枝节,必须亲呈咸丰皇帝御览英法两国国书。载垣等反复劝阻,舌敝唇焦,终是不听,不欢而散。10点时分,情词尤为强横。载垣等严词质问,巴夏礼理亏词穷,大耍淫威,说不允许亲递国书给咸丰皇帝,就是中国不愿友好,言罢掉头不顾,骤马逃去。就在此时,载垣指令快马,通知僧格林沁在张家湾附近,将贼酋巴夏礼等截拿归通。快马疾驰,抄近赶到里二泗大营,传达命令。僧格林沁闻令,立即调遣一拨人马前往张家湾迎截。巴夏礼等以为人少马急,又道途熟悉,可以顺当逃离清军防地。正在得意之时,突然发现大道前面,旌旗招展,一支清兵马队拦路而立,刀枪并举,严阵以待,想拨马夺路而逃,四面清兵伏起,陷入重围之中,只得如瓮中之鳖一般,束手就擒。

载垣等在东岳庙内商议如何迎敌之时,顷刻探报,巴夏礼等已经被马队官兵拿获就缚,正解往通州而来。载垣闻讯,立即赶赴里二泗大营,与瑞麟、僧格林沁会商堵截洋兵之事,并且激励当地抗敌民团,一勇而前,痛加剿洗入侵之敌,而巴夏礼这个凶险洋酋经简单审讯后被押赴京城关押。张家湾军民联合防守阵地,保卫北京,并且不费吹灰之力就将英法联军头目巴夏礼等四十余人捕获,曾极大地鼓舞了抗敌热情,用鲜血捍卫着每一寸土地,在世界抗击外侵的战争史上,书写了光辉的一页。

(作者:周庆良)

477

李秉衡抗击八国联军

李秉衡(1830—1900),字鉴堂。奉天(今辽宁)海城庄河人。捐资县丞出身,历任直隶(今河北省)完县、枣强、宁津知县,蔚州(今蔚县)、冀州(今冀县)直隶州知州,永平府知府和山西平阳知府。每到一地均精心吏治,深入了解下情,百姓"口碑载道",称为"北直廉吏第一"。后被擢升为广东高廉道员、浙江按察使。未到浙江上任,于光绪十年(1884)调补为广西按察使。光绪十一年(1885),暂任广西护理巡抚。

1900年,中国历史上又一屈辱之年。6月17日,英法俄日等八国联军攻占大沽炮台后又向天津进攻。19日清廷决定宣战,并招抚义和团抗击敌军。

同年3月,广西护理巡抚李秉衡北上勤王。

时当盛暑,随李秉衡从江南而来的二百名护勇,有一半人吃不得辛苦返回江南去了,年过七旬的李秉衡带病赶路,到北京时天津已经失守。京都形势十分紧张,他接受了武卫军帮办的衔名,奉命到京东去收集溃兵迎击八国联军,收复天津。他向西太后请求从京城拨些兵随他出征,可武卫军总统荣禄当即推辞:"京兵保卫内城还不够用。"李秉衡就请求招募一万人再赴前敌。荣禄说:"形势紧急,临时募兵来不及了。"李秉衡无奈,再请求给他拨些枪炮子弹,荣禄说:"弹药可以向山东搬取。"可是下朝以后,李秉衡到荣府请荣禄书写令山东给拨子弹的札谕时,荣禄说:"我说过到山东搬取弹药的事吗?到山东路途遥远,恐怕来不及吧?"李秉衡说:"到山东来不及,就请中堂在京中拨些弹药给我。"荣禄说:"京中的弹药还不够用,哪有多

李秉衡像

余的给你?"

李秉衡没有领到弹药,到总理各国事务衙门借用天津、大沽口的地图,得到的答复竟是:"没有!"听听,这些国之重臣、大小官吏平时冠冕堂皇、威风凛凛,战争期间对国家命运竟是这番不负责任的答复,是可忍,孰不可忍。堂堂大清帝国腐败昏庸竟到这种地步,天不灭清清自灭也!

李秉衡于1900年7月27日抵达京都,奔波十日,仅凑起一支五百人的亲兵和幕僚,于8月6日誓师出征。可是到京东,想与几个带兵的将领宋庆、马玉昆等开个军事会议都无人听令,名义上拨归他指挥的四个总兵也都不知去向。他在马头拦住从山东来的旧部夏辛西军,马上组织起这支部队与八国联军的前锋打了一仗,并将敌击退。但终因没有援军,夏辛西军也被迫后撤。李秉衡见朝廷内部主战派屡屡受阻,大势已去,五内俱焚,痛苦万分。不久,联军后续部队陆续到达,向李秉衡军队发起进攻,双方相持一昼夜,李军弹尽粮绝,最后只得败退。8月11日,部队退到张家湾后,李秉衡在临时指挥所,写了一份揭劾诸将不听调度的"遗疏",并对儿子说:"你留下给我收尸,但不许从殉,从殉无益,是大不孝也!"他又对留在身边的幕僚和家人说,"我这一次北上勤王,明知是自投罗网,但终为国家争了一口气。我死不足惜,可叹国事不知会落到什么地步。张家湾是我的最后归宿,诸君各自为计,自投生路去吧!"随即在海子洼吞金而死。

李秉衡死后,有幕客三人从殉。一为编修回族人王廷相,先已放山西学政,在京中因为景仰李秉衡为人,带儿子一同参加李军,始终不愿离去,看着李秉衡气绝后,父子二人携手同时投河自尽;另一人为汉军旗世袭子爵叶钟祺,随李秉衡从长江入京勤王,帮助李秉衡的儿子李可亭把老人的尸体运回河南安阳城西原隐居处安葬后,上吊自缢以殉李公。

当时有人写诗颂李秉衡曰:

南越东鲁建战功,北国勤王疾如风;
白发孤臣满腔血,死后诸军化沙虫。

张家湾留给人们的是一首悲歌,一首扼腕涕泪、江山失色的绝唱。

在抗法战争中,李秉衡曾是镇南关大捷的缔造者,功不可没,他与老将冯子材被誉为"两臣忠直,同得民心,亦同功最盛",而得清朝政府的优待,李秉衡被提升为广西护理巡抚。

479

中日甲午战争中,李秉衡受命于危难之际,打败过倍于自己的敌人,创造了甲午战争期间中国军队以少胜多的先例;抗击八国联军战争中,李秉衡不顾自己已是七十岁高龄的老人,主动请缨……

　　李秉衡的爱国壮举可歌可泣,一代忠臣虽死犹生。

（作者:刘祥）

辛亥通州起义中的王治增父子

时近大寒,萧太后河河水已经结冰,暗流无声地涌动着;通运桥上的石狮鼓努着永不闭目的眼睛抗击着北来的寒流;狂风摇晃着城头干枯的野草,卷起地上的尘土、柴叶和城门前刮落的府州布告。夜猫子偶尔发出一两声吓人的哀叫,贫困劳苦的百姓们都在沉沉睡梦中……

嗒嗒嗒嗒……一阵马蹄声急促但不杂乱,由远及近,很快进入张家湾城北门,又一溜烟直达城里东南部。清王朝晚期运河停漕,张家湾四个城门已无人看守,南门内昔日存储漕粮的通济仓也已一片萧条。马队在接近粮仓西部的一个院落时,迅速呈包围状,将这里围个水泄不通。

小院里的上房东间里,一盏马灯高悬屋顶,山墙上张挂着一面粗糙缝制的武昌义旗,桌上仰立着"北方革命军总指挥处"的印信,还有一堆红白二色带系成的十字绊的举事标志、几把勃朗宁手枪。几个年岁不等、服饰不一、军民职业混有的汉子无一坐卧,均站立在马灯下,因刚才低声而坚定地唱完《辛亥首义歌》,脸色显出因极度激动而充血的红色。

一个身材高大、双目有神的飘髯长者正做着周密部署:"经北方革命指挥部决定,于1月17日午夜打出'北方革命军'旗帜,以腰系红白二色十字绊为识,蔡德辰、王丕丞率通州西仓、南关、北关、大操场之毅军及三百人敢死队,由通州城向北京进发;杨兆林、张文炳、雷茂林等同志联合通州西关路警、东关驻军,遥应保定援军……"

这位高大孔武的长髯者正是北方革命军总指挥之一的王治增,指挥部就设在紧挨张家湾城南门内其家。

王治增(1853—1912),字如川,回族,通州张家湾人。四岁时父亲亡故,受教于伯父。他胸怀大志,羡慕古代孟尝君、信陵君的作为,希望有朝一日能够做一番事业,为国家民族有所贡献。长大后,他以笔力遒美,曾做巡检司的誊录,后来升任巡检。光绪末年,清政府丧权辱国行径和官场的腐朽风气使他痛心疾首,他意识到:这个社会政治极其腐败,亟需进行一番彻底的变革。于是,他回到家乡教授学生并研究西方自然科学与社会政治学说,希望从中找到拯救国家的办法。当时,俄国侵占中国东北三省,国内舆论哗然,有识之士群情激愤。王治增认为应该有所行动。1904年,他与直隶省丰润县南青坨丁开幛、丁东第发起成立抗俄铁血会。1907年,在丰润县南青坨加入革命秘密机关——北振武社,后来北振武社发展为铁血会,他任通州支部长,积极发展反清组织,后成为共和会、同盟会骨干力量。多年来,他开设宣讲所,兴办阅报社,秘密宣传革命。受他影响,杨兆林、王斌、朱永、纪成海及其子王丕显、王丕谟、王丕丞等也先后加入铁血会。1909年冬,王治增、协和书院学生蔡德辰、驻通毅军教习张文炳、军医雷茂林等成立共和会通州支部,他就任副支部长。1911年10月10日辛亥革命爆发,北方各地纷纷响应。

当时,铁血会在通州颇具影响,可召集万人。王治增对杨兆林、王斌等说道:"上苍保佑中国,清政府的末日就要到了。实现我们的目标大有希望!"于是,与蔡德辰等积极筹划起义,以响应北伐,威慑清廷。11月24日,胡鄂公受黎元洪委派到天津主持北方革命。12月2日,在胡鄂公主持下,北方各省反清组织一致决定加入同盟会,在天津设立北方革命军代表办事处,并决定在京、津、保、滦、通、石等地分设司令部,通州起义司令部设在张家湾王治增家中,蔡德辰为总司令,王治增、张文炳、黄之萌、万谷生、徐云谷为指挥,杨兆林为文书。他们秘密收集枪械,制造印信、旗帜准备发动起义。

王治增派遣长子王丕显赴京东各州县组织联络民军,次子王丕谟与驻京各团体接洽,三子王丕丞往来各处传递消息。命王斌联系通(通州)、三(三河)、香(香河)、蓟(蓟州)等地各界有识之士及民军。随即,胡鄂公派人送来五响手枪三十六支、炸弹三十枚、盒子炮十支、勃朗宁枪三支。当时,驻通毅军中接受同盟会指挥的有毅军马营、炮营、步兵等十一营千余人,步枪五百支,战马四百匹,通州地区秘密招募的民军两千五百人。

1月8日,胡鄂公派遣北方革命协会联络部部长吴若龙与北京、通州同志协商策动起义,以响应滦州起义。11日,蔡德辰、王治增、王丕丞等在协和书院召开会议,决议于12日夜9时举义,组织以铁血会会员、退役军人为主的三百人的敢死队,以每人腰系红白二色带成十字绊为符号,作为革命军的主力。议定先由苗家场(今梨园镇东小马庄,已无存)毅军鸣枪三响为号,由帮带张国钧率毅军攻通州城南门,朱永开门内应,再由诸同志率民军占领通州火车站,进而与南苑起义同志合取北京。万一有失,则退据蓟州盘山,以牵制清军,声援北伐。

这是怎样的一次庄重而神秘的会议啊！当这一年的 1 月 1 日，南京孙中山大总统已经宣布中华民国成立，但依然为清政府严酷统治下的北方京津地区正处于黎明前的黑暗，这几位革命志士聚在一起，策划着正义而神圣的推翻清廷统治、恢复中华民族大业的革命行动。

然而，事行不利，因等待南京民国政府的武器装备经费，起义日期一推再推，12 日—15 日—17 日。又因自称革命党人、心怀叵测的汪精卫属下于临江向袁世凯的告密，终于酿成了这场悲剧。

胡鄂公像

此时的毅军马队兵士早已换了蓝色新制军服，装备也改成了新式火器。他们在距离这座小院附近悄然下马，快速地包抄过来，随后蜂拥着冲进院里。

六位北方革命起义指挥部领导王治增、蔡德辰、王丕丞、杨兆林、张文炳、雷茂林不幸被捕。英雄抱恨千古，一场即将形成的声势浩大的武装暴动被扼杀在摇篮里。

看到这里，我们每一个人都不得不把心提到嗓子眼上，为这幕悲剧扼腕长叹。设想：假如南京政府的军援早一天到来，假如没有叛徒出卖，假如指挥部的设防多布几道，假如……但历史没有假如，已然发生的事是不可改变的，人们的一切担心都是美好愿景。

下面所发生的事就更加令人挥泪泣血、肃然起敬而世世代代高山仰止了。

他们个个是立得起来的中华好儿男，永远受到人们的尊崇和祭奠。

当王治增被绑缚公堂受审之时，他慨然自承就是清朝的逆党，就是想推翻清朝统治，建立三民主义的中华民国，豪无讳饰之语。17 日在通州东门外土坝刑场，他临刑不惧，头颅高昂，从容而镇定地对围观民众预言："清运既终，天命不再，吾事虽败，将必有继吾起而成功者，则吾犹生，可无恨也！"北风为其鼓舞，大河冰封暗泣，闻者莫不痛惜之至。

协和书院学生、北方革命起义指挥处总司令蔡德辰，临刑前制服短发一副新派打扮,他对观众慷慨陈词:"我为同胞自由幸福而死,复何憾!诸君如以我死得其所,请为我叫一声诺。"观众齐声应和"好!"如雷涌动,感天撼地,气贯长虹,蔡德辰从容就义。

王丕丞临刑前引吭高歌:

汉军起义立志把仇报!

里应外合都有我同胞。

长枪大炮都已准备好,

楚望台上旌旗飘!

驱除鞑虏,还我中华!

铁血男儿壮志冲九霄!

——《辛亥首义歌》

其他三位志士亦都表现出正义凛然、视死如归的大无畏革命精神。

这次源起于京东通州张家湾的武装起义失败了,但它留给人们的记忆是长久的,它的重大意义名垂中国近代史,闪烁着永不磨灭的光芒。

值得浓墨重彩一笔的是王斌(1874—1912),字子嘉,通州东关人。做事干练,性豪壮。他深愤朝廷腐败,立志推翻封建王朝。他与王丕丞交往甚密,筹备通州起义,其自备资物游说于通州、三河、香河、蓟县各地,经他引入铁血会者千余人,拟于起义时由他指挥四州县民军参战。通州起义事泄,1912 年 1 月 15 日,驻通毅军管带马松图带二百余骑突然于午夜包围王治增宅,司令部毫无准备。但王斌侥幸逃过一劫。17 日闻六人遇害,王斌悲痛万分,甘愿殉义献身,遂于 18 日挺身毅军官府,要与六人同归。19 日于通州东门外土坝就义。

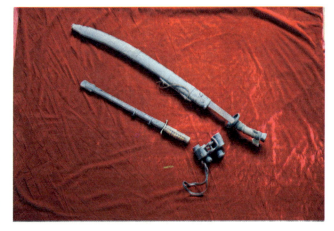

王治增烈士遗物

朗朗乾坤日月,多少志士鲜血凝成。

通州起义七志士的壮烈行为得到孙中山总统嘉勉,批示民国政府对七志士革命精神宣传广布,并给予王治增一家经济抚恤。

王治增墓位于张家湾城西南唐小庄东口迤北,乃当地回族民众墓地,原占地约四千平方米,后仅余两千平方米,为一座土台。近日又闻因修路、建市场墓地将更加缩小。

王治增后代对共产党领导下的人民政府大力支持,曾于 20 世纪 90 年代捐赠通州博物馆其所存王治增父子遗物数件,以供人参观、缅怀。

(作者:刘祥;耿宝珍,通州区潞河中学高级教师,通州区政协文史特邀委员)

民国时期的古董商高殿卿

　　通州地区以其悠久的历史、深厚的文化底蕴、丰富的历史遗迹、数量众多的文物遗存以及发达的水路漕运经济,催生了民间收藏和古董交易这一重要的社会现象。晚清至民国是通州地区古董交易和收藏发展的活跃期。其间从通州城内、西集、郎府、永乐店至张家湾,在京城里经营古玩字画的大家不下二十余位,形成了闻名中外的古董界"京东帮"。

　　南方的各种物资经由运河水路运至通州城及张家湾的各大仓库存储,在搬运装卸、出库入库及长期的转倒过程中,损坏、散落、遗失的各种物资不计其数。在通州境内,运河两岸的村庄里常能发现有明、清两朝的御用瓷器。在张家湾周边的旧河道及废弃码头还曾出土过数量不菲的元青花瓷片,甚至包括一些完整的器物。还有人在张辛庄村收到过黄花梨琴桌和官皮箱等。在皇木厂村曾出现过明朝中期的青花梅瓶,在张湾村内曾有人收购过明初以来各年号款识用于皇宫墁地用的金砖,得天独厚的条件是通州古董交易市场繁荣、发展和形成"京东帮"的重要原因。

　　通州张家湾镇因其漕运重镇的特殊地理位置,在"京东帮"的名人中占有一席之地。如张家湾镇北大化村的张喜,晚清年间曾在通州城旧南门里与人合开了一家收货铺,主要经营瓷器、绣品、钱币、洋货、玉器等,开始主要是在开设的店铺门脸收购,俗称"坐地收"。民国初期,与一西集人在北京前门廊坊头条开设义缘斋古玩店:仍经营瓷器、绣品、铜器、钱币等古玩和洋货,此店特点是货精无杂品,可惜开设时间不长。

　　此店位于头条煤厂附近。那时人们对于收藏和买卖古董杂货的意识不强,加上兵荒马乱、年景凋敝,好东西也当不济的玩意儿及早地卖掉,以换钱买粮食吃。有些看出门道的人就干上了挑着担子、摇着拨浪鼓、专收些古玩小杂件的生意,俗称"打小鼓的"。这些人收上来东西之后,再卖给开铺的掌柜的,买与卖的识货与不识货就全凭眼力了。张喜所开的古董铺,靠的就是坐地收,买什么卖什么。旧南门里在晚清时杂货铺多，真正开古玩店的只此一家，买卖虽小，但在不断的收购中，积累了经验，练就了眼力，随买随卖，逐渐做大，在通州城至张家湾一带已小有了一些名气。至民国年间，又与在京城里"京东帮"的人士多有接触，如西集的大古董商岳文轩、李仲五等，他们经常在一起买卖、切磋，出入于"窜货场"。由于都是通州的家乡人，他们关系密切，张喜与岳文轩还结为拜把子兄弟，成了干哥们儿。张喜也不满足于南门里的那间小古玩铺，经岳文轩建议，张喜在前门外廊坊二条开了一家较有规模的古董店，经营的货源主要还是来自通州过去送货上门的老客户和一些打小鼓的行贩。

高殿卿，张家湾镇大辛庄人，从小聪明伶俐，常跟大人到张家湾赶集。张家湾有远近闻名的大集，运河南来北往的船客、周边十里八村的乡民，包括县城里的居民，每逢大集都拥向张家湾。张家湾的街道两旁有各类店铺，鳞次栉比，讲究的店铺都有字号匾额，门脸上悬挂着楹联，如曹家当铺、荣升粮行、裕兴隆银楼、永顺长茶庄，还有卖皮货的、贩骡马的、开肉杠的和卖藤竹的等等，五花八门，数不胜数，显示了漕运古镇繁盛一时的景象。张家湾大集上有个买卖行当叫挂货铺，名称为铺，实际上就是摆地摊的，所卖物品介于旧货与古玩杂项之间。

高殿卿小小年纪对挂货铺的物件很感兴趣，常常蹲在地上挑来拣去，有一次他在挂货铺的小摊上看到了一只小铜香炉，满身铜锈很不起眼儿，他却拽着家人非买不可，他爸花了二十多个铜子儿买了下来，回家后刷洗干净摆在供桌上。后来他发迹了，村里的老人说，不知他敬了哪路财神发了大财。高殿卿年纪稍长到十五六岁，就去到北京找他的舅舅——西集镇的李仲五，在那里学徒谋生。李仲五在晚清时是北京有名的大古董商，在前门外廊坊二条经营着聚珍斋古玩店，当时的前门外、大栅栏以及珠宝市廊坊头条、二条，聚集着百十家大小珠宝玉器古玩店。虽然街道窄短，门前狭小，但整条街的店铺里却收藏着各种奇珍异宝。战乱年代，社会动荡，许多珠宝不被人们重视，只有会看门道的内行人才知道其中秘密，在他们的眼里，这里真是琳琅满目，充满了机会。李仲五由光绪十八年到京学徒，经过二十几年的摸爬滚打，练就了一副好眼力，他常年来往于山、陕地区的豪门大户，从一些破落的富家子弟手中收购的古物不计其数，为聚珍斋的发展奠定了坚实的经济实力。

高殿卿由李仲五带进城时，开始是在北池子瑞增源珠宝店学徒，由大辛庄出来，离开了土坷垃地，高殿卿勤勤恳恳，任劳任怨，常跟着师父跑外场、下地摊，勤学苦练，虚心学技，没过两三年，高殿卿就掌握了古玩行里的许多门道。

做古玩行的生意多有机会接触到达官显贵、文人雅士，路子宽，见识广，经手的东西多了，也就积累了经验。几年下来，高殿卿总结出做古玩生意一是要凭眼力，二是要有耐力，不管是买还是卖，眼眼要看得明白，敢买敢卖，还要有耐心烦儿，看见好东西稳住心气儿买，收到好东西不急着卖。掌握了这些要领，高殿卿鉴定看货十拿九稳，基本不出差错。打不了眼在古玩行中就能站得住脚，就会得到买卖双方的认可，逐渐成熟的高殿卿得到了师父的认可和信赖，在店铺里可以单挑独当一面了。清末民初，那时的北京城里有几处专事旧货的集市，这种集市让人觉得有些古怪，每天早晨3点到6点开市，天一亮就散场，所以大多称为"晓市"，也叫"黑市""鬼市"。老北京城里有三处较大的晓市，一处在德胜门，一处在宣武门，一处在崇文门外，分别叫"北晓市""西晓市""东晓市"。晓市上卖的旧货，从金银首饰、古玩玉器、书画字帖到桌椅板凳，五花八门的杂货应有尽有，这些都是白天走街串巷打小鼓的人收购而来。买货的人在黢黑的早晨要手提马灯，弯腰在各个地摊上寻找各自所需，现在所称的"淘宝""捡漏"，其实都是那个年月留下的名词，有眼力或有运气的人，说不定就一夜暴富，但那一定要有沙里淘金的本事。

有一天，高殿卿老早就赶到了"东晓市"，他提着马灯在地摊上转悠着，忽然他发现了一对绿色的手镯，摆在了一个硬木的梳头匣子上，他借着马灯微弱的光亮，掂在手里一看，是一对油绿油绿的翡翠手镯。卖的人不识货，高殿卿也看不清手镯里的翠色、水头到底如何，里边有没有绺裂，有没有白棉。一问价，五块大洋，高殿卿有点犯含糊，那年头儿，五块大洋能买好几石粮食，够一家两三口人吃一年的。天快亮了，集要散了，高殿卿凭着经验与直觉，认为这对手镯值得一赌，他拿起来就不松手了，掏了五块大洋买了回来。拿回店中和师父、师兄弟们观看、切磋，这对圆柱手镯水头足，光泽圆润，颜色是上好的鹦鹉绿，十分上眼，这种颜色在翡翠中居于菠菜绿与黄阳绿之间，不深不浅，秀色诱人，有钱人家的贵妇最为青睐。没过多少日子，卖给了西城一位官太太，得了六百六十大洋。从此，高殿卿"东晓市"捡漏的事儿在古董行里传为了佳话。之后高殿卿专事买卖珠宝翠玉，在城里的名声越来越大，特别是关于他和张学良、赵四小姐做珠宝生意的逸事，有人做了详尽的描述，演绎了许多故事。

1928年前后，有一天，高殿卿到唐子胡同唐在礼的府上，拿一对翡翠扁豆给唐太太看，太太看完放下了。高殿卿回到瑞增源，便去跑别的买卖去了。过了几天，他忘了这对翡翠扁豆是不是拿回来了，有人告诉了杨品侯掌柜的，说高殿卿从柜上拿的那对翡翠扁豆没拿回来。杨品侯眼珠儿一转说："那对八百现洋买的,拿哪儿去了!你问问他。"高殿卿打了马虎语说:"我拿回来了!"嘴里说,可心里记不准了,他又不好意思问唐太太。实在憋不住了,跑到唐宅跟太太说:"我送的那对翡翠扁豆,您看怎么样?"唐太太一愣说:"你不拿走了吗!"高殿卿"噢"了一声,就没再往下说,不一会儿,他便告辞了。没过几天,杨掌柜见他货不交柜,便把他辞退了。

高殿卿没辙了,到聚珍斋找他舅舅李仲五。李仲五给他出主意,让他住在聚珍斋自己跑买卖,跟其他聚珍斋股东商量做个外股,可以拿柜上货,赚钱按股儿分。高殿卿同股东们一说,大家自然同意了。高殿卿继续拿些翡翠首饰等给唐太太看。唐宅有五个老妈子,一天,唐太太发现老妈子给她洗的绣花枕头没了,她到处找找不到。她到下屋老妈子住的屋里去翻,老妈子们都打开自己的箱子给她看,哪个箱子里都没有。有个箱子没打开,因为这位老妈子回家了。唐太太让人把它撬开,撬开一看,果不其然,枕头在里边,再往底下翻,纸包里包着一对翡翠扁豆。唐太太将东西拿回自己屋里,把这位老妈子解雇了。

唐太太越想越觉得对不起高殿卿,心里总是过意不去,想补补这情分。一天,高殿卿到唐家,唐太太说:"过两天你多带点儿好的翠活、钻石珠宝首饰来。"高殿卿按时到唐宅,唐太太让他坐一会儿,便跟他说:"今天我带你去帅府园顺城王府。"高殿卿激灵一下子,心想,顺城王府不是张学良住的地方吗?便问道:"是到少帅府?"唐太太说:"我让你见识见识,领你见见少帅夫人于凤至。她喜爱好翡翠、宝石、钻石等首饰,爱买些珍珠翡翠红蓝宝石这些玩意儿。"高殿卿喜出望外,连连称谢。唐太太赶忙说:"先别谢,有了新买主,别忘了老买主就行了。"

高殿卿年轻又机灵,会伺候人。他同买主交往几次便能了解买主的心理,不用说话便知买主想买什么不想买什么,很有"机灵辨儿、眼力见儿",嘴又能说会道,对珠宝钻翠都能讲出一套道理,所以受到了于凤至的赏识。高殿卿在顺城王府,不仅做于凤至的生意,还做张学良和赵四小姐的珠宝钻石买卖,聚珍斋给他提供了大量的货源,并且都是珍品。到了1931年九一八事变前夕,高殿卿送到帅府的珠宝钻翠等饰物有几十件,价值几十万元,有的已经看妥付款,例如一块由鹦哥绿翠扳指改的戒指面,于凤至就给了一万两千银圆,还有其他首饰小件也都给了钱,但一部分还放在帅府,主人没给价儿。

九一八事变发生了,顺城王府进不去人,高殿卿去了几次都被副官挡驾,任何人不准进帅府。聚珍斋的掌柜李仲五心急如焚,几宿没睡好觉,催促高殿卿去帅府,可去了几次都碰壁。李仲五想,我这几十万块的好货都在顺城王府,东北军要有个一差二错的,聚珍斋也就跟着完了!几个月后,事态平息,东北军撤到山海关内,高殿卿继续做帅府的珠宝翠玉生意,李仲五悬着的心才算落下来。到了双十二事变后,高殿卿的帅府生意做不成了,同聚珍斋按股算账,他分得五万银圆的盈利,聚珍斋则赚了几十万。

　　高殿卿拿着分得的五万大洋,回村娶了媳妇,又在张家湾购得十几顷良田,雇了长工,交与账房先生管理,他依旧重操古玩生意,来往于京城与张家湾之间。对高殿卿还有一个传说,据村中老人回忆,有一年,高殿卿两岁的儿子得了重病,找了几个郎中看仍然不见好转,哭闹不止。一天,家中摆放的一件瓷器不小心碰碎了,掉在地上发出的清脆响声使孩子突然笑出声来,高殿卿立即叫人搬出一箱子瓷器,一件一件地摔在地上,孩子从此不再哭闹,小脸绽放出笑容,病也渐渐好了。要知道高家收藏与摆放的瓷器,不是官窑也是民窑细路,但他为了孩子的病,摔的件件都是精品,由此可见他的财力是多么的雄厚。后来,高殿卿举家迁往京城。解放后,年迈的高殿卿曾回过大辛庄,不久便终老京城。至今,他的后人还生活在城里。

(作者:康和中)

爱国社的"财务包干"经验

——毛主席批示：一切合作社都可以仿行

新中国成立后，通县实行土地改革，全县贫苦农民分得了土地，当家做主，劳动生产积极性高涨，农业生产有了一定发展。但是，长期形成的贫困状况依然严重制约着农业生产的发展。全县平均8.3户有1辆大车，8.1户有1头大牲畜，5户有1头毛驴。资金匮乏，难以扩大再生产和有效抵御自然灾害。1951年粮食生产达到抗日战争前（1936）水平，全县仍缺粮5790万斤。属于富裕村的十里堡（今属朝阳区）146户中，61户勉强度日，15户不能维持。在这一年，全县地权变化3万多亩，在随机调查的6个村中，169户因生活窘困卖地555亩。"两极分化"的现象初步显现。

为了改变农村的落后状况，根据中共中央关于"组织起来，发展生产"的指示和农村"搭套"的固有习惯，遵循自愿互利的原则，在中共通县委员会的领导下，农村互助合作运动开展起来。1955年中共中央《关于农业合作化问题的决议》发表以后，掀起了兴办高级社的热潮。然而，一家一户的小农经济与集体经济是两种不同的经济形态。对于习惯了小农生产的农民来说，如何办好合作社，是摆在面前的一个大难题。张家湾区土桥乡爱国农业生产合作社也不例外。

1954年冬，爱国社由3个小社合并组建。1954年，3个小社在管理方面缺少章法。农具、用品没有专人管理，到处乱丢乱放；3个社仅绳子一项就买了600多斤，花费400多元；每个社的十几副土篮子，不到一年就一副也找不到了。其中一个小社预留麦种1200斤，没有晒干就入了库，秋播时大部分不能出芽，只得临时向政府贷款80多元购买种子补种。另一个社11头大牲畜全年用料包括粮食、酒糟、麸饼等5.8万斤，折款2300元，连饲草折款合计，足够买11头好牲口的。经营管理方面存在的问题，严重影响着社员们的生产积极性。

爱国社刚成立时，管理方面的问题依然存在。正月里要送粪，5个生产队争先恐后抢农具,一乱就是半晌;春播以前要耕地,农具找不齐,人和牲口在院子里打转转。轧碾子的埋怨把式,把式埋怨拉牲口的,社干部急得团团转,吵吵半晌才下地。有些不该开支的也开支了。社长田春华说:"进城就眼热,不管有没有钱,总要买几样新东西。"备耕期间,仅第四生产队不应该开支的就有80多元。对于这些问题,社员们纷纷抱怨:"这哪里像过日子!"

怎样才能把社管好呢?社干部一直在想办法。有人提议加强保管员的责任,可保管员说:"只靠保管制度管不了事!"有人提议:"非得制订预算不可!"又有人说:"预算过去也搞过。预算是一回事,花钱时候又是另一回事!"有一次,各队都要买绳套,财经股长提出由各队做财务预算。会计说:"这个办法好是好,如果各队预算过高怎么办呢?"社干部经过研究决定,各队根据急需和本着节约的精神先订出一个财务预算,经管理委员会审查批准后试着实行。

随后,全社5个队发动社员从急需项目入手,逐项研究,按月订出了各队的财务预算。管理委员会汇总各队预算数字,购买种子、肥料款项不算,就需要14000元!着实令社干部们大吃一惊。为了把预算数字压下去,分头到各队协商,但由于各队每一笔费用都是经过研究提出的,所以都认为"很需要"。例如问第二小队队长至少需要多少绳子,队长说:"单干户种七八亩地,也得买上三四斤绳子。咱队350亩地,至少也得用百十斤吧!"尽管管理委员会与各队反复协商,这个庞大的数字还是压不下去。

这时,社务委员、第三队田队长记起1954年他领导的社对小豆腐坊实行"开支包干"的办法效果不错,于是建议不妨试一下"财务包干"办法。财经股长记起1954年他们那个小社的豆腐坊由于没有实行开支包干,做一锅豆腐要十一二斤豆子,烧十二三斤煤,而实行了包干的豆腐坊做一锅豆腐只要9斤豆子、八九斤煤。于是,对第三队田队长的提议表示支持。经过管理委员会讨论,几个主要领导干部都同意,但第一、第四队两个队长表示反对。主要理由一是怕费事,二是怕包赔。社长说:"采取按队包干的办法,准能发动大家互相监督,把这个家当好。眼下谁不想把这乱哄哄的场面转变过来呢?咱们先来算一算1954年两个豆腐坊的账吧!"经过计算,实行开支包干的豆腐坊开支占总收入的57%,而没有实行包干的豆腐坊开支占总收入的72.8%。在事实面前,各队队长表示:"试试也行!"

财务包干的办法就要实行了,各个生产队根据本队需要提出财务预算,并经管理委员会批准后进行承包。具体办法是:在一般情况下,超支的部分由本队负责赔偿,结余的大部分奖给本队。办法制定以后,管理委员会发动社员自上面下进行酝酿,针对以往损失浪费、影响收入的事实,开展了厉行节约、确保增产的教育。许多社员都说:"这样才能让人人想办法减少开支,增加收入,把社办好!"

到了播种的时候,财务包干正式搞了起来。各队根据本队的财务预算,发动社员反复研究了哪一项开支可以减少。在进行中间,并不是一帆风顺的。有的队存在着添新的、留后手的思想。例如第五生产队全年只要 10 副土篮子就够了,但他们却想买 14 副;原来只要一个平地用的木盖,却想买两个。也有的队存在着为压缩开支而忽略生产的现象。例如第三生产队本该用 6 个粪箕子撒粪,却只买了 3 个。对此,管理委员会认为应该防止前一种,纠正后一种,并且用第二生产队积极推行财务包干的做法教育全社。第五生产队队长说:"图使用方便,不想节约的想法太傻了,对社、对自己都没有一点好处。"

在讨论中,干部和社员们认识到:该将就的就将就,充分调剂使用旧有物资,这就是搞好财务包干的基本要求。在推行财务包干以前,各队要求新制碌碡框 15 个,实行财务包干以后修了两个坏的,其余找旧的调剂使用了。第二生产队发动社员寻找旧的绳套接补起来使用,不足的部分再向社员家借用,坏了照赔。这个办法推广到各队以后,1955 年全队只用了 160 多斤绳子,比预算节约了将近 200 元。

全社各个岗位都更加重视增产节约。原来,5 个生产队晚上喂牲口用的都是大桅灯,经饲养员建议,改用了省油的小黑灯。这样,每个生产队使用的灯油从每月 7.5 斤减到 5 斤。过去大车用大刷子抹油,哩哩啦啦洒得满地。采取保管员提出的建议以后,用细长的小刷子蘸油就全抹进车轴里去了。车油用量从每月 12 斤减少到 7 斤。饲养员根据"合理减少饲料,牲口喂得饱,喂得起膘,干活还有劲"的要求改进喂养牲口的方法,总结出勤拌细喂的办法:每晚喂三次(过去一般只喂两次),这样牲口始终爱吃,既喂好了牲口,又节省了饲料。1954 年黄斯恩社每头牲口全年平均用粮食 477 斤,1955 年大社的每头牲口预计全年不会超过 350 斤。喂的酒糟、麸子也比 1954 年减少了。

全社上下都为了搞好财务包干出主意、挖潜力、找窍门。第二生产队提出不打牲口槽,找旧的使用,但没有找到。后来,采用副队长的提议用砖砌一个代用,节约了开支。1954 年有一个小社积肥搞得比较好,大田每亩平均施细肥 8.5 斤、粗肥 2500 斤。1955 年大社每亩平均施细肥 4.5 斤、粗肥 3400 斤。社里一方面发动社员寻找肥源,规定积粗肥 1 万斤上等的给 15 元,中等的给 13 元,下等的给 10 元奖励。另一方面,抓住养猪这个环节,大力宣传养猪的好处,推广解决养猪饲料和细心喂养的经验。到了 4 月份,全社养猪由十几头增加到 128 头。每头猪 4 个月可以积一圈土粪,由此推算,全年就可以积肥 400 万斤。

各队还初步研究出了一些易耗品如鞭子、车油、饲料、笼头等的使用定额,这样,使一部分易耗品的支出预算接近于实际。比如大车油的使用量,除夏季和春季前后很少使用大车以外,全年约有 8 个月使用大车,每月用不了半斤油。另外,每辆大车全年只要两根鞭子就够用,不像以前那样,想更新就更新。

推行财务包干以后,社队干部和社员的责任心增强了,调动和发挥了搞好财务管理的积极性和创造性,从而促进了农业生产。每个社员都从各个方面想办法、挖潜力、增产节约,合理使用资金,提高了物资的利用率。推行财务包干以后,显著节省了开支,各队的实际开支数比财务预算减少了 25% 以上。1955 年大社的第一次棉花预分,一位社员分到了 100 多元钱,这大大出乎他的预料,心里有说不出的高兴。另一位女社员 1954 年在小社投资 200 元,年底决算分红时,不仅没有归还她的投资,分到的还不到 100 元,气得她一度想中途退社。1955 年大社精打细算,生产经营管理得好,仅劳动力分红一项,她家就分得 600 多元,这让她喜笑颜开。

爱国社社长田春华说:"咱们的财务包干还不够完善,易耗品以外的物品使用定额还没有制订出来,结余部分的奖励办法也还没有研究好。1956 年我们要把它完善起来,再提高一步。"

1955 年爱国社实行"财务包干"的经验,为广大农民合作社的管理者提供了一个好的范例。1956 年,他们的经验被中共中央办公厅收入了《中国农村的社会主义高潮》一书,毛泽东主席为他们的经验题写了按语:"这篇文章写得很好。这是执行勤俭办社这个原则的具体办法之一,一切合作社都可以仿行。"

(作者:孙连庆,原通州区史志办史志科科长,通州区政协文史和学习委员会特邀委员)

三间房飞机窝坍塌记

1941 年 3 月下旬,日军及伪华北政务委员会,强行在张家湾三间房一带侵占土地,驱赶村民,修建通县机场。因地处三间房村俗称"三间房机场"。日伪在附近周边强征大批劳工,修建跑道及飞机掩体。据当地老人回忆,仅枣林庄村及三间房村就有二百多亩土地被占用,所驱使的劳工不下三四千人。

1942 年 2 月 17 日(正月初八),日本兵和治安军闯入南堤村,他们挟持着村长,把我和村里的一个叫朱永库的抓住,当天就被强行带到三间房村。

三间房村东有一大片空场,空场上看押着刚刚被抓来的几百人。在靠空场南边有用苇席搭的大棚,周围拉着铁丝网和挖得很深的壕沟,大棚周围有端着刺刀拉着狼狗的日本兵把守。

听日本人训话后才知道抓我们来是给他们修机场的。当天,我们被分配在用苇席搭建的四面透风的工棚内过夜。正月里天寒地冻,滴水成冰,被抓来的都是穷人,穿着都很单薄,也没有被褥。夜里睡觉只好和衣几十人挤在硬邦邦的铺板上。天还没亮,我们就在看守的监视下开始了繁重的劳动。

我们这几百人的任务是给日本兵建造飞机窝。当时,建造飞机窝的活全是靠劳工用人力干,所用的工具只有铁锹和土筐。日本人先是让我们用土筐抬土,堆成几座小山似的大土堆,然后在土包上起拱,拱上灌注水泥。水泥凝固后再将水泥底下的土掏出来,这样机窝就建好了。

日本人不把中国人当人看,给我们吃的只是混合面窝头和稀粥,根本吃不饱。天天早上顶着星星出工,晚上顶着星星下工,每天都得干十几个小时的活儿。有的劳工因困乏、劳累和饥饿,干活中稍有怠慢,就会招来日本鬼子监工的皮鞭抽、棍棒打。由于劳工们天天抬着一二百斤重的土筐,大多数人的手和肩膀都磨破了,衣服血肉粘连在一起。有的人病倒了,也得不到医治,还得硬挺着去上工。每个人每天都有定额,如完不成,不但要加班,还得遭体罚,如果胆敢怠工或反抗,轻则招顿毒打,重则被狼狗撕咬或被鬼子兵用刺刀挑死。劳工带工的当中有一个是黄厂铺村人，因不堪忍受日本鬼子的虐待，以回家取东西为名想借机逃跑，被日本鬼子发现后抓了回来，绑在机场边上的一棵大柳树上，当着劳工的面活活用刺刀给挑死了。机场周围戒备森严，劳工休想逃跑，外面的人也休想进来。一天有一个过路的农民，因无意站在机场边上向里边望了望，日本兵发现后，先是放狼狗追咬，后来开枪把那个人打死了。在那个年月，死个中国人简直就像死个蚂蚁。

记得那年临近麦收的一天，中午过后，我正在东边的一个小机窝里干活，活太累，天也热，我们就躲在小机窝的西边想喘口气儿。突然，就听靠西边的那个大机窝轰隆一声，跟地震似的，我们脚被震得都跳了起来。再看那个大机窝噼里啪啦，一尺来厚的水泥一块块地往下掉，眨眼工夫大机窝就趴了架。这时，就听到倒塌的机窝里传出撕心裂肺的叫喊声。霎那间又变得平静起来。我们惊呆了，简直不敢相信，眨眼工夫，六七十号人就这样被坍塌的机窝活生生地给埋了。

我也顾不得多想什么了，和永乐店的一个叫李发的人一同冲了过去救人。用手扒那些泥块，大的扒不动就扒小的，手都磨出了鲜血。这时，我们在靠近机窝边的一个角落里发现一个十一二岁的小孩，两块水泥板正架在他的头上（那时被抓的劳工大到六十多岁，小的有十来岁的孩子），我们赶紧把他拉了出来，起初他吓蒙了，连站都站不起来，后来试着走了几步还真没有受重伤，当他醒过神来的时候，突然挣扎着扑向倒塌的机窝大声哭喊着：爸爸！爸爸！原来他的爸爸也被埋在里边。正在这时，突然从远处跑来一队日本兵，他们端着刺刀，拿着棍棒，驱散了我们这些救人的劳工。有一个小队长模样的日本鬼子，一把揪住我们刚刚救出正在哭喊的那个小孩子的脖领子将他摔了出去。日本兵马上把这个机窝给围了起来，不让我们救人了。我们这些劳工只能愤怒地看着，不敢上前。鬼子们来回看了一番，然后就驱赶着劳工又开始挖掘。一开始他们让搬来绞盘，把钢丝绳套在水泥板上几个人转着拉，但是太慢了，劳工们就用大绳子一块块地拽，有时用劲太大，众人往后一拉，水泥块拉出来了，人也倒了一片，有人甚至因此摔伤。那个小孩被救出后，又有一个五十多岁的人被救出来，再往里挖，看到的都是血肉模糊、肝肠外露的死人了。有的人被拉出时，手脚还在抽搐，但人已经没气了。在那种紧急的情况下，没有一个日本人动手。现场也没有发现任何的医疗救护措施，即便没死的人，也当成死人扔在了一边。我们这些救人的劳工眼都红了，因为埋在里边的都是十里八村的乡亲们。

到满天星的时候，我暗暗地数着，已经挖出二十八具尸体了。这时在旁边

侵华日军飞机掩体遗址

端着刺刀的日本鬼子突然又围了上来,下令停止挖掘。所有的劳工又被驱赶回工棚,一个也不许走动。这是多么残酷没有人性呀! 那天许多劳工没有吃晚饭,夜里也没睡着觉,只想着那一具具惨不忍睹的尸体和自己以后的命运。那个被劳工们抢救出来的五十岁的人不久也因伤重而死,那个十几岁的小孩儿,是张家湾皇木厂村人,名叫赵永清,在救出以后,大人们帮他清理嘴里、鼻孔里和耳朵里的泥土,总算保住了性命。后来他的家人套着牛车把他拉回皇木厂村。虽然命保住了,但留下严重的后遗症,解放后他向村里人叙述此事,还是咬牙切齿,恨透了日本鬼子。

第二天天刚亮,我们就又开始挖掘。这时从机场的北边开过两辆卡车,上边站满了带着枪的中国军人,据后来听说是伪政府的一些官员想过来看看。此时,日本鬼子的宪兵围了上去,端着刺刀,叽哩哇啦地大叫一通,根本不让那些伪政府的官员上前,这天挖出死难者的尸体大多靠在最里边,人挨人的越来越集中。一个约篮球场大的机窝里竟然有六七十具尸体,我头天还数着,现在也没心思数到底挖出多少了。只记得我们用门板把一具具尸体抬到了三间房村里的一个大麦场上。遇难者尸体一排排地摆着,血水浸在地上,变成乌黑色,阴森可怕。第二天夜幕降临的时候,四周村里得到消息的劳工亲属赶来,哭声响成一片,凄惨彻骨。后来日本鬼子把我们这些劳工赶到机场的空地上,让个翻译讲话,我记得他说的是:"生有处儿,死有地儿,他们这些人都是该死。"而站在翻译官旁边的一个日本军官模样的人却掏出两块一大一小的怀表摆弄着,面对着那么多死难的中国劳工,他们却毫不在乎。机窝坍塌的原因,是日本鬼子为了加快施工进度,水泥拱刚刚灌筑六天就叫劳工进去往外掏土,水泥还没凝固好,致使机窝坍塌。

自从机窝坍塌事故之后,劳工们明显地团结起来了,想了很多对付日本鬼子的办法。暗中有人放哨,消极怠工,监工的来了就假装干活,人走了就慢慢磨蹭,谁也不愿为日本鬼子卖命,能逃走的逃走了,逃不走的就磨洋工。

我弟弟那年才十二岁,也被抓了进来,因实在不堪忍受打骂和超强度的体力劳动,托工头乘着一个夜晚逃了出来。他逃出来后不敢回家,去京西石景山投亲靠友找事做去了,后来参加了革命工作。

六十多年过去了,三间房飞机窝倒塌的事还不时在我眼前浮现,让我想起那些死难的劳工和鬼子的暴行。

(作者:康希贤,通州区永乐店镇南堤寺村民)

在小耕垡发生的战斗

　　抗日战争胜利后,通县地区又陷入国民党反动派的血腥统治中。牛堡屯一带反动势力十分猖狂,被国民党县政府划为第四区。反动分子杨栋林(外号杨三锥子)任国民党四区区主任。下设四个大乡,即东大乡永和屯、西大乡东马各庄、南大乡大耕垡、北大乡陆辛庄。反动的地方武装有几股:四区区中队,下设三个分队和一个特务班,总计一百余人;各大乡有乡队,有三十余人;地主和富农组织了"联庄会"(即伙会),也装备了一些武器;各村地主、富农又以南仪阁大地主刘瑞堂为首,雇用了一批亡命徒,组织了地主武装"义勇壮丁队"。大队长最初是关景春,后换高全奎,1947年5月坨堤战斗后又换张立松,副大队长王德贵(外号王大舌头);"义勇壮丁队"设三个分队,一分队长关敬人(外号老坐子),二分队长宋万和,三分队长马永泽,共一百余人。"联庄会"和"义勇壮丁队"同通县国民党地方武装保安十三团紧密勾结,是敌四区区中队反革命的羽翼。

　　牛堡屯地区早在抗战期间,就被我"三通香"联合县开辟为抗日民主根据地,划为联合县的第五区,区长苏民(又名申进之),区委书记梁瑞。解放战争初期,在武装力量的配合下,中共五区区委在这地区开展了轰轰烈烈的"减租减息"活动和"增资找价"的斗争,扫了地主富农们的威风,发展了党的组织,姜庆奎(小耕垡人)、吕进才、赵连成、李保亭(北仪阁村人)、韩中勤(大耕垡村人)等同志就是这时期先后加入中国共产党的。在党的领导下,广大劳动人民积极支援抗日战争,和冀东八路军有着密切来往。抗战胜利后,以蒋介石为代表的国民党反动派欲独吞胜利果实。他手下的爪牙们利用这地区的反动武装力量疯狂镇压共产党的革命活动,大肆逮捕、杀害共产党员,抢夺贫苦大众在"减租减息"和"增资找价"斗争中所得的果实,反动气焰非常嚣张。

　　1946年5月的一天上午,为了坚持这一地区的革命斗争,打击反革命武装的嚣张气焰,区委书记梁瑞同志带领以高连学为队长的五区区小队六十余人,到小耕垡村找姜庆奎、吕进才等地下党员了解壮丁队的活动情况,以捕捉战斗时机。这天,县情报员王孝泉也来这村给区委送情报,县新华书店的张云青同志也到这村来工作。伪保长白玉林给来的人分别号了饭,有的就在白玉林家里吃。中午,同志们刚端起饭碗,壮丁队进村了。原来白玉林乘号饭之机就将区小队到来的情况密告给壮丁队。梁瑞率队主动从村南撤出,正准备消灭这股敌人时,不料从牛堡屯方向又涌来几十个敌人,区小队恐寡不敌众,遭敌人暗算,便向东马各庄大桥方向转移了。

梁瑞同志将这股敌人的情况向县委做了汇报后,县委书记宋林、县大队长张凤生命令县大队二连二排排长田德才(圪堤人)率一百三十余名队员于5月下旬的一天夜里,穿过敌人的封锁线又来到小耕垡村,同时来的还有梁瑞、任茂、岳北所率的五区区小队六十余人,我方战斗人员约计二百人。他们到村时,天已蒙蒙亮,老乡有的起床后挑水、扫院子、干起零活,也有的还在酣睡。看到全副武装的八路军大队人马来了,纷纷大开街门欢迎八路军。男人们揉着睡眼、扣着纽扣跑到街上,向战士们问寒问暖;女人们立刻烧水、做饭,像接待亲友一样请八路同志到家歇脚、吃饭。姜庆奎、吕进才等中共党员向县大队及区委领导同志详细汇报壮丁队的活动情况,又和县大队一起察看附近的地形、地貌。根据掌握的敌情,田德才把部队分成三部分分别布置在村东北、西北、西南三个街口上。部队按计划部署停当后,首长又劝说老乡赶快撤离现场,避免无辜伤亡。

梁瑞等同志估计富农分子、伪保长白玉林一定又会给壮丁队报信,于是将计就计,故意到他家去号饭。果然白玉林又偷偷溜到牛堡屯,向壮丁队告了密。壮丁队得信后,立刻分作两股企图"围剿"县大队,一股由杨瞎子(壮丁队的一个班长)带领三十多人,扑向东马各庄大桥,想要堵住八路军的退路;另一股四十多人由"老坐子"关敬人带领,直奔小耕垡村东北口。他们妄想一举歼灭县大队队员。"老坐子"带领队伍走近道,直插村东北口,到了村边,为了给自己壮胆,老坐子没有任何目标地叭叭乱放了一通盒子枪,接着壮丁队的枪便噼里啪啦地响起来。县大队看出,敌人是在采取惊吓手段,进行武装侦察,这说明敌人还不了解我方的真实情况。我方指挥员当机立断要趁敌人站脚未稳,狠狠打击。于是田德才命令以猛烈的火力彻底消灭这股敌人。命令一下,只见县大队的两挺轻机枪突然从隐藏处吼叫起来,愤怒的火舌将冰雹般的弹雨泼向敌群,步枪、手榴弹压得敌人抬不起头来。敌人高喊:"这是八路主力!""八路的主力!"吓得扔枪丢弹,打着滚逃走,有三个亡命徒当即毙命,霎时敌军官兵溃逃殆尽;"老坐子"关敬人被打断了腿已不能动弹,区小队一位姓乐的战士,见机行事,敏捷地从房上跳下,直取"老坐子"。"老坐子"挣扎着跪地求饶,好话说尽企图收买小乐,小乐同志那仇恨的刺刀已穿进他的胸膛,作恶多端的"老坐子"得到应有的下场。

村东北口的敌人被击溃了,村西那股壮丁队也和村西南口县大队的战士接上火,壮丁队明知遭遇八路军主力,自己不是对手,三十六计走为上策,正欲溜掉时,又见村北迂回过来两支八路军大队,吓得他们魂不附体,没命地向村西纷纷逃命。十几个被吓傻了的散兵,被县大队围住,都乖乖地跪在地上,低头举枪,向八路军投降。县大队收缴了他们的武器,经过教育,阵前释放了这些俘虏兵。

梁瑞等人率领区小队、田德才率领县大队胜利转移,经东马各庄大桥,向小海子驻地奔去。

八路军走后,敌保安十三团从永乐店方向开来五百余人,把小耕垡村包围后,架起迫击炮,准备炮轰村庄,但村里杳无声息。尖兵"赤猴"报告:村中无八路军踪影。敌酋搓手叹息,只得向村民诈唬一阵,而后,双手空空地溜向老巢,向上司交差去了。

我军无一伤亡。

(作者:田广志,通州区党史区志办公室退休办干部)

记牛堡屯地区的两位英烈

牛堡屯地区一直流传着两位英烈的故事,他们为穷人闹翻身求解放献出宝贵的生命。这两位英烈的名字一个叫姜庆奎,一个叫吕进才。

这两位穷苦人闹革命的带头人都是小耕垡村人,自幼都生活在穷苦农民家里,受尽旧社会的磨难,十多岁就走进地主家过起了奴隶般的生活,开始当小半伙,后来扛活,为了父母妻儿糊口,他们被富人榨干血汗、吸干骨髓。

解放前,小耕垡村百分之六十的农民给地主、富农扛过活。富户为了加重剥削,经常聚议相约压低工价,规定每个长工每年最高工价不超过三石玉米(二百多公斤),最低工价只有一石二斗(约九十公斤),年轻的姜庆奎、吕进才等长工,想多挣一些,就不得不离乡背井,到外地做佣工,有时在外地找不到活,也只得忍受本村地主、富农的盘剥。当年姜、吕二人都在地主白玉昆家扛过活,白家有一百九十亩地,只靠三个长工耕种。通常每个长工只能耕种三十亩地,可白家却让每个长工负责六十多亩地,这就必然要延长工时和加大工作量。小耕垡村当时有这样一首民谣:"刘半夜,高点灯,白家吃饭看三星。"(刘、高是村中另两个富户。)白家长工早晨吃稀,中午吃干,晚上吃剩。有一年过节,给长工包了一顿白面饺子,但饺子馅都是一团青菜,既没油,又少盐,吃不上几个就让人恶心。结果,姜庆奎等人没吃几个就撂筷儿了。饭后,白玉昆风凉地说:"怎么大家吃剩下这么多!"伙友苟保文在白家扛活,家里没吃的了,白玉昆装作好心肠借给苟保文三石玉米,每石年息五斗,年终结算,苟保文把全年工资都叫白玉昆扣了还不算,还说他欠白玉昆一石五斗,苟保文无法偿还,只好第二年再给他扛活抵债。姜庆奎、吕进才和穷乡亲一起年复一年地扛活,维持全家糠菜半年粮的生活。在吃人的黑暗社会里当牛做马,挣扎着生活。

春雷一声响,小耕垡人民盼来了共产党。日本帝国主义无条件投降以后,中共五区区委开始在小耕垡开展工作,穷苦百姓看到了光明,生活中注进了希望。

1945 年 8 月底,五区助理员任茂等人第一次进村,在穷苦人中开展革命工作。他们召集穷人开会,提出穷人极关心的问题。任茂问大家:"你们挣的工钱少不少,家里吃的够不够,有没有穿的?"与会穷人多半还不大了解共产党的政策,会场寂静无声。姜庆奎突然站起,大声地说:"我一年到头挣的工钱养不活家里人,连吃半饱都不够!"吕进才指着自己身上的破衣气愤地说:"穿的这叫吗衣服,穷人有谁够穿?"他俩一带头,会场立刻活跃起来,你一言我一语地诉起苦来。任茂同志一条一条地讲穷苦人闹翻身的道理,最后,他号召穷人组织起来,抱成一团,向地主阶级展开斗争。

会后,小耕垡的穷人组织起来了,大家推选姜庆奎、吕进才为组长。任茂等区干部和刚选出的穷人组长,马上找到保长,命令他通知地主、富农们:限三天之内给每个长工一石五斗玉米,补发一套新衣服。地富们见穷人组织起来了,背后又有八路军撑腰,个个心里发怵,不得不答应照办。从此小耕垡的穷人欢欣鼓舞,扬眉吐气,开始了新的生活。

9 月的一天夜里,任茂秘密来村,找到姜庆奎、吕进才,又让他们找来赵连成等几个人开会。任茂向他们细心地讲解了"减租减息"的政策,并宣布在本村要开展"减租减息,增资找价"的斗争,让他们通知租地户一律不交租,通知扛活的监视地富家看他们究竟打多少粮食。姜庆奎、吕进才兴高采烈,向任茂同志表示,保证完成任务。从此,姜庆奎、吕进才成了小耕垡村穷人闹翻身的领导核心。不久,他们俩都加入了中国共产党,小耕垡村穷苦人闹革命有了主心骨。

10 月,任茂、李瑞丰和一个姓乐的同志公开来到小耕垡村,姜庆奎、吕进才召集了穷人积极分子开会,讲述了区委决定在小耕垡村开展"减租减息"斗争的意义和方法,并号召大家大胆地投入斗争。任茂同志代表区委对工作做了详细的部署。会后,找来保长,让他通知全村群众开会。会场挤满了人,有贫穷户,有中农户,也有少数地主、富农参加。开会了,任茂讲了国内外形势,揭露了抗战后蒋介石妄图吞并胜利果实的阴谋,动员大家奋起保卫胜利成果。他同时讲了只有闹翻身,才能得解放的道理。最后,他一再交代党的减租减息政策说:"地租和债息一定要按党的政策办,扛活的工钱一律按规定增加。"会场出现一阵骚动。人们高兴地交头接耳,悄悄地议论起来。姜庆奎当众宣布:"凡种大庙公产地的,从今往后,谁也不许再交租粮!"吕进才也鼓励大家说:"只要咱受苦人团结起来跟地主老财斗,看谁敢不减!"

会后,地主、富农们谁也不敢吱声,长工年工资又增加一石玉米,佃农减了租,借阎王债的也少交了利钱。自打这次斗争以后,小耕垡村的地主富农见了长工改变了过去那种骄横跋扈的态度,还说些好听的话。在地主白玉昆家扛活的吕进才,开会回来多晚,地主都得给留门、留饭。吕进才当面训斥白玉昆:"过去给你扛活当牛做马,今天咱穷人就是主人了!"白玉昆只得连连点头,不敢吐半个"不"字。

1946年5月,中共通县县委派县大队来小耕堡村,消灭了横行霸道的壮丁队,杀死作恶多端的壮丁队队长关敬人,因此,小耕堡村就成了当地反革命势力的眼中钉。敌区队、乡队经常到村里来抢掠、打骂、吃喝。大耕堡村名义上是大乡,实际上乡政府在小耕堡办公。敌人要将这村的革命力量彻底绞杀干净。姜庆奎、吕进才没被反革命势力吓倒,在区委的领导下在村中开展了更深入、更细致的工作,以他俩为核心成立了秘密情报组,组员有李保亭、赵连成、韩中勤等人,其任务是探听敌区中队的活动,了解村中的枪支收藏户,给县大队、区小队、共产党干部当向导,为党在本地区开展工作去联合或组织群众,传递革命工作中的情报。为活动方便,他们以做小买卖为掩护,四下奔走,探听敌人消息。他们将掌握的敌情写成情报,用鸡毛信传递给中共通县县委的机关所在地。姜庆奎、吕进才冒着生命危险组织群众从事这项工作。

一天夜里,姜庆奎、吕进才带领区小队到东永和屯敌四区主任杨栋林家(绰号杨三锥子)起了一支套皮枪,又到仓上地主李连芳家起了一支二把盒子。从此以后,敌区中队和乡队就特别注意姜庆奎和吕进才的行动,像苍蝇一样叮上了他俩。中共五区区委得到情报,当下用鸡毛信通知他们俩立即转移。1946年农历七月十五日,姜庆奎、吕进才在牛堡屯会面,决定第二天清早离开小耕堡到天津去避风。第二天到牛堡屯集上各买了一顶草帽,准备缝好帽檐再走,因此又延迟了一天。他们是舍不得离开自己的工作岗位啊。

农历七月十七日拂晓,敌区分队长宋万和带领三十多个乡队摸进村。宋万和带着几个特务,由村公役姜荣奎带着直奔姜庆奎家。宋万和让姜荣奎喊话,姜荣奎对着破门喊道:"庆奎在家吗?"姜庆奎在屋里回答:"在家。"他正在烧火做饭,准备吃过饭转移。宋万和推开破门说:"不用烧水了,到庙里村公所,有点事儿。"庆奎一看来势不妙,敌人已经包围了自己的家。到了庙里,敌人一拥而上,将庆奎捆绑起来。宋万和厉声地问:"你家藏的枪,赶快交出来!""我家没有枪!"姜庆奎平静地回答。宋万和"审问"了好一会儿,但没有任何结果,于是将庆奎带走去上级交差。敌区中队在逮捕姜庆奎的同时,又在牛堡屯村东口逮捕了吕进才。这两个领导穷人闹翻身的带头人被带到牛堡屯敌区中队部,敌人用尽了毒刑,吊打拷问他们,可是他俩始终坚贞不屈,没吐露一句共产党的实情。

敌人恼羞成怒决定杀害这两位革命志士。农历七月二十三日 12 时,姜庆奎、吕进才同志壮烈牺牲在牛堡屯村西小桥附近。那年姜庆奎才三十七岁,吕进才也不满四十岁。

二位革命烈士永远活在人们心中,小耕垡人想起他们就说:"今天的幸福多亏共产党的好领导,可这幸福里也渗透着烈士们的鲜血啊!"

(作者:田广志)

发生在三间房的地空导弹实战纪实

在北京通州,有一个地名注定要被写进世界军事防空史:1959 年 10 月 7 日,在通州张家湾镇三间房,中国人民解放军空军第一支地空导弹部队二营在空军司令刘亚楼亲自指挥下,用当时苏联制造的 C-75(也称萨姆-2)导弹击落台湾国民党空军美制 RB-57D 高空侦察机。这是世界军事防空史自地对空导弹诞生以来,第一次在实战中击落军用飞机,也书写了我军国土防空作战史上光辉的一页。

C-75 地空导弹是由当时苏联有"地空导弹之父"称号的著名科学家拉斯普列京领导研制的一款新式可移动式地空导弹防御系统。1958 年冬,我国由原苏联引进五套,并据此组建了空军第一支地空导弹部队(代号 543 部队),下辖五个营。其中二营营长岳振华,政委许浦,这个营就是以后屡立战功并受到毛主席、周总理、朱德委员长等中央首长接见并被授予"英雄营"称号的部队。被击落的台湾国民党空军的美制 RB-57D 高空侦察机由美国最新研制成功,实用升限 18000—20600 公尺。由于当时我军的两种主力战机升限都在 18000 公尺以下,所以 RB-57D 高空侦察机仅在 1959 年上半年就十七次入窜大陆侦察骚扰(其中六月两次窜入京津地区上空),解放军空军部队多次起飞战机拦截,最终皆因飞行高度上不去,只能望空兴叹。

1959 年国庆节前夕,为保卫建国十周年庆典,周总理找来空军司令刘亚楼上将,部署国庆十周年庆典防空任务。刘亚楼当即立下军令状:"大典期间如果敌机敢来骚扰,我们就把它揍下来,作为给建国十周年的献礼。"在副总参谋长杨成武、北京军区司令杨勇和空军司令刘亚楼的研究部署下,刚组建的我国第一支地空导弹部队五个营分别在北京四周构筑作战阵地。其中第二营在营长岳振华带领下进驻通州张家湾三间房,做好了防空战斗准备。

10 月 7 日上午,国民党空军一架 RB-57D 型高空侦察机从台湾桃园机场起飞,上午 10 时 03 分从浙江温岭上空进入大陆,凭借其高空优势,以一万九千公尺的飞行高度,不顾我歼击机多次拦截,沿津浦路上空直线北窜,由天津转弯飞向北京,进行侦察照相。

空军司令刘亚楼接到敌情报告,立即驱车赶到二营阵地,直接指挥作战。敌机 11 时 50 分到达通州上空,正在阵地现场指挥的刘亚楼命令:"把敌机放近些,要坚决地打掉它。"12 时 4 分,严阵以待的二营营长岳振华一声令下,三发导弹一起发射,全部命中目标,敌机瞬间被打得粉碎,残骸坠落在距离发射阵地以东十八公里的天津武清河西务,飞行员王英钦当即毙命。

此战是中国地空导弹部队首战获胜,同时在世界防空史上也是第一次用地空导弹击落敌机。它标志着中国防空作战能力达到了一个新水平。此后,国民党空军高空侦察活动停止了两年多。

战斗结束后,在残骸坠落地,空军司令刘亚楼亲见毙命的国民党空军飞行员王英钦尸体,其腕上戴的手表还在嘀嗒嘀嗒响着。刘亚楼当时说了一句意味深长的话:"飞贼毙命,时间还在前进!"是啊,时间与光荣属于英雄部队,属于通州这块土地。10 月 8 日,中共中央副主席、全国人大常委会委员长朱德和李富春、贺龙、徐向前、聂荣臻等党和国家领导人,中央办公厅主任杨尚昆,全国妇联主席蔡畅等到飞机残骸散落地现场察看,并视察地空导弹第二营;国防部长林彪,总政治部主任谭政和副总参谋长彭绍辉、杨成武等先后分别视察地空导弹第二营。10 月 10 日,中华人民共和国国防部通令嘉奖地空导弹第二营。10 月 13 日,空军发布嘉奖令,为地空导弹第二营记集体二等功。

击落 RB-57D 高空侦察机,时间已过去六十三年。当年英雄二营的阵地,现在是解放军陆航学院驻地。通州张家湾三间房这个地名,也留在了世界与中国的当代军事史册上,永放光辉。

(本文参照《航空知识》《人物》《中国国防尖端纪实》等刊载相关报道的杂志改写)

(作者:孙朝成,中国作家协会会员,通州区政协文史和学习委员会特邀委员)

张家湾地区革命烈士英名录

烈士姓名	性别	籍　　贯	政治面貌	出生时间	入伍时间	牺牲时间	牺牲地点	生前职务
陈德录	男	通州区张家湾镇张湾村	不详	1921.5	1942	1944	密云县石匣	
朱起更	男	通州区张家湾镇西永和屯村	不详	1927	1945	1947	东北	战士
姜庆奎	男	通州区张家湾镇小耕垡村	党员	1909	1945	1946.7	通县原牛堡屯镇	主任
麻志荣	男	通州区张家湾镇梁各庄村	不详	1926.11	1948	1949.1	天津市	战士
李文青	男	通州区张家湾镇皇木厂村	不详	1930	1947	1947	河北省保定	战士
周四英	男	通州区张家湾镇皇木厂村	党员	不详	1948	1949.1		战士
赵士祥	男	通州区张家湾镇十里庄村	党员	1950.1	1971.1	1973.1	云南省东川市	副班长
王存福	男	通州区张家湾镇前街村	不详	1946	1962.3	1963.8	河北省易县岭西	战士
毛善洪	男	通州区张家湾镇垡头村	团员	1946	1963.3	1970.8	山西省沁水县	班长
艾发	男	通州区张家湾镇垡头村	不详	不详	不详	1950	朝鲜	战士
李克会	男	通州区张家湾镇王各庄村	团员	1935	1953.2	1957.5	青藏公路纳赤台	汽车司机
赵立明	男	通州区张家湾镇西定福庄村	不详	1959.12	1977.1	1981.7	新疆乌鲁木齐市	班长
王文斌	男	通州区张家湾镇皇木厂村	团员	1929.1	1949.3	1953.3	朝鲜	战士

烈士姓名	性别	籍 贯	政治面貌	出生时间	入伍时间	牺牲时间	牺牲地点	生前职务
陈良义	男	通州区张家湾镇牌楼营村	不详	不详	1948	1951.9	朝鲜	战士
王振广	男	通州区张家湾镇西定福庄	不详	不详	1948.1	1950	湖北省宜昌县	
胡玉均	男	通州区张家湾镇土桥村	不详	1927.12	1949.1	1952.4	不详	战士
何福	男	通州区张家湾镇里二泗村	不详	1926	1949.2	1952	朝鲜	战士
董洪生	男	通州区张家湾镇里二泗村	不详	1918	1951.2	1951	广西	
刘德斌	男	通州区张家湾镇上马头村	不详	不详	1948.1	1949.1	湖南省祁阳县	战士
钟富旺	男	通州区张家湾镇张湾村	不详	不详	不详	1950	朝鲜	班长
孙贵	男	通州区张家湾镇张辛庄村	不详	不详	1948	1952	朝鲜	战士
周瑞山	男	通州区张家湾镇大高力庄村	不详	不详	不详	1951	朝鲜	战士
金廷俊	男	通州区张家湾镇里二泗村	不详	1927	1949.1	1949.1		战士
王进庚	男	通州区张家湾镇枣林庄村	不详	1928	1948	1951	朝鲜	
刘德彬	男	通州区张家湾镇上马头村	不详	1921	1948.1	1949.1	湖南省黄土铺	班长
王世庚	男	通州区张家湾镇枣林庄村	不详	1928	1948	1951	朝鲜釜山	战士
王志斌	男	通州区张家湾镇皇木厂村	不详	1929	1949.3	1953.1	朝鲜	战士

鱼水情深

——在东方化工厂工作生活的难忘记忆

张家湾镇域北部,隔103国道就是北京"城市绿心森林公园",这座规划面积11.2平方公里的城市"绿心",占用了张家湾镇的部分土地,张家湾上游北运河故道遗址残留园中……在它成为北京城市"绿心"之前,这里还曾经有个东方化工厂,至今在公园的星形园路环的生态保育核内,还可以看到保留下来的原东方化工厂的大门遗址。

大家都知道东方化工厂是国家20世纪70年代的重点工程,也是北京市的重点工程。大家也都知道东方化工厂的承建单位是当时的北京化工局,事实上,建设过程中还有一个起到了重要作用的单位,那就是通县(通州区)人民政府,东方的历史就可以证明这一点。

1978年,北京市政府、化工部决定将从日本引进的"丙烯酸酯"项目交由北京市化工局在通县张辛庄化工区进行建设,化工局党委极为重视,党委书记、局长赵庆合建议,并经党委决定委派老局长席瑞生带领邵锡全、宋毓钟两名年轻副局长负责项目的筹建工作,并从有关厂抽调得力干部和技术人员组成精干班子,开始了国内联络、协调、调研和国外的谈判工作。1978年底,北京市政府正式批准成立东方化工厂。1979年5月化工局成立了北京东方化工厂筹建处党委和

筹建处,从此开始了东方化工厂的全面筹建工作。

1980年5月,北京市政府、化工部联合召开会议宣布成立了东方化工厂工程建设指挥部,指挥部由化工局、通县政府和主要设计施工单位负责同志组成,邵锡全同志任总指挥,通县政府的田彬县长、邓建民县长、孙志强县长先后参加了指挥部的领导工作并担任副总指挥。通县政府相关部门作为指挥部成员参与东方化工厂工程建设的组织工作。通县县委、县政府还指定一名副县长保持与东方化工厂筹建处、指挥部的密切联系。通县政府的规划、土地、环保、水利、工商等有关委办局积极支持东方化工厂的建设,特别是在项目环保评估、水源地方案的确定、通县县城内建东方化工厂生活区的选址及项目通过国家验收等事上都发挥了重要的作用。

通县的骨干施工队伍,直接参加了东方化工厂的建设。横穿北运河河床下的输水管线工程,厂内的地下污水池工程等都是施工难度较大的,通县的施工队伍都按计划高质量地完成。

通县的广大乡亲积极支持东方化工厂的建设和生产。东方化工厂地处张家湾乡和城关乡的接合部,小圣庙、上马头、张辛庄三个村是东方化工厂的近邻,东方化工厂的常年建设、生产和发展肯定给周围乡亲带来诸多的不便和影响,但东方化工厂与张家湾乡、城关乡之间,东方化工厂与三个村之间多年来一直和谐相处,相互理解和支持,从未发生影响东方化工厂正常的建设和生产的矛盾。通州区的领导还进一步明确:咱们不要给东方化工厂添麻烦。东方化工厂也更加珍惜、更加自觉地爱护发展这一鱼水情深的友谊。

80年代初,东方化工厂在社会各界的支持下,经过东方人的艰苦努力,于1984年实现了一次试车成功,并实现了当年建成、当年投产、当年盈利、当年创汇、当年还贷的良好佳绩。从通县走出的文学大师刘绍棠先生,在工厂建成后不久参观了东方化工厂,看到家乡建起了先进的能为家乡人民造福的现代化工厂喜不自禁,欣然为东方化工厂题词"古岸明珠"。

在之后的二三十年里,通县县委、县政府,通州区委、区政府和通州人民也一直把"东方"视为掌上明珠。凡东方的事急事急办、特事特办,各委办局和乡镇也都给予了积极扶持和帮助。安居乐业是东方厂历任领导倡导和践行的理念。老领导们考虑东方化工厂地处郊区,解决好职工的后顾之忧才能激发出职工的昂扬斗志。因此,幼儿园怎么办、小学怎么办、中学怎么办,直至职工住房如何安排,一直都是东方厂领导的心中大事。应该说,东方化工厂几十年来职工住房问题解决得比较好,职工也是比较满意的。70年代末期的后南仓,80年

511

代的东方生活区,90年代初期的葛布店、顺城街和90年代中期的吉祥园,90年代末期的源泉苑。大家不难发现东方的职工宿舍大部分都分布在通州不同发展阶段的比较好的区位。这当然与厂领导关心职工生活,以及

经济条件比较优越有着直接关系,但要实现良好区位的选择,无论在哪个历史阶段,没有当时的县委、县政府、区委、区政府的支持也是无法实现的。三十年来,东方子弟从幼儿园、小学到中学享受到了通州区比较好的教育资源,应当说也是通州教育系统支持生产一线的政策倾斜的结果。

"6·27"是所有东方人都不愿面对的痛,但又是不得不面对的刻骨铭心的经历。东方人的英勇,在东方人之间从未相互赞美过,因为我们彼此知道,我们别无选择。在灾难面前,每个东方人的奋不顾身无须详述,通州人民自上而下的全力支持也令人难忘。"6·27"的救灾现场奋战着几百名来自京、津、冀的消防官兵和东方化工厂的现场配合人员。一夜奋战却没有条件安排吃饭,当时的工厂水、电、蒸汽都受到了影响,也不具备供应饭菜的能力。张家湾的领导想得周到,6月28日上午,在镇领导的带领下,送来了两车包子,几百名现场救灾消防官兵和东方职工的救灾第一餐是张家湾人民提供的。一场火灾,东方化工厂蒙受了重大损失甚至人员的伤亡,也给周边的乡亲们带来了不同程度的精神和物质的伤害。整个救灾过程,通州人民没有抱怨,没有袖手旁观,每个人都怀着同情友爱的心情伸出了援手。来自地方政府、驻通部队、兄弟企业、机关团体、乡镇村委会、街道办事处、医疗机构、公安部门、交通部门和通州区父老乡亲的支援和慰问源源不断涌入了工厂。一些学校也送来了关怀,东方小学的孩子们用自己的零花钱委托老师为救灾一线的叔叔、阿姨送来了矿泉水。我们当时感到的都是乡亲向我们投来的温暖和同情的目光,当时令人感触最深的就是:通州人民真善良!是北化人和通州人民共同培育了东方化工厂。

东方化工厂占地185公顷,拥有76亿元资产,4000多名职工,销售收入20多亿元,年创利税1亿多元,它曾是中国化学工业的骄子。然而,随着北京产业

512

结构的升级转型和城市副中心的建设推进,高能耗、高物耗、高污染的重工业慢慢退出历史舞台,绿色循环经济成为新时代经济发展的新形势。伴随着重工业在北京谢幕,东方化工厂于2012年9月率先停产。按照规划,厂区搬迁腾退,原厂址用来打造城市副中心"两带、一环、一心"绿化布局的一部分——"城市绿心"。

东方化工厂完成了它的历史使命,但很多通州人还是记住了它。每每提到"东方",很多同志会谈到它曾经对社会税收的贡献、吸纳就业的贡献以及建设过的医院、学校和道路,而这些在东方人眼里是微不足道的,这是国企应有的担当!最应该记住的是,东方带来的中国化工的一场革命。作为20世纪70年代末国内第一套引进日本并由日本触媒株式会社、日本三菱公司、日商岩井提供主要技术支持的丙烯酸生产装置,它的投产和合格产品的产出,使中国的涂料迈向环保型成为了可能。东方几代人,数以万计的干部、职工、工程技术人员,他们艰辛的努力没有付诸东流。

在建设北京城市绿心森林公园的过程中,设计师特意保留了厂区当年的厂门和旗杆广场,并设有工业遗址展、向化工厂建设者和干部职工致敬的汉白玉石碑和一块再现厂区布局的铜制沙盘,人们希望以这样的方式,怀念这里工业时代的荣光岁月。

(作者:李玉琢)

圆梦丙烯酸

1950 年,我还差一年就要从燕京大学毕业了。那时,沿袭解放前,大学生毕业是要自谋职业的。经同学家长介绍,天津的永明油漆公司有意愿接受我,职业有着落,很让我高兴。教我有机化学的老师张滂先生指给我一本与未来油漆有关的讲高分子(聚合物或合成树脂)化学的书。那时高分子化学方兴未艾,还没有成为独立的学科。制油漆的干性植物油如桐油,涂成薄膜会"干燥"成天然高分子膜,因而成为最重要的油漆原料。可那本书却告诉我,有一种有机化合物,叫丙烯酸酯类的,可以聚合成高分子,也能结膜,也能制油漆。而桐油结成的膜带颜色,黄的,经太阳晒,越晒越黄,而且会开裂,丧失装饰保护性。丙烯酸酯聚成的膜,水一样的白而且透亮,晒不坏。

也是这本书告诉我,由于包括丙烯酸酯在内的一系列化学原料的出现,美、欧多国从 30 年代初已开始了涂料合成树脂化的进程。更确切的"涂料"这个词已取代了"油漆"一词。还知道,出现了为涂料生产提供商品合成树脂的专业供应商。而罗门哈斯就是以为涂料工业供应以丙烯酸系树脂为主的大供应商。

这一切,深深地印在了我的心中。

1951 年,国家宣布大学毕业生全国统一分配。我们当然服从分配。我就到了北京市地方工业局。1952 年,五反运动后,作为中央财经委员会机关单位的新中国油漆厂由北京市地方工业局接管。我一不乐意坐机关,二有天津这一段前情,于是就申请调到这个厂工作。1953 年 11 月,我就开始了我为其奋斗一生的涂料(油漆)生涯。

1958 年,提倡敢想敢干,打破传统藩篱。我先后提出了土法上马,研制丙烯酸乙酯和甲基丙烯酸甲酯的建议,得到批准。

丙烯酸乙酯的研制无果而终,甲基丙烯酸甲酯项目居然有所成。后来这个土装置还被化工局拿去,依之成立了化工四厂。

两个酯都还只是单体,是涂料原料,我们要的是合成树脂,更是涂料。1963

年,厂里分来了大学生,成立了中心实验室。于是,立项搞乳液和墙漆以及溶液型丙烯酸酯树脂和汽车漆。转眼"文革"兴起,大字报说,分来的大学生变成小媳妇,孩子也老大了,汽车漆还没影儿。随着实验室解散,这些事儿也就无影无踪了。

1978年,恢复了实验室,改称研究所,我也恢复了技术工作。但却让我去了技术科搞行政。我实在是老大不愿意的。恰在此时,传来了大消息——化工局把化工部成套引进的丙烯酸和酯类项目争取到了北京市,准备在张辛庄建厂,传说各厂都要调人参与建设。由于张辛庄地处偏远,当时人心惶惶的。我听了却大喜过望。当时筹备其事的是席瑞生同志,他是我在地方工业局的老同事,我想他大致应当知道有我这么一个人存在。于是就贸然跑到他们准备与日方接触的集中地——新街口饭店去找席瑞生,毛遂自荐,在那里见到了席、邵、宋三同志,算是一拍即合吧。不日,我就到了北化二厂上班。

其实,在1977年被任命为技术科副科长以前很久,即1971年秋之后,我已经渐渐地、不明不白地回到了技术岗位。其后,又多次被化工部借调去搞些调研之类。其中一次就是帮化工部规划院编制"涂料发展三五计划"。正是在这项计划中,提出了为促进涂料工业发展,建设十大涂料原料生产基地的问题。丙烯酸酯正是其中重点。改革开放初期就有引进丙烯酸酯成套项目之举,其根源在此。引进之后,规划院就又组织我们为引进项目规划配套建设计划。化工部大致知道,国外的丙烯酸酯有一半用于涂料。于是就提出以1.5万吨单体搞涂料项目配套建设,我们算了算,这么多丙烯酸丁酯大约可生产12万吨涂料。于是化工部就决定按这个量编制计划。东方最初确定的一个单体、两个树脂、三个涂料车间的规模就是这么来的。记得初期,《人民日报》曾报道,说张辛庄要建设大型现代化的油漆厂,名叫东方红。

其实这个计划是很荒唐的。记得当时全国涂料总产不足30万吨。属于丙烯酸型的涂料我夸张一点说,可能连12吨也不到。我们的汽车生产当时规模也不足20万辆,几乎没有轿车。这么多漆,往哪里用?! 所以,我当时的心情很纠结:一是兴奋,多年的愿望有了实现的可能;一是恐惧,建成而不能发挥效益,岂非大过! 所以后来停建,我真有松了一口气之感。

讨论恢复建设时,是我向以邵锡全同志为首的班子提出了不建涂料车间,只产树脂,做涂料原料供应商的建议。这个建议为领导和国家计委所接受,这就是后来的所谓缩小规模恢复建设。

东方不上涂料项目,东方生产的树脂卖给谁? 总得有下家。国家计委先是

515

决定给京津沪各厂投资上涂料生产能力。又因地方争议，后增西安、苏州共五家建涂料生产能力，由东方供应树脂。

我的认识是，西方涂料企业外购树脂是很明智的举措。各有专攻乃能求其精。我搞涂料25年，绝大部分精力用在树脂合成技术上，置涂料技术于次要，那是不务正业。

但人们却不这么认为。五个单位都是狮子大张口。大涨预算，除上海外，都建了莫大的树脂生产能力，造成了极大的浪费。如西安油漆厂，其所建成的树脂生产能力理论上说比东方建成的能力还要大，但技术上非常落后，连水试都未进行，车间就上了锁，多年后整体报废了事。

树脂生产能力的重复建设为以后的不顺运行埋下了伏笔。东方投产后，我们要给油漆厂供树脂他们不要，向我们要丁酯。又告我们单体定价虚高，相持不下。后来很长一段时期，期望是我们单体一半的涂料工业，成为东方排行第七的行业客户。京漆有人竟称我为叛徒！

复建后我给领导的第二个建议是自己开发树脂技术和引进技术两条腿走路，也得到了采纳。

为自立开发，我们不但建了研究所，而且花费不小代价配建了当时尚称完善的图书资料室。实验能力建成前，我们借了北京建筑工程研究所的几个房间，因陋就简地开展了涂料用乳液和乳胶漆的研制试验。研制工作同时也在兰州与兰州涂料所合作进行。研制有了初步结果后，立刻在东方先期建成的存放引进设备仓库一角，装了一套500立升小反应釜，进行放大试验。当时，单体生产还没有影儿，化工部就特批了外汇，进口了必要的单体和助剂。

当我们第一批BC-01乳液，也就是几百公斤吧，卖给了一家建筑涂料厂，开了发票，拿了支票，我那个美，像吃了蜜蜂屎似的。我们与北京建工所的合作结了果，出了一种所谓的石头漆（就是凹凸表面的乳胶漆），在北京建筑设计院的大力推荐下，用到了建国门内社会科学院大楼的外装修上，我们研究所的人亲自参与了施工。那个地方非常显眼,装饰效果很好,非常成功。那个外立面存在了许多年,一直到新世纪初才被覆盖。

这听起来是过关斩将,挺顺利。其实不然。我们的研制推广过程充满了挑战和挫折。那时,前三门建 38 栋居民楼。我们争取用 BC-01 的乳胶漆参与其外装修,结果被廉价的 107 涂料打得大败。我们只拿到了一套的任务,算是给我们留了一点面子。

为了开拓建筑涂料市场,我们不得不多方作战。内部,有京漆竞争压力;外部,一边是与瓷砖、壁纸抢市场,还要与低价劣质的 107 涂料斗争,异常艰苦,一直持续了十多年,最后以建工部宣布 107 等为假冒伪劣产品,禁止使用而告终。如今的建筑内外装修市场,乳胶漆是当之无愧的主力。

在初期以服务涂料为主的理念受挫后,我们在不放弃的同时,也大力地展开了多种应用一齐开发的策略。应用研究同时在多个领域展开:粘合剂、造纸、纺织……丙烯酸应用全面开花的决策取得了辉煌的成果,压敏胶的普及是显著一例。我们进入这个领域时,压敏胶带还是个稀罕物。如今,我们早已是胶带生产第一大国。胶带的应用都臭了街(快递包裹),已成公害了。

但这个涂料外领域,也有我们的"麦城"。我们有个 PC-01 的产品,是供打印纸涂布使用的。一开始,研制推广都可以,堪称顺利。但好景不长,上海从巴斯夫引进了质优价廉的丁苯乳液。一下子,我们就被打趴在地、踢出市场。

当然,丙烯酸的研发事业,势头是很强劲的。当上海和吉林都开始生产丙烯酸系单体时,在化工部科研总院的支持下,在研究所的基础上,与沪、吉合作,我们组建了丙烯酸研发中心。中心组织了若干次全国性的交流活动(我已退休,一次也没有参加过),出版了名为"丙烯酸化工"的刊物。

那以后,随着国家经济建设的腾飞,丙烯酸的事业在全国进一步大发展,正是山花烂漫的时候,东方却凋零了,中心和刊物都结束了。东方不会在丛中笑了,唯有香如故吧!但也不必太伤感,我们的研究所还在,那就是现在的亚科力。尤其听说其中试车间会以某种形式存在于黄骅之后,我真的老大兴奋了一阵子。丙烯酸的未竟事业还多着呢。

我们厂在引进技术方面的活动也是有成效的。还在化二办公期间,邵、宋、高就嘱咐我为开展活动做准备。我向他们提议的第一个接触对象就是罗门哈斯。

我们把罗门哈斯的人请到化二,由高保中同志接谈。罗门哈斯表现出架子很大。我们想,有肥猪还怕找不到庙门,立即转向,找到了联碳和雷华德,很快成交。从他们两家分别引进了风格不同的设计、设备和应用于多个领域的配方和制造技术。在此基础上，天津设计院设计并建成了一个有水平的树脂车间。

2015 年，我一时兴起，到东方罗门哈斯治下的原树脂车间参观。看到设备在运行 30 年后，仍然维护得很好，锃光瓦亮，窗明几净。我很高兴的。可惜，我是个不吉利的老头，给它送了终。不数月，它也奉命停产，烟消火灭了。很好笑，我在那罗门哈斯的牌子前照了个相。我对陪同说，你们西方的那个罗门哈斯没了，被人兼并了。这个东方罗门哈斯公司还在呢！才一年后，现在还在吗？我也不知道。因为，东罗在上海还有个摊子，下场如何，不得而知。

从联碳的引进，有个有意思的插曲。在我挑选的十几个配方中，有一个是为压敏胶选的。我选了一个编号 177 的配方。打了眼，质量不行，客户不认。我和那个叫司徒的老美已经很熟。我玩了一个熟不讲理，我说，你这东西不行，给我换一个。他居然二话没说，就真换了一个。手抄配方给我寄了来（后来补了正式文件）。这就是后来我们驰名全国的 9317 乳液。至今全国年产以亿平方米计的胶带中，说一大半是用 9317 涂的不会太夸张，乳液来源，黑白两道兼有，当然以黑道为主。

我们的事很顺，与联碳的合作进行得不错。罗门哈斯坐不住了。听说刘文斌带队访联碳，上赶着邀我们去。过去因为这不让看、那不让看崩的，这次要看什么就看什么。

我们看了，谈了。他们提出合资。来来往往，谈了一阵子。太复杂，没谈成。就说先合作。搞了个开发中心（叫 ERHD），就是他们委托我们生产，他们检验、销售。合作了一阵子大家觉得不错。就又谈合资谈了好几年，一直到 1992 年，谈成了。没等签字，我退休了。

我们与罗门哈斯谈合作，谈合资，有人赞成，有人不赞成。我的认识是，我们与他们，研发上有差距，工厂管理上也有差距，合资对我们有好处。有人就和我说，你在行业内（指涂料行业），名声不错，引狼入室，你不怕人们议论吗？我说，我只是个参谋，决策并不在我。其实，后来事实证明，他们的管理，至今，我们还未赶上。前面我说过，2015 年，我看了东方罗门哈斯。同日，我也看了中试。那中试，车间漆黑，脏水满地，呛人气味扑鼻。我不客气地对陪同说，你们为什么不到东罗去学一学？其实，所谓管理就是常识。不是看的问题，是干的问题。

其实，他们也不是神仙。以产品计，他们长于纯丙，我们从中国国情出发，选了苯丙路线，市场也适应了我们的苯丙。合资后，他们力推纯丙，市场嫌贵，性能上也不适应,推不开。不得已,回头吃我们的 BC-01,稍加改头换面,改叫什么什么95。其实,不过是障眼法。

但我仍然认为,与之合资,对发展我国涂料事业来说,绝对是正确的选择。说说我的体会。

我们开发建筑涂料市场的努力,不是一家两家,而是全国;不是一年两年,而是二三十年,成效了了。立邦一来,中国的乳胶漆建筑涂料市场全盘皆动。当然,我国大的改革形势使然。但是,同样的形势,国内涂料厂家,人多势众,怎么就见不了这个机会呢?! 也要看到,立邦的买乳液的大门是东罗撬开的。这一撬,后来竟形成了风气,现在,我国涂料行业竟然很少有厂家再沿袭自制树脂的传统了。想想当年那说我是叛徒的人,想想他们对于自制树脂的传统的固执,我不禁为之深深地叹息。

改革开放向 40 年进军了。我国的涂料年产,从不足 30 万吨发展到了 1800 万吨以上。乳胶漆一项就要踏上千万吨的台阶了。丙烯酸产量,也向 300 万吨发展了。但是要看到,我们还有每年成百万吨的不环保的醇酸磁漆、醇酸调和漆等待有光乳胶漆去替代。我们的高档轿车、高铁车辆、919 大型客机、巨轮还在使用外国涂料来涂装。丙烯酸的工业涂料应用还是空白。这不是我们的希望所在吗?! 这不是我们的努力方向吗?!

我的丙烯酸梦算圆了,也还远远地没有圆。谁来圆,少年英俊们,你们应当仁不让啊!

(作者:朱传棨,1928 年生于浙江,朱熹二十六代孙,1951 年燕京大学化学系毕业,现任《中国涂料》名誉主编、慧聪涂料网高级顾问、北京东方亚科力化工科技有限公司终身高级技术顾问,2010 年获中国涂料工业"终身成就奖",2013 年出版《朱传棨文集》)

519

财富已变身不一样的财富

——回忆东方化工厂拆迁前的往事

许多年来，常有老同学、老朋友一起寒暄叙旧，常被问起"你们厂是生产什么的呀？"似乎没有一次认真地回答过人家的问题，一来大都是非化工行业人士，说了他们也似懂非懂；二来在东方工作这些年，一直也没仔细想过如此多的产品都用来做什么。直到快要离开东方抑或说东方也快要离我们而去了，忽然间，想到东方化工厂几千名职工，几十年来日复一日、年复一年地为消费者直接或间接地提供了人们须臾也离不开的衣食住行产品，内心涌起一种说不出的成就感和自豪感！

这让我想起 2016 年东方化工厂拆迁前的一些往事。区政府国土部门委托第三方评估机构对厂区内地上建筑物、装置设备进行拆迁之前预评估，正是有这样一个过程，我仅从一个侧面，把对工厂一知半解的了解，给评估师做了一番介绍，就让他们听了以后目瞪口呆。

我们用几天时间在现场查看了所有建筑物和装置。在碳五装置区，评估师自然要询问："这个装置是生产什么的？"碳五装置的主导产品是环戊烷，其来源于裂解制乙烯联产的碳五馏分，通过精馏获得。环戊烷作为 HCFC-141b 的替代产品，用于电冰箱保温层发泡剂（环戊烷的优点是 ODP——消耗臭氧潜能值为零）。它的主要用户是海尔、海信、澳柯玛、美的等国内主流家用电冰箱制造商。每台 200 升左右的冰箱使用发泡剂 0.4 公斤，自 2000 年至 2012 年间，装置产出环戊烷十余万吨，这个销售量由各大电冰箱厂生产了大约 2.5 亿台电冰箱，保守地说，东方亚科力的环戊烷在国内市场占有率达 40% 以上，我们的产品间接地已经走进了亿万家庭。

与碳五装置一墙之隔的是二氧化碳装置。我告诉他们，我们以及所有北京市民喝的每一杯、每一瓶可口可乐里面的二氧化碳就是在这儿生产的。我们生产的食品级二氧化碳是可口可乐公司唯一指定供货商。每天凌晨，从这里运出的高压瓶装二氧化碳被配送到全市所有麦当劳、肯德基快餐店，十几年来周而复始，从未间断。

"这么好的装置和产品停下来真是可惜。"评估师喃喃自语。

说着，我们路过罗地亚公司门口，评估师又问："这里生产什么？"罗地亚公司是美国宝洁公司设在中国工厂的指定供应商，装置是用东方化工厂生产的环氧乙烷，经乙氧基化、磺化等工艺生产出表面活性剂供给宝洁公司生产飘柔、海飞丝等日用清洁品。这个公司年产量40000多吨，每瓶400毫升装飘柔、海飞丝洗发水里有9%的表面活性剂固含量，也就是说，罗地亚公司每年供给宝洁公司的表面活性剂要生产出大约1.5亿瓶洗发水，又是数千万人的消费品。

我们没有过多时间交流众多产品的用途，但是他们还是非常感兴趣，又非常耐心地听我介绍了丙烯酸及酯和丙烯酸乳液产品。

说起丙烯酸乳液，最近几年不得不提的是高速铁路用乳液。我国高铁总里程位居世界第一，其高速列车技术和路轨技术堪称一流。在我国高铁建设上，东方亚科力公司作为国内唯一的丙烯酸乳液供应商为哈（哈尔滨）大（大连）线、哈（哈尔滨）齐（齐齐哈尔）线、京沪线、沪宁线、成（成都）绵（绵阳）乐（乐山）线提供了数万吨乳液。

高速铁路的轨道板和桥基之间，有一5厘米厚的减震层，这个减震层是水泥、细骨料、乳化沥青与丙烯酸乳液等按比例混合配制成砂浆后注入轨道板下面，吸收列车在时速350公里行驶时产生的震动。把一枚硬币立在高速行驶的车厢小桌板上，中国的列车高速性非常平稳，硬币始终不倒。正是我们东方化工厂的这一技术产品，让中国的高铁在这一指标上远远胜出了日本的新干线。

记得哈大线开通运营后不久，中国铁研院领导专程拜访亚科力公司，赠送给公司一个国产和谐号380动车模型。铁研院的同志说，李克强总理出国"推销"中国高铁，送给外国朋友的就是这种车模，足见铁研院对亚科力公司的高度重视。

东方厂20世纪70年代末引进了国内第一套工业化生产丙烯酸的装置，是我国化学工业标志性的进步。而东方厂研发生产丙烯酸酯类聚合物也是国内首屈一指。我对评估师们没有哪怕一点点的夸夸其谈，只是想告诉他们，目前国内所有的成规模的丙烯酸乳液工厂，无一例外，或多或少都有在东方化工厂工作背景的管理人员或技术人员，从事着乳液的生产和研发。国内十大丙烯酸乳液工厂包括东方亚科力公司在内的广大科技人员和操作工人，每年都在夜以继日地生产出几百万吨丙烯酸乳液，用在建筑建材、纺织皮革、造纸、包装以及

521

家居、家电、汽车等等数不清的行业,为国家飞速发展的经济,提供着不可或缺的基础原料,让老百姓在不经意间享受着高科技化工带来的生活质量的提升和日常生活的诸多便捷。可以说人们正在经历的现代生活中,一刻也离不开东方化工厂曾经生产过的产品。

东方化工厂即将成为历史,但是我们工厂的几千名干部职工和工程技术人员几十年来呕心沥血创造了巨大的社会财富,对国家化学工业的推动和引领,立下了不可磨灭的功绩。目前,全国每年生产近 400 万吨丙烯酸及酯类、300 多万吨丙烯酸酯类聚合物,这些产品都与东方化工厂有着不解的渊源,都凝结着每一名东方人的心血和汗水!

其实,我想对评估师说的是,东方化工厂为国家创造的巨大物质财富,它的职工在经历这段改革开放的青春岁月中,留下的宝贵精神财富,在我们东方人的心中是无法评估的。为了支持北京城市副中心建设,我们坚决执行市委、市政府的决定。虽然,如今的东方化工厂已经退出了历史舞台,但是东方精神、东方人创造过的辉煌与财富,却依然还在那里,只是化身成为不一样的财富。

(作者:李亚豪)

菟丝草的蜕变

——我的成长历程

1988 年的夏天,我得了类风湿关节炎,多次求医问药,也没有治好。我全身的关节僵直变形,活动范围越来越小,病情不可逆转地持续加重,我清楚地意识到一个残酷的现实。中学毕业后,我彻底失去了行走和自理能力。十七岁的我成了一只被囚禁的鸟,没有出路,没有前途,床成了唯一的生活舞台。我每天对着泛黄的屋顶发呆,看着太阳投下的光影在被子上日复一日地游走,未来不再是贝壳里的美丽光影,过去那些绚丽的梦想都离我而去了,窗外的一切都远得遥不可及。

1992 年的一天,一位村干部向我要一张照片,说是要给我办残疾证。那时,我在上中学,走路一瘸一拐的,可是听着"残疾"这俩字还是很刺耳。

我成了不折不扣的残疾人,成了弱势群体,就像自然界里的一株菟丝草,弱不禁风,难以独立,只能把自己缠绕在另一个躯体上过活。我的人生一下子偏离了正轨,在万丈红尘的夹缝里,未来何处安放?

有一天,我对妈妈说:"没有我,你们肯定过得特幸福。"这是我憋了很久的话,尽管是事实,却怕刺痛她的心。妈妈摸着我的手,笑呵呵地说:"没有你,我怎么知道有女儿的好呢?"我含泪说:"我是您的累赘呀!"妈妈却说:"你就是我的电视,看见你呀,我什么不高兴的事儿都没了。别胡思乱想,妈永远需要你。"

这就是一个母亲最基本的要求呀!她吃的是最差的,穿的是最旧的,干的活是最累的,连有病也舍不得吃片药,含辛茹苦十几年。她没有自己,想的做的全是为我,我就是她的全部啊!就为了妈妈这最起码的需要,我也要好好地活下去。

我开始学着摒弃幻想,面对现实。我不甘心一辈子困在房间里,庸庸碌碌虚度时光,人总要有所追求才能生活得更好。我渴望做点力所能及的事情,真正融入社会,为自己,也为别人,毕竟被社会需要才能证明一个人的价值所在。

正当我想自强无以自强、想自立又无以自立的时候,2000年底,在北京电台举办的一次征文活动中,我的稿件获得三等奖。我依稀找到了参与社会、回报社会、为社会做贡献的方式。

获奖的事情在周围很快传开,2001年春天,时任通州区《运河》杂志副主编的刘祥老师得知后来到我家,还带来了几本《运河》杂志和一本他的散文集。他鼓励我以自己独特的视角,写出别人没有感受到的东西。他说:"《运河》杂志有个《新秀》栏目,如果写得好可以在那里刊登。"面对生活的意外垂青,我受宠若惊。

我从小就喜欢文学,上学期间写的作文也曾多次被老师当作范文来读,但这只是小打小闹,说明不了什么。我一向认为,文学创作是学养深厚、博雅精深之士的事,我一个连中学都是断断续续勉强读完的毛孩子怎敢妄想?然而,那个阳光明媚的春日,刘祥老师为我开启了一道高不可攀的文学之门,我的眼前豁然开朗。

在此后的两个多月里,我前所未有地忙了起来。一部记录了我上学、休学、求医、与病魔抗争的经历,凝结着我的生命感悟的小说《珍爱生命》一气呵成。那年9月,这篇小说果然在《运河》上发表了。手捧杂志,我就像一个绝处逢生的人,终于找到了一根支撑我站立的拐杖,文学的拐杖引领我从迷茫状态过渡到了一个新的生命层面上。

正如前辈史铁生所说:"写,真是个办法,是条条绝路之后的一条路。"我庆幸这双变形的手还可以握笔写字,这就足够了。文字成了我与外界交流的唯一通道,平淡的日子一下子变得丰富多彩。张家湾深厚的历史文化底蕴和通州浓浓的艺术氛围,滋润了我枯萎干涸的生命,我循着文学的源头活水行走在希望的田野上,以笔代步,在纸上开始了新的耕耘。疾病束缚住的只能是躯体,我在精神世界里开辟了一片广阔的生活空间,写作的艰辛和文章发表后的快乐,冲淡了疼痛的感觉,这是最好的止痛药,作用无以估量。几年间,我陆续在《中国妇女报》《北京日报》《北京社会报》、《知音》杂志、《挚友》杂志、《运河》杂志等报刊上发表了小说、散文、人物专访数百篇,出版了小说集《乡间古瓷》《血色年轮》和散文集《隔岸观秋》。我力求用文字传递积极向上的情绪,带给读者温暖、乐观、开朗、豁达、希望和勇气,用心灵的声音营造芳香,也延续芳香。

"在我看来,桃花开败的每一时期都是一样的美不胜收。含苞欲放有蓄势待发的遒劲美,花瓣凋零又有雨洒江山的豪放美。它不因风雨的摧残而萎靡,也不因躯体的残损而颓废。它美丽过,芬芳过,不带一丝的遗憾与悲哀。"《北京青年报》资深记者李俊兰看到我的散文《在那桃花盛开的地方》后,对我进行了深度采访并刊发了长篇专访《李延芳在文字中健步行走》,她写道:"读这样的文字,文字中的沉雄、大气,很难让人相信竟出自一个形容羸弱、寸步难行的病女孩之手,但答案又是肯定的,她对'残缺美'的认识,若非出自深厚的美学学养,便是来自自身的生命现实。对于仅仅初中毕业的李延芳而言,显然是后者。尽管在生活的道路上李延芳饱遭厄运,但在拥挤的文学之路上却一径坦途、幸运相伴。文学这道门槛,有多少健全、聪明的写作者,穷一生之努力而不入,她一介农家残疾女却未着痕迹轻轻走过。"著名作家林非和张骥良先生看了我的散文集《隔岸观秋》后欣然撰文:"在这本散文集的所有文章里,我都读出了温暖、善良、明朗与积极向上。她没有抱怨命运对她的不公,更没有怨天尤人,而是在她内心世界里,在她的笔下,坚持不懈地营造着一种温暖与和谐……她的情感是真挚的,没有浮躁,她的观察细致入微,表现力也算丰富;她思考社会、人生的问题是深入的,从那些琐琐碎碎的小事物中发现问题。用心灵的声音形成文字,用这样的文字体现价值、回报社会。"

写字对我来说是件力气活,上学时,写作业经常累得抬不起胳膊。没有想到,如今,笔竟然成了我精神和生命的支点,成了我和病魔搏斗的武器。

现在,我写字依然不是件轻松的事,低头时间久了抬不起头,我只能写一会儿活动活动脖子,坐着写累了就躺着写。平时还好些,抄稿子最累人,一天不过两三千字,速度不快,写错一个字就要整篇重抄,无形中又增加了工作量。这既是对身体的考验,也是对意志的磨砺。

2003 年,我用积攒了近三年的稿费买了一台电脑,修改文章方便多了。由于双手变形,我不能像健全人那样敲击键盘,只能用一支笔在键盘上指指点点,打字速度很慢,开始时打十几个字就累得手臂酸痛,现在一天可以打上两千多字了,这是一种很好的锻炼,一举两得。由于手臂弯曲,髋关节活动范围狭小,身体不能前倾,鼠标也不能像其他人那样放在桌子上操作,只能托在手里。我用一双变形的手敲击键盘,于方寸之地敲出了人生的况味与价值,敲出了一片新天地。更重要的是,在半封闭的环境中,电脑为我打开了一扇了解世界的窗口,随心所欲地搜索信息,浏览文学作品,这些以前不可能做到的事情,都成了现实。缤纷的世界浓缩在屏幕上,网络把我和外界真正连接了起来。

有一次,残联领导上门慰问,特意给我带来了几本《挚友》杂志,这是由北京市残疾人联合会主办的刊物,里面有鼓舞人心的好政策,也有催人奋进的好文章,我翻了几页爱不释手。在残联领导的推荐下,我成为《挚友》的通讯员,满腔热情地给残疾人自己的刊物撰稿,采写了很多残疾人的动人事迹,用他们自强不息的故事激励身处黑暗中的人们,给读者传递希望和力量。

在写作的过程中,我深切地体会到这是一项创造性的劳动,每一篇文章都要有新的东西,要有所提高,不断超越。我的文学基础浅薄,文化积淀不足,要想再上一层楼就必须要补充知识,汲取营养,提高写作水平。我渴望学习深造,但常规的学习方式又不适合我,最终我选择了高等自学考试。

在爸爸的陪伴下,我怀着强烈的求知欲报名参加自考的汉语言文学专业。不为拿文凭、找工作,只想学得更系统,更扎实。当然也想试试健全人能做到的,我能不能做到。这是一种体验,更是一种考验,补充知识的同时也在弥补我错过的经历。

太重的书我拿不动,从桌子上推到床上还可以,从床上搬上桌子就难了,没人帮忙的时候,我多半只能躺着看书。夏天的早晨,父母四点多钟就去地里干活了,我也开始了一天的学习。晚上,为了不打扰他们休息,我关了灯默背学过的内容。

不能去补习班,辅导书就是我的老师,我把每一个角落的知识点记全记牢,把每一段文字都当作考试题去认真理解,认真对待。由于我书写速度慢,考试几乎没有思考的时间,要争取把时间最大限度地用在书写答案上,因此必须熟练。

遇上实在不会的题,妈妈就推着我去请教中学老师,老师通常都会当面为我解答,当时解答不了的,几个老师会一起商议,查阅资料,把准确答案写在纸上由妈妈取回。

由于我的双腿弯曲不便,不能用学校的桌椅,爸爸特意找来一块木板搭在轮椅的两个扶手上,这就是我的桌子了。在这张自制的桌子上,我完成了一次次考试。

自考课程中有一门是"计算机应用基础",在学习这门课程之前,我使用电脑只是打字,做一些简单的编辑,再复杂一点的操作就一窍不通了。电脑是我写作的助手,更是一个高深莫测的朋友,我对它的很多功能都比较陌生。在2006年底的一个活动上,我偶遇北京市残疾人社会公益事业促进会的一位领导,她告诉我,市残联要举办一个科技助残活动,主要是向残疾朋友普及电脑知识,我对哪方面的内容感兴趣可以告诉她,他们会根据我的要求帮我联系老师。

2007年3月,科技助残活动拉开帷幕,作为通州区第一个接受帮助的学生,我来到了北京物资学院的一间会议室。物资学院的一名大学生志愿者把一摞书放到我手里,还给我留下了自己的电子邮箱。此后,志愿者随时随地通过电话和邮件热情地为我答疑解惑。渐渐地,我学会了文档编辑排版、设置 Excel 电子表格、制作幻灯片,还学会了运用 Photoshop 对图片进行简单的处理,可谓是收获颇丰。

2009 年 4 月,我取得了北京师范大学的毕业证。不久,残联为我发放了四千元助学金。这张纸凝聚着太多领导的关心、亲人的付出、朋友的情谊,他们搀扶着我一路走来,相互支撑的力量大到足以使一切坎坷消弭于无形。

在我拨开云雾,重见阳光的这些年里,残疾人事业也在快速发展。2003 年 9 月,张家湾镇实现了残联职责单列,设置了单独办公室并单独挂牌办公,全镇残疾人从此有了自己的"家",残联的温情以政策和活动为载体,在残疾群体中间播撒。

2007 年,国务院颁布并实施了《残疾人就业条例》,许多残疾人因此获得了宝贵的就业岗位。我也有幸成为一名专职委员,有机会直接服务残疾人,为推动残疾人事业的发展做更多的工作。

张家湾镇现有残疾人三千二百五十八名,其中,视力残疾三百九十五人,听力残疾一百三十八人,言语残疾十六人,肢体残疾一千九百八十二人,智力残疾三百四十三人,精神残疾一百九十八人,多重残疾一百八十六人,与其相关的康复医疗、助学就业、扶危济困、托养照料、无障碍出行等方方面面都是残疾人工作的范畴。

2021 年,张家湾镇残联为十六周岁至五十九周岁的重度残疾人发放养老助残券补助金,共计三十五万八千五百元;有一百二十二名残疾人享受社会保险补贴,补贴金额约一百三十四万三千九百元;为五百四十五名残疾人办理了城乡居民养老保险补贴相关手续,补贴共计四十万五千五百元;为十三名残疾儿童办理机构康复补贴;六一儿童节前,向三十三名十五周岁以下的残疾儿童少年发放慰问金,每人三百元;为七十一名肢体残疾人申请机动轮椅车燃油补贴,共一万八千四百六十元;为五名残疾人申请助学补助,补助金额一万九千七百元;协助民政部门为符合条件的残疾人办理困难残疾人生活补贴和重度残疾人护理补贴手续。

2021 年春节期间,张家湾镇残联走访慰问残疾人家庭七百九十三户,发放慰问金六十三万零五百元。另外,镇残联通过红十字会,利用张家湾博爱基金,为二百一十三户重度残疾人家庭和一百二十九户农低保残疾人家庭,送去了米、面、油等慰问品,折合人民币约十一万元。

张家湾镇残联在全国助残日、残疾预防日、全国爱耳日期间,依托残疾人温馨家园开展残疾预防宣教活动,以活泼多样的形式传达控制残疾发生、减轻残疾发展的实用常识,寓教于乐。积极开展"就业援助月"活动,对接社会资源,为残疾人提供合适的工作岗位,促进残疾人融入社会,发光发热。各种有趣的文体活动也越来越丰富,残疾人参与热情高涨。

作为一个残疾人,我对残疾人的痛苦和困难深有体会,更了解残疾人群体的所想、所盼,我走家串户了解残疾人的生活状况和需求,宣传康复知识,积极落实残疾人帮扶政策,认真做好每一项具体的工作。以残助残,我在帮助他人的同时,也在帮助自己,在这一过程中,我找到了自己新的价值,也感受到了被信任、被需要的快乐。

肢体残疾人最苦恼的就是出行难。一间斗室,三面是墙,窗外的长空飞鸟尽收眼底,一缕阳光、一阵鸽哨,都挑逗着我走出去的念头。2002 年,残联领导为我送来一辆代步的轮椅,座椅松软,靠背舒适,我终于可以出去晒晒太阳了。只是我的双手、双臂变形,无法摇动轮椅,要家人推着才能行走,门口的两层高台阶,我更是望而生畏,所以如果不是必须外出,我还是不愿意劳累父母。

2012 年末,残联领导又给我送来了一份特殊的跨年礼物,是一家爱心企业捐赠的一辆电动轮椅,这份爱心太珍贵了,我惊喜又感激。我瞪大了眼睛看着爸爸拆开包装箱,按照说明书把一个个零部件组装起来。黄色的车架,黑色的座椅,黄与黑的搭配,雅致又活泼,我越看越喜爱。爸爸把椅背调节到适合我的角度,我迫不及待地坐上"宝马良驹"。控制器非常灵敏,轻轻一动就能自如地进退、拐弯,有种一切尽在掌握中的快感。

一个月后,我开着这辆电动轮椅,参加了通州区残联第四次代表大会。轮椅带着我通过一条铺满红毯的坡道,驶入庄严的会场。我和众多残疾人工作者一起回顾过往,谋划未来,履行代表职责,一种荣耀感油然而生。

转年,残联为我家做了无障碍改造,门口的两级台阶变成了大理石坡道,坡道两旁安装上了锃亮的扶手,我的出行从此更加便捷。我比任何时候都更关注天气,只要温度适宜,风力不大,我就会坐上电动轮椅驶出家门。水泥路面在脚下铺展而过,带着树叶清香的风拂过脸颊,那是来自远方的问候留下温润的抚摸,天地广阔,任我徜徉。

前些年,电动轮椅还是贵重的稀罕物件,我走在路上,沿途的行人都会好奇地打量,不夸张地说,比豪车的回头率还高。

小众市场也蕴藏着大商机,随着中国制造业的迅猛发展,生产电动轮椅的厂家渐渐多了,价格也越来越亲民,加之在线申请辅助器具很便利,政府补贴力度大,残疾人甚至不用自掏腰包就能拥有一辆电动轮椅。

这几年,路上的电动轮椅多了起来,我外出时,经常能看到一两个残疾人开着电动轮椅风一样驶过。很多公共场所都做了无障碍改造,走到哪里都是一马平川。

不仅是轮椅,在北京市残疾人网服务管理平台上,各类残疾人需要的辅助器具应有尽有,可以随时申请、选购。2021 年,张家湾镇残联为有需求的各类残疾人办理辅助器具审批手续一千二百零七人次,常态化的惠民政策遍地开花。没有什么是永远的障碍,社会发展的脚步和文明之风的吹拂,温柔化解了生命的遗憾,天堑变通途的传奇时时上演。

2010 年 11 月,央视要录制一台《隐形的翅膀》大型助残公益晚会,让我讲讲自己的经历和亲身感受到的残疾人事业的发展变化。我坐在聚光灯下,往昔的一幕幕在脑海里翻卷,我激动地娓娓道来:从 2007 年开始,我每月可以领到 120 元重度残疾人生活补助金;从 2009 年开始,我每月可以领到一百元助残券;这一年,北京实现了残疾人养老保险全覆盖,残联每年按最低缴费标准给残疾人全额或百分之五十的保费补贴……这些暖心政策的相继落地,为广大残疾人解除了后顾之忧,减轻了残疾人家庭的经济负担。相信,随着我国综合国力的增强,会有更多人性化的政策出台,残障人士的生活会更好。如今,我手握残疾证,不再有当年的卑微感,取而代之的是强烈的安全感和幸福感。

我 2004 年被评为通州区"十大杰出青年";2005 年被评为"通州百颗星";2010 年被评为"通州青年榜样";2011 年被评为北京市"自强模范";2015 年被评为"通州榜样";2018 年被评为"北京市民学习之星"……这是各级领导对我的肯定,更是无形的鞭策。过往已成序章,未来再接再厉。在新时代的舞台上,残疾人与健全人一道跋涉在通往理想的路上,低头是坚定的脚步,抬头是似锦的远方。

潮起潮落,人生多艰,一个人只有以强大的信念为支撑,才会即使面对惨淡的人生也会有一种向上的力量,像种子一样穿透贫瘠的土地,穿透黑暗,穿透所有的障碍,破土而出。我的信念来自于文学的力量,更来自于所有关心我、搀扶我蹒跚走来的人们。我在大家的关心和扶助下,得以拔身泥泞,实现了从弱到强、从冬到春的蜕变。我的蜕变过程恰恰是残疾人的生存与发展状况逐渐得到社会各界的关心与关注的缩影,是整个社会的文明程度不断提高的真实写照。

如果把过去的我比喻成一株羸弱的菟丝草,那么今天,我更想成为一棵历经霜雪的蜡梅,迎风怒放,报告春的消息。

(作者:李延芳)

后　记

　　通州区政协文史和学习委员会联合张家湾镇党委、政府在搜集、整理反映张家湾地区的文史资料的基础上，组织编辑了这部承载运河文化、体现张家湾特色的"文化通州系列丛书"之七——《漕运古镇张家湾》一书。经过一年来的努力，这本书就要和广大读者见面了。该书分为"漕运与张家湾""曹雪芹与张家湾""文物古迹""民俗文化""名人古诗""历史人物与事件"等六个部分，较为全面、系统地展示了张家湾地区的历史文化风貌。

　　《漕运古镇张家湾》一书的出版，得到了社会各界的大力支持与帮助。编委会的同志们，先后到通州区博物馆、通州区图书馆、通州区档案馆阅读了大量历史典籍，并实地走访历史遗迹，考察镇域内的文物古迹，挖掘整理了反映张家湾镇历史文化等方面的资料七十万余字、照片四百余张，为编辑出版此书奠定了基础。在编辑的过程中，我们按照精选精编的原则，将其中的七十五篇、二十八万余字、二百二十余张照片收录书中。此书的出版离不开许多研究张家湾镇人文、历史、风俗的专家学者，以及广大文史工作爱好者的支持与帮助。特别是我们有幸邀请到了著名红学家冯其庸先生为本书题写书名，著名作家王梓夫先生为本书作序。在材料的征集、整理和编辑过程中，得到了赵广宁、闫宝林、赵凤生、康德廉等多位老师的帮助和指导，以及通州区政协文史和学习委员会特邀委员的倾力协助，从书籍的体例、记述的事实、行文的格式等方面对全书进行了系统的勘正与梳理，不仅充实了全书内容，而且保证了书籍质量。同时，对所有热心支持、参与这项工作的各级领导和各界人士表示衷心感谢！

　　由于时间和所掌握的知识所限，书中难免会有些许纰漏，热忱希望广大读者和专家、学者批评指正。

《漕运古镇张家湾》编委会

2014 年 10 月 18 日

增修版后记

　　2014年编辑出版《漕运古镇张家湾》时，我全程参与，这是我第一次参与乡镇文史书籍编辑，还正好是我家乡的乡镇。当时我文史写作和编辑都刚刚起步，没有意识到这本书在编辑上的短板，那就是凉水河以南镇域南部史料短缺和镇域名人资料不足等。此后，我又参与了通州区更多乡镇的文史书写作和编辑，随着写作和编辑经验增加，越来越感觉出当年《漕运古镇张家湾》这本书留下的缺憾，尤其我本人就出生在镇域南部。

　　为了弥补缺憾，文史研究中，我继续留意脚下这片土地，这一留意才发现镇域南部历史与北部同样厚重，这里竟是辽、金、元三朝皇家捺钵苑囿，它在今北京地区当时的名望，不亚于今天的"三山五园"！有研究就会写文字，我关注的重点在地区演变（地域名人等方面资料有郑建山老师等研究），我写我居住村庄的历史，我写当年延芳淀皇家捺钵范围的历史，我更深入地研究起整个张家湾……随着研究不断深入，《故乡村考》《柳林行宫》等文陆续在报刊发表。2018年11月"大运河文化带·通州故事丛书"出版，我的《说说延芳淀皇苑那些事儿》一书入选。此书主说延芳淀三朝皇家捺钵，而当年捺钵主场就在今张家湾镇域南部，算是弥补了某种缺憾。

　　研究历史就是这么奇妙，深入成瘾。研究不断深入，发现越来越多，由当年延芳淀皇家捺钵追问到潴水成因，由凉水河为原永定河故道延展到"张家湾"形成——张家湾为什么叫张家湾？它首先不是几河交汇，而是一个"大水湾"，这个湾有多大？我实地考察过，由西、东定福庄到上店、里二泗、烧酒巷，再南沿凉水河故道，西至张家湾古城东南，原张家湾养鱼场是它的核心，这个大水湾当年有几平方公里的水面！由于几条河流从不同方向在此交汇，这个水湾还有洄流，大水时洄流洪泛向北，洪泛直到张辛庄、上马头村南。今铜牛公司院内的"砖头山"是怎么来的？正是当年洄流所致。西定福庄一老人称，当年村西北的沙堆有今天五层楼那么高，那无疑也是当年洄流的杰作。

531

这处洄流洪泛区面积有多大？十数平方公里总有，今张家湾开发区基本都在其中。当时为什么会选这里开发？因为这里村庄稀少，为什么单单这里村庄少？历史被淹没在没有继续的追问中。

从牛堡屯南转向西去马驹桥的927路公交车上，有乘客嘟囔：牛堡屯到小杜社两站之间咋这么远？他同伴答：中间儿没村儿。问答到此结束，我却想说：因为这一带是当年凉水河南高古庄洪泛区下游的分洪主河道和溢流带，水患频仍才没有村庄。

没错，当年凉水河在今张家湾镇域有两个洪泛区，一个是"张家湾"洄流洪泛区，它奠定了张家湾作为京杭大运河重要漕运码头的基础，"先有张家湾，后有通州城"！一个是以毗邻台湖镇今凉水河北岸高古庄村为扇轴的普通洪泛区，这个洪泛区有三条分洪河道，一条是"仓头河"，由今仓头村凉水河故道南辗转流经陆辛庄、北大化、潞关西南至大、小北关村中又东南流入延芳淀（元初淤散成四个飞放泊之一的柳林海子）；一条是"后坨河"，由凉水河故道南今样田村溢出，经坨堤北、后坨北、西永和屯村南也汇入延芳淀（元初淤散成四个飞放泊之一的柳林海子）；还有一条后来被疏掘成隋唐大运河永济渠，流经今牛堡屯村西与马驹桥镇交界，同样汇入延芳淀（元初淤散成四个飞放泊之一的栲栳垡飞放泊，其下游接南辛庄飞放泊），这条分洪河道是三条分洪河道中的主流，按《元通州及潞州直辖区示意图》，它还曾作为潞州与大兴县界河，它和它的溢流带，正是今牛堡屯到小杜社之间村庄稀少的那片地带。

今张家湾镇凉水河故道以南镇域南部地貌，基本上是由这处高古庄洪泛区造就（元初淤散成四个飞放泊的最后一个马家庄飞放泊，紧邻凉水河故道南，由分散溢洪而来）。洪泛区上游为防洪筑堤打柳桩、编柳网、种柳树，堤毁后冲到下游生长成大片柳林（今柳营村南北），至其后有柳林镇和柳林行宫。柳林镇（今西永和屯村西砖砟地）曾为元潞州初治，再西柳林行宫更曾成为元大都政治副中心，张家湾镇域南部的历史不可谓不辉煌，元朝末年两次决定王朝命运的战争也发生于此。东南两条分洪河道所夹，牛堡屯台地形成，牛堡屯村名也由捺钵（纳宝）谐音而来。张家湾镇域南部的历史，由此系统起来，悠久而厚重。

张家湾洄流洪泛区历史作用就更大，元初张瑄督海运至此，漕船以水浅无法再继续上行，便于此卸船上岸，陆路转运至大都城。张家湾上游其时已有四河汇聚（玉带河古河道始于北齐，且为今通州域内第一条人工河道），至其下游白河水量丰沛足可行船，张家湾又水面辽阔可供泊船，天然就是一个良港码头。志记张家湾以张瑄至此而名，很多人便以为张家湾历史由元初始，却不知古城附近还有更早的寺、塔海藏。古城二寺塔建于唐代，唐称古城证明其历史更早于唐，加之考古北齐土长城亦经于此，又有唐代墓志称之"临河古成"，张家湾的历史起码始于北齐……看来整个张家湾镇的历史都需要更深入的研究。

我对家乡的历史自然更加用心，我生于斯长于斯更日常就居住于此，自《漕运古镇张家湾》问世，我对张家湾的研究不但没有停止，反更加深入，以后数年用心于此，田野调查了镇域每一个村庄。追溯历史，正在积累《史海钩沉张家湾》，目睹当下，了解它的日新月异，关心未来，展望它更辉煌的明天……

我在张家湾土生土长，又一直没有离开，对这里的变化非常了解，从改革开放前的生产队和人民公社，到改革开放之初的土地承包、改革激发出的经济高速发展，再到新时代通州从北京卫星城到通州新城再到北京城市副中心——国家对通州的每一项新政策，落实到身边都不断引起巨大变化，尤其通州被确定为北京城市副中心后，原来以农业和工业为主的发展方式迅速向城市化和生态化建设转变，这一时期，也是我更深入调查和研究张家湾历史的阶段，对此的感觉尤其深刻。

不知是否与《漕运古镇张家湾》一书出版有关，自此书出版后的 2015 年开始，张家湾在挖掘历史和发展文化上就开始了飞跃。这一年北京首家乡镇博物馆——张家湾博物馆落成并对外开放，萧太后河两岸也开始打造红学文化绿色走廊，建起巨型曹雪芹铜像，形成"一像一书一廊一展馆"的文化格局，还举办了与红学研究相关的各种活动，张家湾自此成为红学研究永久会址，还发行了"漕运古镇红学之乡"特色邮票。

这一年张家湾受通州成为北京城市副中心政策驱动，中部偏西地区对接环球影城，开始打造文化旅游休闲古城，在深挖红学文化的同时，继续挖掘漕运古城文化和运河文化。毛主席肖像珍藏室、非遗传承工作室和非遗剪纸传承长廊等文化建设全面开花……

与此同步的就是生态环境改造了，文化品位上来了，生活环境还脏乱差怎么行？那时候镇域内道路两旁还很凌乱，河道污染也依然严重，随之而来的就是张凤路、张采路、漷马路、九德路等镇域内主要公路沿线美化绿化提升，凉水河、萧太后河、玉带河等镇域内河道清淤、两岸景观建设及滨河步道建设等，也已被提上工作日程。我是张家湾人，还算文化人，这些我当然知道，而且大概就是那时候，我还开了有关张家湾历史的独立田野调查，眼见了这些工程的艰巨。记得当时还不由得在想，这环境治理工程太浩大了，尤其污染如此严重的河道，真能恢复清澈吗？

533

但渐渐地就开始有了变化，污染严重的河水在慢慢变清，慢慢地没有了臭味，慢慢地水里还看到了游鱼，慢慢地又飞来了水鸟……河道两岸的绿化逐渐改善、规范，岸边的景观设施也开始起步建设，由少到多。也就是几年时间，这些污染严重的河道迅速改观。

当然不止于河道治理和道路两边的美化绿化，几年里不经意间，全镇域环境都发生了巨大改变。今天这里多一片树，过几天那里又多一块绿，张家湾公园建成了，凤港河北岸也绿化了，回头再看凉水河河边，绵延十五公里的带状水岸公园都已初具规模！饶是我常年居住家乡，又正在做田野调查，依然对眼前发生的改变有点目不暇接。

大概2017年开始，张家湾还开始淘汰低端产业和整治工业大院，这是全面提升环境生态必不可少的一个环节，但对张家湾而言，这也无异于一次涅槃重生，因为经济模式必须重新转变。当完全消除了工业污染，张家湾不但水清了，草绿了，树多了，天也更蓝了。我居住在这里，每天呼吸到的空气越来越清新……日新月异的变化就在我的眼前，给我的感觉却如奇迹发生一般！我亲眼目睹了它们的过去，当然对这些改变愈加地敏感。

最近几年，我还发现张家湾镇域的绿地、公园越来越多，在居住村周围休闲散步，可选择的地方越来越多。这种情况当然不止我居住的村子，后来知道镇政府在镇域内建设了一大批小微公园、口袋公园，目标是居民出门五百米就有绿地。在环境生态方面，我感觉作为一个张家湾人都有点奢侈了，但转过头我又在心里挑毛病：这么多大大小小的绿地、公园，花草树木都让人赏心悦目，却总感觉还是少了点东西。少什么呢？当然是历史。

或者跟我正在研究相关历史有关，我总觉得历史是土地的灵魂，不加进历史元素，土地上的景致再好都只是景物，再说我们张家湾并不缺少历史啊！比如何各庄村西、瓜厂村东南那片公园、绿地，凉水河故道就曾经过那里啊！为什么没有名字？为什么不能叫凉水河故道公园？如果配上说明、标志方位，那公园档次会完全不一样。哪个地方没有自己的历史？怎么会那么多绿地、公园没有名字？历史需要挖掘，尤其当我们以生态休闲为新的产业目标时，一个没有历史、文化的地方，人家过来看什么？花草树木哪儿没有？

调查历史的同时感受着巨大变化，我想象着张家湾未来的发展，如今张家湾镇域北部已迈入城市化进程——北京环球度假区落户通州，张家湾镇域西北已被占用；城市"绿心"公园建设，张家湾镇域北一部又已划入"绿心"……2019年，张家湾更是得到了党中央、北京市和通州区的高度关注，2019—2020年，党和国家最高领导人连续三次到张家湾及周边地区(绿心)视察;近两年来,北京市委书记四次到张家湾镇调研,亲自推动张家湾设计小镇建设;张家湾设计小镇建设已被写入通州区政府工作报告——这一切传递着怎样的信号?

张家湾设计小镇被定位在张家湾镇域东北,如此张家湾北部城市化步伐已被由北向南全面推进了,未来张家湾发展方向必然向南,发展目标必然是配合这些高端项目,当然您说被这些高端项目辐射也行。总之,要充分利用北京环球度假区、设计小镇的溢出效应,聚焦民俗民宿、观光休闲旅游等产业发展……生态环境治理的路子算是走对了。

北京环球度假区2021年9月20日已正式开业,它是亚洲第三座、全球第五座环球影城主题公园,为北京市政府和美国环球主题公园度假区集团合资建设,内含七大主题景区、三十七处骑乘娱乐设施及地标景点、二十四场娱乐演出、八十家餐饮及三十家零售门店……这是一个怎样高端的项目不用多说。北京城市"绿心"公园也已于2019年更早开园,还在建设中的就是张家湾设计小镇了。

设计小镇是2019年3月北京市委书记调研北京城市副中心产业发展时提出的,"继台湖演艺小镇、宋庄艺术小镇之后,要打造设计小镇",他同时对小镇产业定位做出重要批示:"张家湾设计小镇坚持古今交融,突出设计特色,高标准高起点规划建设,打造一流的特色小镇。"我们先来看看这个设计小镇的几个关键词:钻石地段、古今交融、产业生态、永久会址、高端示范、政策高地、品质生活……

任何一个项目落地都不是凭空产生的,设计小镇也有它的前世,早在1992年,经北京市人民政府批准,通县就在张家湾设立了"通县工业区",其间几经更名建设升级,到2012年12月成为中关村国家自主创新示范区通州园,很多高端科技企业早已入驻,也正是在这个基础上,它才被选定为设计小镇的建设地。如前所述,设计小镇规划用地原属于张家湾开发区,它的位置是开发区紧邻103国道(京津公路)的东北一域,原也在古代"张家湾洄流洪泛区",古今交融风来空穴,那可不是随便一说。至于钻石地段,只要看看它周边就可以明确,它隔103国道对面是北京城市"绿心"公园,再北就是北京行政办公区。东面是大运河森林公园,西面是北京环球度假区,南向发展空间巨大……设计小镇定位之初,已经成功开展了多次大型活动,比如承办2020北京国际设计周通州系列活动等等。

未来几年,张家湾无疑又要在设计小镇建设和功能配套上下功夫了,好在我们在环境生态上已有基础,我们很早就完成了煤改电、河道清淤、污水处理、道路两边美化绿化、张家湾公园建设,还有植树造林、留白增绿、小微公园等等。可以说在人与自然和谐发展的生态上,我们取得了很大成绩。我们已经获评"国家卫生镇",美丽乡村建设也成绩突出,这方面还在向着湖田林草更高端的方向努力,北京城市副中心建设"蓝绿交织、水城共融",我们算是走在前面的,接下来就是怎么把工作做得更好。

2020 年,张家湾党委政府已开启"张家湾向南"发展战略,镇域内今凉水河南的南火垡村已被确定为集建区重点,还有镇域内南姚园村、西永和屯村两个村都被确定为第一批镇级民宿试点村。注意!这两个村都在今凉水河以南镇域南部。

我了解这个情况是因为一次偶然,被确定为镇级民宿试点村的两个村里,有一个村的村干部是我老同学,有一次我们邂逅一处聊几句闲天,老同学很兴奋地告诉了我这个消息。我当然也为此高兴,问他准备怎么干,老同学说民宿加特色美食,准备弄螃蟹和小龙虾……我继续问历史、文化方面,老同学说:"我们没历史,没文化,就是吃!"这话一出差点儿惊掉了我的下巴!

2014 年写作和编纂《漕运古镇张家湾》时,镇域南北史料比重偏颇,没想到竟造成如此影响!不过由此我也看到了文史研究出版的影响力和必要性。我甚至想到了更多,比如我们可以成立一个"张家湾文史研究会"啊,有关研究成果还可以衍生文学、文艺作品,像延芳淀皇家捺钵,军士埋伏"赶仗"、皇家放鹰、海东青拿天鹅、军士刺鹅、鹰师呼鹰等各环节都可以生动演绎,那不就是一幕幕惟妙惟肖的舞台剧吗?这些故事都曾发生在张家湾镇域南部,今前、后青山村的呼鹰台,仓上村的捺钵粮仓遗迹尚存,而赶仗就发生在我老同学所在的被选为民宿试点的那个村子南北街一线……

张家湾镇域南部皇家捺钵的很多历史痕迹都在,有物质的,也有非物质的,比如今天在通州还有人制作"春水玉"(海东青拿天鹅造型),还有人会哼唱《拿天鹅》曲调……如果把这些历史记忆深入挖掘出来、系统起来,那该是多么厚重的文化底蕴啊!当年延芳淀除了皇家捺钵,还与运河漕运息息相关,潴水用来调节运河水量,其水面用来停泊运河漕船……张家湾南北历史功能互补,这种状况未来也将呈现:镇域北部进入城市化进程,镇域南部承载起溢出的民俗民宿和生态观光休闲旅游等功能,但是这一切都需要深厚的历史和文化底蕴做基础,我们要为土地注入灵魂。

未来推行"张家湾向南"战略,要在镇域南部地区建设民俗文化大集,打造文化休闲小镇和启动"运河文化产业园"、文化实景演出项目等,都需要深入挖掘历史、文化,才能真正做出自己的特色,张家湾首先要讲好"张家湾故事"。一个地域最吸引人的地方,一定是它自己最独特的地方,我们招商引资也好,我们打造旅游、休闲等服务产业也好,都需要做出自己的特色,而独特的历史和文化是其中的重中之重。

历史和文化的重要性,我们想到了,张家湾镇党委和政府也想到了。这不,《漕运古镇张家湾》一书增补再版,一听到这个消息我就很兴奋。此次增补再版,我们填补了镇域南部历史的空白,使张家湾的文化名片,在漕运、红学之后,又有了第三张——皇家捺钵。哦,还有地区文化名人系列等。不过因为时间紧且水平有限,还是没能尽善尽美。也好,对历史和文化的挖掘哪有终结?我们还将继续努力。

张家湾镇三十八平方公里的土地位于通州区腹地,是现所有乡镇中唯一不与外省市交界的核心乡镇,这里道路四通八达,地理位置优越。以现在的发展趋势,加上各上级党和政府的坚强领导,以及张家湾镇党委、政府对历史和文化事业的高度重视,我们今后将更深入地挖掘其厚重的历史和文化。当我们将古镇历史、文化资源转化为产业发展优势,形成独具特色的文化品牌时,未来的张家湾一定会令世界瞩目。以上是我对张家湾镇历史文化底蕴及现实巨大发展变化的感受,权作本书的后记吧。

刘福田
2022 年 6 月 18 日

图书在版编目（CIP）数据

漕运古镇张家湾／北京市通州区张家湾镇人民政府，
北京市通州区政协教文卫体委员会编. -- 北京：中国文
史出版社，2023.1

ISBN 978-7-5205-3675-2

Ⅰ. ①漕… Ⅱ. ①北… ②北… Ⅲ. ①文化史-通州
区 Ⅳ. ①K291.3

中国版本图书馆 CIP 数据核字（2022）第 172119 号

责任编辑：卢祥秋
封面题字：冯其庸

出版发行：**中国文史出版社**
社　　址：北京市海淀区西八里庄路 69 号院　邮编：100142
电　　话：010-81136606　81136602　81136603（发行部）
传　　真：010-81136655
印　　装：北京新华印刷有限公司
经　　销：全国新华书店
开　　本：720×1020　1/16
印　　张：35　　　　字数：398 千字
版　　次：2023 年 1 月第 1 版
印　　次：2023 年 1 月第 1 次印刷
定　　价：88.00 元